高等院校财经类法学类专业系列教材

劳动法与社会保障法

（第3版）

主　编　毛清芳　孙丽君　蒙志敏

经 济 科 学 出 版 社

图书在版编目（CIP）数据

劳动法与社会保障法/毛清芳，孙丽君，蒙志敏主编.—3版.—北京：经济科学出版社，2015.5
ISBN 978-7-5141-5700-0

Ⅰ.①劳… Ⅱ.①毛… ②孙… ③蒙… Ⅲ.①劳动法-中国-教材②社会保障-行政法-中国-教材
Ⅳ.①D922.5 ②D922.182.3

中国版本图书馆CIP数据核字（2015）第085484号

责任编辑：杜　鹏
责任校对：徐领柱
版式设计：齐　杰
责任印制：邱　天

劳动法与社会保障法
（第3版）
主　编　毛清芳　孙丽君　蒙志敏
经济科学出版社出版、发行　新华书店经销
社址：北京市海淀区阜成路甲28号　邮编：100142
总编部电话：010-88191217　发行部电话：010-88191522
网址：www.esp.com.cn
电子邮件：esp@esp.com.cn
天猫网店：经济科学出版社旗舰店
网址：http://jjkxcbs.tmall.com
北京万友印刷有限公司印装
710×1000　16开　25.75印张　550000字
2015年7月第3版　2015年7月第1次印刷
印数：0001—4000册
ISBN 978-7-5141-5700-0　定价：45.00元
（图书出现印装问题，本社负责调换。电话：010-88191502）

前言

社会法是有中国特色的社会主义法律体系中重要的法律部门。劳动法与社会保障法是社会法的支柱和核心部门。其中，劳动法是保护弱势劳动者的合法权益、协调劳动关系的法律；社会保障法是保障社会弱者的基本生存条件、实现社会安全与和谐的法律。劳动法与社会保障法彰显维护弱者、关注民生、保障人权的人本理念，共同构成市场经济不可或缺的法律支撑，共同构筑建设我国社会主义和谐社会的法律保障。因此，劳动法与社会保障法日益受到国家和社会各界的普遍重视及密切关注。2007 年至 2015 年 4 月，我国相继颁布并实施了《劳动合同法》、《就业促进法》、《劳动争议调解仲裁法》、《社会保险法》、《退役士兵安置条例》、《女职工劳动保护特别规定》、《社会救助暂行办法》等法律法规，及时修改了《职业病防治法》、《安全生产法》、《劳动合同法》、《军人抚恤优待条例》、《工伤保险条例》等法律法规，适时出台了《国务院关于全面建立临时救助制度的通知》、《国务院关于进一步加强和改进最低生活保障工作的意见》、《国务院关于机关事业单位工作人员养老保险制度改革的决定》等配套规章制度。这一系列前所未有的社会立法建制盛事，标志着我国以劳动法与社会保障法为核心的社会立法步入了一个全新的历史时期，标志着我国劳动法与社会保障法基本法律体系的建立，也标志着劳动法与社会保障法正真真切切地走入每个人的生活。正因为如此，学习、研究劳动法与社会保障法，便不再仅仅是大学法学院学生的必修课程，也是各类院校人力资源管理专业和社会保障专业学生的必修课程，甚至是每个成年人的“必修课程”。

本教材借鉴了我国学者关于劳动法与社会保障法的最新研究成果，依据我国劳动与社会保障方面的最新法律、法规及规章，结合当前我国劳动与社会保障制度的发展现状和社会现实需要，分为社会法概论、劳动法的历史沿革、劳动法概论、劳动法律关系、劳动就业法、劳动合同法、集体合同制度、工作时间与休息休假制度、工资制度、劳动安全卫生法、社会保障法概论、社会保险法、社会救助法、社会福利法与社会优抚法、劳动保障监察法、劳动争议处理法等十六章，系统、清晰地介绍了我国劳动法与社会保障法的理论知识体系、相关法律法规的主要内容及其运用。

本教材的最大特色有两点：(1) 用“引导案例”、“案例研讨”和“思考案例”三个栏目，例举了许多现实生活中发生的真实案例和事例，以体现法学理论与社会现实的密切联系，反映国家法律与市民生活的互动关系，让读者透过一个个真实的案例和事例感悟劳动法与社会保障法的理论精义，加深对现行劳动与社会保障法律制度的理解。(2) 社会法概论独立成章并置于正文之首，对我国社会法研究的最新成果专门进行了介绍，为研习劳动法与社会保障法奠定一些基本的理论背景。

本教材写作分工如下：毛清芳，第一、二、三、四、五、十章；郭俊萍、蒙志敏，第六、七、十五、十六章；盛玉华，第八、九章；孙丽君，第十一、十二、十三章；赵艳艳，第十四章。全教材由毛清芳主编并负责统稿。

由于学识短浅、经验不足，加之时间仓促，对有些新的问题未及仔细斟酌，所以，本教材可能会有一些欠妥甚至错误之处，敬请广大师生同仁批评指正，以便不断修订完善。

编　者

2015年4月5日

目录

第一章　社会法概论

【本章导语】

社会法是最具发展潜质的新兴法律门类。自从我国立法机关将社会法列为有中国特色社会主义法律体系中的七大法律部门之一以来，我国社会立法在加速进行，社会法研究已成为学界关注的热点。虽然学者对社会法的观点见仁见智，但在社会法是超越传统公法和私法的公私法融合体，是应对社会问题的社会政策法，社会法的宗旨和目标是保护弱者的生存权、实现实质平等和促进社会和谐，劳动法与社会保障法是社会法的组成部分等方面，基本形成了共识。本章介绍了境外社会立法的历史发展和中外学者对社会法概念的不同观点，阐述了社会法概念的形成以及社会法的特征、原则和体系，旨在为以后学习劳动法与社会保障法提供一些社会法的基础理论知识，树立一些社会法的基本观念。

【引导案例】

孙志刚事件

2003年3月17日，在广州某服装公司上班的湖北青年孙志刚，因为没有携带暂住证而被警察由街头带到了广州市天河区黄村派出所。3月18日，孙志刚被送到广州市收容遣送中转站。随后又被收容遣送站送到广州收容人员救治站。3月20日，孙志刚在救治站死亡。后来的法医鉴定书表明，孙志刚系因背部遭受钝性暴力反复打击，造成背部大面积软组织损伤致创伤性休克死亡。也就是说，孙志刚是在被收容期间被人多次暴打致死的。

此事被媒体曝光后，引起了社会的广泛关注和强烈反响，并进而引发了人们对强制收容制度是否应该废止的热烈讨论。2003年5月14日，北京大学3位法学博士以普通公民身份向全国人大常委会提出审查《城市流浪乞讨人员收容遣送办法》的建议。5月23日，我国著名法学家贺卫方、盛洪、沈岿、萧瀚、何海波联合上书全国人大常委会，提请就孙志刚事件及收容遣送制度实施状况依照《宪法》启动特别调查程序。2003年6月18日，国务院总理温家宝主持国务院常务会议，审议并原则通过了《城市生活无着的流浪乞讨人员救助管理办法（草案）》。2003年6月22日，国务院发布了《城市生活无着的流浪乞讨人员救助管理办法》，并于2003年8月1日开始实施，同时宣布《城市流浪乞讨人员收容遣送办法》正式废止。随后，各地纷纷将原来的收容遣送站改为救助站，并依照《城市生活无着的流浪乞讨人员救助管理办法》对流浪乞讨人员实行自愿的无偿救助。

孙志刚事件推动了我国对流浪乞讨人员由强制收容到无偿救助的制度变迁，促使关于流浪乞讨人员的行政法规废止、社会救助法规产生，体现了我国对流浪乞讨人员由行政法采取行政强制收容遣送措施，变为由社会法赋予自愿请求政府给予临时生活救助的权利。

【重点问题】

1. 社会法的概念、社会法的产生。
2. 社会法的立法宗旨与价值。
3. 社会法的调整手段和方法以及与民法、行政法的区别。
4. 社会法的基本原则，特别是保护弱者和人权保障的原则。
5. 劳动法与社会保障法为何是典型的社会法。

第一节　社会立法与社会法

一、国外社会立法的历史发展①

社会立法最初是指为保障经济上处于弱势地位的群体的生活和安全所进行的立法，例如济贫法、救助法等，主要是解决已经存在的、突出的社会问题。以后逐步延伸和扩大，先后将预防社会问题、保障民生民权、增进公共福利等立法也都包括在社会立法范围内。社会立法历史发展的阶段轨迹是：济贫救助—劳工保护—社会保险—社会福利。

社会立法的源头可追溯到英国16～17世纪颁布的济贫法（Poor Law）。现代社会立法起源于19世纪的英国和德国。工业革命使社会生产力有了突飞猛进的发展，但是，资本主义生产方式又带来贫富悬殊和两极分化，社会矛盾非常尖锐。人们开始进行反思，寻求社会变革，各种替代解决方案应运而生。一些资本主义国家为了维护资产阶级的统治、缓和社会矛盾，逐步改变高压政策，实行社会调整，走社会改良之路，由此开始了社会立法时代。

19世纪70年代，英国先后颁布了工厂法、工会法等，以法律的形式保护劳工的基本权利，规定最长工作时间、最低工资待遇和工人组建工会的权利等。19世纪80年代，德国先后颁布疾病保险、工伤保险、残疾和养老保险等三项社会保险法律，开社会保险立法之先河。此后，以保障基本生活、工作条件、疾病、伤残等为主要内容的社会立法开始在西方各国陆续实行。

20世纪30年代以后，西方国家的经济发展和社会结构发生深刻变化，严重的经济社会危机和动荡以及工人运动的影响和社会民主主义思想的传播，最终推

---

① 沈春耀：《关于加强社会领域立法的若干问题——十一届全国人大常委会专题讲座第九讲》，http：//www.npc.gov.cn/npc/xinwen/2009－04/24/content_1499768.htm

动社会立法进入了新的发展阶段，逐步转变为以增进国民福祉为基本内容的福利性社会立法。1935 年美国颁布《社会保障法》（Social Security Act），首次使用“社会保障”的概念，该法律成为罗斯福“新政”的一个重要标志性举措。1942 年英国发表著名的《贝弗里奇报告》，系统地提出了国民福利的计划和制度模式。其后，英国以该报告为基础制定了一系列法律，将社会保障、社会福利的覆盖面扩大为全体国民，并于 1948 年宣布在世界上第一个建成了“福利国家”。到 20 世纪 50 年代末，西方国家基本确立了一套以社会保障、国民福利为主要内容的社会法律制度，社会保障权利作为人的基本权利的一部分，已得到世界各国普遍承认。

20 世纪 70 年代中期以后，由于经济滞胀、高失业率、人口老龄化等原因，西方福利国家社会保障制度均面临不同程度的困境，并由此开始反思高福利政策带来的负面影响，纷纷走向改革之路。国家和市场的作用被重新定位，强调工作、创业和创新，重视教育和人力资源开发，在公共服务领域引入竞争机制；同时，随着全球社团运动的兴起，公共服务逐步向社会化方向发展，社会组织在社会公益事业中发挥着越来越大的作用。

二、“社会法”概念的形成

“社会法”（Social Law，Droit social，Sozialrecht）作为现代法学中的专有术语，是由法国和德国学者在 20 世纪初最先提出来的。然而，这一术语的最初使用并非是用于概括和表述调整某一特定社会关系的法典，而是学者在研究当时社会中新出现的各种社会关系和社会立法现象的基础上“构想”出来的一个法学意义上的概念。①

从 19 世纪末到 20 世纪初，世界范围内大规模的社会立法，不仅引起了法学者的关注，而且也为社会法概念的形成提供了充足的实定法依据。其中，德国面对国内经济萧条、失业和贫富分化严重、劳资关系日益紧张、工人运动如火如荼和社会主义运动蓬勃兴起等种种社会矛盾和问题，通过制定社会政策和社会立法来保护劳动者，缓解劳资矛盾。1883～1889 年，相继颁布了《疾病保险法》、《工伤保险法》、《残疾和养老保险法》，开创了建立现代社会保险制度的先河；1911 年颁布了《孤儿寡妇保险法》，并将上述三部保险法律统一编撰为《社会保险法典》；1923 年颁布了《矿工保险法》；1927 年制定了《职业介绍和失业保险法》。此后，英国、丹麦、法国、奥地利、比利时、美国等资本主义国家纷纷效仿德国，相继颁布了医疗、养老、失业、工伤等内容的社会保险法律。同时，劳动立法也迎来了有史以来的兴盛时期。这些社会立法反映了

① 王为农、吴谦：《社会法的基本问题：概念与特征》，载《财经问题研究》2002 年第 11 期。

资本主义国家一改以前经济“守夜人”和“夜警”的角色，积极而又全面地干预经济的现象，学者称之为“私法的公法化”或“法律社会化”现象。同时，这些社会立法把保护和规制的对象特定化为具有社会属性的具体的有差异的人（例如，老弱病残伤者、劳动者、工会、雇主和雇主组织等），以此替代私法意义上的抽象法律人格（自然人和法人），进而在此基础上构筑起以其所保护的各种具体主体为核心的实体法律规范。由于这些新的社会立法在运用行政手段对本属于私人间的社会关系予以“公”地介入这一点上，既有别于传统的私法精神，也不同于传统意义上的公法结构，即形成了介于公法和私法之间的混合形态。于是，学者们便把这类具有公法和私法融合特征、明显区别于传统公法和私法的新型法律称为“社会法”。因此，国内外很多学者称社会法为公法和私法之外的“第三法域”。例如，我国有学者认为：“社会法是伴随着国家力图通过干预私人经济以解决市场化和工业化所带来的社会问题，应对经济、社会和生态可持续发展的需求，而在私法公法化和公法私法化的进程中逐渐产生和发展起来的第三法域。”①

三、社会法与社会立法的区别

社会法与社会立法具有紧密的关联性，但二者并非等同。社会立法即社会领域的立法，是对具有显著社会意义事项立法的统称。在我国，是“以社会保障、劳动就业、社会事业、社会组织、社会管理为基本内容”的立法②。社会立法是在寻求实质正义和社会公正的进程中的一种立法价值取向，同时也是法律变革运动的组成部分。社会立法与社会法的不同点在于：社会立法外延相当宽泛，涉及社会法、行政法、经济法等若干法律领域（如有关劳动就业、社会保障事项的立法，属社会法范畴；有关社会事业、社会组织、社会管理事务的规范，大多属于行政法的范围；有关环境保护、消费者权益保护、反不正当竞争等方面的立法，已经属于经济法的范围），本身并没有严谨的体系构造，而且这种社会立法既包含立法成果——法律制度的沉淀，也体现了立法的转型；社会法指规范劳动关系、社会保障、社会福利和特殊群体权益保障方面的法律，范围较窄，只是与民法、刑法一样的法律制度，本身属于一个法律门类，具有相对完整的体系构造。社会法属于社会立法成果的部分沉淀，既不是全部社会立法成果，也不是社会立法本身。③

---

① 王全兴、管斌：《经济法与社会法关系初探》，载《现代法学》2003年第2期。

② 沈春耀：《关于加强社会领域立法的若干问题——十一届全国人大常委会专题讲座第九讲》，http：//www. npc. gov. cn/npc/xinwen/2009 - 04/24/content_1499768. htm

③ 李林：《统筹经济社会发展的几个立法问题》，载《法学》2005年第9期。

第二节　社会法的概念与特点

一、社会法的概念

（一）境外社会法概念的不同观点

1. 德国学者的社会法观点。在德国，社会法的概念主要有三种理解：(1) 社会法为公法与私法之外的第三法域或团体法。此说反响不大。(2) 社会法为实现社会政策而制定的法律，包括诸如劳动法、消费者保护法、住宅法等。(3) 社会法等同于独立法律部门的社会安全法。目前，这种观点已成为主流。“在德国，社会法乃指独立法域之社会安全法，可谓已少有质疑。”[①] 社会安全法又包括社会预护法、社会补偿法、社会促进与社会扶助法三部分，并且在涉及劳动基准法中的资遣费、退休金、劳灾补偿等企业社会给付规定以及具备社会保险性质的工资垫付制度等方面与劳动法相重叠。[②] 根据《德国社会法典》第 3 条至第 10 条的规定，社会法包括培训和劳动援助、社会保险（疾病保险、事故保险、退休保险、护理保险）、健康损害的社会赔偿、家庭支出的补贴（儿童费、教育费和生活费预支）以及对适当住房的补贴（住房费）、青少年援助、社会救济和残疾人适应社会（回复社会）等方面的法律。德国社会法的概念成为许多国家立法和学术研究的主要参考依据。

2. 法国学者的社会法观点。在法国，对社会法的理解主要有两种：(1) 广义社会法。有关公共秩序或利益、劳动关系以及经济安全保障的法律，且不属于传统公法学所界定的研究范围，都称为社会法。(2) 狭义社会法。即以调整劳动关系为主要内容的劳动法和有关社会安全制度法律规范的社会安全法。根据1956年法国《社会安全法典》(Code de la Securite Sociale) 的规定，社会安全制度是指国家或者社会运用集体力量建立的为预防或解决生、老、病、死、伤、残、失业、职业灾害等社会风险所造成的危害的社会防护体系。法国的立法和学术研究一般均采用狭义社会法的概念。因此，有学者指出，法国社会法是指规范以受薪者或者独立劳动者身份出现的社会成员从事某种职业活动的行为以及由此产生的法律后果的法律部门。[③]

3. 日本学者的社会法观点[④]。日本学者对社会法的理论曾经有较深入的研

---

① 郭明政：《社会法之概念、范畴与体系——以德国法制为例之比较观察》，载《政大法学评论》1997 年第 58 期。

② 竺效：《“社会法”意义辨析》，载《法商研究》2004 年第 2 期。

③ 谢增毅：《社会法的概念、本质和定位：域外经验与本土资源》，载《学习与探索》2006 年第 5 期。

④ 王为农：《日本的社会法学理论：形成与发展》，载《浙江学刊》2004 年第 1 期。

究，尤其是“二战”前后。主要观点有：（1）菊池勇夫“作为学科和法域意义上”的社会法学说。他将社会法界定为“调整社会的阶级均衡关系的国家法规及社会诸规范的统称”，包括劳动法以及从有关各种社会保障、社会卫生等的所谓社会预防法制到社会化法和社会事业法的全部内容，后又把经济法纳入其中。“二战”后，他又提出“社会统制法”新学说，认为社会法是以个人的利害从属于社会的统一整体利益为基本法理的法。相对于以个人的权利义务为核心的“个人法”，社会法则是对建立在个人法基础之上的个人主义法秩序所存在的弊端的反省，并以对其实施社会管制为显著特征的法。菊池勇夫这一新的学说思想对日本后来的社会法学研究产生了积极的影响。（2）桥本文雄保护“具体的社会化的人”的社会法学说。他开始从法律主体的特殊性入手来构建社会法理论体系，并将社会法的主体界定为“社会人”——“被定型化了的社会集团”，即一般意义上的“社会人”。（3）加古佑二郎保护“特殊性、具体性和阶级性的社会人”的社会法学说。他认为，社会法实际上是保护由处于社会从属地位的劳动者、经济上的弱势者所组成的社会集团的利益，而并非是所有的社会集团的利益之法律规范。（4）沼田稻次郎和渡边祥三“对市民法的修正”的社会法学说。沼田稻次郎指出，民法是以商品经济关系中所固有的内在的抽象自由、平等和独立为基本原理的，社会法就是对古典民法的修正，其所追求的是具体的实质意义上的自由、平等和独立。渡边祥三进一步指出，作为对古典民法进行修正的社会法，是以调和具体利益的对立为基本目的的，其实质是通过确立具体的自由来限制和约束“私”的所有权自由。不过，近年来，“随着社会法各个领域之日渐发展成熟，学者的研究方向乃转向诸如劳动法、社会保障法等社会法各领域的理论精致化与体系之严整化，对于社会法之基础理论与总论之研究，似已少有措意。”①

4. 美英国家的社会法概念。美英国家没有社会法（Social Law）的概念，在具体的法律体系中也没有出现单独的社会法，通常只有社会立法（Social Legislation）或“社会保障法”（Social Security Act）的概念。按照《元照英美法词典》，“社会立法是对具有显著社会意义事项立法的统称，例如涉及教育、住房、租金、保健、福利、抚恤等方面的法律。”② 美国学者克拉克（Helen I. Clark）在其所著的《社会立法》（Social Legislation）一书中曾评述道：“我国今天称之为‘社会法’这一名词，第一次使用系与俾斯麦的功业有关，在19世纪80年代曾立法规定社会保障，以防止疾病、灾害、失业、年老。有些人限制其立法意义，是为着不利情况下的人群的利益。另外，扩大其立法意义是为着一般的福利，我们今天

---

① 蔡茂寅：《社会法之概念、体系与范畴——以日本法为例之比较观察》，载中国台湾《政大法律评论》第58期，第390页。转引自竺效：《“社会法”意义辨析》，载《法商研究》2004年第2期。

② 薛波：《元照英美法词典》，法律出版社2003年版，第1267页。

使用这一名词必须包括这两个方面的意义。"[①] 根据美国1935年《社会保障法》(Social Security Act) 的规定，社会保障包括联邦和州老年资助、老年和遗嘱(Survivors) 保险金、失业保障或补偿以及某些意外补助 (Incidental Benefits)。英国于1975年颁布了《社会安全法》(Social Security Law)，该法的意义与美国的立法较为相似。

5. 我国台湾学者的社会法观点。我国台湾学者也有第三法域说和社会政策法说，但越来越占主流的观点还是社会安全法说。例如，黄越钦认为，"社会法则是以'人'之生存保障为宗旨之法律，不论在法律结构上称为社会保障、社会安全、社会福祉……社会法之目的在对足以构成一个人生活威胁的危险之负担予以减轻；利用社会保险与社会补助、救助等手段发挥公力补充性的扶助功能，对于身心条件利益者之生活破绽予以防止，其最终目的亦在于达成生活于社会中人与人之间之实质平等。"[②] "现在学者已基本接受社会法乃泛指关于社会福利、社会保障或社会安全之法律。"[③]

（二）我国大陆学者的社会法观点

随着我国社会主义法律体系逐步完善，特别是2001年3月李鹏委员长在九届全国人大四次会议的全国人大常委会工作报告中，将社会法列入有中国特色社会主义法律体系中七大法律部门以来[④]，社会法开始成为我国法学研究的热点。但是，由于我国社会立法正在完善之中，社会法的研究还处于起步阶段，学者们的学术背景和研究的视角各不相同，所以社会法的观点异彩纷呈。

1. 从社会法的内涵角度，主要观点有：(1) 社会法是公法和私法之外、公私法融合性质的法律。如史探径认为，社会法不属于私法或公法，而是公、私法融合交错的一个新的法律领域。它不是一个独立的法律部门，它只是劳动法、社会保障法等以解决劳动问题和社会问题、保护公民权益为立法宗旨的一群法律的统称或类称。[⑤] 林嘉认为，"社会法以社会利益为本位，以社会公平为价值追求，并注重对社会弱势群体的关怀和照顾。与现代社会的人权观相符，成为继公法、私法之外的第三法域。"[⑥] (2) 社会法是反映社会政策的法律。学者们普遍认为，社会法具有明显的政策性和时代特征，社会法将随着社会问题的不断显现以及国家采取的不同社会政策而在范围与内容上不断调整和发展。(3) 社会法是生存权或社会权保障法。如郑尚元认为，社会法是调整自然人基本生活权利保障而衍生

---

① 转引自王全兴：《经济法基础理论与专题研究》，中国检察出版社2002年版，第715页。

② 黄越钦：《劳动法新论》，中国政法大学出版社2003年版，第356页。

③ 郝凤鸣：《社会法之性质及其于法体系中之定位》，载《中正法学集刊》2003年第10期。

④ 《李鹏在九届全国人大四次会议上的全国人大常委会工作报告》，载《人民日报》2001年3月10日，第二版。

⑤ 史探径：《我国社会保障法的几个理论问题》，载《法学研究》1998年第4期。

⑥ 林嘉：《社会法在构建和谐社会中的使命》，载《法学家》2007年第2期。

的社会关系的法律规范的法律群。（4）社会法是弱势群体保护法。如李昌麒认为，应由社会法设计对社会弱势群体的保障性法律制度体系，包括针对弱势群体的社会保险、社会救助、社会福利等各项社会保障制度。[①]（5）社会法是保护公民经济、社会、文化权利的法律。如史探径认为，“社会法是以保护公民经济、社会、文化权利与社会整体利益相结合的内容为主旨的公、私法规范融合的法律领域中法律群体的统称。”并将劳动法、社会保障法、住房法、教育法、环境法、消费者权益保护法归入社会法的范围，社会法所包括的范围中，典型的仍是劳动法和社会保障法。[②]

虽然学者对社会法内涵的认识不尽相同，但至少有以下四点共识：（1）社会法是公法和私法融合的一种法律现象。（2）社会法是国家解决主要社会矛盾、应对严重社会问题的社会政策法，是政府与市场互动的法律表现。（3）社会法是社会弱者的生存权保障法。（4）社会法强调法律应当以社会利益为本位，以维持社会安全与和谐为追求的价值目标。

2. 从社会法外延角度，主要观点有：（1）狭义的社会法，又称为独立法律部门的社会法。有的限定为社会保障法，有的限定为劳动法和社会保障法，有的限定为劳动法、社会保障法和特殊群体保护法。其中，前者为少数人的观点，大多数人认同劳动法和社会保障法为典型的社会法。（2）中义的社会法，又称为法律群体的社会法。除劳动法和社会保障法外，有的主张包括环境保护法，有的主张包括义务教育法和环境保护法等。如郑尚元认为，“社会法不是一种法律的属性，即公法、私法之外的第三法域，而是同一或同类属性的法律，具有独特调整对象的法律。”“社会法是调整在国家保障自然人基本生活权利过程中发生的具有国家给付性的社会关系的法律规范的总称。”[③] 就目前来看，社会法主要包括社会保障法、弱势群体保护法、公益事业法、教育权利保障法。[④]（3）广义的社会法，又称为法域的社会法。除中义的社会法之外，还包括消费者权益保护法、产品质量法、反不正当竞争法等。如樊启荣、程芳以生存权保障为核心构建的社会法体系为劳动法、社会保障法、环境法、消费者保护法和教育保障法等。[⑤]（4）泛义的社会法，又称为法律观念的社会法。除广义的社会法外，还包括公法和私法中的法律社会化现象。[⑥] 目前，持中义社会法观点的学者居多。

---

① 李昌麒：《弱势群体法律保护问题研究——基于经济法和社会法的考察视角》，载《中国法学》2004年第2期。

② 参见史探径：《中国社会法发展研究》。摘自刘海年、李林主编：《依法治国与法律体系建构》，中国法制出版社2001年版，第354页。

③ 郑尚元：《社会法的定位和未来》，载《中国法学》2003年第5期。

④ 参见郑尚元：《社会法的存在与社会法理论探索》，载《法律科学》2003年第3期。

⑤ 樊启荣、程芳：《社会法的范畴及体系的展开——兼论社会保障法体系之构造》，载《时代法学》2005年第2期。

⑥ 参见王全兴，《社会法学的双重关注：社会与经济》，载《法商研究》2005年第1期；林嘉，《社会法在构建和谐社会中的使命》，载《法学家》2007年第2期。

应该说，狭义的社会法将社会法只理解为社会保障法，范围过于狭窄，忽视劳动法与社会保障法的联系；广义和泛义的社会法除劳动法与社会保障法外，还包括环境法、产品质量法、消费者权益保护法等，又过于宽泛，容易模糊社会法和经济法的区别与界限。因此，应当将社会法定位于包括劳动法、社会保障法和特殊群体权益保护法在内的一个开放性的法律体系较为适宜。

（三）我国立法机关的社会法观点

2001年3月，李鹏委员长在九届全国人大四次会议上指出，根据立法工作的需要，初步将有中国特色的社会主义法律体系划分为七个法律部门，即《宪法》及《宪法》相关法、民法商法、行政法、经济法、社会法、刑法、诉讼与非诉讼程序法。同时，将社会法界定为调整劳动关系、社会保障和社会福利关系的法律。十届全国人大常委会立法规划中列入的社会法立法项目包括《社会保险法》、《社会救济法》、《劳动合同法》、《农民权益保障法》、《妇女权益保障法》（修订）、《未成年人保护法》（修订）。2003年4月，吴邦国委员长在十届全国人大二次会议上指出，中国特色社会主义法律体系主要由《宪法》和《宪法》相关法、民法商法、行政法、经济法、社会法、刑法、诉讼与非诉讼程序法等七个法律部门组成。十届全国人大法律委员会主任委员杨景宇将“社会法”解释为，“规范劳动关系、社会保障、社会福利和特殊群体权益保障方面的法律关系的总和。社会法是在国家干预社会生活过程中逐渐发展起来的一个法律门类，所调整的是政府与社会之间、社会不同部分之间的法律关系。”① 由此可见，我国立法机关对社会法的定位是：社会法是我国社会主义法律体系中与民法商法、行政法、经济法并列的一个独立法律部门，是调整劳动关系、社会保障和特殊群体权益保障关系的法律规范的总和，包括劳动法、社会保障法和社会特殊群体（弱势群体）权益保护法，属狭义的社会法理论。这对引导我国社会法理论研究导向和指导社会立法实践具有重要意义。

二、社会法的特点

社会法具有如下基本特点：②

1. 主体的特殊性。与传统民法的基本主体为抽象的“人”（自然人、法人）不同，社会法是以现实社会中的特定、具体化的人所组成的“利益共同体”作为其所调整和保护的基本主体。例如，劳动法把人具体化为企业主、工人、雇员，不仅有个人，还有工会和企业；社会保障法所保护的主体，主要由因老弱病残或

---

① 参见高永宏，《改革开放30年我国社会法立法的轨迹与启示》，载《宁夏社会科学》2008年第5期；谢增毅，《社会法的概念、本质和定位：域外经验与本土资源》，载《学习与探索》2006年第5期；樊启荣、程芳，《社会法的范畴及体系的展开——兼论社会保障法体系之构造》，载《时代法学》2005年第2期。

② 参见王为农、吴谦：《社会法的基本问题：概念与特征》，载《财经问题研究》2002年第11期。

灾害、事故等陷入生活困境或成为弱势群体的人构成，并根据各种不同主体的具体情况设定相应的社会保障权利和待遇。

2. 调整手段和方式上的独特性。与传统公法、私法往往采取单一的规制手段和方法不同，社会法采取了行政、民事和刑事等诸多手段并用的调整方式。例如，在劳动法中，由于强调保护劳动者的团结权、集体交涉权以及保障争议权等，因此，在其法律技术的设计上主要是以保护劳动力市场内劳动者的权益为基本特征，对于劳资之间的对立和冲突，主要依靠劳动争议仲裁委员会的介入来解决；在国际劳工领域，还创造了由政府代表、劳动者代表和雇主代表组成的三方解决机制。

3. 法律规范形态上的混合性。社会法的一个显著特征是，其为公法和私法相互渗透形成的混合形态。因为，在传统立法中，国家是不主动介入平等主体之间形成的各种经济关系的，同时，政府也是不积极地参与平等主体间的投资与交易活动的。社会法的出现使国家与社会之间形成了良性的互动：国家积极介入和干预社会经济生活，并基于保护经济弱势群体的目的而对市场秩序和市场竞争进行管制；而且通过调整社会分配，要求国家对每个社会成员特别是弱势成员的生存和发展承担保障责任。在干预社会经济生活的过程中，国家、社会、市场、社会成员之间形成了一种混合性的法律关系。在这种法律关系中，既存在"私"的调整，也存在"公"的规制，因而社会法规范也就当然地表现为公法和私法的混合物。

第三节　社会法的原则与体系

一、社会法的基本原则

（一）社会本位原则①

社会法之所以产生，之所以称为社会法，从根本上说，是基于社会本位的要求。19世纪以来，私法和私人经济的发展为人类带来了越来越多的物质财富，也造成了越来越多的社会问题和社会冲突，如贫富分化、弱势群体生存困难等。在这种情况下，客观上要求国家通过干预私人经济解决市场化和工业化所带来的社会问题，并运用行政、法律手段对各类社会问题进行调节，以平衡个体利益与社会利益，强化私权主体的社会责任，调和各种利益矛盾和冲突，应对经济、社会

---

① 参见王广彬，《社会法的几个基础性问题》，载《中国政法大学学报》2008年第3期；余少祥，《社会法：维系民生之法》，载《今日中国论坛》2009年第1期；沈春耀，《关于加强社会领域立法的若干问题——十一届全国人大常委会专题讲座第九讲》，http://www.npc.gov.cn/npc/xinwen/2009-04/24/content_1499768.htm

和生态可持续发展的需求。这时，社会法应运而生，济贫法、劳动法、社会保险法相继出台，目的是以政府这只强有力的手来保护交易中处于弱势地位的当事人的利益，保护整个社会民生福祉，缓解社会矛盾和冲突，协调社会关系，维持社会稳定与和谐。因此，社会法要以社会为本位，要有社会整体观念和社会全局意识；社会法要立足于并调整那些关系社会整体和全局的社会关系；社会法要以人为本，保障所有社会成员都能有人格尊严地生存和发展；社会法要促进和保障社会利益。所谓社会本位，核心就是要促进和保障社会利益，使社会利益与每个人息息相关，人人共享社会利益，人人都能凭借其所享有的利益有人格尊严地生存和发展。

（二）保护弱者原则

现代社会，随着分工的不断细化，贫富两极分化不断加剧，人与人的内在差异不断显现出来，并被不断放大，社会成员由此被分化为社会强者和社会弱者。一般来说，社会强者因其自己的强势，凭借自己的能力与努力能够较好地生存和发展，因而不存在多大社会问题，甚至不存在社会问题；而社会弱者则由于种种障碍，仅凭自己的能力与努力难以生存和发展，从而成为社会问题。社会法突破了传统私法对人抽象化、平等化的形象设计，也突破了过去公权力不介入私人领域的理念，它立足于现实中强弱分化的人的真实状况，用具体的“不平等”的人和“团体化”的人重塑现代社会中的法律人格，用倾斜保护和特别保护的方式明确处于相对弱势一方主体的权利，严格相对强势一方主体的义务和责任，追求结果和实质意义的平等与公平，实现对社会弱者和民生的关怀，保障和促进社会公正、社会福利的实现。正是从这个意义上说，社会法就是保护民生和社会贫弱者之法。日本学者星野英一直接称社会法为“以维护社会经济贫弱者阶层的生存及其福利的增进为目的的诸法律”①。

社会法坚持保护弱者原则，以维护社会弱者的权利和民生幸福为核心内容，以保障社会弱者的生存和发展为基本目标，秉承优待社会弱者、扶持社会弱者的法律理念，对社会弱者倾斜立法，给予特别照顾和保护，实现实质平等、社会正义，增进社会福利。

（三）社会保障原则

社会保障，其实就是一部分社会成员保障另一部分社会成员，就是社会成员之间的互相协助、互相接济、互相保障。组成同一个社会的社会成员自有互相保障的义务，人人为我，我为人人，社会保障才能保障社会，这是社会保障的根本之理。也正因为如此，社会保障是保障社会弱者的根本依据和唯一途径，社会保障法是社会法的核心和重点之所在。由于国家是社会的最高代表，国家要对全社会成员负责，国家有职责为全社会成员提供保障，社会保障包含着国家保障，国

---

① 参见余少祥：《社会法：维系民生之法》，载《今日中国论坛》2009 年第 1 期。

家保障在社会保障中占有极其重要的地位，有时社会保障可以与国家保障等同起来。此外，之所以需要国家保障，是因为国家存在的根本目的就在于实现社会保障，国家负有社会保障的神圣职责，如果国家未尽到社会保障的职责，那么国家就丧失了存在的正当性和合理性；只有国家才能组织、动员全社会的力量进行社会保障，只有国家才能通过运用公权力从一部分社会成员那里征收社会财富并转移给另一部分社会成员，国家在对社会财富再分配的过程中，抑制贫富悬殊，消除两极分化，使社会财富能够公平分配，以至于能够用社会财富去保障所有社会成员的生存和发展。

（四）人权保障原则

社会保障最核心的内容就是保障社会成员的人权，即保障社会成员的有人格尊严地生存和发展的权利，社会保障实质上是人权保障。（1）人权是人之作为人所必不可少的权利，人权关系到人的生存和发展，当人权出现问题，就会危及人们的生存和发展。社会和国家负有保障人权的神圣职责。人权问题是社会保障的起因，如果没有人权问题，也许就无需社会保障；人权是社会保障的根基，人们正是依据人权才能主张和享有社会保障权利，如果没有人权，人们就没有主张和享有社会保障权利的依据，进而就没有社会保障权利；是否保障人权是检验有无社会保障的试金石，如果人权都得不到保障，那么社会保障就是一句空话。（2）社会保障和国家保障只限于人权保障，在一般情况下，社会保障只是对人的生存和发展提供最基本保障或者说是最低限度的保障，只是保障人之成之为人，使其有人格尊严地生存和发展。社会和国家无须给社会成员提供高于人权的社会保障。如果社会保障给社会成员提供高于人权的社会保障，社会保障为社会成员提供全面周到的服务，成为安乐窝，那么人们就会滋生懒惰安逸、贪图享乐、不思进取的心理，这有违社会保障的初衷。人权保障是社会保障的核心，在很大程度上可以说，保障了人权就实现了社会保障。[①]

二、社会法的体系

由于一国社会立法的内容不同，人们对社会法的内涵与外延的界定以及分析依据不同，因而对社会法的体系有不同的认识。以社会成员最基本的生存权保障为基点和依据，目前我国社会法的体系是由劳动法、社会保障法和弱势群体权益保护法构成的开放性的法律体系。其中，劳动法、社会保障法和弱势群体权益保护法三者之间是相互交叉的关系，它们共同构成我国社会法体系的主体部分。具体如图 1－1 所示。

① 王广彬：《社会法的几个基础性理论问题》，载《中国政法大学学报》2008 年第 3 期。

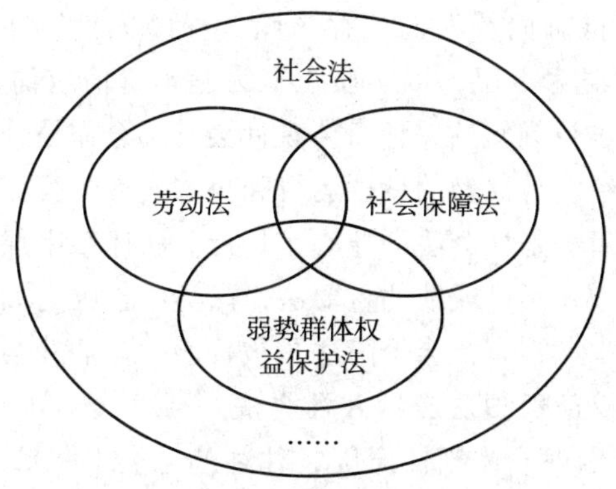

图1-1　社会法的体系

（一）劳动法是最基本的社会法

劳动是民生之本。在当今社会，一般而言，只要每一个有劳动能力的人都能够实现就业，拥有一份相对稳定的工作，他就能够获得较为稳定的生活来源，其本人和家人的生存就有了保障。因此，劳动就业是最基本、最直接、最稳定也是最好的社会保障。从此意义上说，劳动法是最基本的社会法。

从历史上看，劳动法是社会法的起源，劳动法是最早的社会法。早在1802年英国颁布了《学徒健康与道德法》，1806年法国颁布了《工厂法》，1839年普鲁士颁布了《工厂矿山条例》等。这些立法突破了私法平等保护、意思自治的原则，确认国家干预，对劳动者给予特殊的保护，开启了劳动立法的先河，它内含着社会法发展完善的基因。劳动法是保护劳动者的法律，也是保护社会弱者的法律，还是保护人权的法律。劳动法的立法宗旨是寻求个人利益和社会利益的协调发展；劳动法律关系的主体、客体、内容兼具公法和私法属性；劳动合同体现出国家意志和当事人意思自治的结合；劳动争议解决也是公法和私法手段并用。因此，劳动法具有社会法的属性，是社会法的重要组成部分。

（二）社会保障法是典型的社会法

自然风险和社会风险是与人类生存实践相伴随的普遍现象，只要人们进行实践活动就必定存在风险。风险一旦发生，将会给人们和社会造成意想不到的损失与严重的负面影响。因此，应对各种自然风险和社会风险是人类无法回避的问题。在现代社会，年老、疾病、伤残、失业、生育、死亡、灾害等风险依然可使人面临生活的困境。如何保障那些因各种原因而导致生活处于困境的人的基本生活，是国家必须高度重视、认真加以解决的重大课题。社会保障就是在个人及家庭在工业化与城市化的进程中日益缺乏抵御生存风险的能力，而传统的济贫措施无法满足社会需要，各种社会问题日益严峻，各种生存风险不仅影响到个人也影响到社会安定与发展时，被人们创造出来的一种通过法律规定由国家和社会举办、积聚社会力量来抵御危及人们生存风险、保障人们基本生活的制度化机制。社会保障法以社会利益为本位，以实质正义为基本价值取向，弥补市场经济的缺陷，对社会弱势群体进行倾斜性保护，体现社会互助合作精神，以实现其在谋求社会安全的基础上促进经济与社会的良性运行和协调发展的目标，具有鲜明的社会法属性。因此，社会保障法是社会法的核心，是社会法体系中保障和实现人权、维护社会安定、促进经济增长不可或缺的重要法律门类。正因为如此，在目前国内外各种对于社会法的界定中，唯有社会保障法是被普遍公认的社会法的组成部分。①

（三）弱势群体权益保护法应纳入社会法

由于自然灾害、生理或体制性原因，往往使社会上一些人成为弱势群体。弱势群体是指那些由于某种障碍及缺乏经济、政治和社会机会而在社会上处于不利地位的人群。他们若无国家和社会给予帮助、支持，仅靠自己的能力和努力，其生活难以达到社会认可的基本标准。② 如老人、儿童、妇女、残疾人、艾滋病人、下岗工人、失地农民等，其生存与发展状况需要依靠国家和社会的支持、扶助才能得到改变。弱势群体权益保护法，如《残疾人保障法》、《未成年人保护法》、《妇女权益保护法》等，都是由国家或社会对特定的弱势群体给予特殊保护，以平衡弱势和强势之间不公平、不合理的差距，实现实质平等和社会公正，保障这些弱势群体的生存权和发展权，从而促进社会的整体发展。因此，弱势群体权益保护法也具有社会法的特点，应纳入社会法体系之中，与劳动法和社会保障法相配套、相配合，并协调发展和进一步完善。唯有如此，我国社会法才能更好、更充分地发挥作用。

【案例研讨】

“5·12”汶川地震受灾群众社会救助

2008年5月12日14时28分04秒，四川省汶川县8.0级强震猝然袭来，大地颤抖，山河移位，满目疮痍，生离死别……这是新中国成立以来破坏性最强、波及范围最大的一次地震。截至2008年7月2日12时，地震已造成69 195人遇难，374 176人受伤，18 389人失踪，96 383人住院治疗，922.44万人沦为无房可住、无生产资料和无收入来源的“三无”人员和孤儿、孤老、孤残的“三孤”人员……直接经济损失达8 451亿元。③

汶川地震发生后，根据国务院的决定，民政部向地震灾区紧急调运帐篷150多万顶、彩条布4 500多万平方米、衣被1 900多万件（床）和大量方便食品，下拨生活救助专项资金107亿元。卫生部、民政部、财政部对灾区伤病人员实施医疗救助政策。其中，对各省安排收

① 郑尚元、李海明、扈春海：《劳动和社会保障法学》，中国政法大学出版社2008年版，第436页。

② 李昌麒：《弱势群体法律保护问题研究——基于经济法和社会法的考察视角》，载《中国法学》2004年第2期。

③ 参见民政部党组：《切实保障汶川地震灾区群众基本生活》，载《求是》2009年第11期。

治灾区伤员的医院，按接收灾区伤员数量，平均每人给予2.8万元医疗费用补助。对伤病人员的就餐费用、随同陪护人员的食宿费和出院伤病人员、随同陪护人员的返川交通费将给予补助，原则上对每名伤病人员按1名随同陪护人员给予补助。具体补助标准由接收地省级民政、财政和卫生部门确定。民政部、财政部、住房和城乡建设部、人力资源和社会保障部等部门抓紧研究制定了中央临时生活救助、后续生活救助、倒损房屋恢复重建、就业援助等政策。(1) 临时生活救助。2008年5月20日，民政部、财政部、国家粮食局下发的《关于对汶川地震灾区困难群众实施临时生活救助有关问题的通知》规定，中央财政对因灾"三无"人员（无房可住、无生产资料和无收入来源的困难群众）按每人每天补助10元钱和1斤成品粮、"三孤"人员（孤儿、孤老、孤残）每人每月补助600元的标准给予补助，补助期限为3个月（即2008年6~8月）。为此，中央财政共安排四川、陕西、甘肃、重庆、云南五省市临时生活救助资金82.74亿元，共救助受灾困难群众922.44万人。(2) 后续生活救助。在3个月临时生活救助政策到期后，对汶川地震重灾区四川、甘肃、陕西三省困难群众继续给予后续生活救助。根据民政部、财政部下发的《关于对汶川地震灾区困难群众实施后续生活救助有关问题的通知》，对"三孤"人员，生活困难的遇难（含失踪）者、重伤残者家庭人员，异地安置人员，因灾住房倒塌或严重损坏且生活困难的受灾群众，每人每月补助200元，补助期限为3个月（即2008年9~11月）。为此，中央财政共向四川、甘肃、陕西三省安排25亿元中央后续生活救助资金，共救助受灾困难群众381.72万人。四川省制定了本省后续生活救助政策，对省政府确定的51个重灾县（市、区）"三孤"人员每人每月补助400元，生活困难的遇难（含失踪）及重伤残者家庭人员每人每月补助300元，对异地安置的受灾人员（含集中安置人员、符合条件的寄宿制学生）和因灾住房倒塌或严重损坏且生活困难的受灾群众每人每月补助200元。(3) 冬春灾民临时生活救助、城乡低保与农村五保供养。对于救助过渡期结束后仍然存在生活困难的受灾群众，按照有关规定纳入城乡低保、农村五保供养或冬春救助体系。其中，冬春灾民临时生活救助是为帮助受灾困难群众解决2008~2009年冬春期间基本生活问题，中央财政安排了受灾群众冬春临时生活困难救助专项资金39.9984亿元，用于解决受灾群众口粮、衣被、取暖等基本生活困难。(4) "三孤"人员安置。对"三孤"人员实行临时安置与长期安置相结合、集中供养与分散抚养相结合的方式妥善安置。(5) 农户住房恢复重建。汶川地震后，国务院颁布了《汶川地震灾后恢复重建总体规划》和《汶川地震灾后恢复重建条例》。中央财政对汶川地震房屋倒塌或严重损坏、无家可归的农户重建住房，原则上按每户平均1万元的标准补助，对其他损房农户给予适当补助。受灾省（市）接收的社会捐赠资金，要重点用于农户倒损房屋恢复重建。对于条件困难、无力完成农房重建的贫困户，建立专项担保基金，对金融机构向农村贫困户发放的住房重建贷款提供担保。(6) 实施就业援助政策，帮助因灾失去工作岗位的劳动者尽快恢复就业。(7) 积极采取应对措施，确保因灾参保工伤职工及家属待遇得到及时支付。

评析：

我国自古以来就是一个自然灾害频发且受灾较重的国家，"5·12"汶川特大地震是一个典型例证。汶川地震使我们切身感受到了地震对人类生命财产安全造成的巨大威胁与破坏，也促使我们进一步关注如何建立健全我国自然灾害救助制度。自然灾害救助是指国家对因遭遇各种自然灾害而陷入生活困难的公民，提供维持最低生活水平的资金、实物或服务援助，以帮助其渡过困难的一种社会救助制度。社会救助制度是社会法的起源，也是最能彰显社会法特征与理念的一项社会法律制度。汶川地震后，我国动员、整合全社会的力量，众志成城，进行灾后救援和救助，减轻震灾损害后果，帮助灾区人民解决各种困难，尽快恢复正常的生活和生产秩序，树立了一个成功自然灾害救助的“标杆”。

（1）根据2006年国务院发布的《国家自然灾害救助应急预案》，启动了Ⅰ级应急响应，救援人员及时赶赴灾区现场，第一时间预拨临时生活补助资金，救援物资和装备及时到位，灾情信息迅速公开，医疗救助和生活救助迅速跟进……为挽救灾区人民的生命财产赢得了宝贵的时间。

（2）根据不同时段受灾群众生活所需，中央及时制定了临时生活救助、后续生活救助、冬春灾民临时生活救助、“三孤”人员救助安置等生活救助政策，累计救助受灾群众近1 300万人次。随即又制定了灾后恢复重建总体规划、恢复重建条例和房屋倒损农户住房重建工作的指导意见，编制了灾区农房倒损恢复重建规划和民政公共服务设施重建规划，使灾区农户住房恢复重建工作稳步推进。此外，还下发了灾区实施就业援助和对口援助措施，将就业援助与抗震救灾紧密结合起来。一年来，灾区群众的生活得到妥善安排，灾后恢复重建取得了重要的阶段性成果，为夺取抗震救灾工作的全面胜利奠定了坚实基础，显示了我国政府强有力的组织能力，表明我国救灾机制的体系已基本建立：一是建立了应急响应机制；二是建立了紧急救援机制，以保证灾民在受灾时能够有饭吃、有衣穿、有居住地，有干净的水喝，有病能够及时得到治疗；三是建立了灾后灾民的救助制度，主要是灾后生活救助和房屋倒损恢复重建。

（3）依据《救灾捐赠管理办法》的规定，广泛发动社会救灾捐助。汶川地震接收社会各界捐款659.96亿元、捐赠物资折价107.16亿元，极大地补充了国家救灾资源，为受灾群众生活安置和灾后恢复重建发挥了重要作用。

但是，我们也应清醒地认识到，汶川地震社会救助工作主要靠的是行政命令和政策，而不是法律。因此，所有相关政策措施不可避免地带有应急性、临时性和个案性。把经实践证明行之有效的自然灾害救助政策措施，上升为固化、制度化和具有普遍适用性的法律法规，是十分必要的。为此，2010年7月8日国务院颁布了《自然灾害救助条例》，自2010年9月1日起施行。该《条例》首次以规范自然灾害救助工作、保障受灾人员基本生活为宗旨，对自然灾害预防、救助准备，灾中应急救援和过渡性安置，灾后恢复与重建，以及救助款物管理等，都做出了系统、明确的规定。例如，第14条规定，灾害发生并达到应急预案启动条件的，县级以上人民政府或者自然灾害救助应急综合协调机构应当及时启动应急响应，紧急转移安置受灾人员，紧急调拨资金和物资，及时向受灾人员提供食品、饮用水、衣被、取暖、临时住所、医疗防疫等应急救助，抚慰受灾人员，处理遇难人员善后事宜，组织开展自救互救，组织救助捐赠。第 18 条规定：“受灾地区人民政府应当在确保安全的前提下，采取就地安置与异地安置、政府安置与自行安置相结合的方式，对受灾人员进行过渡性安置。”第 19 条规定：“自然灾害危险消除后，受灾地区人民政府应当统筹研究制定居民住房恢复重建规划和优惠政策，组织重建或者修缮因灾损毁的居民住房，对恢复重建确有困难的家庭予以重点帮扶。”第 21 条规定：“自然灾害发生后的当年冬季、次年春季，受灾地区人民政府应当为生活困难的受灾人员提供基本生活救助。”至于救助的标准和期限，则应依受灾的实际情况和现实需要具体确定。

但我们也必须看到，无论是已出台的《自然灾害救助条例》，还是尚未出台的《社会救助法》（草案），都未规定自然灾害救助与其他社会救助、其他社会保障制度之间衔接的问题，特别是对因自然灾害而成为“三孤”或残疾人员的长期救助或康复问题未作规定。这也许是《社会救助法》（草案）需要进一步修改和完善的地方。同时，针对像汶川地震这样的巨大自然灾害，可以考虑以灾害保险为社会救助的补充。对此，中国人寿对汶川地震孤儿每月发放 600 元生活补助和民政部把具有手术适应症的残疾孤儿纳入“残疾孤儿手术康复明天计划”的做法，值得肯定和推广。

思考问题与案例

一、思考问题

1. 如何理解社会法的内涵？
2. 怎样认识社会法的外延？
3. 社会法是“第三法域”还是“独立法律部门”？为什么？
4. 社会法的基本原则有哪些？
5. 怎样理解社会法的体系？

二、思考案例

原告张某向珠海市中级人民法院起诉，请求香洲区人民政府和香洲区民政局按照《广东省社会救济条例》和《中华人民共和国残疾人保障法》的规定，给予张某肿瘤致局部骨节残疾医疗所需手术治疗的救济金 8 万元。法院经审理查明：原告肢体残疾（有残疾证），无生活来源，未结婚，无子女，有一位无劳动能力和经济来源的母亲。自 2001 年 10 月开始，原告因左上臂患肿瘤自己到多家医院进行诊疗并接受手术治疗，支付数万元医疗费。2003 年 5 月经原告申请，香洲区民政局审查批准每月向原告发放最低生活保障救济金 300 元，并按每月 42 元（300 元的 14%）发放基本医疗保障费用，还于 6 月 12 日从低保基本医疗资金中批出 800 元给原告用于治病，8 月 6 日又对原告进行临时救助 6 000 元。香洲区政府从香洲区扶贫济困资金中分两次救助原告 10 000 元用于治病，市总工会救助 3 500 元，市红十字会救助 3 000 元，市残联救助 5 000 元，区残联救助 3 000 元。10 月 10 日原告又向香洲区政府、香洲区民政局、香洲区卫生局、前山街道办事处、翠微居委会等单位申请要求 8 万元的切除肿瘤手术治疗费用，香洲区政府和香洲区民政局未予批准。原告据此向法院起诉香洲区政府和香洲区民政局不履行社会救济义务。

法院认为，香洲区民政局和香洲区政府按照《广东省社会救济条例》规定的救济形式对原告进行社会救济并未违反法律规定，根据原告的情况实行每月最低生活保障救济包括基本医疗费用为342元并无不当。根据《广东省社会救济条例》的规定，社会救济是一种最低生活保障救济，是为保障救济对象的基本生存需要，原告左手上臂患肿瘤需进行手术治疗，按照原告的主张，所需费用多达8万元，这一费用标准已远远超过了社会救济的一般标准。而且香洲区民政局和香洲区政府等多家单位对原告进行了不同程度的救助，给予其一定数额的治病费用，这些均体现了国家和社会对残疾人的救助，但这并不意味着两被告需要承担原告继续进行手术的费用。故原告要求被告救济8万元手术费的请求没有法律依据。判决驳回原告张某的诉讼请求。①

问题：

（1）原告张某主张香洲区政府和香洲区民政局履行8万元社会救济义务是否合理合法？为什么？

（2）通过本案，你能体悟到社会法的基本理念和处理方式与民法、行政法有何不同？

（3）法院对本案的处理体现了社会法的哪些原则？

① 参见北大法宝：《张某诉珠海市香洲区人民政府等不履行社会救济义务纠纷案》，http://vip.chinalawinfo.com/Case/displaycontent.asp?Gid=117458706&Keyword，2011年6月15日。

第二章　劳动法的历史沿革

【本章导语】

以 1802 年英国《学徒健康与道德法》为标志，劳动法逐渐从传统民法中超越出来，发展成为一个独立的重要法律部门。经过 200 余年的历史发展，西方资本主义国家劳动法日臻完备而发达，其中有许多载入史册的优秀立法成果。我国在改革开放尤其是实行市场经济体制改革以来，劳动法获得了很大的发展，2007 年三部劳动法的同时出台谱写了我国劳动立法的新篇章。活跃在国际舞台上的国际劳工组织，组织制定了大量国际劳工公约，对各国立法起了借鉴和推动作用。本章主要介绍了中外劳动法产生和发展的历史脉络。学习时注意理解中外劳动立法史上一些重要立法的内容，并从中体会劳动法的基本法理。

【引导案例】

上海市三友实业社劳资纠纷案

20 世纪 30 年代初期，三友实业社是上海棉织业一家著名的民族企业，每年盈余数十万元，在上海数十家国人自营棉织厂中首屈一指。1929 年，三友实业社在上海总厂之外，又设分厂于杭州。三友实业社总厂引翔港厂坐落于上海黄兴路。1932 年“1·28”事变时厂址被日军占领，厂方被迫停工，1 300 多名工人亦离厂四散。淞沪停战协议签订后三友社资方不仅无意复厂，反拟将沪厂机器转移至杭州分厂。为此，该厂工会组织工人请愿团，多次要求资方复工，资方坚拒。工人多次请求资方酌给津贴，均遭拒绝，遂回厂居住，并守护机器，阻止资方将机器拆运杭州。

1932 年 6 月 9 日，上海市政府社会局召集劳资双方进行调解未果。工人再向上海地方当局请愿、向国民党中央上告、集队向资方请愿。请愿无望，就组织绝食团、哭诉团，分别向上海党政机关及各社会团体寻求同情和声援。孰料资方非但未为所动，反而停止供给工人临时生活费，并切断工人生活水源，使矛盾更趋激化。8 月 24 日，中央民运会致电上海市党部和市政府（称“养电”）：“三友实业社，延不开工，工人绝食，情形甚惨，务恳以非常手段，强迫资方克日开工。在未复工前，关于工人伙食，须充分接济。”不久，国民党中央实业部亦致电上海市政府，三友社工人生机绝望，请严饬资方从速复工。上述电文在沪上各报公开发表后，迅速激起上海资本家阶级的集体反弹，90 多家资方团体联合发表宣言和通电，反对中央民运会“养电”。上海 60 余个工会团体亦纷纷张旗击鼓，急起回应。由此形成上海工人阶级与资本家阶级两大阵营势均力敌的对垒态势。

上海市党政机关接到国民党中央民运会“养电”后，因资方强烈反对，实际未能贯彻“以非常手段强迫资方克日开工”的命令。强制手段既难以执行，调解又不奏效，上海市政府乃决定组织仲裁委员会对三友社劳资纠纷进行仲裁。仲裁委员会按规定由市政府、市党部、地方法院以及劳资双方代表组成，仲裁于1932年8月31日举行。仲裁委员会在资方缺席的情况下仍然做出裁决，一方面认定三友社在沪战中的损失不足以构成歇厂的理由，同时又认为该公司在1932年上半年的亏损与前三年的盈余大致相当，其营业前途堪虞，最后乃裁定资方应于3个月内恢复至少1/5工人的工作，其余工人则照原约解雇。资方依照此时的《劳资争议处理法》对仲裁裁决声明异议，并向地方法院提起上诉。由于三友案延而不决，工人面临生存危机，一方面电呈国民党中央和沪市当局请求紧急处置；另一方面再度绝食。而按照《劳资争议处理法》的规定，政府对仲裁裁决无强制执行之权。在束手无策的情况下，国民党中央乃决定重行修订《劳资争议处理法》，并决议交“立法院”审议。1932年9月27日，国民党中央公布实施修正后的《劳资争议处理法》，恢复强制仲裁。1932年9月24日，上海地方法院驳回三友社资方上诉，维持仲裁裁决。资方不服，复上诉到江苏高等法院。江苏高等法院根据新修正的《劳资争议处理法》维持原裁决。资方仍不服，又于1933年1月向最高法院提起上诉，再遭驳回。但资方仍旧延不开工，抗不履行裁决。1933年4月，最高法院将此案发交上海地方法院依法执行。上海地方法院多次开庭欲予执行，无奈资方仍然顽抗而毫无办法。直至1933年12月29日，在沪上名人杜月笙的调停下，资方支付工人6.5万元解雇金，工人声明放弃仲裁裁决所规定的复工权和伙食费等权利，纠纷才最终解决。①

【重点问题】

1. 劳动法产生的原因和过程。
2. 工人运动在劳动立法及其发展中所起的作用。
3. 劳动立法对保护劳动者权益宗旨的体现。
4. 中外劳动立法状况。
5. 中外劳动立法对我国今后劳动立法的启示意义。

第一节　劳动法的起源

劳动作为人类谋生的基本条件，与人类社会共始终。但是，作为调整劳动关系的劳动法，却是人类社会发展到资本主义阶段的产物。劳动法起源于19世纪初期资本主义国家的“工厂立法”，以1802年英国《学徒健康与道德法》为标志。②

---

① 王奇生：《工人、资本家与国民党——20世纪30年代一例劳资纠纷的个案分析》，载《历史研究》2001年第5期。

② 任扶善：《世界劳动立法》，中国劳动出版社1991年版，第31页。

一、资本原始积累时期的“劳工法规”

在资本主义初期，新兴资本家为了扩大国内外市场，需要大批自由劳动力和大量货币兴办手工业工场，因而采取了暴力掠夺的手段，进行长达三个世纪的资本原始积累。其中，以英国“圈地运动”最为典型。在英国，从14世纪起，随着毛纺织业的发展，地主开始用篱笆、壕沟圈强占农民土地，毁灭村庄，把农民赶走，变耕地为牧场，制造了闻名历史的“羊吃人”惨象。在“圈地运动”中被剥夺了土地的大量农民，不愿离开农村到城市资本家的工场做苦工，到处流浪，行乞、盗窃、骚乱不断发生。于是英国颁布了一系列“劳工法规”，企图用血腥的法律把他们驱赶到资本主义作坊和手工工场，变为雇佣工人，以满足资本家对劳动力的需要。例如，1349年英王爱德华三世颁布了历史上第一个《劳工法》，规定12~60岁的男女，凡没有土地和其他生活资料来源者，都必须按黑死病流行前的工资受雇，并规定了雇工的工作日界限。1351年英国国会又通过法令规定，凡拒绝受雇者要戴枷下狱。1361年颁布新的《劳工法》，规定凡擅自离开雇主者，不但要坐牢，而且还要在身上烙印。1536年规定，有劳动能力的游民一经捕获，要在最近的集市上游街，鞭打出血；如再被捕，除鞭打外要割去半个耳朵；第三次被捕则处以死刑。1562年伊丽莎白女王颁布的《学徒法》规定，在法律规定的定额以上支付工资的人都要受到处罚，其中支付较高工资的人判处监禁10日，取得工资的人判处监禁21日。“劳工法规”的目的是，不仅保证资本主义手工业工场有充足的劳动力来源，而且还强迫劳动者接受资本家极其苛刻的工作条件，强化资本家对工人的剥削。因此，“劳工法规”一般不被认为是劳动法的起源。

二、劳动法的起源：“工厂立法”

17世纪英国资产阶级革命取得了胜利，资本主义生产方式取得了统治地位，资本主义的雇佣劳动关系最终确立。由于政府对劳资关系采取“自由放任”政策，产业革命完成后，随着机器大工业的兴起，资本家开始凭借政治上的优势和经济上的强制，自由地加强对工人的剥削。资本家大幅度地降低工人工资，尽可能地延长工作时间，无限制地增加劳动强度。为了赚取最大利润，大量雇佣廉价的女工和童工。当时英国工厂的工作时间每天延长到14小时以上，“只要没有累倒就必须夜以继日地工作而不得休息。”“直到耗尽他们肌肉和血管的最后一点力气才肯罢休。”[①] 再加上工厂的劳动条件极其恶劣，工人的健康状况日益恶化，死亡率大大提高。为了保护自身的生存权利，工人们最初自发进行反对使用机

① 转引自任扶善：《世界劳动立法》，中国劳动出版社1991年版。

器、破坏机器的斗争，后来发展为改善劳动状况的经济斗争。

工人日益恶化的劳动状况引起社会各界的关注。当时英国一些慈善家和社会活动家目睹儿童与妇女们的悲惨状况不时提出指责和批评。少数开明的资本家和政治家也同情工人的遭遇，一再向英国议会提出倡议和施加影响。在各方面的压力和影响下，英国议会于1802年被迫通过了《学徒健康与道德法》，规定纺织厂18岁以下的学徒每日工作时间不得超过12小时，并禁止学徒在晚9时至翌日5时之间做夜工。但该法仅适用于从救济院出来的贫苦儿童。该法于1819年修正后，规定纺织业禁止雇佣9岁以下的儿童从事工厂劳动，16岁以下的童工每日的最高工作时间为12小时。1833年以后，英国又陆续颁布了几项法规，将禁止雇佣童工的范围逐渐扩大到其他行业，将童工的年龄作了进一步限制，并将限制工作时间的范围扩大到女工。继英国之后，其他一些资本主义国家如瑞士（1815年）、德国（1839年）、法国（1841年）等国也先后颁布了限制童工工作时间和夜工的法律。这些限制资本家剥削工人的法律统称为“工厂立法”。

与以前的“劳工法规”相比，“工厂立法”是保护劳动者的立法，它通过规定工时上限和工资下限，以限制资本家的剥削程度。因此，各国学者都公认“工厂立法”为劳动法的起源，并把英国《学徒健康与道德法》视为劳动法产生的标志。

三、劳动法产生的原因

劳动法的产生，是人类社会发展的必然现象。主要原因在于以下三方面。①

1. 劳动法的产生是工人阶级长期斗争的结果。为了维护自身的生存权利，在18世纪中叶以后，工人阶级就自发组织起来与资本家进行斗争，斗争的形势越来越激烈、规模越来越大，严重影响到社会安定和经济发展。面对工人阶级的反抗和社会压力，资产阶级政府不得不采取法律手段限制剥削、协调劳资冲突。许多劳动法律法规正是在工人阶级斗争的压力下制定颁布的。

2. 劳动法的产生是资本主义大工业生产的客观要求。劳动者是生产力系统中的决定性因素，劳动力自身的生产和再生产是生产力得以持续发展的必要条件。在资本原始积累时期，资本家雇佣大量童工、女工，突破人的生理界限延长工作时间，导致工人的健康状况恶化、平均寿命缩短、死亡率提高等劳动力资源枯竭的危险。为了保证资本主义大工业生产顺利进行，必须从立法上对资本家的剥削予以限制，给劳动者以生存的空间，以确保资本主义生产过程中劳动力资源的正常供给。

3. 劳动法的产生是维持自由市场竞争的需要。资本主义经济是自由竞争的经济，而自由竞争必然要求平等的竞争条件。资本家对工人的剥削作为一种外在强加的条件，必然会对资本家的用工成本产生重要影响，由此影响其产品的市场

---

① 王全兴主编：《劳动法学》，高等教育出版社2008年版。

竞争力，因此，要求法律对资本家的剥削实行平等的限制，以确定其平等竞争的起跑线。作为劳动法开端的“工厂立法”，就起着平等地限制资本家剥削的作用。

第二节　外国劳动立法概况

一、自由竞争时期的劳动立法

在资本主义自由竞争时期，雇佣劳动关系一般由民法调整。以英国《学徒健康与道德法》为开端，国家仅在较小范围内，针对童工、女工、工作时间、工资等某个方面的特殊问题进行劳动立法，以限制资本家过度剥削工人。

1. 工厂法的发展。各国劳动立法开始基本上都以工厂立法为主。到19世纪后半期，欧美各资本主义国家差不多都制定了工厂法或类似的法规，有些殖民地和附属国也开始制定工厂法；工厂立法的适用范围逐步扩大，从只适用于纺织业发展成为普遍适用于所有工矿业，但还未包括全部劳动者。工厂法的内容逐渐充实，逐渐增加规定缩短工作时间、提高儿童就业年龄、限制女工从事夜间工作以及工厂、矿山的安全卫生条件和工资支付等内容，并建立了工厂检查制度等。1842年英国颁布了《矿工与矿山法》，1847年又颁布了《十小时法》，这些法令只适用于童工及女工。直到1864年，英国才颁布了适用于一切大工业的工厂法。德国于1839年颁布了《普鲁士工厂矿山条例》，禁止使用童工以及未成年工每日10小时以上的劳动和夜间劳动。法国于1806年制定了工厂法，1841年颁布了《童工、未成年工保护法》。

2. 工会法的演变。工会法经历了对工会绝对禁止、相对禁止、完全承认三个阶段。到19世纪后半期，欧洲各国多已承认工会为合法组织，对工会的行动也给予一定自由。如英国在1824年颁布法令承认工人有结社权。1868年英国成立全国总工会。1871年英国公布了《工会法》，正式承认工会的合法地位和集体谈判权，这是世界上第一部现代工会法。但有的国家还不承认罢工权。

3. 劳动争议处理法的产生。以前各国对劳动争议没有专门的审理机构和程序，而是适用民事、刑事程序。1824年英国颁布了《关于雇主与雇员间争议仲裁的统一修正法案》，开始确立了劳动争议处理制度。1896年英国通过《调解法》，确认了劳动争议的任意调解制度。在19世纪后半期，英国、法国、新西兰、美国等国家陆续设立了劳动争议调解、仲裁的专门机构。新西兰于1890年通过立法率先开始对劳资纠纷实行强制仲裁，其他先进工业国家纷纷效仿，在劳动立法中规定了处理劳动纠纷的法律程序。

4. 社会保险法的产生。19世纪末，德国率先实行社会保险制度，1883年制定了世界上第一部现代社会保险法律——《疾病保险法》，1884年颁布《工伤保险法》，1889年颁布《老年和残障保险法》。此后，三部保险法的适用范围不断扩大，并颁布了一些相关的保险法令。随后，英、法等国制定了工人伤亡事故赔偿的法规。

二、私人垄断时期的劳动立法

资本主义发展到私人垄断阶段以后，劳动立法获得了很大发展，劳动法的适用范围不断扩大、内容更加丰富、体系趋于完善。劳动法终于从民法中分离出来，成为独立的法律部门。[①] 劳动法的发展特点如下：

1. 劳动法已遍及绝大多数国家。制定劳动法的国家越来越多，特别是以前没有颁布过任何劳动法规的亚洲、非洲、拉丁美洲国家，都先后制定了自己的工厂法和其他劳动法规。

2. 劳动法体系逐步趋向完整。劳动法的内容在一些国家继续充实和增多，如英国1901年制定的《工厂和作坊法》，对劳动时间、工资给付日期、地点以及建立以生产额多少为比例的工资制等都作了详细规定。劳动合同已由民法转入劳动立法的范围，疾病、老年、残疾保险制度逐步在各国建立，还增加了失业保险制度；许多国家设立劳工部，作为劳动法执行及其监督的最高主管机关；劳动法的适用范围，在一些国家已扩大到工业、交通、商业等各个经济部门和文教部门的雇主与劳动者；劳动法的形式中已出现作为最高形式的劳动法典，如《法国劳动法典》。

3. 社会主义劳动法的产生。俄国十月革命胜利后，苏维埃政权颁布了《关于8小时工作日、工作时间的长度和分配》的法令，在历史上第一次实现了8小时工作制的要求。这是社会主义国家的第一个劳动法令，是社会主义劳动立法的开端。[②] 1918年苏俄颁布了第一部社会主义《劳动法典》，这是历史上最早的劳动法典。1922年又重新颁布了更完备的《俄罗斯联邦劳动法典》，对集体合同、劳动合同、内部劳动规则、劳动报酬、工作时间、休息时间、徒工和妇女及未成年工的劳动、劳动保护、工会、劳动争议的解决、社会保险等都作了详尽规定。它以法典的形式使劳动法彻底脱离了民法的范畴而获得独立的部门法地位。

4. 资本主义国家劳动立法出现曲折波动。在20世纪前半期，资本主义国家劳动立法出现了两种不同倾向：一种是以德、意、日为代表的法西斯国家，不仅把已经颁布实施的改善劳动条件的法令一一废除，而且把劳动立法作为实现法西斯专政、进一步控制工人的工具。如德国希特勒法西斯政权颁布的《国民劳动秩序法》，取消工会，确认资本家是企业的领袖，工人、职员对资本家必须绝对服从。另一种是以英、美为代表的一些国家，为了摆脱经济危机，对工人采取了一定的让步政策。英国于1932~1938年间先后颁布了缩短女工和青工劳动时间、实行保留工资年休假以及改善安全卫生条件的几项法律。美国在1935年颁布《国家劳工

---

① 参见任扶善：《世界劳动立法》，中国劳动出版社1991年版，第75页。
② 参见任扶善：《世界劳动立法》，中国劳动出版社1991年版，第114页。

关系法》（即《华格纳法》），规定工人有组织工会和工会有代表工人同雇主订立集体合同的权利，1938 年又颁布了《公平劳动标准法》，规定工人最低工资标准和最高工作时间限额，以及超过时间限额的工资支付办法。在两次世界大战期间和前后，劳动立法发生了几次前进和后退的大波动。在前进时期，各国都制定过一些向工人阶级让步的法规；在倒退时期，各国都不同程度地取消或停止执行原来的法律，制定延长工时、实行冻结工资、限制工会活动等对工人不利的法规。

三、国家垄断时期的劳动立法

第二次世界大战结束以后，主要资本主义国家由私人垄断发展到国家垄断的新阶段。在此阶段，劳动法又有了许多新进展。其特点主要如下。

1. 劳动权入宪。例如日本 1946 年《宪法》、意大利 1947 年《宪法》、瑞士 1947 年《宪法》修正条款、西班牙 1949 年《宪法》、葡萄牙 1976 年《宪法》等，纷纷对公民的劳动权做出明确规定，使劳动权成为公民的基本权利并得到最有尊严的保障。

2. 反就业歧视、就业促进立法的出现。反就业歧视立法的出现，平等权等《宪法》基本权利得到保护。如美国 1964 年《民权法案》要求雇主不得有基于种族、性别、宗教、民族血统、年龄及残疾的歧视。国家开始立法促进就业，保障公民的劳动就业权。如德国 1969 年制定了《就业促进法》，规定了劳动市场研究、职业咨询和职业介绍，职业培训，保持和开发工作岗位，发放开工不足补助金等就业促进措施。

3. 劳动立法的法典化突出。当今世界各国制定全国统一的劳动法典已形成一种趋势，如加拿大（1965 年）、土耳其（1967 年）、法国（1973 年）、菲律宾（1974 年）、蒙古（1974 年）、朝鲜（1978 年）、阿拉伯也门（1970 年）、卢旺达（1967 年）等，都相继颁布了劳动法典。其中，法国 1973 年颁布、1981 年修订《劳动法典》，包括关于雇佣的协定、雇佣条例、安置的雇佣、受雇者的职业协会，分享和物质鼓励、劳动争议、对劳动法规实施的监督、对于某些职工的特殊规定、对于海外机构的特别规定和作为终身教育的继续职业培训等，其中不包括社会保险方面的立法。

4. 劳动法的体系进一步完善。在劳动法体系中，已包括就业措施、劳动合同、学徒合同、工资、工时与休假、妇女和儿童劳动、安全与卫生、社会保障、工会、集体合同、劳动争议处理、劳动执法监督等主要组成部分，构成了当代资本主义劳动法的完整体系。

5. “二战”后劳动立法的内容出现倒退和进步两种现象。“二战”后资本主义总危机进一步加深，很多国家产生了一批限制工会权利和镇压罢工运动的反工人立法。如美国 1947 年《劳资关系法》（又称《塔夫脱—哈特莱法》），虽然承认工人的罢工权，但限制工人参加工会，把工会变成一种受政府和法院监督的机构，禁止工会以工会基金用于政治活动；规定要求废除或改变集体合同，必须在60日前通知对方，在此期间，禁止罢工或关厂，而由联邦仲裁与调解局进行调解；规定政府有权命令大罢工延期80日举行，禁止共产党人担任工会的职务等。到20世纪60年代，西方国家的劳动立法出现了新的趋势。在工人运动的压力下，各主要国家相继颁布了一些改善劳动条件和劳动待遇的法律，如法国颁布了关于改善劳动条件、男女同工同酬、限制在劳动方面种族歧视的法律。日本于1976年重新修订了《劳动标准法》，还制定了关于最低工资、劳动安全与卫生、职业训练、女工福利等方面的法律。

四、当代劳动法的发展趋势

当今世界，和平与发展是两大主题。寻求国内劳资关系的和谐与社会安定，加强国际交往与合作，加之全球经济一体化发展，使资本主义国家的劳动法出现新的发展趋势。①

1. 打破意识形态枷锁，进入合作本位的新时代。工业革命以来曾经被认为是劳资间互动基础的阶级“斗争”正逐渐消失，以“合作”为本质的劳资关系体制则逐渐形成。劳资政各方合作共同提升工作环境的品质，落实工作环境权，可断言将成为21世纪劳资关系体制的主轴。

2. 劳动关系将以社会安全体系为基础。从劳资关系法制化的角度观察，21世纪劳资关系发展的基础必然以建立完整的社会安全网为前提。“二战”后，解决劳动问题的主要手段，逐渐超出单纯劳动法的范畴，借由社会法所建立之社会安全网共同完成。

3. 经济全球化强烈冲击劳动力市场。在全球化的时代环境中，不但国家之间贸易竞争激烈，国内市场也将向世界开放而完全暴露在全球激烈的市场竞争中，过去以国内为基础的各国劳资关系体制面临严重的挑战。一方面，在劳动力市场竞争中，跨国经营的多国籍企业与本国大企业比较利益的结果是，企业很容易移往海外劳动成本较低的地区，造成严重的社会治安问题。另一方面，劳动力的跨国劳动，使境外劳务派遣将越来越普遍，对劳动立法和劳动力市场管理提出了新的挑战。

4. 资讯化造成劳资关系结构性的影响。资讯化的推进，将深刻地影响目前劳资关系的组成与结构，不但工会的组织动员方式、劳资关系的游戏规则不断推陈出新，甚至在雇主与劳工的个别关系上，亦即劳动契约制度上，根本的转变已然形成，这对于21世纪整体劳资关系体制将产生重大影响。

---

① 黄越钦：《劳动法新论》，中国政法大学出版社2003年版，第6~8页。

第三节　中国劳动立法概况

一、新中国成立前的劳动立法

（一）旧中国劳动立法概况

1. 北洋政府颁布的《暂行工厂规则》，标志着中国劳动法的产生。鸦片战争以后，中国资本主义工业诞生并不断发展，工人阶级也随之发展壮大。由于受帝国主义、封建主义和资本主义三重压迫，工人们的工作时间长、工资低、劳动条件恶劣，不仅生活极度贫苦，而且毫无民主权利和法律保障。为了维护生存权利，工人们进行了顽强地斗争，并进而提出了争取劳动立法的口号，罢工斗争风起云涌。1921 年 8 月，中国共产党成立了中国劳动组合书记部，作为领导中国工人运动的总机关。1922 年 5 月，第一次全国劳动大会通过了《八小时工作制案》。1922 年 6 月，中国共产党发表对时局的主张，提出了斗争目标 11 条，其中包括废止反劳工的立法和制定保护童工、女工及劳动安全健康的法律。1922 年 8 月，中国共产党中国劳动组合书记部举行了争取劳动立法的运动，拟订了《劳动立法原则》，制定了《劳动法大纲》，发出了《关于开展劳动立法运动的通告》，得到了各地工人的积极响应。

在强大的工人运动和社会各界的压力下，1923 年 3 月 29 日，北洋政府农商部颁布了《暂行工厂规则》，内容包括最低受雇年龄、工作时间与休息时间、对童工和女工工作的限制，以及工资福利、补习教育等规定。这是中国历史上第一部有关保障劳动者权益的法规，是我国“工厂立法”的开始，标志着中国劳动法的产生。① 此后，北洋政府又颁布了《矿工待遇规则》、《煤矿爆发预防规则》、《矿工待遇条例》等法规。但由于北洋政府根本不具备实施这些法规的主客观条件，这些法规只是一纸空文。

2. 国民政府的劳动立法。1924 年 1 月，孙中山领导的广州革命政府召开了国民党第一次全国代表大会，在《大会宣言》的政纲中提出了制定劳工法，保护劳动者、改善劳动者生活状况，保障劳工团体并扶助其发展等基本主张，从而为这一时期的劳动立法奠定了基本原则。1924 年 11 月，广东革命政府颁布《国民政府工会条例》，宣布工人有组织工会的权利，确认工会有集会、结社、言论、出版和罢工的自由。这是我国历史上承认工会法律地位、保护工会权利和自由的首次立法。1926 年，国民党第三次全国代表大会通过《工人运动决议案》，做出了实行 8 小时工作制、制定最低工资标准、保护女工和童工等规定。同年 8 月颁布《劳工仲裁条例》、《国民政府解决雇主、雇工争执仲裁条例》。广东革命政府

---

① 参见石美遐：《劳动法学》，中国劳动社会保障出版社 2004 年版，第 55 页。

迁至武汉后，武汉国民政府发布《临时工厂条例》、《上海工资调节条例》。这些法规对于工人运动的发展和工人权益的保护起着积极作用。

1927 年南京国民政府成立，同年 7 月 9 日成立劳动法起草委员会，开始编纂劳动法典。后来“立法院”决定不用法典形式，而采取单行法形式来颁布劳动法。1928 年颁布《劳动争议处理法》和《工会组织条例》。1929 年颁布《工会法》和《工厂法》。1930 年颁布《工会施行法》和《团体协约法》。1932 年 12 月颁布《修正工厂法》和《工厂检查法》。1936 年颁布《最低工资法》。抗战中，国民政府内迁重庆后颁布了《职工福利金条例》、《职工福利金条例施行细则》、《职工福利委员会组织规程》和《职工福利金条例设立办法》；另外，还颁布了《非常时期工会管制暂行办法》，并修订公布《工会法》，加强了对工会的控制，取消了工人罢工的权利。抗战后，再次修正《工会法》，进一步加强对工会的控制。南京国民政府颁布的这一系列劳动法规文件，基本上形成了劳动法律体系[①]，但因基本上模仿欧洲国家的劳动立法，与实际社会关系的距离太大，绝大多数未真正付诸实施。[②]

（二）革命根据地的劳动立法

在旧中国，中国共产党及其领导的革命政权制定了许多劳动法规和劳动立法建议文件，它们是中国社会主义劳动法的萌芽，为新中国的劳动立法奠定了基础，其代表性立法是 1931 年 11 月中华苏维埃第一次代表大会通过、1933 年修改的《中华苏维埃共和国劳动法》。该法共 11 章 75 条。主要内容包括：确定了保证工人劳动权利和政治权利的基本原则；招用工人和工人自找工作需经劳动介绍所介绍，严禁工头、招工员、买办或任何私人的代理处、包工制、包工头等从中剥削；规定工人工资不得少于劳动部规定的真实的最低额；工人参加政治活动，不得克扣工资；实行劳动保护和社会保险；对女工、青工、童工利益做出了特别规定。

抗日战争时期，各边区政府也曾公布过许多劳动法令，如《陕甘宁边区劳动保护条例》、《苏皖边区劳动保护条例》、《晋冀鲁豫劳动保护条例》等，规定对失业工人予以安置，对女工给予生育假期保护等。第三次国内革命战争期间，1948 年 8 月召开第六次全国劳动大会，通过了《关于中国职工运动当前任务的决议》，对解放区的劳动问题提出了全面的、相当详尽的建议，对调整劳动关系提出了基本原则。各个解放区的人民政府也曾先后颁布过不少劳动法规。尽管这些条例和规定带有一定的理想色彩，在战争时期以及当时的经济条件下难以完全实施，但为新中国劳动立法提供了丰富的经验。

---

① 陈信勇主编：《劳动与社会保障法》，浙江大学出版社 2007 年版，第 53 ~ 54 页。

② 王全兴主编：《劳动法学》（第三版），高等教育出版社 2008 年版，第 11 页。

二、新中国的劳动立法

（一）改革开放以前的劳动法（1949～1978 年）

从新中国成立到改革开放以前，我国劳动法的发展可以分为三个阶段。

1. 国民经济恢复时期的劳动立法（1949～1953 年）。（1）为保障工会法律地位颁布的 1950 年《工会法》。（2）为解决就业问题颁布的《关于失业技术员工登记介绍办法》、《救济失业工人暂行办法》、《关于失业人员统一登记办法》。（3）为劳动保护和劳动保险，政务院 1951 年颁布、1953 年修正的《中华人民共和国劳动保险条例》。（4）为处理劳资关系，先是施行中华全国总工会颁布的三个规范性文件，即《关于劳资关系暂行处理办法》、《关于私营企业劳资双方订立集体合同的暂行办法》、《劳资争议解决程序的暂行规定》。后由劳动部制定了《劳动争议解决程序的规定》和《市劳动争议仲裁委员会组织及工作规则》。

2. 三个“五年计划”时期的劳动立法（1953～1966 年）。为加强企业劳动管理，政务院 1954 年公布了《国营企业内部劳动规则纲要》。为改革工资制度，国务院 1956 年公布了《关于工资改革的决定》和《关于工资改革中若干问题的规定》。1958 年同时发布了《关于工人、职员退休处理的暂行规定》、《关于企业、事业单位和国家机关中普通工和勤杂工的工资待遇的暂行规定》等四个暂行规定。在劳动保护方面，1956 年 5 月颁布“三大规程”，即《工厂安全卫生规程》、《建筑安装工程安全技术规程》、《工人职员伤亡事故报告规程》。1963 年又发布了《关于加强企业生产中安全工作的几项规定》、《防止矽尘危害工作管理办法》。

3. “文革”时期的劳动立法（1966～1978 年）。劳动立法基本上停止，已有的劳动法规未能贯彻实施。

（二）改革开放以后的劳动立法

改革开放以后的劳动立法，以新中国第一部劳动法的颁布为标志，可分为两个阶段。

1. 改革初期的劳动立法（1978～1993 年）。这一时期，劳动工作一方面是恢复并适当改进“文革”前行之有效的劳动制度；另一方面是进行劳动制度改革的试点和探索。主要立法有：（1）1982 年《宪法》明确规定了劳动者的权利和义务。（2）就业与社会保障方面，全国人大常委会 1978 年原则批准国务院《关于安置老弱病残干部的暂行办法》、《关于工人退休、退职的暂行办法》。1986 年颁布了《国营企业职工待业保险暂行规定》等。1991 年国务院发布了《关于企业职工养老保险改革的决定》、《禁止使用童工规定》。1993 年国务院发布了《国有企业富余职工安置规定》、《国有企业职工待业保险规定》、《企业职工养老基金管理规定》、《女职工保健工作暂行规定》。（3）劳动保护方面，国务院1982年发布了《矿山安全条例》、《矿山安全监察条例》，1988年发布了《女职工保护规定》，1991年发布了《企业职工伤亡事故报告和处理规定》，1992年全国人民代表大会通过了《中华人民共和国妇女权益保障法》、《中华人民共和国矿山安全法》。（4）工资制度方面，1985年国务院发布了《关于国营企业工资改革问题的通知》、《关于国家机关和事业单位工作人员工资制度改革问题的通知》及配套规定，1993年原劳动部发布了《企业最低工资规定》。（5）劳动关系和劳动制度改革方面，1982年国务院发布了《企业职工奖惩条例》，劳动人事部1982年发布了《关于积极试行劳动合同制的通知》、《工人技术考核暂行条例》，1983年发布了《关于招工考核、择优录用的暂行规定》。1986年国务院同时出台《国营企业招用工人暂行规定》、《国营企业实行劳动合同制暂行规定》、《国营企业辞退违纪职工暂行规定》等改革劳动制度的暂行规定。（6）工会方面。1992年第七届全国人民代表大会通过了新的《中华人民共和国工会法》。（7）劳动争议处理方面。1987年国务院颁布《国营企业劳动争议处理暂行规定》，1993年国务院发布《企业劳动争议处理条例》。

2. 改革成熟期的劳动立法（1994年至今）。这一时期，随着我国社会主义市场经济体制改革的深化，劳动立法取得了快速发展。主要立法有：（1）颁布了一部较为系统和完备的劳动法典。1994年7月5日全国人大常委会通过了《中华人民共和国劳动法》，这是我国第一部劳动法典。它的颁布实施填补了我国劳动法典立法空白，成为劳动法制建设的新的里程碑；为保护劳动者的合法权益提供了法律保障；为进一步实施劳动制度改革保驾护航；全面地规范劳动工作，将劳动工作纳入法制轨道；有利于劳动争议的及时解决，避免恶性案件的发生，促进社会的安定团结；有利于建立良好的投资环境，在国际上展现具有中国特色的《劳动法》，提高我国的国际威信。[①]（2）2001年10月27日，全国人大常委会通过了《关于修改〈中华人民共和国工会法〉的决定》和《中华人民共和国职业病防治法》。2002年6月29日，全国人大常委会通过《中华人民共和国安全生产法》。（3）以《劳动法》为基本法，国务院及劳动保障行政部门制定了许多与其配套的行政法规和规章，这些法规规章目前多数仍然有效。

2007年，在构建社会主义和谐社会的背景下，全国人大常委会相继通过《劳动合同法》、《就业促进法》和《劳动争议调解仲裁法》，全国人大常委会于2011年12月修改了《中华人民共和国劳动合同法》，于2012年12月修改了《中华人民共和国职业病防治法》，于2014年8月修改了《中华人民共和国安全

① 王文珍：《〈劳动法〉的意义》，载《劳动保障通讯》2004年第9期。

生产法》。国务院于2011年8月修订了《军人抚恤优待条例》，于2011年10月颁布了《退役士兵安置条例》，于2012年4月颁布了《女职工劳动保护特别规定》，于2014年2月颁布了《社会救助暂行办法》，填补了我国社会救助的法律空白。另外，国务院还下发了《关于全面建立临时救助制度的通知》、《关于机关事业单位工作人员养老保险制度改革的决定》、《关于进一步加强和改进最低生活保障工作的意见》等行政决定。目前，我国基本建成了一个比较完善的保障劳动者权益及广大社会成员合法权益、维护社会和谐稳定的劳动与社会保障法律体系。

第四节 国际劳动立法

一、国际劳工组织

（一）国际劳工组织（International Labour Organization，ILO）的成立

第一次世界大战结束后，1919年年初各参战国在巴黎召开和平会议。第一次预备会议通过决议，决定组织一个委员会，调查工人状况，负责起草一个宣言和国际劳工组织章程草案，并建议成立永久性国际机构。根据这一决议，成立了由来自比利时、古巴、捷克斯洛伐克、法国、意大利、日本、波兰、英国和美国9个国家的15名委员组成的劳动委员会。该委员会拟订了《国际劳工组织章程草案》和一个包括九项原则的宣言，于1919年4月提交“巴黎和会”讨论通过，编入《凡尔赛和平条约》第13篇。这个章程和宣言被称为“国际劳动宪章”。1919年6月，国际劳工组织正式宣告成立，并作为国际联盟的一个自治附属机构开展工作，直到1939年国际联盟解体。1940～1945年国际劳工组织作为独立的国际组织继续存在。联合国成立以后的1946年，国际劳工组织成为联合国特别授权专门处理劳动和社会保障事务的下属机构。

（二）国际劳工组织的组织机构

国际劳工组织主要有三个组成部分：（1）国际劳工大会。这是国际劳工组织的最高权力机构，由每个成员国委派的代表团组成。各代表团由4名代表组成，其中，政府代表2名，工人代表和雇主代表各1名，各代表权利平等。国际劳工大会每年召开1次，其任务之一是进行国际劳动立法，即讨论通过国际劳工公约和建议书。（2）理事会。这是国际劳工组织的执行机构，在大会闭会期间决定该组织的各项重要问题。（3）国际劳工局。它是国际劳工组织的常设秘书处，对理事会负责。国际劳工局下设国际劳工标准、技术合作、部门活动、会务、人事、新闻出版等十多个司处。此外，还拥有国际劳工组织国际培训中心和国际劳工问题研究所，由局长负责，并派国际公务员和技术援助专家

在世界各国工作。

除上述机构外，国际劳工组织还设立了一些技术性委员会协助国际劳工局工作。其中最主要的有联合海事委员会、农村发展咨询委员会、公务人员联合委员会以及各种产业委员会。国际劳工组织还定期召开区域性会议，研究区域劳工问题，区域性会议所通过的决议仅供理事会参考。

（三）国际劳工组织的宗旨和职能

《国际劳工组织章程》（1972 年修订）明确规定，国际劳工组织的宗旨是，通过劳工立法和开展技术合作，促进“社会正义”，“维护世界和平”。并指出：“只有以社会正义为基础，才能建立世界持久和平。”为此，各缔约国应努力改善劳动条件，即：调整工时，调节劳动力供应，防止失业，规定足够维持生活的工资，防护工伤和职业病，保护儿童、青年和妇女，规定养老金和残废抚恤金，保护工人在外国受雇时的利益，承认同工同酬原则，承认结社自由原则，组织职业教育和技术教育等。《费城宣言》对该宗旨作了补充：“全人类不分种族、信仰或性别都有权在自由和尊严、经济保障和机会均等的条件下谋求其物质福利和精神发展。”可见，国际劳工组织的基本宗旨是，通过劳工立法和开展合作，促进社会正义，维护世界持久和平。

国际劳工组织的主要职能是：（1）从事国际劳工立法，即制定国际劳工标准（国际劳工公约和建议书）。（2）监督国际劳工标准的实施。（3）在社会政策和管理、人员培训和使用方面提供技术援助。（4）进行劳工问题的研究和教育。

二、国际劳工立法

（一）国际劳工立法的概念与特点

国际劳工立法是指由国际劳工组织召开的国际劳工大会所通过的国际劳工公约和建议书。这些国际劳工公约和建议书为各国劳动立法提供了原则、规范与标准，统称国际劳工标准。国际劳工公约和建议书的主要区别在于，公约一经会员国批准，会员国就有义务履行该公约并受到该公约的约束；而建议书并不需要会员国批准，仅仅是作为会员国国内立法的参考。截至 2014 年 7 月，国际劳工组织已经通过了 189 个劳动公约、203 个建议书。

由国际劳工公约和建议书所构成的国际劳工法，是国际法的组成部分，但与一般国际法有所不同，其主要特点是：（1）立法机构的组成具有“三方性”。这是其他国际机构所没有的独特原则。政府、劳工、雇主三方代表都参加各类会议（包括国际劳工大会）和机构，劳工代表和雇主代表可以自由讨论，独立表决。（2）立法所规范的范围具有“国内性”。国际劳工公约和建议书所规定的条款，绝大部分是调整成员国内部劳动关系的，只有极少数公约和建议书涉及其他国家的问题，如对外籍工人给予平等待遇以及对外国海员协助遣返本国等。（3）会员国接受立法的约束具有“自愿性”。国际劳工公约和建议书在通过后并不直接发生效力。公约经成员国批准才对该成员国有约束力，而成员国是否批准公约，则完全由成员国自行决定，国际劳工组织无法干涉。至于建议书，仅供成员国参考，是否采纳以及采纳哪些内容，可完全根据自己的需要来决定。①

（二）国际劳工立法的基本原则

国际劳工组织进行国际劳动立法所遵循的原则，在第二次世界大战以前是1919年《国际劳动宪章》所规定的九项原则，第二次世界大战后是1944年《费城宣言》所规定的十项原则。近些年来，联合国大会所通过的一些有关劳动和社会问题的重大决议，也是国际劳工立法必须遵循的原则。

《国际劳动宪章》的九项原则是：（1）在法律上和事实上，人的劳动不应视为商品；（2）工人和雇主都有结社的权利，只要其宗旨合法；（3）工人应该得到足以维持适当生活水平的工资；（4）工人的工作时间以每日8小时或每周48小时为标准；（5）工人每周至少有24小时的休息，并尽量把星期日作为休息日；（6）工商业不得雇佣14岁以内的童工，并限制14～18岁男女青年的劳动；（7）男女工人工作应得同等的报酬；（8）各国法律所规定的劳动状况标准，应给予合法居住该国的外籍工人以同样的对待；（9）各国应设立监察制度以保证劳动立法的实施，监督人员应当有妇女参加。

《费城宣言》的十项原则是：（1）充分就业和提高生活标准；（2）使工人受雇于他们得以最充分地发挥技能和取得成就并得以为共同福利做出最大贡献的职业；（3）作为达到上述目的的手段，在一切有关者有充分保证的情况下，提供训练和包括易地就业、易地居住在内的迁徙和调动劳动力的方便；（4）关于工资、收入、工时和其他条件的政策，其拟订应能保证将进步的成果公平地分配给一切人；（5）切实承认集体谈判的权利和在不断提高生产率的情况下劳资双方的合作，以及工人和雇主制定与实施社会经济措施方面的合作；（6）扩大社会保障措施，以便使所有需要这种保护的人得到基本收入，并提供完备的医疗；（7）充分地保护工人的生命和健康；（8）提供儿童福利和产妇保护；（9）提供充分的营养、住宅和文化娱乐设施；（10）保证教育和职业机会的均等。

（三）国际劳工立法的形式与内容

国际劳工立法的形式主要体现为国际劳工大会通过的国际劳工公约和建议书，这些公约和建议书都采取单行法形式，每个公约或建议书只包括某一项劳动问题或问题的某一方面的规定。例如，《（妇女）井下作业公约》（1935年第45号公约）主要规定任何矿场井下劳动不得使用女工；《（工业）最低年龄公约（修订）》（1937年第59号公约）主要规定15岁以下的儿童不得受雇或在任何公

---

① 王全兴主编：《劳动法学》（第三版），高等教育出版社2008年版，第20～21页。

私营工业企业工作。

国际劳工公约和建议书的内容主要包括以下十个方面：（1）就业和失业；（2）工作时间和休息时间；（3）工资；（4）职业安全和卫生；（5）女工保护；（6）童工和未成年工保护；（7）社会保障；（8）结社权利；（9）劳动关系的协调与仲裁；（10）劳工检查和劳工行政等。

三、我国参加的国际劳工公约

我国是国际劳工组织的创始成员国之一。1944年南京国民政府成为理事会常任政府理事。1971年，国际劳工组织恢复我国合法席位。1983年6月，我国正式恢复在国际劳工组织的活动，并担任理事会常任理事国。1984年5月，我国对旧中国政府曾批准的14个公约予以重新承认，同时宣布新中国成立后台湾当局用中国名义批准的23个公约无效。1985年在我国设立国际劳工组织北京局，负责与中国政府、雇主和工人组织以及学术研究团体等联系，广泛开展国际劳工标准、技术合作、研究咨询和出版宣传工作。此后，又批准了11个国际劳工公约。截至2013年年底，中国已批准了涵盖就业、工资、劳动条件、劳动安全、特殊群体保护等内容的25个国际劳工公约[①]。它们是：（1）《确定准许儿童在海上工作的最低年龄公约》（1920年第7号）；（2）《农业工人的集会结社权公约》（1921年第11号）；（3）《工业企业中实行每周休息公约》（1921年第14号）；（4）《确定准许使用未成年人为扒炭工或司炉工的最低年龄公约》（1921年第15号）；（5）《在海上工作的儿童及未成年人的强制体格检查公约》（1921年第16号）；（6）《本国工人与外国工人关于事故赔偿的同等待遇公约》（1925年第19号）；（7）《海员协议条款公约》（1926年第22号）；（8）《海员遣返公约》（1926年第23号）；（9）《制定最低工资确定办法公约》（1928年第26号）；（10）《航运的重大包裹标明重量公约》（1929年第27号）；（11）《船舶装卸工人伤害防护公约》（又称《防止码头工人事故公约》，1932年第32号）；（12）《各种矿场井下劳动使用妇女公约》（1935年第45号）；（13）《确定准许使用儿童于工业工作的最低年龄公约》（1937年第59号）；（14）《对国际劳工组织全体大会最初28届会议通过的各公约予以局部的修正以使各该公约所赋予国际联盟秘书长的若干登记职责今后的执行事宜有所规定并因国际联盟的解散及国际劳工组织章程的修正而将各该公约一并酌加修正公约》（又称《最后条款修正公约》，1946年第80号）；（15）《（残疾人）职业康复与就业公约》（1983年第159号）；（16）《男女工人同工同酬公约》（1951年第100号）；（17）《三方协商促进履行国际劳工标准公约》（1976年第144号）；（18）《作业场所安全使用化学品公约》（1990年第

① http://www.molss.gov.cn/gb/zwxx/node_5441.htm

170 号)；(19)《就业政策公约》(1997 年第 122 号)；(20)《最低就业年龄公约》(1973 年第 138 号)；(21)《劳动行政管理公约》(1978 年第 150 号)；(22)《建筑业安全卫生公约》(1988 年第 167 号)；(23)《禁止和立即行动消除最恶劣形式的童工劳动公约》(1999 年第 182 号)；(24)《消除就业和职业歧视公约》(1958 年第 111 号)；(25)《职业安全和卫生及工作环境公约》(1981 年第 155 号)。

一些尚未批准的公约和无须批准的许多建议书都不同程度地为我国近年来的劳动立法所借鉴和参考。

【案例研讨】

罗马尼亚中国劳工纠纷案

2009 年 2 月 11 日，37 名罗马尼亚中国劳工因与罗方雇主及中介公司发生较大意见分歧，露宿中国驻罗马尼亚使馆门口边的一公园道边，向中国驻罗使馆求助，要求中介公司退还中介费并安排他们回国。此后，有中国劳工陆续加入，露宿高峰时达 200 多人。这就是引起海内外广泛关注的罗马尼亚中国劳工罢工事件。此次事件涉及中国劳工近 1 300 人，历时两个多月，直到 4 月 17 日罗马尼亚复活节前夕驻使馆门前露宿劳工才彻底清场。

据了解，参与这次罢工事件的中国劳工主要来自北京、河北、吉林、山东、江苏、安徽、福建和四川，他们通过中介公司来到罗马尼亚主要从事建筑工作。工人们认为，他们出国前每人缴了 8 万 ~9 万元中介费，中介公司承诺他们可以在罗马尼亚打工 3 ~5 年，每月工作 200 多个小时，时薪为 3 欧元。但他们到罗马尼亚后，罗马尼亚建筑商常常克扣工资、工作时间计算不准确、账目不透明，他们常常歇工无活干，生活条件差。他们只干了半年签证就到期了，有的才挣了不到 3 万元，有的已被遣送回国。凡此种种，都与当初中介公司的承诺相差很大。而中介公司认为，这些工人目前都有合法居留身份，而且工地也有活干。“无活干”的现象只是发生在一段时间内的部分人身上。即使这样，中介公司也按照合同规定向劳工发放了每小时 2 欧元的工资补贴。现在有活干，而工人却不愿意干。有些工地的施工进程由于劳工“罢工”而给耽误了。工人的工资都是按合同条款认真计算的，不存在克扣工人工资的问题。

经过中国驻罗使馆与国内相关部门的努力协调，部分劳工与所属中介公司签订了最终协调方案——中介公司按所属全部劳工当时缴纳的中介费用的平均值，扣去每位劳工在工作期间的公司管理费及生活费等，分次逐步退还劳工剩余的中介费用，并承担回国的机票。这次罗马尼亚中国劳工罢工事件因工人们分批返回国内而结束。①

评析：

经济全球化不仅带来了资本的跨国流动，也带来了劳动力的跨国流动。劳

---

① 参见陈勇，《从派往罗马尼亚的中国劳工罢工事件谈做好对外劳务工作》，http：//www. fiet. gov. cn/html/20090521/868049. html；郑旭旦，《罗马尼亚中国劳工纠纷基本解决，劳工将回国》，http：//www. chinanews. com. cn/hr/ozhrxw/news/2009/04 -15/1646390. shtml。

动力向报酬较高、待遇较优的地方和行业流动，是劳动者经济理性的表现，也是劳动力市场的基本规律。就整个世界范围内考量，我国国内劳动力报酬和待遇水平尤其是各地农民工的工资是趋低的。因此，走出国门，境外务工，是许多人的梦想，也是我国经济社会发展的必然现象。这恰恰是境外劳务派遣兴旺的原因。

从理论上来说，境外劳务派遣（又称国际劳务输出），是指境内劳务派遣单位根据境外用工单位的要求，为其选拔、派遣劳动者，由境内劳务派遣单位与被派遣劳动者建立劳动关系，负责其工资支付、办理保险等日常性事务，而境外用工单位实际使用劳动者并向境内劳务派遣单位支付服务费用的一种特殊劳动用工形式。境内劳务派遣单位、境外用工单位和被派遣劳动者之间的关系如下图所示。

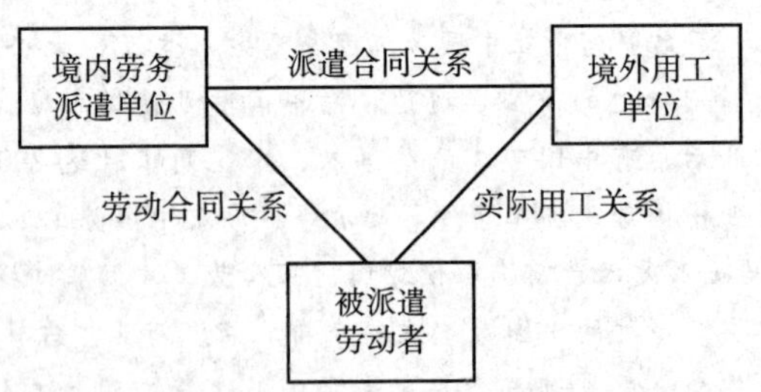

但现实中，由于境外劳务派遣业多由中外劳务中介公司运作，且一国外派或委托招工，不允许外国劳务公司直接从事此项业务。因此，境内外具有外派或招工经营资质的公司层层委托，造成境外劳务派遣涉及更多主体、形成更为复杂的社会关系。就本案而言，中国外派劳务公司将经营资质承包给承包人，承包人通过以色列二手中介，从罗马尼亚人力资源公司取得劳务指标，然后委托中国劳务中介招工。由此形成了复杂的法律关系。简单图示如下图所示。

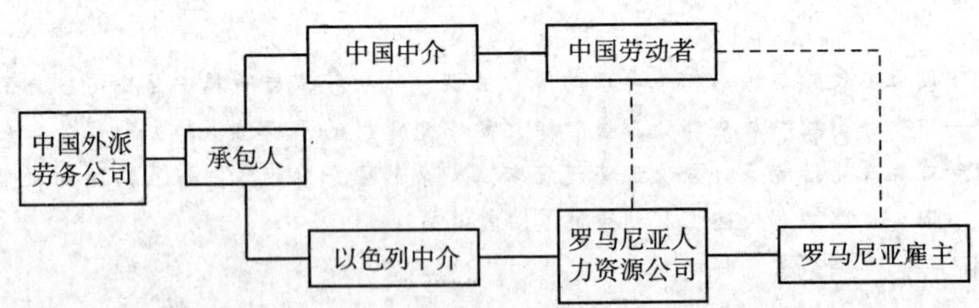

从中国劳动法上讲，中国劳动者从名义和法律上是由中国外派劳务公司派遣到罗马尼亚雇主单位的，中国劳动者与中国外派劳务公司形成了劳动合同关系，中国劳动者与罗马尼亚雇主单位是实际用工关系。中国外派劳务公司应该与罗马

尼亚雇主单位之间存在劳务派遣合同关系，其中明确对被派遣中国劳动者的劳动报酬及待遇的支付方式和派遣业务服务费的问题。但实际上，经过派遣业务承包、中外中介层层委托，加之从罗马尼亚法律上讲，中国劳动者从名义和法律上是由罗马尼亚人力资源公司派遣到罗马尼亚雇主单位的，中国外派劳务公司并不直接与罗马尼亚雇主单位发生关系，更谈不上敦促罗马尼亚雇主单位和罗马尼亚人力资源公司与中国劳动者签订合同或履行劳务派遣合同义务。中外中介层层委托，增加了中介费用，也淡化甚至模糊了中国外派劳务公司与境外用工单位之间的法律关系。这样，很容易发生在保护中国外派劳动者权益方面推诿责任的情况。这是本案劳务纠纷发生的深层法律根源。

解决类似问题，国家应与有关国家签订劳务输入合作协议，其中明确劳务输入国应采取措施，不管中介有多少，都应敦促派遣单位与用工单位之间签订派遣合同，用工单位与被派遣劳动者签订用工合同，以此明确并理顺境外劳务派遣关系中三方主体之间的权利和义务。同时，明确输入劳动者权益受侵害时的救济方式和措施。

思考问题与案例

一、思考问题

1. 为什么说劳动法起源于“工厂立法”？

2. 劳动法产生的原因是什么？

3. 资本主义国家劳动立法及其发展对我国有什么启示？

4. 我国《劳动法》的颁布实施具有什么意义？

5. 如何理解国际劳工标准与国内劳动法之间的关系？

二、思考案例

1. 1886 年 5 月 1 日，美国芝加哥城 20 万工人举行罢工和示威游行，要求改善劳动条件，实现 8 小时工作制。工人同军警搏斗，经过流血斗争，并得到许多国家工人的支援，终于获得 8 小时工作制的权利。1889 年 7 月，在巴黎召开的第二国际成立大会上，决定以象征工人阶级团结斗争、胜利的 5 月 1 日为国际劳动节。这一决定立即得到世界各国工人的积极响应。

问题：

（1）结合本案谈谈你对制定和执行国际劳工标准的理解。

（2）以芝加哥工人罢工争取 8 小时工作制为例，说明工人运动对劳动立法的作用。

2. 1947 年美国国会通过的《劳资关系法》（又称《塔夫脱—哈特莱法》）规定了六项禁止工会的“不公正的劳动行为”：（1）工会强迫雇员行使其组织权利，或遏制雇主选择其谈判代表的权利；（2）歧视工会会员资格的雇员，或使雇主歧视雇员；（3）拒绝集体谈判；（4）实行非法的罢工或抵制；（5）收取过多的或歧视性的会费或费用；（6）强迫要求对未履行的服务加以补偿。同时规定，如果工会要求废除或修改集体合同，应在 60 日前通知对方，在此期间禁止罢工，而应由联邦仲裁与调解局进行调解，在危害国家安全的紧急情况下，总统需授权司法部部长请法院发布在80日内不得罢工的禁令，在这一“冷却期间”由政府进行调解；违反者要受罚款、查封或刑事处分。该法还给予雇主对工会起诉、要求赔偿由于罢工造成的损失的权利。

问题：

（1）为什么1947年美国《塔夫脱—哈特莱法》是劳动立法的倒退现象？

（2）以本案为例，说明劳动立法如何体现保护劳动者权益的意旨。

3. 1955年英国福特公司与其下的19个工会组织订立了团体协议，其中规定：在该协议所定程序的各阶段，将致力解决争议。在完成所定程序前，不得有停工或其他不合协议规定的行为。1969年工程和铸造工人联合工会（Amalgamated Union of Engineering and Foundry Workers）、运输和普通工人工会（Transport and General Workers Union）与福特公司发生劳动争议，工人采取了罢工行动，福特公司认为此项罢工违背了1955年与工会订立的团体协议的约定，请求法院命令工会取消罢工。该案发生后，在英国社会引起了广泛重视。最后，主审法官综合了各种因素和意见，裁定该团体协议并不构成法律上具履行效力的合同。1971年的《劳资关系法》为此作了改革的尝试，该法第34条特别规定：任何团体协议，若在该法实行后以书面做成，而当事人未曾表示不欲使此项协议之一部或全部具有法律强制性者，应视为依当事人之意思，系属在法律上为强制之契约。该项立法颁布后，工会反对激烈，雇主和雇主团体也不甚支持。1974年颁布的《工会与劳动关系法》废除了1971年的《劳资关系法》。①

问题：

（1）为什么1971年英国的《劳资关系法》被废除了？

（2）以本案为例，讨论团体协议的效力问题。

① 王益英主编：《外国劳动法和社会保障法》，中国人民大学出版社2001年版，第45～48页。

第三章　劳动法概论

【本章导语】

劳动是民生之本。劳动法赋予劳动特定的含义，并保证劳动关系得以协调顺畅地运行。随着社会经济的发展和法制的不断完善，劳动法已成为现代各国法律体系中一个独立的重要法律部门。本章简要概括了劳动法的概念、调整对象、地位和作用，阐述了我国劳动法的基本原则、法律渊源与体系。其中，从劳动法的视角，探究了劳动的特定含义、劳动关系的特点以及劳动法与相邻部门法之间的关系。所有这些均构成劳动法基本理论的重要部分。

【引导案例】

案例1：默沙东公司中国裁员劳资纠纷案

2003年9月，默沙东（MSD）公司20多名中国分区副总经理和医药代表被指称“假以学术推广的名义报销娱乐费”（违规给医生提供娱乐），违反了默沙东公司内部的《规范执行公司商业道德准则》而遭到解雇，且是突然接到书面通知，单方面宣布于一个星期后解除劳动合同关系。对此被裁员工强烈不满。原因是：默沙东公司的《规范执行公司商业道德准则》和《员工手册》中的相关内容本质上与中国的《药品管理法》及《药品管理法实施条例》的相关规定背道而驰，《规范执行公司商业道德准则》规定的最高道德准则的相关规定与实际执行情况不符，为了推广产品，业务人员只要履行了默沙东公司内部审批手续，请医生吃饭是合法的。他们认为，默沙东公司“捏造理由”以实现在中国裁员时逃避赔付之实，因为默沙东公司与所有员工签署的劳动合同终止时间为2024年，一旦裁员公司将支付高额经济补偿金。

相持之下，部分被解雇员工纷纷选择劳动争议仲裁或者直接向人民法院起诉。2004年3月前后，杭州仲裁机构裁定4名被解雇员工胜诉。因不服仲裁结果，默沙东公司曾向杭州市拱墅区人民法院提起诉讼，要求判定其解除合同行为符合劳动法，但这一诉讼请求于同年6月22日被人民法院驳回。广州市东山区人民法院也于2004年6月2日做出默沙东公司赔付某原副经理合同补偿费用49.8万元的一审判决。据公开报道，无论仲裁、一审还是二审，默沙东公司中国裁员引起的劳动争议，最后结果都是员工胜诉。①

---

① 总部在美国的默沙东公司2002年营业收入517.9亿美元，排名全球制药企业第1名，同时名列《财富》“全球五百强”第50名。其中国公司设在香港特区，1994年在国内建立合资企业杭州默沙东制药有限公司。2003年9月中国裁员引起的劳资纠纷，使默沙东公司官司缠身，一度陷入困境。参见李宗品：《默沙东被控恶意裁员事件追踪——默沙东上诉至广州中院》，http://chinalawlib.com/365945700.html。

案例2：劳动者医疗保险待遇纠纷案

2006年5月18日，彭某进入广州市某服务公司（以下简称公司）做清洁工，基本工资为当年度广州市最低工资标准工资。入职当日，彭某在公司发的《缴纳社会保险意愿书》上"不愿意缴纳"栏打钩，并在"本人因不愿承担《劳动法》及有关法规规定的缴纳社会保险的费用，故自愿放弃公司统一缴纳的职工社会保险"的内容下签名。双方签订了从2008年1月至2010年12月31日止的劳动合同。2009年10月26日～12月12日，彭某因胃癌在中山医院住院进行了全胃切除手术，医疗费用63 688元。彭某提起仲裁，要求公司支付医疗费用8万元。2010年4月26日，劳动争议仲裁委员会裁决：公司一次性支付彭某2009年10月26日～12月12日医疗费用40 267.65元。公司不服，向海珠区人民法院起诉。法院认为，彭某是公司的职工，双方之间存在劳动关系。根据《中华人民共和国劳动法》第72条以及《广州市城镇职工基本医疗保险试行办法（2008年修订）》第7条、第10条的规定，公司应当为彭某缴纳包括医疗保险在内的社会保险费，这是公司作为用人单位的法定义务，也是法律的强制性规定。《缴纳社会保险意愿书》中的上述约定，一方面免除了用人单位应当承担的为缴纳社保费而支出必要费用的法定责任，且用人单位也未将该部分费用补偿给劳动者；另一方面，该约定违反了法律法规关于用人单位必须为与之建立劳动关系的劳动者购买包括医疗保险在内的社会保险的强制性规定，因此，该约定无效。根据《广州市城镇职工基本医疗保险试行办法》第22条的规定，公司自2006年5月与彭某建立劳动关系至彭某2009年10月住院，公司一直没有为彭某购买社保，因此，对彭某于2009年10月26日～12月12日期间住院发生的医疗费用，公司应该依法承担责任，且该责任承担不以公司是否存在过错以及过错大小为前提。故一、二审法院均确认公司应支付彭某2009年10月26日～12月12日在中山医院住院期间的医疗费用40 267.65元，以保护劳动者的合法权益。①

【重点问题】

1. 劳动法的调整对象和劳动关系的特征。
2. 劳动法保护劳动者的宗旨和理念。
3. 我国劳动法基本原则的内容。
4. 单位劳动规章制度的法律效力。
5. 我国劳动法的法律渊源。
6. 劳动法与民法、经济法和行政法之间的关系。

第一节 劳动法的概念和调整对象

一、劳动法的概念

关于劳动法的概念，各国学者从不同角度进行了界定。如英国《牛津法律大

---

① 参见北大法宝：《广州市金忠海后勤服务有限公司与彭华英医疗费、医疗保险待遇纠纷上诉案》，http：//vip. chinalawinfo. com/Case/displaycontent. asp？Gid＝117795939&Keyword，2011年6月12日。

辞典》对劳动法的解释是："与雇佣劳动相关的全部法律原则和规则，大致和工业法相同，它规定的是雇佣合同和劳动或工业关系法律方面的问题。"① 德国专家学者认为，劳动法是与劳动有关的法律规范的总和。② 日本学者认为，劳动法是调整雇佣劳动关系的法律规范的总称，这种雇佣关系是指劳动者受雇主雇佣，并在其指挥下从事劳动的被动性劳动关系。③ 韩国学者认为，劳动法是以劳动者与使用者之间的劳动契约关系为调整对象，具有修正市民法产生的社会弊害，以确保劳动者生存为目的的法律规范。④ 我国台湾地区著名法学家史尚宽认为："劳动法为关系劳动之法。详言之，劳动法为规范劳动关系及其附随一切关系之法律制度之全体。"⑤ 在内容上包括了劳动关系中的受雇人和雇佣人、劳动合同、集体合同、劳动组织（工会）、劳动争议、劳动保护、劳动调剂、劳动救济和劳动保险。我国台湾学者黄越钦也认为，"劳动法之内容应为一切劳动关系直接间接有关法律之总和，包括雇佣关系法（个别劳动关系）、劳资关系法（集体劳动关系）、劳工社会安全与福祉法、劳动市场法、工作环境权法。"⑥

目前，我国劳动法学界通说认为，劳动法是调整劳动关系以及与劳动关系有密切联系的其他社会关系的法律规范的总称。在我国，劳动法的概念有广义和狭义之分。狭义劳动法是指国家最高立法机关制定颁布的全国性、综合性的劳动法，即劳动法典，如我国的《中华人民共和国劳动法》。广义劳动法是指调整劳动关系以及与劳动关系有密切联系的其他社会关系的法律规范的总称。它不仅包括劳动基本法，而且还包括《宪法》中的相关规定、劳动行政法规和部门规章、地方性劳动法规等。

二、劳动法的调整对象

劳动法的调整对象是劳动关系以及与劳动关系有密切联系的其他社会关系。其中，劳动关系是劳动法调整的最重要、最基本的社会关系；与劳动关系有密切联系的其他社会关系，则是与劳动关系有着密切联系但本身并不是劳动关系的一些社会关系，日本、中国台湾有学者称之为附随劳动关系。⑦

（一）劳动关系

1. 劳动的概念与特点。劳动是人类谋生的主要手段，是人类社会存在和发展的最基本条件。关于劳动的含义，马克思曾做出了精辟的分析："劳动首先是人和自然之间的关系，是人以自身的活动来引起、调整和控制人和自然之间物质

① 《牛津法律大辞典》，光明日报出版社1988年版，第511页。

②③④　王益英：《外国劳动法和社会保障法》，中国人民大学出版社2001年版，第71、408、487页。

⑤　史尚宽：《劳动法原论》，正大印书馆1934年版，第1页。

⑥　黄越钦：《劳动法新论》，中国政法大学出版社2003年版，第17~18页。

⑦　黄越钦：《劳动法新论》，中国政法大学出版社2003年版，第17页。

变换的过程。”“是制造使用价值的有目的的活动。”① 因此，一般意义上的劳动，是指人们通过使用劳动力，运用劳动资料作用于劳动对象，创造使用价值以满足人们需要的有目的、有意识的活动。

而劳动法中的劳动，除了具有劳动的一般意义之外，还有新的内涵。中国台湾法学家史尚宽指出：“广义的劳动，谓人间之有意识的且有一定目的之肉体的或精神的操作，然在劳动法上之劳动，则须具备下列之要件：（1）为法律的义务之履行；（2）为基于契约的关系（而民法上基于夫妇关系及亲子关系之劳动非劳动法上之劳动）；（3）为有偿的；（4）为有职业的；（5）为在于从属的关系。依上列要件可知劳动法上劳动为基于契约上义务在从属的关系所为之职业上有偿的劳动。”② 由此可见，劳动法中的劳动具有特定含义：（1）劳动具有权利义务性质，劳动义务基于劳动合同而产生，且因劳动法的规定而带有强制性。（2）劳动具有有偿性和职业性，它是劳动者为谋生而从事的有报酬的职业劳动。（3）劳动具有从属性和社会性，它是劳动者为谋生而从属于用人单位、在其管理和约束下从事的社会劳动。

总之，劳动法中的劳动，是指劳动者为谋生而从属于用人单位、履行劳动合同义务而从事的有偿的、职业性的社会劳动。

2. 劳动力的概念与特征。劳动力是人们从事劳动的自然基础，认识劳动力的概念是理解和揭示劳动、劳动关系内涵的必要前提。马克思指出：“我们把劳动力或劳动能力，理解为人的身体即活的人体中存在的、每当人们生产某种使用价值时就运用的体力和智力的总和。”③ 由此可见，劳动力即劳动能力，是指人们所具有的并在生产使用价值时运用的体力和脑力的总和。它具有如下特征：（1）劳动力存在的人身性。劳动力存在于劳动者身体内，与劳动者的人身不可分离，劳动力的消耗过程亦即劳动者生命的实现过程。（2）劳动力形成的长期性。劳动力生产和再生产的周期比较长，经过长期的生理发育过程才可形成一定的体力，经过长期的家庭教育、学校教育、社会实践等才能形成一定的脑力，形成体力和脑力的劳动能力需要大量的投资。（3）劳动力存续的时间性。劳动能力一旦形成是无法储存的，而过了一定时间又会自然丧失。（4）劳动力使用的条件性、可让渡性和可有偿性。劳动力仅是生产过程的一个要素，只有与生产资料相结合才能发挥作用。劳动力可由劳动者自己使用或让渡给他人使用，可以有偿或无偿让渡给他人使用。劳动力的这些特征要求国家对劳动力的使用采取一些特殊的保障措施，既能使劳动力得以发挥，又能使劳动者不受伤害。

3. 劳动关系的概念与特征。一般而言，劳动关系泛指人们在实现劳动过程中发生的与劳动有关的各种社会关系，包括两种：一是劳动者在实现劳动过程中

---

① 《马克思恩格斯全集》（第23卷），人民出版社1972年版，第202页。
② 史尚宽：《劳动法原论》，正大印书馆1934年版，第1页。
③ 《马克思恩格斯全集》（第23卷），人民出版社1972年版，第190页。

与用人单位之间发生的社会关系，如工资关系；二是劳动者在实现劳动过程中与其他劳动者、其他单位之间发生的社会关系，如同事关系。劳动法所调整的劳动关系仅指劳动者与用人单位在实现劳动过程中发生的社会关系。根据《劳动法》和《劳动合同法》的规定，我国劳动法调整的劳动关系包括两类：（1）个别劳动关系，即劳动者个人与用人单位建立的劳动关系。（2）集体劳动关系，即劳动者团体（工会）与用人单位或用人单位团体（雇主组织）建立的劳动关系，如工会与用人单位通过集体协商形成的集体工资制。集体劳动关系是在个别劳动关系存在和发展的基础上形成的，是劳动者通过行使团结权，组成工会来实现自我保护，并进而平衡和协调劳动关系。

劳动法调整的劳动关系，具有以下特征：（1）主体的特定性。劳动关系一方是劳动力所有者即劳动者或劳动者团体（工会）；另一方是劳动力使用者即用人单位或用人单位团体（雇主组织）。劳动者为获得报酬和相应的待遇而提供劳动力，用人单位为获得利润而使用劳动力，双方均有各自独立的经济利益。（2）内容的特定性。劳动关系是劳动者与用人单位在实现劳动过程中发生的社会关系，其基本内容和内在实质是劳动者为实现利润、兑现工资提供劳动，用人单位组织劳动、实现利润并支付工资。（3）性质上的从属性。劳动关系建立后，劳动者被纳入用人单位之中，在用人单位的管理和指挥下，利用用人单位提供的劳动条件亲自从事劳动，并通过劳动获取报酬作为主要生活来源。故劳动者与用人单位之间不仅具有人格从属性，还具有经济从属性。① 这种双方之间的从属关系是劳动关系的固有特点。（4）兼具财产性和人身性。劳动关系既包括财产性内容也包括人身性内容，财产性内容和人身性内容交织在一起，无法分割开，这是由于劳动力内含于劳动者的人身之中，与人身无法分离，因而劳动者要向用人单位提供从属性劳动，就必须自觉地接受这种从属性劳动给其人身带来的限制。

4. 劳动关系和劳务关系的区别。（1）主体上的不同。劳动关系适用于用人单位和劳动者之间；劳务关系适用于自然人、法人平等主体之间。（2）适用法律的不同。劳动关系由劳动法调整；劳务关系由民法调整。（3）主体间的地位不同。劳动关系中用人单位和劳动者不仅是平等的劳动关系，还存在管理与被管理、约束与被约束的关系；劳务关系中主体间完全是平等的关系。（4）保护的倾向性不同。劳动法对劳动者权益的保护有所倾斜，劳务关系中的保护则是平等保护双方权益。（5）争议的解决规则不同。劳动争议中劳动仲裁是必经程序；而劳务争议只需依照民事诉讼法起诉即可。

5. 劳动法调整的劳动关系的范围。劳动法调整的劳动关系的范围经过了一个由小到大的长期发展过程。从现代各国的劳动法来看，调整劳动关系的范围有

① 黄越钦：《劳动法新论》，中国政法大学出版社2003年版，第94～96页。

三种情况：[1]（1）将各种劳动关系都纳入劳动法的调整范围，如朝鲜。（2）劳动法调整一定范围内的劳动关系，而将法定某种或某几种劳动关系列于劳动法调整范围之外，如日本、加拿大、巴林、匈牙利、波兰等国劳动法只调整城镇的劳动关系而不调整乡村的劳动关系，政府雇员、家庭佣人的劳动关系在许多国家劳动法的调整范围中也未包括。（3）原则上将各种劳动关系都纳入劳动法调整范围，但同时又将特定某种或某几种劳动关系置于各项具体劳动法律制度的调整范围之外，例如，前苏联、蒙古的劳动法对集体农庄社员和其他合作社社员的劳动关系的调整，就是如此。

我国《劳动法》第2条规定："在中华人民共和国境内的企业、个体经济组织和与之形成劳动关系的劳动者，适用本法。""国家机关、事业组织、社会团体和与之建立劳动合同关系的劳动者，依照本法执行。"《劳动合同法》第2条规定："中华人民共和国境内的企业、个体经济组织、民办非企业单位等组织（以下称用人单位）与劳动者建立劳动关系，订立、履行、变更、解除或者终止劳动合同，适用本法。国家机关、事业单位、社会团体和与其建立劳动关系的劳动者，订立、履行、变更、解除或者终止劳动合同，依照本法执行。"根据《劳动合同法》第51~54条的规定，企业职工一方与用人单位订立集体合同和专项集体合同；工会与企业方面代表订立行业性集体合同，或者订立区域性集体合同。依法订立的集体合同对用人单位和劳动者具有约束力。行业性、区域性集体合同对当地本行业、本区域的用人单位和劳动者具有约束力。这表明，我国劳动法调整的劳动关系的范围包括：（1）劳动者与企业、个体经济组织、民办非企业单位等组织之间的劳动关系。其中的"企业"包括各种法律形态、各种所有制形式、各种行业的企业。（2）劳动者与国家机关、事业单位和社会团体之间的个别劳动合同关系，即个别劳动合同关系由劳动法调整。就其劳动者范围而言，包括国家机关、事业单位和社会团体的工勤人员，实行企业化管理的事业单位的职员，以及其他通过劳动合同（含聘用合同）与国家机关、事业单位和社会团体确立个别劳动关系的劳动者。（3）企业职工一方与用人单位、工会与企业方面代表订立的集体劳动合同关系。劳动者与国家机关、事业组织、社会团体的非合同劳动关系，即公务员和依法参照执行公务员制度的劳动者的劳动关系，以及农村农业劳动者、现役军人、家庭佣人等的劳动关系，不由劳动法调整，而分别归相应的公务员法、农业法、军事法、民法调整。

（二）与劳动关系有密切联系的其他社会关系

劳动法在主要调整劳动关系的同时，还调整与劳动关系有密切联系的其他社会关系。这些社会关系本身虽然并不是劳动关系，但与劳动关系有着密切的联

---

① 王全兴：《劳动法学》，高等教育出版社2004年版，第55~56页。

系。它们有些是劳动关系发生的必要前提，有些是劳动关系发展变化的直接后果，有些则是随着劳动关系的产生、变更、消灭而附带发生的。因为这些关系具有与劳动关系密切联系的特点，所以在我国的法律体系中把它们列入劳动法的调整范围。主要包括：

1. 劳动行政关系。这是指劳动保障行政部门、卫生部门及其他部门与用人单位之间因职工的招收、录用、调配、培训等劳动管理方面发生的和因监督、检查劳动法律及法规的执行而发生的社会关系。

2. 就业服务关系。职业介绍机构和职业培训机构在劳动力招聘、职业指导、职业介绍、职业培训等方面发生的社会关系。

3. 社会保险关系。如社会保险机构与企事业单位及职工之间因执行社会保险而发生的关系。

4. 劳动争议处理关系。如有关国家机关（如劳动保障行政部门）、工会组织、仲裁机构和人民法院因调解、仲裁和审理劳动争议而发生的关系。

第二节　劳动法的地位和作用

一、劳动法的地位

劳动法的地位是指劳动法在国家整个法律体系中的地位，即劳动法在法律体系中是否属于一个独立法律部门以及它的重要性如何。

国内外法学界关于劳动法地位的争论，主要有以下四种：（1）劳动法是民商法的组成部分；（2）劳动法是经济法的组成部分；（3）劳动法是社会法的组成部分；（4）劳动法是与行政法、民商法、经济法并列的一个独立法律部门等。但在我国劳动法学界基本达成共识，认为劳动法是一个与行政法、民商法、经济法并列的独立的重要法律部门。笔者认为，在我国社会主义法律体系中，劳动法是具有公法和私法属性的社会法中的一个独立的重要法律部门。

（一）劳动法是一个独立的重要法律部门

1. 劳动法有自己特定的调整对象。划分法律部门的基本标准是法律具有特定的调整对象。劳动法的调整对象只限于发生在劳动领域的社会关系，且以调整劳动关系为主，附带调整与劳动关系有密切联系的其他社会关系。这些关系不仅有人身关系和财产关系的内容，也有平等关系与隶属关系的特征。这是其他任何一个法律部门都无法调整和代替的。

2. 劳动法具有其他法律部门不可取代的功能和重要性。这主要表现在：劳动力是创造社会财富的源泉，劳动是人类生存和发展的最基本条件，劳动关系是其他经济关系赖以运行的基础，劳动法通过对劳动关系以及与其有密切联系的其他社会关系的调整，直接为劳动者的各项合法权益提供法律保障，为劳动过程的实现确立组织规则和管理规则，为劳动力的再生产设定目标和措施，从而直接促进生产力的发展、社会财富的增加以及社会的稳定和进步。

3. 劳动法具有作为独立法律部门的传统。自19世纪以来尤其是20世纪初期法国、原苏联编纂劳动法典以来，劳动法陆续在世界各国的法律体系中取得了独立法律部门的地位。我国于1994年7月5日颁布了《中华人民共和国劳动法》，从而最终奠定了劳动法独立法律部门的地位。

（二）劳动法与相邻部门法的关系

劳动法与其相邻的民法、经济法、行政法、社会保障法等部门法既有联系又有区别。

1. 劳动法与民法的关系。（1）联系。劳动法与民法之间的联系是非常密切的，主要体现在：第一，劳动法是从民法中逐渐分离出来的，是民法社会化发展的产物。第二，劳动法在调整部分社会关系时仍不能离开民法法理的依托。例如，劳动合同的订立、终止乃至部分内容的履行，仍坚持平等自愿、等价有偿的民法原则；劳动者的劳动安全卫生保护的雇主责任制，起初以民法侵权行为法的过错责任原则为基础，后发展为无过错责任原则等。（2）区别。第一，调整对象不同。民法的调整对象主要是平等主体间的财产关系和人身关系；而劳动法则是调整劳动关系以及与劳动关系有密切联系的其他社会关系，虽然有一部分也涉及财产关系（如工资报酬）和人身关系（如职业安全），但这些关系都是基于双方主体的劳动关系而产生的。第二，主体要求不同。民事法律关系主体具有平等性、广泛性，双方可以是自然人或法人，并不要求是特定的；而劳动法律关系的双方主体是特定的，即一方是劳动者，另一方必须是用人单位。第三，调整原则不同。民法以双方平等自愿、等价有偿等为原则；劳动法除劳动合同中坚持双方地位平等原则外，更多地体现倾斜保护劳动者的原则。第四，调整方法不同。民法属于私法，以保护个人利益为本位，调整方法上坚持意思自治；劳动法属于公私兼容的社会法，用许多强制性规范以倾斜保护劳动者、实现实质正义，如制定劳动基准、限制劳动合同的解除等。

2. 劳动法与经济法的关系。（1）联系。劳动法与经济法均产生于国家干预理论，都是兼具公私法的特征，都体现了社会本位观，利用国家干预手段从不同角度共同实现协调经济运行、发展社会生产力的作用。（2）区别。第一，调整对象不同。劳动法调整劳动者与用人单位之间在实现劳动过程中发生的劳动关系以及与其有密切联系的其他社会关系，以保护劳动者利益，协调劳资关系；经济法调整国家在协调国民经济运行过程中发生的特定的经济关系，这些经济关系的范围非常广泛，调整的目的是为了实现国家对经济活动的宏观调控和管理。第二，主体不同。劳动法的一方必须是劳动者，另一方为用人单位，双方之间的关系兼有平等性和从属性；经济法主体范围广泛，具有多种多样的类型，是实现经济自由和发展的保障，经济法主体地位不对等，具有层级性，又是保障经济秩序和稳定的需要，经济法主体角色的变动性则充分体现了经济生活对各种经济主体之间和谐互动的一种需要。第三，原则不同。劳动法的基本原则包括倾斜保护劳动者合法权益原则、就业与职业平等原则、相对劳动自由原则等；经济法的原则主要有平衡协调原则、维护公平竞争原则、责权利相统一原则等。

3. 劳动法与行政法的关系。（1）联系。劳动法与行政法的调整对象和范围有交叉，尤其体现在劳动行政关系方面。在我国，劳动法与行政法有历史渊源关系，劳动法是从行政法中独立出来的。（2）区别。第一，调整对象不同。劳动法调整的对象主要是劳动者在参加用人单位劳动过程中所发生的劳动关系；行政法调整的对象主要是国家行政机关行使国家行政职能活动中所发生的社会关系。第二，主体不同。劳动法律关系主体的一方必定是劳动者；行政法律关系主体的一方必定是国家行政机关。第三，法律关系产生的根据不同。劳动法律关系是基于劳动者或其团体与用人单位或其团体平等自愿、协商一致的原则而产生的；行政法律关系是国家行政机关在执行职务活动中产生的，且只要具有该项职权的国家机关单方意思表示即可产生，无须征得另一方当事人的同意。

4. 劳动法与社会保障法的关系。（1）联系。第一，社会保障法是在劳动法基础上发展起来的，它们都属于关注社会弱势群体、实现社会公平和社会安定的社会法范畴。第二，为劳动者提供生存保障的劳动法中已经包含了社会保障的内容。第三，作为社会保障法主要成分的社会保险法是以劳动关系为前提条件，目的在于解决劳动者的养老、疾病、工伤、失业和生育问题。（2）区别。第一，调整对象不同。劳动法主要调整劳动者与用人单位之间的劳动关系；社会保障法调整国家、用人单位、公民（包括劳动者）、社会保障经办机构因社会保险、社会救助、社会福利、优抚安置等发生的关系。第二，主体不同。劳动法调整的劳动关系的主体是用人单位和与之建立劳动关系或劳动合同关系的劳动者；社会保障法的主体包括国家、用人单位、社会保障经办机构和公民（包括劳动者），社会保障的对象应当是社会的全体社会成员，尤其是那些丧失劳动能力以及需要某些特殊帮助的人。第三，内容不同。劳动法调整的劳动关系的内容是劳动者的劳动；社会保障法调整的内容则是社会保障机构应当给予被保障人的各项待遇，包括社会保险、社会福利、社会救济和社会优抚待遇。第四，原则不同。劳动法律关系强调权利与义务相统一的原则；而社会保障关系中的一些项目则并不要求权利与义务的对等性。

二、劳动法的作用

劳动法的作用是指劳动法在协调社会劳动关系、稳定社会秩序、促进社会进步中的重要影响。它与劳动法的价值、任务、目的等概念相近，但不完全相同①。我国劳动法作为规范劳动关系、保护劳动者权益的重要法律部门，在人权保障、协调劳动关系、促进经济发展、构建和谐社会诸方面发挥着重要的积极作用。

（一）劳动法是劳动者人权的法律保障

人权是在一定的社会历史条件下每个人作为人应该享有的基本权利。其中，生存权和发展权是基本人权。尊重和保障人权是我国《宪法》确定的基本原则。劳动法是《宪法》关于保障公民人权原则在法律上的具体体现，是劳动者基本人权的保障书。我国《劳动法》、《劳动合同法》、《就业促进法》、《劳动争议调解仲裁法》、《安全生产法》、《职业病防治法》等一系列劳动法律法规的颁布和实施，构建了我国劳动者人权保障的法律体系。一方面，我国《劳动法》明确规定了每一个劳动者都平等地享有职业获得权、择业自由权、就业保障权、劳动报酬权、休息休假权、劳动保护权、职业培训权、自由结社权、民主管理权、劳动争议提请处理权等诸多权利，涉及经济、文化、社会等各种领域，涵盖了劳动者在劳动关系领域中的基本人权；另一方面，我国《劳动法》也规定了国家和用人单位在实现劳动者权益方面的种种义务，如国家促进就业和提供社会保障的义务，用人单位支付劳动报酬、提供安全健康的工作环境的义务等。同时，规定了劳动保障监察制度和违法侵犯劳动者权益的法律责任，劳动者对任何侵犯劳动者权利的行为，可通过提起仲裁和诉讼等手段来维护自己的合法权益。这使劳动者的基本人权得到真正实现。

（二）劳动法是协调劳动关系、构建和谐社会的法律保障

资本与劳动是构成市场经济的最基本因素，资本与劳动的关系是市场经济最基本的关系，劳资矛盾是市场经济客观存在的主要矛盾。劳动与资本的平衡、协调是和谐社会的最基本构成，对劳资矛盾和冲突的正确处理与解决是构建和谐社会、促进社会经济发展的必要条件。特别是随着我国经济市场化程度的提高、城乡二元经济的逐步并轨，尤其是我国经济在融入经济全球化后面临的强资本、弱劳工的状况，协调劳动关系成为事关我国经济和社会协调稳定发展的重要保证。我国《劳动法》建立了劳动合同和集体合同制度，从劳动合同的订立、履行和变更、解除及终止等多个方面，明确了双方当事人的权利和义务。对不签劳动合同、拖欠劳动报酬等侵犯劳动者权益的情形规定了相应的法律责任，对劳动合同的终止、解除条件做出了具体的规定，这对防止劳动侵权、不当解雇以及建立稳定和谐的劳动关系有极为重要的作用。劳动法关于解决劳动争议的三方原则规定、关于劳动争议处理和劳动监督监察程序规范，为及时而合理地解决劳资冲突、协调劳动关系、维护社会和谐稳定提供了法律保障。

---

① 贾俊玲主编：《劳动法与社会保障法学》，中国劳动社会保障出版社2005年版，第36页。

（三）劳动法是促进经济发展和社会进步的法律保障

劳动力资源的合理配置和劳动力的有序流动，是市场经济发展的一个重要组成部分。我国各地区之间经济发展不平衡，众多而丰富的劳动力资源在经济发展中跨地区流动。市场经济要求灵活的、开放的、有序的劳动就业体制。劳动力市场的竞争机制必将促进我国市场经济的不断完善。我国《劳动法》有关就业服务与就业管理，劳动合同的订立、履行和解除，集体合同和灵活用工，劳动争议处理的原则和程序等方面的各项规定，有利于劳动力资源的合理配置和劳动力的有序流动，对市场经济的发展有着积极的促进作用。同时，随着我国劳动法制的发展与完善，我国制定并执行各项劳动标准，改善劳动条件；规范各项职业技能培训及职业资格认证，不断提高劳动者的能力和素质[①]。我国通过各项劳动标准的执行，加强了企业的社会责任，刺激企业加速技术创新、提高管理水平，由此推动了社会不断进步。

第三节　我国劳动法的基本原则

一、劳动法基本原则概述

（一）劳动法基本原则的概念与特征

1. 劳动法基本原则的概念。劳动法的基本原则是指集中体现劳动法的本质和基本精神，主导整个劳动法律体系，为劳动法调整劳动领域的社会关系所应遵循的基本准则。

2. 劳动法基本原则的特征。劳动法基本原则具有如下主要特征：（1）全面涵盖性，即劳动法基本原则应是涵盖劳动法所调整的各种社会关系和各项劳动法律制度的原则。（2）高度权威性，即在劳动法视域内，劳动法的基本原则具有最高权威，各项劳动法律制度和具体劳动法律法规的内容都不能与之相抵触；各种劳动法主体的劳动行为都要受其约束。（3）相对稳定性，即劳动法基本原则的内容一经确定，一般不会因劳动法具体内容的个别或局部变动而更改。[②]（4）独特性，即劳动法的基本原则是劳动法所独有的，是其他部门法所不具有的。

（二）劳动法基本原则的作用与确立依据

1. 劳动法基本原则的作用。劳动法基本原则是劳动法的核心和灵魂，其作用主要表现在：在劳动法律体系中起凝聚和统帅作用，在劳动立法、守法、执法、司法中具有依据和准则功能，在劳动法律规范的解释中具有指导和制约功能，可以弥补法律的漏洞，有助于劳动法制的统一、协调和稳定。

2. 劳动法基本原则的确立依据。（1）《宪法》依据。《宪法》是国家根本大

---

① 贾俊玲主编：《劳动法与社会保障法学》，中国劳动社会保障出版社 2005 年版，第 37 页。

② 参见王全兴：《劳动法》（第三版），法律出版社 2008 年版，第 47～48 页。

法，确立劳动法基本原则，首先应以《宪法》规定的基本精神为依据。(2) 现实依据。劳动法基本原则必须来源和植根于现实，并正确反映劳动领域的基本现状和发展的根本问题，如考虑强资本弱劳工的基本格局、劳动力市场机制欠发展等状况。(3) 理论与政策依据。劳动法基本原则应以对劳动者倾斜保护理论为依据，同时还应与国家基本劳动政策的要求相适应。

二、我国劳动法基本原则的内容

关于劳动法基本原则的内容，我国《劳动法》未作明确规定，学界见仁见智，观点异彩纷呈。从劳动法基本原则的确立依据考查，劳动法基本原则应为：倾斜保护劳动者合法权益原则；就业与职业平等原则；相对劳动自由原则。[①]

（一）倾斜保护劳动者合法权益原则

倾斜保护劳动者合法权益原则是指劳动法在保护双方当事人合法权益的同时，向劳动者倾斜，突出维护劳动者合法权益的原则。因为在现实劳动关系中劳动者处于弱势，用人单位处于强势，如果劳动法对双方进行平等保护，则资方私权的膨胀必然更加弱化和漠视劳动者的权利，甚至威胁到劳动者的生存权。我国矿难频发和职业病蔓延就是典型例证。因此，倾斜保护劳动者的合法权益是国际劳工公约和各国劳动法所奉行的立法宗旨，也是我国劳动法首要的基本原则。劳动者合法权益是指劳动者在劳动领域依法享有的各种权力和利益。我国《宪法》对公民作为劳动者所应享有的各项基本权利作了许多原则性规定，内容包括劳动就业权、劳动报酬权、劳动保护权、休息休假权、职业培训权、社会保障权、企业民主管理权等。《劳动法》、《劳动合同法》在第1条就明确规定保护劳动者合法权益的宗旨，并进一步明确赋予劳动者应享有的基本权利和具体权利。如《劳动法》第3条规定："劳动者享有平等就业和选择职业的权利，取得劳动报酬的权利，休息休假的权利，获得劳动安全卫生保护的权利，接受职业技能培训的权利，享受社会保障和福利的权利，提请劳动争议处理的权利以及法律规定的其他权利。"同时，通过立法强制规定用人单位必须履行的相应义务，如执行最低工资制、限制加班加点、提供安全卫生的劳动条件、限制经济性裁员等。

（二）就业与职业平等原则

就业与职业平等原则，又称反就业（职业）歧视原则，是指劳动者在就业与职业方面的机会平等和待遇均等，不因民族、性别、年龄、种族、身份、宗教信仰等方面的不同而受到不合理的差别待遇原则。国际劳工组织《费城宣言》开宗明义："全人类不分种族、信仰或性别都有权在自由和尊严、经济保障和机会均等的条件下谋求其物质福利和精神发展。"反就业和职业歧视是国际劳工公约的

① 参见林嘉主编：《劳动法和社会保障法》，中国人民大学出版社2009年版，第20～25页。

核心内容，国际劳工组织八个核心公约中有两个涉及反歧视问题，即《消除就业和职业歧视公约》和《同工同酬公约》。就业与职业平等原则是《宪法》平等原则在劳动法领域的具体体现，是统领劳动法律法规，对劳动立法、执法、司法起指导作用的一项基本原则。我国《劳动法》第 12 条规定："劳动者就业，不因民族、种族、性别、宗教信仰不同而受歧视。"《就业促进法》第 3 条再次重申："劳动者依法享有平等就业和自主择业的权利。劳动者就业，不因民族、种族、性别、宗教信仰等不同而受歧视。"

（三）相对劳动自由原则

相对劳动自由原则是指劳动者和用人单位在法律规定的范围内具有自由决定和处分自己的劳动权利的原则。其核心是劳动合同自由，但不限于劳动合同自由，还包括禁止强迫劳动等。① 劳动自由应该既包括劳动者的劳动自由也包括用人单位的用工自由，双方的自由主要通过法律规制下的人力资源市场机制来协调。通过市场机制，双向选择，实现优化配置。

在现代社会，无论劳动者的劳动自由，还是用人单位的用工自由，都不是绝对的，而是相对的、受限制的。劳动者的劳动自由权必须依法行使，并受用人单位的管理、指挥和监督；用人单位的用工自由也必须依法行使，并符合国家的劳动政策规定。当用人单位的用工自由有减损劳动者权益的情况时，应给劳动者以合理的经济补偿，或对用人单位的用工自由权予以限制。如解除劳动合同的经济补偿制度、经济性裁员的限制等制度设计，其立法目的就在于此。例如，在就业形势严峻的社会现实中，我国各地政府运用政策法规手段，要求用人单位采取或减薪或缓缴社会保险费或降低社会保险费率的方法，以保证不裁员，从而保障劳动者的职业稳定。也就是说，劳动者的劳动自由和用人单位的用工自由，无论在法律上还是在事实上，都是受限制的。

第四节 我国劳动法的渊源与体系

一、我国劳动法的渊源

（一）我国劳动法渊源的概念

法律渊源一般是指因法律效力来源的不同而形成的具体表现形式，也称法律形式。我国劳动法的渊源是指基于不同法律效力来源的劳动法律规范的表现形式。硬法和软法是现代法的两种基本表现形式。其中，硬法（hard law）是指由国家创制的、依靠国家强制力保障实施的法规范体系；软法（soft law）是指不

① 参见林嘉主编：《劳动法和社会保障法》，中国人民大学出版社 2009 年版，第 24 页。

能运用国家强制力保障实施的法规范体系，即由国家制定或者认可的，不依赖国家强制力而是主要依靠成员自觉、共同体的制度约束、社会舆论、利益驱动等机制保障实施（即具有软拘束力）的规则体系。[①] 据此，我国劳动法的渊源便有硬法规范和软法规范两种表现形式。

（二）我国劳动法的渊源

1. 硬法规范。

（1）《宪法》中关于劳动问题的规定。《宪法》在法律渊源中具有最高法律地位和效力。《宪法》中关于劳动问题的规定是我国劳动法的首要渊源。《宪法》中的有关规定是确立劳动法基本原则的依据，指导和规范劳动法的制定、修改、废止。如《宪法》第42条关于公民劳动权利和义务的规定、第43条关于劳动者休息权的规定、第44条关于退休制度的规定、第45条关于社会保险制度及对特殊困难群体保护的规定等。

（2）劳动法律。全国人民代表大会及其常务委员会依据《宪法》制定的调整劳动关系的规范属于劳动法律，其法律效力仅低于《宪法》。如《劳动法》、《工会法》、《劳动合同法》、《就业促进法》、《劳动争议调解仲裁法》等。

（3）劳动行政法规和部门规章。劳动行政法规是指国务院为管理劳动事务，有权根据《宪法》和劳动法律制定调整劳动关系及各项劳动标准的规范性文件。其效力低于《宪法》和法律，在全国具有普遍的法律效力。如《女职工劳动保护规定》、《禁止使用童工规定》、《失业保险条例》、《残疾人就业管理规定》等。劳动部门规章是指国务院组成部门依据劳动法律和劳动行政法规，有权在本部门范围内制定和发布的调整劳动关系的规范性文件。如原劳动部颁布的《女职工禁忌劳动范围的规定》、《工人考核条例》等。

（4）地方性劳动法规和地方政府规章。依据我国法律的规定，省、自治区、直辖市、经济特区人民代表大会及其常委会和政府，为管理本行政区域内的劳动事务，在不同《宪法》、法律和劳动行政法规相抵触的前提下，可以制定和发布劳动规范性文件，报全国人民代表大会常务委员会、国务院备案或批准后生效。其中，省、自治区、直辖市、经济特区人民代表大会及其常务委员会制定和发布的劳动规范性文件称地方性劳动法规，如广东省人大常委会通过的《广东省流动人员劳动就业管理条例》、江苏省人大常委会通过的《江苏省劳动保护条例》等；省、自治区、直辖市、经济特区人民政府制定和发布的劳动规范性文件，称地方政府劳动规章，如上海市人民政府颁布的《上海市城镇职工基本医疗保险办法》等。

（5）其他劳动法律渊源。第一，我国批准的国际劳工公约。经过我国立法机

---

① 罗豪才：《公共治理的崛起呼唤软法之治》，载《法制日报》2008年12月14日。

关批准的25个国际劳工公约在我国具有法律效力。第二，正式解释。有权的国家机关对已经生效的劳动法律、行政法规等规范性文件所作的阐释和说明，可以适用，具有法律效力，因而也是劳动法的渊源。根据解释主题不同，正式解释分为立法解释、司法解释和行政解释。第三，全国总工会制定的规范性文件。全国总工会在法定范围内制定的各项规范性文件，经政府部门认可，或者与国务院有关部委联合公布的有关劳动问题的规范性文件，具有法律约束力，也应属于劳动法的渊源。如《工会参与劳动争议处理试行办法》、《工会劳动保护监督检查员暂行条例》等。

2. 软法规范。

(1) 劳动政策。在我国，劳动政策是劳动法的重要补充，是制定劳动法的基础和先导，是政府干预劳动关系、协调劳资利益的基本手段。如中共中央办公厅、国务院办公厅印发的《2002～2005年人才队伍建设规划纲要》、《关于切实做好国有企业下岗职工基本生活保障和再就业工作的通知》和原劳动部《关于贯彻执行〈中华人民共和国劳动法〉若干问题的意见》等以"纲要"、"通知"、"指导意见"等形式出现的规范性文件，在调整劳动关系方面发挥着重要的作用。

(2) 集体劳动合同。在许多国家，工会的全国性、地方性、行业性和职业性组织可以分别同相对应的用人单位团体通过谈判依法签订集体合同，这种集体合同对全国、地方、行业或职业范围内的劳动关系具有法律效力，因而被视为是劳动法的一种形式。[①] 我国《劳动合同法》规定："依法订立的集体合同对用人单位和劳动者具有约束力。行业性、区域性集体合同对当地本行业、本区域的用人单位和劳动者具有约束力。集体合同中劳动报酬和劳动条件等标准不得低于当地人民政府规定的最低标准；用人单位与劳动者订立的劳动合同中劳动报酬和劳动条件等标准不得低于集体合同规定的标准。"随着劳动关系三方协调机制的建立和健全，特别是工资集体协商制度的建立，集体合同的法律效力将日渐显现，范围也将越来越广泛。

(3) 劳动规章制度。劳动规章制度是指由用人单位制定并在本单位实施的组织劳动过程和进行劳动管理的规则与制度的总和，是用人单位和劳动者在劳动过程中的行为准则。我国最高人民法院《关于审理劳动争议案件适用法律若干问题的解释》第19条规定："用人单位根据《劳动法》第4条之规定，通过民主程序制定的规章制度，不违反国家法律、行政法规及政策规定，并已向劳动者公示的，可以作为人民法院审理劳动争议案件的依据。"可见，经过合法程序制定的合法的劳动规章制度，对劳动者和用人单位具有法律效力。

---

① 王全兴:《劳动法》(第三版)，法律出版社2008年版，第56页。

关于合法有效劳动规章制度的内容及制定程序，我国《劳动合同法》第4条做出了明确规定："用人单位应当依法建立和完善劳动规章制度，保障劳动者享有劳动权利、履行劳动义务。用人单位在制定、修改或者决定有关劳动报酬、工作时间、休息休假、劳动安全卫生、保险福利、职工培训、劳动纪律以及劳动定额管理等直接涉及劳动者切身利益的规章制度或者重大事项时，应当经职工代表大会或者全体职工讨论，提出方案和意见，与工会或者职工代表平等协商确定。在规章制度和重大事项决定实施过程中，工会或者职工认为不适当的，有权向用人单位提出，通过协商予以修改完善。用人单位应当将直接涉及劳动者切身利益的规章制度和重大事项决定公示，或者告知劳动者。"

二、我国劳动法的体系

劳动法体系是指一国全部现行劳动法律规范按照一定的标准和原则分类组合而形成的内部和谐一致、有机联系的整体。它反映了一国劳动法的各项具体法律制度的构成及其相互关系。我国劳动法的体系是根据劳动关系法律调整的特点和内容而构成的，随着《劳动法》、《就业促进法》、《劳动合同法》、《劳动争议调解仲裁法》的颁布和实施，我国劳动法的体系逐步趋于完善。

（一）我国的劳动法律制度

从劳动法律规范的内容来看，我国现行劳动法的体系主要由以下劳动法律制度构成。

1. 促进就业法律制度。主要规范国家和各级人民政府促进就业的职责以及促进就业的措施，特别是针对社会特殊群体的促进就业措施。

2. 劳动合同和集体合同制度。关于劳动合同的订立、履行、变更、解除、终止；集体合同协商和订立的程序、原则，集体合同履行、监督检查等规则。

3. 劳动标准制度。包括工作时间和休息休假制度、工资制度、劳动安全卫生制度以及女职工和未成年工特殊保护制度等。

4. 职业培训制度。规定政府有关部门和用人单位在发展培训事业与开发劳动者职业技能方面的职责、管理权限、职业分类、通用标准和职业技能考核鉴定制度。

5. 社会保险和福利制度。主要包括：社会保险的体制；社会保险的项目、种类；社会保险的适用范围；享受社会保险待遇的资格条件和标准；社会保险待遇的支付原则；社会保险基金的筹集、运营和管理等。

6. 劳动争议处理制度。劳动争议处理制度是指为了保证劳动实体法的实现而制定的有关劳动争议处理的调解程序、仲裁程序和诉讼程序的规范，以及劳动争议处理机构的组成，调解、仲裁程序应遵循的原则等内容。

7. 职工民主管理制度。职工民主管理制度在于保障劳动者的结社权和民主管理参与权。它主要规定：工会的法律地位；工会的职责与任务；工会的工作方式与活动方式；劳动者民主参与管理的形式；职工大会、职工代表大会的职权等。

8. 劳动法的监督检查制度。劳动法的监督检查制度是指为有效地贯彻实施劳动法、保护劳动者的合法权益，对用人单位和其他有关单位遵守劳动法的情况实行监督、检查、纠偏、处罚活动的主体，监督检查的目的，监督检查的客体，监督检查的方式，对违反劳动法的行为进行制止、纠正和追究违法行为人法律责任的规定的总称。

（二）我国劳动法体系

根据劳动法律规范的不同职能，我国劳动法的体系构成如下。

1. 劳动关系协调法，又称劳动关系法，主要由以实现劳动关系运行协调化为基本职能的各项劳动法律制度所构成。

2. 劳动基准法，又称劳动条件基准法，主要由以实现劳动关系中劳动者权益（或称劳动条件）基准化（即制定和实施劳动基准）为基本职能的各项劳动法律制度所构成。

3. 劳动保障法，主要由以保障劳动者实现劳动权和劳动关系正常运行的社会条件或者实现劳动保障社会化为基本职能的各项劳动法律制度所构成。[①]

4. 劳动监督法，主要是规定监督劳动法的执行情况、制止和纠正劳动违法行为以及劳动违法责任的制度。

这些具有不同职能的法律制度，共同构成了我国劳动法体系，如图 3－1 所示。

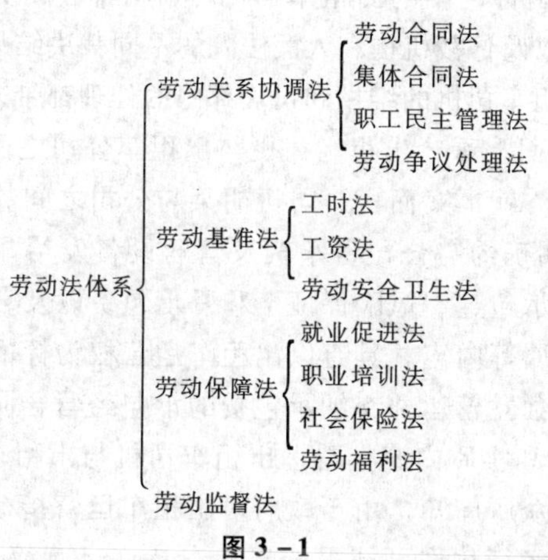

图 3－1

① 王全兴：《劳动法》（第三版），法律出版社 2008 年版，第 59 页。

【案例研讨】

成都出租车司机诉出租车公司劳动争议案

2003年4月，胡某与另一名司机一起与成都某出租车公司签订了出租车承包经营合同，约定两人一次性交纳承包金和风险保证金后，在5年内承包出租车公司的一辆出租车。合同同时还约定社会保险、医疗保险由两司机自己办理，合同期满后，出租车归两司机所有，顶灯和计价器等设施由出租车公司收回等内容。2006年3月29日，胡某营运时在成都城郊被歹徒劫杀身亡。事后，胡某的妻子熊某继续承包经营该辆出租车，享有和履行承包经营合同中的所有权利义务，同时，多次向公司提出工伤索赔，但后者以公司和胡某签订的是“出租车承包经营合同”而非“劳务合同”为由断然拒绝。

2006年5月8日，熊某向成都市劳动争议仲裁委员会申请仲裁，要求确认胡某与公司之间存在劳动关系，裁决结果为“双方存在事实劳动关系”。出租车公司不服仲裁裁决，向成都市武侯区人民法院提起诉讼，请求法院确认其与胡某之间不存在劳动关系。一审法院审理后认定讼争双方仅系承包经营合同关系，不具有劳动关系，判决支持了出租车公司的诉讼请求。熊某对该判决不服，又依法上诉至成都市中院。2007年6月12日，成都市中院终审维持了胡某与出租车公司不具有劳动关系的一审判决。

评析：

出租车行业属于特殊行业，国家对其实行行政许可制度。出租车公司从政府部门取得特许经营权指标后，以承包合同的形式特许司机单车营运。由此，在出租车司机和出租车公司之间既形成了典型的承包或租赁合同关系，也形成了典型的劳动合同关系的独具“中国特色”的出租车司机—出租车公司关系。本案中出租车司机与公司的不同诉求以及仲裁机构和人民法院的不同裁决结果，均反映了这种关系的不规范性。这给出租车司机的维权和司法部门的处理都带来了很大的困扰。

（1）从形式和表面上看，出租车司机与出租车公司之间是出租车单车运营的承包或租赁合同关系。就本案而言，司机胡某与公司之间签订的是《出租汽车承包经营合同》，其中明确约定公司将车辆及营运设备发给胡某等承包经营，并约定了承包期、一次性承包金、风险保证金和月承包费以及合同期满后车辆、顶灯与计价器等设施的归属等内容。具有以出租车运营权为标的，由公司发包并收取承包费，司机承包、独立营运并交纳承包费的承包经营合同的特征。

（2）从缔约地位和实质内容上看，出租车司机与出租车公司之间则是一种特殊的承包劳动关系。众所周知，由于政府对出租车运营指标的严格控制并禁止个体经营，出租车公司经行政许可获得的出租车特许运营权便成为一种稀缺资源。出租车公司凭借其对稀缺资源的控制权和雄厚的资本，在与竞争激烈的、势单力薄的单个司机（据调查，绝大多数是下岗职工和农民工）缔约时，处于绝对强势地位。订不订合同、订什么合同以及合同的内容等，均由公司来决定。处于弱势的司机个人只有签与不签合同的权利，没有协商订什么合同与选择合同内容的权利。这样签订出来的合同完全是出租车公司一方意志的反映。本案中的出租汽车承包经营合同，出租车公司的义务仅仅是提供一辆出租车和办妥营运手续，其他的都是它坐收“渔利”的权利且不承担任何风险。相反，合同中对司机规定了高昂的一次性承包费和每月“份儿钱”、风险保证金以及逾期交纳时的严苛罚则，并排除了公司的社会保险责任。至于司机的收入有无保障在所不顾。这根本不是协商一致的结果，也不具有我国《合同法》中典型的承包经营合同的平等属性。

如果揭开出租车承包经营合同的面纱，则不难发现，出租车司机与公司之间是一种特殊的承包劳动关系。出租车司机既是出租车营运服务的承包者也是劳动者（转包另当别论）。承包经营合同则类似于公司的劳动规章。因为出租车营运这种劳动形式具有分散性、独立性、不定时、不定点、计件收费和初始收入由司机控制等特殊性，出租车公司不可能直接、集中实施管理和监督，所以就用承包经营合同规定预交风险保证金、上交月“份儿钱”和逾期交纳罚则等形式，实现对司机及其营运活动的严格控制与管理。有了这些经济利益的“紧箍咒”，每个接车的司机从早忙到晚，无节假日，更无自由可言。而且每个司机的营运活动都构成公司业务的一部分。司机与公司之间显然存在主体与经济上的隶属性，形成了劳动力的支配与被支配关系。因此，虽然出租车司机与公司之间没有签订劳动合同，但其实质上是承包劳动关系。公司之所以与司机订立承包经营合同而不签劳动合同，是为了规避《劳动法》规定的关于企业对劳动者的工资保障、劳动保护和社会保险责任。本案是一典型例证，胡某妻子的诉求反映了千千万万出租车司机缔结劳动合同的愿望。

（3）依法理顺出租车司机与公司之间不规范的劳动关系，维护司机的合法劳动权益，应从确立劳动关系开始。对此，我国有关法规已明确作了规定。其中，国务院办公厅《关于进一步规范出租汽车行业管理有关问题的通知》第 4 条规定，要坚决制止企业利用出租汽车经营权以车辆挂靠、一次性“买断”以及收取“风险抵押金”、“财产抵押金”、“运营收入保证金”、“高额承包”等方式向司机转嫁投资和经营风险，牟取暴利。“各地要采取有效措施，依法理顺出租汽车企业与司机的劳动用工关系，切实保障司机的合法权益。出租汽车企业必须依法与司机签订劳动合同，并向司机详细解释合同的主要条款。有关部门要结合实际情况制订示范合同，加强合同管理，有条件的地区可积极推行集体协商、集体合同制度，依法通过集体协商，保障司机劳动报酬、保险福利等权益。出租汽车企业要依法参加社会保险，按照国家规定为司机按时、足额缴纳基本养老、基本医疗、失业等保险费。有关部门要加大检查力度，对不按规定执行的企业责令限期改正，逾期不改的依法取消其经营权，并予以处罚。”此外，2007 年 3 月 27 日，最高人民法院行政审判庭《关于车辆挂靠其他单位经营车辆实际所有人聘用的司机工作中伤亡能否认定为工伤问题的答复》中指出：“个人购买的车辆挂靠其他单位且以挂靠单位的名义对外经营的，其聘用的司机与挂靠单位之间形成了事实劳动关系，在车辆运营中伤亡的，应当适用《劳动法》和《工伤保险条例》的有关规定认定是否构成工伤。”这些规定和司法解释，为确立和理顺司机与公司之间的劳动关系提供了依据。本案中，劳动争议仲裁委员会正是根据国务院办公厅《关于进一步规范出租汽车行业管理有关问题的通知》的规定，依法裁决司机胡某与出租车公司之间存在事实劳动关系，这对出租车行业有较好的规范指导作用，对公司如何科学经营管理、如何保障司机的合法权益有很好的促进作用。而两审法院忽视了出租车行业劳动的特殊性，仅从承包经营合同的形式认定胡某与出租车公司之间不存在劳动关系，理论上是值得推敲的，实践上会强化公司的不规范运作，不利于保护劳动者的合法权益。

思考问题与案例

一、思考问题

1. 劳动法的调整对象与范围是什么？

2. 什么是劳动关系？劳动关系与劳务关系有何区别？

3. 为什么说劳动法是一个独立的重要法律部门？

4. 如何理解劳动法与民法、经济法、行政法之间的关系？

5. 我国劳动法的法律渊源有哪些？

6. 我国劳动法的体系是否完备？现在还亟须建立健全哪些劳动法律制度？

二、思考案例

1. 2008年12月1日～2009年1月7日，徐某为魏某所在的石料厂提供装卸片石服务。据石料厂挖机装片石统计决算表记载，2008年12月1～31日应付劳务费为30 892.80元，2009年1月1～7日应付劳务费为10 194元，合计为41 086.80元。魏某在决算表上签字“属实”。徐某向魏某请求支付劳务费未果，遂向法院起诉。

问题：

（1）徐某应向谁主张清偿欠款？徐某与石料厂之间是什么法律关系？为什么？

（2）法院应适用《劳动法》还是《民法通则》处理本案？如何认定和判决？

2. 2006年1月30日，原告谭某被某建设集团公司下设的项目经理部招收为工人，安排在重庆市某大桥工地木工组工作，具体工种是拆装内外钢模板，系高空作业，未签订劳动合同，实行计件工资制。2006年7月22日上午9时许谭某在劳动中跌伤，当时被送往重庆三峡中心医院抢救治疗，至2007年2月15日出院，共住院208天。2007年1月31日经劳动和社会保障局认定为工伤，2007年6月15日经劳动鉴定委员会鉴定工伤等级为6级伤残。谭某住院医疗费用已由建设集团公司支付，但其他工伤待遇未付，公司也未给谭某办理工伤保险。2007年7月12日，谭某申请司法鉴定，鉴定结论为所需后续治疗费用合计58 000元左右。谭某以要求建设公司给付其工伤待遇为由申请仲裁，双方均不服仲裁裁决并起诉至重庆市万州区人民法院。一审法院判决建设集团公司给付谭某工伤待遇213 781元。双方都不服该判决并上诉。2008年8月15日，重庆市第二中级人民法院作出终审判决：建设集团公司给付谭某工伤待遇215 167.26元。其中：（1）一次性伤残补助金19 402.00元；（2）一次性伤残就业补助金 149 670.00 元；（3）一次性医疗补助金 13 858.30 元；（4）停工留薪期工资 16 629.96 元；（5）住院护理费 6 240 元；（6）住院伙食补助费 1 747 元；（7）就医交通费 320.00 元；（8）伤残鉴定费 300.00 元；（9）左侧肱骨骨折内固定物取出术医疗费 7 000.00 元。①

问题：

（1）谭某与该建设集团公司之间是否具有劳动关系？为什么？

（2）该建设集团公司是否应该承担谭某的工伤保险待遇？为什么？

3. 周某是宁波某草艺公司的职工，他于 2002 年 5 月进公司工作。2008 年 1 月 2 日起，周某一直未去公司上班。1 月 7 日，公司以旷工 5 日违反公司规章制度为由，对周某做出自动离职的处理，并将处理通告予以张贴。3 月 21 日，周某将草艺公司告上法庭，要求对方支付经济补偿金、失业一次性生活补助损失 1.4 万余元，还要求企业帮他补缴 2002 年 5 月至 2007 年年底的养老保险。

庭审中，双方争议焦点是草艺公司的“旷工 5 日就要作自动离职处理”的规定是否合法。草艺公司出示了它们在 2003 年 6 月制定的一份规章制度，称当初在公示栏张贴过。周某当庭否认曾经看到过该份文件。草艺公司不能提供相应证据证明该项规章制度是经过职工代表大会或者全体职工讨论通过的。法院认为，草艺公司单方解除劳动合同的行为属违法解除劳动关系，判决草艺公司支付周某解除劳动关系的赔偿金和一次性生活补助损失 1.4 万余元，并为周某补缴 2006 年和 2007 年的养老保险。

问题：

（1）本案所涉及的劳动规章制度是否具有法律效力？为什么？

（2）草艺公司的“旷工 5 日就要作自动离职处理”的规定是否合法？

（3）法院的判决是否正确？理由是什么？

---

① 参见法律教育网：《重庆市第二中级人民法院民事判决书》，http://www.chinalawedu.com/huangye/viewArticle.asp?id=10618，2011 年 6 月 15 日。

第四章 劳动法律关系

【本章导语】

劳动法律关系是劳动关系经劳动法确认和规范，而在当事人之间形成的权利义务关系。各主体之间的劳动权利和劳动义务构成劳动法的核心内容。本章阐述了劳动法律关系的概念、种类、特征、构成要素以及劳动法律关系的产生、续延、变更、中止和消灭。其中，重点论述了劳动法律关系的特征、劳动法律关系的主体资格以及劳动者及其团体、用人单位及其团体的劳动权利和劳动义务。

【引导案例】

案例1：确认劳动关系纠纷案

2008年12月10日，濮阳元恒公司下设的第一分公司取得营业执照，郑某担任该分公司负责人。2009年7月16日，郑某与刘某签订建筑工程包工合同一份，约定由濮阳元恒公司以包工不包料的方式承包刘某家的住房建设，该合同由郑某、朱某代表该分公司签名并加盖分公司公章。2009年10月10日，王某与濮阳元恒公司签订合同一份，约定王某承包除主体工程外的所有项目，朱某代表公司在该合同上签名。合同签订后，王某雇佣朱某等人进行施工。2009年11月1日，朱某等人在施工工地受伤。之后，朱某向劳动争议仲裁委员会申请确认劳动关系。2010年7月21日仲裁委裁决朱某与濮阳元恒公司之间存在事实劳动关系。濮阳元恒公司不服该裁决，向法院起诉。法院查明郑某与刘某签订建筑工程包工合同时所用公章系伪造，第一分公司不能单独营业。法院认为，郑某私刻公章越权代签合同，但刘某当时并不知情，故郑某与刘某签订的建筑工程合同有效；朱某、王某都不具备用工主体资格；第一分公司在注册时没有相应的资产，不能独立承担民事责任。根据原劳动部《关于确立劳动关系有关事项的通知》第4条的规定，建筑施工、矿山企业等用人单位将工程（业务）或经营权发包给不具备主体资格的组织或自然人，对该组织或自然人招用的劳动者，由具备用工主体资格的发包方承担用工主体责任。故认定应由濮阳元恒公司承担用工主体责任。一审法院判决濮阳元恒公司与朱某存在劳动关系。二审判决维持原判。①

案例2：王某诉联通公司、劳务派遣中心劳动争议案

2006年3月，王某进入某联通公司担任维护员一职。在职期间联通公司未给王某建立社

---

① 参见郑州法院网：《濮阳市元恒建设工程有限公司与朱小五确认劳动关系纠纷一案民事判决书》，http://zzfy.chinacourt.org/public/paperview.php? id =482189，2011年6月15日。

会保险账户，休息日加班未按规定安排补休，也未支付加班工资。2007 年 12 月 20 日，王某与劳务派遣中心签订劳动合同，期限 2 年，在合同履行期内劳务派遣中心也未给王某建立社会保险账户，未缴社会保险金。2009 年 4 月 30 日，王某与劳务派遣中心解除了劳动合同，6 月 25 日派遣中心给王某出具了终止劳动合同证明书。2010 年 7 月，王某向市劳动争议仲裁委员会申请仲裁，2010 年 7 月 5 日仲裁委员会以超时效为由驳回王某申请，王某不服，遂向法院起诉，请求依法判令联通公司、劳务派遣中心缴纳社会保险金、支付加班工资、解除劳动合同经济补偿金和赔偿金等费用共计 211 930 元。

2010 年 11 月 15 日，法院经依法审理，依照《劳动合同法》第 46 条、第 47 条、第 62 条第（三）项、第 85 条、第 87 条及原劳动和社会保障部《关于职工全年月平均工作时间和工资折算问题的通知》之规定，判决如下："一、被告某劳务派遣中心于判决生效后十五日内补交 2007 年 12 月至 2009 年 3 月间应为原告缴纳的养老保险费、失业保险、医疗保险费用，应缴数额以相应经办部门计算数据为准，并承担相应利息和规费；二、被告某联通公司于判决生效后十五日内补交 2006 年 3 月至 2007 年 11 月间应为原告缴纳的养老保险费、失业保险、医疗保险费用，应缴数额以相应经办部门计算数据为准，并承担相应利息和规费；三、被告某联通公司支付原告加班工资 3 552 元，并支付加班工资赔偿金 1 776 元；四、被告某联通公司支付原告解除劳动合同经济补偿金 3 500 元，支付解除劳动合同经济赔偿金 3 500 元；（上述款项于判决生效后三十日内付清）五、原告其他诉讼请求不予支持。"①

【重点问题】

1. 事实劳动关系与劳动法律关系的区别和联系。
2. 事实劳动关系的认定依据。
3. 劳动者的主体资格。
4. 劳动权的含义与具体内容。
5. 用人单位的法律资格与劳动义务。
6. 非法用工的法律后果。
7. 劳动法律关系的产生与消灭、续延与中止。

第一节　劳动法律关系概述

一、劳动法律关系的概念

（一）劳动法律关系的定义②

劳动法律关系是指劳动主体在实现劳动过程中依据劳动法律规范所形成的劳

① 参见北大法宝：《王晓龙诉中国联合网络通信有限公司延安市分公司等劳务派遣中心纠纷案》，http：//vip. chinalawinfo. com/Case/displaycontent. asp？Gid = 117793760&Keyword，2011 年 6 月 18 日。

② 劳动关系以及与其有密切联系的其他社会关系经劳动法调整，就成为法律上的权利义务关系。此即劳动法学中的法律关系。它包括两大类：一是劳动法调整劳动关系所形成的法律关系，一般称之为劳动法律关系。二是劳动法调整与劳动关系有密切联系的其他社会关系所形成的法律关系，可称之为附随法律关系，其中主要是劳动行政法律关系和劳动服务法律关系。

动权利和劳动义务关系。它是劳动关系在法律上的表现，是劳动法调整劳动关系的结果。它包括个别劳动法律关系和集体劳动法律关系。前者是指劳动者个人与用人单位之间形成的劳动法律关系；后者是指劳动者团体即工会组织与用人单位或用人单位团体之间形成的劳动法律关系。集体劳动法律关系是在个别劳动法律关系存在和发展的基础上形成的，是劳动者通过依法行使团结权，组成工会，来实现自我保护，并进而平衡和协调劳动关系。集体劳动关系的一方是工会组织，另一方为用人单位或用人单位团体，双方主要通过集体谈判和集体协议的形式来构成、运行劳动法律关系。

（二）劳动法律关系与劳动关系

劳动法律关系与劳动关系既有联系又有区别。二者的联系表现在：（1）劳动关系是劳动法律关系的现实基础，劳动法律关系是劳动关系在法律上的表现形式。（2）劳动法律关系不仅反映劳动关系，而且在其形成以后便给劳动关系以积极的影响，劳动关系的运行与发展才有法律保障。二者的区别表现在：（1）性质不同。劳动关系是客观存在的物质社会关系；劳动法律关系既体现国家意志又体现劳动主体的意思表示，因而是一种意志社会关系。（2）产生前提不同。劳动关系是在现实社会劳动过程中发生的，劳动关系的形成以劳动为前提；劳动法律关系则是被劳动法律规范所调整的劳动关系，所以它的形成必须以劳动法律规范的存在为前提。（3）内容不同。劳动关系是以劳动为内容的，如果没有相应的劳动法律规范调整，这种关系因不具有法律上的权利义务关系，也就不具有国家强制力；劳动法律关系是以法定的权利和义务为内容的，任何一个劳动法律关系的参加者都是作为权利的享有者和义务的承担者出现的。

（三）劳动法律关系与事实劳动关系

事实劳动关系是指劳动者与用人单位未按劳动法规定确立劳动关系，但在双方之间却实际存在具有劳动关系内容且未产生劳动法律关系的一种社会劳动关系。劳动法律关系和事实劳动关系尽管都在劳动法调整范围内，但二者具有不同的法律属性，主要表现在：（1）法定模式不同。劳动法律关系是符合法定模式的劳动关系；而事实劳动关系则完全或部分不符合法定模式。（2）内容设定不同。劳动法律关系的内容即当事人双方的权利义务是双方所预期和设定的；而事实劳动关系的双方当事人之间虽然存在一定的权利义务，但这一般不是双方当事人所预期和设定的。（3）法律保障不同。劳动法律关系由法律保障其存续；事实劳动关系如果不能依法转化为劳动法律关系，就应当强制其终止，但是，事实劳动关系中劳动者的利益仍然受法律保护。

现实中，用人单位招用劳动者而不签劳动合同的现象屡见不鲜。在此情形下，如何认定事实劳动关系、保护劳动者的合法权益呢？原劳动和社会保障部发布的《关于确立劳动关系有关事项的通知》做出了明确规定：“用人单位招用劳动者未订立书面劳动合同，但同时具备下列情形的，劳动关系成立。（一）用人单位和劳动者符合法律、法规规定的主体资格；（二）用人单位依法制定的各项劳动规章制度适用于劳动者，劳动者受用人单位的劳动管理，从事用人单位安排的有报酬的劳动；（三）劳动者提供的劳动是用人单位业务的组成部分。”对用人单位未与劳动者签订劳动合同的，规定可参照下列凭证认定双方存在劳动关系：（1）工资支付凭证或记录（职工工资发放花名册）、缴纳各项社会保险费的记录；（2）用人单位向劳动者发放的“工作证”、“服务证”等能够证明身份的证件；（3）劳动者填写的用人单位招工招聘“登记表”、“报名表”等招用记录；（4）考勤记录；（5）其他劳动者的证言等。其中，一、三、四项的有关凭证由用人单位负举证责任。

二、劳动法律关系的分类

按照不同的标准划分，劳动法律关系可以分为不同类型。一般而言，劳动法律关系可以作以下分类。

（一）按照用人单位的外部形态划分

按照用人单位的外部形态划分，劳动法律关系可以分为：企业的劳动法律关系；个体经济组织的劳动法律关系；民办非企业单位的劳动法律关系；国家机关、事业单位、社会团体的劳动法律关系；其他用人单位的劳动法律关系等。其中，按照生产资料的不同所有制形式，企业的劳动法律关系又可以分为：国有企业的劳动法律关系；城镇、乡镇（村）集体企业的劳动法律关系；私营企业的劳动法律关系；台、港、澳投资企业的劳动法律关系；外商投资企业的劳动法律关系等。①

（二）按照主体是否具有团体性划分

按照主体是否具有团体性划分，劳动法律关系可以分为个别劳动法律关系和集体劳动法律关系。

（三）按照劳动法律关系的数量划分

按照劳动法律关系的数量划分，劳动法律关系可以分为单一劳动法律关系和多重劳动法律关系。单一劳动法律关系，是指劳动者与一个用人单位之间的劳动法律关系；多重劳动法律关系，是指劳动者同时与两个或者两个以上的用人单位之间所建立或保持的劳动法律关系。

（四）按照不同用工形式划分

按照不同用工形式划分，劳动法律关系可以分为正规用工的劳动法律关系和非正规用工的劳动法律关系。正规用工是指劳动者在用人单位从事普通标准的全日制工作、有工资福利和社会保障、与用人单位建立有稳定的劳动法律关系的用

---

① 林嘉主编：《劳动法和社会保障法》，中国人民大学出版社 2009 年版，第 61 页。

工形式。非正规用工是指在劳动时间、收入报酬、社会保险、劳动关系等方面不同于正规用工方式的法律所没有禁止的各种用工形式的总称。如非全日制用工、季节性用工、派遣工、钟点工等。

（五）按照劳动法律关系是否具有涉外因素划分

按照劳动法律关系是否具有涉外因素划分，劳动法律关系可以分为涉外劳动法律关系和国内劳动法律关系。涉外劳动法律关系是指在主体、客体和内容方面含有一个或一个以上的涉外因素或称具有外国成分的劳动法律关系。

此外，按照劳动者的职业划分，劳动法律关系可分为工人劳动法律关系、技术人员劳动法律关系、管理人员劳动法律关系、学徒工劳动法律关系和帮手劳动法律关系；按照劳动者与用人单位的实际关系划分，劳动法律关系可分为本单位劳动法律关系、兼职单位劳动法律关系、借调单位劳动法律关系；等等。

三、劳动法律关系的特征

劳动法律关系除了具有法律关系的共同特征以外，还具有自己独有的特征。

（一）主体特定性

劳动法律关系的主体一方是具有法定资格的劳动者或依法成立的工会，另一方是法定的用人单位或依法成立的用人单位团体，如企业联合会。

（二）双重意志性

劳动法律关系是一种意志社会关系，具有国家意志为主导、当事人意志为主体的属性。劳动法律关系是当事人之间按照国家劳动法律规范的规定双方自愿协商确立并运行的，既体现了国家意志，又体现了当事人的意思自治。但是，劳动法律关系中当事人意志的表达和实现，必须符合国家法律的规定，受国家意志的指导和制约。因此，劳动法律关系具有较强的国家意志性和明显的强制性，这与民事法律关系具有平等性、反映双方意志和行政法律关系具有隶属性、反映国家意志相区别。

（三）兼容性

劳动法律关系的兼容性特点与劳动关系的兼容性特点一脉相承，主要表现为：（1）平等性与从属性兼容。作为个别劳动法律关系主体的劳动者与用人单位，他们的法律地位是互相平等的。但是，在劳动法律关系的运行过程中，劳动者与用人单位之间又存在着从属性，即劳动者必须成为用人单位的成员，并在用人单位的管理下提供劳动。（2）财产性与人身性兼容。劳动法律关系是以劳动者付出劳动力与用人单位支付工资这一对价关系为其基本内容，这无疑具有财产性特点。同时，劳动义务必须由劳动者亲自履行，劳动法律关系的维系和运行必须依赖于双方当事人之间的高度互信，这些特点又体现出人身性。①

---

① 林嘉主编：《劳动法和社会保障法》，中国人民大学出版社2009年版，第64页。

（四）在社会劳动过程中形成和实现的特征

劳动法律关系的基础是劳动关系。只有劳动者同用人单位提供的生产资料相结合，在实现社会劳动过程中，才能在劳动者与用人单位之间形成劳动法律关系。实现社会劳动过程，也就是劳动法律关系得以实现的过程。在社会劳动过程中形成和实现劳动法律关系，使劳动法律关系与流通过程中形成和实现的民事法律关系区别开来。

四、附随劳动法律关系

（一）附随劳动法律关系的概念

附随劳动法律关系是指劳动法在调整与劳动关系有密切联系的其他社会关系时所形成的权利义务关系。附随劳动法律关系主要包括劳动行政法律关系、劳动服务法律关系和劳动争议处理法律关系。

（二）附随劳动法律关系的种类

1. 劳动行政法律关系。劳动行政法律关系是指劳动保障行政部门与劳动行政相对人之间为实现劳动关系而依据劳动法律规范及有关行政法律规范所形成的权力（权利）和义务关系。劳动行政法律关系是劳动行政关系的法律表现形式。与一般行政法律关系相比，劳动行政法律关系具有如下特征：（1）以保障、实现劳动权利和义务为目的。（2）以弥补市场机制缺陷、保障劳动力市场公平兼顾效率为价值取向。（3）以劳动法律规范为依据。（4）以宏观劳动管理为基本内容。其中，劳动管理的专业性和技术性较强。①

劳动行政法律关系由主体、内容和客体三要素构成。其中，劳动行政法律关系的主体包括劳动行政主体和劳动行政相对人双方。劳动行政法律关系的内容，即劳动行政主体与劳动行政相对人之间关于宏观劳动管理的权力（权利）和义务，主要包括劳动行政主体对劳动力、劳动报酬、劳动安全卫生、社会保险等方面管理的权力（权利）义务。劳动行政法律关系的客体主要是劳动行政相对人按照劳动行政主体的管理要求实施的行为及其所支配的物和无形财产。

2. 劳动服务法律关系。劳动服务法律关系是劳动服务机构在为劳动者和用人单位提供劳动服务的过程中依据劳动法律规范所形成的权利义务关系。如人才中介服务、就业培训服务等。与一般民事劳务法律关系相比，劳动服务法律关系具有如下特征：（1）双方当事人分别固定为特定的主体，其中，劳务提供方固定为依法取得特定劳动服务资格的社会组织，劳务接受方固定为劳动者和用人单位。（2）以实现劳动关系为目的，即它的存续是为了在劳动力市场上和劳动过程中给劳动关系正常运行创造条件。（3）标的限定为劳动服务行为，劳动服务是一

① 王全兴：《劳动法》，法律出版社 2008 年版，第 70 页。

种特殊劳务，其服务对象、服务项目、服务规则为劳动法规政策和劳动行政部门所规定。（4）内容一般具有非营利性和公益性。（5）运行大多由政府有关部门或机构所组织，并且受到较强力度的宏观控制。①

劳动服务法律关系也由主体、内容和客体三要素构成。其中，劳动服务法律关系的主体包括具备法定资格的劳动服务机构、劳动者和用人单位。劳动服务法律关系的内容是劳动服务主体与劳动者和用人单位之间因劳动服务而产生的相关权利和义务。一般情况下，劳动服务主体的权利和义务由劳动法律法规直接规定，无需双方当事人就此进行约定。当然，在某些情况下，劳动者或用人单位与劳动服务主体之间需要通过签订合同才能确立相互之间的权利义务。劳动服务法律关系的客体是劳动服务，劳动法规和劳动保障行政部门针对不同劳动服务项目的特殊性，分别就其标准和规则做出了具体规定，劳动服务主体所提供的劳动服务必须与之相符。

3. 劳动争议处理法律关系。劳动争议处理法律关系是劳动争议处理机构在处理劳动者和用人单位之间的劳动争议过程中依据劳动法及相关法律规范所形成的权利义务关系。具体包括劳动争议调解法律关系、劳动争议仲裁法律关系和劳动争议诉讼法律关系。

第二节　劳动法律关系主体

一、劳动法律关系主体的概念

劳动法律关系主体是指参与劳动法律关系，享有劳动权利、承担劳动义务的个人和组织。劳动法律关系主体是构成劳动法律关系的第一要素。其中，个别劳动法律关系主体是劳动者和用人单位；集体劳动法律关系主体是劳动者团体即工会和用人单位或用人单位团体。

二、劳动者

（一）劳动者的概念和范围

1. 劳动者的概念。劳动者是指达到法定就业年龄、具有劳动能力并以从事某种社会劳动收入为主要生活来源的公民。劳动者又被称为雇员、雇工、受雇人、劳工、工人、职工等。

2. 劳动者的范围。从许多国家的劳动法所规定的劳动者的定义和范围来看，劳动者的概念一般包括四层含义：（1）被录用（雇佣）的人员；（2）在

① 王全兴：《劳动法》，法律出版社2008年版，第78页。

用人单位（雇主）管理下从事劳动的人员；（3）以工资为劳动收入的人员；（4）法定某种或某几种人员不属于劳动者，例如，国家公务人员、军事人员、农业工人、家庭佣人、企业经理等，分别在有的国家被劳动法排除在劳动者范围之外。①

根据我国劳动法律法规的规定，劳动者具体包括：（1）企业、个体经济组织、民办非企业单位的劳动者。（2）与国家机关、事业组织、社会团体建立劳动关系的劳动者（即工勤人员）。（3）实行企业化管理或聘用制的事业组织的工作人员等。公务员、比照实行公务员制度的事业组织和社会团体的工作人员以及农村劳动者、现役军人和家庭保姆等除外。理论上一般认为企业经营者和高级管理人员也不属于劳动者的范围，但目前尚无明确立法规定。

（二）劳动者的资格

劳动者的资格即劳动权利能力和劳动行为能力，是公民成为劳动者必须具备的法定前提条件。

1. 劳动权利能力和劳动行为能力的概念与特征。劳动权利能力是指公民能够依法享有劳动权利和承担劳动义务的法律资格。它是公民参与劳动法律关系而成为主体的前提条件。劳动行为能力是指公民依法能够以自己的行为行使劳动权利和履行劳动义务的资格。无劳动行为能力者，就不能够实际参与劳动法律关系而享受权利和承担义务。

2. 劳动权利能力和劳动行为能力的特征。与公民的民事权利能力和民事行为能力相比，劳动权利能力和劳动行为能力具有如下特征：（1）劳动权利能力和劳动行为能力同时开始于达到法定最低就业年龄，以具有一定劳动能力为根据。民事权利能力则开始于公民出生，以其生命之存在为根据；民事行为能力起始年龄小于法定最低就业年龄，仅以具有辨认自己行为的能力为根据。（2）劳动权利能力和劳动行为能力均由于公民完全丧失劳动能力而同时终止，认定公民劳动能力是否完全丧失应以国家规定的标准为依据。民事权利能力因公民死亡而终止，民事行为能力因公民丧失辨认自己行为的能力而终止，但公民丧失劳动能力时其民事行为能力则不一定终止。（3）劳动权利能力和劳动行为能力只能由劳动者本人依法享有与行使，不允许他人代理。在民事法律关系中，除特别规定的情形外，原则上公民都可以通过其代理人实施多种民事法律行为。（4）劳动权利能力和劳动行为能力受年龄、性别、智力、技术等因素制约，一部分公民的劳动权利能力和劳动行为能力之享有与行使，在某些岗位或者工种受到限制。如禁止妇女和未成年工从事特别有害身心健康的工作以及特别繁重的体力劳动。在民事活动领域，公民的民事权利能力一律平等，处于同一层次的公民的民事行为能力也不

① 王全兴：《劳动法》，法律出版社 2008 年版，第 78 页。

因其年龄、性别等不同而呈现差异。

3. 劳动权利能力和劳动行为能力的决定因素。（1）年龄。年龄对劳动权利能力和劳动行为能力的法律意义有三种：第一，法定最低就业年龄。法定最低就业年龄是决定劳动权利能力和劳动行为能力有无及大小的法定依据。未满法定就业年龄的公民，为无劳动权利能力和无劳动行为能力人，禁止使用年龄小于最低就业年龄的童工。第二，成年年龄。成年年龄是公民具有完全劳动权利能力和劳动行为能力的依据。年满法定就业年龄的未成年劳动者称为未成年工，未成年工的劳动行为能力受一定限制。第三，退休年龄。达到退休年龄的公民，推定为限制劳动行为能力人。我国法定最低就业年龄为16周岁，而文艺、体育和特种工艺行业如果需要招用未满16周岁的未成年人，必须依照国家有关规定，办理相应的审批手续，并保障其接受义务教育的权利。（2）健康。在劳动法中，要求劳动者必须具备自己所从事的职业所必需的健康条件。这主要包括三个方面的限制：第一，疾病的限制。各种岗位的职工都不得患有本岗位所禁忌或不宜的特定疾病。第二，残疾的限制。完全丧失劳动能力的残疾人为无劳动行为能力；部分丧失劳动能力的残疾人只能从事为其残疾状况所允许的职业。第三，妇女生理条件的限制。国家禁止招用女职工从事危害妇女生理健康的某些特定职业；女职工在经期、孕期、哺乳期时不得安排其从事某些特定的作业。（3）智力。在《劳动法》中，要求劳动者必备的智力因素包括：第一，精神健全。这是对劳动行为能力的起码要求，因此，精神病患者被规定为无劳动行为能力人。第二，文化水平。许多国家要求就业者必须完成国家义务教育。我国规定，禁止任何组织或个人招用应当接受义务教育的适龄儿童、少年就业；招工必须以具有初中以上文化程度的公民为对象。第三，技术水平。对于一些技术性职业，具有一定技术水平是劳动者从事该职业的必备条件。在有关法规中，对某些特定岗位的劳动者应具有的技术水平还作了严格规定。例如，驾驶员、电工、司炉工、电焊工、起重工等特种作业人员，必须经技术考核合格并取得驾驶执照、操作证等证件，方可上岗。（4）人身自由。有劳动能力的公民，只有具备支配自己劳动能力所必要的人身自由，才能以自己的行为去实现劳动权利和劳动义务。如果公民的行为自由被依法剥夺或受到特定限制，其劳动行为能力就会受到相应的影响。例如，被判处刑罚限制或剥夺人身自由的公民，在服刑期间丧失劳动者的主体资格；在职职工的兼职行为受到行为自由的限制。

三、工会

（一）工会的概念

在西方国家，工会是指以维护和改善雇工的劳动条件、提高雇工的经济地位为主要目的而由雇工自愿组织起来的团体或联合团体。我国《工会法》规定，工会是职工自愿结合的工人阶级的群众组织。据此，我国工会有三个主要特征，即阶级性、群众性、自愿性。

（二）工会的法律地位

历史上，各国立法对工会的规定大致经历了禁止、限制和公认三个阶段。“二战”以后，工会在西方国家都获得了合法地位。对其基本规定为：工会只能是雇工的团体，并且必须是一定人数以上的雇工的集合；工会不得有政治、经济目的；工会具有公法人性质；工会有组织罢工、同雇主或其团体谈判和签订集体合同以及监督雇主遵守劳动法等项权利；工会在与雇主的关系中受到法律的特别保护。

我国《工会法》第 14 条规定：“中华全国总工会、地方总工会、产业工会具有社会团体法人资格。”“基层工会组织具备《民法通则》规定的法人条件的，依法取得社会团体法人资格。”在我国，工会具有社会团体法人资格，可以依法独立享有民事权利、承担民事义务。因此，工会可以签订集体合同，可以依法进行民事活动，可以在诉讼中成为独立的诉讼主体。工会是职工利益的代表者和职工合法权益的依法维护者，是一个独立的工人阶级群众组织，在《宪法》和法律的范围内依据工会章程独立自主地开展工作。工会服从党的政治领导和遵守国家的法律，但不是党和政府的一个部门或附属机构。

四、用人单位

（一）用人单位的概念和范围

用人单位是具有用人权利能力和用人行为能力并按照法律规定或合同约定提供劳动条件、劳动保护和支付劳动报酬的组织。包括中国境内的企业、个体经济组织、民办非企业单位以及与劳动者建立劳动关系的国家机关、事业单位、社会团体。

（二）用人单位的劳动权利能力和劳动行为能力

用人单位的劳动权利能力是指用人单位依法享有用人权利和承担用人义务的法律资格。它是用人单位参与劳动法律关系、成为合法主体的前提条件。用人单位不同，其劳动权利能力的范围也不同。这种制约因素通常表现为国家允许用人单位使用劳动力的限度和要求用人单位提供劳动条件、劳动待遇的限度。如可能受最低工资标准、劳动条件和劳动保护、社会保险、社会责任等条件制约。

用人单位的劳动行为能力是指用人单位依法能够以自己的行为实际行使用人权利和履行用人义务的资格。它是用人单位参与劳动法律关系、享受权利和履行义务的基本条件。一般要求用人单位应当具有一定的、能够独立支配的财产，同时用人单位还应当有固定的工作场所和组织机构。只有符合上述条件的用人单位才有可能实现劳动力与生产资料的结合，才有可能顺利实现劳动过程。

五、用人单位团体

（一）用人单位团体的概念

用人单位团体，是由用人单位依法组成的旨在代表和维护用人单位（雇主）的利益而与工会在协调劳动关系中进行谈判和协商的团体组织，又称企业组织、雇主组织、雇主协会。它代表雇主的利益，主要负责处理劳资关系方面的事务，包括与工会的关系、劳工政策、参与劳动立法、行政管理和仲裁等。在现代劳动关系三方协调机制中，雇主组织是一个必不可少的组成部分，对实现劳动关系协调的社会化和组织化具有不可替代的作用。因此，建立和发展雇主组织是现代许多西方国家的通行做法。如芬兰雇主联合会成立于1907年，1920年国际雇主组织成立后加入国际雇主组织，那时已拥有75 000名雇员、461家会员公司。1992年芬兰雇主联合会和芬兰工业联合会合并，成立了芬兰工业和雇主联合会。目前，芬兰工业和雇主联合会下辖28个地方分会，约有490 000名员工、5 700家会员公司，它是国际雇主组织和欧洲共同体工业联盟的成员，在国际劳工组织的活动中代表芬兰雇主。1904年，澳大利亚雇主联合会成立。1977年澳大利亚雇主联合会合并澳大利亚商会，成立澳大利亚工商联合会。1992年又合并了澳大利亚制造业商会，成立了澳大利亚工业联合会。澳大利亚工业联合会是澳大利亚工商业最大、最具有代表性的组织，也是代表澳大利亚的全国性雇主组织。①

（二）国外雇主组织概况

1. 雇主组织的形式。在国外，雇主组织多以协会形式存在，主要有两种：（1）行业协会。由经济利益结成的组织演变而成，多数欧洲国家称之为“经济”组织，主要负责行业规范、税务政策、产品标准化等事宜。（2）雇主协会。由劳资关系结成的组织演变而成，一般称之为“社会”组织，主要负责处理劳资关系方面的事务，包括与工会协商劳资关系、制定劳工政策以及参与劳动立法、行政管理和仲裁等。

雇主组织一般建立在两个层次上：一是为保持和谐的劳资关系在国家及地方一级建立三方机制，加强政府、工会和雇主组织在劳动关系问题上的协调与合作；二是在企业一级以提高企业竞争力并改善劳动者的素质为目标，并在帮助雇主提高企业竞争力的同时通过企业发展创造良好的就业条件。

2. 雇主组织的宗旨和任务。维护雇主利益、建立协调的劳资关系、促进社会合作，是各国雇主组织建立的基本宗旨和目标，只是具体内容稍有差别。雇主组织的任务主要有：（1）积极为雇主服务，提高雇主适应事业挑战的能力。（2）促进

---

① 参见广东省企业联合会、广东省企业家协会网站：《国际雇主》，http：//c-gec. org. cn/gzzz/news. asp？ id = 14

和谐、稳定的劳资关系。(3) 在国内和国际上代表与促进雇主利益。(4) 提高雇员的工作效率和工作自觉性。(5) 创造就业机会及更好的就业条件。(6) 预防劳资纠纷，并以公平迅速的方式解决劳资争议。(7) 为其会员达到发展目标提供服务。

3. 雇主组织的作用。(1) 协调劳资关系。(2) 参与立法和政策制定。(3) 推动企业关注社会责任①。(4) 为会员提供其他方面的服务，如培训、信息、研究、人力资源管理等。

4. 雇主组织的法律地位。在国际劳工组织的组织制度和法律文件中，雇主协会被置于同工会平等的地位。国际劳工组织的组织制度一直实行三方性原则，各成员国代表团需由政府代表 2 人及劳工、雇主代表各 1 人组成，劳工代表与雇主代表都分别由工会、雇主协会的全国性联合组织或有代表性的组织选派。国际劳工组织就劳工与雇主双方的结社自由和组织权利制定了专门公约——1948 年《结社自由与保护组织权公约》(第 87 号)。其中规定："工人和雇主应毫无区别地有权不经事先批准建立和参加他们自己选择的组织，其唯一条件是遵守有关组织的规章。""工人组织和雇主组织应有权制定其各自组织的章程和规则，充分自由地选举其代表，自行管理与安排活动，并制定其行动计划。""凡本公约对其生效的国际劳工组织会员国，承诺采取一切必要和适当的措施保证工人和雇主自由地行使组织权利。"

5. 国际雇主组织。国际雇主组织 (International Organisation of Employers, IOE) 是目前国际上在社会和劳动领域代表雇主利益的国际组织，成员由世界各国国家级的雇主联合会或其他形式雇主组织组成，现有成员 126 个。国际雇主组织成立于 1920 年，并随着各国雇主组织的发展而发展。国际雇主组织的目的是，在国际场合尤其是在国际劳工组织，促进和捍卫雇主利益，保证国际劳工和社会政策有利于企业的生存，并为企业发展和创造就业营造有利氛围。

国际雇主组织的建立主要有以下动机和目的：(1) 在国际上协调各国雇主组织的立场，共同维护各国雇主的共同利益。(2) 参与国际劳工组织的活动，作为三方机制的一方，代表雇主组织及雇主立场，参与有关活动。(3) 与国际工会组织协调、合作，就共同关心的劳工等方面的问题开展协商和合作，维护各自的利益主体。(4) 加强各国雇主组织的交流与合作，特别是在有关的立法、政策和信息方面加强交流与合作。(5) 与各国政府建立积极的良好关系，为各国雇主组织的建立和开展活动创造良好的条件。(6) 指导各国雇主组织开展维护雇主利益的活动，使雇主组织成为雇主利益的代言人。

国际雇主组织的主要任务有四项：(1) 国际上维护雇主利益。(2) 促进企业自主发展。(3) 帮助建立和加强国家级雇主组织。(4) 促进雇主组织之间的

---

① 企业社会责任 (Corporate Social Responsibility, CSR) 是指企业在创造利润、对股东承担法律责任的同时还要承担对员工、消费者、社区和环境的责任。

信息交流和雇主之间的经贸合作。

（三）中国企业联合会概况

1. 中国企业联合会发展概况。中国企业联合会的前身为1979年3月成立的中国企业管理协会。1999年4月更名为中国企业联合会，由中国乡镇企业协会、中国外商投资企业协会、中国个体劳动者协会、中国女企业家协会、中国青年企业家协会、中国民营科技实业家协会发起组建。目前有30个全国性企业团体、40个省（自治区、直辖市）企业团体、220个主要工业城市企业团体和54.5万家会员企业。中国企业联合会是企业、企业家（雇主）和企业团体的联合组织，是国际雇主组织的中国唯一代表。

自1983年中国恢复在国际劳工组织的活动以来，中国企业联合会一直作为中国雇主组织的代表，同原劳动和社会保障部、中华全国总工会共同参与国际劳工组织的有关活动。2001年8月，原劳动和社会保障部代表政府、中华全国总工会代表工人、中国企业联合会代表雇主正式建立起国家协调劳动关系的三方会议制度。同年11月20日，由上述三方和原国家经贸委在南京召开了“全国贯彻《劳动法》、《工会法》推进集体合同劳动合同工作经验交流会”。这次会议在我国劳动关系发展史上是第一次，标志着我国劳动关系协调工作进入一个新的发展阶段，拉开了全面推进三方机制建设工作的序幕。2003年6月，国际雇主组织总理事会一致通过了中国企业联合会为国际雇主组织正式会员的决议，并确认中国企业联合会作为国际雇主组织的中国唯一合法代表与原劳动和社会保障部、中华全国总工会一道组成我国“三方代表团”出席国际劳工大会，参与有关国际劳工标准、国际劳工公约的制定及修订工作，在国际上维护中国企业和企业家的利益。

2. 中国企业联合会的宗旨与任务。根据2008年9月20日中国企业联合会会员代表大会表决通过的《中国企业联合会章程》的规定，中国企业联合会的宗旨是，以为企业、企业家（雇主）服务为宗旨，遵守《宪法》、法律、法规和国家政策，遵守社会道德风尚，维护企业、企业家（雇主）的合法权益，促进企业、企业家（雇主）守法、自律，发挥企业与政府之间的桥梁纽带作用，协调企业与企业、企业与社会、经营者与劳动者的关系。

中国企业联合会的任务是围绕维权、自律、服务等方面的功能开展工作。具体包括：（1）维护企业、企业家（雇主）的合法权益，代表企业、企业家（雇主）协调劳动关系；推动各地区、各行业企业联合会和企业家协会建立健全“三方机制”及参加劳动关系协调工作。（2）根据授权，代表企业、企业家（雇主）参加由中华人民共和国劳动和社会保障部、中华全国总工会和本会组成的国家协调劳动关系三方会议。积极参加国际劳工组织和国际雇主组织的有关活动，发展与其他国家雇主组织及国际机构的交流和合作。（3）反映企业、企业家（雇主）的意见和要求，为国家制定与企业相关的法律、法规和政策提供建议，承担国家及其有关部门委托的工作。(4) 引导企业、企业家（雇主）遵纪守法，规范自身行为，维护市场经济秩序；提倡诚信经营，推动节能环保，积极承担社会责任，自觉维护企业员工的合法权益。(5) 开展企业改革和现代企业管理的理论研究，促进企业现代化建设，推动企业开展科技进步、管理创新，总结推广先进企业管理经验，增强企业的市场竞争能力。(6) 推进企业家队伍建设、企业文化建设，为企业、企业家（雇主）提供培训、咨询、信息、新闻出版、资质评价等智力服务；经政府有关部门批准，组织开展评价企业活动，宣传、表彰优秀企业和优秀企业家（雇主)。(7) 开展与国外、境外企业团体和企业的交流与合作，组织有关企业团体和企业开展与国外、境外有关组织及企业间的交流与合作。(8) 健全组织体系，推动单位会员积极开展活动，联合全国各行业协会和其他社团组织开展活动，发挥整体优势，促进相互合作。(9) 按照自立、自治、自养方针，加强本会工作机构自身的思想建设、组织建设、业务建设和作风建设，不断提高工作人员的政治和业务素质，更好地为企业、企业家（雇主）服务。

第三节　劳动法律关系的内容

劳动法律关系的内容是指劳动法律关系双方当事人所享有的权利和所承担的义务。它是劳动法律关系的基础，没有劳动法律关系的内容，劳动法律关系就失去了实际意义。

一、劳动者的权利和义务

我国《宪法》规定，中华人民共和国公民有劳动的权利和义务。《劳动法》进一步明确规定，“劳动者享有平等就业和选择职业的权利、取得劳动报酬的权利、休息休假的权利、获得劳动安全卫生保护的权利、接受职业技能培训的权利、享受社会保险和福利的权利、提请劳动争议处理的权利以及法律规定的其他劳动权利。劳动者应当完成劳动任务，提高职业技能，执行劳动安全卫生规程，遵守劳动纪律和职业道德。”

（一）劳动者的权利

1. 劳动就业权，是指劳动者以获取劳动报酬为目的依法享有的平等就业和选择职业的权利。包括职业获得权、自由择业权和平等就业权。职业获得权包括要求政府提供工作机会的权利和拒绝用人单位非法解雇的权利。自由择业权是指劳动者有权按照自己的意愿选择职业，包括是否从事职业劳动、从事何种职业劳动、何时从事职业劳动以及在哪一类或者哪一个用人单位从事职业劳动等选择权。劳动者的自主择业权否定了就业上的行政安置和强迫劳动。平等就业权是指劳动者平等地获得就业机会的权利，这是公民在法律和社会上的平等在就业方面的体现。公民的劳动就业权是公民享有的各项权利的基础，如果公民的劳动就业权不能实现，其他一切权利也就失去了基础和意义。因此，劳动就业权是《宪法》确认和保护的公民的一项基本权利，劳动者的就业权能否实现，直接关系到劳动者的生存状况，也影响着国家经济和社会发展。

2. 劳动报酬权，是指劳动者基于劳动的付出而由用人单位支付合法收入的权利。包括劳动报酬谈判权、劳动报酬请求权和劳动报酬支配权。劳动报酬谈判权是劳动者与用人单位通过谈判、协商来确定劳动报酬的形式和标准的权利。劳动报酬请求权是劳动者在建立劳动关系后请求用人单位按时、足额支付劳动报酬的权利。劳动报酬支配权是劳动者独立支配自己的劳动报酬的权利。劳动报酬权是劳动者赖以生存的物质条件，应当得到法律的确认和保护。我国《宪法》明确规定劳动者享有获得劳动报酬的权利，并规定在发展生产的基础上逐步提高劳动报酬和福利待遇。《劳动法》规定，用人单位必须依法支付劳动报酬，实行同工同酬、货币支付、按时足额支付，禁止克扣和拖延等。

3. 休息休假权，是指劳动者在参加一定时间的劳动之后依法享有恢复体力、脑力以及用于娱乐和自己支配的必要时间的权利。劳动者享有休息休假权，是保证其消除疲劳、恢复体力和身体健康的需要，也是劳动力再生产的必要条件，因此，《劳动法》规定了劳动者的休息休假时间。为了防止用人单位侵犯劳动者的休息休假权利，《劳动法》还对用人单位加班加点作了相应的限制性规定。

4. 劳动安全卫生保护权，是劳动者依法要求用人单位提供安全卫生的劳动条件，保护其生命安全和身体健康的一项基本劳动权利。劳动安全卫生保护权是为了维护劳动者的生存权和健康权，也是生产发展的客观要求，是提高劳动生产率的重要手段。《劳动法》规定，用人单位必须建立、健全劳动安全卫生制度，严格执行国家安全卫生规程和标准，为劳动者提供符合国家规定的劳动安全卫生条件和必要的劳动防护用品，对从事特种作业的人员进行专门培训，防止劳动过程中事故的发生，减少职业危害。

5. 职业培训权，是劳动者为了培养和提高其从事职业劳动所需要的专业技术、业务知识、操作技能而接受专门教育和培训的权利。把接受职业技能培训列为劳动者的基本权利，其目的在于从法律上保证劳动者能够获得职业技能培训而得到业务技术的提高。《劳动法》中规定了劳动者享有接受职业技能培训的权利。国家通过各种途径，采取各种措施，发展职业培训事业，开发劳动者的职业技能，提高劳动者素质，增强劳动者的就业能力和工作能力。

6. 社会保险权和社会福利权。社会保险权，是劳动者因发生年老、患病、工伤、失业、生育等情况时依法享有物质帮助权。社会福利权，是指劳动者依据国家制定的社会福利制度所享有的福利。社会福利，是国家为提高劳动者物质文化生活水平、促进社会进步而设立的一种物质帮助制度。劳动者的社会保险和福利权是国家主要为劳动者建立的保障制度。我国法律规定：国家发展社会保险事业，建立社会保险制度，设立社会保险基金，使劳动者在年老、患病、工伤、失业、生育等情况下获得帮助和补偿；国家发展社会福利事业，兴建公共福利设施，为劳动者休息、休养和疗养提供条件；用人单位应当创造条件，改善集体福利，提高劳动者的福利待遇。

7. 劳动争议处理权，是指劳动者在劳动过程中因权益问题与用人单位发生争议时享有的请求有关部门对争议进行处理的权利。包括：劳动者在行使提请劳动争议处理权时，依法享有对争议处理途径和方式的选择权；请求劳动争议处理机构依法受理争议的权利；劳动者行使请求争议处理权而受理机构又不依法受理时，劳动者有检举和控告的权利。劳动争议处理权，是劳动者其他各项基本权利实现的最有效的保障。

8. 其他权利。劳动者除了享有上述各种劳动基本权利之外，还享有法律规定的其他一些劳动权利，主要包括：（1）民主管理权，即劳动者依照法律规定，通过职工大会、职工代表大会或者其他形式参与民主管理的权利。（2）结社权，即劳动者享有依法参加和组织工会的权利。工会是职工自愿结合的群众性组织，法律保障劳动者参加工会和组建工会的权利，可以使劳动者通过组织的集体力量来维护自己的合法权益。（3）平等协商权，即劳动者享有就保护自己的合法权益与用人单位进行平等协商的权利。平等协商的权利可以调动劳动者的生产积极性和对企业的关注，促进企业的发展与繁荣。

（二）劳动者的义务

根据《宪法》和《劳动法》的规定，劳动者应履行以下基本劳动义务。

1. 劳动义务，是指劳动者依据合同或法律规定，提供劳动力，从事实际劳动，完成规定工作任务的义务。劳动义务，与劳动者享有的劳动报酬权利相对应，是劳动者承担的一项核心的义务。劳动义务的内容主要包括两个方面：一方面要求劳动者必须依约定或法定亲自从事劳动；另一方面要求劳动者必须保质保量地完成工作任务。劳动者只有完成劳动义务，才能使整个劳动过程得以延续、得到发展。根据按劳分配原则，劳动者只有完成规定的劳动任务才能获得相应的劳动报酬。为了促使劳动者认真履行劳动义务，国家建立了奖惩制度。如 1982 年国务院颁发的《企业职工奖惩条例》规定，对于完成生产任务或工作任务成绩显著的职工，给予物质和精神鼓励；对于没有完成生产任务或工作任务的职工，分别情况给予批评教育、行政处分或经济制裁。

2. 提高劳动技能的义务，是指劳动者负有的不断提高劳动能力、业务知识水平和职业技能的义务。它要求劳动者应自觉地学习业务知识，努力提高业务能力和操作技能，适应生产或工作岗位的要求。我国《劳动法》将提高劳动技能作为劳动者的基本义务，不仅反映了市场经济的要求，而且也为社会进步设置了一项激励机制。这一激励机制表现为：无论劳动合同是否有要求劳动者提高技能的具体约定，劳动者都必然负有提高职业技能的义务。用人单位生产工艺、技术设备的更新改造，要求劳动者必须随着生产工艺和技术设备的变化提高职业技能，符合新的生产技术发展的需要。当用人单位生产技术不断提高，但劳动者的职业技能无法随之提高而变得不适应工作岗位或不符合工作条件时，用人单位可以根据劳动者未能履行法定义务辞退劳动者，而且不要求劳动者必须有违纪行为或主观上有过错。①

3. 认真执行劳动安全卫生规程的义务，是指劳动者在劳动过程中必须遵守国家安全卫生技术规章，照章作业，避免或减少工伤事故和职业病发生的义务。要求劳动者执行劳动安全卫生规程，既是保护劳动者自身生命安全和身体健康的需要，也是保证生产安全、维护生产秩序的基本要求。因此，执行劳动安全卫生规程是劳动者必须履行的一项基本义务。对于违反劳动安全卫生规程违章操作，给国家、社会和用人单位造成生命和财产损失的，应依法追究劳动者的法律责任。

4. 严格遵守劳动纪律和职业道德的义务。劳动纪律是组织社会劳动的基础，是社会化大生产的必要条件，它要求劳动者在共同劳动过程中遵守一定的规则和秩序，听从用人单位的指挥和调度。遵守劳动纪律是每个劳动者必须履行的义务，它既是劳动者履行劳动职责、完成劳动任务的基本保证，也是用人单位加强科学管理、维护正常生产秩序、提高劳动生产率的必然要求。职业道德是指劳动者从事职业劳动必须遵守的规范和原则。劳动者的劳动只有符合职业道德的要求，才能为社会所接受和承认，才能实现职业劳动的社会价值。法律把遵守职业道德作为劳动者的基本义务，有利于提高全体劳动者的道德意识，树立职业道德观念，不断地为社会创造物质财富和精神财富。

5. 法律规定的其他义务。根据《劳动法》的规定，劳动者除了依法履行上述义务之外，还应当履行法律规定的其他义务。所谓法律规定的其他义务，主要是指：（1）依法履行劳动合同的义务；（2）保密义务，即保守用人单位在生产、制造或营业上的秘密以及经济秘密和商业秘密等义务；（3）参加社会保险、缴纳保险费的义务；（4）竞业禁止义务等。

二、工会的权利和义务

（一）工会的权利

1. 参与管理权，即参与国家和社会事务管理的权利，参与企事业单位民主管理的权利。如工会参与国家法律、法规的起草；参与制定国民经济和社会发展

---

① 黎建飞：《劳动与社会保障法教程》，中国人民大学出版社 2007 年版，第 148 页。

规划；参与研究制定工资、物价、安全生产及劳动保护、劳动保险等重大政策、措施；参与停工、怠工事件的调查处理等。

2. 签订集体合同权，即代表职工与企业以及实行企业化管理的事业单位进行平等协商，签订集体合同。

3. 法律服务、帮助权，即为职工提供法律支持、帮助和咨询服务，帮助、指导职工与企业以及实行企业化管理的事业单位签订劳动合同的权利。如企业侵犯职工劳动权益的，工会可以提出意见调解处理；职工向人民法院起诉的，工会应当给予支持和帮助。

4. 交涉协商权，即企业、事业单位违反劳动法律、法规规定，有侵犯职工劳动权益的法定情形，工会应当代表职工与企业、事业单位交涉，要求企业、事业单位采取措施予以改正；企业、事业单位应当予以研究处理，并向工会做出答复。

5. 请求处理权，即企业、事业单位拒不改正其违法侵犯职工劳动权益行为的，工会可以请求当地人民政府依法做出处理。

6. 意见、建议权，即企业、事业单位处分职工，工会认为不适当的，有权提出意见。企业单方面解除职工劳动合同时，应当事先将理由通知工会，工会认为企业违反法律、法规和有关合同，要求重新研究处理时，企业应当研究工会的意见，并将处理结果书面通知工会。

7. 监督与调查权，包括：对劳动法律、法规实施进行监督的权利；对企业的劳动条件和安全卫生设施状况提出意见的权利；监督国有和集体企事业单位实行民主管理制度的权利；对企业、事业单位侵犯职工合法权益的问题进行调查的权利。

8. 参与解决劳动争议权，即工会有权参加企业的劳动争议调解和仲裁。

（二）工会的义务

工会的权利和义务是相辅相成、不可分割的。工会既享有《宪法》和法律赋予的权利，同时也必须履行《宪法》和法律规定的义务。所以，《工会法》在规定工会享有广泛权利的同时，也规定了工会必须履行的义务，主要有以下四项。

1. 为职工提供法律服务，支持和帮助劳动者申请仲裁或起诉的义务。

2. 协助企业、事业单位、机关办好职工集体福利事业，做好工资、劳动安全卫生和社会保险工作的义务。

3. 会同企业、事业单位教育职工以国家主人翁态度对待劳动，爱护国家和企业的财产，组织职工开展群众性的合理化建议、技术革新活动，进行业余文化技术学习和职工培训，组织职工开展文娱、体育活动。

4. 根据政府委托，工会与有关部门共同做好劳动模范与先进生产（工作）者的评选、表彰、培养和管理工作。

三、用人单位的用人权利与用人义务

（一）用人单位的用人权利

1. 用工自主权，主要是用人单位按照国家规定和本单位的需要有权择优录用职工，用人单位可以自主决定招工的时间、条件、方式、数量和用工形式。

2. 劳动组织管理权。主要是用人单位按照国家规定和本单位实际需要有权确定机构、制定岗位资格条件；有权聘用管理人员和技术人员，对职工进行内部调配和劳动组合；对劳动者分配劳动任务并进行劳动管理，努力提高职业技能的权利。

3. 劳动报酬分配权。主要是用人单位按照国家规定和本单位实际情况，有权确定工资形式和奖金分配办法；有权通过考核确定职工的工资级别；有权制定职工晋级增薪、降级减薪的办法以及自主决定晋级增薪、降级减薪的条件和时间。

4. 职工奖惩权。主要是用人单位有权依照国家法律、法规和有关规定，制定和实施劳动纪律，并在认真考核的基础上对职工进行奖惩。

此外，一些国家也赋予用人单位采取集体行动的权利，如特定情形下的“闭厂”（lockouts）权，亦即业主为抵制工人的要求而停工的权利。①

（二）用人单位的用人义务

用人单位作为劳动力市场的需求主体和劳动过程中劳动力的使用者，应该承担对国家、工会和劳动者等多方面的用人义务。

1. 用人单位对国家的义务。用人单位必须执行国家劳动法律法规、劳动政策和劳动标准，服从劳动保障行政部门和其他国家机关的管理与监督等。

2. 用人单位对工会的义务。用人单位必须按国家有关规定核拨工会经费，支持工会依法开展各项工作；与工会签订集体合同并认真履行集体合同规定的义务；支持工会参与民主管理、接受工会的监督等。

3. 用人单位对劳动者的义务。（1）支付劳动报酬的义务。用人单位必须按法定或约定的标准向劳动者支付劳动报酬，不得克扣、拖欠劳动者的工资。（2）劳动安全卫生保护义务。用人单位必须建立符合条件的劳动安全卫生设施，保护劳动者在劳动过程中的安全和健康。（3）职业培训义务。用人单位要建立健全本单位的职业培训制度，按照国家规定提取和使用职业培训基金，有计划、有目标地对劳动者进行职业培训，提高劳动者的职业技能。（4）提供社会保险和福利待遇的义务。用人单位必须为劳动者建立各种社会保险，缴纳社会保险费，同时，创造条件，兴办集体福利事业，改善和提高劳动者的福利待遇。（5）依法实施劳动管理的义务。用人单位要依法建立和完善规章制度，依法实施劳动管理，不得剥

---

① 林嘉：《劳动法和社会保障法》，中国人民大学出版社2008年版，第87页。

夺或侵犯劳动者的正当劳动报酬权、休息休假权等合法权益。(6) 平等用工的义务。用人单位不得因民族、种族、性别、信仰等原因，拒绝录用符合条件的劳动者或给予不同的待遇。

四、用人单位团体（雇主组织）的权利与义务

各国对用人单位团体（雇主组织），未向对工会那样，有专门立法集中规定其权利与义务。用人单位团体（雇主组织）的权利与义务，主要体现于有关国际劳工公约和雇主组织章程关于其宗旨、职能或任务的规定之中。

（一）用人单位团体（雇主组织）的权利

1. 代表权与维护权。即有权依法代表会员雇主的利益和反映会员雇主的意愿，维护雇主的合法权益。

2. 自主管理权。即有权依法制定自己的章程和规则，完全自由地选举其代表，组织其行政管理和活动，制定其计划，不受政府等其他组织或个人的非法干涉。《1948 年结社自由和组织权利保护公约》第 3 条规定："工人组织和雇主组织应有权制定各自的章程和规则，完全自由地选举其代表，组织其行政管理和活动，制定其计划。政府当局不得从事限制这种权利和阻碍合法行使这种权利的任何干预行为。"

3. 集体谈判权。即有权代表会员雇主与工会协商谈判并签订有关协议。

4. 劳动争议解决权。即有权参与劳动争议三方协调机制，代表会员雇主解决劳动争议。

5. 提供帮助和建议权。即有权为会员雇主提供培训、咨询、信息、新闻出版等服务；有权反映雇主的意见和要求，为国家制定相关法律、法规和政策提供建议。

（二）用人单位团体（雇主组织）的义务

1. 守法自律的义务。雇主组织不仅应自己遵守一国法律规定，而且应引导和推动会员雇主依法履行职责与义务。

2. 善意谈判（good faith bar-gaining）的义务。"善意谈判的责任在（美国）《劳动法》第 8（d）条有如下定义：为本条所述目的，进行集体谈判是雇主同雇员代表履行相互承担的义务，他们应在任何一方提出要求时，在合理的时间就工资、工作时间和有关雇佣的其他条款进行善意商谈，或谈判一项协议，或讨论协议中产生的任何问题，讨论一项包含任何协议的书面合同的执行情况，但这项义务并不强迫任何一方同意某一项建议，要求他做出让步……"①

3. 提供服务和帮助的义务。雇主组织（包括其总会、联合会）在其活动范

---

① 参见［美］罗伯特·A. 高尔曼著，马静、王增森、李妍、刘鹏飞译：《劳动法基本教程——劳工联合与集体谈判》，中国政法大学出版社 2003 年版，第 351 页。

围内，有义务为会员提供培训、咨询、研究、信息服务和新闻出版等方面的服务，帮助会员建立健全各项规章制度。

4. 促进交流与合作的义务。雇主组织（包括其总会、联合会）在其活动范围内，有义务促进与其他雇主组织之间、会员雇主相互之间的信息交流和经贸合作。

第四节　劳动法律关系的客体

一、劳动法律关系客体的概念

劳动法律关系客体是指劳动法律关系主体双方的劳动权利义务共同指向的对象。在劳动法律关系中，客体作为双方当事人所支配的共同对象，是主体双方劳动权利和义务的载体，是实现双方当事人利益的中介。因此，劳动法律关系的客体是劳动法律关系赖以存在的客观基础，是劳动法律关系的一个必不可少的构成要素。

二、劳动法律关系客体的种类

关于劳动法律关系的客体，劳动法学界有不同见解。一种观点认为，劳动法律关系的客体是劳动活动。因为对劳动者来说，劳动法律关系的客体即劳动者通过用人单位组织的各种各样的劳动活动，实现劳动权利与履行劳动义务，为国家和社会创造物质财富与精神财富。对用人单位来说，通过组织劳动，发展经济，并在发展生产的基础上改善劳动者的生活水平。[①] 另一种观点认为，劳动法律关系的客体是劳动力。劳动法律关系是因劳动者有偿让渡劳动力使用权而产生的法律关系。劳动者作为劳动力所有者有偿向用人单位提供劳动力，用人单位则通过支配、使用劳动力来创造社会财富，双方权利义务共同指向的对象就是那种蕴涵在劳动者体内、只有在劳动过程中才会发挥出作用的劳动力。因为劳动法律关系的各项权利义务都是紧紧围绕着劳动力展开的，大体可分为劳动力的让渡、劳动力的作用、劳动力的保护。其中，在劳动者择业和用人单位招工的关系中，劳动者和劳动力使用者旨在建立劳动力让渡关系；在劳动报酬权和企业用人权的关系中，权利义务共同指向的对象是使用中的劳动力；在休息权和劳动安全卫生权关系中，是以劳动力的物质载体为保护对象的。[②]

一般认为，劳动法律关系的客体按照其在劳动法律关系中的地位和作用，可以分为基本客体和辅助客体两大类。其中，基本客体是劳动行为，辅助客体是劳

---

① 关怀：《劳动法》（第二版），中国人民大学出版社2005年版，第84页。

② 董保华：《劳动关系调整的法律机制》，上海交通大学出版社2001年版，第284～286页。

动待遇和劳动条件。[①]

（一）劳动行为

劳动行为是指劳动者在实现劳动过程中所实施的行为。它包括劳动者与生产资料结合直接从事生产活动的行为、职工完成单位所交付的工作任务的行为以及用人单位对全部劳动过程实行劳动管理的行为。在劳动法律关系中，劳动行为的形式、质量和数量都具有重要的法律意义，它直接关系到用人单位提供什么样的劳动条件、劳动保护以及支付劳动报酬等。劳动法律关系之所以缔结，是因为劳动者一方需通过劳动法律关系提供自己的劳动，并通过提供劳动在为社会创造财富的同时实现自己一定的物质利益；用人单位一方则通过劳动法律关系获得劳动者提供的劳动，并通过使用众多劳动者提供的集体劳动创造社会财富，实现国家的利益。这是劳动法律关系的基本内容。劳动过程中其他具体的权利义务都由劳动所派生，都不可能离开劳动而独立存在。所以，劳动行为是劳动法律关系的基本客体。

（二）劳动待遇和劳动条件

劳动待遇和劳动条件，即劳动者因实施劳动行为而有权获得的、用人单位因支配劳动行为而有义务提供的各种待遇和条件。劳动待遇是对劳动者提供劳动力的物质补偿，如各种形式的劳动报酬、各种项目的劳动保险和福利等。劳动条件是劳动者完成劳动任务和保护劳动者安全健康所必需的物质技术条件与工作环境，如劳动工具、技术资料、安全卫生的工作环境等。这类客体，有的表现为行为，有的表现为物，有的表现为技术，有的是行为、物、技术的结合。其从属和受制于劳动行为，即从属于劳动行为而存在，并在种类、数量、环境等方面受劳动行为的制约，或者是实施劳动行为的必要条件，或者是实施劳动行为的必然结果，主要体现劳动者的利益。因此，劳动待遇和劳动条件是劳动法律关系的辅助客体。

第五节　劳动法律关系的运行

一、劳动法律关系运行的概念和种类

（一）劳动法律关系运行的概念

劳动法律关系的运行是指劳动法律关系由产生到消灭的动态变化状况。依据我国《劳动法》的规定，劳动法律关系的运行主要包括劳动法律关系的产生、续延、变更、中止和消灭五种情况。

（二）劳动法律关系运行的种类

1. 劳动法律关系的产生。劳动法律关系的产生是指劳动者同用人单位依据劳动法律规范确立劳动法律关系，从而产生相应的劳动权利和义务。一般而言，

① 王全兴：《劳动法》，法律出版社2008年版，第66~67页。

劳动法律关系因劳动者和用人单位之间的劳动合同或集体合同而产生。

2. 劳动法律关系的续延。劳动法律关系的续延是指劳动法律关系的有效期限依法延长。如劳动者在规定的医疗期内或者女职工在孕期、产期、哺乳期内，劳动合同期限届满时，用人单位依法应将劳动合同的期限顺延至医疗期、孕期、产期、哺乳期期满为止；劳动合同和集体合同期满后续订或劳动者仍在原用人单位工作，原用人单位未表示异议的，劳动合同关系继续有效。

3. 劳动法律关系的变更。劳动法律关系的变更是指除了劳动法律关系的产生和消灭之外，劳动法律关系的主体、内容、客体的变更。其中，劳动法律关系的主体变更是指用人单位变更，如用人单位变更名称、法定代表人、主要负责人或者投资人等事项变更或发生合并或者分立等情况[①]。劳动法律关系的内容变更，如因发生变更工作地点、工作时间、工种、工作职务、劳动合同的履行期限等客观情况而引起的双方权利义务的增减。劳动法律关系的客体变更，一般是劳动法律关系主体双方意思表示一致的合法行为。在特定条件下，当事人单方法律行为、行政决定、司法裁决依法也能产生变更劳动法律关系的效果。

4. 劳动法律关系的中止。劳动法律关系的中止是指在劳动法律关系存续过程中，当事人权利和义务因法定或约定事由暂时停止行使和履行，待停止的情况消失后再恢复行使和履行。实践中，如发生停薪留职、借调暂聘、歇业放假、待岗、劳动者应征入伍或被依法羁押等情况时可能导致劳动法律关系中止。

5. 劳动法律关系的消灭。劳动法律关系的消灭是指劳动者同用人单位根据劳动法律规范解除或终止其相互间的劳动权利义务关系。消灭劳动法律关系的客观情况一般包括行为人的合法行为和违法行为及事件。在实践中，劳动法律关系消灭的情形有：双方协议解除或单方依法解除；因有效期限届满或目的实现或主体消灭或丧失一定资格而终止等。

二、劳动法律关系运行的条件

（一）法律事实的概念

劳动法律关系的产生、续延、变更、中止和消灭，需要具备一定的条件。其中最主要的条件有两个：一是劳动法律规范；二是劳动法律事实。劳动法律规范是劳动法律关系产生、续延、变更、中止和消灭的法律依据，没有一定的劳动法律规范就不会有相应的劳动法律关系。但劳动法律规范所确认的劳动法律关系主体双方的权利义务，只是表明劳动法律关系主体依法享受权利和承担义务的资格与可能性，并不是现实存在的实际权利义务关系。要使这种可能性变为现实，必须通过一定的劳动法律事实。即劳动法律事实是引起劳动法律关系产生、续延、

---

① 《中华人民共和国劳动合同法》第34、35条。

变更、中止和消灭的原因，劳动法律关系是劳动法律事实引起的结果。

所谓法律事实，就是法律规范所规定的能够引起法律关系产生、变更和消灭的客观情况或现象。也就是说，首先，法律事实是一种客观存在的外在现象，而不是人们的一种心理现象或心理活动。纯粹的心理现象不能看做法律事实；其次，法律事实是由法律规定的、具有法律意义的事实，能够引起法律关系的产生、变更或消灭，在此意义上，与人类生活无直接关系的纯粹的客观现象（如宇宙天体的运行）就不是法律事实。

（二）劳动法律事实的概念与种类

劳动法律事实是指劳动法规定的能够引起劳动法律关系产生、续延、变更、中止和消灭的客观情况。根据我国《劳动法》的规定，能够引起劳动法律关系产生、续延、变更、中止和消灭的劳动法律事实是多种多样的。按照其发生是否以行为人的意志为转移来划分，可以分为行为和事件两大类。

1. 行为。劳动法律事实的行为，是指劳动法规定的能够引起劳动法律关系产生、变更和消灭的人的有意识的活动。按照行为是否符合法律规定，可以将行为分为合法行为和违法行为；按照行为人所处的地位和实施行为的目的、性质、职责，可以将行为分为劳动法律行为、劳动行政管理行为、劳动争议仲裁行为和劳动司法行为四类。

2. 事件。劳动法律事实的事件，是指不以行为人的意志为转移的客观现象。事件包括自然现象和社会现象。自然现象如地震、洪水以及劳动者的人身伤残、疾病、死亡等；社会现象如战争、动乱等。这些事件虽然不以人的意志为转移，但在一定条件下能够引起劳动法律关系的产生、变更和消灭。

【案例研讨】

崔某事实劳动关系胜诉案

崔某于2000年9月应聘到某烟草公司工作，双方没有签订劳动合同。2005年1月，烟草公司与某劳务派遣公司签订《劳务派遣合同》，由劳务派遣公司向烟草公司提供劳务派遣服务。同月，烟草公司安排崔某与劳务派遣公司签订劳动合同，合同期限自2005年1月1日至2005年12月31日。崔某与劳务派遣公司签订劳动合同后，以劳务派遣公司员工的名义留在烟草公司继续工作。

2005年1月29日，崔某在工作中发生交通事故。2005年3月14日，市劳动和社会保障局做出工伤认定结论：认定崔某为因工负伤，用工单位为烟草公司。崔某自发生交通事故后，一直处于住院治疗状态，至2005年9月，已自行垫付医疗费用33 813.89元。因烟草公司和劳务派遣公司均拒绝支付医疗费用及承担工伤赔偿责任，崔某于2005年10月18日向劳动争议仲裁委员会申请劳动争议仲裁，要求烟草公司和劳务派遣公司支付工伤治疗费150 000元、护理费5 000元。2005年12月8日，劳动争议仲裁委员会裁决烟草公司支付崔某医疗费33 813.89元及后续发生的医疗费用；烟草公司不服裁决，起诉至区人民法院。区人民法院经审理后认为崔某的实际用工单位是烟草公司，一审判决烟草公司于判决生效后10日内支付崔某垫付的医疗费152 582.09元，劳务派遣公司不承担崔某的工伤保险待遇责任。一审判决后，烟草公司不服上诉至市中级人民法院，要求撤销一审判决；市中级人民法院判决驳回上诉、维持原判。①

评析：

本案是因劳务派遣引起的劳动争议。劳动者崔某从2000年起到发生工伤之前，一直在烟草公司工作，但与烟草公司一直没有签订劳动合同。2005年1月，他与劳务派遣公司签订了劳动合同，并以劳务派遣公司员工的名义在烟草公司继续工作，合同履行期间发生了工伤。由此形成崔某与两家公司都存在法律关系但这两家公司都推诿工伤赔偿责任的情况。分析本案案情，有两个焦点的问题需要关注。

（1）事实劳动关系的问题。在我国，劳动法理强调用人单位与劳动者建立劳动关系应签订劳动合同，如果用人单位与劳动者之间虽未签订劳动合同但却存在着实际用工关系，我们就称之为事实劳动关系。事实劳动关系常在以下情况下产生：一是应当订立劳动合同却没有订立而形成的事实劳动关系；二是劳动合同期满后没有续订合同而形成的事实劳动关系；三是当事人履行无效劳动合同而产生的事实劳动关系。本案中，崔某与烟草公司之间存在的事实劳动关系属于第一种情形，而且两者之间的事实劳动关系一直延续到崔某发生工伤时。因为崔某从2000年9月起与烟草公司虽没有签订劳动合同但存在实际用工关系，毫无疑问，他们之间形成了事实劳动关系。2005年1月，崔某与劳务派遣公司签订劳动合同时，并未订立合同终止与烟草公司之间的事实劳动关系，反而因继续在烟草公司工作而使这一事实劳动关系一直延续到崔某发生工伤时。所以，法院认定崔某的实际用工单位是烟草公司，符合事实。

（2）劳务派遣的问题。在我国，劳务派遣是近年来流行起来的一种灵活用工形式。劳务派遣又称“劳动派遣”、“劳动力租赁”，是指依法设立的劳务派遣单位与被派遣劳动者订立劳动合同后，将该劳动者派遣到用工单位从事劳动的一种特殊的用工形式。在这种特殊的用工形式下，劳动力的雇佣和使用相分离，劳务派遣单位与被派遣劳动者建立劳动法律关系，向劳动者支付劳动报酬和解除劳动合同经济补偿金并办理社会保险，但是不实际用工，即不直接管理和指挥被派遣劳动者从事劳动，而是由与劳务派遣单位建立劳务派遣合作关系的用工单位直接管理和指挥被派遣劳动者从事劳动，承担劳动保护义务，但是，该用工单位与该被派遣劳动者之间并不建立劳动法律关系，即形成了“有关系没劳动，有劳动没关系”的特殊形态。我国2007年颁布的《劳动合同法》专门对劳务派遣问题作

① 《浅析用人单位在不同劳务派遣形式中的法律地位及责任》，中国劳动派遣网，http：//news.paiqian168.com/Dispatch/2009/02/09/165/

了明确规定。

现实中，劳务派遣常有正向劳务派遣和逆向劳务派遣两种类型。正向劳务派遣是由派遣机构聘用劳动者并与其签订劳动合同后派遣到用人单位工作。劳动者与用人单位不存在“历史遗留问题”，是一种单纯的劳务用工关系，由民法调整。劳动者和派遣机构之间形成的劳动合同关系，由劳动法调整。逆向劳务派遣是原属于用人单位的劳动者，但用人单位出于规避风险的考虑，让劳动者与劳务派遣机构签订劳动合同后，以派遣机构员工的名义在原用人单位继续从事劳动。逆向劳务派遣中如果劳动者在与派遣机构签订劳动合同时终止了与原用人单位之间的劳动关系（包括劳动合同关系和事实劳动关系），则劳动者与派遣机构签订的劳动合同有效；如果劳动者在与派遣机构签订劳动合同时没有终止与原用人单位之间的劳动关系（包括劳动合同关系和事实劳动关系），则劳动者与派遣机构签订的劳动合同效力存在瑕疵。现实中，如果派遣机构承认其与被派遣劳动者签订的劳动合同的效力并承担相应的劳动义务，则不会产生争议；反之，如果派遣机构不愿承担对被派遣劳动者的劳动义务，则会产生争议。本案正属于后者。对此，法院遵循“实际用工”原则，认定崔某的实际用工单位是原用人单位，并判决由原用人单位承担崔某的工伤赔偿责任。这事实上是否认了逆向劳务派遣中劳动者与派遣机构之间劳动合同的效力。这对遏制现实中用人单位假借劳务派遣名义妄图规避对劳动者承担的工资待遇、社会保险和解约经济补偿责任等劳动违法行为，是有积极意义的。

思考问题与案例

一、思考问题

1. 什么是劳动法律关系？劳动法律关系与劳动关系有哪些联系和区别？
2. 什么是事实劳动关系？事实劳动关系如何认定？
3. 什么是劳动者？什么是劳动权？劳动权的内容是什么？
4. 什么是工会？如何理解工会的法律地位？
5. 如何理解非法用人单位的法律地位？
6. 什么是用人单位团体？用人单位团体有哪些权利和义务？
7. 什么是劳动法律关系的续延和中止？引起的劳动法律事实有哪些？

二、思考案例

1. 李某是某国有企业的内退员工，2005 年办理了内退手续，之后到一家私营企业工作。双方约定，该私营企业每月给李某 3 000 元的工资，该项工资为李某所有劳动所得。由于生产任务繁重，李某作为技术人员在该私营企业工作基本没有休过周六、周日，也没有休过法定节假日。2007 年 8 月，基于《劳动合同法》的实施，该私营企业与李某签订了为期 3 年的劳动合同，并约定李某的工资为 3 000 元，包括加班费用。2008 年 8 月，由于私营企业的原因，该私营企业与李某解除了劳动合同，没有支付李某任何补偿，理由是李某系其他单位的内退人员，与其他单位之间存在劳动关系，因此，与该私营企业之间没有劳动关系，不存在补偿问题。但是，李某认为，双方之间签订了劳动合同，且是私营企业单方面解除合同，因此，应当给予自己经济补偿金。在双方不能协商一致的情形下，李某向仲裁机构提出了申诉，要求该私营企业支付经济补偿金和在该私营企业工作期间的加班费。

问题：

（1）李某办理了内退手续后与原单位形成什么关系？

（2）李某从原单位内退后到新单位工作，与新单位之间形成什么关系？

（3）本案仲裁机构应如何仲裁？

2. 2003 年 9 月 8 日，申诉人周某与广东某集团有限公司（以下简称广东公司）签订劳动合同。合同约定，广东公司聘请周某在投资部门从事管理工作，合同期从 2003 年 7 月 1 日起至 2005 年 12 月 31 日止。广东公司属民营企业，法定代表人以自己亲戚的名义投资成立了深圳某投资有限公司（以下简称深圳公司），但其亲戚并未投资，也未参与管理，实际经营者是广东公司法定代表人。因周某户籍地及工作地均在深圳，为了方便，他的工资由深圳公司在深圳支付，其社会保险也由深圳公司在深圳为其缴纳。周某日常工作是以广东公司投资部总经理的名义对外开展工作，并直接对广东公司负责。

2003 年 12 月，周某代表广东公司与某证券公司协商托管 1 亿元国债和 5 000 万元企业债券事宜。2004 年年底托管到期，该证券公司未能按期还款，希望延期还款，并许诺给予周某好处费。后案发，2005 年 7 月 22 日，周某被刑事拘留，同年 8 月 26 日被逮捕。在周某被刑事拘留当日，广东公司解除了周某的劳动合同。2006 年 10 月 17 日，周某因受贿 533 万元和非法占有 96 万元被广东阳东县人民法院以受贿罪和侵占罪判处有期徒刑 13 年。2006 年 12 月 26 日周某向深圳市劳动争议仲裁委员会申请仲裁，请求裁决认定周某与深圳公司在被解除劳动关系前存在事实劳动关系。

问题：

（1）周某作为劳动者应该享有哪些劳动权利？承担哪些劳动义务？

（2）周某被刑事拘留前与广东公司是什么关系？广东公司解除劳动合同是否合法？

（3）周某被解除劳动关系前与深圳公司是否存在事实劳动关系？为什么？

（4）本案中，劳动争议仲裁委员会应如何处理？

第五章 劳动就业法

【本章导语】

劳动就业是民生之本。就业问题是一国经济和社会发展的核心问题。尤其在全球金融危机的影响下，就业岗位大量流失导致裁员、失业不断发生，就业问题成为当下极为敏感的全球性社会问题。我国同时颁布实施《劳动合同法》、《就业促进法》和《劳动争议调解仲裁法》，正当其时。本章介绍了劳动就业的概念、特点，重点阐述了劳动就业权的概念和内容、劳动就业需要遵循的基本原则、就业服务与管理制度和国家就业促进措施，特别是特殊人群的就业保障和就业援助。

【引导案例】

案例1：陕西省国有企业最大破产就业援助案

陕西省国有企业迄今最大破产案——唐华纺织印染集团有限责任公司（以下简称唐华集团）破产案，有近万名下岗分流人员亟须再就业，西安市政府开展就业援助。① 十年前，在纺织行业产业结构调整中，原西北国棉三厂、西北国棉四厂、西北国棉六厂、陕棉十一厂、西北第一印染厂等5户省属企业，被总部位于北京的央属企业华诚投资管理有限公司以承债方式兼并，并以上述5户企业的实收资本之和，组建了陕西唐华纺织印染集团有限责任公司。破产启动前，5户企业中，唐华一印已停产10年；唐华六棉部分停产；大华公司、唐华三棉多年来亏损严重，随时面临全面停产的威胁；唐华四棉尚可维持生产经营，但计入还原债务利息后，亏损严重。到2007年年底，唐华集团共有在册职工、离退休人员合计4.2万人。在唐华集团近万名下岗分流职工中，有70%左右的女工，年龄普遍在40岁左右。再就业问题成为当地一个困难而严重的社会问题。为此，西安市政府决定从2008年12月14日起对唐华集团政策性破产下岗分流人员采取五大措施开展再就业援助：（1）开展政策宣传和咨询活动；（2）发放《再就业优惠证》和《失业证》，积极帮助分流人员托管档案、接续社保关系、享受社保补贴等；（3）享受各项就业优惠政策；（4）免费转岗培训、技能培训和创业培训，免费技能鉴定和职业介绍；（5）提供公益性岗位，安置下岗分流人员。

---

① 参见赵伯平：《唐华集团破产5 800人需找工，西安政府就业援助》，http://www.xbfzw.com/news/caijing/2008/1215/08121510925 7D93J7HH3DHD6K1B19D4.html

案例2：就业歧视赔偿案

李某本是某大型国有企业的脱硫工程师，工作福利待遇丰厚。2008年，可耐福（天津）有限公司通过猎头公司联系到李某，邀请他参加应聘。2008年8月，李某辞去原来的高薪工作，通过各项考核后，被安排至可耐福（天津）公司任职，并已收到拟聘用通知书。按照可耐福的规定，李某前往指定医院进行入职体检，结果为乙肝病原携带者但肝功能正常。李某终因体检不符合入职条件而被可耐福拒录。2010年10月15日，李某在律师的帮助下，根据《就业促进法》和《就业服务与就业管理规定》的规定，向法院起诉维权。2010年11月8日，天津市北辰区人民法院北仓法庭对此案进行了开庭审理。双方最终在法院的调解下达成和解，原告李某获得可耐福就业歧视赔偿6万元。这是2010年中国就业歧视案件中获赔金额最高的一起案件。此案的成功调解显示了近年来我国法律法规对乙肝病原携带者就业权保护的加强，以及社会对劳动者平等就业权的广泛认同。

【重点问题】

1. 劳动就业和失业的概念。
2. 劳动就业权的概念、具体内容。
3. 国家促进和保障就业的有效措施。
4. 公平就业的概念。
5. 消除就业歧视现象的法律对策。
6. 就业援助的概念、我国就业援助的对象。

第一节　劳动就业概述

一、就业与失业的概念

（一）劳动就业的概念与特征

劳动就业是指具有劳动能力的公民在法定劳动年龄内自愿从事某种有一定劳动报酬或经营收入的社会职业的状态。

劳动就业具有以下特征：

1. 就业主体具有特定性。作为就业主体的劳动者，必须是具有劳动权利能力和劳动行为能力的公民。在法定劳动年龄内并且具有劳动能力，是公民取得劳动权利能力和劳动行为能力的最基本条件。我国一般规定年满16周岁为法定最低就业年龄①，男性年满60周岁、女性年满55周岁为退休年龄。② 因此，除法

① 法定就业最低年龄是国家法律规定的取得就业资格的最低年龄条件。

② 目前我国相关部门正在酝酿条件成熟时延长法定退休年龄以减轻“白色浪潮”的压力，有可能女职工从2010年开始、男职工从2015年开始，采取“小步渐进”的方式，每3年延迟1岁，逐步将法定退休年龄提高到65岁。这一消息正引起社会各方的关注和热议。

律另有规定外，凡具有劳动能力的男 16 ~ 60 周岁、女 16 ~ 55 周岁的中国公民（外国人、无国籍人来华就业及台港澳同胞在内地就业的最低年龄为 18 周岁），包括有劳动行为能力的盲、聋、哑和其他有残疾的公民，均具有就业主体资格，享有就业权。

2. 就业具有自愿性。公民享有就业权，但是否行使却由其自行决定。具有就业资格但无就业愿望的公民，不属于就业保障对象。

3. 就业岗位具有合法性。劳动者必须从事法律允许的有益于国家和社会的某种社会职业，该职业岗位为社会承认、受法律保护。公民从事不合法的活动，不能视为就业。

4. 劳动所得具有基本生活保障性。劳动者所从事的社会职业必须有一定的劳动报酬或经营收入，能够用以维持劳动者本人及其按照国家规定平均赡养家庭人口的基本生活需要。如果公民虽从事一定的社会劳动，但劳动所得不足以维持其生活的，就不能认为其已实现就业。国际劳工组织统计会议规定，从事规定时间有酬（或收入）工作的和在规定时间内正规从事 1/3 以上时间工作的，才可视为已经就业。我国规定，就业人员劳动报酬达到和超过当地最低工资标准的，为充分就业；劳动时间少于法定工作时间，且劳动报酬低于当地最低工资标准、高于城市居民最低生活保障标准，本人愿意从事更多工作的，为不充分就业；虽然从事一定工作，但劳动报酬低于当地城市居民最低生活保障标准的，视同失业。

5. 就业形式具有多样性。就业形式是指国家政策法规所确认的劳动者实现就业的方式。现阶段主要有以下方式：（1）正规就业，是指劳动者在用人单位从事全时制劳动。（2）非正规就业，又称灵活就业，是指劳动者从事非全时制劳动，如弹性就业①、阶段性就业②等。（3）个体经营劳动，是指劳动者从事个体工商业经营活动，广义上还包括农民（农户）承包农村土地从事农业生产经营活动。

（二）失业的概念

失业是指在法定劳动年龄范围内并且有劳动能力和就业愿望的公民未能实现就业的状态。我国以前通称为待业。国际劳工组织在 1988 年的《促进就业和保护失业公约》中将失业分为全失业和半失业。全失业是指凡能够工作、可以工作并确实在寻找工作的劳动者不能得到适当职业而没有收入的状态；半失业是指因暂时停工引起临时解雇而使收入中止，尤其是由于经济、技术结构和类似性质的原因中止收入而没有中断就业关系的状态。我国由于一直存在着城乡二元就业机

① 弹性就业，是指不限时间、不限收入、不限场所的灵活多样的就业形式。它是相对于全日制就业形式而言的。弹性就业包括非全日制工、临时工（如短期工、季节工、承包工）、派遣工、钟点工等。

② 阶段性就业，是指劳动者在职业生涯中自愿退出社会劳动一个阶段后再参加社会劳动的一种就业形式。它是与终生就业相对应的。我国目前存在的在职人员脱产上学，实际上就是阶段性就业的一种形式。

制，政策法规中的失业（待业）概念仅指城镇失业，而将农村中的未就业者称为农村剩余劳动力。

把握失业的概念应注意以下要点：(1) 失业者仅限于依据有关法规和政策应当予以就业保障的公民。不满或超过法定劳动年龄、完全丧失劳动能力和没有就业愿望的人员以及在校学生、现役军人和其他依法不列入就业保障范围的人员，均不存在失业问题。(2) 失业必须是处于未获得就业岗位的状态，既包括从未获得就业岗位，也包括失去原有就业岗位后未获得新就业岗位。(3) 失业的表现形式仅以显性失业为限。经济学意义上的隐蔽性失业不包括在内。

二、劳动就业立法

(一) 国外劳动就业立法概况

随着就业问题的日渐突出和就业工作的日渐重要，立法成为世界各国促进就业最普遍、最重要的手段。有的国家进行促进就业专门立法，如秘鲁《就业促进法》(1993 年)、韩国《基本就业政策法》(1993 年)、俄罗斯《俄罗斯居民就业法》(1996 年)、意大利《就业促进法令》(1997 年) 等；有的国家通过综合立法，把促进就业的内容纳入综合性的劳动法典之中，如德国在《联邦社会法典》中列入了《联邦就业促进法》，并把其作为该法典的第三部分独立成书，法国在其《劳动法典》中也列入了许多有关促进就业的章节和条款；有的国家通过分散立法，把促进就业的具体内容分别纳入不同的专项立法中，如日本围绕促进就业主题分别制定了《就业安定法》(1947 年)、《紧急失业对策法》(1949 年)、《退役军人转业临时措施法》(1958 年)、《煤矿工人转业暂行措施法》(1959 年)、《残疾人就业促进法》(1960 年)、《人力资源开发促进法》(1969 年)、《老年人职业稳定法》(1971 年)、《保障男女平等就业法》(1972 年)、《雇佣保险法》(1974 年) 和《就业和人力资源开发组织法》(1999 年) 等。各国的实践证明，立法对促进就业发挥了积极作用。

由于就业问题历来是世界各国的普遍性社会问题，国际劳工组织非常重视关于就业问题的立法。其中主要有：1919 年《失业公约》、1944 年《国家计划公共工程建议书》、1948 年《职业介绍组织公约》、1958 年《歧视（就业与职业）公约》、1964 年《就业政策公约》、1975 年《人力资源开发公约》、1983 年《（残疾人）职业康复和就业公约》、1988 年《促进就业和失业保护公约》、2009 年《全球就业公约》等国际劳工公约和相应的建议书等，旨在全世界范围内达成保障充分就业、消除就业和职业歧视的共识。特别是 2009 年 6 月 19 日第 98 届国际劳工大会通过的《全球就业公约》，是有史以来国际社会通过的第一个应对全球金融危机的政策性公约文件。该《公约》的核心内容是，推动国际社会将就业和社会保障放在复苏政策的核心位置，以便加快劳动力市场的率先恢复；通过向弱势群体提供特殊的扶持政策和措施，扩大社会保护和加强安全措施，确保人人平等地享有就业机会。[①]

（二）我国劳动就业立法概况

新中国成立后我国制定了大量的就业法规和政策。尤其是党的十一届三中全会以后，为建立适应社会主义市场经济的新型就业制度，制定了许多重要法规和政策，对就业方针、就业形式、职工招用、劳动力流动、就业服务、就业管理和特殊就业政策等问题作了明确规定。在《劳动法》颁布前后，制定了《劳动就业服务企业管理规定》（1990 年）、《职业指导办法》（1994 年）、《农村劳动力跨省流动就业管理暂行规定》（1994 年）、《就业登记规定》（1995 年）、《外国人在中国就业管理规定》（1996 年）、《职业介绍服务规程（试行）》（1998 年）、《劳动力市场管理规定》（2000 年）、《境外就业中介管理规定》（2002 年）等一系列配套法规。2007 年 8 月 30 日经全国人大常委会审议通过《就业促进法》，于 2008 年 1 月 1 日起施行，这是我国就业立法的一个里程碑。2007 年 11 月 5 日，原劳动和社会保障部公布了《就业服务与就业管理规定》，自 2008 年 1 月 1 日起施行。

（三）我国《就业促进法》颁布实施的意义

《就业促进法》的颁布，是我国劳动保障法制建设取得的重大成果，进一步丰富和完善了我国劳动保障法律体系，对于促进劳动者就业、构建社会主义和谐社会具有重要而深远的意义。

1.《就业促进法》是促进社会主义和谐社会建设的一部重要法律。就业，不仅是每一位劳动者生存的经济基础和基本保障，也是其融入社会、共享社会经济发展成果的基本条件，因此，就业是民生之本；促进就业，关系到亿万劳动者及其家庭的切身利益，是社会和谐发展、长治久安的重要基础，因此，促进就业是安国之策。我国劳动力资源丰富，劳动力供大于求的格局将长期存在；就业的结构性矛盾越来越突出；新成长劳动力就业、农业富余劳动力转移就业和经济结构调整中失业人员再就业的矛盾交织，使得就业问题具有长期性、艰巨性和复杂性。通过法制化的手段确立国家推动经济发展同扩大就业相协调，把扩大就业放在经济社会发展的突出位置，实现社会和谐稳定，是我国做好促进就业工作、构建和谐社会的必然选择和重要内容。

2.《就业促进法》为我国实施积极的就业政策提供了法律保障。近年来，我国制定和实施了积极的就业政策，通过小额担保贷款、财政贴息、减免税费等措施，积极扶持劳动者自主创业、自谋职业；通过定额税收减免、优惠贷款等措施，鼓励企业吸纳下岗失业人员就业；通过开发公益性岗位和社会保险补贴等措

① 宋斌：《国际劳工大会通过〈全球就业公约〉》，载《光明日报》2009 年 6 月 21 日。

施，建立健全就业援助制度，帮助困难人员实现就业。《就业促进法》将经过实践检验的积极的就业政策措施上升为法律规范，有利于建立促进就业的长效机制，保障我国积极的就业政策长期实施和有效运行。

3.《就业促进法》进一步完善了我国劳动保障法律体系。《就业促进法》是我国就业领域第一部基本法律。它的颁布施行，标志着我国在建设以《宪法》为依据、以《劳动法》为基础、以《就业促进法》和《劳动合同法》以及《社会保险法》为主干、以相关法律法规为配套的劳动保障法律体系方面又迈出了至关重要的一步。

三、劳动就业权的概念与内容

劳动就业权是指具有劳动能力的公民在法定劳动年龄内自愿从事某种有一定劳动报酬或经营收入的社会职业的权利。劳动就业权的特征表现在：(1) 具有生存权性质。劳动就业权是劳动者其他劳动权利的基础和前提，没有劳动就业权，其他后续的劳动权利就无从谈起[①]。因此，劳动就业权是公民最重要、最基本的生存权，是《宪法》确认和保护的公民的一项基本人权。(2) 主体的特定性。劳动就业权的权利主体是具有劳动权利能力和劳动行为能力的公民，劳动就业权的相对义务主体是国家和社会。(3) 实现方式的特殊性。公民劳动就业权的实现，不完全是由人的主观意志决定的，它在很大程度上依赖于社会客观条件的存在。因此，国家作为劳动就业权的义务主体，对未就业的公民负有采取积极的政策措施促进和保障就业权利实现的义务。如采取一切措施，发展经济，创造和扩大就业机会；开展职业介绍、职业训练和职业辅导，促进公民就业；对已经处于就业状态的公民，国家通过法律，对用人单位解除劳动合同做出必要的限制，以保障公民劳动就业权的实现。(4) 内容的特殊性。劳动就业权是公民使自己的劳动力与社会生产资料相结合和取得相应报酬的两个权利的结合。如果公民参加的是没有报酬的劳动，则实现的不是劳动就业权[②]。(5) 救济手段的特殊性。国家作为劳动就业权的义务主体，负有促进和保障公民劳动就业的义务，这并不意味着国家要对公民的劳动就业包下来。所以，当受诸多因素的制约，有就业愿望的公民不能就业时，公民不能就此以诉讼或仲裁的方式向国家主张权利，只能申请领取失业保险救济金或社会救济金。[③]

劳动就业权的主要内容有：[④]

1. 职业获得权。职业获得权是指公民要求国家和社会提供就业机会的权利，

① 林嘉主编：《劳动法和社会保障法》，中国人民大学出版社 2009 年版，第 93 页。
② 陈信勇主编：《劳动与社会保障法》，浙江大学出版社 2007 年版，第 81 页。
③ 关怀主编：《劳动法》，中国人民大学出版社 2005 年版，第 106 页。
④ 参见王全兴：《劳动法》（第三版），法律出版社 2008 年版，第 344～345 页。

又称狭义劳动权。它主要包括两方面内容：第一，公民有要求国家提供就业机会的权利，国家有为公民提供就业机会的义务，但一般不负担为公民直接安排工作的义务。第二，当公民不能获得相应的工作机会时，国家有保障其基本生活以促进其就业的义务。

2. 择业自由权。择业自由权是指公民依据自己意愿选择职业的权利，包括是否从事职业、从事何种职业、何时何地从事职业等方面的选择权，这是近现代国家普遍承认的一项基本人权。

3. 平等就业权。平等就业权是指公民平等地获得就业机会的权利。它是公民《宪法》上的平等权在劳动就业领域的延伸和具体化。维护就业平等权，就必须反对就业歧视。出于形式平等的要求，劳动者不分性别、年龄、出身、种族、民族、宗教信仰等，应享有平等的就业机会；出于实质平等的要求，平等就业并不否定和排除法律对妇女、未成年人、残疾人和少数民族人员等弱势群体所规定的特殊保护制度和措施。

4. 职业训练与就业服务权。职业训练与就业服务权是指公民为获得就业机会而接受职业训练、就业服务和就业指导等权利。由于人力资源市场信息的不对称，客观上需要国家和社会为求职者提供人力资源供求信息、进行职业指导、提供职业介绍等就业服务，为其疏通获得就业机会的渠道。这从劳动者权利角度即体现为职业训练权和就业服务权等，也有学者称为公共就业保障权。①

5. 就业援助权。就业援助权是指就业困难人员所享有的、经由国家积极作为的获得就业岗位的权利。由于就业困难人员因身体状况、技能水平、家庭因素、失去土地等原因难以实现就业，国家如果不承担积极作为的义务援助其就业，就会引起严重的社会问题。因此，需要国家公共权力的介入，通过公益性岗位安置等途径，对就业困难人员实行优先扶持和重点帮助。

6. 失业保障权。失业保障权是指公民在不能获得相应的工作机会时，有要求国家提供失业保险或失业救助以保障其基本生活的权利。包括失业保险权、失业救助权等。它是职业获得权所派生的一项权利。由于现在世界大多数国家都已建立了包括失业保险在内的社会保障制度，因此，失业保险权、失业救助权成为社会保障权的组成部分，一般被纳入社会保障法之中。

四、我国劳动就业的基本原则

劳动就业的基本原则，是指在劳动就业过程中必须遵循的基本准则。根据我国《劳动法》、《就业促进法》的规定，劳动就业应遵循以下基本原则。

① 公共就业保障权即接受为获得就业机会所必要的就业服务、职业培训和失业保险等公共保障的权利。

（一）公平就业原则

公平就业原则，又称反就业歧视原则，是指国家保障劳动者享受平等的就业权，任何用人单位招用人员、职业中介机构从事职业中介活动，不得因民族、种族、性别、宗教信仰等不同而歧视劳动者。依据《就业促进法》的规定，劳动者依法享有平等就业和自主择业的权利，政府承担保障劳动者公平就业的责任，用人单位负有不歧视义务。公平就业原则作为《就业促进法》的核心原则，要求在就业促进体系中，无论是政府还是社会组织和用人单位，无论是就业调控、人力资源市场管理还是就业服务、职业培训、就业援助等，都应当以实现公平就业为义务。

（二）市场导向的国家促进就业原则

市场导向的国家促进就业原则是指在劳动力市场上坚持把市场调节作为劳动力资源的基础性配置机制，使劳动者和用人单位自主地双向选择，国家依法采取各种宏观调控措施帮助公民实现劳动就业的原则。即劳动者自主择业、市场调节就业、政府促进就业的原则，包含三层意思。

1. 劳动者自主择业。就是要充分调动劳动者就业的主动性和能动性，促进劳动者发挥就业潜能和提高职业技能，依靠自身努力，自谋职业和自主创业，尽快实现就业。

2. 市场调节就业。就是要充分发挥人力资源市场在促进就业中的基础性作用，通过市场职业供求信息，引导劳动者合理流动和就业；通过用人单位自主用人和劳动者自主择业，实现供求双方相互选择；通过市场工资价位信息，调节劳动力的供求。

3. 政府促进就业。就是要充分发挥政府在促进就业中的重要职责，通过发展经济和调整产业结构，实施积极就业政策，扩大就业机会；通过规范人力资源市场，维护公平就业；通过完善公共就业服务和加强职业教育与培训，创造就业条件；通过提供就业援助，帮助困难群体就业等。为此，《就业促进法》规定了政府在促进就业方面的八大职责：（1）各级人民政府和有关部门应当建立促进就业工作目标责任制度，并进行考核和监督；（2）制定并实施有利于就业的产业政策、财政政策、税收政策、金融政策、劳动和社会保险政策等经济和社会政策，多渠道扩大就业、增加就业岗位；（3）推进公平就业，依法保证劳动者享有平等就业和自主择业的权利；（4）加强就业服务和管理，建立健全公共就业服务体系及就业援助制度；（5）大力开展职业培训，促进劳动者提高职业技能，增强就业能力和创业能力；（6）建立健全失业保险制度，对可能出现的较大规模的失业，实施预防、调节和控制；（7）开展就业和失业调查统计工作，以加强就业的基础管理工作；（8）发挥社会各方面促进就业的作用。

（三）特殊群体就业保障原则

特殊群体就业保障原则是指国家采取措施对就业有困难的特殊群体人员实行

优先扶持和重点帮助的原则。

就业特殊群体是指因生理、健康、文化、历史和社会等特殊原因有就业困难或在就业竞争中处于不利地位的人员的统称，包括妇女、残疾人、少数民族人员、退役军人等。对这些特殊群体进行就业照顾是人类进步和社会文明程度提高的标志。《就业促进法》规定，各级人民政府建立健全就业援助制度，采取税费减免、贷款贴息、社会保险补贴、岗位补贴等办法，通过公益性岗位安置等途径，对就业困难人员实行优先扶持和重点帮助。

第二节　公平就业和就业歧视

一、公平就业

（一）公平就业的含义

公平就业，又称平等就业或反就业歧视，是指国家保障劳动者享有平等的就业机会和职业待遇。既包括形式公平意义上的反就业歧视，以形成公平竞争就业的环境，又包括实质公平意义上的对特殊就业群体以扶持、援助和保护，弥补特殊就业群体获取就业机会的不足。其基本要求是，保障劳动者依法享有平等就业和自主择业的权利。①

（二）公平就业的基本原则②

1. 机会均等原则。即劳动者的个人禀赋虽然有差异，但所有劳动者都平等享有进入人力资源市场、通过竞争实现就业的机会。其含义包括：（1）录用机会均等，即劳动关系建立前，所有求职的劳动者都平等地享有被录用的机会。依据就业机会均等的要求，用人单位招用人员，对同一职业、工种或岗位的所有求职者应当适用同一录用标准，只可基于职业、工种或岗位本身特殊的内在需要进行选择，给各个求职者同样的录用机会。（2）职业机会均等，即在劳动关系建立后，劳动者在用人单位所获得的劳动关系存续机会、职业晋级机会和培训机会均等。劳动关系存续机会均等，是指已就业的劳动者享有免受不公正辞退的权利，不因为与工作无关的歧视性原因而导致用人单位解除劳动关系。职业晋级机会均等，是指在用人单位中，用人单位给予劳动者晋级应当依据劳动者的职业表现决定，而不能抑制某一群体劳动者的晋级或使某一群体获得更为有利的晋级机会。（3）就业服务和职业培训机会均等。就业服务和职业培训是劳动者赖以实现就业的必要条件，公共就业服务机构和职业培训机构应当向劳动者提供公平的就业服务和职业培训机会。

2. 同工同酬原则。即从事技能、责任和体力要求相等并且工作条件相似的工作的所有劳动者，用人单位应当支付相等的报酬。其中，“同工”即同等工作、同

---

①② 王全兴：《劳动法》（第三版），法律出版社 2008 年版，第 347、347～348 页。

样劳动条件；“同酬”即工资和劳动报酬、社会保障、职工福利等劳动待遇相同。

二、就业歧视

（一）就业歧视的概念

就业歧视是指基于种族、性别、民族、年龄、户籍、宗教信仰、健康状况、社会出身等原因，对劳动者在就业或工作过程中给予的不平等对待。但因特殊职业内在需要的区别对待除外。[①] 如一般企业限招男性即可构成对女性的就业歧视，但井下作业限招男性则属正当限制，不能视为对女性的就业歧视。理解就业歧视，至少需要把握以下三点：（1）就业歧视表现为某些劳动者与其他劳动者相比在客观上受到了的不公平对待，而不问这种不公平对待实施者的主观动机如何，即是否有故意；（2）劳动者受到的不公平对待是基于种族、性别、民族、年龄、户籍、宗教信仰、健康状况、社会出身等与特定职业内在需要无关的原因，如果是因工作岗位客观、内在需要而受到的区别对待，应属有正当合理的理由，不以就业歧视论之；（3）劳动者受到的不公平对待是在就业或工作过程中发生的，即就业歧视不仅包括就业中的歧视，也包括就业后工作条件、职业待遇方面的歧视。

（二）反就业歧视的范围

目前，我国现实中就业歧视的现象很普遍，并表现得五花八门，如户籍歧视、性别歧视、年龄歧视、身高歧视、相貌歧视、疾病歧视、民族和种族歧视、宗教信仰歧视、残疾歧视、地域或方言歧视、学历和经验歧视、经历背景歧视、婚姻状况歧视、血型歧视等。[②] 根据《劳动法》第 12 条的规定，反就业歧视的范围仅限于民族歧视、种族歧视、性别歧视和宗教信仰歧视。在此基础上，《就业促进法》第 3 条对反就业歧视的范围作了开放式列举规定：“劳动者就业，不因民族、种族、性别、宗教信仰等不同而受歧视。”这对实践中扩大反就业歧视的范围提供了法律依据。据此规定，只要是基于无正当理由的因素所给予的、损害劳动者平等就业权的歧视，都可以纳入反歧视的范围。但法定反就业歧视的范围过窄，不利于防止和消除就业歧视以及保障公民的平等就业权，有制定专门的《反就业歧视法》的必要。

《就业促进法》明文列举的反歧视的范围包括：

1. 性别歧视。即国家保障妇女享有与男子平等的劳动权利。用人单位招用人员，除国家规定的不适合妇女的工种或者岗位外，不得以性别为由拒绝录用妇

---

① 2005 年全国人大常委会批准我国加入国际劳工组织《消除就业和职业歧视公约》（第 111 号公约），该《公约》第 1 条规定：“就本公约而言，‘歧视’一词包括：（1）基于种族、肤色、性别、宗教、政治见解、民族血统或社会出身等原因，具有取消或损害就业或职业上的机会均等或待遇平等作用的任何区别、排斥或特惠；（2）有关会员国经与有代表性的雇主组织和工人组织（如存在此组织）以及其他组织协商后可确定的、具有取消或损害就业或职业上的机会均等或待遇平等作用的其他此种区别、排斥或特惠。但是，基于特殊工作本身的要求的任何区别、排斥或特惠，不视为歧视。”

② 胡彩霄：《我国禁止就业歧视问题法律思考》，载《中国教育报》2007 年 3 月 28 日，第 7 版。

女或者提高对妇女的录用标准。用人单位录用女职工，不得在劳动合同中规定限制女职工结婚、生育的内容。

2. 民族歧视。即各民族劳动者享有平等的劳动权利；用人单位招用人员，应当依法对少数民族劳动者给予适当照顾。

3. 残疾歧视。即国家保障残疾人的劳动权利；各级人民政府应当对残疾人就业统筹规划，为残疾人创造就业条件；用人单位招用人员，不得歧视残疾人。

4. 疾病歧视或传染病歧视。即传染病病原携带者享有平等就业的权利，用人单位招用人员，不得以是传染病病原携带者为由拒绝录用，且不得因劳动者为传染病病原携带者而被辞退，只要其所从事的工作不是法律、行政法规和国务院卫生行政部门规定禁止从事的易使传染病扩散的工作。当然，经医学鉴定传染病病原携带者也负有相应的义务，在治愈前或者排除传染嫌疑前，不得从事法律、行政法规和国务院卫生行政部门规定禁止从事的易使传染病扩散的工作。

5. 户籍歧视。即农村劳动者进城就业享有与城镇劳动者平等的劳动权利，不得对农村劳动者进城就业设置歧视性限制。

（三）就业歧视的法律救济

《就业促进法》第62条规定，违反规定实施就业歧视的，劳动者可以向人民法院提起诉讼。但《就业促进法》没有具体规定就业歧视的法律责任。从法学理论和国际反就业歧视立法经验来说，如果违反《就业促进法》规定，实施就业歧视损害劳动者平等就业权的，应该责令停止侵权、予以纠正，造成劳动者财产损失和精神损害的，应该承担经济和精神损害赔偿责任。

第三节　就业服务与就业管理

一、就业服务与就业管理概述

（一）就业服务概述

1. 就业服务的概念与种类。就业服务是指由特定的机构为满足劳动者求职就业或用人单位招用人员的需求提供的一系列服务。其主要内容包括职业指导、职业介绍、就业训练、劳动保障事务代理，以及与之附随产生的其他相关服务，如职业咨询、委托招聘等服务项目。按照提供服务主体的不同类型，《就业促进法》明确地将就业服务分为两类：（1）公共就业服务，即公益性就业服务，主要由政府设立的公共就业服务机构提供，也可以由政府向其他市场服务机构购买。（2）职业中介服务，即盈利性服务活动，由各类职业中介机构提供。

2. 就业服务的作用。就业服务是帮助劳动者实现就业的有效手段，是政府运用各种经济政策和宏观经济调控等间接手段促进就业之外，通过就业市场进行资源优化配置从而直接促进就业的重要手段之一。就业服务主要有以下四方面的作用：(1) 促进人力资源市场的健康发展和运行。(2) 促进劳动力自由、合理流动。(3) 优化配置劳动力资源。(4) 帮助就业困难群体实现就业，维护社会稳定。

（二）人力资源市场管理

1. 政府人力资源市场培育和管理职责。(1) 县级以上人民政府培育和完善统一开放、竞争有序的人力资源市场，为劳动者就业提供服务。(2) 县级以上人民政府鼓励社会各方面依法开展就业服务活动，加强对公共就业服务和职业中介服务的指导与监督，逐步完善覆盖城乡的就业服务体系。(3) 县级以上人民政府加强人力资源市场信息网络及相关设施建设，建立健全人力资源市场信息服务体系，完善市场信息发布制度。(4) 县级以上地方人民政府对职业中介机构提供公益性就业服务的，按照规定给予补贴。国家鼓励社会各界为公益性就业服务提供捐赠、资助。(5) 县级以上人民政府建立失业预警制度，对可能出现的较大规模的失业，实施预防、调节和控制。(6) 国家建立劳动力调查统计制度和就业登记、失业登记制度，开展劳动力资源和就业、失业状况调查统计，并公布调查统计结果。

2. 政府制定求职就业与招工的市场公平竞争规则。《就业服务与就业管理规定》对此做出了详细的规定。例如，一方面，明确规定劳动者依法享有平等就业和自主择业的权利，同时负有求职时如实提供相关信息的如实告知义务；国家鼓励劳动者在就业前接受必要的职业教育或职业培训，鼓励城镇初、高中毕业生在就业前参加劳动预备制培训；国家鼓励劳动者自主创业、自谋职业，为劳动者自主创业、自谋职业提供便利和相应服务。另一方面，明确细化规定用人单位的招聘简章、招聘广告以及职业中介机构发布的就业信息都不得包含歧视性内容。招聘简章应包括用人单位基本情况、招用人数、工作内容、招录条件、劳动报酬、福利待遇、社会保险等内容，在招聘信息中不得使用“月薪面议”等字样；用人单位招用人员，除国家法律、行政法规和国务院卫生行政部门规定禁止乙肝病原携带者从事的工作外，不得强行将乙肝病毒血清学指标作为体检标准；除国家规定的不适合妇女从事的工种或者岗位外，不得以性别为由拒绝录用妇女或者提高对妇女的录用标准；不得对农村劳动者进城就业设置歧视性限制；不得歧视残疾人等。

二、公共就业服务与管理

（一）公共就业服务的概念与特点

公共就业服务是指由政府提供的公益性就业服务。发展公共就业服务是国际通行的做法。根据《就业服务公约》的规定，各国应在全国建立一个公共的、无偿的职业介绍体系，这一体系应包括连接各地职业介绍机构的网络。实践表明，政府提供公共就业服务，较之私营服务机构有其独特优势，主要包括：提高劳动力市场信息透明度，确保劳动力市场各类弱势群体得到帮助，保持就业服务工作的连续性，避免没有求职经验的弱势群体受到私营机构的剥削，减少失业保险金发放中的道德风险。公共就业服务是提高市场信息透明度、确保市场公平、防止就业歧视并使各类弱势群体得到帮助的重要力量。目前，绝大多数国际劳工组织成员国都按以上要求建立了覆盖全国的公共就业服务体系，并免费为公众服务。

我国的公共就业服务具有四个基本特点：（1）以促进就业为目的。（2）以提供公益服务来定性。（3）以政府服务公众的职能为定位。（4）以公共政策和公共财政为保障与支持。

（二）我国公共就业服务基本原则

1. 保基本。我国政府提供的公共就业服务具有公益性，以促进社会就业更加充分和优化社会人力资源配置为主要目的，承担基本公共就业服务。

2. 可持续。我国政府通过完善财政保障、管理运行和监督问责机制，形成保障基本公共就业服务体系有效运行的长效机制。创新服务供给模式，引入竞争机制，不断提高服务质量和效率，实现公共就业服务可持续发展。

3. 均等化。各级社会保障部门按照覆盖城乡、普遍享有的要求，面向全社会提供统一、规范、高效的公共就业服务，方便各类劳动者求职就业和用人单位招聘用工，逐步实现地区间、城乡间基本公共就业服务均等化。

（三）公共就业服务机构设置及职责。

根据人力资源和社会保障部、财政部《关于进一步完善公共就业服务体系有关问题的通知》，我国在省、市、县三级设立公共就业服务机构，县以下街道（乡镇）和社区（行政村）设立基层公共就业服务平台。省、市、县三级公共就业服务机构负责制定落实各项公共就业服务政策，统筹协调辖区内就业管理，建设公共就业服务信息系统，并承担向辖区内劳动者和用人单位提供基本公共就业服务的职责。县级以下基层公共就业服务平台负责开展以就业援助为重点的公共就业服务，落实各项就业政策，实施劳动力资源调查统计，并承担上级人力资源社会保障行政部门安排的其他就业服务工作。目前，我国不断完善公共就业和人才服务体系，建立县区以上综合性服务机构、街道（乡、镇）社区服务窗口以及就业训练、创业服务等服务实体，形成了覆盖省、市、县（区）、街道（乡、镇）、社区（行政村）的五级服务网络；公共就业和人才服务职能不断增强，免费开展政策咨询、市场供求信息发布、职业介绍、职业指导、就业援助、创业服务，承担就业登记、失业登记管理，提供人力资源社会保障事务代理、档案管理、考试认证、专家服务等服务项目。

（四）公共就业服务范围及主要内容

根据《就业促进法》的规定和人力资源和社会保障部、财政部《关于进一步完善公共就业服务体系有关问题的通知》的要求，我国政府公共就业服务的范围主要是指面向所有劳动者免费提供的基本公共就业服务。服务内容包括：（1）就业政策法规咨询；（2）职业供求信息发布、市场工资指导价位信息和职业培训信息发布；（3）职业指导和职业介绍；（4）组织就业见习，推荐开展职业培训和职业技能鉴定；（5）开展创业服务；（6）对就业困难人员实施就业援助，对高校毕业生、农村转移劳动者等重点群体提供专门就业服务；（7）劳动人事档案管理服务；（8）失业人员管理，办理就业登记、失业登记等事务；（9）其他公共就业服务。

（五）公共就业服务制度

1. 基本服务免费制度。各级公共就业服务机构在提供法律法规要求的各项基本公共就业服务活动时，一律免费提供服务。

2. 就业信息服务制度。以设区的市为单位，在建立健全公共就业服务信息网络的基础上，实行统一的信息采集、分析和发布，免费向劳动者和用人单位提供职业供求信息、市场工资指导价位信息和职业培训信息。

3. 大型专项就业服务活动制度。各级公共就业服务机构在相对集中的时期内，按照全国或本地的统一要求，对高校毕业生、农民工和就业困难人员等特定服务对象提供全方位的就业服务。

4. 就业与失业登记管理制度。为劳动者和用人单位免费办理就业和失业登记手续，实现设区市范围内各类劳动者就业与失业以及用人单位招用人员的统一登记管理。失业登记对象为法定劳动年龄内，有劳动能力，有就业要求，处于无业状态的城镇常住人员。

5. 就业援助制度。依托街道社区基层服务平台，对就业困难人员提供就业援助，帮助其落实各项就业扶持政策。重点为各类就业困难人员开发公益性岗位，落实扶持政策，为零就业家庭成员提供即时岗位援助。

6. 劳动人事档案管理服务制度。对流动人员、下岗失业人员、其他人员等劳动人事档案管理服务可按经当地物价主管部门审批的成本价收取费用，但也要逐步实行免费服务。

7. 就业信息监测制度。依托各地公共就业人才服务信息系统和金保工程部省市三级业务专网，在原有失业登记与失业保险信息监测工作的基础上，建立全国就业信息监测制度，实现全国范围内中央、省、市三级人力资源社会保障部门对劳动者就业登记、失业登记和享受就业扶持政策等相关信息的全面监测，为劳动者跨地区享受相关就业扶持政策、各级就业政策相关主管部门核验《就业失业登记证》信息和各级政府宏观决策提供信息支持。

8. 公共就业服务经费保障制度。公共就业服务机构的人员经费、工作经费、项目经费和建设经费纳入同级财政预算，且可以通过申请各级人民政府设立的就业专项资金扶持公共就业服务。

9. 政府购买基本公共就业服务制度。政府购买公共就业服务是指政府按照一定的规则和程序，将公共就业服务通过合同外包、授权委托等方式转交给有资质的社会服务组织来完成，按既定标准对提供的服务进行评估后支付费用的一种服务供给机制。人力资源和社会保障部、财政部《关于进一步完善公共就业服务体系有关问题的通知》明确提出，探索建立政府购买基本公共就业服务的制度。一些地方政府对提供就业指导、就业培训和就业援助的社会组织给予财政补贴，有效地促进了就业。

三、职业中介服务与管理

（一）职业中介机构的概念与服务原则

1. 职业中介机构的概念。职业中介机构是指由法人、其他组织和公民个人举办，为用人单位招用人员和劳动者求职提供中介服务以及其他相关服务的经营性组织。

2. 职业中介机构的服务原则。职业中介机构从事职业中介活动，应当遵循合法、诚实信用、公平、公开的原则。用人单位通过职业中介机构招用人员，应当如实向职业中介机构提供岗位需求信息。禁止任何组织或者个人利用职业中介活动侵害劳动者的合法权益。

（二）职业中介机构的设立条件与程序

1. 职业中介机构的设立条件。设立职业中介机构应当具备下列条件：（1）有明确的章程和管理制度；（2）有开展业务必备的固定场所、办公设施和一定数额的开办资金；（3）有一定数量具备相应职业资格的专职工作人员；（4）法律、法规规定的其他条件。

2. 职业中介机构的设立程序。（1）应当依法向劳动保障行政部门提出申请并经其批准，取得行政许可。（2）经许可的职业中介机构，应当向工商行政部门办理注册登记。未经依法许可和登记的机构，不得从事职业中介活动。违反相关规定非法从事职业中介活动的，由劳动保障行政部门责令停止职业中介活动，并处罚款。

（三）职业介绍机构的业务范围与禁止行为

1. 职业介绍机构的业务范围。职业介绍机构可以从事下列业务：（1）为求职者介绍用人单位；（2）为用人单位和居民家庭推荐求职者；（3）开展职业指导、咨询服务；（4）收集和发布职业供求信息；（5）根据国家有关规定，从事互联网职业信息服务；（6）经劳动保障行政部门批准，组织职业招聘洽谈会；（7）具备相应资格的，从事劳动力跨省流动就业中介服务；（8）经劳动保障行政部门核准的其他服务项目。

2. 职业介绍机构的禁止行为。职业介绍机构不得有下列行为：（1）提供虚假就业信息；（2）为无合法证照的用人单位提供职业中介服务；（3）伪造、涂改、转让职业中介许可证；（4）扣押劳动者的居民身份证和其他证件，或者向劳动者收取押金；（5）其他违反法律、法规规定的行为。[①]

第四节　特殊群体就业保障与就业援助

一、特殊群体就业保障

（一）特殊群体就业保障的概念

特殊群体就业保障是指法规和政策特别规定的，国家对妇女、残疾人、少数民族人员、退役军人、农村富余劳动者、下岗失业人员等特殊群体的就业所采取的特殊保障措施。与普通就业人员相比，妇女、残疾人、少数民族人员、退役军人、农村富余劳动者、下岗失业人员等特殊群体，因性别、残疾、民族习惯、年龄、经历、户籍等原因，一般在就业和择业竞争中处于不利地位，这在客观上需要国家根据这些不同群体的特点，采取相应的特殊措施保障实现就业。因此，对特殊群体的就业保障，不仅是实现社会公平和正义的要求，也是国家履行促进就业、保障公平就业的职责的重要手段。目前，我国关于特殊群体就业保障的法律法规主要有《劳动法》、《就业促进法》、《妇女权益保障法》、《女职工劳动保护特别规定》、《残疾人保障法》、《残疾人就业条例》、《兵役法》、《退役士兵安置条例》、《军人随军家属就业安置办法》等。

（二）妇女就业保障

妇女劳动就业权是妇女的一项基本权利，是实现男女平等最重要的基础。妇女就业保障的核心问题是保障妇女享有与男子平等的就业权，即消除就业上的性别歧视。妇女的独特生理特点和妻子、母亲、家庭主妇角色以及经济、社会、意识形态等方面的因素，使妇女具有特别的就业障碍。因此，现实中在就业机会和待遇上男女不平等的现象比比皆是。为此，我国法律法规对妇女就业保障作了明确规定。主要内容如下。

1. 妇女享有与男子平等的就业权利，禁止就业性别歧视。（1）用人单位在招用职工时，除国家规定的不适合妇女的工种或者岗位外，不得以性别为由拒绝录用妇女；（2）用人单位在招用职工时，不得提高对妇女的录用标准；（3）凡适合妇女从事劳动的单位，不得拒绝招收女职工；（4）用人单位不得因女职工怀孕、生育、哺乳予以辞退或者与其解除劳动或聘用合同。

2. 男女同工同酬。在晋职、晋级、评定专业技术职务、分配住房和享受福

---

① 2009年3月，青岛市两级劳动保障监察机构会同相关部门共检查职业中介机构和用人单位539户，依法取缔了90家非法职业中介机构，吊销许可证2件，吊销营业执照2件，治安管理处罚8人，依法下达责令整改指令22件，责令退赔求职费用2.95万元，清理非法广告牌223块，有效规制了职业中介机构，维护了劳动者合法权益。参见张潇丁：《90家非法职业中介机构被取缔》，http//www.smeqd.gov.cn/Article/ShowArticle.asp? ArticleID = 1982 - 2009 - 3 - 19

利待遇等方面坚持男女平等，不得实行差别待遇。不得因女职工怀孕、生育、哺乳而降低其工资，女职工生育期间依照国家规定享受生育保险待遇。

3. 劳动安全卫生特殊保护，不得安排不适合妇女从事的工作和劳动。

（三）残疾人就业保障

残疾人是指心理、生理、人体结构某种组织功能部分或全部丧失，不能以正常方式从事某种活动的人。有劳动能力的残疾人，应当同健康人一样享有劳动就业权。但由于残疾人在择业方面因其生理和心理障碍而处于劣势，因此，政府和社会有责任帮助残疾人就业。目前，我国安置残疾人的范围，由原来的盲、聋、哑、肢体残疾四残，增加为盲、聋、哑、肢体残疾、智力残疾和精神残疾六类。[①] 其就业保障措施主要有以下方面。

1. 保障残疾人平等就业。劳动者就业，不因残疾而受歧视。用人单位应当为残疾人职工提供适合其身体状况的劳动条件和劳动保护，不得在晋职、晋级、评定职称、报酬、社会保险、生活福利等方面歧视残疾人职工。

2. 安排集中就业。政府和社会依法兴办的残疾人福利企业、盲人按摩机构和其他福利性单位，应当集中安排残疾人就业；从事全日制工作的残疾人职工占本单位在职职工总数25%以上的用人单位，国家依法给予税收优惠，并在生产、经营、技术、资金、物资、场地使用等方面给予扶持；地方政府及其有关部门应当为其优先安排生产或者经营的产品、项目，并根据其生产特点确定某些产品由其专产；政府采购在同等条件下应当优先购买其产品或者服务。

3. 按比例就业与残疾人就业保障金。按照《残疾人就业条例》的规定和中共中央组织部等七部门《关于促进残疾人按比例就业的意见》的要求，用人单位安排残疾人就业的比例不得低于本单位在职职工总数的1.5%，并为残疾人提供适当的工种、岗位。其中，党政机关、事业单位及国有企业应设定合适的岗位率先招录残疾人。上述《意见》明确提出，到2020年，所有省级党政机关、地市级残工委主要成员单位至少安排1名残疾人。各级残联机关干部队伍中都要有一定数量的残疾人干部，其中省级残联机关干部队伍中残疾人干部的比例应达到15%以上。对参加职业培训、职业技能鉴定并符合条件的残疾人给予职业培训、职业技能鉴定补贴，对吸纳残疾人就业并符合条件的用人单位，按规定给予社会保险补贴。用人单位安排残疾人就业达不到规定比例的，应严格按规定标准交纳残疾人就业保障金。对拒不安排残疾人就业又不缴纳残保金的用人单位，可采取通报、申请法院强制执行等措施。

4. 扶持残疾人非正规就业。县级以上政府应当采取措施，拓宽残疾人就业渠道，开发适合残疾人就业的公益性岗位；社区服务事业应当优先考虑残疾人就

---

① 《财政部、人民银行、税务总局谈"实施积极的促进就业政策"》，http：//news. hexun. com/2008 - 05 - 08/105828694. html

业；国家鼓励扶持残疾人自主择业、自主创业，对残疾人从事个体经营的，应当依法给予税收优惠和小额信贷等扶持，有关部门应当给予照顾并免收管理类、登记类和证照类的行政事业性收费。

5. 扶持农村残疾人农业就业。地方各级人民政府应当多方面筹集资金，组织和扶持农村残疾人从事种植业、养殖业、手工业和其他形式的生产劳动；有关部门对从事农业生产劳动的农村残疾人，应当在生产服务、技术指导、农用物资供应、农副产品收购和信贷等方面给予帮助。

6. 完善残疾人就业服务体系。完善残疾人就业服务机构的服务职能，免费为残疾人提供就业信息、职业培训、职业康复训练、职业介绍服务，同时为残疾人自主择业和用人单位安排残疾人就业提供必要的帮助与支持。

（四）退役士兵就业保障

退役士兵，是指在中国人民解放军和中国人民武装警察部队中因服役期满或其他合法原因退出现役的义务兵和士官。《退役士兵安置条例》规定：

1. 安置方式。国家建立以扶持就业为主，自主就业、安排工作、退休、供养等多种方式相结合的退役士兵安置制度，妥善安置退役士兵。

2. 优先录用政策。机关、团体、企事业单位应当优先招用或聘用退役士兵，并依法享受税收等优惠。现役年限视为工龄，退役后与所在单位工作年限累计计算。

3. 政府扶持自主就业。义务兵和服现役不满 12 年的士官退出现役的，由部队发给一次性退役金，由人民政府采取组织职业介绍、就业推荐、专场招聘会等方式扶持自主就业。对自主就业的退役士兵，政府主管部门应当以财政经费组织其参加职业教育和技能培训；政府公共就业服务机构应当免费为其提供档案管理、职业介绍和职业指导服务。其中，对从事个体经营的，按照国家规定给予税收优惠，给予小额担保贷款扶持，从事微利项目的给予财政贴息；除国家限制行业外，免收 3 年行政事业性收费；对退役后选择回原单位复职复工的，其工资福利待遇不得低于本单位同等条件人员的平均水平。对回原籍承包土地的，应优先解决。对进入中等职业学校学习、报考成人高等学校或者普通高等学校的，按照国家有关规定享受优待。

4. 政府安排工作。对服现役满 12 年的士官，服现役期间平时荣获二等功以上奖励或者战时荣获三等功以上奖励的、因战致残评定为 5 级至 8 级残疾等级的、是烈士子女的退役士兵，由县级以上地方政府安排工作。如果本人自愿，也可以自主就业。

（五）少数民族人员就业保障

对少数民族人员就业实行特殊保障，是我国民族政策的重要组成部分，是国家促进少数民族地区经济和社会发展的重要手段。主要内容有：

1. 优先招收少数民族人员。民族自治地方的企业、事业单位在招收人员的时候，要优先招收少数民族人员。上级国家机关隶属的在民族自治地方的企事业单位招收人员时，应当优先招收当地少数民族人员。

2. 培养少数民族人才。民族自治地方的自治机关要采取各种措施从当地民族中大量培养各级干部和各种科学技术、经营管理等专业人才和技术工人，并且注意在少数民族妇女中培养各级干部和各种专业技术人才；国家举办民族学院，在高等学校举办民族班、民族预科，专门招收少数民族学生，并且可以采取定向招生、定向分配的办法。

（六）农村富余劳动力的就业保障

农村富余劳动力向非农领域和城镇转移，是经济发展的必然和社会进步的重要标志，是工业化和现代化的必然趋势。因户籍制度的原因，我国长期以来形成了城乡二元就业体系，农民进城务工存在着各种各样的限制，加之农民工自身素质因素，出现"就业难、工资低、无保险"等劳动就业不公现象。《就业促进法》明确规定："农村劳动者进城就业享有与城镇劳动者平等的劳动权利，不得对农村劳动者进城就业设置歧视性限制。"以此消除对农民工的户籍歧视，保障平等的劳动就业权。同时，应把农民工纳入公共就业服务网络，提供免费的政策咨询、就业信息、就业指导和职业介绍、职业技能培训，规范职业中介、劳务派遣和企业招用工行为等，为农村富余劳动力转移就业疏通渠道。把进城务工的失地农民、农村低保家庭农民优先纳入就业援助范围。

（七）下岗职工再就业保障

下岗职工是在我国经济体制转型过程中出现的特殊情况。下岗职工是指由于用人单位的生产和经营状况等原因，已经离开本人的生产或工作岗位，并已不在本单位从事其他任何工作，在社会上没有再就业，但仍与用人单位保留劳动关系的职工。国家对于下岗职工再就业采取了许多优惠政策，建立再就业服务中心。逐步建立了国有企业下岗职工失业保险和城市居民最低生活保障制度、企业离退休人员基本养老保险制度。对企业新裁减人员和没有再就业的下岗职工，要按规定及时提供失业保险，符合条件的，纳入城市居民最低生活保障制度。对有劳动能力和就业愿望的男性 50 周岁以上、女性 40 周岁以上就业困难的下岗失业人员，即"4050"人员，优先提供就业援助。

（八）高校毕业生就业促进

高校毕业生是国家宝贵的人才资源。党中央、国务院高度重视高校毕业生就业工作，近年来，出台了一系列促进高校毕业生就业的政策措施。

1. 拓宽高校毕业生就业渠道。一是结合经济发展开发就业岗位，尤其是发挥战略性新兴产业、先进制造业、高新技术产业、智力密集型产业、现代服务业、现代农业发展对高校毕业生就业的拉动作用。二是鼓励企业特别是中小企业吸纳就业，一方面通过全面落实小微企业扶持政策，大力宣传民营企业和非公有制企业在经济社会发展中的重要地位，引导高校毕业生到中小微企业、民营企业和非公有制企业就业；另一方面引导国有企业积极履行社会责任，吸纳更多高校毕业生就业。三是鼓励引导高校毕业生面向城乡基层、中西部地区以及民族地区、贫困地区和艰苦边远地区就业。根据统筹城乡经济和加快基本公共服务发展的需要，大力开发城乡基层公共管理和社会服务岗位，通过给予社会保险补贴和公益性岗位补贴，给予薪酬或生活补贴、学费补偿和国家助学贷款代偿以及面向基层考录公务员、优先招录研究生和招聘事业单位工作人员等优惠政策，引导高校毕业生到城乡基层特别是中西部地区和贫困、艰苦边远地区就业。四是鼓励高校毕业生应征入伍。五是积极聘用高校毕业生作为研究助理或辅助人员参与国家和地方重大科研项目。

2. 鼓励高校毕业生自主创业。积极完善创业政策，加强创业教育、创业培训和创业服务，大力扶持高校毕业生自主创业，尤其鼓励高校毕业生创办国家和地方优先发展的科技型、资源综合利用型、智力密集型企业，支持网络创业带动就业。一是高校要将创业教育课程纳入学分，鼓励在校生参加创业教育和创业实践活动。二是各地要对自主创业高校毕业生进一步降低准入条件，减低注册门槛，落实税收优惠、小额担保贷款和贴息支持、免收有关行政事业性收费、享受培训补贴与免费创业服务、办理落户手续等各项政策扶持。三是鼓励有条件的地方和高校推进大学生创业孵化基地建设，提供项目开发、开业指导、融资、跟踪服务等“一条龙”创业服务。

3. 加强对高校毕业生的就业服务和职业指导。一是高校要加快推进就业指导课程和学科建设，加强专兼职结合的职业指导师资队伍建设，着力提高就业指导的针对性和实效性。二是各地要广泛开展公共就业人才服务进校园活动，帮助高校毕业生及时了解就业形势、就业政策和企业用人需求。三是各地要加强对高校毕业生岗位信息服务，组织开展分区域、分行业、分层次的专场招聘活动，健全全国就业信息公共服务网络平台，利用新兴媒介多种渠道发布就业信息。四是各级公共就业人才服务机构要从高校毕业生的实际需要和便利出发，统一服务标准，优化服务流程，提供高效、便捷的就业服务。针对高校毕业生在全国范围内流动求职和就业的实际情况，允许高校毕业生在求职地（直辖市除外）进行求职登记和失业登记，并享受当地公共就业服务和就业扶持政策。

4. 促进离校未就业高校毕业生就业。在全国范围内组织实施“离校未就业高校毕业生就业促进计划”，将每一名有就业意愿的离校未就业高校毕业生都纳入公共就业服务，综合施策，力争使每一名有就业意愿的离校未就业高校毕业生实现就业或参加到就业准备活动中。对有就业意愿的，及时提供用人需求信息，促进其尽快实现就业；对有创业意愿的，提供创业培训和创业服务，落实创业扶持政策；对暂时不能实现就业的，组织其参加就业见习和职业培训，适当提高就业见习基本生活补助标准，并按规定落实好职业技能培训和技能鉴定补贴。

5. 就业困难毕业生就业援助。对零就业家庭、优抚对象家庭、农村贫困户、城乡低保家庭和残疾等就业困难的高校毕业生，实施就业援助和重点帮扶。对残疾和享受城乡居民最低生活保障家庭的毕业年度内高校毕业生，按规定发放求职补贴。

6. 促进就业公平。各地、各有关部门要大力营造公平的就业环境，用人单位招用人员、职业中介机构从事职业中介活动，不得对求职者设置性别、民族等条件，招聘高校毕业生不得以毕业院校、年龄、户籍等作为限制性要求。任何高校不得将毕业证书发放与毕业生签约挂钩。同时，要加大人力资源市场监管和劳动保障监察力度，切实维护高校毕业生合法权益。

二、就业援助

（一）就业援助概述

1. 就业援助的概念。就业援助制度是指政府建立的以就业困难人员为主要对象，制定各类特殊扶持政策，多渠道开发公益性就业岗位，提供有针对性的援助措施，帮扶就业困难人员尽快就业的制度。

2. 就业援助的对象。就业援助的对象是就业困难人员和零就业家庭。就业困难人员是指因身体状况、技能水平、家庭因素、失去土地等原因难以实现就业，以及连续失业一定时间仍未能实现就业的人员。就业困难人员的界定根据难以就业和长期失业的情况，不再有性别、残疾、民族、身份等的限制，其具体范围由省级政府根据本地实际情况规定。只要被认定为就业援助对象，则可统一纳入当地政府的就业援助制度之中。据此，各地就业援助的对象和援助的重点很不一致，而且是发展变化的。[①] 零就业家庭是指城镇家庭中所有法定劳动年龄内具有劳动能力和就业愿望的家庭人员均处于失业状况且无经营性、投资性收入的家庭。

（二）就业援助措施

根据《就业促进法》、《就业服务和就业管理规定》以及各地就业援助实践，目前我国就业援助措施主要有以下五种。

（1）通过税费减免、贷款贴息、社会保险补贴等优惠政策，鼓励就业困难人员自谋职业、自主创业。

---

① 例如，自2004年5月起，广州部分地区对刑释解教失业人员提供就业援助；2006年安徽马鞍山城乡低保家庭未能就业的大中专毕业生可享受政府就业援助；2008年12月青岛市将就业困难人员认定范围由原来的“4050”失业人员、零就业家庭成员、单亲家庭成员、协保人员、低保人员扩大到农村零转移贫困家庭成员、残疾人、失业1年以上人员和失去土地人员。

（2）通过税收优惠、提供社保补贴、小额担保贷款等政策，鼓励企业吸纳更多就业困难人员。

（3）通过政府投资开发或社区开发公益性岗位，优先安排就业困难人员就业。

（4）通过公共就业服务机构对就业困难人员免费提供政策咨询、求职登记、职业指导、岗位推荐、技能培训、职业技能鉴定、档案托管、社会保险费缴纳等专项援助措施。

（5）对符合失业保险或城市居民最低生活保障条件的就业困难人员提供失业保险待遇或城镇居民最低生活保障待遇。

对零就业家庭，根据不同情况分类援助。对于年龄偏大、技能较差的，主要通过发挥公益性岗位的主渠道作用，实行托底安置；对于有一定就业技能的，通过落实税费减免、社保补贴等政策，鼓励企业吸纳就业；对有创业愿望和创业条件的，通过组织参加创业培训、落实税费减免和小额担保贷款等政策，鼓励自谋职业、自主创业。①

"5·12"汶川大地震给灾区群众生产、生活和就业带来巨大影响。仅四川省新增城镇失业人员37万人，零就业家庭增加5.1万户，115万农业劳动者失去了土地。面对严峻的就业形势，我国人力资源和社会保障部会同财政、银行、税务等有关部门，及时出台了扶持政策，对灾区实行就业援助：（1）对就业困难人员的就业援助政策。将因地震灾害而出现的就业困难人员及时纳入就业援助的对象范围，并优先保证灾区零就业家庭至少一人实现就业。开发公益性岗位，将就业困难人员参与的抗震救灾工作纳入公益性岗位认定范围。对从事公益性岗位工作的就业困难人员，按规定提供岗位补贴和社会保险补贴。从事灵活就业和被企业吸收就业的就业困难人员，享受社会保险补贴政策。（2）对灾区劳动者就地和转移就业的扶持政策。对灾区劳动者在灾区或转移到其他地区参加职业培训的，按规定给予一次性职业培训补贴；转移到对口支援地区就业的，给予一次性单程铁路、公路或水运（路）交通费补贴；对支援地区各类企业（单位）招用灾区劳动者，与之签订劳动合同并缴纳社会保险费的，给予基本养老保险费、基本医疗保险费和失业保险费补贴。（3）对企业吸纳灾区劳动者的扶持政策。灾区企业吸收当地就业困难人员就业的，按规定给予税费减免、社会保险补贴和小额担保贷款及贴息政策。（4）鼓励灾区劳动者自主创业的扶持政策。对从事个体经营的重灾区劳动者，自首次工商注册登记之日起3年内免收管理类、登记类和证照类等有关行政事业性收费。对重灾区农民自主创业的，在土地流转、农业补贴、产业技术支持和信息服务等方面提供支持。个体工商户因灾中断营业后重新开业的，享受小额担保贷款扶持。② 据人力资源和社会保障部

① 张小建主编：《中国就业的改革发展》，中国劳动社会保障出版社2008年版，第220页。

② 参见张小建主编：《中国就业的改革发展》，中国劳动社会保障出版社2008年版，第222～224页。

新闻发言人介绍，自汶川地震发生至2009年年末，灾区共实现有组织劳务输出67.7万人，实现本地就业140万人。2010年四川省出台的《关于促进汶川地震重灾区群众就业的意见》提出，2010年四川省将确保重灾区城镇新增就业14万人以上、城镇登记失业率控制在4.5%以内，农村劳动力转移就业新增25万人、总量超过730万人，98%以上的家庭至少一人实现就业；确保2011年年底前实现“户户有就业”的目标。①

【案例研讨】

全国首例就业歧视劳动者索赔胜诉案

26岁的高先生原是上海一家电脑公司的工程师。在顺利通过北京某通讯技术有限公司（以下简称通讯公司）的录用测试后，高先生得到公司部门经理答复，可以接受他任职。2007年5月14日，办理了离职手续的高先生来到通讯公司参加了培训、体检。6月1日，他拿到体检结果，上面显示：乙肝小三阳。6月4日，高先生到公司报到，公司却拒绝与其签订劳动合同。人事经理让其回去等消息。高先生认为，通讯公司的行为使他在长达半年时间内无收入来源，并在精神上承受了很大的痛苦。为此，高先生起诉到人民法院，要求被告赔礼道歉，赔偿经济损失和精神损害抚慰金近8万元。

庭审中，通讯公司解释不予录用高先生的原因时说，拒绝录用高先生不是因为乙肝体检结果，而是他未参加5月16~18日的培训及培训后的测评，培训不合格，不符合上岗要求。而法院在调查中认为，通讯公司要求高先生体检时间为2007年5月30日，而培训是在5月16日。如因培训不合格或其他原因拒绝录用，则公司在培训结束一段时间后还要求高先生入职体检，与常理不符。因此，法院最终认定“乙肝小三阳”是导致高先生被拒绝录用的原因，该公司的行为违反了《劳动法》中关于平等（公平）就业原则的规定。根据《劳动法》以及原劳动和社会保障部发布的《关于维护乙肝表面抗原携带者就业权利的意见》，2008年6月23日，判决通讯公司向高先生书面赔礼道歉，并赔偿经济损失1.7万余元和精神损害抚慰金2 000元。判决生效后，因通讯公司拒不履行判决确定的义务，2008年9月高先生申请了强制执行。②

评析：

近年来，就业歧视受到社会的普遍关注，成为职场耳熟能详的热点词汇，甚至很多人亲身经历过就业歧视。从芜湖张先著“乙肝歧视”到天津女孩的“容貌歧视”，从农民工的“户籍歧视”到大学生就业难的“经验歧视”等，形形色色的就业歧视成为求职者、企业和政府非常敏感的话题。尤其是乙肝病原携带者歧视案屡见报端。对此，我国《就业促进法》第30条规定：“用人单位招用人员，不得以是传染病病原携带者为由拒绝录用。但是，经医学鉴定传染病病原携

---

① 参见新浪网：《汶川地震重灾区就业援助政策将延长》，http://www.sina.com.cn

② 参见梁枫：《全国首例反就业歧视胜诉判决的示范效应》，http://www.wowa.cn/a_ArticleShow.aspx?view_id=574860

带者在治愈前或者排除传染嫌疑前，不得从事法律、行政法规和国务院卫生行政部门规定禁止从事的易使传染病扩散的工作。”《就业服务与就业管理规定》进一步规定：“用人单位招用人员，除国家法律、行政法规和国务院卫生行政部门规定禁止乙肝病原携带者从事的工作外，不得强行将乙肝病原血清学指标作为体检标准。”原劳动保障部和卫生部联合下发的《关于维护乙肝表面抗原携带者就业权利的意见》指出：“保护乙肝表面抗原携带者的就业权利。除国家法律、行政法规和卫生部规定禁止从事的易使乙肝扩散的工作外，用人单位不得以劳动者携带乙肝表面抗原为理由拒绝招用或者辞退乙肝表面抗原携带者。”“严格规范用人单位的招、用工体检项目，保护乙肝表面抗原携带者的隐私权。”应该说，从国家基本法律到部门规章，专门规定并一再强调某个具体问题的情形，在我国法制史上是不多见的。这既反映了国家对乙肝病原携带者歧视问题的重视，同时也反映了乙肝病原携带者歧视问题的严重性和普遍性，不能不引人深思。就本案而言，以下五个问题值得我们关注。

1. 乙肝病原携带者的就业歧视问题，不仅是个法律问题，也是个医学问题。目前，社会之所以歧视乙肝病原携带者，根本原因在于乙肝是现代医学几乎无法攻克的疾病，患上乙肝可能就意味着其发生病变损害健康甚至威胁到生命，以及漫长的医疗及其产生的高额费用。因为病毒携带者本身并不是完全意义上的健康人群，其自身携带的病毒可能会传播，尽管这种传播途径很有限。① 而且，由于每个人的体质不同，每个乙肝病原携带者，谁都无法保证不向活动性乙肝转化。因此，要消除乙肝病原携带者就业歧视问题，应该建立健全乙肝防治制度和乙肝病原携带者所携带病毒的预防监控制度，如定期体检、定期注射疫苗、发病及时隔离治疗等制度。以此项举措为实施反就业歧视法律措施提供医学依据和有说服力的支撑。原劳动保障部和卫生部两部委就科学认识乙肝表面抗原携带者和维护乙肝表面抗原携带者就业权利，联合发布《关于维护乙肝表面抗原携带者就业权利的意见》，将科学认识乙肝表面抗原携带者和维护乙肝表面抗原携带者就业权利二者结合起来，这对消除社会歧视心理、促进乙肝病原携带者公平就业具有积极意义。

2. 乙肝病原携带者的就业保障与职场安全卫生保护的冲突和协调的问题。毋庸置疑，生命安全和身体健康权是劳动者最基本的首要权利。《劳动法》等法律法规明确规定，用人单位必须为劳动者提供符合国家规定的劳动安全卫生条

① 《传染病防治法》将乙肝列为乙类传染病。《关于维护乙肝表面抗原携带者就业权利的意见》中指出：我国是乙肝高流行地区，每年报告乙肝新发病例近100万。按照1992年全国肝炎血清流行病学调查结果推算，全国约有1.2亿人是乙肝表面抗原携带者。乙肝表面抗原携带者虽被乙肝病毒感染，也具有传染性，但肝功能在正常范围，肝组织无明显损伤，不表现临床症状，在日常工作、社会活动中不会对周围人群构成威胁。乙肝病毒主要有血液、母婴垂直（分娩和围产期）和性接触三种传播途径，不会通过呼吸道和消化道传染，一般接触也不会造成乙肝病毒的传播。

件，以保护劳动者在工作中的生命安全和身体健康。如前所述，乙肝病原携带者的入职，对其他劳动者带来了病毒传染的风险和由此产生的恐惧心理。从此意义上说，乙肝病原携带者的就业保障与职场安全卫生保护之间的冲突是客观存在的，用人单位基于保护职场多数劳动者安全卫生的考虑，往往会采取排斥个别乙肝病原携带者就业的措施，包括拒绝录用或辞退等。但是，正如原劳动保障部和卫生部《关于维护乙肝表面抗原携带者就业权利的意见》所言，“乙肝表面抗原携带者虽被乙肝病原感染，也具有传染性，但肝功能在正常范围，肝组织无明显损伤，不表现临床症状，在日常工作、社会活动中不会对周围人群构成威胁。乙肝病原主要有血液、母婴垂直（分娩和围产期）和性接触三种传播途径，不会通过呼吸道和消化道传染，一般接触也不会造成乙肝病原的传播。”也就是说，通过提供疫苗注射、必要的预防培训、专业咨询、定期体检等措施，是完全可以实现预防乙肝病原的传播。同时，在一般性的工作中，病毒携带者与一般健康人群的感染几率是十分微小的。在国家对携带病毒采取了严密的监控预防措施、单位建立了完善的安全卫生制度和操作规程的情况下，加之劳动者个人的自我保护意识，也是可以防止感染的。在此情况下，乙肝病原携带者的就业保障与职场安全卫生保护是可以兼得和协调的。只要能够有效防止乙肝病原的传播和感染，就不会出现歧视乙肝病原携带者的情况。如同大家都不会歧视普通感冒病人一样。

3. 乙肝病原携带者就业歧视的构成与认定问题。乙肝病原携带者就业歧视的构成宜采用客观主义原则，即对劳动者实施了区别对待，区别对待的原因是其为乙肝病原携带者，而不问行为者是否有主观上的故意。现实中，对乙肝病原携带者就业歧视的认定至少需要注意两个问题：一是医学对乙肝病原携带者的认定，即通常所说的体检，需要法律具体规定哪些工作要做乙肝病原血清体检？哪些医疗机构有权体检以及体检结果的法律效力和保密等问题。二是合理排斥乙肝病原携带者就业而不构成就业歧视的情况，即“合理理由”的范围问题。《就业促进法》等法律法规仅笼统规定：经医学鉴定传染病病原携带者在治愈前或者排除传染嫌疑前，不得从事法律、行政法规和国务院卫生行政部门规定禁止从事的易使传染病扩散的工作。至于哪些属于法律、行政法规和国务院卫生行政部门规定禁止从事的易使传染病扩散的工作，没有更明确的规定。根据《全国病毒性肝炎防治方案》的规定，乙肝病毒携带者除不能献血及从事直接入口的食品和保育员工作外，可以正常工作。可见，就现行规定而言，献血及从事直接入口的食品和保育员工作，因为存在体液（血液和唾液）传染的可能性，所以限制和排斥乙肝病原携带者就业，不构成就业歧视。其他一般性的工作，如果基于特殊工作岗位本身的内在需要做出某些限制，称为有“正当理由”，如招聘飞行员时的体质要求，可不构成就业歧视。但如果做出与工作本身的内在需要无关的限制，排斥了某个乙肝病毒携带者就业，则可构成就业歧视。本案中，高先生求职的工作属于一般性工作，通讯公司无正当理由拒绝录用，故构成就业歧视。

4. 乙肝病原携带者就业歧视案的举证责任分配问题。由于原告即受害人通常难以获得雇主的歧视证据，因此，欧盟通过了第97/80号“性别歧视案件举证责任分配”指令。该指令规定了性别歧视案件中的举证责任倒置规则：原告只需证明存在着可推定为性别歧视的事实，即雇主的某一行为导致特定群体处于不利地位；被告则需要证明其区别对待具有正当理由，因而并未违反平等待遇原则。这一指令不但适用于性别歧视情形，之后也适用于立法所涉及的其他领域的歧视。[①] 乙肝病原携带者就业歧视案的举证责任分配也应适用举证责任倒置规则，将举证责任转移到用人单位方面，有利于保护弱者利益。即受害人只需证明因携带乙肝病原而受到差别对待即可，然后转而由用人单位证明其差别对待是合理的，否则，承担败诉的后果。本案中，通讯公司正因为无法证明高先生培训不合格是拒绝录用的真正和唯一原因而败诉。

5. 对乙肝病原携带者就业歧视的法律救济问题。《就业促进法》第62条规定：“违反本法规定，实施就业歧视的，劳动者可以向人民法院提起诉讼。”据此，受害人可以用诉讼的方式维护其公平就业权。但对起诉案由、索赔范围以及救济体系等问题均未明确规定。我们认为，探究本条法律规定的本义，起诉案由直接确定为就业歧视案较为确切便捷。关于法律救济形式与赔偿范围，可借鉴国外经验，规定以命令宣告原告的权利，要求被告为金钱赔偿，建议被告采取特定行为以降低歧视的不利结果（如执行复职、重新聘用、正常晋升、支付积欠工资等）。如果就业歧视给受害人造成精神损害，还可要求精神损害赔偿。[②] 本案的最大亮点是全国首例受害人胜诉的就业歧视案，且法院支持了受害人的精神损害赔偿要求。

2010年2月10日，我国人力资源和社会保障部、教育部、卫生部联合下发《关于进一步规范入学和就业体检项目维护乙肝表面抗原携带者入学和就业权利的通知》，明确规定：取消入学、就业体检中的乙肝检测项目，用人单位不得以劳动者携带乙肝表面抗原为由予以拒绝招（聘）用或辞退、解聘；县级以上地方劳动行政机关对用人单位违反该《通知》规定，要求受检者进行乙肝项目检测的，要及时制止、纠正，并依照《就业服务与就业管理规定》给予罚款等处罚。以进一步维护乙肝表面抗原携带者公平入学、就业权利。据此，如果乙肝病原携带者受到就业歧视时，也可向当地劳动行政部门投诉，寻求行政救济。

---

① 何琼、裘璆：《论就业歧视的界定——欧盟“正当理由”理论对我国的启示》，载《法学》2006年第4期。

② 饶志静，《英国反就业歧视制度及实践研究》，载《河北法学》2008年第11期；黎建飞，《劳动法和社会保障法》，中国人民大学出版社2009年版，第102页。

思考问题与案例

一、思考问题

1. 为什么劳动就业权是生存权和发展权？

2. 如何理解公平就业原则？

3. 什么是公共就业服务？如何理解我国公共就业服务机构的职能？

4. 国家是如何对妇女和残疾人实行特殊就业保障的？

5. 我国就业援助措施有哪些？这对农村富余人员转移就业、下岗职工再就业有何意义？

二、思考案例

1. 2009 年 3 月杭州市政府出台就业援助新政策，其中，在用工补贴和社保补贴方面，对企业、个体工商户、民办非企业单位、机关事业单位（公益性岗位除外）等用人单位招用就业困难人员，办理就业登记、缴纳社会保险费的，将给予用人单位用工补助和社会保险费补贴每人每月 600 元。其中，距法定退休年龄（不含已办理按月领取养老保险金手续）不足 5 年的人员每人每月 800 元。于是，在杭州的 5 000 余家企业与杭州市政府签订了“不裁员”承诺书。

问题：

（1）本案中政府就业援助政策与企业不裁员之间有什么关系？

（2）以本案为例，讨论我国就业援助制度的价值和社会意义。

2. 2005 年 12 月 6 日，某大学电子信息技术专业应届毕业生陈某在校园招聘会中应聘上海某科技有限公司（以下简称科技公司），随后，陈某收到了科技公司的录用通知书。但 12 月 28 日陈某收到了科技公司人力资源部出具的解约证明，写明陈某“因体检不合格（原因为乙肝病原携带者），故按照协议书注明之相关规定，解除协议”。随后，三方协议书也被退回。陈某不得不再次走上漫漫求职路。2007 年 2 月，陈某将科技公司起诉至上海市南汇区人民法院。陈某请求法院判定这家公司侵犯了他的平等就业权，并赔偿其误工损失 12 800 元及精神损害抚慰金 5 万元，同时要求科技公司公开道歉。10 月 24 日，南汇区人民法院判决驳回陈某的全部诉讼请求，但准许科技公司自愿补偿陈某 5 000 元人民币。判决理由是：陈某至科技公司处应聘、科技公司向陈某发出录用通知书，是陈某在尚未毕业的情况下参加应聘而形成的一种与公司签订正式劳动合同前的预约关系。而乙肝表面抗原状况是体检的重要指标，体检合格是科技公司出具的录用通知书中载明的预约生效的前提条件，这些条件陈某是明知的。科技公司将乙肝表面抗原状况列为正式劳动合同签订前的预约生效条件，在当时也不违反法律的禁止性规定，且陈某在毕业生就业协议书上签字承诺接受该条件，所以科技公司因预约条件未成就提出解除预约并无不妥，不构成对陈某就业权的侵犯。因此，法院对陈某的诉讼请求不予支持。陈某不服，上诉至上海市第一中级人民法院，请求法庭依法撤销一审法院的判决，并支持其诉讼请求。

问题：

（1）根据本案案情，你认为科技公司拒绝录用陈某的行为是否构成乙肝歧视？为什么？

（2）本案应该如何分配就业歧视的举证责任？科技公司如何证明其行为不构成乙肝歧视？

（3）本案中，陈某提出赔偿 5 万元精神损害抚慰金的要求合理吗？为什么？

（4）从本案一审法院的判词中，你会得到什么启示？

第六章　劳动合同法

【本章导语】

劳动合同制度是劳动关系协调法的核心，劳动合同对于确立劳动关系、保障劳动者自由择业权与用人单位用人自主权的实现以及维护劳动合同双方当事人权益发挥着重要作用。本章主要讲述劳动合同的概念与特征以及劳动合同的订立、效力、履行、变更、解除、终止等法律制度。学习中尤其要注意掌握劳动合同与民事合同的主要区别，熟悉劳动合同解除的相关法律规定。

【引导案例】

案例1：黄某诉请双倍工资及赔偿金案

黄某自2008年8月20日到某物业管理公司工作，双方于2008年11月1日签订一份为期1年的书面劳动合同。2008年11月黄某到该公司海关物业项目工作，公司为其租了房屋。2009年6月2日公司海关物业项目负责人及公司先后与黄某谈话，双方就所谈事宜未能达成一致，产生争议。6月3日、4日黄某未上班，未履行请假手续。6月5日黄某换上工作服，准备上班，但被公司阻止。6月11日黄某将办公钥匙交回单位，6月12日黄某搬出公司租房。2009年7月16日黄某向劳动争议仲裁委员会申请仲裁。2010年8月20日仲裁裁决书支持了黄某部分仲裁请求。但黄某不服，起诉至法院，请求判令物业公司支付未签订书面劳动合同的双倍工资、补发加班费和夜班津贴、补缴社会保险、支付违法解除劳动合同的补偿金及赔偿金。法院判决物业公司向黄某给付未签劳动合同的双倍工资和违法解除劳动合同赔偿金，驳回黄某的其他诉讼请求。①

案例2：中兴公司诉王某劳动合同纠纷案

2005年7月，王某进入中兴通讯（杭州）有限责任公司（以下简称中兴公司）工作，劳动合同约定王某从事销售工作，基本工资每月3 840元。该公司的《员工绩效管理办法》规定：员工半年、年度绩效考核分别为S、A、C1、C2四个等级，分别代表优秀、良好、价值观

---

① 参见北大法宝司法案例：《黄萍与天津市津房物业管理有限公司劳动争议上诉案》，http: //vip. chinalawinfo. com/Case/displaycontent. asp? Gid = 117798192&Keyword

不符、业绩待改进；S、A、C（C1、C2）等级的比例分别为20%、70%、10%；不胜任工作原则上考核为C2。王某原在该公司分销科从事销售工作，2009年1月后因分销科解散等原因，转岗至华东区从事销售工作。2008年下半年、2009年上半年及2010年下半年，王某的考核结果均为C2。中兴公司认为，王某不能胜任工作，经转岗后，仍不能胜任工作，故在支付了部分经济补偿金的情况下解除了劳动合同。2011年7月27日，王某提起劳动仲裁。10月8日，仲裁委做出裁决：中兴公司支付王某违法解除劳动合同的赔偿金余额36 596.28元。中兴公司不服，11月1日诉至法院。浙江省杭州市滨江区法院认为，中兴公司以王某不胜任工作、经转岗后仍不胜任工作为由，解除劳动合同，对此应负举证责任。根据《员工绩效管理办法》的规定，"C（C1、C2）考核等级的比例为10%"，虽然王某曾经考核结果为C2，但是C2等级并不完全等同于"不能胜任工作"，中兴公司仅凭该限定考核等级比例的考核结果，不能证明劳动者不能胜任工作，不符合据此单方解除劳动合同的法定条件。虽然2009年1月王某从分销科转岗，但是转岗前后均从事销售工作，并存在分销科解散导致王某转岗这一根本原因，故不能证明王某系因不能胜任工作而转岗。因此，中兴公司主张王某不胜任工作、经转岗后仍然不胜任工作的依据不足，存在违法解除劳动合同的情形，应当依法向王某支付经济补偿标准2倍的赔偿金。2011年12月6日依法判决：原告中兴公司一次性支付被告王某违法解除劳动合同的赔偿金余额36 596.28元。宣判后，双方均未上诉，判决已发生法律效力。①

【重点问题】

1. 劳动合同的主要内容与形式，包括劳动合同的法定条款与约定条款、劳动合同的形式。
2. 劳动合同与民事合同的主要区别。
3. 劳动合同的效力。
4. 劳动合同解除的种类与具体情形。
5. 违反劳动合同的法律责任。
6. 解决劳动争议的形式与时效规定。

第一节　劳动合同概述

一、劳动合同的概念与特征

劳动合同，也称劳动协议或劳动契约，是劳动者与用人单位之间确立劳动关系、明确双方权利义务关系的协议。我国《劳动法》第16条第2款规定："建立劳动关系应当订立劳动合同。"劳动合同作为一种双方法律行为，是确立劳动者与用人单位之间劳动法律关系的法律依据。在市场经济条件下，用人单位与劳动者建立劳动关系，均通过劳动合同进行，劳动合同则是确立劳动关系当事人权利义务、规范当事人行为、维护当事人权益的法律依据。

① 案例来源：中国法律信息网，《最高人民法院关于发布第五批指导性案例的通知》，http://service.law-star.com/cacnew/201311/3070090343.htm

作为一种双方法律行为，劳动合同具有下述法律特征：(1) 劳动合同的主体特定，一方是劳动者，另一方是用人单位，是一种主体双方特定的双方法律行为。劳动合同的一方主体必然是用人单位，表现为企业、个体经济组织、民办非企业单位等组织，以及国家机关、事业单位、社会团体等；另一方必然是劳动者本人。双方之间是基于劳动力的使用而订立劳动合同、建立劳动关系的。劳动合同得以订立、劳动关系得以建立的前提是，劳动者拥有劳动力，可以自由支配自己的劳动力，从而与拥有生产资料的用人单位对劳动力的使用需求相互结合，实现社会劳动过程。(2) 劳动合同的标的特定，表现为劳动者的劳动行为。劳动合同的标的是劳动者的劳动行为，这表明，劳动合同一经订立，劳动者与用人单位建立劳动关系，劳动者即有义务按照用人单位的指示提供劳动，将处于静态的自身拥有的劳动力转化为动态的劳动行为，以实现劳动合同的目的。(3) 劳动合同的目的特定，是实现社会劳动过程。劳动合同的目的在于实现劳动过程，而不是劳动成果的给付，虽然劳动的结果常常表现为一定物化或非物化的劳动成果。社会劳动过程的实现，也要求劳动合同的当事人双方一方是拥有劳动力并提供劳动的劳动者，另一方是拥有生产资料的用人单位，双方相互结合完成生产过程，实现社会劳动。这也使得劳动法意义上的劳动与社会生活中广泛意义上的劳动相区别。广泛意义上的劳动，可以包含一切为他人提供的有偿劳动，以及无偿劳动和自己作为劳动者所从事的家务劳动等。劳动法意义上的劳动，则只能是主体特定的双方分别拥有劳动力与生产资料，相互结合，一方在另一方的指挥支配下进行的有偿社会劳动。这也决定了劳动者的劳动报酬只能是货币工资，而不是劳动的成果。(4) 从劳动合同的订立来看，劳动合同突出体现了当事人意思自治与国家干预的结合。劳动合同是一种双方法律行为，劳动合同的订立需当事人双方平等自愿、协商一致，体现了当事人双方的自由意愿。同时，劳动合同应依法订立，法律对劳动合同的形式、最低劳动条件等均有较为严格的强制性规定，劳动合同的内容直接由法律规定，当事人双方的自由意愿不得与法律的强制性规定相抵触，否则是没有法律约束力的，这又充分体现了劳动领域的国家意志。(5) 从劳动合同的履行来看，劳动合同具有从属性、继续性、最大诚信的特点。劳动合同是从属合同。劳动合同一经依法订立，劳动者即成为用人单位的一员，在身份上、组织上、经济上从属于用人单位。劳动合同的履行，表现为劳动者非按本人意愿自行安排，而是需遵照用人单位的要求为用人单位提供劳动，完全纳入用人单位的经济组织和生产结构之内。劳动合同是继续性合同。劳动合同的标的是劳动行为，劳动行为的给付表现为在合同有效期内持续不断的给付行为，不是一次性给付就能完成的，劳动合同所约定的权利和义务在劳动关系存续期间继续存在，通过双方当事人特别是劳动者持续不断地提供劳动才能实现合同目的。同时，已经履行的部分，主要表现为劳动者已经付出的劳动，不具有可返还性，无法恢复原状，这也是继续性合同的重要特征。因此，在处理劳动合同因无效、解除等引起的溯及力和责任承担问题时，不能像民事合同一样采取返还财产、恢复原状的处理方式，而只能采用支付已付出劳动的报酬、赔偿损失等其他处理方式。劳动合同是最大诚信合同。这不仅体现在劳动合同的订立上，也体现在劳动合同的履行与解除等环节。劳动合同订立时，双方须如实告知对方订立合同有关的实际情况：用人单位招用劳动者时，应当如实告知劳动者工作内容、工作条件、工作地点、职业危害、安全生产状况、劳动报酬以及劳动者要求了解的其他情况；同时，用人单位有权了解劳动者与劳动合同直接相关的基本情况，劳动者应当如实说明。这说明劳动合同关系的建立依赖于合同双方当事人的高度信任。劳动合同必须亲自履行，不得代理和继承，具有很强的人身性。合同履行过程中，一旦双方失去合同赖以建立和履行的信任，合同关系便难以维系。例如，法律允许劳动者提前30日通知用人单位解除劳动合同，但是，劳动者即便是违法解除，用人单位通常也不能请求劳动者继续履行劳动合同，而只能请求违约赔偿。

二、劳动合同与相关合同的区别

（一）劳动合同与民事合同的区别

劳动合同与民事合同有着紧密的渊源关系，它是从民事合同体系中剥离出来的，民事合同的基本理论与原理依然可以指导劳动合同制度。但是，劳动合同具有不同于民事合同的属性与特征，是有别于民事合同的独立合同，两者的区别主要表现在以下方面：（1）劳动合同与民事合同的主体及主体之间的关系不同。首先，民事合同关系的双方主体可以是各种民事主体，包括自然人、法人和其他社会组织；而劳动合同关系的双方主体必须是劳动者与用人单位。其次，民事合同关系双方当事人之间是完全平等的关系，是一种横向关系，相互之间没有纵向的隶属性特点；而劳动合同关系双方当事人之间则既有平等性又有隶属性，兼有横向与纵向的特点。当事人在建立劳动关系的时候是依据平等、自愿原则，在协商一致的基础上订立劳动合同、建立劳动关系的，而劳动关系一旦建立，劳动者则成为用人单位的成员，隶属于用人单位，要按照用人单位的安排和指挥来提供劳动，服从用人单位的劳动管理。（2）劳动合同与民事合同调整的社会关系不同。民事合同关系在通常情形下要么是财产关系，如买卖合同、赠与合同等，要么是人身关系，如抚养协议、监护协议、离婚协议等，一般不能是二者的统一体。而劳动合同关系则兼有人身关系和财产关系的性质。劳动者提供有偿职业劳动获取劳动报酬用以维持本人及家庭成员的生活，这是劳动合同财产性质的显著表现。同时，劳动合同只能由劳动者本人履行，不能代理，劳动权利不能继承、不能转让，劳动者劳动行为的履行不能脱离劳动者本人而独立存在，这是劳动合同人身性的表现。此外，劳动合同除了涉及当事人的财产权利与人身权利之外，还涉及当事人的政治、教育、社会等多方面的权利，如劳动者组织和参加工会的权利，罢工的权利，接受职业培训的权利，享受社会保险与福利的权利。(3) 劳动合同突破了民事合同遵循的基本原则。民事合同遵循平等、自愿、公平、诚实信用、合法等原则，"意思自治"、主体之间形式平等是其最基本的特征。而劳动合同虽然同样遵循合法、公平、平等自愿、协商一致、诚实信用的原则，但是，由于劳动者在现实劳动关系中的弱者身份，如果完全强调平等与"意思自治"，则无法实现劳动法所追求的实质平等与社会公正等法治的价值目标。事实上，国家公权力更多地介入并干预了原本属于私法范畴的劳动合同领域，通过规定法定最低劳动标准、强制性劳动法律规范以及进行劳动保障监察来确保与用人单位相比处于弱势的劳动者的劳动权益得到保障，劳动合同更多地体现了当事人自治与国家公权力干预相结合的特点，已突破了传统民事领域"意思自治"、形式平等的特征。(4) 劳动合同与民事合同的属性不同。民事合同属于传统私法领域范畴，而劳动合同属于社会法的范畴，两者属性不同。两者具有不同的属性，两者所追求的价值与遵循的理念自然会有区别。民事合同更多地强调维护合同当事人约定的合同权益，约定只要不违反法律的强制性规定，则国家不予干预，平等、自由是其价值追求，民事合同是以个人利益为本位的合同；而劳动合同领域则有更多的国家干预体现在劳动合同从订立到履行、监督的全部过程，追求的价值更侧重于社会公平与实质正义，劳动合同是以社会利益为本位的合同。

（二）劳动合同与承揽合同的区别

承揽合同是民法合同分类中提供劳务的劳务合同的一种。劳务合同并不是一种法定的民事合同，而是指以劳务（也可以称为劳动）为标的的一种民事合同类型，包括了承揽合同、建设工程合同、运输合同、保管合同、仓储合同、技术服务合同、委托合同、行纪合同和居间合同等。由于劳务活动也属于劳动，接受劳务方应向提供劳务方支付报酬，使得劳务合同与劳动合同在形式上很相似。但是，劳务合同属于民事合同，劳动合同是有别于民事合同的一类独立合同，两者有许多区别。劳务合同中，尤以承揽合同与劳动合同在形式上最为相似，下面就分析劳动合同与承揽合同的区别。

承揽合同是承揽人按照定作人的要求完成工作，交付工作成果，定作人给付报酬的合同。承揽包括加工、定作、修理、复制、测试、检验等工作。劳动合同是劳动者与用人单位之间确立劳动关系、明确双方权利义务关系的协议。承揽合同与劳动合同的主要区别如下：(1) 合同主体的种类与合同主体之间的相互关系不同。承揽方可以是自然人，也可以是法人或其他组织；而劳动合同中提供劳动的一方必然是自然人属性的劳动者，不可能表现为法人或其他组织。承揽人与定作人是平等的民事主体，双方之间没有人格和组织上的从属关系；而劳动合同中，劳动者是作为用人单位的劳动组织成员而与用人单位有人格和组织上的从属关系，双方之间兼有平等与从属性。(2) 合同标的不同。按照承揽合同的要求，承揽人应当向定作人提供工作成果，虽然这种成果是承揽人劳动的结果，但承揽合同并不以承揽人的劳动为标的，定作人取得的是承揽人的劳动成果而非劳动本身；而劳动合同的标的是劳动者的劳动行为。按照劳动合同的要求，劳动者只需为用人单位实施一定劳动行为即可，劳动创造的物化或非物化成果并不是劳动合同的标的。(3) 合同中劳动者或承揽方的报酬性质与支付方式不同。承揽合同中，承揽人的报酬依等价有偿原则由合同双方约定，与商品交换中的价款具有相同的性质，支付方式表现为一次或分期支付；劳动合同中劳动者的报酬表现为工资，是依按劳分配，在不违背最低工资等法律规定的前提下由劳动合同双方约定的，其支付方式表现为持续和定期的支付。(4) 劳动过程中风险责任的承担不同。承揽合同中，承揽人按自己意愿自行安排劳动，劳动过程中的风险也由自己承担；劳动合同中，劳动者要服从用人单位的劳动安排与管理，劳动过程中的风险则由用人单位承担。(5) 劳动过程中对第三人的侵权责任的承担不同。承揽合同中，承揽人劳动过程中造成他人损害，需承担侵权责任的主体是承揽人而不是定作人；劳动合同中，劳动者在劳动过程中造成他人损害，对劳动者的职业劳动行为承担侵权责任的主体是劳动者所在的用人单位而不是劳动者本人。(6) 劳动工具、设备的提供不同。承揽合同中，承揽人需利用自己的劳动工具、设备等生产资料（有的不包括劳动对象）进行劳动；在劳动合同中，劳动者不需提供劳动工具、设备等生产资料，而是利用用人单位的生产资料并在用人单位的组织和指挥下从事劳动。(7) 合同的解除不同。承揽合同中，因其标的具有特定性，定作人可以随时解除合同；劳动合同则不能随意解除，劳动者与用人单位虽然都可以单方解除劳动合同，但法律对合同解除有较严格的条件和程序方面的限制。

（三）劳动合同与雇佣合同的区别

雇佣合同，指雇佣人与受雇人约定，由受雇人为雇佣人提供劳务，雇佣人向受雇人给付报酬的合同。如个人或家庭雇佣家庭保姆或小时工（钟点工）所产生的合同关系；私人包工头与雇工之间形成的合同关系等。雇佣合同与劳动合同有许多共同点，例如，都以提供劳动为目的；都表现为合同存续期内持续的实施给付行为；都是双务有偿合同。雇佣合同所反映的雇佣关系在本质上仍然具有劳动关系的基本属性，如主体双方为特定主体、兼具平等性和隶属性、兼具财产性和人身性，而与民事关系的属性相比则有较大的差异。事实上，雇佣合同与劳动合同应属同一范畴的合同类型，雇佣合同只不过是劳动合同的一种简单、初级的特别形态而已。所以，雇佣合同更适宜与劳动合同一起被纳入我国劳动法的调整范围，同时可针对其特殊性在劳动法中做出特别规定。但是，在我国司法实践中，对本质上属于同一性质的劳动合同与雇佣合同采取“分别调整模式”，即劳动合同由劳动法调整，雇佣合同由民法调整。

分属于劳动法领域和民法领域的劳动合同与雇佣合同的主要区别有：(1) 主体不同。在这两类合同中，提供劳动的一方，即受雇人和劳动者都是自然人，在这一点上，两者没有差异。但雇佣合同中的雇佣人和劳动合同中的用人单位表现不同，法律对雇佣合同主体没有特别限制，自然人、法人、合伙都可以作为雇佣人；用人单位，则包括企业、个体经济组织和与劳动者建立劳动合同关系的国家机关、事业组织、社会团体。(2) 国家干预程度不同。雇佣合同作为一种民事合同，以意思自治为基本原则，合同当事人在合同条件的约定上有较大的自由。劳动合同作为社会法范畴，国家经常以强行法律规范的形式规定劳动合同当事人的权利义务，干预劳动合同内容的确定，当事人的约定不能超出法律的规定。或者通过最低劳动标准、劳动监察制度等来干预劳动合同的订立与履行。(3) 法律假设不同。虽然本质上两者是一致的，但雇佣合同的法律假设是合同当事人双方法律地位平等，劳动合同的法律假设是合同当事人之间事实上是不平等的，劳动者处于弱势地位。(4) 发展历史不同。雇佣合同自罗马法就已存在，沿袭至今。而劳动合同则是资本主义工业化大生产的产物，是国家干预雇佣关系的结果。(5) 形式不同。法律对雇佣合同的形式没有要求，既可以是书面合同，也可以是口头合同，是不要式合同。根据《劳动法》和《劳动合同法》的规定，我国的劳动合同应当采用书面形式，是要式合同。但是，非全日制用工双方当事人可以订立口头协议。(6) 法律适用不同。雇佣合同适用民法；劳动合同适用劳动法，劳动法没有规定的，应适用民法关于合同的原则与制度的规定。(7) 解决争议的方式不同。雇佣合同作为一种民事合同，发生争议，当事人可以直接向人民法院起诉，如果雇佣合同中订有仲裁条款，应向双方选定的仲裁委员会申请仲裁。因劳动合同发生的争议，当事人要向人民法院起诉，必须先向有管辖权的劳动争议仲裁委员会申请仲裁，对仲裁裁决不服的才可以向人民法院起诉，当事人不能就是否仲裁和对仲裁机构进行选择。

三、劳动合同的分类

劳动合同可依不同标准或从不同角度作多种划分。在立法上和实践中常见的分类有以下两种。

（一）以合同期限为标准的分类

按照法律对劳动合同有效期限的要求不同，将劳动合同划分为固定期限劳动合同、无固定期限劳动合同和以完成一定工作任务为期限的劳动合同。这种分类是大多数国家劳动立法的通例。我国《劳动法》和《劳动合同法》也采用这种分类。固定期限劳动合同，也称定期劳动合同，是指用人单位与劳动者约定合同终止时间的劳动合同。这种劳动合同建立的劳动关系只在合同有效期限内存续，期限届满则劳动关系终止。无固定期限劳动合同，又称不定期劳动合同，是指用人单位与劳动者约定无确定终止时间的劳动合同。它没有明确规定合同有效期限，劳动关系可以在劳动者的法定劳动年龄范围内和企业的存在期限内持续存在，只有在符合法定或约定条件的情况下，劳动关系才可终止。以完成一定工作任务为期限的劳动合同，是指用人单位与劳动者约定以某项工作的完成为合同期限的劳动合同。这实际上是一种特殊的定期劳动合同，如果约定的工作任务完成，劳动合同关系就终止，不存在合同延期的问题。

（二）以合同目的为标准的分类

在我国，依此标准可将劳动合同划分为以下五种：（1）录用合同，是指以录用职工为目的，由用人单位在招收新职工时与被录用者依法签订的，缔结劳动关系并约定劳动权利和劳动义务的合同。它具有普遍适用性，是劳动合同的基本类型。（2）聘用合同，是指以招聘或聘请劳动者中有特定技术业务专长者为专职或兼职的技术专业人员或管理人员为目的，由用人单位与被聘用者依法签订的，缔结劳动关系并约定聘用期间劳动权利和劳动义务的合同。聘用合同与录用合同相比，聘用的条件或标准一般高于录用条件或标准，用人单位给予劳动者的待遇和劳动报酬也较为优厚。（3）借调合同，又称借用合同，是指为了将某用人单位职工借调到另一用人单位从事短期性工作，而由借调单位、被借调单位和被借调职工三方当事人依法签订的，约定借调期间三方当事人之间权利和义务的合同。借调合同适用于借调单位急需的技术人员、管理人员或工人。借调合同涉及三方主体，即借调单位、被借调单位和借调职工；借调期间，劳动关系仍然存在于被借调单位和劳动者之间，劳动者的劳动报酬请求权、合同终止权只能向原用人单位行使；借调期间，借调单位实际行使对劳动者的使用与管理，同时也承担为劳动者提供安全卫生的劳动条件的义务。（4）停薪留职合同，是指为了使特定职工有期限地离岗停薪并保留劳动关系，而由用人单位与该职工依法签订的，约定停薪留职期间和此期间权利义务的合同。（5）学徒培训合同，是指以招收学徒并将其培训成合格职工为目的，由招收学徒单位与学徒依法签订的，约定学徒期限及在此期间双方权利义务的合同。由于学徒经培训后考核合格可由学徒转为正式职工，故该合同所确立的预备劳动关系可视为一种附条件的录用合同。

四、劳动合同的立法概况

对雇主与雇工之间雇佣关系的调整，在公元前 6 世纪的罗马法时期就开始了。西方工业化国家的劳动合同经历了一个由民法到劳动法的过程。自由资本主义时期，劳动关系的调整被列入民法，各国对雇佣关系不予干预，完全适用契约自由原则。例如，法国 1804 年制定的《法国民法典》中沿袭了罗马法的传统，将其称为“劳动力租赁契约”。在该法典的影响下，意大利、丹麦、西班牙、加拿大、智利、阿根廷、日本等国家都把劳动合同列为其民法典的内容。1896 年《德国民法典》开始将劳动契约作为独立的契约专门列一节作了规定。到 20 世纪初，出于国家干预劳动关系和协调劳动关系的需要，劳动合同才从民法中分离出来，转入劳动法范围。1900 年 3 月 10 日，比利时制定《劳动契约法》，开创了从劳动法的角度进行劳动合同立法的先河。法国于 1910 年颁布的《劳动法典》第一卷，把雇佣合同列为第二篇。1920 年芬兰也制定了专门的劳动合同法。其后，意大利、德国、西班牙、法国、丹麦等许多国家相继进行专门的劳动合同立法。到 20 世纪 60 ~ 70 年代，世界上大多数国家都已经制定了劳动合同法，或在劳动法中对劳动合同有专门的规定。

在现代，关于劳动合同的立法有三种模式：（1）在劳动法典等劳动基本法中将劳动合同单列为一章或一篇，如德国、日本、加拿大等；（2）制定关于劳动合同的专项法规，如意大利、丹麦、印度等；（3）少数国家仍然沿用民法的合同法或者按普通法由判例对劳动合同进行规范，如英国、美国等。

我国早在土地革命时期，中央苏区的《中华苏维埃共和国劳动法》中就规定，“劳动合同是一个工人或几个工人与雇主订立的协定，劳动合同的协定、劳动合同的条件与劳动法和现行的劳动法令及集体合同的条件较恶劣者，皆不能发生法律效力。”1933 年修订后的劳动法就设有劳动合同专章，规定了劳动合同的含义、期限、变更与解除的条件。抗日战争时期，陕甘宁边区的许多法规中也有关于劳动合同的法律规范。

中华人民共和国成立以后，劳动合同立法经历了以下三个阶段。

第一个阶段，是从新中国成立初期至 1980 年。这一阶段一直没有专门的劳动合同立法，只有对新中国成立初期的私营企业以及其他企业等单位使用临时工、季节工、轮换工签订劳动合同的规定。在 1949 年 11 月中华全国总工会制定的《关于劳资关系暂行办法》、1950 年劳动部制定的《失业技术员工登记介绍办法》、1951 年劳动部制定的《关于各地招聘职工的暂行规定》、1954 年劳动部制定的《关于建筑工程单位往外地招用建筑工人订立劳动合同的办法》等法规中，都要求通过订立劳动合同来确立劳动关系。劳动部会同中华全国总工会于 1956 年年初起草了《中华人民共和国劳动合同条例（草案）》，1957 年更名为《企业、事业、机关录用人员时签订劳动合同的暂行规定（草案）》，要求“企业、事业、机关在录用新工人、新职员、新学徒、季节工、临时工以及其他单位调入或借调工人时，都必须签订劳动合同”。但该草案后来并未通过、公布实施。社会主义改造完成以后，随着固定工制度的普遍实行，在正式工中订立劳动合同的办法消失，有关法规中仅要求临时工与用人单位订立劳动合同。如 1962 年 10 月国务院制定的《关于国营企业使用临时工的暂行规定》、1965 年 3 月国务院制定的《关于改进对临时工的使用和管理的暂行规定》。

第二个阶段，是从 1980 年劳动合同制度的改革试点至 1995 年劳动合同制度的正式确立。1980 年开始了劳动制度的改革，一些地方开始试行劳动合同制。

1980 年国务院发布的《中外合资经营企业劳动管理规定》，要求合资企业职工的雇佣、解雇和辞职以及劳动关系各项内容都通过订立劳动合同加以规定。1983 年劳动人事部发出的《关于积极试行劳动合同制的通知》提出，此后无论全民所有制单位还是县、区以上集体所有制单位，在招收普通工种和技术工种工人的时候，单位都要与被招人员签订劳动合同。国务院于 1984 年先后颁发和批转了关于矿山、建筑和搬运装卸作业从农村招用合同制工的几个规定，使劳动合同的法定适用范围从国营企业的临时工扩大到正式工中的农民轮换工。1986 年 7 月 12 日，国务院发布了《国营企业实行劳动合同制暂行规定》，要求全民所有制单位在国家劳动工资计划指标内招用常年性工作岗位上的工人，统一实行劳动合同制；国家机关、事业单位和社会团体在常年工作岗位上招用工人，应比照该规定执行。该规定从 1986 年 10 月 1 日起实施。此后，在 1991 年《全民所有制企业招用农民合同制工人的规定》、1989 年《全民所有制企业临时工管理暂行规定》、1989 年《私营企业管理规定》、1993 年《关于股份制试点企业劳动工资管理暂行办法》等法规中都要求把劳动合同作为建立劳动关系的法律形式。

第三个阶段，是 1994 年 7 月 5 日通过并于 1995 年 1 月 1 日实施《中华人民共和国劳动法》后，劳动合同制度正式确立，建立劳动关系全面实行劳动合同这一法定形式的阶段。在我国劳动合同立法的发展过程中，具有里程碑意义的两部法律分别是 1994 年 7 月 5 日通过的《中华人民共和国劳动法》和 2007 年 6 月 29 日通过的《中华人民共和国劳动合同法》。《劳动法》就劳动合同的定义和适用范围以及订立、变更、无效、内容、形式、期限、终止和解除等主要问题做出专门规定，为统一和完善劳动合同制度奠定了法律基础，使劳动合同立法进入了一个新的发展阶段。此后，原劳动部制定了若干项与《劳动法》配套的有关劳动合同的规章，如《违反和解除劳动合同的经济补偿办法》（1994 年 12 月）、《违反〈劳动法〉有关劳动合同的赔偿办法》（1995 年 5 月）、《关于实行劳动合同制度若干问题的通知》（1996 年）等。此外，《最高人民法院关于审理劳动争议案件适用法律若干问题的解释》（2001 年）、《最高人民法院关于审理劳动争议案件适用法律若干问题的解释（二）》（2006 年）、《最高人民法院关于审理劳动争议案件适用法律若干问题的解释（三）》（2010 年）、《最高人民法院关于审理劳动争议案件适用法律若干问题的解释（四）》（2013 年）中，也就劳动合同适用法律的有关问题作了规定。2007 年 6 月 29 日，十届全国人大常务委员会第二十八次会议以 145 票赞成高票通过《劳动合同法》，该法自 2008 年 1 月 1 日起施行。这是自《劳动法》颁布实施以来我国劳动和社会保障法制建设中的又一个里程碑。《劳动合同法》既坚持了《劳动法》确立的劳动合同制度的基本框架，包括双向选择的用人机制，劳动关系双方有权依法约定各自的权利和义务，依法规范劳动合同的订立、履行、变更、解除和终止等；同时又对《劳动法》确立的劳动合同制度做出了较大修改，使之进一步完善。这种完善主要体现在三个方面：第一，有针对性地解决现行劳动合同制度中存在的主要问题。如一些用人单位不依法订立书面劳动合同，滥用试用期和劳务派遣，限制劳动者的择业自由和劳动力的合理流动等。第二，促进劳动者的就业稳定，引导用人单位与劳动者签订无固定期限劳动合同或长期合同，在用人单位与劳动者订立无固定期限劳动合同方面提出了更高的要求。第三，根据实际需要增加维护用人单位合法权益的内容。比如，新规定了竞业限制制度；放宽了用人单位依法解除劳动合同的条件。《劳动合同法》的颁布实施，对于更好地保护劳动者合法权益，构建与发展和谐稳定的劳动关系，完善劳动保障法律体系，促进我国社会主义和谐社会建设，具有十分重要的意义。

第二节　劳动合同的内容、形式和期限

一、劳动合同的内容

劳动合同的内容，即劳动合同条款，是劳动者与用人单位之间设定的劳动权利和劳动义务。它作为劳动者与用人单位合意的对象和结果，将劳动关系当事人双方的权利和义务具体化。劳动合同内容是劳动合同制度的重要内容，涉及当事人双方的利益，也涉及国家劳动法律、法规的贯彻实施。

根据劳动合同条款是否为劳动合同所必需，劳动合同的内容可以分为必备条款和可备条款两部分。必备条款是法律规定劳动合同必须具备的条款，只有具备必备条款劳动合同才能成立。必备条款又可以分为法律规定的必须具备的条款和劳动合同当事人协商约定的条款，即法定必备条款和约定必备条款。可备条款，是劳动合同当事人协商约定的劳动合同可以具备的条款，该条款不属于劳动合同成立必须具备的条件。

（一）劳动合同的必备条款

根据我国《劳动法》第 19 条和《劳动合同法》第 17 条的规定，劳动合同应当具备的条款包括以下方面。

1. 用人单位的名称、住所和法定代表人或者主要负责人。作为用人单位的一方当事人，其名称、住所和法定代表人或者主要负责人这些基本情况，应该作为劳动合同的条款加以明确。用人单位可以表现为具有法人资格或不具有法人资格的主体，所以，除了明确其名称、住所外，其基本情况还包括法定代表人或者主要负责人。

2. 劳动者的姓名、住址和居民身份证或者其他有效身份证件号码。劳动合同是双方法律行为，合同的另一方主体必然是劳动者，劳动者的姓名、住址和居民身份证号码或者其他有效身份证件号码是劳动者的基本情况，同样也应在劳动

合同中明确。

3. 劳动合同期限。劳动合同可以是有固定期限的，也可以是无固定期限的，或者以完成一定工作为期限。但无论是哪一种情形，劳动合同中应有规定劳动合同期限的条款，若没有规定又不能通过其他方式确定，劳动合同不能成立。劳动合同的期限，由劳动合同当事人双方协商约定，但是，法律明确规定某些情形下，除劳动者提出订立固定期限的劳动合同外，应当订立无固定期限的劳动合同。所以，当事人的约定不得违反法律的禁止性规定。

4. 工作内容和工作地点。工作内容是指劳动者为用人单位提供的劳动，主要表现为劳动者从事何种工作、被安排在何种岗位或担任何种职务、应达到什么样的工作要求。实践中，劳动者从事工作的地点可能与用人单位的住所不一致，所以劳动合同中应明确劳动或工作的地点。

5. 工作时间和休息休假。工作时间和休息休假的内容与标准，法律均有明确的规定，是最低劳动标准的主要内容之一。在劳动合同中应具体明确劳动者与用人单位执行的工时制度和工时形式。

6. 劳动报酬。获取劳动报酬是劳动者的主要权利，同时也是用人单位的主要义务。劳动报酬，是指劳动者基于劳动关系通过提供劳动而取得的各种劳动收入，包括工资、奖金、津贴和补贴等。在劳动合同中应明确劳动报酬的形式、构成、标准、支付方式等。

7. 社会保险。社会保险，是指国家通过立法建立的，对劳动者在其生、老、病、死、伤、残、失业以及发生其他生活困难时，获得物质帮助和补偿的制度。社会保险主要包括养老、医疗、失业、工伤和生育保险。社会保险可以保障劳动者在年老、疾病、负伤、生育、失业时的基本生活，解除劳动者的后顾之忧。社会保险具有强制性、法定性、社会性，用人单位和劳动者必须依法参加社会保险，缴纳社会保险费，劳动者享受社会保险待遇的标准与条件由法律、法规规定。

8. 劳动保护、劳动条件和职业危害防护。劳动者在劳动过程中的劳动风险来自职业环境与劳动过程，用人单位应当保障劳动者在劳动过程中的身体健康与生命安全，提供劳动安全卫生条件和生产资料条件，防止发生职业危害与安全事故。用人单位与劳动者订立劳动合同时，应当将工作过程中可能产生的职业病危害及其后果、职业病防护措施和待遇等如实告知劳动者，并在劳动合同中明确规定。

9. 法律、法规规定应当纳入劳动合同的其他事项。除了《劳动合同法》明确规定的以上条款外，法律、法规规定的应纳入劳动合同的其他事项也是劳动合同的必备条款。

（二）劳动合同的可备条款

《劳动合同法》第 17 条同时规定，用人单位与劳动者可以约定试用期、培训、保守秘密、补充保险和福利待遇等其他事项。这说明，除了必备条款之外，劳动合同当事人双方还可以约定其他内容作为可备条款。虽然这些条款不是必备条款，但并不是说这些条款可有可无、不太重要。可备条款由当事人根据劳动合同的具体情况加以约定，同时，法律对于如何约定也有相应的规定，当事人的约定应不违反法律的强行性规定方为有效。常见的劳动合同约定的可备条款有以下方面。

1. 试用期条款。即约定用人单位与新录用劳动者相互进行考察的期限的合同条款。试用期，是指包括在劳动合同期限内的，用人单位对劳动者是否符合录用条件，劳动者对用人单位是否适合自己的要求进行了解，据此决定合同是否履行或解除的期限。《劳动合同法》规定：（1）关于试用期的长短与次数。劳动合同期限 3 个月以上不满 1 年的，试用期不得超过 1 个月；劳动合同期限 1 年以上不满 3 年的，试用期不得超过 2 个月；3 年以上固定期限和无固定期限的劳动合同，试用期不得超过 6 个月。以完成一定工作任务为期限的劳动合同或者劳动合同期限不满 3 个月的，不得约定试用期。同一用人单位与同一劳动者只能约定一次试用期。试用期包含在劳动合同期限内。劳动合同仅约定试用期的，试用期不成立，该期限为劳动合同期限。（2）关于试用期的工资标准。劳动者在试用期的工资不得低于本单位同岗位最低档工资或者劳动合同约定工资的 80%，并不得低于用人单位所在地的最低工资标准。（3）关于试用期解除劳动合同的限制。在试用期中，除劳动者有《劳动合同法》第 39 条和第 40 条第 1 项、第 2 项规定的允许解除劳动合同的情形外，用人单位不得解除劳动合同。用人单位在试用期解除劳动合同的，应当向劳动者说明理由。

2. 保密条款和竞业限制条款。保密条款，即约定劳动者对用人单位商业秘密负保密义务的合同条款，它包括对保密的内容、范围、期限和措施等的约定。根据《反不正当竞争法》第 10 条的规定，商业秘密是指不为公众所知悉、能为用人单位带来经济利益、具有实用性并经用人单位采取保密措施的技术信息和经营信息。如管理方法、客户名单、工商情报、工艺流程、技术诀窍、设计图纸等。用人单位对于劳动者在生产、工作中接触到的商业秘密，有要求劳动者予以保密的权利。关于保密条款，我国《劳动合同法》第 23 条规定，“用人单位与劳动者可以在劳动合同中约定保守用人单位的商业秘密和与知识产权相关的保密事项。”

竞业限制条款，也称为禁止同业竞争条款，即约定禁止劳动者参与或者从事与用人单位同业竞争以保守用人单位秘密的合同条款，它包括对禁止同业竞争的期限、范围和补偿等的约定。竞业限制在我国《劳动合同法》中将其作为对负有保密义务的劳动者的又一项与保密义务相联系的约定义务作了规定。《劳动合同法》第 23 条第 2 款规定：“对负有保密义务的劳动者，用人单位可以在劳动合同或者保密协议中与劳动者约定竞业限制条款，并约定在解除或者终止劳动合同后，在竞业限制期限内按月给予劳动者经济补偿。劳动者违反竞业限制约定的，应当按照约定向用人单位支付违约金。”《劳动合同法》第 24 条规定：“竞业限制的人员限于用人单位的高级管理人员、高级技术人员和其他负有保密义务的人员。竞业限制的范围、地域、期限由用人单位与劳动者约定，竞业限制的约定不得违反法律、法规的规定。在解除或者终止劳动合同后，前款规定的人员到与本单位生产或者经营同类产品、从事同类业务的有竞争关系的其他用人单位，或者自己开业生产或者经营同类产品、从事同类业务的竞业限制期限，不得超过 2 年。”从以上规定，并结合劳动领域实践，可以看到，我国竞业限制的主要内容包括：(1) 允许约定竞业限制的前提。约定竞业限制的前提是劳动者负有保密义务，如果是用人单位不知悉、不掌握商业秘密的普通劳动者，则不可以约定劳动者的竞业限制义务。(2) 竞业限制的适用对象。法律明确限定，竞业限制的人员限于用人单位的高级管理人员、高级技术人员和其他负有保密义务的人员。(3) 竞业限制的范围、地域。对于竞业限制的范围和地域，可以由劳动合同当事人双方约定，并结合实践来确定与本单位生产或者经营同类产品、从事同类业务的有竞争关系的范围及相关地域。(4) 竞业限制的期限。法律允许当事人约定具体的竞业限制期限，但对最长期限做出了限制，即不得超过 2 年，防止用人单位利用优势地位过长限制劳动者的自由择业权。(5) 竞业限制的补偿。约定竞业限制，一方面对保守用人单位商业秘密具有重要意义，但同时竞业限制毕竟在一定期限、一定范围、一定地域限制了劳动者的就业权的实现，是对其自由择业权的限制，从公平的角度应对劳动者给予经济补偿。法律规定，经济补偿是在竞业限制期限内按月给予劳动者的，但未对具体补偿标准做出规定。结合实践，从公平的角度考量，经济补偿的标准一般按年计算，每竞业限制 1 年，用人单位通常应当给予该职工相当于其年工资收入 1/2 ~ 2/3 的经济补偿。按月支付的话，则每月的经济补偿标准相当于该职工月工资收入的 1/2 ~ 2/3。(6) 违反竞业限制的违约责任。劳动者如违反竞业限制义务，应承担合同约定的违约责任。由于竞业限制义务的履行表现为劳动合同解除或终止后的行为，因此，违约方表现为劳动者一方而非劳动合同双方，故法律仅规定了劳动者的违约责任。

3. 服务期条款。服务期条款，是劳动者与用人单位约定的、劳动者因享受特殊待遇而应为用人单位工作一定期限的合同条款。服务期，是指劳动者与用人单位约定的、劳动者因享受用人单位给予的特殊待遇而应当为用人单位工作的期限。《劳动合同法》第 22 条规定：“用人单位为劳动者提供专项培训费用，对其进行专业技术培训的，可以与该劳动者订立协议，约定服务期。”服务期与劳动合同期限相比而言，具备一定的共同性，即两者皆是规定劳动者应当为用人单位工作而使双方劳动关系存在的期限。但两者具有明显的差异。劳动合同期限与服务期的主要区别有：(1) 两者体现的方式不同。劳动合同期限是劳动合同的法定必备条款，合同期限必须在劳动合同中予以明确，缺乏劳动合同期限的约定，劳动合同即归于无效。而有关服务期条款是可备条款，服务期的约定往往是以培训协议的形式出现，就属性而言，是作为一种附随合同而存在，其效力以劳动合同的合法、有效为前提。即使没有服务期的约定，劳动合同仍为有效。对于服务期的约定，立法严格限定其前提为用人单位为劳动者提供了专项培训费用，劳动者享受了专业技术培训的特殊待遇。(2) 两者的立法价值的取向不同。依据《劳动法》的规定，一般情况下，劳动者只要提前30日通知用人单位即可解除劳动合同，因而在立法的价值取向上，劳动合同期限主要是针对劳动者利益的保护和对用人单位的限制。而实践中服务期的约定其主要目的是在于防止劳动者在享受了用人单位专门的出资培训等特殊待遇后任意离职，而给用人单位造成损失。其着眼点在于对用人单位利益的保护和对劳动者的限制。(3) 两者未履行完毕所产生的法律后果不相同。一般情况下，劳动者依据法定程序即提前30日通知用人单位即可解除劳动合同，因此，除了法律规定的程序外，对劳动者行使辞职权不附加任何条件。且劳动者若违法解除劳动合同对用人单位造成经济损失，只需负赔偿责任而不得约定违约金。而劳动者若违反服务期的有关约定，往往需要承担有关的违约责任。《劳动合同法》第22条第2款规定："劳动者违反服务期约定的，应当按照约定向用人单位支付违约金。违约金的数额不得超过用人单位提供的培训费用。用人单位要求劳动者支付的违约金不得超过服务期尚未履行部分所应分摊的培训费用。"《劳动部办公厅关于试用期内解除劳动合同处理依据问题的复函》第3条规定，用人单位出资（指有支付货币凭证的情况）对职工进行各类技术培训，职工提出与单位解除劳动关系的，如果在试用期内，则用人单位不得要求劳动者支付该项培训费用。如果试用期满，在合同期内，则用人单位可以要求劳动者支付该项培训费用，具体支付方法是：约定服务期的，按服务期等分出资金额，以职工已履行的服务期限递减支付；没约定服务期的，按劳动合同期等分出资金额，以职工已履行的合同期限递减支付；没有约定合同期的，按5年服务期等分出资金额，以职工已履行的服务期限递减支付；双方对递减计算方式已有约定的，从其约定。如果合同期满，职工要求终止合同，则用人单位不得要求劳动者支付该项培训费用。如果是由用人单位出资招用的职工，职工在合同期内（包括试用期）解除与用人单位的劳动合同，则该用人单位可按照《违反〈劳动法〉有关劳动合同规定的赔偿办法》第4条第1项规定向职工索赔。

4. 违约金条款。即约定不履行劳动合同而应支付违约金的合同条款，它包括对违约金的支付条件、项目、范围和数额等内容的约定。在有些国家的立法中，禁止劳动合同约定违约金或赔偿金数额。例如，《日本劳动标准法》规定，禁止雇主签订预先定不履行劳动合同时的违约金或损坏赔偿金额的合同。这是因为，在签订劳动合同时对违反劳动合同可能造成的损失难以预计，并且，因劳动者承担赔偿责任的能力极为有限而只宜适用合理赔偿原则。所以，对违反劳动合同所造成的损失，应当实行法定赔偿标准，而不宜由劳动合同约定赔偿金数额。至于违约金的确定，也必然要考虑违反劳动合同可能造成的损失和劳动者的财产承受能力等因素，因此，违约金数额也不应当由劳动合同约定，而只宜按法定标准确定。在我国，现行立法允许劳动合同约定违约金条款，但对约定违约金的情形作了严格限制。《劳动合同法》第 25 条规定，除《劳动合同法》第 22 条和第 23 条规定的情形外，用人单位不得与劳动者约定由劳动者承担违约金。也就是说，只有有保密条款、竞业限制条款和服务期条款的约定时，才可以约定违约金条款。基于我国的实践和现行立法，违约金条款当明确以下要点：（1）约定违约金的情形有较为严格的法律限定，是在有保密条款、竞业限制条款和服务期条款的约定时，才可以约定违约金条款。（2）劳动合同约定劳动者支付违约金的数额，应当符合合理赔偿原则。（3）违约金由于在违反劳动合同但未造成损失的情况下具有惩罚性，因此，劳动者支付违约金的数额应当实行法律限定的标准而不由劳动合同当事人约定。

（三）劳动合同不得约定的条款

1. 担保条款。即约定劳动者向用人单位缴纳一定数量的货币或其他财物、证件等作为担保，而在有特定违约或解约行为时不予退还，并以此作为缔结劳动关系前提条件的合同条款。关于担保条款的立法例，国外有两种情形：一种是禁止约定劳动者交纳保证金；另一种是允许约定劳动者交纳保证金，并对保证金的储存和保护作特别规定，例如，法国、瑞士等。我国立法严格禁止约定担保条款，禁止用人单位招录人员时收取培训费、集资费、体检费等。《劳动合同法》第 9 条规定："用人单位招用劳动者，不得扣押劳动者的居民身份证和其他证件，不得要求劳动者提供担保或者以其他名义向劳动者收取财物。"用人单位与劳动者签订合同时，不得以任何形式向劳动者收取定金、保证金（物）或抵押金（物），或者收取各种名目的费用，如培训费、体检费、集资费等。如违反规定，由公安部门和劳动保障行政部门责令用人单位立即退还给劳动者本人。

2. 生死条款。即约定用人单位对劳动者在劳动过程中发生的伤亡事故免负或减轻责任的条款。这种条款违反了用人单位保护劳动者安全、健康的法定义务，因而为立法所禁止。《劳动合同法》第 26 条规定，用人单位免除自己的法定责任、排除劳动者权利的，劳动合同无效。我国《安全生产法》第 44 条规定："生产经营单位不得以任何形式与从业人员订立协议，免除或者减轻其对从业人员因生产安全事故伤亡依法应承担的责任。"

二、劳动合同的形式

劳动合同的形式，是劳动合同当事人确立、变更、终止劳动权利和劳动义务关系的表现方式，即劳动合同当事人双方意思表示一致的外部表现。劳动合同的订立、履行、变更、解除都是通过当事人双方的意思表示来进行的，而意思表示必然通过一定的外在方式来体现。各国关于劳动合同可以或应当以什么形式存在，都由立法明确规定。劳动合同的形式有口头形式和书面形式之分。各国劳动立法对此做出的选择可归纳为三种模式：（1）允许一般劳动合同采用口头形式，只要求特定劳动合同采用书面形式；（2）一般要求劳动合同采用书面形式，但允许在特殊情况下劳动合同可采用口头形式；（3）要求所有劳动合同都采用书面形式。我国《劳动法》第 19 条规定，劳动合同都应当采用书面形式。《劳动合同法》第 10 条规定："建立劳动关系，应当订立书面劳动合同。已建立劳动关系，未同时订立书面劳动合同的，应当自用工之日起一个月内订立书面劳动合同。用人单位与劳动者在用工前订立劳动合同的，劳动关系自用工之日起建立。" 第 82 条规定："用人单位自用工之日起超过一个月不满一年未与劳动者订立书面劳动合同的，应当向劳动者每月支付 2 倍的工资。" 第 14 条规定："用人单位自用工之日起满一年不与劳动者订立书面劳动合同的，视为用人单位与劳动者已订立无固定期限劳动合同。"

通过以上法律规定可知，书面形式是劳动合同的法定形式。书面劳动合同的订立是劳动关系建立的主要标志。劳动关系的建立在劳动法律体系中处于关键位置，决定着劳动者是否能够享受劳动法律规定的各项权利。但是，在实践中出现了很多用人单位用工却不与劳动者订立劳动合同的现象。针对这种违法行为，为保护事实劳动关系中劳动者的权益，明确在事实劳动关系中的劳动者也享有劳动法律规定的劳动者权利，《劳动合同法》规定"用人单位自用工之日起即与劳动者建立劳动关系"，"建立劳动关系，应当订立书面劳动合同"，"用人单位与劳动者在用工前订立劳动合同的，劳动关系自用工之日起建立"。也就是说，引起劳动关系产生的基本法律事实是用工，而不是订立劳动合同。订立劳动合同是建立劳动关系的用人单位与劳动者的义务，也是证明劳动关系的重要证据之一。即使用人单位没有与劳动者订立劳动合同，只要存在用工行为，该用人单位与劳动者之间的劳动关系即建立，与用人单位存在事实劳动关系的劳动者即享有劳动法律规定的权利。由此可见，书面劳动合同具有证据效力，可以证明劳动关系的建立，但不具有劳动合同的成立、生效效力。对于缺少法定书面形式的劳动合同来说，如果双方当事人的意思表示真实，合同的实质内容又不违反法律、行政法规的规定，仍应确认其成立、生效效力。

《劳动合同法》规定，引起劳动关系产生的法律事实是用工，其目的是保护事实劳动关系中劳动者的权益，并不是肯定用人单位不与劳动者订立劳动合同的行为。相反，《劳动合同法》明确规定："建立劳动关系，应当订立书面劳动合同。"订立书面劳动合同是用人单位的一项法定义务。为了既方便用人单位与劳动者订立劳动合同，又督促用人单位必须与劳动者订立劳动合同，《劳动合同法》规定了三项措施：（1）放宽了订立劳动合同的时间要求，规定已建立劳动关系未同时订立书面劳动合同的，如果自用工之日起 1 个月内订立了书面劳动合同，其行为即不违法。（2）规定用人单位未在自用工之日起 1 个月内订立书面劳动合同，但在自用工之日起 1 年内订立了书面劳动合同的，应当在此期间向劳动者每月支付 2 倍的工资。（3）规定用人单位自用工之日起满 1 年仍然未与劳动者订立书面劳动合同的，除在不足 1 年的违法期间向劳动者每月支付 2 倍的工资外，还应当视为用人单位与劳动者已订立无固定期限劳动合同。

非全日制用工作为一种特殊用工形式，《劳动合同法》第 69 条规定，非全日制用工双方当事人可以订立口头协议。

三、劳动合同的期限

劳动合同的期限是劳动合同的有效时间，是劳动关系当事人享有劳动权利和履行劳动义务的时间。《劳动合同法》规定劳动合同期限分为固定期限劳动合同、无固定期限劳动合同、以完成一定工作任务为期限的劳动合同三种类型，并且规定用人单位与劳动者双方协商一致可以订立任何类型的劳动合同。同时，为了解决劳动合同短期化问题，引导用人单位与劳动者订立更长期限的固定期限劳动合同以及无固定期限劳动合同，《劳动合同法》规定：（1）除用人单位维持或者提高劳动合同约定条件续订劳动合同，劳动者不同意续订的情形外，在固定期限劳动合同期满终止时，用人单位应当依法向劳动者支付经济补偿金。（2）用人单位裁减人员时，应当优先留用与本单位订立较长期限固定期限劳动合同以及无固定期限劳动合同的劳动者。（3）在法定情形下，如果劳动者提出或者同意续订、订立劳动合同，除劳动者提出订立固定期限劳动合同外，应当订立无固定期限劳动合同。

（一）固定期限劳动合同

固定期限劳动合同，也称定期劳动合同，是指用人单位与劳动者约定合同终止时间的劳动合同。这种劳动合同建立的劳动关系只在合同有效期限内存续，期限届满则劳动关系终止。经当事人协商，期满可以续订，但续订的期限也是具体的。定期劳动合同因应变能力强，期限也可以长或短，可以保持劳动关系的稳定，又能促进劳动关系的合理流动，在实践中应用广泛。

（二）无固定期限劳动合同

无固定期限劳动合同，又称不定期劳动合同，是指用人单位与劳动者约定无确定终止时间的劳动合同。它没有明确规定合同有效期限，劳动关系可以在劳动者的法定劳动年龄范围内和企业的存在期限内持续存在，只有在符合法定或约定条件的情况下，劳动关系才可终止。

无固定期限劳动合同与固定期限劳动合同相比较，从就业保障的角度看，无固定期限劳动合同对于劳动关系的稳定及其对劳动者权利的保障更有利。因无固定期限劳动合同无所谓合同到期的问题，只有发生法定原因或合同当事人双方合意合同才可以解除。所以，许多国家和地区在立法中把无固定期限劳动合同放在高于固定期限劳动合同的地位。其具体方法主要有下述几种：（1）对固定期限劳动合同只规定在一定条件下才可适用，而对无固定期限劳动合同则不规定可适用的条件，仅规定应适用的条件。例如，我国台湾地区规定，临时性、短期性、季节性及特定性工作可以签订定期劳动合同。对于临时性、短期性、季节性及特定性工作，我国台湾地区《劳动基准法施行细则》第 6 条规定了具体的认定标准。即：所谓“临时性工作”是指无法预期的非继续性工作，其工作期间在 6 个月以内的；所谓“短期性工作”是指可预期于 6 个月内完成的非继续性工作；所谓“季节性工作”则是指受季节性原料、材料来源或市场销售影响的非继续性工作，这种工作期间在 9 个月以内的；而所谓“特定性工作”是指可在特定期间完成的非继续性工作，其工作期间超过 1 年以上的应报请主管机关核备。从这些规定可以看出，“非继续性”的特点是“临时性、短期性、季节性及特定性工作”的共性，其不同点在于时间的长短，“6 个月以内”、“9 个月以内”、“不超过 1 年”或是否可“预期”。不定期劳动合同是指没有一定期限、有继续性工作特征的合同。除了“临时性、短期性、季节性及特定性工作”适用于定期合同外，其余工作都应签订不定期劳动合同。此外，定期合同期限届满后有下列情形之一的也视为不定期合同：劳工继续工作而雇主不即表示反对意思的；虽经另订新合同，但先后新旧企业劳动合同的工作期间超过 90 日，前后合同间断期间未超过 30 日的。不过这些情形对特定性或季节性的定期工作不适用。有继续性工作应为无固定期限劳动合同。（2）对定期劳动合同的最长期限和续订作限制性规定，即续订不得超过一定期限或次数，以免劳动者的“黄金年龄段”被某个用人单位定期并连续地过多或全部使用。例如，德国规定，定期劳动合同最长期限不得超过 5 年，且只能延期 1 次。（3）规定不定期劳动合同未征得劳动者同意不得改签为定期劳动合同。（4）规定在一定条件下，定期劳动合同自动转化为不定期劳动合同。例如，比利时规定，定期劳动合同期满后当事人继续履行合同时即如此。（5）规定在一定条件下应当订立不定期劳动合同。例如，德国规定，定期劳动合同如第二次续订，就要订立不定期劳动合同。

我国《劳动合同法》在立足国情并借鉴外国立法经验的基础上，对此作了明确规定，用人单位在一定条件下应当订立无固定期限劳动合同。《劳动合同法》第 14 条规定，有下列情形之一，劳动者提出或者同意续订、订立劳动合同的，除劳动者提出订立固定期限劳动合同外，应当订立无固定期限劳动合同：劳动者在该用人单位连续工作满 10 年的；用人单位初次实行劳动合同制度或者国有企业改制重新订立劳动合同时，劳动者在该用人单位连续工作满 10 年且距法定退休年龄不足 10 年的；连续订立两次固定期限劳动合同，且劳动者没有《劳动合同法》第 39 条和第 40 条第 1 项、第 2 项规定的情形，续订劳动合同的。且用人单位自用工之日起满 1 年不与劳动者订立书面劳动合同的，视为用人单位与劳动者已订立无固定期限劳动合同。其中，我国《劳动合同法》第 39 条规定的是，在试用期间劳动者被证明不符合录用条件的，以及因劳动者过错，用人单位可以单方解除劳动合同的情形；《劳动合同法》第 40 条第 1 项、第 2 项规定的是，用人单位提前 30 日以书面形式通知劳动者本人或者额外支付劳动者 1 个月工资后，可以解除劳动合同的两种情形：劳动者患病或者非因工负伤，在规定的医疗期满后不能从事原工作，也不能从事由用人单位另行安排的工作的；劳动者不能胜任工作，经过培训或者调整工作岗位，仍不能胜任工作的。

（三）以完成一定工作任务为期限的劳动合同

以完成一定工作任务为期限的劳动合同，是指用人单位与劳动者约定以某项工作的完成为合同期限的劳动合同。某一项工作或工程开始，劳动合同即为开始；该项工作或工程完成，劳动合同即告终止。这实际上是一种特殊的定期劳动合同，只不过其表现形式不同于一般的定期劳动合同。其特点是，既不是没有期限，也不是有确定具体的合同开始和终止的期限，而是以工作或工程的完成作为合同终止的时间；同时，约定的工作任务完成，劳动合同关系终止，不存在合同延期的问题。

第三节　劳动合同的订立

劳动合同的订立，是指劳动者与用人单位经过相互选择和平等协商，就劳动合同内容达成协议，从而确立劳动关系当事人双方劳动权利和劳动义务的法律行为。它一般包括确定合同当事人和确定合同内容两个阶段。

一、劳动合同订立的原则

我国《劳动法》第 17 条规定，订立和变更劳动合同，应当遵循平等自愿、协商一致的原则，不得违反法律、行政法规的规定。《劳动合同法》第 3 条更进一步明确规定：“订立劳动合同，应当遵循合法、公平、平等自愿、协商一致、诚实信用的原则。”可见，订立劳动合同应遵循以下基本原则。

（一）合法原则

无论合同的当事人、内容和形式，还是订立合同的程序，都必须符合有关法律、行政法规的要求，这是劳动合同有效、具有约束力并受到法律保护的前提。尤其应当强调的是，凡属与劳动合同有关的强行性法律规范和强制性劳动标准，都必须严格遵守。因此，在订立劳动合同过程中只能有限制地体现契约自由的精神。

（二）公平原则

所谓公平原则，是指订立合同时，双方当事人是依据社会公认的公平观念确定双方的权利与义务，以维持当事人之间的利益之均衡。公平原则是社会进步和正义的道德观念在法律上的体现，它对于确定当事人权利义务、平衡双方之间的利益、解决劳动合同纠纷起着指导作用。

（三）平等自愿原则

所谓平等原则，是指订立合同时，双方当事人的法律地位平等，都有权选择对方当事人并就合同内容表达具有同等效力的意志。依据平等原则，用人单位不得借助实质上经济实力的优势以及劳动力市场中供大于求的就业形势，对劳动者提出不合理的附加条件，双方应平等地决定是否缔约以及平等地确定合同内容。所谓自愿，是指合同的订立，应完全出于双方当事人的意愿，任何一方都不得强迫对方接受其意志，合同的内容是双方在平等基础上充分表达自由意愿，是意思表示一致的结果。根据自愿原则，任何机关、团体和个人都不得强迫劳动者订立合同。对于双方当事人来说，平等是自愿的前提，自愿是平等的体现，因而两者不可分割。

（四）协商一致原则

所谓协商一致原则，是指在订立合同过程、合同订立与否以及合同内容如何，都只能在双方当事人共同协商、达成一致意见的基础上确定。因此，只有协商一致，合同才能成立和生效。实践中，劳动合同的订立一般采用由用人单位提供合同文本，由劳动者做出签约与否的决定。但是，提供合同文本的用人单位一方应依据公平原则来拟订合同条款，并提请劳动者注意免除或限制其责任的条款，并应劳动者的要求对该条款做出说明。

（五）诚实信用原则

所谓诚实信用原则，是指在订立合同时，当事人双方要依诚实信用的道德标准，讲究信用，恪守诺言，诚实不欺，在不损害他人利益和社会利益的前提下追求自己的利益。[①] 劳动合同是最大诚信合同，当事人建立劳动关系、履行劳动义务，都要遵循诚实信用原则。该原则体现在劳动关系的建立上，主要表现为当事人应如实告知对方与缔约有关的实际情况。如《劳动合同法》第8条规定："用人单位招用劳动者时，应当如实告知劳动者工作内容、工作条件、工作地点、职业危害、安全生产状况、劳动报酬，以及劳动者要求了解的其他情况；用人单位有权了解劳动者与劳动合同直接相关的基本情况，劳动者应当如实说明。"

① 参见王利明主编：《民法》，中国人民大学出版社2000年版，第34页。

二、劳动合同订立的当事人

订立劳动合同首要阶段是确立合同当事人的阶段。劳动合同作为双方法律行为，合同当事人包括双方，即用人单位和劳动者。

（一）用人单位

用人单位，在许多国家称为雇主或雇佣人，是指具有用人权利能力和用人行为能力，使用1名以上劳动者并向其支付劳动报酬的单位。用人单位作为劳动合同当事人一方，应具有相应的资格，即具有用人权利能力和用人行为能力。用人单位的资格由劳动法和相关法律部门确认。

《劳动合同法》第2条规定："中华人民共和国境内的企业、个体经济组织、民办非企业单位等组织（以下称用人单位）与劳动者建立劳动关系，订立、履行、变更、解除或者终止劳动合同，适用本法。国家机关、事业单位、社会团体和与其建立劳动关系的劳动者，订立、履行、变更、解除或者终止劳动合同，依照本法执行。"《劳动合同法》第96条规定："事业单位与实行聘用制的工作人员订立、履行、变更、解除或者终止劳动合同，法律、行政法规或者国务院另有规定的，依照其规定；未作规定的，依照本法有关规定执行。"《劳动合同法实施条例》第3条规定："依法成立的会计师事务所、律师事务所等合伙组织和基金会，属于劳动合同法规定的用人单位。"

用人单位的范围包括：（1）中华人民共和国境内的企业、个体经济组织、民办非企业单位等组织。（2）实行聘用制的事业单位。立法规定，劳动者与实行聘用制的事业单位订立、履行、变更、解除或者终止劳动合同，法律、行政法规或者国务院另有规定的，依照其规定；未作规定的，依照劳动合同法有关规定执行。也就是明确事业单位与实行聘用制的工作人员之间也应订立劳动合同，但考虑到事业单位实行的聘用制度与一般劳动合同制度在劳动关系双方的权利和义务方面、管理体制方面存在一定的差别，因此，允许其优先适用特别规定。（3）国家机关、事业单位、社会团体。规定国家机关、事业单位、社会团体和与其建立劳动关系的劳动者，订立、履行、变更、解除或者终止劳动合同，依照《劳动合同法》执行。也就是说，除公务员和参照《公务员法》管理的人员，以及事业单位中实行聘用制的工作人员外，国家机关、事业单位、社会团体与其他劳动者均应当建立劳动关系，并执行《劳动合同法》。此外，关于实践中用人单位设立的分支机构订立劳动合同的问题，《劳动合同法实施条例》第4条规定："劳动合同法规定的用人单位设立的分支机构，依法取得营业执照或者登记证书的，可以作为用人单位与劳动者订立劳动合同；未依法取得营业执照或者登记证书的，受用人单位委托可以与劳动者订立劳动合同。"

（二）劳动者

劳动者，常常也被称为职工、雇员、员工、劳工、受雇人等，是指为用人单位提供劳动力的自然人。作为劳动法意义上的劳动者，仅指依据劳动法律和劳动合同，为用人单位提供劳动并获取报酬的自然人。除了劳动法意义上的劳动者外，广义的劳动者还包括非劳动法意义上的职工，如国家公务员和比照公务员管理的事业单位人员，以及失业人员、退休人员、个体工商业者、农民等。

自然人成为劳动者必须具备法定的前提条件，即具有相应的劳动者资格。作为劳动者，必须具备的法定条件有：（1）年龄条件。我国《劳动法》规定，公民的最低就业年龄是 16 周岁。不满 16 周岁，不得就业，不能与用人单位发生劳动法律关系。用人单位禁止招用不满 16 周岁的未成年人，否则，要承担相应的法律责任。对于从事繁重、有毒、有害的劳动或危险作业，《劳动法》规定就业年龄不应低于 18 周岁。我国劳动者的法定劳动年龄属于偏高的国家，这主要受制于我国劳动者的生理条件及我国人口众多的就业压力的现实状况。此外，各国均有法定退休年龄的规定。但达到法定退休年龄是否推定劳动者丧失劳动者资格，在理论上认识不同。实践中，达到法定退休年龄的公民，仍允许其从事不妨碍老年人身体健康的劳动，但是，退休后的劳动者“返聘”或是到其他单位任职，所形成的法律关系，在实践中往往不作为劳动法律关系看待，劳动者被认定不具备《劳动法》上的劳动者资格。（2）健康状况。包括疾病或残疾的限制、女性生理条件的限制。如国家禁止招用女性劳动者从事危害妇女生理健康的特定职业或岗位，女性在特定的生理周期，即经期、孕期、哺乳期时，用人单位不得安排其从事某些特定的作业。（3）智力状况。包括受教育程度和技术水平。我国法律明确规定，招工时劳动者必须具有初中以上文化程度，禁止招用接受义务教育的适龄儿童、少年就业。对于一些技术性职业，必须达到一定的技术水平，对于从事特种作业的还要求取得相应的资格证等证件。（4）行为自由。劳动者只有具备支配自己行为的自由，才能支配自己的劳动能力，享有劳动权利和履行劳动义务。被剥夺人身自由的公民，如被劳动教养、被判处有期徒刑的人，不能与用人单位建立劳动关系，同时，失去人身自由也成为用人单位解除劳动合同的法定条件。再如，在校学生利用业余时间勤工俭学，不视为就业，未建立劳动关系，可以不签订劳动合同。

三、劳动合同的效力

劳动合同的效力，是指劳动合同的法律约束力。

（一）劳动合同的有效

我国《劳动法》第 17 条第 2 款规定：“劳动合同依法订立即具有法律约束力，当事人必须履行劳动合同规定的义务。”这表明，劳动合同依法成立，从合同成立之日起就具有法律效力，即在双方当事人之间形成劳动法律关系，对双方当事人产生法律约束力。事实上，这是劳动合同生效最常见、最普遍的表现，实践中合同生效还有其他具体情形。劳动合同生效的情形主要有：(1) 合同成立之日生效。其具体表现是，合同文本由用人单位与劳动者协商一致，并在合同文本上签字、盖章，合同成立的同时合同生效。(2) 合同中明确约定合同生效日期，合同自约定的日期生效。这种情形不同于第一种情形，合同签字的日期与生效的日期不是相同的。劳动合同在当事人签字时成立，但合同的生效日期起算于劳动合同中约定的生效日期。这种附期限的劳动合同，在实际中也多有表现。合同虽已订立，但期限并未到来，劳动者并未履行合同约定的义务，也没有相应的报酬请求权。只有期限到来，劳动合同生效，才对当事人产生法律约束力。(3) 劳动合同生效的非正常情形，主要有先用工后签约或已用工不签约的情形。对此，我国立法将此种关系认定为事实劳动关系，同样适用劳动法调整。同时，对于主体、内容合法的事实劳动关系，法律强制将其转化为劳动法律关系。《劳动合同法》第10条规定："建立劳动关系，应当订立书面劳动合同。已建立劳动关系，未同时订立书面劳动合同的，应当自用工之日起一个月内订立书面劳动合同。"同时，《劳动合同法》第14条第3款规定："用人单位自用工之日起满一年不与劳动者订立书面劳动合同的，视为用人单位与劳动者已订立无固定期限劳动合同。"立法的这种强制性规定，将大量的事实劳动关系转化为劳动法律关系。明确规定劳动关系开始的时间是用工之日，当劳动合同与实际用工时间不符时，后者的效力高于前者，这对于稳定劳动关系和保护劳动者利益具有重要作用。

劳动合同具有法律效力，必须以完全具备法定有效要件为前提。劳动合同有效要件一般包括：(1) 合同主体必须合格。双方当事人都必须具备法定的主体资格，即一方必须是具有劳动权利能力和劳动行为能力的劳动者；另一方必须是具有用人权利能力和用人行为能力的单位。(2) 合同内容必须合法。即劳动合同必须完全具备法定必备条款，并且所载各项条款的内容都必须符合劳动法律、法规、集体合同的要求，不损害国家利益、社会公共利益和他人合法权益。(3) 意思表示必须真实。即双方当事人的意思表示都出于本人自愿，并且与本人内在意志一致。(4) 合同形式必须合法。要式劳动合同必须采用法定的书面合同或标准合同形式；非要式劳动合同应当采用当事人所要求的书面或口头合同形式。(5) 订立程序必须合法。劳动合同的订立，必须完成各项法定必要程序，并且在订立程序中必须严格遵循法定规则，尤其应当遵循平等自愿和协商一致的原则。

（二）劳动合同的无效

劳动合同无效，是指劳动合同由于缺少有效要件而全部或部分不具有法律效力。其中，全部无效的劳动合同，它所确立的劳动关系应予以消灭；部分无效的劳动合同，它所确立的劳动关系可依法存续，只是部分合同条款无效，如果不影响其余部分的效力，其余部分仍然有效。劳动合同无效的原因，为立法所规定，只不过在不同国家有从严规定与从宽规定之区分。

在我国，根据《劳动法》第 18 条和《劳动合同法》第 26 条第 1 款的规定，下列劳动合同无效或者部分无效：(1) 以欺诈、胁迫的手段或者乘人之危，使对方在违背真实意思的情况下订立或者变更劳动合同的；(2) 用人单位免除自己的法定责任、排除劳动者权利的；(3) 违反法律、行政法规强制性规定的。

劳动合同无效必然导致一定的法律后果，因而它必须经国家机关确认。在实践中，劳动合同无效与劳动争议联系紧密，于是，各国都把劳动合同无效的确认权赋予有权处理劳动争议的法定机关。我国《劳动合同法》第 26 条第 2 款规定，对劳动合同的无效或者部分无效有争议的，由劳动争议仲裁机构或者人民法院确认。按照我国劳动争议处理的现行体制，劳动合同的无效，应当首先由劳动争议仲裁委员会确认，在当事人不服劳动争议仲裁委员会的确认而依法提起诉讼的情况下，才由人民法院确认。

劳动合同经法定机关依法确认为无效，其法律后果一般是，自订立时起就没有法律约束力。但是，依据无效劳动合同已经履行或部分履行的情况下，劳动者与用人单位之间形成了事实劳动关系。因为，依据无效劳动合同，劳动者已经付出了劳动，而劳动力支出后就不可回收，由此决定了对无效劳动合同已履行的部分，即劳动者实施的劳动行为和所得的物质待遇，不能适用返还财产、恢复原状的处理方式，并且对处于事实劳动关系中的劳动者应当依法予以保护。我国《劳动合同法》第 28 条规定："劳动合同被确认无效，劳动者已付出劳动的，用人单位应当向劳动者支付劳动报酬。劳动报酬的数额，参照本单位相同或者相近岗位劳动者的劳动报酬确定。"自劳动合同被确认无效时起，全部无效的劳动合同所引起的事实劳动关系应予终止；部分无效的劳动合同中，无效条款应当由当事人依法重新商定或者由劳动法律、法规、集体合同和内部劳动规则中的有关规定所取代。

劳动合同被依法确认无效，还会导致特殊的法律后果。主要有：(1) 用人单位对劳动者以担保或者其他名义收取财物的，扣押劳动者居民身份证等证件、物品的，应当返还给劳动者。(2) 劳动合同被确认无效，给对方造成损害的，有过错的一方应当承担赔偿责任。(3) 用人单位因使用童工，还导致对童工安置、治疗和赔偿的责任，以及承受行政处罚甚至刑事处罚的责任。(4) 无效劳动合同若涉及当事人故意损害国家利益或社会公共利益，则应当规定追缴故意一方或双方当事人已经取得或者约定取得的财产，收归国家所有。

第四节　劳动合同的履行和变更

一、劳动合同的履行

劳动合同的履行，指的是劳动合同双方当事人按照劳动合同的约定，履行各自的义务、享有各自的权利的法律行为。

（一）劳动合同履行的原则

1. 亲自履行原则。劳动合同具有人身性，合同当事人双方都必须以自己的行为亲自履行各自依据劳动合同所承担的义务，而不得由他人代理。其中，劳动者的义务只能由本人履行，用人单位的义务只能由单位行政中的管理机构和管理人员在其职责范围内履行。

2. 全面履行原则。即劳动合同双方当事人在任何时候均应当履行劳动合同约定的全部义务。《劳动合同法》第 29 条规定，用人单位与劳动者应当按照劳动合同的约定全面履行各自的义务。

3. 合法原则。这是指劳动合同双方当事人在履行劳动合同过程中必须遵守法律法规，不得有违法行为。《劳动合同法》着重强调了三个方面：（1）规定用人单位应当按照劳动合同约定和国家规定及时足额支付劳动报酬。用人单位拖欠或者未足额支付劳动报酬的，劳动者可以依法向当地人民法院申请支付令，人民法院应当依法发出支付令。（2）规定用人单位应当严格执行劳动定额标准，不得强迫或者变相强迫劳动者加班。用人单位安排加班的，应当按照国家有关规定向劳动者支付加班费。（3）规定劳动者对用人单位管理人员违章指挥、强令冒险作业有权拒绝，不视为违反劳动合同；对危害生命安全和身体健康的劳动条件，有权对用人单位提出批评、检举和控告。

（二）特殊情形下劳动合同的履行

1. 用人单位变更名称、法定代表人、主要负责人或者投资人等事项，不影响劳动合同的履行。

2. 用人单位发生合并或者分立等情况，原劳动合同继续有效，劳动合同由承继其权利义务的用人单位继续履行。

3. 劳动合同对劳动报酬和劳动条件等标准约定不明确时合同的履行。《劳动合同法》第 18 条规定，劳动合同对劳动报酬和劳动条件等标准约定不明确，引发争议的，用人单位与劳动者可以重新协商；协商不成的，适用集体合同规定；没有集体合同或者集体合同未规定劳动报酬的，实行同工同酬；没有集体合同或者集体合同未规定劳动条件等标准的，适用国家有关规定。

二、劳动合同的变更

劳动合同的变更，指的是在劳动合同履行期间劳动合同双方当事人修改或补充劳动合同内容的法律行为。

（一）劳动合同变更的一般原则

《劳动合同法》第35条规定，用人单位与劳动者协商一致，可以变更劳动合同约定的内容。也就是说，协商一致原则是劳动合同变更的一般原则。除了协议变更以外，劳动部在1996年发布的《劳动部关于企业职工流动若干问题的通知》中规定了用人单位单方变更劳动合同的特殊情形。即用人单位对掌握商业秘密并负有约定保密义务的职工，有权按合同约定在合同终止前或该职工提出解除合同后的一定时间内（不超过6个月），调整其工作岗位，变更合同的相关内容。

（二）劳动合同变更的形式

《劳动合同法》第35条规定，变更劳动合同，应当采用书面形式。变更后的劳动合同文本由用人单位和劳动者各执一份。

（三）劳动合同变更的条件

劳动合同履行过程中，因主客观情况发生重大变化，致使合同中一些条款的履行成为不可能或不必要，应双方或单方当事人的要求，劳动合同可以依法变更。引起劳动合同变更的条件主要有：（1）经当事人双方协商达成一致意见的。（2）订立劳动合同时所依据的法律、法规已经修改或废止的。（3）劳动合同订立时所依据的客观情况发生重大变化，致使劳动合同无法履行的。（4）用人单位经上级主管部门批准或根据市场决定转产或调整生产任务的。（5）法律、法规允许的其他情况。

（四）劳动合同变更的法律后果

劳动合同当事人双方的权利和义务，从变更合同的协议所约定之日起发生变更。依法变更后的劳动合同，当事人必须严格履行。因变更劳动合同给一方造成损失的，一般由要求变更合同的一方承担赔偿责任，但不承担违法劳动合同的责任。如单方擅自变更，则表现为违反劳动合同的行为，应承担相应的违反劳动合同的责任。

第五节　劳动合同的解除与终止

一、劳动合同的解除

劳动合同的解除，是指劳动合同在订立后，尚未全部履行之前，由于某种原因导致劳动合同一方或双方当事人提前消灭劳动合同法律效力的行为。劳动合同的解除，只对未履行的合同部分发生效力，不涉及已经履行的部分。劳动合同的解除，不同于劳动合同的终止，它是提前消灭合同效力，且需有劳动合同当事人终止合同的意思表示方可解除。

（一）劳动合同解除的种类

依解除方式不同，劳动合同解除的种类有协议解除和单方解除两种。协议解除，是指劳动合同当事人协商一致而解除。单方解除，是指劳动合同一方当事人以单方意思表示而解除劳动合同。单方解除又可以分为单方预告解除和单方即时解除。单方解除一般要求劳动合同当事人在符合法律规定的合同解除的条件下行使解除权而解除合同，无需征得对方当事人的同意。

（二）劳动合同的协议解除

劳动合同经当事人双方协商一致而订立，在当事人完全自愿的情况下，经双方互相协商，在达成一致意见的基础上也可以提前终止合同的效力。我国《劳动法》第 24 条规定，经劳动合同当事人协商一致，劳动合同可以解除。《劳动合同法》第 36 条也作了相同的规定，即用人单位与劳动者协商一致，可以解除劳动合同。可见，立法对此种解除方式未规定条件限制，只要当事人双方合意合法即可。

（三）用人单位单方解除劳动合同

1. 用人单位即时解除劳动合同的情形。根据我国《劳动法》第 25 条和《劳动合同法》第 26 条第 1 款第 1 项的规定，劳动者有不符合录用条件或有主观过错的下列情形之一的，用人单位可以解除劳动合同。

（1）劳动者在试用期间被证明不符合录用条件。劳动合同的试用期就是对劳动者的劳动能力进行实际考察的期间，如果发现劳动者不能胜任工作，具体表现为不符合录用条件，就可以依法解除劳动合同。是否合格，应当以法定的最低就业年龄等基本录用条件和录用时规定的文化、技术、专业、身体、品质、修养等条件为准，在具体录用条件不明确时，还应以是否胜任商定的工作为准。不合格，既包括完全不具备录用条件，也包括部分不具备录用条件，但都必须由用人单位对此提出合法有效的证明。是否在试用期间，应当以劳动合同为准；若劳动合同约定的试用期间超出法定最长时间，则以法定最长期限为准。

（2）劳动者严重违反劳动纪律或者用人单位规章制度（简称严重违纪）。是否违纪，应当以劳动者本人有义务遵循的劳动纪律及用人单位规章制度为准，其范围既包括全体劳动者都有义务遵循者，也包括劳动者本人依其职务、岗位有义务遵循者。违纪是否严重，一般应当以劳动法规所规定的限度和用人单位内部劳动规则所规定的具体界限为准。在《企业职工奖惩条例》等法规中，对严重违纪行为作了列举式规定，有的还规定了数量界限（如旷工天数），用人单位内部劳动规则关于严重违纪行为的具体规定，不得降低或扩大劳动法所要求的严重程度。在判定违纪是否严重时，应当以劳动者在本劳动合同存续期间和法定追究期限内的未经处罚及法定可重复处罚的违纪事实为限，而不能将超出此时间范围或法定不可重复处罚的违纪事实累计在内。

（3）劳动者严重失职，营私舞弊，对用人单位利益造成重大损害。此即劳动者在履行劳动合同期间，违反其忠于职守、维护和增进用人单位利益的义务，确未尽职责的严重过失行为或者利用职务之便牟取私利的故意行为，使用人单位的有形财产、无形财产或人员遭受重大损害，但不够受刑罚处罚的程度。例如，因玩忽职守而造成事故；因工作不负责任而经常产生废品、损坏设备工具、浪费原材料或能源；贪污受贿；泄露或出卖商业秘密；等等。

（4）劳动者被依法追究刑事责任。即劳动者在劳动合同存续期间，因严重违法，构成犯罪，被人民法院依法判处刑罚或者裁定免予刑事处分。但是，对依照《刑法》处以管制者、宣告缓刑者以及被免予刑事处罚者，虽然立法规定可予辞退，而在实践中一般可不予辞退。因为在这些情况下劳动者仍有履行劳动合同的行为自由，并且保留其劳动关系更有利于本人的改造。

（5）劳动者同时与其他用人单位建立劳动关系，对完成本单位的工作任务造成严重影响，或者经用人单位提出，拒不改正的。由于就业形式的多样性，使得劳动关系的唯一性、排他性仅表现在标准劳动关系下，在同一时间劳动者只能与一个用人单位签订劳动合同、建立劳动关系。但是，在非全日制等就业形式下，劳动者可以与两个以上用人单位建立劳动关系。如果劳动者同时与其他用人单位建立劳动关系，对完成本单位工作任务造成严重影响，用人单位不能获得与劳动者缔约时的预期利益，或者在双重劳动关系下用人单位提出而劳动者拒不改正的，用人单位有权解除与劳动者的劳动合同。

（6）劳动者以欺诈、胁迫的手段或者乘人之危，使用人单位在违背真实意思的情况下订立劳动合同，致使劳动合同无效的。合同应该是当事人双方真实意思的表示，如果劳动者以欺诈、胁迫的手段或者乘人之危，使用人单位在违背真实意思的情况下订立劳动合同，不仅违背了用人单位的真实意思，侵犯了其用工自主权，也违反了诚实信用、自愿、公平的原则，用人单位有权解除劳动合同。

2. 用人单位预告解除劳动合同的情形。按照《劳动法》第26条和《劳动合同法》第40条的规定，用人单位符合以下三种法定情形时，既可以提前30日以书面形式通知劳动者本人，也可以额外支付劳动者1个月的工资，然后解除劳动合同。

（1）劳动者患病或者非因工负伤，医疗期满后，不能从事原工作也不能从事由用人单位另行安排的工作的。这里的医疗期，是指劳动者根据其工龄等条件，依法可以享受的停工医疗并发给病假工资的期间，医疗期为3~24个月，患特殊疾病在24个月内尚不能痊愈的，经用人单位和劳动保障行政部门批准，可适当延长。劳动者在规定的医疗期届满后，若劳动能力受损，丧失从事原工作或者用人单位在现有条件下为其所安排新工作的劳动能力，而无法继续履行劳动合同的，用人单位可以解除劳动合同。

（2）劳动者不能胜任工作，经过培训或者调整工作岗位，仍不能胜任工作。这里的“不能胜任工作”，是指不能按要求完成劳动合同中约定的任务或者同工种、同岗位人员的工作量。这与试用期内解除劳动合同有所区别，试用期内劳动者如不符合录用条件，用人单位即可解除劳动合同，而劳动者在试用期满后不能胜任劳动合同所约定的工作，用人单位应对其进行培训或者为其调整工作岗位，只有经过一定期间的培训仍不能胜任原约定的工作或者对重新安排的工作也不能胜任时，用人单位方可解除劳动合同。

（3）劳动合同订立时所依据的客观情况发生重大变化，致使原劳动合同无法履行，经当事人协商不能就变更劳动合同达成协议的。这里的客观情况，是指履行原劳动合同所必要的客观条件，如自然条件、原材料或能源供给条件、生产设备条件、产品销售条件、劳动安全卫生条件等。如果这类客观条件由于发生不可抗力或者出现其他情况，而发生了足以使原劳动合同不能履行或不必要履行的变化，用人单位应当就劳动合同变更问题与劳动者协商；如果劳动者不同意变更劳动合同，原劳动合同所确立的劳动关系就没有存续的必要。

3. 用人单位因经济性裁员解除劳动合同。《劳动合同法》第 41 条明确规定：“有下列情形之一，需要裁减人员二十人以上或者裁减不足二十人但占企业职工总数百分之十以上的，用人单位提前三十日向工会或者全体职工说明情况，听取工会或者职工的意见后，裁减人员方案经向劳动行政部门报告，可以裁减人员：（一）依照企业破产法规定进行重整的；（二）生产经营发生严重困难的；（三）企业转产、重大技术革新或者经营方式调整，经变更劳动合同后，仍需裁减人员的；（四）其他因劳动合同订立时所依据的客观经济情况发生重大变化，致使劳动合同无法履行的。”

为了降低裁减人员对劳动者工作和生活的影响，《劳动合同法》规定了用人单位在裁减人员中应当承担的社会责任，对经济性裁员作了限制：（1）裁减人员时，应当优先留用下列人员：与本单位订立较长期限的固定期限劳动合同的；与本单位订立无固定期限劳动合同的；家庭无其他就业人员，有需要扶养的老人或者未成年人的。（2）用人单位在 6 个月内重新招用人员的，应当通知被裁减的人员，并在同等条件下优先招用被裁减的人员。

4. 对用人单位解除劳动合同的限制。根据《劳动法》第 29 条和《劳动合同法》第 42 条的规定，对用人单位解除劳动合同有限制的情形主要有以下六种。

（1）从事接触职业病危害作业的劳动者未进行离岗前职业健康检查，或者疑似职业病病人在诊断或者医学观察期间的。劳动者在劳动过程中，可能接触到有毒有害气体、粉尘、危险物品、噪声、强光等对人体有害的劳动环境。《职业病防治法》作了专门规定，对于接触职业病危害的作业的劳动者，用人单位应当组织其进行上岗前、在岗期间和离岗时的职业健康检查，且对未进行离岗前职业健康检查的劳动者不得解除或者终止与其订立的劳动合同；在疑似职业病病人诊断或者医学观察期间，不得解除与其订立的劳动合同。《劳动合同法》延续了此种规定，保护了劳动者在劳动过程中基本的安全与卫生权利，限制了用人单位在劳动者可能受到职业病危害、患职业病时解除劳动合同的权利。

（2）在本单位患职业病或者因工负伤并被确认丧失或者部分丧失劳动能力的。劳动者患职业病或因工负伤，经医治疗养后，被确诊部分丧失劳动能力的，用人单位可以调整其工作岗位，安排其进行力所能及的工作，不得解除劳动合同；如果被确诊是完全丧失劳动能力的，应当按照工伤保险待遇的规定安排劳动者的生活和工作，用人单位不得解除劳动合同。

（3）患病或者非因工负伤，在规定的医疗期内的。劳动者患病或非因工负伤，依法享受医疗保险待遇，在法定的医疗期内用人单位不得解除劳动合同。医疗期的长短，依据劳动者的工龄等来确定，一般是3～24个月。如患特殊疾病，在24个月没有治愈，经用人单位和劳动保障行政部门批准，可适当延长。

（4）女职工在孕期、产期、哺乳期的。女职工在经期、孕期、产期、哺乳期这“四期”受到特殊劳动保护，用人单位不得安排其从事特定的工作。同时，在孕期、产期、哺乳期的，用人单位不得解除劳动合同。

（5）在本单位连续工作满15年，且距法定退休年龄不足5年的。《劳动合同法》对于在用人单位工作时间长且年龄较大的劳动者给予特殊保护，限制用人单位解除劳动合同，保护已经为单位和社会做出较大贡献并且难以再就业的劳动者的权益。

（6）法律、行政法规规定的其他情形。

（四）劳动者单方解除劳动合同

1. 劳动者提前通知用人单位解除劳动合同。《劳动合同法》第37条规定：“劳动者提前三十日以书面形式通知用人单位，可以解除劳动合同。劳动者在试用期内提前三日通知用人单位，可以解除劳动合同。”劳动者提前通知用人单位解除劳动合同，是劳动合同解除的一般情形。

劳动合同是劳动者与用人单位在平等、自愿、协商一致的基础上订立的，当然在合法的前提下也可以解除。法律赋予劳动者依法解除劳动合同的权利，只要提前30日以书面形式通知用人单位，可以解除合同。除了要符合法定的程序，即提前30日通知用人单位，以避免用人单位的损失外，劳动合同解除没有任何其他条件。对于在试用期解除劳动合同，《劳动合同法》将劳动者在试用期内可以随时通知用人单位解除劳动合同，变更为劳动者在试用期内可以提前3日通知用人单位解除劳动合同，以保证用人单位工作的顺利交接。

2. 劳动者无需提前通知用人单位解除劳动合同。《劳动合同法》第38条规定用人单位有违法违规侵害劳动者合法权益的下列情形时，劳动者可以随时通知用人单位解除劳动合同或立即解除劳动合同。

（1）用人单位未按照劳动合同约定提供劳动保护或者劳动条件的。用人单位提供的劳动保护和劳动条件是劳动者在劳动过程中的身体健康与生命安全的基本保障，也是劳动过程顺利进行的基本条件，如果用人单位没有依照劳动合同提供，不仅侵犯了劳动者的正当权益，也无法保障劳动过程的顺利进行，劳动者有权随时通知用人单位解除劳动合同。

（2）用人单位未及时足额支付劳动报酬的。劳动报酬权是劳动者的一项基本权利，获得劳动报酬使得劳动者可以维持自己及其家庭成员的生活。用人单位不付、少付、延期支付劳动报酬，都是对劳动者基本权利的损害，劳动者有权随时通知用人单位解除劳动合同。

（3）用人单位未依法为劳动者缴纳社会保险费的。我国目前实行的五大保险中，养老、医疗、失业保险要求国家、用人单位和劳动者都负缴费义务，而工伤、生育两大保险劳动者不缴纳保险费。用人单位依法应为劳动者缴纳社会保险费，以保证劳动者享受各项社会保险待遇。如果用人单位没有履行缴纳社会保险费的义务，劳动者有权随时通知用人单位解除劳动合同。

（4）用人单位的规章制度违反法律、法规的规定，损害劳动者权益的。用人单位的规章制度应依法制定，依法制定的规章制度作为劳动合同的附件对劳动者具有约束力，劳动者应当遵守。但若用人单位的规章制度违反法律、法规的规定，损害劳动者权益的，不仅该规章制度不具有相应的法律效力，而且劳动者有权随时通知用人单位解除劳动合同。

（5）用人单位以欺诈、胁迫的手段或者乘人之危，使对方在违背真实意思的情况下订立或者变更劳动合同的。欺诈、胁迫的手段或者乘人之危，导致当事人意思表示不真实，也违背了平等自愿、诚实信用的原则。用人单位采取欺诈、胁迫的手段或者乘人之危订立劳动合同的，劳动者可以随时通知用人单位解除劳动合同。

（6）用人单位以暴力、威胁或者非法限制人身自由的手段强迫劳动者劳动的。这是一种严重侵犯劳动者人身权利的违法行为，情节严重的构成犯罪，应依法对责任人员追究刑事责任。针对这种严重损害劳动者权益的行为，劳动者可以不事先告知而立即解除劳动合同。

（7）用人单位违章指挥、强令冒险作业危及劳动者人身安全的。这同样是一种严重侵犯劳动者人身权利的违法行为，劳动者不仅有权拒绝，更享有立即解除劳动合同的权利，不需要事先告知用人单位。

二、劳动合同的终止

（一）劳动合同终止的概念

劳动合同的终止，是指劳动合同的法律效力依法被消灭，即劳动者与用人单位之间的劳动关系的终结。劳动合同的终止不同于劳动合同的解除，解除表现为劳动合同的法律效力提前消灭，而终止是基于一定的法律事实导致劳动合同效力的自然消灭。劳动合同解除可以表现为协议解除和法定解除，而《劳动合同法》取消了劳动合同的约定终止，规定劳动合同只因法定情形出现而终止。

（二）劳动合同终止的事由

《劳动合同法》第44条规定："有下列情形之一的，劳动合同终止：（一）劳动合同期满的；（二）劳动者开始依法享受基本养老保险待遇的；（三）劳动者死亡，或者被人民法院宣告死亡或者宣告失踪的；（四）用人单位被依法宣告破产的；（五）用人单位被吊销营业执照、责令关闭、撤销或者用人单位决定提前解散的；（六）法律、行政法规规定的其他情形。"

《劳动合同法》规定劳动合同只能因法定情形出现而终止。也就是说，劳动合同当事人不得约定劳动合同终止条件；即使约定了，该约定也无效。

（三）终止劳动合同的限制情形

《劳动合同法》第45条规定，劳动合同期满，有下列情形之一的，劳动合同应当续延至相应的情形消失时终止：（1）从事接触职业病危害作业的劳动者未进行离岗前职业健康检查，或者疑似职业病病人在诊断或者医学观察期间的；（2）在本单位患职业病或者因工负伤并被确认丧失或者部分丧失劳动能力的；（3）患病或者非因工负伤，在规定的医疗期内的；（4）女职工在孕期、产期、哺乳期的；（5）在本单位连续工作满15年，且距法定退休年龄不足5年的；（6）法律、行政法规规定的其他情形。如《工会法》规定，基层工会专职主席、副主席或者委员自任职之日起，其劳动合同期限自动延长，延长期限相当于其任职期间；非专职主席、副主席或者委员自任职之日起，其尚未履行的劳动合同期限短于任期的，劳动合同期限自动延长至任期期满。任职期间个人严重过失或者达到法定退休年龄的除外。在本单位患职业病或者因工负伤丧失或者部分丧失劳动能力劳动者的劳动合同的终止，按照国家有关工伤保险的规定执行。

三、解除或终止劳动合同的后合同义务

（一）解除或终止劳动合同的经济补偿

解除或终止劳动合同的经济补偿，是指在法定情形下，用人单位依据法定的项目和标准，向劳动者或其亲属支付的一次性的补偿，包括对劳动者劳动贡献积累的补偿、失业补偿和其他特殊补偿。《劳动合同法》第46条，不仅规定劳动合同在依法解除时给予经济补偿，增加了劳动合同在一定情形下终止时用人单位应对劳动者给予经济补偿，使得劳动者的劳动贡献积累补偿更为公平，也引导用人单位正常履行劳动合同，防止出现规避经济补偿而提前解除劳动合同的行为，引导用人单位与劳动者订立长期合同或无固定期限的合同。

据此规定，解除或终止劳动合同的经济补偿的情形包括以下方面。(1) 用人单位有下列违法情形，劳动者解除劳动合同的：用人单位未按照劳动合同约定提供劳动保护或者劳动条件的；用人单位未及时足额支付劳动报酬的；用人单位未依法为劳动者缴纳社会保险费的；用人单位的规章制度违反法律、法规的规定，损害劳动者权益的；用人单位以欺诈、胁迫的手段或者乘人之危，使对方在违背真实意思的情况下订立或者变更劳动合同。(2) 用人单位依法向劳动者提出解除劳动合同并与劳动者协商一致解除劳动合同的。(3) 用人单位提前 30 日以书面形式通知劳动者本人或者额外支付劳动者 1 个月工资后，依法解除劳动合同的。(4) 用人单位因经济性裁员而与劳动者解除劳动合同的。(5) 劳动合同期满，用人单位维持或者提高劳动合同约定条件续订劳动合同，劳动者不同意续订而终止劳动合同的。(6) 用人单位被依法宣告破产以及被吊销营业执照、责令关闭、撤销或者用人单位决定提前解散而终止劳动合同的。(7) 法律、行政法规规定的其他情形。

《劳动合同法》第 47 条规定了经济补偿的标准。经济补偿按劳动者在本单位工作的年限，每满 1 年支付 1 个月工资的标准向劳动者支付。6 个月以上不满 1 年的，按 1 年计算；不满 6 个月的，向劳动者支付半个月工资的经济补偿。劳动者月工资高于用人单位所在直辖市、设区的市级人民政府公布的本地区上年度职工月平均工资 3 倍的，向其支付经济补偿的标准按职工月平均工资 3 倍的数额支付，向其支付经济补偿的年限最高不超过 12 年。月工资是指劳动者在劳动合同解除或者终止前 12 个月的平均工资。这样规定，区分了普通劳动者和高端劳动者，既避免过于加重用人单位的人工成本，同时也合理调节高收入劳动者的收入水平。

(二) 违法解除或者终止劳动合同的赔偿义务

1. 用人单位违法解除或者终止劳动合同的赔偿义务。《劳动合同法》第 48 条规定："用人单位违反本法规定解除或者终止劳动合同，劳动者要求继续履行劳动合同的，用人单位应当继续履行；劳动者不要求继续履行劳动合同或者劳动合同已经不能继续履行的，用人单位应当依照本法第八十七条规定支付赔偿金。"第 87 条规定："用人单位违反本法规定解除或者终止劳动合同的，应当依照本法第四十七条规定的经济补偿标准的二倍向劳动者支付赔偿金。"据此，如果用人单位违反《劳动合同法》第 36 条、第 39 条、第 40 条、第 41 条、第 42 条、第 44 条、第 45 条等规定，诸如不符合法定条件用人单位单方解除或终止劳动合同、解除劳动合同时没有履行法定义务等，应当依法向劳动者支付赔偿金，赔偿金的标准为经济补偿标准的 2 倍。但依据《劳动合同法实施条例》的规定，用人单位违反《劳动合同法》的规定解除或者终止劳动合同，依照《劳动合同法》的规定支付了赔偿金的，不再支付经济补偿。即经济补偿与赔偿金不能同时适用。

2. 劳动者解除劳动合同的赔偿义务。《劳动合同法》第 90 条规定：“劳动者违反本法规定解除劳动合同，或者违反劳动合同中约定的保密义务或者竞业限制，给用人单位造成损失的，应当承担赔偿责任。”例如，劳动者违反《劳动合同法》第 37 条关于提前 30 天书面通知的规定，随意解除劳动合同影响用人单位正常生产经营活动的进行，给用人单位造成经济损失的，应当对用人单位承担赔偿责任。

（三）其他义务

解除或终止劳动合同，劳动关系终结，对当事人双方均产生新的权利与义务。主要包括以下后合同义务：（1）用人单位应当为劳动者出具解除或者终止劳动合同的证明；（2）用人单位为劳动者办理档案和社会保险关系转移手续，法律规定在 15 日内；（3）用人单位对已经解除或者终止的劳动合同的文本，至少保存 2 年备查。（4）劳动者按双方约定办理工作交接。

第六节　劳务派遣与非全日制用工

一、劳务派遣

（一）劳务派遣的概念与特征

劳务派遣，也称派遣劳动，是指劳务派遣单位与被派遣劳动者建立劳动关系，而后将劳动者派遣到实际用工单位，劳动者在实际用工单位的监督下从事劳动的一种用工形式。

劳务派遣具有以下法律特征：（1）劳务派遣中，涉及三方当事人，即与劳动者建立劳动关系的劳务派遣单位、实际使用劳动者的用工单位和劳动者三方。其中，劳动者与劳务派遣单位是劳动关系，应当有劳动合同；劳动者与实际用工单位是劳动力的使用关系，劳动者是在用工单位的指挥监督下从事劳动，实际用工单位应提供相应的劳动条件和劳动保护，对劳动者承担法定的义务和责任；劳务派遣单位与实际用工单位之间是平等主体之间的劳务派遣关系，双方应订立劳务派遣协议。（2）劳动力的使用与劳动关系的建立相分离，即劳动关系的实质与劳动关系的形式相分离。在劳务派遣中，与劳动者建立劳动关系的用人单位不需要也不使用劳动者，实际使用劳动者的用工单位却并不与劳动者建立劳动关系。（3）劳务派遣以盈利为目的。劳务派遣单位通过派遣劳动者从实际用工单位或者被派遣劳动者处获得管理费用或者利润，用工环节的增加也导致劳务派遣的交易成本增加，劳务派遣单位赚取了不该赚取的经营利润。（4）实际用工单位使用派遣劳动者，转移了不应转移的劳动风险，降低了使用劳动力的劳动成本。劳动过程中的劳动风险由用人单位承担是劳动法的一项基本原则，但劳务派遣用工形式下，实际用工单位规避了劳动法规定的用人单位应承担的很多义务，减少了社会保险与福利支出，转移了本应由用人单位承担的劳动风险。（5）劳务派遣用工形式下，劳动者的权益难以得到有效保障，难以与标准用工形式的劳动者享有同等权利。

（二）劳务派遣的法律规定

劳务派遣用工形式之所以在进入 21 世纪以后被广泛采用，一方面，是由于在一些领域通过劳务派遣形式用工符合社会化分工的需要；另一方面，也是由于对劳务派遣这种用工形式缺乏法律规范，使得一些用工单位出于规避劳动保障法律法规的意图而通过劳务派遣形式用工。《劳动合同法》对劳务派遣用工形式首次做出了规定，规范了这种用工形式。

1. 劳务派遣单位的设立。只有依法设立的能够独立承担民事法律责任且具备一定经济实力以承担对被派遣劳动者义务的公司法人才能专门从事劳务派遣业务。《劳动合同法》第 57 条规定，经营劳务派遣业务，应当向劳动行政部门依法申请行政许可；经许可的，依法办理相应的公司登记。未经许可，任何单位和个人不得经营劳务派遣业务。经营劳务派遣业务应当具备下列条件：（1）注册资本不得少于人民币 200 万元；（2）有与开展业务相适应的固定的经营场所和设施；（3）有符合法律、行政法规规定的劳务派遣管理制度；（4）法律、行政法规规定的其他条件。

2. 劳务派遣单位与被派遣劳动者的劳动合同的特别规定。一是规定了劳务派遣单位应当与被派遣劳动者订立 2 年以上的固定期限劳动合同，按月支付劳动报酬；被派遣劳动者在无工作期间，劳务派遣单位应当按照所在地人民政府规定的最低工资标准，向其按月支付报酬。从而防止用工单位与劳务派遣单位联合起来随意解除劳动合同，侵害被派遣劳动者的就业稳定权益。二是规定劳动合同除了标准用工形式下的必备条款外，还应当载明被派遣劳动者的用工单位以及派遣期限、工作岗位等情况。

3. 明确劳务派遣单位与用工单位之间的关系，规定劳务派遣单位和实际用工单位的义务。《劳动合同法》第 59 条规定，劳务派遣单位应当与用工单位订立劳务派遣协议。劳务派遣协议应当约定派遣岗位和人员数量、派遣期限、劳动报酬和社会保险费的数额与支付方式以及违反协议的责任。用工单位应当根据工作岗位的实际需要与劳务派遣单位确定派遣期限，不得将连续用工期限分割订立数个短期劳务派遣协议。

劳务派遣单位是劳动合同法所称的用人单位，应当履行用人单位对劳动者的义务。劳务派遣单位应当与劳动者订立劳动合同；劳务派遣单位应当将劳务派遣协议的内容告知被派遣劳动者；劳务派遣单位不得克扣用工单位按照劳务派遣协议支付给被派遣劳动者的劳动报酬；劳务派遣单位和用工单位不得向被派遣劳动者收取费用。劳务派遣单位或者被派遣劳动者依法解除、终止劳动合同的，依照《劳动合同法》第46条、第47条的规定支付经济补偿；劳务派遣单位违法解除或者终止被派遣劳动者的劳动合同的，被派遣劳动者要求继续履行劳动合同的，劳务派遣单位应当继续履行；被派遣劳动者不要求继续履行劳动合同或者劳动合同已经不能继续履行的，劳务派遣单位应当依法支付赔偿金。此外，劳务派遣单位不得以非全日制用工形式招用被派遣劳动者。用人单位或者其所属单位不得出资或者合伙设立劳务派遣单位向本单位或者所属单位派遣劳动者。

《劳动合同法》第62条明确规定了用工单位应当履行的义务，包括：（1）执行国家劳动标准，提供相应的劳动条件和劳动保护；（2）告知被派遣劳动者的工作要求和劳动报酬；（3）支付加班费、绩效奖金，提供与工作岗位相关的福利待遇；（4）对在岗被派遣劳动者进行工作岗位所必需的培训；（5）连续用工的，实行正常的工资调整机制；（6）应当按照劳务派遣协议使用被派遣劳动者，不得将被派遣劳动者再派遣到其他用人单位。

4. 对被派遣劳动者的权利作了一些特别规定。一是规定劳务派遣单位跨地区派遣劳动者的，被派遣劳动者享有的劳动报酬和劳动条件按照用工单位所在地的标准执行；二是规定被派遣劳动者享有与用工单位的劳动者同工同酬的权利，用工单位应当按照同工同酬原则，对被派遣劳动者与本单位同类岗位的劳动者实行相同的劳动报酬分配办法。用工单位无同类岗位劳动者的，参照用工单位所在地相同或者相近岗位劳动者的劳动报酬确定；三是规定被派遣劳动者有权在劳务派遣单位或者用工单位依法参加或者组织工会，维护自身的合法权益。

5. 限定劳务派遣岗位的范围。《劳动合同法》第66条规定，劳动合同用工是我国的企业基本用工形式。劳务派遣用工是补充形式，只能在临时性、辅助性或者替代性的工作岗位上实施。临时性工作岗位是指存续时间不超过6个月的岗位；辅助性工作岗位是指为主营业务岗位提供服务的非主营业务岗位；替代性工作岗位是指用工单位的劳动者因脱产学习、休假等原因无法工作的一定期间内可以由其他劳动者替代工作的岗位。用工单位应当严格控制劳务派遣用工数量，不得超过其用工总量的一定比例，具体比例由国务院劳动行政部门规定。

6. 未经许可，擅自经营劳务派遣业务的，由劳动行政部门责令停止违法行为，没收违法所得，并处违法所得1倍以上5倍以下的罚款；没有违法所得的，可以处5万元以下的罚款。劳务派遣单位、用工单位违反有关劳务派遣规定的，由劳动行政部门责令限期改正；逾期不改正的，以每人5 000元以上1万元以下的标准处以罚款，对劳务派遣单位，吊销其劳务派遣业务经营许可证。用工单位给被派遣劳动者造成损害的，劳务派遣单位与用工单位承担连带赔偿责任。

二、非全日制用工

（一）非全日制用工的概念

非全日制用工，是指以小时计酬为主，劳动者在同一用人单位一般平均每日工作时间不超过4小时、每周工作时间累计不超过24小时的用工形式。

（二）非全日制用工的特殊规定

非全日制用工有别于全日制用工，其特殊规定主要有：（1）从事非全日制用工的劳动者可以与一个或者一个以上用人单位订立劳动合同；但是，后订立的劳动合同不得影响先订立劳动合同的履行。而全日制用工劳动者只能与一个用人单位订立劳动合同。（2）非全日制用工双方当事人可以订立口头协议。而全日制用工，应当订立书面劳动合同。（3）非全日制用工双方当事人不得约定试用期。而全日制用工，除了以完成一定工作任务为期限的劳动合同和3个月以下固定期限劳动合同外，其他劳动合同可以依法约定试用期。（4）非全日制用工双方当事人任何一方都可以随时通知对方终止用工；终止用工，用人单位不向劳动者支付经济补偿。而全日制用工，双方当事人应当依法解除或者终止劳动合同；用人单位解除或者终止劳动合同，应当依法支付经济补偿金。（5）非全日制用工不得低于用人单位所在地人民政府规定的最低小时工资标准。而全日制用工劳动者执行的是月最低工资标准。（6）非全日制用工劳动报酬结算周期最长不得超过15日。而全日制用工，工资应当至少每月支付一次。

【案例研讨】

案例1：竞业禁止案

刘某原系某药物技术公司职工，与药物技术公司于2005年2月24日签订了劳动合同，期限自当日至2008年2月24日。同日双方签订《保密与同业禁止协议》，约定在劳动关系存续期间，刘某不得在其他同类或竞争性企业兼职，不得自行成立或参与其他企业与该药物技术公司的竞争；刘某在双方劳动关系存续期间或者终止后，不得抢夺该药物技术公司客户，亦不得以不正当竞争手段引诱药物技术公司的其他雇员离职。但该协议未约定刘某在遵守上述约定义务的情况下可以享受的相关权利。刘某于2007年1月19日离职，公司未向其支付竞业禁止补偿金，并以要求刘某支付竞业禁止违约金30万元为由向北京市劳动争议仲裁委员会提出申诉，该仲裁委员会经审理，驳回了公司的申诉请求。该药物技术公司以同样的诉求向人民法院提起诉讼。

法院经审理认为，该药物技术公司与刘某签订的《保密与同业禁止协议》是劳动合同的附件，双方当事人的权利与义务应当平等。但该协议仅约定了刘某的义务，并未约定刘某在遵守上述约定义务的情况下可以享受的相关权利，公司亦未举证证明曾向刘某支付竞业禁止补偿金以及刘某在职期间向其支付的工资中包含有竞业禁止补偿金。法院认为，该协议内容显失公平，对刘某不具有约束力，遂终审判决驳回了该药物技术公司的诉讼请求。①

评析：

这是一起用人单位以劳动者违反竞业限制义务约定要求劳动者支付违约金的劳动合同纠纷。我国《劳动合同法》第一次明确规定了劳动者与用人单位可以约定违约金的情形。《劳动合同法》第25条规定："除本法第22条和第23条规定的情形外，用人单位不得与劳动者约定由劳动者承担违约金。"《劳动合同法》第22条和第23条分别规定的是劳动者有服务期约定和竞业限制义务约定的前提下，用人单位可以与劳动者约定由劳动者承担违约金的情形。对于劳动者的竞业限制义务和违反义务的违约责任，《劳动合同法》第23条明确规定："用人单位与劳动者可以在劳动合同中约定保守用人单位的商业秘密和与知识产权相关的保密事项。对负有保密义务的劳动者，用人单位可以在劳动合同或者保密协议中与劳动者约定竞业限制条款，并约定在解除或者终止劳动合同后，在竞业限制期限内按月给予劳动者经济补偿。劳动者违反竞业限制约定的，应当按照约定向用人单位支付违约金。"

竞业限制条款，也称为禁止同业竞争条款，即约定禁止劳动者参与或者从事与用人单位同业竞争以保守用人单位商业秘密的合同条款，它包括对禁止同业竞争的期限、范围和补偿等的约定。竞业限制在我国《劳动合同法》中是将其作为对负有保密义务的劳动者的又一项与保密义务相联系的约定义务作了规定。我国竞业限制的主要内容包括：（1）允许约定竞业限制的前提。约定竞业限制的前提是劳动者负有保密义务，如果是用人单位不知悉、不掌握商业秘密的普通劳动者，则不可以约定劳动者的竞业限制义务。（2）竞业限制的适用对象。法律明确限定，竞业限制的人员限于用人单位的高级管理人员、高级技术人员和其他负有保密义务的人员。（3）竞业限制的范围、地域。对于竞业限制的范围和地域，可以由劳动合同当事人双方约定，并结合实践来确定与本单位生产或者经营同类产品、从事同类业务的有竞争关系的范围与相关地域。（4）竞业限制的期限。法律允许当事人约定具体的竞业限制期限，但对最长期限做出了限制，即不得超过2年，防止用人单位利用优势地位限制劳动者的自由择业权。（5）竞业限制的补偿。约定竞业限制，对保守用人单位商业秘密具有重要意义，但同时竞业限制毕竟在一定期限、一定范围、一定地域限制了劳动者的就业权的实现，是对其自由择业权的限制，从公平的角度应对劳动者给予经济补偿。法律规定，经济补偿是在竞业限制期限内按月给予劳动者的，但未对具体补偿标准做出规定。结合实践，从公平的角度考量，经济补偿的标准一般按年计算，每竞业限制1年，用人单位通常应当给予该职工相当于其年工

① 参见李唯一：《竞业限制条款仅约定劳动者义务，法院判决合同不具约束力》，http：//www.cnlsslaw.com/list.asp？unid=5397

资收入1/2~2/3的经济补偿。按月支付的话，则每月的经济补偿标准相当于该职工月工资收入的1/2~2/3。（6）违反竞业限制的违约责任。劳动者如违反竞业限制义务，应承担合同约定的违约责任。由于竞业限制义务的履行表现为劳动合同解除或终止后的行为，因此，违约方表现为劳动者一方而非劳动合同双方，故法律仅规定了劳动者的违约责任。结合本案，可以看出，用人单位仅仅约定了刘某的竞业限制义务，并未约定用人单位对刘某的竞业限制补偿金，更没有证据证明曾向刘某支付竞业禁止补偿金以及刘某在职期间向其支付的工资中包含有竞业禁止补偿金。所以，该药物技术公司与刘某的竞业限制约定内容是显失公平的，药物技术公司一方享有权利而不承担相应的义务。据此，法院认定合同显失公平，对刘某不具有约束力，这是正确的。

案例2：经济性裁员案

2007年下半年开始，包括中央电视台（CCTV）、LG、沃尔玛、中石化、泸州老窖等知名企业在内的众多企业开始了大规模"裁员"。"裁员"的理由多种多样，但体现的法律表现形式大致包括劳动合同到期不续签、终止事实劳动关系、协商解除劳动合同甚至违法解除劳动合同等；"裁员"的对象基本为在本单位连续工作年限5年以上的老员工或者是所谓临时工、劳务工；"裁员"的规模在部分企业甚至超过了20%；"裁员"的结果也各不相同，有平稳解除或终止的，有解除或终止后转为以劳务派遣方式继续用工的，也有解除或终止后不满员工把公司告上公堂的……但无一例外的是，在《劳动合同法》颁布及即将实施的背景下，这些沸沸扬扬的"裁员"事件引起了新闻媒体、政府部门、学者等的普遍关注，甚至引发对于《劳动合同法》是否矫枉过正的讨论。①

评析：

本案涉及的法律问题是经济性裁员，包括裁员的条件和程序、限制等法律制度。根据我国《劳动法》和《劳动合同法》的规定，企业可以在一定条件下进行经济性裁员。经济性裁员通常指企业由于生产经营发生严重困难等原因，为改善状况而辞退成批劳动者的情形。但是，经济性裁员要符合法定的要件，并严格遵循相应的程序规定。

我国《劳动法》第27条第1款规定："用人单位濒临破产进行法定整顿期间或者生产经营状况发生严重困难，确需裁减人员的，应当提前三十日向工会或者全体职工说明情况，听取工会或者职工的意见，经向劳动行政部门报告后，可以裁减人员。"考虑到用人单位调整经济结构、革新技术以适应市场竞争的需要，《劳动合同法》放宽了用人单位在确需裁减人员时进行裁减人员的条件，第41条明确规定："有下列情形之一，需要裁减人员20人以上或者裁减不足20人但占

---

① 陈娜：《2007年十大劳动争议案件之全国各地：中央电视台（CCTV）、LG、沃尔玛、中石化、泸州老窖等裁员案》，载《法制日报》2008年1月31日。

企业职工总数 10% 以上的，用人单位提前三十日向工会或者全体职工说明情况，听取工会或者职工的意见后，裁减人员方案经向劳动行政部门报告，可以裁减人员：（一）依照企业破产法规定进行重整的；（二）生产经营发生严重困难的；（三）企业转产、重大技术革新或者经营方式调整，经变更劳动合同后，仍需裁减人员的；（四）其他因劳动合同订立时所依据的客观经济情况发生重大变化，致使劳动合同无法履行的。”

《劳动合同法》明确了用人单位可以裁减人员的四种法定情形，同时对裁员的人数做出了限定，即一次性裁减人员 20 人以上或者裁减不足 20 人但占企业职工总数 10% 以上的，才是经济性裁员。如不符合法定人数的要求，只能单个解除劳动合同。

对于经济性裁员，用人单位应当依照法定程序与被裁减人员解除劳动合同。(1) 提前 30 日向工会或全体职工说明情况，并提供有关生产经营状况的资料。(2) 提出裁减人员方案，内容包括被裁减人员名单、裁减时间及实施步骤，以及符合法律、法规规定和集体合同约定的被裁减人员的经济补偿办法。(3) 就裁减人员方案征求工会或者全体职工的意见，并对方案进行修改和完善。(4) 向当地劳动保障行政部门报告裁减人员方案，并听取劳动保障行政部门的意见。(5) 由用人单位正式公布裁减人员方案，与被裁减人员办理解除劳动合同手续，按照有关规定向被裁减人员本人支付经济补偿金，并出具裁减人员证明书。

需要注意的是，企业在裁员时，“老、弱、病、残”员工一般不得裁减，包括：(1) 从事接触职业病危害作业的劳动者未进行离岗前职业健康检查，或者疑似职业病病人在诊断或者医学观察期间的（病）；(2) 在本单位患职业病或者因工负伤并被确认丧失或者部分丧失劳动能力的（残）；(3) 患病或者非因工负伤，在规定的医疗期内的（病）；(4) 女职工在孕期、产期、哺乳期的（弱）；(5) 在本单位连续工作满 15 年，且距法定退休年龄不足 5 年的（老）。

同时，裁减人员时，还应当优先留用下列人员：与本单位订立较长期限的固定期限劳动合同的；与本单位订立无固定期限劳动合同的；家庭无其他就业人员，有需要照料的老人或者未成年人的。另外，用人单位裁员后，在 6 个月内重新招用人员的，应当通知被裁减人员，并在同等条件下优先招用被裁减的人员。

思考问题与案例

一、思考问题

1. 劳动合同有哪些特征？

2. 劳动合同与民事合同的主要区别有哪些？

3. 订立劳动合同应当遵循的基本原则有哪些？

4. 实践中常见的劳动合同的协议条款有哪些？我国《劳动合同法》针对这些条款有何规定？

5. 无效劳动合同主要有哪些？

6. 劳动者提前解除劳动合同，法律规定的条件和程序是什么？

7. 用人单位提前解除劳动合同的条件和程序是什么？

8. 劳动合同的解除与终止有何不同？

9. 劳务派遣的主要特征有哪些？

10. 非全日制用工与全日制用工的主要区别有哪些？

二、思考案例

1. 甲公司与王某于2006年10月5日签订了一份为期2年的劳动合同。2006年11月2日王某到甲公司正式报到上班。其后公司发现王某不能胜任工作，提出解除与王某的合同，王某不同意，双方发生争议。2007年3月5日双方达成和解协议。2007年3月15日甲公司反悔，拒绝履行和解协议。2007年5月25日王某向劳动争议仲裁委员会提出申诉，劳动争议仲裁委员会以超过仲裁申请期限为由，做出不予受理的决定。王某不服，向人民法院提起诉讼。

问题：

（1）甲公司与王某何时建立了劳动关系，为什么？

（2）甲公司能否解除与王某的劳动合同，为什么？

（3）王某能否向人民法院申请强制执行与甲公司达成的和解协议，为什么？

（4）人民法院应如何处理王某提起的诉讼？

2. 刘某在2008年1月与某厂签订了劳动合同，合同期限为3年。2010年1月，该厂为刘某提供了一项为期6个月的专项培训，培训费用为2万元。双方就此达成补充协议。约定刘某培训结束后，应为该厂继续服务5年。刘某如违约，应承担违约金2万元，并退回用人单位在其培训期间支付的工资9 000元。

问题：

（1）若刘某接受培训后回厂工作。工作2年后，刘某提前30日书面通知用人单位解除合同，刘某最多应当承担多少违约金？刘某是否还应退回培训期间的工资？为什么？

（2）若刘某接受培训后未回厂工作，而是去了另一家公司。因为刘某的不辞而别给该厂带来损失5万元。该厂除请求刘某支付2万元违约金外，能不能请求刘某赔偿损失？为什么？

3. 甲于2008年8月与某饭店签订了为期5年的劳动合同。合同明确规定其责任是负责饭店大堂的接待等全部工作，试用期8个月，月工资3 000元。8个月试用期后饭店表示满意，合同正式履行。2009年4月，因饭店餐饮部门负责人调离，饭店主管又认为大堂经理最好以女性为宜，于是在未与甲协商的情况下，便安排甲将大堂工作移交，接手餐饮部的工作。对此，甲表示不同意，认为原合同规定是来作大堂部经理工作。饭店认为甲与饭店已签了劳动合同，甲已成为本饭店的职员，就应当服从饭店的安排，仍坚持由甲去做餐饮部工作。甲坚决不同意，并仍到大堂部上班。

问题：

(1) 甲与该饭店签订的合同有什么错误？请指出。

(2) 该饭店硬行安排甲去餐饮部工作的做法是否正确？为什么？

(3) 如果该饭店欲以此理由解雇甲，是否符合法律规定？为什么？

(4) 甲如被解雇，可采取什么方法维护自己的合法权益？

(5) 甲如被解雇，工会可从哪些方面帮助甲维护其合法权益？

4. 某煤矿招收井下作业工人50名，其中有20名尚未与原单位解除劳动合同。用人单位拿出事先印好的劳动合同要求工人签字。合同中的内容包括：(1) 婚丧假期间不支付工资。(2) 每月延长工作时间不得超过40小时。(3) 职工一方要求提前解除合同需60日以前通知用人单位。(4) 职工可以自愿参加失业保险和养老保险。(5) 在合同期内工人患矽肺病不得解除劳动合同。(6) 连续工作1年以上可以享受年休假。双方在签订劳动合同时发生争议。

问题：

(1) 该煤矿招收工人的过程中是否有违反法律的行为？为什么？

(2) 该合同的签订程序是否有违反法律的情况？为什么？

(3) 该劳动合同的内容是否符合法律规定？为什么？

5. 2011年8月，徐某通过赶集网应聘上海益实多电子商务有限公司（以下简称1号店）做货品配送员，在1号店参加面试、交押金并签了合同。2012年12月徐某被解雇。2013年1月4日，徐某向深圳市罗湖区劳动人事争议仲裁委员会提请仲裁，要求确认与1号店的劳动合同关系，返还押金，支付工资、加班费、经济补偿金、社保等合计15万元。徐某称，2011年8月30日~2012年12月14日期间，他一直在1号店工作。在1号店的要求下，他先后分别同深圳市人力资源服务有限公司、众大亚洲人才资源开发（上海）有限公司签订劳务派遣合同。但他自己从来没有见过、接触过这两家劳务派遣公司，并称当初面试、签订合同、改签合同、发放工资等全部是由1号店的深圳分公司负责。徐某称，自入职以来一直没有休过年假，国家法定节假日仍被要求加班，但却没有相应的加班费。1号店采用每月4天休息制，每天上班8~10小时，每天配快递800~1 000件，方可拿到基本工资。2013年7月8日，深圳罗湖区劳动人事争议仲裁委员会认定：劳务派遣合同有效。徐某不服，向罗湖区人民法院提起诉讼。

问题：

(1) 根据我国《劳动合同法》的规定，劳动派遣的适用范围是什么？本案中1号店的做法合法吗？

(2) 根据我国《劳动合同法》的规定，劳动派遣工享有哪些权利？本案中徐某的诉求有合法依据吗？

(3) 深圳罗湖区劳动人事争议仲裁委员会认定劳务派遣合同有效合法吗？为什么？

(4) 你认为徐某向罗湖区人民法院提起诉讼的法律依据是什么？他能赢吗？

6. 以下是某中外合资企业发给劳动者的经济性裁减人员的通知书。

裁员通知书

本公司遭到4月24日特大火灾，四车间在相当长的时期内无法恢复生产。公司董事会于5月2日进行讨论，工会主席也列席了会议。根据本公司个人劳动合同第三章第五条的规定，“企业因生产经营或者技术条件发生变化而人员有多余的，可以解除劳动合同。”现已决定：

解除四车间全体员工的劳动合同。请您接到通知后，于本月 25 日，随带户口簿、工作证、劳保卡、会员证等前来办理解除合同的手续。公司将统一发给相当于 1 个月工资的裁员补偿金，待保险公司理赔后，再发相当于 1 个月的工资补偿金。希望各位员工体谅公司的困难。祝您另行择业顺利。

此致

××公司人事部（章）

2009 年 5 月 3 日

问题：

请依据《劳动法》的规定，说明该通知书的错误。

第七章　集体合同制度

【本章导语】

集体合同制度是协调劳动关系的一项重要法律制度。本章着重阐述了集体合同的概念与特征，集体合同的内容、形式和效力，集体合同的签订与变更，集体合同争议的解决等问题。学习中注意把握集体合同与劳动合同的区别，理解集体合同的效力，掌握集体合同争议的解决规则。

【引导案例】

案例 1：集体合同仲裁案

鞍山市某公司由于经营的原因，长期拖欠职工工资、社会保险费、采暖费等款项。经过协商，2003 年 10 月 26 日，该公司工会（以下简称工会）与公司签订了为期 2 年的集体合同，明确规定："公司在本合同期间，全部清偿以前历年拖欠的职工工资、补贴、福利。如果公司没有资金偿还，则以资产偿还，以物抵债。""公司和职工必须依法参加社会保险，缴纳社会保险费。在本合同期内，公司必须对以前拖欠的职工劳动保险予以清偿。"但集体合同到期时，该公司已没有资金来履行集体合同的承诺，主张拖欠职工的债务由改制后的新企业偿还，工会坚决不同意。在有关部门对此调解不成的情况下，2005 年 10 月 12 日工会召开职工代表大会，一致决定：要求工会代表职工依法申请集体合同仲裁。2005 年 12 月 7 日，工会向劳动争议仲裁委员会申请仲裁，要求公司履行集体合同的约定，偿还拖欠职工工资、医药费、取暖费、养老金、待建费及经济补偿金等各项费用合计 772.4 万元。仲裁委员会依法裁决：公司依照集体合同的规定，以其所属的两个市场和库房、机械设备、车辆等资产等额抵偿所欠职工的上述各项费用 772.4 万元，并且承担相关手续费用。①

案例 2：首例肯德基在中国的工资集体合同

百胜餐饮（沈阳）有限公司（以下简称沈阳肯德基），包括必胜客在内，共有 66 家门店，拥有员工 2 350 人。从 2009 年 12 月 23 日开始，沈阳肯德基工会向公司行政方发出要约，要求

① 参见辽宁省总工会网：《辽宁省总工会维护职工权益的"双保险"：集体合同仲裁加企业资产保全》，http://www.lnszgh.org/Article/ztbd/201002/4210_3.html

平等协商签订集体合同。但经 3 个月商谈，双方在量化工资核心条款方面未达成一致。2010 年 3 月 31 日，沈阳市总工会向沈阳肯德基行政方面发出律师函，敦促其尽快量化工资核心条款，依法签订集体合同保障职工合法利益。在此后多次协商没有结果的情况下，6 月初，沈阳市总工会领导约见沈阳肯德基行政主要负责人进行协调磋商。经过多次磋商和要求，2010 年 6 月 17 日，沈阳肯德基工会与公司行政方签订了集体合同。此次签订的集体合同共十章四十四条，包括职工工作岗位、劳动报酬、工资增幅、带薪休假、社会保险、劳动保护等必备条款，尤其对职工最关心的企业最低工资标准和职工工资增长幅度做出了量化规定。合同规定，自集体合同生效之日起，沈阳市 66 家连锁餐厅合同制职工月最低工资标准，由 700 元提高到 900 元；职工平均工资年均增幅 5%，其中一线职工工资增幅高于 5%。2011 年年底前，公司工会将与行政方启动新一轮协商，续签集体合同。这是肯德基在中国签订的首个集体合同，标志着沈阳肯德基在建立职工工资共商共决机制上取得了实质性的突破。①

【重点问题】

1. 集体合同的适用范围。
2. 集体合同与劳动合同的关系。
3. 集体合同争议的解决。

第一节　集体合同概述

一、集体合同的概念与特征

集体合同，又称团体协约、劳动协约、团体契约、集体协约或联合工作合同，是用人单位或其团体与工会经集体协商签订的以全体劳动者的劳动条件为中心内容的书面协议。根据国际劳工组织第 91 号建议书《集体合同建议书》第 2 条第 1 款的规定，“以一个雇主或一群雇主，或者一个或几个雇主组织为一方，一个或几个有代表性的工人组织为另一方，如果没有这样的工人组织，则根据国家法律和法规由工人正式选举并授权的代表为另一方，上述各方之间缔结的关于劳动条件和就业条件的一切书面协议，称为集体合同。”我国《集体合同规定》第 3 条规定：“本规定所称集体合同，是指用人单位与本单位职工根据法律、法规、规章的规定，就劳动报酬、工作时间、休息休假、劳动安全卫生、职业培训、保险福利等事项，通过集体协商签订的书面协议；所称专项集体合同，是指用人单位与本单位职工根据法律、法规、规章的规定，就集体协商的某项内容签订的专项书面协议。”《劳动合同法》第 51 条规定：“企业职工一方与用人单位通过平等协商，可以就劳动报酬、工作时间、休息休假、劳动安全卫生、保险福

---

① 参见辽宁省总工会网：《肯德基在沈阳签订首个集体合同职工工资年增 5%》，http://www.ln-szgh.org/Article/qhyw/201006/4572.html

利等事项订立集体合同。集体合同草案应当提交职工代表大会或者全体职工讨论通过。集体合同由工会代表企业职工一方与用人单位订立；尚未建立工会的用人单位，由上级工会指导劳动者推举的代表与用人单位订立。”

集体合同具有如下法律特征：(1) 集体合同性质上是劳动协议。它以用人单位或其团体的全体劳动者与用人单位或其团体之间整体性的劳动权利和劳动义务为内容，为已建立的劳动关系设定劳动权利义务标准，性质属于劳动协议。(2) 集体合同当事人特定，一方是用人单位或其团体，另一方是工会组织或职工代表。(3) 集体合同内容具有较强的通用性，它以集体劳动关系中全体劳动者的共同权利义务为内容，普遍适用于用人单位或其团体的全体劳动者。(4) 集体合同一般表现为定期要式合同。

二、集体合同与劳动合同的区别

集体合同与劳动合同相比较，有下述主要区别：(1) 当事人不同。劳动合同当事人为单个劳动者和用人单位；集体合同当事人为劳动者团体（即工会）和用人单位或其团体，故又称团体协约或团体合同。(2) 目的不同。订立劳动合同的主要目的是确定劳动关系；订立集体合同的主要目的是为确立劳动关系设定具体标准，即在其效力范围内规范劳动关系。(3) 内容不同。劳动合同以单个劳动者的权利和义务为内容，一般包括劳动关系的各个方面；集体合同以集体劳动关系中全体劳动者的共同权利和义务为内容，可能涉及劳动关系的各个方面，也可能只涉及劳动关系的某个方面（如工资制度等）。(4) 期限不同。劳动合同有定期劳动合同、不定期劳动合同和以完成一定工作任务为期限的劳动合同；集体合同为定期合同。(5) 签订程序不同。劳动合同由劳动合同当事人在平等自愿的基础上充分协商而签订；集体合同采用集体协商或专门的签订程序。(6) 效力不同。劳动合同对单个的用人单位和劳动者有法律效力；集体合同对签订合同的单个用人单位或用人单位团体所代表的全体用人单位，以及工会所代表的全体劳动者，都有法律效力。并且，集体合同的效力一般高于劳动合同的效力。

三、集体合同的性质

关于集体合同的性质，经历了不同的发展阶段，同时各国对集体合同性质的认识也不相同。大致分为三种观点：第一种是君子协定。英国学者和工会理论家普遍持这种观点。其理由是缔结集体协议的双方并没有创设法律关系的意思表示，所以不具有法律上的合同效力。集体协议不能通过司法程序强制执行，违反集体协议的当事人也不承担相应的法律责任，只承担道德和社会责任。第二种是债权合同。大多数市场经济国家都持这种观点。该观点认为，集体合同具有债的一般属性，因此，具有合同的拘束力，并且其效力高于劳动合同，集体协议的内容可直接成为劳动合同的内容，当劳动合同规定的条件低于集体合同时，应以集体合同为准。第三种是法规。该观点认为，集体合同具有类似于法规的性质，属于劳动法的一种渊源，集体合同涉及的当事人双方必须遵守作为类似于法规而存在的集体合同。

四、集体合同的种类

集体合同可以依照不同的标准进行分类。

（一）依据集体合同的内容

依据集体合同的内容，集体合同可以分为综合性集体合同和专门性集体合同。综合性集体合同，是指内容涉及集体劳动条件的方方面面的集体合同，一般包括劳动报酬、工作时间、休息休假、劳动安全卫生、职业培训、保险福利等事项。专门性集体合同，也称专项集体合同，是仅仅针对集体劳动条件的某一方面做出约定的集体合同，如工资集体协议、女职工劳动保护集体协议等。《劳动合同法》第 52 条规定："企业职工一方与用人单位可以订立劳动安全卫生、女职工权益保护、工资调整机制等专项集体合同。"

（二）依据调整的范围和层次

依据集体合同调整的范围和层次，集体合同可分为企业集体合同、产业（行业性）集体合同、地方（区域性）集体合同和全国集体合同。在实行单一层次集体合同模式的国家，只有企业集体合同这种基层集体合同。企业集体合同，即由基层工会与用人单位签订的只对本单位全体职工和单位行政具有法律效力的集体合同。目前实行这种模式的国家并不多，日本是大量存在企业集体合同的国家。在实行多层次集体合同模式的国家，法律允许基层集体合同与若干宏观层次集体合同并存，后者即产业集体合同、职业集体合同、区域性集体合同和全国集体合同，它们分别由产业工会与产业用人单位团体（或大型联合企业）、职工工会组织与有关用人单位团体（或大型联合企业）、地方性联合工会与联合用人单位团体、全国性联合工会与联合用人单位团体签订，各自对当事人双方所代表的全体劳动者和用人单位具有法律效力。现代西方国家大多实行这种模式，如欧、美各国。基层集体合同与宏观层次集体合同相比较，在保护劳动者权益和协调劳动关系方面各有优缺点，能够互补。就单一层次集体合同模式和多层次集体合同模式而言，后者较为理想。我国《劳动合同法》首次在法律层面规定了行业性集体合同和区域性集体合同，《劳动合同法》第 53 条规定："在县级以下区域内，建筑业、采矿业、餐饮服务业等行业可以由工会与企业方面代表订立行业性集体合同，或者订立区域性集体合同。"

（三）依据集体合同的期限

依据集体合同的期限形式不同，集体合同可分为定期集体合同、不定期集体合同、以完成一定项目为期限的集体合同。各国一般采用定期集体合同，并在立法中限制其最短期限（通常规定为1年）和最长期限（通常规定为3~5年）。也有些国家还采用不定期集体合同，立法中只规定其生效时间而不规定其终止时间，如法国、日本等。按照惯例，这种集体合同可以随时由当事人提前一定期限通知对方终止。还有少数国家采用以完成一定项目为期限的集体合同，如利比亚等。在实践中，当这种集体合同约定的工作（工程）未能在法定最长期限内完成时，一般将法定最长期限视为该集体合同的有效期限。集体合同的期限，由当事人双方在法定最短和最长期限范围内自行协商约定，期满前经当事人协商一致可以延期，但延期也不得超过法定最长期限。我国《集体合同规定》只就定期集体合同作了规定。《集体合同规定》第38条规定，集体合同或专项集体合同期限一般为1~3年，期满或双方约定的终止条件出现，即行终止。

五、集体合同的立法概况

集体合同，是产业革命以后，随着工人运动的发展，特别是工会的兴起而产生和发展起来的。在18世纪末，英、美等国雇佣劳动者团体与工厂雇主签订的劳动协定是资本主义国家集体合同的萌芽。如1799年美国费城制鞋工人与雇主举行谈判并在谈判的基础上达成协议。到了19世纪50年代，集体合同在许多行业中发展起来，1850年英国的纺织、矿山、炼铁业的工会也与企业主之间达成了一些协议。后来，工资协议等集体合同逐渐增多，适用范围逐渐扩大。但是，早期集体合同并不具有法律效力，法院也不受理集体合同案件。

到了20世纪初，资本主义各国先后开始了集体合同立法，承认集体合同的效力。世界上最早进行集体合同立法的国家是新西兰。早在1904年新西兰就制定了有关集体合同的法律。1907年，奥地利、荷兰先后制定了此类法律。1911年，瑞士颁布的《债务法》中就有关于集体合同的规定。早期的集体合同法较简单，而且多在民法中加以规定。德国在1918年发布了《劳动协约、劳动者及使用人委员会暨劳动争议调停令》，并于1921年颁布了《劳动协约法（草案）》。法国于1919年颁布了《劳动协约法》后，又将其编入《劳动法典》。1935年美国公布了《国家劳工关系法》（《华格纳法》）。“二战”后，一些国家在制定和修订劳动法时，大都对集体合同作了专门规定。有些国家还制定了新的集体合同法。如1946~1956年法国就颁布了几项集体合同法律。另外，一些第三世界国家的劳动法典，如1956年加纳，1967年卢旺达，1970年伊拉克、利比亚、阿拉伯也门共和国，1971年赞比亚，都对集体合同作了专门规定。20世纪60年代以来，集体合同的内容普遍扩大，除过去规定的工作时间、工资标准和劳动保护等项内容外，还规定了录用、调动和辞退职工的程序、技术培训、休假期限、辞退补助金、养老金和抚恤金的支付条件以及工人组织的权利和工人参加企业管理办法等项内容。

1918年7月2日，苏联颁布第一个集体合同法令，即《确定工资定额（工资率）和劳动条件的集体合同批准程序》。苏联从1918年开始按产业订立集体合同，后来逐渐将适用范围改为企业内部，并且建立了相应的集体合同法律制度。1922年《俄罗斯联邦劳动法典》第4章、1970年《苏联和各加盟共和国劳动立法纲要》第2章，都对集体合同作了专门规定。东欧各国也在苏联的影响下建立了集体合同制度，如保加利亚（1951年）、匈牙利（1967年）、罗马尼亚（1972年）、南斯拉夫（1976年）等国所颁布的劳动法典中，都有关于集体合同制度的条款。

现代集体合同立法已纳入国际劳工立法体系。国际劳工组织制定了若干项有关集体合同的公约和建议书，如1949年的第98号公约《组织权利和集体谈判权利公约》；1951年的第91号建议书《集体协议建议书》；1981年的第154号公约《促进集体谈判公约》和第163号同名建议书。

我国早在新民主主义革命时期，中国共产党通过中国劳动组合书记部于1922年拟订的《劳动法案大纲》中就提出了“劳动者有缔结团体契约权”的斗争纲领。国民党政府于1930年公布《团体协约法》，承认雇主或雇主团体与工人团体有缔结团体协约的权力，但为了反对工人斗争又规定“团体协约当事团体对其团员有使其不为一切斗争，并使其不违反团体协约规定的义务”。新中国成立初期和“一五”计划期间，不仅在《中国人民政治协商会议共同纲领》和《工会法》等立法中对集体合同作了规定，而且还制定了关于集体合同的专项规章。党的十一届三中全会以后，在1983年的《中国工会章程》、1986年的《全民所有制工业企业职工代表大会条例》和1992年的《工会法》中，都规定工会可以代表职工与企事业单位签订集体合同，从而使曾经一度中止的集体合同制度具有赖以恢复的法律依据。在《劳动法》中，将集体合同置于劳动合同并列的地位，并且对集体合同的内容、订立和效力作了原则性规定。1994年12月，劳动部制定了《集体合同规定》，就集体合同的签订、审查和争议处理作了较具体的规定。1995年8月，全国总工会制定了《工会参加平等协商和签订集体合同试行办法》，就工会对集体合同运行各环节的参与，规定了较具体的规则。1996年5月17日，劳动部、全国总工会、国家经贸委和中国企业家协会专门发出《关于逐步实行集体协商和集体合同制度的通知》，提出“集体协商和集体合同制度是市场经济条件下协调劳动关系的有效机制。当前重点应在非国有企业和实行现代企业制度试点的企业进行”。2000年11月8日，劳动和社会保障部还专门颁布了《工资集体协商试行办法》。2004年1月20日，劳动和社会保障部颁布了《集体合同规定》，并于2004年5月1日起实施，原劳动部1994年12月5日颁布的《集体合同规定》同时废止。2007年6月29日，第十届全国人民代表大会常务委员会第二十八次会议通过，并在2008年1月1日实施的《劳动合同法》第五章第一节对集体合同作了专门规定，进一步完善了集体合同的法律规范。

六、集体合同的意义

集体合同具有劳动法规和劳动合同所无法取代的功能，并且在劳动法体系中处于比劳动合同制度更为重要的地位，是因为它在保护劳动者利益和协调关系方面发挥着重要作用。

（一）集体合同可以弥补劳动立法的不足

劳动法所规定的关于劳动者利益的标准属于最低标准，按此标准对劳动者进行保护只是法律所要求的最低水平，而立法意图并不是希望对劳动者利益的保护只留在最低水平上。通过集体合同，可以对劳动者利益做出高于法定最低标准的约定，从而使劳动者利益保护的水平能够实际高于法定最低标准。同时，劳动法规关于劳动者利益和劳动关系协调规则的规定，有许多是粗线条、原则性的规定，并且，相对于现实生活中丰富复杂的劳动关系而言，难免有所疏漏。通过集体合同，可以在一定范围内就劳动利益和劳动关系协调的共性问题做出约定，从而更具体地规范劳动关系，对劳动立法不完备起补充作用。另外，从世界劳动法制的发展来看，劳动立法与集体合同制度之间存在着此消彼长的态势。

（二）集体合同可以弥补劳动合同的不足

在签订劳动合同时，因单个劳动者是相对弱者而不足以同用人单位抗衡，难免违心地接受用人单位提出的不合理条款；而由工会代表全体劳动者签订集体合同，就可以改善单个劳动者在劳动关系中的地位，利于双方平等协商，避免劳动者被迫接受不合理条款。劳动者之间因各自实力不同而在与用人单位相对时实际地位有差别，仅以劳动合同来确定劳动者的权利义务，就难免有的劳动者受到歧视，即不能平等地享有权利和承担义务；通过集体合同就可以确保在一定范围内全体劳动者的权利和义务实现平等。劳动关系的内容包括工时、定额、工资、保险、福利、安全卫生等多个方面，由集体合同对劳动关系的主要内容做出具体规定后，劳动合同只需就单个劳动者的特殊情况做出约定即可。这样，就可以简化劳动合同的内容，减少劳动合同签订和鉴证的工作量，降低确立劳动关系的成本。

（三）加强企业民主管理，提高工会威信

代表劳动者签订集体合同的一方主体是工会组织，如果没有工会，则由职工民主推举的代表参与集体合同的签订。集体合同制度对于完善工会组织、提高工会威信无疑起了推动作用。同时，由工会代表职工同用人单位或其团体签订集体合同，不仅加强了企业工会工作的积极性，而且将单个劳动者的权利汇集成集体劳权，对于加强企业民主管理、建立现代企业制度也具有重要意义。

（四）协调劳动关系，为建立和谐的劳动关系服务

集体合同并不能建立劳动关系，但其内容涉及劳动合同内容的方方面面，甚

至包括劳动合同与集体合同运行的各个环节，集体合同适用于用人单位或其团体的全部劳动者，且其效力高于劳动合同，可以弥补劳动合同的不足。这使得集体合同对于劳动关系的协调起了重要作用，对劳动关系的和谐具有重要意义。

第二节 集体合同的内容与形式

一、集体合同的内容

1981 年，国际劳工大会通过了《促进集体谈判公约》（第 154 号），该《公约》就集体谈判的特征和内容作了概括性的表述：集体谈判适用于单个雇主、雇主群体或组织同单个或若干工人组织之间签订各种协议的过程。这些协议通常涉及以下内容：（1）劳动条件和就业期限；（2）工人与雇主相互关系的调节；（3）雇主或雇主组织同单个或若干工人组织相互关系的调节。同时，该《公约》还指出，国家可以通过本国的法律和惯例来决定集体谈判的发展范围。可以看出，该《公约》不仅勾勒了集体谈判的大致轮廓，还为各国在发展中发挥自主性留有余地。

我国《劳动法》和《劳动合同法》就集体合同的条款作了不完全的列举规定。《集体合同规定》则将集体合同的条款列举规定为 15 项，即：劳动报酬，工作时间，休息休假，劳动安全与卫生，补充保险和福利，女职工和未成年工特殊保护，职业技能培训，劳动合同管理，奖惩，裁员，集体合同期限，变更、解除、终止集体合同的程序，履行集体合同发生争议时的协商处理办法，违反集体合同的责任，双方认为应当协商的其他内容。而且还对上述各种条款所包括的要目作了详细规定。

一般认为，完整的集体合同内容应当由下述条款构成：标准性条款；目标性条款；劳动关系运行规则条款。（1）标准性条款所规定的是关于单个劳动关系内容的标准，即单个劳动关系当事人双方的权利和义务的标准，如劳动报酬、工作时间、劳动定额、休息休假、保险福利、劳动安全卫生等方面的标准。它应当作为劳动者和用人单位据以确定劳动合同内容的基础，也可直接成为劳动合同内容的组成部分。它直接来源或依据法规或政策，在集体合同的整个有效期间持续有效。它在集体合同内容构成中居于最重要的地位。（2）目标性条款所规定的是在集体合同有效期内应当达到的具体目标和实现该目标的主要措施。它通常适用于基层集体合同。其内容的确定应当考虑与用人单位的规则和计划相衔接，遵循量力而行的原则。这种目标一般不能成为劳动合同的内容，仅作为签约方的义务而存在。这种目标的实现，有的是用人单位的义务，有的是工会或全体职工的义务，有的是双方的共同义务。这种义务在合同有效期内随着设定目标的实现而终止。关于这种条款内容，在实践中一致认为可以规定诸如建成某项劳动保护工程、增设某项生活福利设施之类的劳动者利益目标。（3）劳动关系运行规则条款所规定的是关于单个劳动关系和集体合同如何运行的规则。其中，单个劳动关系运行规则，主要是职工录用规则、劳动合同续订和变更规则、辞退辞职规则等；集体合同运行规则，主要是集体合同的期限，以及关于集体合同的履行、解释、续订、变更、解除、违约责任、争议处理等方面的规则。在立法不完备的情况下，这类条款更为必要。

二、集体合同的形式

各国关于集体合同以什么形式存在，都由立法明确规定。一般而言，集体合同为要式合同，必须采用书面形式。我国《集体合同规定》明确要求集体合同应当采用书面形式，口头形式的集体合同不具有法律效力。

第三节　集体合同的订立、履行与终止

一、集体合同的订立

签订集体合同或专项集体合同，以及确定相关事宜，应当采取集体协商的方式。集体协商主要采取协商会议的形式。集体协商，国外也称为团体交涉、集体谈判，是指集体合同当事人为签订集体合同而进行的磋商。

（一）集体合同订立的原则

根据《劳动合同法》和《集体合同规定》等相关规定，集体合同的订立应遵循下列原则：(1) 合法原则；(2) 平等合作原则；(3) 协商一致原则；(4) 兼顾国家、企业和职工利益原则；(5) 维护公共秩序原则。

（二）集体合同订立的程序

集体合同订立的程序，主要包括以下环节。

1. 集体协商代表的选任。集体协商代表（以下统称协商代表），是指按照法定程序产生并有权代表本方利益进行集体协商的人员。集体协商双方的代表人数应当对等，每方至少3人，并各确定1名首席代表。职工一方的协商代表由本单位工会选派。未建立工会的，由本单位职工民主推荐，并经本单位半数以上职工同意。职工一方的首席代表由本单位工会主席担任。工会主席可以书面委托其他协商代表代理首席代表。工会主席空缺的，首席代表由工会主要负责人担任。未建立工会的，职工一方的首席代表从协商代表中民主推举产生。用人单位一方的协商代表，由用人单位法定代表人指派，首席代表由单位法定代表人担任或由其书面委托的其他管理人员担任。协商代表履行职责的期限由被代表方确定。集体协商双方首席代表可以书面委托本单位以外的专业人员作为本方协商代表。委托人数不得超过本方代表的1/3。首席代表不得由非本单位人员代理。用人单位协

商代表与职工协商代表不得相互兼任。工会可以更换职工一方协商代表；未建立工会的，经本单位半数以上职工同意可以更换职工一方协商代表。用人单位法定代表人可以更换用人单位一方协商代表。协商代表因更换、辞任或遇有不可抗力等情形造成空缺的，应在空缺之日起 15 日内按照规定产生新的代表。

协商代表应履行下列职责：（1）参加集体协商；（2）接受本方人员质询，及时向本方人员公布协商情况并征求意见；（3）提供与集体协商有关的情况和资料；（4）代表本方参加集体协商争议的处理；（5）监督集体合同或专项集体合同的履行；（6）法律、法规和规章规定的其他职责。协商代表应当维护本单位正常的生产、工作秩序，不得采取威胁、收买、欺骗等行为。协商代表应当保守在集体协商过程中知悉的用人单位的商业秘密。

协商代表在履行职责期间享有相应的权利。企业内部的协商代表参加集体协商视为提供了正常劳动。职工一方协商代表在其履行协商代表职责期间劳动合同期满的，劳动合同期限自动延长至完成履行协商代表职责之时，除出现下列情形之一的，用人单位不得与其解除劳动合同：（1）严重违反劳动纪律或用人单位依法制定的规章制度的；（2）严重失职、营私舞弊，对用人单位利益造成重大损害的；（3）被依法追究刑事责任的。职工一方协商代表履行协商代表职责期间，用人单位无正当理由不得调整其工作岗位。

2. 集体协商。集体协商任何一方均可就签订集体合同或专项集体合同以及相关事宜，以书面形式向对方提出进行集体协商的要求。一方提出进行集体协商要求的，另一方应当在收到集体协商要求之日起 20 日内以书面形式给予回应，无正当理由不得拒绝进行集体协商。

协商代表在协商前应进行下列准备工作：（1）熟悉与集体协商内容有关的法律、法规、规章和制度；（2）了解与集体协商内容有关的情况和资料，收集用人单位和职工对协商意向所持的意见；（3）拟订集体协商议题，集体协商议题可由提出协商的一方起草，也可由双方指派代表共同起草；（4）确定集体协商的时间、地点等事项；（5）共同确定一名非协商代表担任集体协商记录员。记录员应保持中立、公正，并为集体协商双方保密。

集体协商会议由双方首席代表轮流主持，并按下列程序进行：（1）宣布议程和会议纪律；（2）一方首席代表提出协商的具体内容和要求，另一方首席代表就对方的要求做出回应；（3）协商双方就商谈事项发表各自的意见，开展充分讨论；（4）双方首席代表归纳意见。达成一致的，应当形成集体合同草案或专项集体合同草案，由双方首席代表签字。

集体协商未达成一致意见或出现事先未预料的问题时，经双方协商，可以中止协商。中止期限及下次协商时间、地点、内容由双方商定。

3. 职工代表会议讨论通过。经双方协商代表协商一致的集体合同草案或专项集体合同草案应当提交职工代表大会或者全体职工讨论。职工代表大会或者全体职工讨论集体合同草案或专项集体合同草案，应当有 2/3 以上职工代表或者职工出席，且须经全体职工代表半数以上或者全体职工半数以上同意，集体合同草案或专项集体合同草案方获通过。集体合同草案或专项集体合同草案经职工代表大会或者职工大会通过后，由集体协商双方首席代表签字。

4. 政府确认程序。集体合同或专项集体合同签订或变更后，应当自双方首席代表签字之日起 10 日内，由用人单位一方将文本一式三份报送劳动保障行政部门审查。劳动保障行政部门对报送的集体合同或专项集体合同应当办理登记手续。

集体合同或专项集体合同审查实行属地管辖，具体管辖范围由省级劳动保障行政部门规定。中央管辖的企业以及跨省、自治区、直辖市的用人单位的集体合同应当报送劳动和社会保障部或劳动和社会保障部指定的省级劳动保障行政部门。

劳动保障行政部门应当对报送的集体合同或专项集体合同的下列事项进行合法性审查：（1）集体协商双方的主体资格是否符合法律、法规和规章的规定；（2）集体协商程序是否违反法律、法规、规章的规定；（3）集体合同或专项集体合同内容是否与国家规定相抵触。

劳动保障行政部门对集体合同或专项集体合同有异议的，应当自收到文本之日起 15 日内将《审查意见书》送达双方协商代表。《审查意见书》应当载明以下内容：（1）集体合同或专项集体合同当事人双方的名称、地址；（2）劳动保障行政部门收到集体合同或专项集体合同的时间；（3）审查意见；（4）做出审查意见的时间。《审查意见书》应当加盖劳动保障行政部门印章。

用人单位与本单位职工就劳动保障行政部门提出异议的事项经集体协商重新签订集体合同或专项集体合同的，用人单位一方应当根据规定将文本报送劳动保障行政部门审查。

劳动保障行政部门自收到文本之日起 15 日内未提出异议的，集体合同或专项集体合同即行生效。

5. 公示。生效的集体合同或专项集体合同，应当自其生效之日起由协商代表及时以适当的形式向本方全体人员公布。

二、集体合同的效力

依法订立的集体合同或专项集体合同，具有法律约束力。其条款在一定范围内成为劳动关系的规范，并设定债权债务。立法中关于集体合同效力的规定，通常以效力范围和效力形式为重点。

（一）集体合同的效力范围

1. 对人效力。对人效力是指集体合同对什么人具有约束力。一般认为，受集体合同约束的人包括集体合同的当事人（当事团体）和关系人。前者是指订立集体合同并且受集体合同约束的主体，即工会组织和用人单位或其团体；后者是指无权订立集体合同却直接由集体合同获得利益并且受集体合同约束的主体，即工会组织所代表的全体劳动者和用人单位团体所代表的各个用人单位。关于集体合同关系人的范围，国外的立法和法理表明：(1) 劳动者是否为集体合同关系人，一般以其所在单位是否受集体合同约束为限；但除集体合同另有规定外，不以其在订立合同时是否为受合同约束的用人单位的职工为限，也不论其是否为工会会员。(2) 作为集体合同关系人的用人单位，除集体合同另有规定外，包括在用人单位团体订立集体合同后加入该团体者和失去该团体成员资格者。(3) 作为当事团体成员的劳动者或用人单位，对订立集体合同即使反对也属于集体合同关系人。(4) 当事团体被依法解散后，在集体合同存续期间，作为前当事团体成员的劳动者或用人单位，仍然应受集体合同约束。(5) 当某一用人单位的营业依法移转给另一用人单位后，如果前一用人单位及其劳动者的劳动合同也随之移转，在对该劳动合同有约束力的集体合同存续期间，后一用人单位和劳动者也受该集体合同约束。上述内容值得我国立法借鉴。

2. 时间效力。时间效力是指集体合同在多长的时间内具有约束力。它一般由集体合同依法自行规定，在有的情况下由法律规定。其表现形式有三种类型：(1) 当期效力，即集体合同在其存续期间内具有约束力。其生效时间，有的国家规定为集体合同经审查合格之日或依法推定审查合格之日，有的国家则规定为双方在合同上签字盖章之日。其失效时间，一般为定期集体合同的约定期满或依法解除之日；其他集体合同的约定或法定终止条件具备之日。(2) 溯及效力，即集体合同可追溯到对其成立前已签订的劳动合同发生效力。集体合同一般不具有溯及效力，但是，某些国家规定，当事人如有特别理由，并经集体合同管理机关认可，允许集体合同有溯及效力。(3) 余后效力，即集体合同终止后对依其订立并仍然存续的劳动合同还有约束力。为了避免在时间效力上出现脱节现象，有的国家规定，集体合同终止后，在代替它的新集体合同生效前仍然有效；如未订立有效的新集体合同，允许终止后1年内继续有效。上述三种时间效力形式中，当期效力是无条件的，溯及效力和余后效力都只限于一定条件；溯及效力与余后效力是有冲突的，新、旧集体合同比较，哪个对劳动者更有利，哪个就有约束力。我国立法可考虑作这样的规定。

3. 空间效力。空间效力主要指集体合同在哪些地域、产业（职业）发生效力。全国集体合同、地方集体合同分别在全国或特定行政区域范围内有效；产业集体合同对特定产业的用人单位及其职工有效；职业集体合同对从事特定职业的用人单位及其职工有效。在空间效力方面，难免发生集体合同竞合问题，即有两个以上集体合同可适用于同一劳动关系而又内容相异时，应优先适用哪个集体合同的问题。可用来解决此问题的方法主要有：(1) 如效力发生在前的集体合同对集体合同竞合时应优先适用哪个集体合同作了特别规定，就依其规定；若无此规定，就依其他规则确定。(2) 优先适用最适合于该劳动关系特点的集体合同。例如，在产业（职业）集体合同和地方集体合同之间优先适用前者，在产业集体合同和职业集体合同之间优先适用后者。(3) 优先适用更具有普遍性的集体合同。例如，在全国集体合同和地方集体合同之间优先适用前者。(4) 优先适用更有利于劳动者的集体合同，即哪个集体合同对劳动者利益规定的标准更高，就适用那个集体合同。上述第一种方法一般应规定为第一顺序并普遍适用的方法，而其他方法一般应规定为第二顺序并能分别适用于特定范围的方法。我国在实行多层次集体合同模式以后，立法中应当考虑规定上述方法。

（二）集体合同的效力形式

1. 集体合同的规范效力。规范效力又称准法规效力或物权效力，是指集体合同的标准性条款和单个劳动关系运行规则条款对其关系人（单个劳动关系当事人）具有相当于法律规范的效力。根据中国台湾学者的论述，集体合同的规范效力主要表现在四个方面：(1) 不可贬低原则。即除其他法律另有规定外，集体合同所规定的标准在其效力范围内直接成为所有的个别劳动合同的内容，而不论其关系人同意与否，也就是说，集体合同具有自动的效力。(2) 优惠原则。在有疑问时，包括法律规定不明确时，集体合同的规定若有利于劳动者，则适用集体合同的规定。也就是意味着，集体合同只能提供最低劳动条件，而不能设定最高劳动条件，劳动合同关于劳动者利益的设定，可以高于但不能低于集体合同所确立的最低劳动标准。这种条款赋予劳动者的权益劳动者无权放弃。(3) 不可抛弃原则。凡是集体合同规定的权利，不可抛弃；抛弃这种条款所给予之权益的意思表示应为无效。(4) 替代原则。集体合同规定的劳动条件与个别劳动合同的规定不一致时，劳动合同中低于集体合同规定的部分无效，应以集体合同的规定代替劳动合同无效的部分。单个劳动关系运行规则条款的准法规效力，表现为直接支配其关系人在单个劳动关系运行过程中的具体行为。亦即劳动合同的订立、续订、履行、变更和终止，用人单位内部劳动规则的制定和实施，以及劳动组织、职工参与等行为，凡是在这种条款中有规定的，都要受这种条款的约束。①

2. 集体合同的债权效力。债权效力又称债法效力，是指集体合同的目标性条款和集体合同运行规则条款对其当事人具有设定债务的效力。集体合同对其当事人所设定的债务，主要包括维持和谐义务和敦促义务。维持和谐义务，是集体

① 参见黄越钦：《劳动法新论》，中国政法大学出版社2003年版，第303～304页。

合同有效期内，双方应按集体合同规定的劳动条件履行，任何一方不得主张更有利的劳动条件，应保持劳动和平，即不使用罢工、闭厂等过激手段进行斗争。敦促义务，即敦促其成员履行集体合同义务。在其成员违反集体合同义务时，合同一方团体应按其团体内部的权力和程序要求该成员停止违法行为，必要时可以惩戒、警告，直至开除。集体合同的敦促义务，同样是为了稳定和谐的劳动关系，实现集体合同的目的。集体合同当事人不履行或不完全履行这些义务，应当承担相应的违约责任。

三、集体合同的履行

履行集体合同，对于集体合同的当事人和关系人来说，既是约定义务，也是法定义务。在集体合同履行过程中，应针对不同的合同条款采用不同的履行方法。其中，标准性条款的履行，主要是在集体合同有效期内始终按集体合同规定的各项标准签订和履行劳动合同，确保劳动者利益的实现不低于集体合同所规定的标准；目标性条款的履行，着重在将集体合同所列各项目标具体落实到企业计划和工会工作计划之中，并采取措施实施计划。

在集体合同履行过程中，监督是非常必要的。西方国家作为职工参与形式之一的企业（职工）委员会，就负有监督集体合同履行的职责。在我国，企业工会、企业职代会及其职工代表、签约双方代表以及劳动保障行政部门、企业主管部门、地方和产业工会，都应当对集体合同的履行实行监督。

四、集体合同的终止

集体合同的终止，即由于一定法律事实的发生而导致集体合同的效力消灭。它包括下述情形。

（一）集体合同因有效期届满而终止

集体合同在约定期限届满时，除依法延期者外，应当终止；依法延期者在所延长期限届满时，也应当终止。我国集体合同或专项集体合同期限一般为1～3年，期满即行终止。

（二）集体合同因约定的终止条件出现而终止

集体合同所约定的终止条件出现，表明其目的已实现、合同无法履行或者合同没必要履行，合同就应当终止。例如，以完成一定工作（工程）为期限的集体合同，在约定的工作（工程）完成时，即行终止。

（三）集体合同因依法解除而终止

具体包括：（1）协议解除。当事人双方协商一致，并不因此损害国家利益和社会利益，可以解除集体合同。（2）单方解除。我国《集体合同规定》第40条规定："有下列情形之一的，可以变更或解除集体合同或专项集体合同：（一）用人单位因被兼并、解散、破产等原因，致使集体合同或专项集体合同无法履行的；（二）因不可抗力等原因致使集体合同或专项集体合同无法履行或部分无法履行的；（三）集体合同或专项集体合同约定的变更或解除条件出现的；（四）法律、法规、规章规定的其他情形。”变更或解除集体合同或专项集体合同适用集体协商程序。

五、集体合同争议的解决

（一）集体合同争议的概念与种类

集体合同争议，也称为团体争议，是工会与用人单位或其团体之间因集体合同而发生的争议。集体合同争议，包括集体协商争议和因履行集体合同发生的争议。

（二）集体合同争议的解决

集体协商过程中发生争议，双方当事人不能协商解决的，当事人一方或双方可以书面向劳动保障行政部门提出协调处理申请；未提出申请的，劳动保障行政部门认为必要时也可以进行协调处理。劳动保障行政部门应当组织同级工会和企业组织等三方面的人员，共同协调处理集体协商争议。

集体协商争议处理实行属地管辖，具体管辖范围由省级劳动保障行政部门规定。中央管辖的企业以及跨省、自治区、直辖市用人单位因集体协商发生的争议，由人力资源和社会保障部指定的省级劳动保障行政部门组织同级工会和企业组织等三方面的人员协调处理，必要时，人力资源和社会保障部也可以组织有关方面协调处理。协调处理集体协商争议，应当自受理协调处理申请之日起30日内结束协调处理工作。期满未结束的，可以适当延长协调期限，但延长期限不得超过15日。

协调处理集体协商争议应当按照以下程序进行：（1）受理协调处理申请；（2）调查了解争议的情况；（3）研究制定协调处理争议的方案；（4）对争议进行协调处理；（5）制作《协调处理协议书》。《协调处理协议书》应当载明协调处理申请、争议的事实和协调结果，双方当事人就某些协商事项不能达成一致的，应将继续协商的有关事项予以载明。《协调处理协议书》由集体协商争议协调处理人员和争议双方首席代表签字盖章后生效。争议双方均应遵守生效后的《协调处理协议书》。

因履行集体合同发生的争议，当事人协商解决不成的，可以依法向劳动争议仲裁委员会申请仲裁。

【案例研讨】

陈师傅集体合同纠纷案

陈师傅与某企业签订了为期3年的劳动合同。合同中约定：陈师傅的工资每月计发一次。

合同履行期间，企业工会与企业经协商签订了一份集体合同，该份集体合同中约定：企业所有员工每年年终可获得一次第 13 个月的工资。根据这份集体合同的具体规定，陈师傅属于可以享受第 13 个月工资的员工范围。该企业的集体合同获得企业职代会的通过并经当地劳动保障行政部门审核后开始生效实施。但年终过后，陈师傅没有得到企业支付的第 13 个月工资。于是，陈师傅即向企业提出补发第 13 个月工资的要求。但企业表示，陈师傅和企业签订的劳动合同中约定了劳动报酬的支付次数，双方应当严格按照劳动合同的约定履行，对陈师傅提出的要求不予同意，双方由此产生争议。①

评析：

本案的争议焦点是，劳动者和企业签订的劳动合同内容与企业工会和企业签订的集体合同内容不一致时如何处理，涉及集体合同的效力问题。

《劳动法》第 17 条第 2 款规定："劳动合同依法订立即具有法律约束力，当事人必须履行劳动合同规定的义务。"根据该条规定，劳动合同依法签订后即产生法律约束力，双方当事人必须履行劳动合同规定的义务，否则将承担违约的责任。《劳动法》第 33 条第 1 款规定："企业职工一方与企业可以就劳动报酬、工作时间、休息休假、劳动安全卫生、保险福利等事项，签订集体合同。集体合同草案应当提交职工代表大会或全体职工讨论通过。"根据该条规定，企业职工一方（一般由工会代表）与企业可以就劳动报酬、工作时间、休息休假、劳动安全卫生、保险福利等事项签订集体合同，集体合同依法签订后也会产生法律约束力，当事人也应履行集体合同规定的义务，否则也将承担违约的责任。

那么，当劳动合同的内容与集体合同的内容不一致时如何处理？《劳动法》第 35 条规定："依法签订的集体合同对企业和企业全体职工具有约束力；职工个人与企业订立的劳动合同中劳动条件和劳动报酬等标准不得低于集体合同规定。"可见，集体合同的效力高于劳动合同。根据以上规定，当劳动合同的内容与集体合同的内容不一致时，劳动合同中有关劳动条件和劳动报酬等标准不得低于集体合同的规定，如低于集体合同规定的，适用集体合同标准，即按集体合同标准处理。

本案中，陈师傅与企业签订的劳动合同中虽然没有约定可以享受第 13 个月工资，但工会与企业签订的集体合同中规定了第 13 个月工资的有关内容。根据《劳动法》的有关规定，企业应当按照集体合同的规定补发陈师傅年终第 13 个月工资。

思考问题与案例

一、思考问题

1. 集体合同与劳动合同的主要区别有哪些？

---

① 参见王德平：《劳动合同和集体合同》，http：//www. ca-sme. org/content. asp？ id = 10095

2. 我国对集体协商代表的人数和资格是如何规定的？

3. 如何理解集体合同的效力？

4. 什么是集体合同争议？如何解决？

二、思考案例

1. 2008年8月3日，甲公司与其工会经过协商签订了集体合同，规定职工的月工资不低于1 000元。2008年8月8日，甲公司将集体合同文本送劳动保障行政部门审查，但劳动保障行政部门一直未予答复。2008年10月，甲公司招聘李某为销售经理，双方签订了为期2年的合同，月工资5 000元。几个月过去了，李某业绩不佳，公司渐渐地对他失去信心。2009年2月，公司降低了李某的工资，只发给李某800元工资。李某就此事与公司协商未果，2009年3月，李某解除了与公司的合同。2009年8月李某向劳动争议仲裁委员会申请仲裁，仲裁委员会以超过期限为由不予受理。于是李某向人民法院提起诉讼。

问题：

（1）李某业绩不佳，能否要求公司按合同约定支付工资，为什么？

（2）集体合同是否生效，为什么？

（3）劳动争议仲裁委员会的做法是否合法？

（4）人民法院应该如何处理？

2. 2005年12月1日，某中外合资企业为了稳定、协调劳动关系，与该中外合资企业的工会组织就职工的劳动报酬、工作时间、休息休假、各种福利待遇等事项签订了集体合同，该集体合同的期限为2006年1月1日至2008年12月31日。其中，集体合同规定职工的月工资不低于1 500元。2005年12月25日，双方将集体合同提交当地劳动保障行政部门审查。截至2006年3月25日，劳动保障行政部门仍未给予答复，该中外合资企业认为该集体合同没有被劳动保障行政部门批准，因此，该集体合同未生效。于是，该中外合资企业于2007年10月分别同每个职工签订劳动合同，职工的月工资标准分为1 200～1 400元不等。

问题：

（1）工会代表职工签订集体合同的主体资格是否合法？为什么？

（2）该中外合资企业签订的集体合同是否已经生效？为什么？

（3）该中外合资企业与职工签订的劳动合同中关于工资报酬条款是否合法？为什么？

（4）集体合同与劳动合同之间在签订的目的、内容方面有什么区别？

第八章　工资制度

【本章导语】

工资是劳动关系中劳动力的对价，是劳动者生存权的保障。劳动报酬权是劳动权的核心。因而工资制度是劳动基准法的重要内容之一。本章主要介绍了工资的概念和特征、工资分配的基本原则、工资构成和工资形式、最低工资制度、工资支付保障制度以及工资集体协商制度。重点掌握工资的概念、最低工资的组成、工资支付的一般规则、特殊情况下的工资支付以及工资集体协商的概念与程序。

【引导案例】

案例1：胡某某拒不支付劳动报酬案

胡某于2010年12月分包了位于四川省双流县黄水镇的三盛翡俪山一期景观工程的部分施工工程，之后聘用多名民工入场施工。施工期间，胡某累计收到发包人支付的工程款51万余元，已超过结算时确认的实际工程款。2011年6月5日工程完工后，胡某以工程亏损为由拖欠李朝文等20余名民工工资12万余元。6月9日，双流县人力资源和社会保障局责令胡某支付拖欠的民工工资，胡某却于当晚订购机票并在次日早上乘飞机逃匿。6月30日，四川锦天下园林工程有限公司作为工程总承包商代胡某垫付民工工资12万余元。7月4日，公安机关对胡某拒不支付劳动报酬案立案侦查。7月12日，胡某在浙江省慈溪市被抓获。四川省双流县法院经审理认为，被告人胡某拒不支付20余名民工的劳动报酬达12万余元，数额较大，且在政府有关部门责令其支付后逃匿，其行为构成拒不支付劳动报酬罪。被告人胡某虽然不具有合法的用工资格，又属没有相应建筑工程施工资质而承包建筑工程施工项目，且违法招用民工进行施工，上述情况不影响以拒不支付劳动报酬罪追究其刑事责任。本案中，胡某逃匿后，工程总承包企业按照有关规定清偿了胡某拖欠的民工工资，其清偿拖欠民工工资的行为属于为胡某垫付，这一行为虽然消减了拖欠行为的社会危害性，但并不能免除胡某应当支付劳动报酬的责任，因此，对胡某仍应当以拒不支付劳动报酬罪追究刑事责任。鉴于胡某系初犯、认罪态度好，于2011年12月29日做出刑事判决，认定被告人胡某犯拒不支付劳动报酬罪，判处有期徒刑1年，并处罚金人民币2万元。①

---

① 案例来源：中国审判网，《最高人民法院关于发布第七批指导性案例的通知》，http://www.chinatrial.net.cn/news/2221-2.html

案例2：武汉工资集体协商成功　餐饮行业45万人员受益

这是一场政府主导的工资集体谈判。谈判一方是武汉商贸金融烟草工会联合会，背后是45万餐饮业职工；另一方是武汉餐饮行业协会，代表武汉市大小餐馆食铺4万名老板。

经过3轮谈判、5轮协商、大大小小100多场会议，耗时2个多月后，最终《武汉市餐饮行业工资专项集体合同》正式出炉，明确规定餐饮行业最低工资标准为武汉市最低工资标准的130%，中心城区餐饮行业从业者最低工资为1 170元/月，新城区最低为975元/月，工资年度增幅不低于9%；每天加班不得超过3小时，每周至少休息1天。

作为中国迄今涉及从业人员最多的一份集体合同，武汉模式在引发全国轰动的同时，亦为试行逾十年但效果始终不彰的工资集体协商制度提供了一个可供探讨的范本。建立工资集体协商机制，武汉开了个好头。①

【重点问题】

1. 工资的概念与形式。
2. 工资支付的一般原则。
3. 特殊情况下的工资支付规则。
4. 最低工资的组成。

第一节　工资概述

一、工资的概念、特征和职能

（一）工资的概念和特征

工资是劳动报酬的一种。劳动报酬有广义和狭义之分。广义的劳动报酬，泛指人们从事各种劳动而获得的货币收入或有价物。它既包括国家公职人员的各种收入，也包括公民个人因加工承揽、委托、运输、约稿等各种劳动收入。狭义的劳动报酬，即本章介绍的工资，是指劳动者基于劳动关系履行劳动义务而取得的各种劳动收入。一般包括计时工资、计件工资、奖金、津贴和补贴、延长工作时间的工资报酬以及特殊情况下支付的工资等。工资具有以下特征：第一，工资是劳动者基于劳动关系所获得的劳动报酬。第二，工资是用人单位对劳动者履行的劳动给付义务的物质补偿，支付工资是用人单位的法定义务。所谓履行劳动给付义务，一般是指劳动者按照劳动法规、集体合同和劳动合同的要求，从事用人单位所安排的劳动；在法定特殊场合，劳动者即使未实际进行劳动给付，也视为已履行劳动给付义务。第三，工资量的确定，必须以劳动法规、劳动政策、集体合

① 龙婧：《武汉工资集体协商成功　餐饮行业45万人员受益》，载《时代周报》2011年5月12日。

同和劳动合同的规定为依据，即必须符合法定和约定的工资标准。第四，工资必须以法定方式支付，持续的、定期的支付。即一般按月支付，不得克扣或无故拖欠，同时只能用法定货币支付，以实物、有价证券支付工资是属于严重违反劳动法的行为。

"工资"是劳动者劳动收入的主要组成部分，但以下劳动收入不属于工资范围：

（1）单位支付给劳动者个人的社会福利保险费用，如丧葬抚恤救济费、生活困难补助费、计划生育补贴等；

（2）劳动保护方面的费用，如用人单位支付给劳动者的工作服、解毒剂、清凉饮料费用等；

（3）按规定未列入工资总额的各种劳动报酬及其他劳动收入，如根据国家规定发放的创造发明奖、国家星火奖、自然科学奖、科学技术进步奖、合理化建议和技术改进奖、中华技能大奖等，以及稿费、讲课费、翻译费等。

（二）工资的基本职能

1. 分配职能。即工资是向职工分配个人消费品的社会形式，职工所得的工资额也就是社会分配给职工的个人消费品份额。

2. 保障职能。工资作为职工的主要生活来源，其首要作用是保障职工及其家属的基本生活需要。

3. 激励职能。工资是对职工劳动的一种评价尺度或手段，对职工的劳动积极性具有鼓励作用。

4. 杠杆职能。工资是国家进行宏观经济调节的经济杠杆，对劳动力总体布局、劳动力市场、国民收入分配、产业结构变化等都具有直接或间接的调节作用。

二、工资分配的原则

工资分配原则是指由立法所确认的贯穿于整个工资制度的基本准则。《劳动法》第46条规定："工资分配应当遵循按劳分配原则，实行同工同酬。工资水平在经济发展的基础上逐步提高。国家对工资总量实行宏观调控。"因此，我国工资分配原则主要有以下方面[①]。

（一）按劳分配原则

按劳分配原则是我国社会主义条件下个人消费品分配的基本原则。工资的按

---

① 对于工资分配的原则，有学者认为是三大原则，即按劳分配、同工同酬、在经济发展的基础上逐步提高工资水平原则（张荣芳：《劳动与社会保障法学》，科学出版社2008年版，第98～99页）；有学者认为是四大原则，即按劳分配、在经济发展的基础上逐步提高工资水平、宏观调控、用人单位自主分配与劳动者协商原则（郭捷：《劳动与社会保障法》，中国政法大学出版社2002年版，第153～155页）；也有学者认为是五大原则，即工资总量宏观调控，用人单位自主分配，劳动者参与工资分配过程，按劳分配为主、多种分配方式并存，同工同酬，在经济发展的基础上逐步提高工资水平原则（郑尚元：《劳动法学》，中国政法大学出版社2004年版，第197～200页）。

劳分配是指工资的分配应根据劳动者提供劳动的数量和质量进行，等量劳动领取等量报酬，多劳多得，少劳少得，不劳动者不得食，体现了劳动者履行劳动义务与享受劳动报酬权利的一致性。为实现按劳分配，首先，必须逐渐减少和消除非劳动因素对工资分配的影响，如劳动者的身份（城镇工与农民工）、性别、国籍等因素的影响；其次，对不同质、不同形态的劳动区别对待，把脑力劳动与体力劳动、复杂劳动与非复杂劳动、熟练劳动与非熟练劳动、繁重劳动与非繁重劳动区别开来。[①]

（二）同工同酬原则

同工同酬原则是指用人单位对所有劳动者同等价值的劳动付给同等的劳动报酬。根据同工同酬原则，用人单位在工资支付过程中不得对从事相同工作、提供同等价值劳动的劳动者因其性别、民族、种族、年龄等方面的不同而支付不等量的报酬。同工同酬原则是保护全体劳动者合法权益以及防止发生性别歧视、民族歧视等各种歧视行为的重要保障，但它并不排斥用人单位可以对虽从事同种工作但技能和劳动贡献不同的劳动者支付不等量的报酬。同工同酬原则不仅体现在《劳动法》中，在我国《宪法》和国际公约中也有规定。《宪法》第48条规定："国家保护妇女的权利和利益，实行男女同工同酬。"国际劳工组织1951年《男劳动力和女劳动力之间同等价值劳动的报酬平等公约》规定："对于所有劳动力，即男劳动力和女劳动力同等价值的劳动，应付给同等的报酬。"值得注意的是，除了在男女性别上不允许存在差别待遇，其他方面的歧视待遇也都是违背同工同酬原则的。

（三）在经济发展的基础上逐步提高工资水平的原则

工资水平是指在某一个时期一定地域范围内劳动者平均工资水平的高低。工资水平是反映经济发展水平和劳动者物质文化水平的一个重要指标。工资水平的高低直接关系着职工生活的改善，而工资水平的增长速度取决于国民经济发展水平。因此，坚持在经济发展的基础上逐步提高工资水平的原则，是正确处理工资水平与经济发展关系的需要。该原则主要包含三层含义：第一，工资水平的提高必须以经济发展为前提，不能脱离经济发展所提供的实际可能而片面追求工资增长；第二，在经济有所发展的条件下，工资水平应当有所提高；第三，工资水平提高与经济发展应当比例适当，切实做到工资总额的增长幅度低于经济效益增长幅度，职工实际工资平均增长幅度低于劳动生产率增长幅度。[②] 否则会影响国民经济的稳定协调发展，最终影响劳动者的长远利益和根本利益。

（四）工资总量宏观调控原则

工资总量是指一定时期国民生产总值用于工资分配的总数量。工资总量宏观

---

① 李景森、贾俊玲：《劳动法学》，北京大学出版社2005年版，第94页。

② 王全兴：《劳动法》（第二版），法律出版社2004年版，第223页。

调控是指在我国社会主义市场经济条件下，在企业享有充分的内部工资分配自主权的基础上，国家运用法律的、经济的以及必要的行政手段对工资总量进行干预和调整，以保证工资总量与国民经济宏观发展水平相协调，在经济发展的基础上保障工资的正常增长速度和合理的增长比例。[①] 实行工资总量宏观调控，要使消费基金的增长与生产基金的增长相协调；消费与生产比例关系趋于合理。建立最低工资保障制度，确定劳动者的最低工资水平，保障劳动者获得基本生活需要。通过行政手段，干预分配和再分配过程，建立与工资分配相关的其他制度，克服按劳分配和用人单位行使工资自主权中可能产生的不合理、不公平现象，避免贫富两极分化。

第二节 工资构成和工资形式

一、工资构成

工资构成是指构成工资的各个组成部分。工资之所以由不同的部分组成，是因为劳动者提供劳动力的质量、支出劳动力的状况和劳动力的使用效果的复杂性。工资的各个组成部分之间相互联系、相互制约和补充，共同使工资职能得到全面的发挥。我国法律规定的工资一般由基本工资和辅助工资两部分构成。[②]

（一）基本工资

基本工资又称标准工资，是指劳动者在约定或法定的工作时间内提供正常劳动所得的报酬。它构成劳动者所得工资的基本组成部分，一般可以分解为若干个职能不同的工资单元，并且每个工资单元的计量规则不完全相同。例如，在职务级别工资制中，其工资由下述四个工资单元构成：（1）职务工资；（2）级别工资；（3）基础工资；（4）工龄工资。每一个工资单元一般都分成不同的等级并规定不同的工资标准，且各等级和相应的工资标准在一定期限内固定不变。同时，基本工资还具有基准性，常常作为计算辅助工资单元数额的基准。

基本工资制度，是关于如何确定基本工资的制度，亦即确定基本工资的规则的总和。其内容主要是对基本工资的构成、等级和标准以及劳动者应得基本工资等级的确定和升级所作的具体规定。

我国基本工资制度的确立方式有法定方式和非法定方式之分。企业和国家机关、事业单位分别实行不同的基本工资制度。国家机关的基本工资制度由法律和政策规定。国家机关必须对职员、工人分别实行职务级别工资制、岗位技术等级（职务）工资制或岗位工资制。事业单位的基本工资制度部分由法律政策规定，

---

① 徐智华：《劳动法学》，北京大学出版社 2008 年版，第 242 页。

② 徐智华：《劳动法学》，北京大学出版社 2008 年版，第 244 页。

部分由本单位自主决定。全额拨款和差额拨款的事业单位必须实行等级工资加津贴制，自收自支的事业单位有条件的可实行企业基本工资制度。企业可自主选择基本工资制度，由工资集体协商机制确定。

（二）辅助工资

辅助工资，是指基本工资以外的在工资构成中处于辅助地位的工资组成部分。具体指用人单位根据劳动者提供超出正常劳动之外的劳动消耗所支付的报酬或为了保障劳动者的工资水平不受某些特殊因素的影响而支付的报酬。主要包括奖金、津贴和补贴。

1. 奖金。奖金是指支付给职工的超额劳动报酬和增收节支的劳动报酬。它是贯彻按劳分配原则、支付劳动报酬的辅助形式，是对基本工资的补充。其目的是为了更好地调动职工的积极性，鼓励职工提高技术、业务水平，提高劳动生产率，从而促进生产发展和企业经济效益的增长。奖金能比较灵活、准确地反映职工劳动和劳动成果的实际变化。它的形式灵活多样，可以根据生产（工作）的不同需要建立不同的奖金制度。例如，超额奖、质量奖、综合奖等。奖金是对劳动者做出突出贡献的奖赏，用人单位是否发放奖金、何时发放奖金以及发放奖金的数额，一般由用人单位根据内部劳动规则或集体合同的约定来决定。用人单位提取奖金的数额往往与基本工资有一种比例关系。企业中奖金的分配可以上不封顶、下不保底。在正确的奖金制度下，谁劳动好、贡献大，谁就能得到奖金。劳动差、效率低，就没有奖金。因此，奖金还具有褒扬先进、鞭策后进、树立劳动光荣新风尚的作用。发放奖金不仅是对职工的物质鼓励，同时也具有精神鼓励的作用。

2. 津贴。津贴是为了补偿职工在特殊劳动条件下所付出的额外劳动消耗和生活费用而支付给职工的劳动报酬。

大家知道，人们的生产活动是在不同的条件下进行的。多数是在正常劳动条件下进行，但也有一些工作是在特殊条件下进行的。例如，井下、高空作业，在有毒有害气体或高温环境中工作以及野外工作等。在特殊条件下工作的职工，其劳动消耗及生活费用的支出要大于在正常条件下工作的职工。他们的这种额外支出，应该得到合理的补偿，而基本工资制度和其他的工资形式不能完全做到这一点。因此，必须采用津贴的形式。这对于保护职工的身体健康、弥补职工的额外支出、保障职工的生活水平、保证生产的持续发展是很有必要的。

（1）津贴同其他工资形式相比，有以下三个特点：第一，津贴是一种补偿性的劳动报酬，是对劳动者在特殊的环境和条件下超常劳动消耗与额外支出的一种补偿。第二，大多数津贴所体现的主要不是劳动本身即劳动数量和质量的差别，而是劳动者所处的环境和条件的差别，主要功能是调节工种、行业、地区之间在这方面的工资关系。第三，津贴具有单一性的特点，往往是一事一贴。多数津贴是根据某一特定条件，为了某一特定要求而制定的，这与工资制度综合多种条件和因素的情况是不同的。这就要求在确定津贴的条件、范围和对象时，界限必须十分明确。

建立合理的津贴制度，对于鼓励职工到生产急需而工作条件又十分艰苦的地区或工作岗位工作，对于保护职工的身体健康、增强职工的体质、保证生产的持续发展，有着重要的意义。

（2）津贴的种类。津贴的名目很多，从津贴的管理层次区分，可以分为两类：一类是国家或地区、部门统一制定的津贴；另一类是企业自行建立的津贴。国家统一建立的津贴，一般在企业成本中列支；企业自建的津贴，一般在企业留利的奖励基金或效益工资中开支。按津贴的性质区分，大体可分为三类：第一，岗位性津贴，指为了补偿职工在某些特殊劳动条件岗位劳动的额外消耗而建立的津贴。职工在某些劳动条件特殊的岗位劳动，需要支出更多的体力和脑力，因而需要建立津贴，对这种额外的劳动消耗进行补偿。这种类型的津贴具体种类最多，使用的范围最广。例如，高温津贴，是对从事高温繁重劳动的工人建立的临时性补贴。冶金企业中的炼铁、烧结、炼焦、炼钢、轧钢等工种，根据其作业环境的温度、辐射热强度和劳动繁重程度的不同，建立甲、乙、丙不同标准的津贴。另外，还有有毒有害津贴、矿山井下津贴、特殊技术岗位津贴、特重体力劳动岗位津贴、夜班津贴、流动施工津贴、盐业津贴、邮电外勤津贴等，都属于岗位性津贴。第二，地区性津贴，是指为了补偿职工在某些特殊的地理自然条件下生活费用的额外支出而建立的津贴。如林区津贴，是为了照顾林区森林工业职工的生活、鼓励职工在林区安心工作、发展林业生产而建立的津贴，并根据林区的具体条件和各类人员的不同情况分别确定不同的标准。另外，还有高寒山区津贴、海岛津贴等。这类津贴一般是由国家或地区、部门建立的。企业所在地区如属这些津贴的执行范围，即可照章执行。第三，奖励性津贴，为奖励职工的特殊贡献而设立的津贴，如对做出特殊贡献的专家、学者而设的政府津贴等。

3. 补贴。补贴是为了保障职工的工资水平不受特殊因素的影响而支付给职工的劳动报酬。如副食品价格补贴、肉价补贴、粮价补贴等。这类补贴具体种类不多，主要是由国家或地区、部门建立的。企业属于执行范围的，即可照章执行。有些企业根据需要在内部也建立了少量这类补贴，如房租、水电补贴等。

二、工资形式

工资形式是指职工基本工资的计量方式。目前我国的基本工资形式主要有计时工资、计件工资和年薪三种。

（一）计时工资

计时工资是按照单位时间工资率（即计时工资标准）和工作时间支付给职工

的个人报酬。计时工资标准一般分为月工资标准、日工资标准和小时工资标准。

1. 计时工资制的特点及适用范围。计时工资制的基本特点是对劳动的计量是以时间来表示的，劳动者的工资取决于本人的工资标准和实际劳动的持续时间。因此，在计时工资形式下，职工所得工资数额同工作时间成正比。

由于计时工资是直接以劳动时间计算报酬，简单易行，便于计算；同时，由于各种劳动均可以用劳动时间来计量，所以计时工资的适应性强，实行范围广泛，任何部门、任何单位和各类工种、岗位均可采用。同时，计时工资按照劳动时间支付工资，因此，能够促进职工提高出勤率和技术业务水平，保证劳动的质量。

但是，计时工资在体现按劳分配方面存在一定的局限性。主要是，计时工资一般与等级工资制联系在一起，侧重以劳动时间的长短计算工资，不能准确地反映劳动强度和职工个人实际提供的劳动成果，劳动报酬与劳动量之间往往存在着不相称的矛盾。就同等级的各个劳动者来说，他们在相同的劳动时间内付出的劳动量有多有少，劳动质量也有差别，而计时工资难以体现这种劳动差别。因此，随着企业内部改革的深化和进一步搞活企业内部工资分配，需要把计时工资与其他工资形式有机地结合起来，以利于全面地考核职工劳动的数量和质量，把职工的工资与其实际付出的劳动量紧密联系起来，以更好地体现按劳分配原则。

2. 计时工资的形式。(1) 小时工资制，就是按照小时工资标准和实际工作的小时数来计算工资。小时工资标准按日工资标准除以日法定工作时数求得。(2) 日工资制，即根据劳动者的日工资标准和实际工作日数来计算工资。(3) 月工资制，即按照劳动者的等级工资制的工资标准来计发工资。企业职工如果出满勤，则按月工资标准支付工资；缺勤则按实际缺勤天数或小时数减发工资。如果加班加点，则发相应的加班日工资或加点小时工资。

（二）计件工资

计件工资是在一定技术条件下，根据职工完成合格产品数量或工作量，按计件单价支付的劳动报酬。其核心是计件单价，即生产某一单位产品或完成某一单位工作的应得工资额。在正常情况下，计件单价等于单位时间的标准工资除以单位时间的劳动定额。因此，我们说计件工资是计时工资的转化形式。

企业计件工资制有以下六种形式。

1. 全额无限计件工资。就是工人全部工资都随完成和超额完成劳动定额的多少，按统一的计件单价来计发，不受限制。实行无限计件工资制的工人，计件期间不再领取本人标准工资。这种计件工资形式应用得较为普遍，它计算简单，工资和劳动成果的联系密切，工人容易掌握。在计件单价已经确定的情况下，工人应得的工资同完成产量定额程度成正比，同单位产品实耗工时成反比，多劳多得，对促进工人发挥主观能动性、提高劳动效率有较强的作用。

2. 超额无限计件工资。工人完成定额的，发给本人标准工资；未完成定额的，按照本人的等级工资标准和完成的比例计发工资；超过定额的，其超额部分按规定的计件单价发给超额工资，不受限制。

3. 超额有限计件工资。就是对实行计件工资的工人规定了超额计件工资不得超过本人标准工资的一定百分比或绝对金额的限制。实行这一计件形式，是为了保证企业维持均衡生产，同时，也便于平衡计件工人与非计件工人的工资关系，防止由于企业管理水平低、定额不够先进合理而出现超额工资过高的偏向。但在一定程度上会影响工人积极性的充分发挥。

4. 累进计件工资制。工人生产的合格品产量在劳动定额规定的基数以内，按不变的计件单价计发工资；超过这个基数的部分，则按在原计件单价基础上递增的单价分别计发计件工资。

5. 间接计件工资。这是指工人的工资不是直接由本人的产量或作业量确定，而是由他所服务的工人的劳动成果来确定。它适用于那些同实行计件工资制的一线工人劳动有密切关联的不直接生产产品的辅助工人。在基本生产工人实行计件工资制的情况下，为了加强辅助工人和基本生产工人的协作配合。改善工作地点的供应服务工作，为基本生产工人完成和超额完成生产任务提供良好的条件，有必要把辅助工人的劳动报酬同基本生产工人完成和超额完成生产任务的情况联系起来。

6. 集体计件工资制。这是以一个集体（车间、班组）为计件单位，工人的工资是根据班组集体完成的合格产品数量或工作量来计算，然后按照每个工人贡献大小进行分配。

（三）年薪

年薪是指以企业财务年度为时间单位所计发的工资收入。在国外，它一般适用于企业高级职员；在我国，1994年以后对国有企业经营者首先推行年薪制，后适用于企业的承包者或经营者，具备条件的企业正积极推行董事长、总经理年薪制。年薪制作为一种特殊的工资形式，具有以下特征：(1) 年薪应当以企业经济效益的基本时间单位即财务年度作为计发报酬的时间单位。(2) 年薪只宜适用于实际行使经营权并对企业经济效益负有职责的人员，即董事、经理等高级职员。(3) 年薪的构成中，除了包括作为一般意义劳动力支出之补偿的基本劳动报酬外，还应当包括与行使经营权和承担经营责任从而对企业经济效益起关键性作用相对应的利润分享收入。

第三节　最低工资制度

一、最低工资概述

（一）最低工资的概念

最低工资是指劳动者在法定工作时间或依法签订的劳动合同约定的工作时间

提供了正常劳动的前提下，其所在企业应支付的最低劳动报酬。理解最低工资，应注意以下三点：（1）计算最低工资的时间必须是法定的工作时间和合同约定的工作时间，而不包括延长的工作时间。按照法律规定，我国目前实行的是劳动者每日工作不超过8小时、平均每周工作不超过40小时的工作时间制度。劳动合同双方当事人可以在合同中约定工作时间，但该约定不得违反法律规定。（2）最低工资标准是由政府直接制定的，而不是劳动关系双方自愿协商的。[①] 劳动合同约定的工资或集体合同协商的工资都不得低于政府规定的最低工资标准。（3）劳动者必须提供了正常劳动。2004年1月20日原劳动和社会保障部发布的《最低工资规定》第3条规定："本规定所称正常劳动，是指劳动者按依法签订的劳动合同约定，在法定工作时间或劳动合同约定的工作时间内从事的劳动。劳动者依法享受带薪年休假、探亲假、婚丧假、生育（产）假、节育手术假等国家规定的假期内，以及法定工作时间内依法参加社会活动期间，视为提供了正常劳动。"第12条第3款规定："劳动者由于本人原因造成在法定工作时间内或依法签订的劳动合同约定的工作时间内未提供正常劳动的，不适用最低工资标准。"

（二）不得作为最低工资组成部分的收入

1. 根据《最低工资规定》第12条的规定，下列各项不得作为最低工资的组成部分：（1）延长工作时间工资；（2）中班、夜班、高温、低温、井下、有毒有害等特殊工作环境和条件下的津贴；（3）法律、法规和国家规定的劳动者福利待遇等。

2. 企业对职工进行培训的费用。按国家有关规定发放给职工的防护用品，职工所得的计划生育补贴、特别困难补助，因住房改革发给职工的住房补贴，均不属于最低工资的组成部分。[②]

3.《关于实施最低工资保障制度的通知》规定，用人单位通过贴补伙食、住房等支付给劳动者的非货币性收入亦不包括在最低工资内。

从理论上来说，最低工资的构成应当与基本工资的构成一致，但在我国的实践中，由于存在着把本应纳入基本工资范围的报酬却用奖金形式发放以致基本工资在工资额中所占比例过低的现象，于是把奖金也列为最低工资的组成部分。[③]

（三）最低工资的特征

1. 最低工资具有保障性。最低工资制度作为维持劳动力再生产的保障制度，其最低工资标准的水平应具有保障职工及其家庭最低基本生活的特征。最低工资的保障性是制定最低工资标准必须遵循的首要问题。试想：职工的基本生活都难以保障的状况下，何来生产积极性？又何谈发展生产力？只有制定具有保障职能

---

① 李景森、贾俊玲：《劳动法学》，北京大学出版社2005年版，第98页。

② 黎建飞：《劳动与社会保障法教程》，中国人民大学出版社2007年版，第266页。

③ 王全兴：《劳动法》（第二版），法律出版社2004年版，第242页。

的最低工资标准，才能缓解分配不公、调动劳动者的生产积极性、促进生产力的发展。

2. 最低工资具有强制性。最低工资制度作为一种遵循公平原则的保障职工基本权益的措施，理应使最低工资制度和最低工资标准具有法律效力。可由中央或地方（省、市、自治区）的立法机构或行政机关通过制定有关法规或条文予以颁布实行，具有强制执行效力。

3. 最低工资具有宏观调节功能。最低工资的宏观调节功能表现在以下三方面：一是调节工资与物价的关系，通过最低工资标准的调整，补偿物价上涨引起的实际工资水平和工资购买力水平下降的损失。二是调节工资总水平。通过最低工资的调整，调节最低工资与社会平均工资的关系。最低工资一经调整，将推动地区工资关系、行业工资关系的平衡与调整，从而对调节工资总水平以及与地区经济发展相适应发挥重要作用。三是调节和缓解严重的就业压力。最低工资调整可作为经济杠杆，调节劳动力的流向，如果把最低工资压得偏低，将导致民工荒，影响区域经济的发展。如果把最低工资定得偏高，将导致人工成本偏高，以致影响企业多用人。因此，制定适度的、科学的最低工资标准可以鼓励企业多用人，缓解严重的就业压力。

二、最低工资的立法概况

实行最低工资制度是世界各国的通行做法。作为专门最低工资立法开端的是澳大利亚维多利亚州于1896年颁布试行的最低工资法令，该法令规定在六种行业中委托产业委员会决定最低工资率。它于1903年经修改后被州议会通过而成为正式法律，其他各州也相继通过了最低工资法。1909年，英国也制定了最低工资法。随后，德、法、瑞士、意大利、美国、日本等国也先后进行了类似的最低工资立法。第一次世界大战以后，最低工资立法开始在各国盛行。

在各国进行最低工资立法的同时，国际劳工组织也通过了若干项关于最低工资的公约和建议书。1928年国际劳工组织制定了有关最低工资的第一批国际劳动标准，即《最低工资确定机制公约》（第26号公约）和《同名建议书》（第30号建议书）。这两个文件只适用于制造业和商业领域的工人，不包括农业工人。1951年国际劳工组织通过《最低工资确定机制（农业）公约》（第99号公约）和第89号建议书，将第26号公约的适用范围扩大到农业及其相关的职业。但都没有对如何确定最低工资做出规定。为此，1970年，国际劳工大会通过了《确定最低工资公约》（第131号公约）和第135号建议书，对于实践中如何确定最低工资制定了一些规则。①

---

① 周长征：《劳动法原理》，科学出版社2004年版，第164页。

我国也确立了最低工资保障制度。1993 年，原劳动部制定了我国第一部全国性最低工资法规——《企业最低工资规定》（现已废止）。其后在《劳动法》中设“工资”专章，明确规定“国家实行最低工资保障制度”，并对最低工资标准的制定权、制约因素和法律效力作了原则性规定。2004 年，原劳动和社会保障部颁布了《最低工资规定》，对最低工资作了更加具体和完善的规定。

三、最低工资制度的适用范围

最低工资立法的发展，还表现在最低工资制度适用范围的不断扩大，即从早期只包括女工、童工和非熟练工人，发展到后来包括所有行业、职业或工种的工人。我国《最低工资规定》第 2 条规定：“本规定适用于在中华人民共和国境内的企业、民办非企业单位、有雇工的个体工商户（以下统称用人单位）和与之形成劳动关系的劳动者。国家机关、事业单位、社会团体和与之建立劳动合同关系的劳动者，依照本规定执行。”但一般来说下列范围的企业和劳动者不适用最低工资的规定。

1. 公务员、事业单位职工和公益团体的工作人员。把公务员排除在最低工资制之外，是因为国家机关工作人员、事业单位职工的工资是由国家直接规定，工资水平足以维持本人及家庭的基本生活，不需要最低工资保护。公益团体的工作人员，当然不包括雇佣的临时工，其工作目的不是为了获取报酬，所以也不存在最低工资保障的问题。

2. 租赁经营企业或承包经营企业的租赁人或承包人。租赁人或承包人的收入主要来源于承包收入或租赁收入，而非企业发放的工资，因而不适用于最低工资制。

3. 学徒、利用假期勤工俭学的学生、农民、军人、残疾人等。学徒，由于其在学徒期间不能提供正常劳动，不存在适用最低工资保障的前提。假期勤工俭学的学生，因为其一般无供养责任，也就无须给予最低工资保障。农民一般不存在工资发放的问题，军人由于依法具有服兵役的性质，也都不适用最低工资保障。残疾人由于其劳动能力低下，若将其规定在最低工资保障范围之内，可能会危及本来就少的就业机会。①

四、最低工资的效力

《劳动法》第 48 条规定：“用人单位支付劳动者的工资不得低于当地最低工资标准。”具体表现为：

1. 集体合同和劳动合同中所规定的工资标准，都不得低于当地最低工资标准。

2. 劳动者未完成劳动定额或承包任务，不属于未提供正常劳动，故用人单位低于最低工资标准支付工资不具有法律效力。

---

① 张荣芳：《劳动与社会保障法学》，科学出版社 2008 年版，第 105 页。

3. 劳动者与用人单位形成劳动关系，包括试用、熟练、见习期间，在法定时间内提供了正常劳动，所在的用人单位应当支付其不低于最低工资标准的工资。

4. 企业下岗待工人员，企业按规定支付其生活费，生活费可以低于最低工资标准。

5. 女职工因生育、哺乳请长假而下岗的，在其享受法定产假期间，依法领取生育津贴；没有参加生育保险的企业，由企业照发原工资。

6. 职工患病或非因工负伤治疗期间，在规定的医疗期内由企业按有关规定支付其病假工资或疾病救济费，病假工资或疾病救济费可以低于当地最低工资标准，但不能低于最低工资标准的80%。

7. 劳动者因探亲、婚丧按规定休假期间，以及依法参加社会活动期间，视为提供了正常劳动，用人单位不得向劳动者支付低于最低工资标准的工资。

8. 劳动者在法定时间内未提供正常劳动，如果不是由于本人原因造成的，用人单位也应当向劳动者支付不低于最低工资标准的工资（即如是本人原因造成的在法定时间内未提供正常劳动，则可支付低于最低工资标准的工资）。

9. 实行计件工资或提成工资等工资形式的用人单位，必须进行合理折算，其相应的折算额不得低于按时、日、周、月确定的最低工资标准。

10. 受到降级或撤职处分的职工，处分时不能将劳动者的工资降到本地区最低工资以下。

五、最低工资标准

最低工资标准是指单位时间的最低工资数额。《劳动法》第48条规定："最低工资的具体标准由省、自治区、直辖市人民政府规定，报国务院备案。"《最低工资规定》第7条规定："省、自治区、直辖市范围内的不同行政区域可以有不同的最低工资标准。"这表明我国不实行全国统一最低工资标准，由各地根据具体情况确定。

（一）最低工资标准的形式

在最低工资的形式上，《最低工资规定》规定了两种最低工资标准形式，即月最低工资标准和小时最低工资标准形式。月最低工资标准适用于全日制就业劳动者，小时最低工资标准适用于非全日制就业劳动者。这是为适应发展灵活就业形式、促进就业的需要。原有的月最低工资标准不适应非全日制就业的劳动者，也不利于保护其合法权益。北京、上海、江苏等省市根据实际需要，先后突破了传统的全日制用工模式，制定并颁布了当地的小时最低工资标准，保护了小时工等非全日制劳动者的合法权益，促进了灵活就业形式的发展。[①] 2008年颁布的

---

① 黎建飞：《劳动与社会保障法教程》，中国人民大学出版社2007年版，第268页。

《劳动合同法》也相应地规定了非全日制用工形式，制定小时最低工资标准是十分必要的。目前我国大部分省市都制定了小时最低工资标准。①

（二）制定最低工资标准的参考因素

我国《劳动法》第49条规定，确定和调整最低工资标准应当综合参考下列因素。

1. 劳动者本人及平均赡养人口的最低生活费用。实行最低工资保障的直接目的是确保劳动者维持最基本的生活需要。所谓最低生活费用，应为劳动者本人及其赡养人口为维持最低生活需要而必须支付的费用，包括吃、穿、住、行等方面。因此，最低工资标准不应低于劳动者本人的最低生活费用及其应尽法定义务所平均赡养人口的最低生活费用。

2. 社会平均工资水平。最低工资标准应当低于社会平均工资水平，但应当高于职业保险金、社会救济金的标准。在两者之间为最低工资找一个平衡点。国际上，最低工资标准一般相当于平均工资的40%～60%。②

3. 劳动生产率。劳动生产率即单位时间内劳动者为社会工作的效率，即有效劳动量与劳动时间之比。在不同行业、不同地区，劳动生产率不同，这意味着在单位时间劳动者对社会贡献有所差别。在法定工作时间不变的情况下，劳动生产率的差别导致劳动者对社会贡献的不平衡性，也意味着各行业、各地区的用人单位对劳动者工资的支付能力存在着差别。因此，其最低工资标准也可不同。

4. 就业状况。即整个社会劳动者的就业率和就业行业及部门的情况。就业状况与整个部门和地区的工资支付水平有一定关系。最低工资制应当尽量保证更多的人就业。在就业状况较差的情况下，最低工资标准就可以定得稍低一些；反之，则可以较高一些。

5. 地区之间经济发展水平的差异。经济发展水平不同的地区，其工资标准应当有适当的差异。经济发展水平高，意味着企业经济效益好，能支付得起较高的工资，社会消费水平也高，劳动者就要用更多的钱维持最低生活消费，这时，最低工资标准就可以定得高一些；反之，在经济发展水平较低的地区，最低工资标准就要定得较低一些。

同时，我国《最低工资规定》在此基础上将最低工资标准区分为月最低工资标准和小时最低工资标准，并分别对这两种最低工资标准制定的参考因素作了进

---

① 截至2014年年底，我国已经有19个地区上调了最低工资标准。上海1 820元/月，17元/小时；深圳1 808元/月，16.5元/小时；天津1 680元/月，16.8元/小时；浙江1 650元/月，13.5元/小时；江苏1 630元/月，14.5元/小时；北京1 560元/月，16.9元/小时；山东1 500元/月，15元/小时；内蒙古1 500元/月，12.2元/小时；河北1 480元/月，15元/小时；山西1 450元/月，16元/小时；云南1 420元/月，12元/小时；四川1 400元/月，14.6元/小时；河南1 400元/月，13.5元/小时；江西1 390元/月，13.9元/小时；甘肃1 350元/月，13.7元/小时；陕西1 280元/月，12.8元/小时；青海1 270元/月，12.9元/小时；重庆1 250元/月，12.5元/小时；贵州1 250元/月，13元/小时。

② 张荣芳：《劳动与社会保障法学》，科学出版社2008年版，第106页。

一步的规定。(1) 确定和调整月最低工资标准，应参考当地就业者及其赡养人口的最低生活费用、城镇居民消费价格指数、职工个人缴纳的社会保险费和住房公积金、职工平均工资、经济发展水平、就业状况等因素。(2) 确定和调整小时最低工资标准，应在颁布的月最低工资标准的基础上考虑单位应缴纳的基本养老保险费和基本医疗保险费因素，同时还应适当考虑非全日制劳动者在工作稳定性、劳动条件和劳动强度、福利等方面与全日制就业人员之间的差异。

（三）最低工资标准的制定程序

最低工资标准的制定必须按法律规定的程序进行。

1. 初步拟订。最低工资标准的确定和调整方案，由省、自治区、直辖市人民政府劳动保障行政部门会同同级工会、企业联合会/企业家协会研究拟订。方案内容包括最低工资确定和调整的依据、适用范围、拟订标准和说明。

2. 征求意见。省级劳动保障行政部门将拟订的方案报送人力资源和社会保障部。人力资源和社会保障部在收到拟订方案后，应征求全国总工会、中国企业联合会/企业家协会的意见。人力资源和社会保障部对方案可以提出修订意见，若在方案收到后14日内未提出修订意见的，视为同意。

3. 批准、发布和备案。省级劳动保障行政部门应将经人力资源和社会保障部同意的本地区最低工资标准方案报省级人民政府批准，并于批准后7日内在当地政府公报上和至少一种全地区性报纸上发布。省、自治区、直辖市劳动保障行政部门应在发布后10日内将最低工资标准报人力资源和社会保障部。

4. 调整。最低工资标准发布实施后，如相关因素发生变化，应当适时调整。最低工资标准每两年至少调整一次。

5. 公示。用人单位应在最低工资标准发布后10日内将该标准向本单位全体劳动者公示。

第四节 工资支付保障

工资支付保障，是对劳动者获得全部应得工资及其所得工资支配权的保障。用人单位必须按《劳动法》、《工资支付暂行规定》及有关规定支付劳动者工资，禁止任意克扣工资和无故拖欠工资。《劳动法》第50条规定："工资应当以货币形式按月支付给劳动者本人。不得克扣或者无故拖欠劳动者的工资。"第51条规定："劳动者在法定休假日和婚丧假期间以及依法参加社会活动期间，用人单位应当依法支付工资。"

一、工资支付的一般规则

（一）货币支付规则

工资应当以法定货币支付。不得以实物及有价证券替代货币支付。

（二）直接支付规则

用人单位应将工资支付给劳动者本人。劳动者本人因故不能领取工资时，可由其亲属或委托他人代领。用人单位可委托银行代发工资。

用人单位必须书面记录支付劳动者工资的数额、时间和领取者的姓名以及签字，并保存两年以上备查。

（三）全额支付规则

用人单位应当按照劳动合同的约定支付劳动者全部工资，除法律允许扣除的外，用人单位不得扣减劳动者的工资。在支付工资时应向劳动者提供一份其个人的工资清单。

（四）定期支付规则

工资必须在用人单位与劳动者约定的日期支付。如遇节假日或休息日，则应提前在最近的工作日支付。工资至少每月支付一次，实行周、日、小时工资制的可按周、日、小时支付工资。对完成一次性临时劳动或某项具体工作的劳动者，用人单位应按有关协议或合同约定在其完成劳动任务后即支付工资。劳动关系双方依法解除或终止劳动合同时，用人单位应在解除或终止劳动合同时一次付清劳动者的工资。

（五）优先支付规则

用人单位依法破产时，劳动者有权获得其工资。在破产清偿中，用人单位应按《中华人民共和国企业破产法》规定的清偿顺序，首先支付欠付的本单位劳动者的工资。

（六）紧急支付规则

紧急支付规则即在劳动者或其亲属生病、生育、遭受灾难等特殊情况下，应根据情况允许劳动者预先支取工资。

二、特殊情况下的工资支付

特殊情况下的工资支付，是指依法或者协议在非正常情况下由用人单位支付劳动者工资。其一，它以存在某种法定非正常情况作为工资支付的依据。一般认为，因职工在法定工作时间内履行劳动给付义务而支付工资，是工资支付的正常情况，其他应支付工资的情况即为非正常情况。而具体哪些非正常情况应支付工资必须以法规和政策的明确规定为依据。其二，它以职工本人计时工资标准作为工资支付的标准。或者按计时工资标准进行全额进行支付；或者按计时工资标准的一定比例进行支付；或者按计时工资标准的一定倍数进行支付。[①]

根据《劳动法》、《工资支付暂行规定》等法律法规的规定，特殊情况下的

---

① 徐智华：《劳动法学》，北京大学出版社2008年版，第256页。

工资支付主要包括以下七种情形。

1. 法定休假日期间的工资支付。法定休假日是指劳动者依法享有的双休日、国家法定节假日（包括元旦、春节、清明节、劳动节、端午节、中秋节、国庆节）以及法定带薪年休假。劳动者依照法律规定在法定休假日内休息，用人单位应当依法向劳动者支付工资。

2. 婚丧假期间的工资支付。婚丧假是指劳动者本人结婚以及直系亲属死亡时依法享有的假期。婚丧假期间由用人单位给予 1 ~ 3 天的假期，用人单位应向劳动者支付工资。

3. 探亲假期间的工资支付。1981 年 3 月国务院在《关于职工探亲假待遇的规定》中指出，职工探望配偶和未婚职工探望父母的往返路费由所在单位负担；已婚职工探望父母往返路费，在本人月工资 30% 以内的由本人处理，超过部分由单位负担。职工在探亲假期间的工资，按照本人的工资标准发给。

4. 依法参加社会活动期间的工资支付。根据《劳动法》第 51 条及《工资支付暂行规定》第 10 条的规定，劳动者在法定工作时间内依法参加社会活动期间，用人单位应视同其提供了正常劳动而支付工资。社会活动包括：依法行使选举权或被选举权；当选代表出席乡（镇）、区以上政府、党派、工会、青年团、妇女联合会等组织召开的会议；出庭作证；出席劳动模范、先进工作者大会；《工会法》规定的不脱产工会基层委员会委员因工作活动占用的生产或工作时间；其他依法参加的社会活动。

5. 停工期间的工资支付。《工资支付暂行规定》第 12 条规定，非因劳动者原因造成单位停工、停产在一个工资支付周期内的，用人单位应按劳动合同规定的标准支付劳动者工资。超过一个工资支付周期的，若劳动者提供了正常劳动，则支付给劳动者的劳动报酬不得低于当地的最低工资标准；若劳动者没有提供正常劳动，应按国家有关规定办理。

6. 企业破产时的工资支付。用人单位依法破产时，劳动者有权获得其工资。在破产清偿中，用人单位应按《中华人民共和国企业破产法》规定的清偿顺序，首先支付欠付本单位劳动者的工资。

7. 劳动者在调动工作期间、脱产学习期间、被错误羁押期间、错误服刑期间，用人单位应当按国家规定或劳动合同规定的标准支付工资。劳动者在公派到国外工作、学习期间，其国内工资按国家规定的标准支付。[①]

三、禁止克扣劳动者工资

劳动者在法定工作时间内提供了正常劳动的前提下领取足额工资，是劳动者

---

① 王全兴：《劳动法》（第二版），法律出版社 2004 年版，第 249 页。

的合法权益，受法律保护。我国《工资支付暂行规定》第 15 条明确规定，用人单位不得克扣劳动者工资。所谓“克扣”是指用人单位无正当理由扣减劳动者应得的工资。不包括以下减发工资的情况：（1）国家的法律、法规中有明确规定的；（2）依法签订的劳动合同中有明确规定的；（3）用人单位依法制定并经职代会批准的厂规、厂纪中有明确规定的；（4）企业工资总额与经济效益相联系，经济效益下浮时，工资必须下浮的（但支付给劳动者的工资不得低于当地的最低工资标准）；（5）因劳动者请事假等相应减发工资等。

用人单位不得克扣劳动者工资，除非符合法定允许扣除的条件。根据现行法律的规定，允许扣除的情况主要有两种。

1. 代扣工资。有下列情况之一的，用人单位可以代扣劳动者工资：（1）用人单位代扣代缴的个人所得税；（2）用人单位代扣代缴的应由劳动者个人负担的各项社会保险费用；（3）法院判决、裁定中要求代扣的抚养费、赡养费；（4）法律、法规规定可以从劳动者工资中扣除的其他费用。

2. 扣除赔偿金。因劳动者本人原因给用人单位造成经济损失的，用人单位可按照劳动合同的约定要求其赔偿经济损失。经济损失的赔偿，可从劳动者本人的工资中扣除。但每月扣除的部分不得超过劳动者当月工资的 20%。若扣除后剩余工资部分低于当地月最低工资标准，则按最低工资标准支付。

四、禁止无故拖欠劳动者工资

《劳动法》第 50 条规定：“工资应当以货币形式按月支付给劳动者本人。不得克扣或者无故拖欠劳动者的工资。”《工资支付暂行规定》第 7 条对工资支付时间也作了规定：“工资必须在用人单位与劳动者约定的日期支付。如遇节假日或休息日，则应提前在最近的工作日支付。工资至少每月支付一次，实行周、日、小时工资制的可按周、日、小时支付工资。”因此，用人单位应当及时、足额地支付劳动者的工资，无正当理由不得拖欠劳动者的工资。

1. 无故拖欠劳动者工资的概念。原劳动部于 1995 年发布的《对〈工资支付暂行规定〉有关问题的补充规定》中对“无故拖欠”作了解释。所谓无故拖欠工资，是指用人单位无正当理由超过规定的付薪时间未支付劳动者工资。不包括：（1）用人单位遇到非人力所能抗拒的自然灾害、战争等原因，无法按时支付工资；（2）用人单位确因生产经营困难、资金周转受到影响，在征得本单位工会同意后，可暂时延期支付劳动者工资，延期时间的最长限制可由各省、自治区、直辖市劳动保障行政部门根据各地情况确定。其他情况下拖欠工资均属无故拖欠。因此，在现实生活中，除了出现以上两种情形外，如果是无故超过双方约定日期支付工资的，或者没有超过规定的日期但是未足额支付工资的，都属于无故拖欠工资。

2. 无故拖欠劳动者工资的救济途径。近年来，无故拖欠劳动者工资的问题日益严重，特别是拖欠农民工工资更为突出。广大劳动者应当拿起法律武器保护自己的合法权益。

（1）申请调解。用人单位无故拖欠劳动者工资的，劳动者可以向企业劳动争议调解委员会、依法设立的基层人民调解组织以及在乡镇、街道设立的具有劳动争议调解职能的组织申请调解。

（2）提起申诉。用人单位克扣或无故拖欠劳动者工资的，劳动者也可以向劳动保障行政部门提出申诉，由劳动保障行政部门责令用人单位按规定支付工资、经济补偿金以及赔偿金。

（3）申请仲裁。劳动者可以向劳动争议仲裁机构申请仲裁。劳动争议申请仲裁的时效期间为 1 年。仲裁时效期间从当事人知道或者应当知道其权利被侵害之日起计算。但劳动关系存续期间因拖欠劳动报酬发生争议的，劳动者申请仲裁不受 1 年的限制。劳动关系终止的，应当自劳动关系终止之日起 1 年内提出。

（4）提起诉讼。对仲裁裁决不服的，可以向人民法院提起诉讼。在我国，一般情形下，劳动争议必须先仲裁、后诉讼。

（5）直接向人民法院申请支付令。这是《劳动合同法》做出的新规定。《劳动合同法》第 30 条规定："用人单位应当按照劳动合同约定和国家规定，向劳动者及时足额支付劳动报酬。用人单位拖欠或者未足额支付劳动报酬的，劳动者可以依法向当地人民法院申请支付令，人民法院应当依法发出支付令。"该条款中的支付令，是指人民法院根据劳动者的申请，向用人单位发出支付命令，催促用人单位在法定期限内向劳动者清偿工资的一种程序。其主要特征为非诉讼性，且简易、灵活，不必经过双方诉讼，也不必经过辩论、调解和裁判，而是由法院经过书面审查，以命令的方式催促用人单位履行支付工资的义务；生效支付令与法院生效判决、裁定具有同等强制力；用人单位应当自收到支付令之日起 15 日内清偿工资，如果不清偿工资又不提出异议，劳动者可以向人民法院申请执行。需要注意的是，申请支付令，必须是权利义务关系明确、合法（即拖欠工资的事实客观存在，应支付的工资过期未付，彼此不存在其他纠葛，如对劳动合同本身有争议等）；如果用人单位在 15 日内向人民法院提出书面异议，则支付令失效，劳动者只能另行提起诉讼，当然，若用人单位主张经济困难或者要求分期付款等除外。

3. 无故拖欠劳动者工资的法律责任。[①]

（1）民事责任。第一，单位应当在规定的时间内足额支付工资，并承担补偿

---

① 关于无故拖欠劳动者工资，用人单位是否负行政责任，我国《劳动法》、《劳动合同法》并未做出规定，但一些地方性法规明确规定了用人单位的行政责任。如《青岛市企业工资支付规定》第 37 条规定："用人单位克扣或者无故拖欠劳动者工资以及拒不支付劳动者加班工资的，由劳动保障行政部门责令全额支付劳动者的工资报酬，并对企业主要负责人和直接责任人处以 1 000 元以上 3 000 元以下的罚款。"

或者赔偿责任。《违反和解除劳动合同的经济补偿办法》第 3 条规定：“用人单位克扣或者无故拖欠劳动者工资的，以及拒不支付劳动者延长工作时间工资报酬的，除在规定的时间内全额支付劳动者工资报酬外，还需加发相当于工资报酬百分之二十五的经济补偿金。”《劳动合同法》第 85 条规定：“用人单位克扣或无故拖欠劳动者工资，包括未按照劳动合同约定或按国家规定及时足额支付劳动者劳动报酬的；低于当地最低工资标准支付工资的；安排加班不支付加班费的；解除或者终止劳动合同，未按规定支付经济补偿的，由劳动行政部门责令限期支付劳动报酬、加班费或者经济补偿；劳动报酬低于当地最低工资标准的，应当支付其差额部分；逾期不支付的，责令用人单位按应付金额百分之五十以上百分之一百以下的标准向劳动者加付赔偿金。”第二，劳动者可以以用人单位拖欠工资为由解除劳动合同并要求单位支付经济补偿金。《劳动合同法》第 38 条第 2 款规定，用人单位未及时足额支付劳动报酬的，劳动者可以解除劳动合同，并可根据《劳动合同法》第 46 条的规定要求用人单位支付经济补偿。第三，拖欠劳动者工资单位承担举证责任。《劳动争议调解仲裁法》第 6 条规定，发生劳动争议，当事人对自己提出的主张有责任提供证据。与争议事项有关的证据属于用人单位掌握管理的，用人单位应当提供；用人单位不提供的，应当承担不利后果。由于与拖欠工资有关的证据如工资记录表掌握在用人单位手中，因此，拖欠工资的举证责任应当由用人单位承担。用人单位未提供的，应当承担不利后果。

（2）刑事责任。2011 年 5 月 1 日正式实施的《中华人民共和国刑法修正案（八）》中规定了恶意欠薪罪。“以转移财产、逃匿等方法逃避支付劳动者的劳动报酬或者有能力支付而不支付劳动者的劳动报酬，数额较大，经政府有关部门责令支付仍不支付的，处三年以下有期徒刑或者拘役，并处或者单处罚金；造成严重后果的，处三年以上七年以下有期徒刑，并处罚金。”“单位犯前款罪的，对单位判处罚金，并对其直接负责的主管人员和其他直接责任人员，依照前款的规定处罚。”“有前两款行为，尚未造成严重后果，在提起公诉前支付劳动者的劳动报酬，并依法承担相应赔偿责任的，可以减轻或者免除处罚。”至此，“恶意欠薪”正式入刑，拖欠工资不再是简单的民事纠纷，用人单位恶意拖欠工资就触犯了刑法，这大大增加了恶意欠薪的成本，用人单位会有所顾忌。

第五节　工资集体协商制度

我国于 2000 年 10 月 10 日由原劳动和社会保障部颁布实施了《工资集体协商试行办法》，为企业依法开展工资集体协商并签订工资协议做出了规定。

一、工资集体协商的概念

工资集体协商，是指职工代表与企业代表依法就企业内部工资分配制度、工资分配形式、工资收入水平等事项进行平等协商，在协商一致的基础上签订工资协议的行为。工资协议，是指专门就工资事项签订的专项集体合同。已订立集体合同的，工资协议作为集体合同的附件，与集体合同具有同等法律效力，对企业和职工双方具有同等的约束力，任何一方不得擅自变更或解除工资协议，须全面履行其规定的义务。

二、工资集体协商的内容及确定工资水平的参考因素

根据《工资集体协商试行办法》第7条的规定，工资集体协商一般包括：(1)工资协议的期限；(2)工资分配制度、工资标准和工资分配形式；(3)职工年度平均工资水平及其调整幅度；(4)奖金、津贴、补贴等分配办法；(5)工资支付办法；(6)变更、解除工资协议的程序；(7)工资协议的终止条件；(8)工资协议的违约责任；(9)双方认为应当协商约定的其他事项。

协商确定职工年度工资水平应符合国家有关工资分配的宏观调控政策，并综合参考下列因素：(1)地区、行业、企业的人工成本水平；(2)地区、行业的职工平均工资水平；(3)当地政府发布的工资指导线、劳动力市场工资指导价位；(4)本地区城镇居民消费价格指数；(5)企业劳动生产率和经济效益；(6)国有资产保值增值；(7)上年度企业职工工资总额和职工平均工资水平；(8)其他与工资集体协商有关的情况。

三、工资集体协商的程序

(一)代表的确认

工资集体协商代表应依照法定程序产生，职工一方由工会代表。未成立工会的企业由职工民主推举代表，并得到半数以上职工的同意。企业代表由法定代表人和法定代表人指定的其他人员担任。双方协商代表人数应当相等，各方至少3人，并各确定1名首席代表。职工首席代表应当由工会主席担任，工会主席可以书面委托其他人员作为自己的代理人；未成立工会的，由职工集体协商代表推举。企业首席代表应当由法定代表人担任，法定代表人可以书面委托其他管理人员作为自己的代理人。协商双方的首席代表在工资集体协商期间轮流担任协商会议执行主席。协商会议执行主席的主要职责是负责工资集体协商有关组织协调工作，并对协商过程中发生的问题提出处理建议。协商双方可书面委托本企业以外的专业人士作为本方协商代表。委托人数不得超过本方代表的1/3。

(二)提议

职工和企业任何一方均可提出进行工资集体协商的要求。工资集体协商的提

出方应向另一方提出书面的协商意向书，明确协商的时间、地点、内容等。另一方接到协商意向书后，应于20日内予以书面答复，并与提出方共同进行工资集体协商。

（三）磋商

企业与工会双方就工资集体协商内容进行磋商。协议双方在协商前进行认真的研究和准备，并各自提出工资集体协商的方案。在不违反有关法律、法规的前提下，协商双方有义务按照对方要求，在协商开始前5日内，提供与工资集体协商有关的真实情况和资料。

（四）审议

经过集体协商，双方达成一致意见后，工资协议草案应提交职工代表大会或职工大会讨论审议。职工代表大会或全体职工讨论工资集体协议草案，应当有2/3以上职工代表或职工出席，且须经全体职工代表半数以上同意，工资协议草案方获通过，由企业行政方制作工资协议文本。然后由双方首席代表签字盖章后成立。

（五）审查

工资协议签订后，应于7日内由企业将工资协议一式三份及说明报送劳动保障行政部门审查。劳动保障行政部门应在收到工资协议15日内，对工资集体协商双方代表资格、工资协议的条款内容和签订程序等进行审查。劳动保障行政部门经审查对工资协议无异议，应及时向协商双方送达《工资协议审查意见书》，工资协议即行生效。劳动保障行政部门对工资协议有修改意见，应将修改意见在《工资协议审查意见书》中通知协商双方。双方应就修改意见及时协商，修改工资协议，并重新报送劳动保障行政部门。

工资协议向劳动保障行政部门报送经过15日后，协议双方未收到劳动保障行政部门的《工资协议审查意见书》，视为已经劳动保障行政部门同意，该工资协议即行生效。

（六）公布

协商双方应于5日内将已经生效的工资协议以适当形式向本方全体人员公布。

四、工资集体协商的期限

工资集体协商一般情况下一年进行一次。职工和企业双方均可在原工资协议期满前60日内向对方书面提出协商意向书，进行下一轮的工资集体协商，做好新旧工资协议的相互衔接。

【案例研讨】

“包食包住”和社保个人缴费能否算入最低工资

2011年1月，王小姐在上海一家鞋厂作操作工，入职时鞋厂规定，包食包住，工资1 000

元，包括个人缴纳的社会保险费和住房公积金。4月15日，王小姐提出：上海市最低工资标准已经调至1 120元/月，她的工资也该增加了。鞋厂则认为，她的工资加上企业包食包住的费用，早就不止1 120元了，因而拒绝增加工资。

什么是最低工资？我国是否实行全国统一的最低工资标准？哪些项目不得作为最低工资的组成部分？是否应剔除包食包住的费用？

评析：

1. 最低工资是指劳动者在法定工作时间或依法签订的劳动合同约定的工作时间提供了正常劳动的前提下，其所在企业应支付的最低劳动报酬。

2. 《劳动法》第48条规定："最低工资的具体标准由省、自治区、直辖市人民政府规定，报国务院备案。"《最低工资规定》第7条规定："省、自治区、直辖市范围内的不同行政区域可以有不同的最低工资标准。"这表明我国不实行全国统一最低工资标准，由各地根据具体情况确定。就本案而言，从2011年4月1日起，上海市月最低工资标准从960元调整为1 120元，小时最低工资标准从8元调整为9元。

3. 上海市最低工资规定下列各项不得作为最低工资的组成部分："（1）个人依法缴纳的社会保险费和住房公积金；（2）延长法定工作时间的工资；（3）中班、夜班、高温、低温、井下、有毒有害等特殊工作环境、条件下的津贴；（4）伙食补贴（饭贴）、上下班交通费补贴、住房补贴。"所以，王小姐个人依法缴纳的社会保险费和住房公积金首先要从最低工资计算中剔除。

4. 尽管上海市最低工资规定没有说要剔除包食包住的费用，但是，用人单位支付给劳动者的工资必须以法定货币形式支付。对劳动者包吃包住，属于用人单位给予职工的福利，即使实际的用工成本支出高于最低工资标准，也不能因此使支付的货币工资低于最低工资标准。最低工资标准不得计入实物及有价证券。因此，本案中，鞋厂不得将包食包住的费用计入最低工资。王小姐要求增加工资的要求是合理的。

思考问题与案例

一、思考问题

1. 工资的概念和特征是什么？
2. 工资分配的基本原则有哪些？
3. 最低工资制度的主要内容有哪些？
4. 工资支付的一般规则包括哪些内容？
5. 在什么情况下用人单位可以扣除劳动者的工资？

二、思考案例

1. 李某是X公司的职员。2009年1月，该公司在未经工会同意的情况下，以资金周转困难为由，宣布该公司每月支付给职工70%的工资，剩余30%的工资在年底一起支付。

问题：该公司的行为是否合法？为什么？

2. 王某是Y公司的职员。2008年4月，王某被选举为Z县的人大代表，参加该县的换届选举大会，故向公司请假三天。到月底发工资，王某发现，公司扣除了其请假缺勤三天的工资。

问题：

（1）该公司的这种做法对吗？

（2）参加哪些社会活动，用人单位应当支付工资？

3. 张某是A工厂的合同制工人，与工厂签订了劳动合同，合同中约定了试用期。试用期工资是500元，试用期过后是800元。当地政府公布的最低工资标准是550元。于是张某要求该厂领导按当地最低工资标准发放工资。工厂领导以工厂为其提供食宿为由，声称工厂的工资待遇已经超过最低工资标准。

问题：

（1）工厂的做法对吗？试用期是否适用最低工资保障制度？

（2）国家对最低工资标准有哪些规定？

第九章　工作时间与休息休假制度

【本章导语】

工作时间与休息休假是尊重劳动力、保障劳动者休息权、发挥劳动者积极性的重要制度，是劳动法的重要组成部分。本章主要介绍工作时间与休息休假的法律概念及其立法概况、工作时间的种类、休息休假制度的主要法律规定、延长工作时间的限制等内容。重点掌握工作时间的种类及其适用范围，法定节假日、带薪年休假的法律规定，延长工作时间的限制及工资标准。

【引导案例】

首例辞职员工要求公司支付年休假工资案

2006 年 1 月，黄某进入上海某婚庆公司工作，双方签订劳动合同，黄某担任公司仓库管理员。其中，2007 年度约定月工资为 1 800 元，2008 ~ 2009 年约定月工资为 1 000 元。2008 年 6 月 3 日，黄某向公司提出辞职，理由为公司在用工方面不规范、其自身利益受到侵害。同月 13 日，双方劳动关系解除。其间，黄某向劳动争议仲裁委员会申请仲裁，要求该公司支付 2008 年应休未休年休假工资 688. 5 元。2008 年 8 月，仲裁委员会裁决对此不予支持。黄某不服仲裁裁决，向南汇区人民法院提起诉讼。

法院审理后认为，根据相关规定，黄某在公司工作已满 1 年未满 10 年，2008 年其年休假应为 5 天。黄某在公司工作至 2008 年 6 月 13 日，根据工作时间折算，黄某 2008 年应休未休年休假为 2. 26 天。现公司未能提供证据证明已安排过黄某年休假，因此，作为公司方应支付黄某未休年休假的工资报酬。2008 年 11 月一审判决该婚庆公司支付黄某 2008 年未休年休假工资 561. 10 元。该案是上海首例辞职女工要求用人单位支付年休假工资案。①

【重点问题】

1. 工作时间的概念。

2. 我国的标准工作时间。

① 《2008 年十大劳动争议案件点评》，中国工作网，http：//www. jobs. cn/newsInfo/2009 - 2 - 14/2009214104451349458_2. htm

3. 加班的概念、加班时间及其工资报酬的法律规则。

4. 劳动者休息休假制度的具体内容。

第一节　工作时间制度

一、工作时间概述

（一）工作时间的概念和特征

工作时间又称法定工作时间、劳动时间，是指劳动者为履行劳动义务在法定限度内应当从事劳动或工作的时间。其表现形式有工作小时、工作日和工作周三种形式。一昼夜内工作时数的总和为工作日；一周内工作日的总和为工作周。其中，工作日是工作时间的基本形式。

工作时间具有以下特征：

1. 工作时间是履行劳动义务和计发劳动报酬的时间。劳动者按照用人单位依法规定的时间从事生产或工作，用人单位按照劳动者在工作时间内提供劳动的数量和质量计发劳动报酬。

2. 工作时间是法定的工作时间。即工作时间的标准长度和最长限度由法律直接规定，集体合同和劳动合同可以在法律限度内做出约定。用人单位安排劳动者劳动不得超过法定最高工时，不得违反法律规定任意延长工作时间。依法延长工作时间的，应当对劳动者给予时间补偿或经济补偿。

法定工作时间适用于国家机关、社会团体、企业、事业组织等用人单位的公务员、职员、工人和个体工商户的帮手、学徒，不适用于农民和城乡个体劳动者。

3. 工作时间是实际工作时间与有关活动时间的总和。工作时间不仅包括劳动者的实际工作时间，还包括生产或工作的准备时间、结束前的整理与交接时间，以及工间休息时间、培训时间、女职工哺乳时间、工会活动时间、出差时间、履行社会职责的时间等。劳动者在法定工作时间内按照法律规定或用人单位的要求从事其他活动，虽然没有从事生产或工作，但由于这些活动时间大都与生产、再生产活动有关，因而视为工作时间。

（二）工时立法起源和发展

工时立法起始于工业革命以后。工业革命后，随着机器广泛使用，在促进经济发展的同时也增加了工人的劳动强度。资本家为多得利润，尽力延长工作时间，劳动者被迫随着机器的转动而不停地劳作，由于长时间连续的劳动，许多劳动者体力疲惫，身心健康受到极大摧残，再加上当时恶劣的工作环境，使工人死亡率猛增，平均寿命日趋缩短，特别是当时的童工常因极度劳累而夭亡。这种对劳动力的破坏性、掠夺性的使用，激起了工人的强烈反抗。国家也意识到，如果不对本国的劳动力资源进行保护，最终会影响国家的长远发展。于是开始实行工时立法。

最早的工时立法以英国于1802年颁布的《学徒健康与道德法》为开端。规定纺织工厂18岁以下的学徒每日工作时间不得超过12小时，并禁止学徒在晚9时至翌日晨6时从事夜工。早期的工时立法以限制童工最高工时为主要内容。直到1948年，瑞士颁布了世界上第一部限制成年工工作时间的法律，规定成年工每日工作不得超过12小时。

工时立法在其历史发展过程中意义最为重大的就是8小时工作制的确立。实行8小时工作制是工人阶级长期争取的目标。1886年5月1日，美国1万多企业的40多万工人为争取8小时工作制举行全国性大罢工。[①] 作为8小时工作制立法，最早出现在1908年的新西兰，当时提出了“8小时工作、8小时休息、8小时睡眠”的原则。原苏联在十月革命胜利后的第4天即1917年11月11日颁布了由列宁签署的《关于8小时工作日、工作时间的长度和分配》的第一个工时劳动法令。到第一次世界大战后欧洲各国的劳工立法才大多以8小时工作制为原则。1919年《国际劳动宪章》规定，工厂的工作时间以每日8小时或每周48小时为标准；每周必须有一次连续24小时休息，并尽量以星期日为公休日。同年举行的第1届国际劳工组织大会通过《工业企业工时公约》（第1号）。1921年第3届国际劳工组织大会通过《工业企业周休息公约》（第14号）。1935年第19届国际劳工组织大会通过《40小时工作周公约》（第47号）。1962年第46届国际劳工组织大会通过《缩短工时建议书》（第116号）。目前，8小时工作制成为标准工时制度，世界各国普遍实行每日工作8小时制度。从20世纪30~40年代开始，有些国家开始实施5日40小时工作制，近年来一些发达国家的周工时已经减到35小时左右，最短的北欧等国家只有30个小时，如挪威。逐步缩短工时，是工时立法发展的总趋势。[②]

在我国，自新中国成立以来一直实行8小时工作制。从1949年新中国成立到1995年《劳动法》实施，我国劳动者长期实行每周6天、48小时工作周制度；1995年1月1日至1995年4月30日，实行平均每周工作5天半、不超过44小时的工作周制度；1995年5月1日起根据《国务院关于修改〈国务院关于职工工作时间的规定〉的决定》的规定实行每周工作5天、40小时工作周制度。

工时立法一直是我国劳动立法的重要组成部分。现行工时立法主要有：《劳

---

① 为纪念美国工人的罢工运动，1889年7月14日，恩格斯领导的第二国际在巴黎召开成立大会，会上宣布将每年的5月1日定为全世界无产阶级和劳动者的共同节日——国际劳动节。

② 有学者认为，工时制度演变具有两种趋势：一是工时的缩短；二是工作班制逐渐走向灵活化和多样化。参见王全兴：《劳动法》（第二版），法律出版社2004年版，第221页。

动法》中的“工作时间和休息休假”专章、《关于企业实行不定时工作制和综合计算工时工作制的审批办法》（1994年12月14日劳动部发布）、《国务院关于职工工作时间的规定》（1995年3月25日国务院发布）及其实施办法（1995年3月25日劳动部发布）、《全国年节及纪念日放假办法》（1949年12月23日政务院发布，2013年12月11日第三次修订，自2014年1月1日施行）、《职工带薪年休假条例》（2007年12月14日国务院颁布，2008年1月1日施行）等。

（三）我国工时立法的基本原则

1. 保障劳动者的休息权，保护劳动者的身体健康。在一定的自然时间内，工作时间与休息时间之间是一种此消彼长的关系。因此，工作时间制度的确立以不损害劳动者的身体健康、保障劳动者休息权的实现为原则。

2. 有利于提高劳动效率原则。要把工作时间的长度限定在足以保证劳动效率达到较高水平的限度之内，使劳动者有足够的休息时间来恢复劳动力和提高自身素质，从而提高劳动效率。

3. 基于实际条件逐步缩短工时原则。随着经济发展和人民生活水平的提高，各国的工作时间呈缩短趋势。我国工作时间长度的确立，应当从我国实际情况出发，在经济发展的基础上不断满足日益增长的物质文化需求。因此，国家规定的工作时间长度界限只有相对意义，允许地方、部门、单位根据需要和可能进一步缩短工作时间。

二、工作时间的种类及其适用范围

工作时间的种类是指法律规定的在不同情况下计算工作时间的不同标准。[①]各国法律、法规一般将工作时间分为标准工作时间和非标准工作时间，分别适应不同工作性质或生产经营特点的需要。

（一）标准工作时间

标准工作时间，是指法定的在正常情况下普遍适用的按照正常作息办法安排的工作日和工作周，即标准工作日和标准工作周。[②]

标准工作时间具有以下特点。

1. 它以正常情况作为其适用条件，普遍适用于一般职工，所以我国大部分单位一般都实行标准工作时间。

2. 它是按正常作息办法安排的工时，属于均衡工作制。

3. 它一般以法定最长工作时间作为其时间长度，我国规定为每周5个工作日，每个工作日8小时。因此，标准工作时间具有最高工时标准的效力。除了具备法定特殊情形外，用人单位不得突破标准工时的限制，任意违法延长工时的，

---

① 张荣芳：《劳动与社会保障法学》，科学出版社2008年版，第84页。
② 王全兴：《劳动法》（第二版），法律出版社2004年版，第224页。

将被追究法律责任。用人单位因生产特点不能按照标准工作时间的要求实行作息办法而采用其他工时形式的，必须符合法定条件，并且履行法定审批程序。

4. 它被作为确定其他工作时间长度的基准。对实行计件工资的劳动者，用人单位应当根据标准工作日或标准工作周工时，合理确定其劳动定额和劳动报酬；实行综合计算工时工作制的，其平均日（周）工时应当与标准工作时间基本相同。

（二）非标准工作时间

非标准工作时间，是指法定的只适用于特殊情形并且工时长度和作息办法都不同于标准工作时间的工时形式。我国立法对非标准工作时间的规定主要有以下几种。

1. 缩短工作时间。这是指法律规定的劳动者每个工作日的时间必须少于标准工作日时数或每周工作天数的工作时间制度。国务院《关于职工工作时间的规定》第4条规定："在特殊条件下从事劳动和有特殊情况，需要适当缩短工作时间的，按照国家有关规定执行。"目前我国实行缩短工作时间的有以下四种情况：（1）特定的岗位。适用于从事有毒有害工种、条件艰苦工作、过度紧张工作、特别繁重体力劳动的职工，每个工作日的时间要少于8小时。如从事有毒有害作业的工人实行"三工一休制"，即工作3天、休息1天，或采用每天工作7小时的工作制，以及实行"定期轮换接触一个半月"的工时制度，即工人每年轮流脱离原作业岗位一个半月，脱离期满后仍回原岗位工作。严重有毒有害作业工人，可以采用"三工一休制"与"定期轮换接触"相结合的制度，即实行工作3天、休息1天的制度后，每年再轮流脱离原工作岗位1个月，或采用每天工作6个小时的工作制，也可以采用定期轮流脱离接触两个半月。（2）从事夜班工作的劳动者。夜班工作时间是指从本日22时至次日6时，由于夜班工作改变了劳动者正常的生活规律，增强神经系统的紧张状态，容易造成疲劳，因而比标准工时减少1小时。（3）哺乳期女工。国务院《女职工劳动保护特别规定》第9条规定："对哺乳未满1周岁婴儿的女职工，用人单位不得延长劳动时间或者安排夜班劳动。用人单位应当在每天的劳动时间内为哺乳期女职工安排1小时哺乳时间；女职工生育多胞胎的，每多哺乳1个婴儿每天增加1小时哺乳时间。"（4）未成年工和怀孕女工。未成年工应实行少于8小时工作日制度。怀孕7个月以上的女职工，在正常工作时间内应安排一定的休息时间。怀孕女职工在劳动时间内进行产前检查，所需时间计入劳动时间。

2. 不定时工作时间，又称无定时工作时间，指没有固定工作时间限制的工作时间制度。主要适用于一些工作性质或工作条件无法受标准工作时间限制的工作。1995年1月1日，劳动部颁布实施的《关于企业实行不定时工作制和综合计算工时工作制的审批办法》第4条规定，企业对符合下列条件之一的职工，可以实行不定时工作制：（1）企业中的高级管理人员、外勤人员、推销人员、部分值班人员和其他因工作无法按标准工作时间衡量的职工；（2）企业中的长途运输人员、出租汽车司机和铁路、港口、仓库的部分装卸人员以及因工作性质特殊需机动作业的职工；（3）其他因生产特点、工作特殊需要或职责范围的关系，适合实行不定时工作制的职工。

实行不定时工作时间制度，须由用人单位提出申请，经审核批准后才能适用。经批准实行不定时工作制的职工，不受《劳动法》第41条规定的日延长工作时间标准和月延长工作时间标准的限制，但用人单位应在保障职工身体健康并充分听取职工意见的基础上，采取集中工作、集中休息、轮休调休、弹性工作时间等适当的工作和休息方式，确保职工休息休假权利和生产、工作任务的完成。实行不定时工作制度的职工，其实际工作时间超过标准工作日的，不算作延长工作时间，也不给发延长工作时间的报酬。

3. 综合计算工作时间。综合计算工作时间是指针对因工作性质特殊，需连续作业或受季节及自然条件限制的企业的部分职工，分别以周、月、季、年等为周期，综合计算工作时间的工时形式。适用综合计算工作时间的劳动者平均日工作时间和平均周工作时间应与法定标准工作时间基本相同。原劳动部颁布实施的《关于企业实行不定时工作制和综合计算工时工作制的审批办法》第5条规定，企业对符合下列条件之一的职工，可实行综合计算工时工作制：（1）交通、铁路、邮电、水运、航空、渔业等行业中因工作性质特殊，需连续作业的职工；（2）地质及资源勘探、建筑、制盐、制糖、旅游等受季节和自然条件限制的行业的部分职工；（3）其他适合实行综合计算工时工作制的职工。

用人单位采用综合计算工作时间制度的，与采用不定时工作时间制度一样，需要履行审批手续。在综合计算周期内，如果劳动者的实际工作时间总数不超过该周期的法定标准工作时间的总数，只是该周期内的某一具体时间（或周，或日）超过法定工资标准工作时间的，其超过部分不视为延长工作时间。如果劳动者的实际工作时间总数超过该周期的法定工作时间总数，超过部分应当视为延长工作时间，并按《劳动法》的规定支付报酬。

对于实行综合计算工时工作制的工作和休息办法的职工，企业应根据《劳动法》第一章、第四章的有关规定，在保障职工身体健康并充分听取职工意见的基础上，采用集中工作、集中休息、轮休调休、弹性工作时间等适当方式，确保职工的休息休假权利和生产、工作任务的完成。

4. 计件工作时间。计件工作时间是指职工以完成一定劳动定额为计酬标准的工作时间制度。计件工作时间实际上是标准工作时间的特殊转化形式。《劳动法》第37条规定："对实行计件工作的劳动者，用人单位应当根据本法第36条规定的工时制度合理确定其劳动定额和计件报酬标准。"劳动定额，是指在一定生产技术和生产组织条件下，为生产一定量合格产品或完成一定量的工作所预先规定的劳动消耗标准，或是在单位时间内预先规定的完成合格产品数量的标准，包括时间定额和产量定额。劳动定额水平的计算，必须是在正常生产情况下大多数人按标准工作时间劳动能够完成的定额。计件报酬标准，是指预先规定的用以计算劳动者劳动报酬的计件单位。它体现了劳动成果和劳动报酬的关系，直接影响劳动者的劳动报酬水平。

5. 非全日制用工。近十年来，随着我国经济结构的调整，非全日制用工作为一种新的用工形式在我国得到了较为快速的发展。有关资料显示，目前我国城镇大约有 6 000 万 ~7 000 万劳动者从事各种灵活就业，其中有相当一部分劳动者从事的是非全日制工作。为了规范用人单位非全日制用工行为，保障劳动者的合法权益，促进非全日制就业健康、稳定发展，原劳动和社会保障部于 2003 年发布了《关于非全日制用工若干问题的意见》。《劳动合同法》在总结这一政策执行情况的基础上，专门在第五章第三节对非全日制用工进行规定。

《劳动合同法》第 68 条规定："非全日制用工，是指以小时计酬为主，劳动者在同一用人单位一般平均每日工作时间不超过四小时，每周工作时间累计不超过二十四小时的用工形式。"非全日制用工双方当事人可以订立口头协议，不得约定试用期。任何一方都可以随时通知对方终止用工。终止用工，用人单位不向劳动者支付经济补偿。非全日制用工小时计酬标准不得低于用人单位所在地人民政府规定的最低小时工资标准。非全日制用工劳动报酬结算支付周期最长不得超过 15 日。从事非全日制用工的劳动者可以与一个或者一个以上用人单位订立劳动合同；但是，后订立的劳动合同不得影响先订立的劳动合同的履行。

在日常生活中，人们往往把非全日制从业人员称为"小时工"。其实，严格地讲，这是两个不同的概念。(1) 是否存在劳动关系。小时工是指劳动者以小时为单位与劳动力使用者建立劳动关系或劳务关系的一种用工形式，有的与劳动力使用者存在劳动关系，有的存在劳务关系，不以存在劳动关系为前提，如从事小时工工作的离退休人员与劳动力使用者之间就不存在劳动关系。而非全日制从业人员，是指与用人单位存在劳动关系的劳动者。(2) 是否签订劳动合同。非全日制从业人员与用人单位之间必须签订劳动合同，可以是书面形式，也可以是口头协议；而不属于非全日制从业人员范围的小时工与劳动力使用者之间签订的是劳务合同。(3) 是否规定最低工资标准。非全日制从业人员小时计酬标准不得低于用人单位所在地人民政府规定的最低小时工资标准，用人单位还必须为其缴纳保险费。而不属于非全日制从业人员范围的小时工的工资由当事人双方协商确定，不受非全日制从业人员小时最低工资标准的约束。①

---

① 王昌硕：《劳动和社会保障法学》，中国劳动社会保障出版社 2005 年版，第 153 ~ 154 页。

6. 弹性工作时间[①]。弹性工作时间是指完成规定的工作任务或固定的工作时间长度的前提下，员工可以自由选择工作的具体时间安排，以代替统一固定的上下班时间的制度。弹性工作制是20世纪60年代由德国经济学家提出的，当时主要是为了解决职工上下班交通拥挤的问题。我国法律目前对弹性工作制尚未做出明确规定，但现实生活中仍有不少公司采用。弹性工作制有多种形式：(1) 核心时间与弹性时间结合制。一天的工作时间由核心工作时间（一般为5～6个小时）和核心工作时间两头的弹性工作时间所组成。核心工作时间是每天某几个小时所有员工必须都要上班的时间，弹性工作时间是职工可以在这部分时间内自由选定上下班的时间。(2) 成果中心制。公司对职工的考核仅仅是其工作成果，不规定具体时间，只要在所要求的期限内按质量完成任务就照付薪酬。(3) 紧缩工作时间制。职工可以将一个星期内的工作压缩在两三天内完成，剩余时间由自己处理。

与传统的固定工作时间制度相比，弹性工作时间有很显著的优点。对于用人单位来说，可以减少缺勤率、迟到率和员工的流失。同时，由于员工感到个人的权益得到了尊重，满足了社交和尊重等高层次的需要，因而产生了责任感，提高了工作满意度和士气。对于劳动者而言，可以更好地根据个人的需要来安排工作时间，在工作时间的安排上能行使一定的自主权，能更好地将工作时间同工作以外的活动安排相协调。当然，弹性工作制也存在一定的缺陷，比如，它会使管理者对下属员工的工作指导造成困难，特别是在弹性工作时间内，并导致工作轮班发生混乱。当某些具有特殊技能或知识的员工不在现场时，还可能造成问题更加难以解决，或使进度延缓，同时使管理人员的计划和控制工作更为麻烦，花费也更大。

第二节　休息休假制度

一、休息权

公民的休息权是指劳动者按照法律规定享有休息和修养的权利。休息权是《宪法》规定的公民基本权利之一，也是人权的重要内容。我国《宪法》第43条规定："中华人民共和国劳动者有休息的权利。国家发展劳动者休息和修养的设施，规定职工的工作时间和休假制度。"《劳动法》第3条也规定了劳动者享有休息休假的权利。根据人的身体疲劳规律和身体恢复的需要，适当安排劳动者的工作时间和休息时间，是对劳动者实施劳动保护的最基本措施。合理安排工作时间和休

① 陈亚南：《弹性工作制》，载《中国市场》2004年第21期，第72～73页。

息时间，劳逸结合，对于劳动者身体健康和促进经济发展都有十分重要的意义。我们要从执行根本大法和保障人权的高度，以人为本，保护劳动者的休息权。

二、休息时间

休息时间，是指劳动者按规定不必从事生产和工作而自行支配的时间。根据我国《劳动法》和相关法律的规定，劳动者的休息时间包括工作日内的休息时间、工作日之间的休息时间和周休息日。

（一）工作日内的休息时间

工作日内的休息时间，又称间歇时间，是指劳动者在一个工作日内中间休息及用膳的时间。在工作过程中给予劳动者一定的休息、用餐时间，是劳动者恢复体力并能够再次精力充沛地投入工作的重要保障。但目前我国对如何界定间歇时间没有具体规定。一般包括午休和用餐时间，因工作性质的不同长短不一。一般为1~2小时，最少不能少于半小时。且这种休息时间不计算在工作时间之内。有些单位实行工间操制度，工间操时间计入工作时间之内。

（二）工作日之间的休息时间

工作日之间的休息时间是指职工在一个工作日结束后到下一个工作日开始的休息时间。这种休息时间是保障职工恢复体力和智力的重要阶段，时间长度一般为15~16个小时。无特殊情况应连续使用，不得随便间断。实行轮班制工作的，其班次必须平均调换，一般应在休息日之后调换。在调换换班制时，不得让劳动者连续工作两班。因为这既侵犯劳动者的休息权也会对劳动者的身体健康造成严重的伤害。[①]

（三）周休息日

周休息日，又称公休假日，是指劳动者工作满一个工作周以后的休息时间。我国《劳动法》第38条规定："用人单位应当保证劳动者每周至少休息一天。"因公出差人员的公休假日，应在公差地点享用；如因工作需要未能享用者，可给予补假。

自1995年5月1日开始，我国实行每周40小时工作制度。国家机关、事业单位实行统一的工作时间，星期六和星期日为公休假日。企业职工在实行每周40小时工作制度时，如因工作性质或生产特点不能实行标准工作时间的，可以实行不定时工作制度、综合计算工作时间制等其他工作和休息办法。[②] 如前面提到的从事有毒有害作业的劳动者实行"三工一休"制度，纺织业实行"四班三运转"制度，每个职工在8天内可以休息2天。

---

① 李炳安：《劳动和社会保障法学》，厦门大学出版社2007年版，第177页。

② 《劳动法》第39条规定："企业因生产特点不能实行本法第三十六条、第三十八条规定的，经劳动行政部门批准，可以实行其他工作和休息办法。"

三、休假

休假，是指劳动者在正常工作日内免于工作并享受工资保障的连续休息时间。从本质上讲，休假也是广义休息时间的重要部分，主要是为劳动者家庭生活和社会活动提供便利，提高其休息的质量。休假与狭义上的休息时间的主要区别主要在于：第一，从享用条件来看，劳动者休息是无条件的，每一个工作周、工作日和工作日之间，都按法律规定和集体合同、劳动合同依法约定休息；休假，除无条件享用法定节假日外，如享用年休假、探亲假则是有条件的，只有符合法律、法规规定条件的劳动者才能享用。第二，从享用时间来看，休息时间比较短，工间休息时间只有20分钟，周休息日最长为2天；休假时间比较长，最长可达45天。第三，从享用方式来看，休息时间主要用于歇息、休整等；休假主要用于休养、旅游、探亲和参加纪念活动等。[①] 根据我国《劳动法》以及相关法律、法规的规定，我国休假主要有以下几种。

（一）法定节假日

法定节假日是由国家法律统一规定的用以开展纪念、庆祝活动的休息时间。我国法定的属于全体公民的节假日一共有11天。根据国务院《关于修改〈全国年节及纪念日放假办法〉的决定》（2014年1月1日起施行），我国的节假日主要包括以下三种。

1. 全体公民放假的节日。（1）新年，放假1天（1月1日）；（2）春节，放假3天（农历正月初一、初二、初三）；（3）清明节，放假1天（农历清明当日）；（4）劳动节，放假1天（5月1日）；（5）端午节，放假1天（农历端午当日）；（6）中秋节，放假1天（农历中秋当日）；（7）国庆节，放假3天（10月1日、2日、3日）。

2. 部分公民放假的节日及纪念日。（1）妇女节（3月8日），妇女放假半天；（2）青年节（5月4日），14周岁以上的青年放假半天；（3）儿童节（6月1日），不满14周岁的少年儿童放假1天；（4）中国人民解放军建军纪念日（8月1日），现役军人放假半天。

3. 少数民族习惯的节日，由各少数民族聚居地区的地方人民政府，按照各该民族习惯，规定放假日期。

该《办法》还规定了各种政治性节日、职业性节日，如二七纪念日、五卅纪念日、七七抗战纪念日、九三抗战胜利纪念日、九一八纪念日、教师节、护士节、记者节、植树节等其他节日或纪念日，均不放假。

全体公民放假的假日，如果适逢星期六、星期日，应当在工作日补假。部分

---

① 王昌硕：《劳动和社会保障法学》，中国劳动社会保障出版社2005年版，第146页。

公民放假的假日，如果适逢星期六、星期日，则不补假。

☞【问题与讨论】

五一“黄金周”改革问题探讨

2007年，国务院修订《全国年节及纪念日放假办法》，将五一“黄金周”从法定节假日3天减为1天，并增加了清明节、端午节、中秋节等传统节日各放1天的假期，引发全国民众的大讨论。紧接着，一波未平一波又起，2008年金融危机肆虐，为刺激消费、促进经济发展，许多学者提出恢复五一“黄金周”。2009年政协两会上，很多代表委员都提出恢复五一“黄金周”的提案，其中，全国政协委员、原国家旅游局副局长张希钦在小组讨论中提议，应该恢复五一“黄金周”。但之后广东省恢复五一“黄金周”后遭中央否决。

赞成五一“黄金周”改革的观点：我国之前的节假日安排过于集中，10天法定节假日中9天集中安排在春节、“五一”、“十一”，人员流动数量庞大，交通拥挤，旅游安全隐患增大；居民大规模集中出游导致旅游产品短期内供给不足，旅游景区人满为患，破坏现象时有发生；长假期间消费过于集中，也给旅游及相关企业经营活动安排带来较大困难。“黄金周”对旅游行业并无裨益得到了旅游从业者的认同，对自然景观和历史文化遗迹造成破坏。如北京故宫博物院最佳的日接待量为3万人，极限日接待量为8万人，但2000年5月2日创造了日接待12万名游客的纪录。同时，实施带薪年休假制度，可以使每个人都有自己的“个人黄金周”。如果“个人黄金周”能够取代五一“黄金周”，实际上我们就拥有了更多的自由与便利。因为“个人黄金周”可以避免五一“黄金周”出门所带来的出门难、住宿难、旅游景点人满为患等弊端，取而代之的是个人可根据自己和形势的需要有选择性地回家探亲、外出旅游等。五一“黄金周”改革，增加了清明、端午、中秋节的假期，有利于保护我国传统文化。最后，有学者认为“黄金周”拉动经济是忽悠。全国政协委员、清华大学蔡继明教授称，不能证明黄金周拉动了经济，因为“五一”的收入减少不能代表全年的收入减少，企业全年的收入不能用一周的数据来衡量。“黄金周”拉动内需不过是某些地方政府“忽悠”举措，目前经济危机应是推行带薪休假的最好时机。蔡继明还认为，如果全国的人口都在同一时间出行，就会造成交通堵塞和人满为患。解决这个矛盾唯一的办法就是减少或取消统一放假的时间，同时推出带薪休假。

反对五一“黄金周”改革，要求恢复五一“黄金周”的观点：缩短五一“黄金周”是极端错误的，春天是人们渴望旅游的时候，现在把五一“黄金周”缩短了，就意味着把人们旅游的需求给抑制了。一些人认为“黄金周”的弊端明显，是因为只看到黄金周的旅游、交通等问题，却没看到其休闲价值、家庭团聚的独特价值。取消五一“黄金周”，就少了个长途探亲和旅游机会，影响婚期、国庆旅游价格可能上涨等。同时，在带薪休假制度尚未得到有效而成熟的普遍执行、还没有变成人人可以享受的真实权利之前，仓促取消一个“黄金周”，可能会影响到很大一部分人休假权的实现。“黄金周”至少能给人们提供一个可预期的稳定假期，而带薪休假在目前肯定无法做到这一点。最后，“黄金周”对刺激消费、拉动内需发挥了很大的作用，可以缓解金融危机的压力。在1999年国庆第一个“黄金周”到来时，席卷全国的假日旅游热潮令各界人士始料不及。据有关统计，全国出游人数7天内达到2 800万人次，旅游综合收入实现141亿元。2000年五一“黄金周”，全国国内旅游人数达4 600万人次，旅游收入181亿元。

（二）年休假

年休假又称带薪年休假，是指劳动者每年享有的保留职务和工资的一定期限连续休息的假期。年休假是世界各国普遍实行的一种劳动者休息制度，是劳动者休息权的重要组成部分。为此，国际劳工组织制定了不少有关年休假的公约。主要包括《1936年工资照付年休假公约》（第52号）、《1970年带薪假期公约（修正本）》（第132号）、《1949年带薪休假（海员）公约（修正本）》（第91号）等①。我国在20世纪50年代初期曾试行过假期为12天的年休假制度，但未能坚持贯彻。后来，在20世纪90年代后期休假制度开始在许多单位逐渐恢复。1991年6月15日《中共中央、国务院关于职工休假问题的通知》规定，确定职工休假天数时，要根据工作任务和各类人员的资历、岗位等不同情况有所区别。最多不超过两周。企业职工休假，由企业根据具体条件和实际情况，参照上述规定自行确定。1994年我国《劳动法》颁布，其第45条规定："国家实行带薪年休假制度。劳动者连续工作一年以上的，享受带薪年休假。具体办法由国务院规定。"但国务院在很长一段时间并没有对职工年休假进行规定，因此，这一时期的年休假制度主要在国家机关、事业单位的职工中实行，企业单位职工的年休假制度得不到保障。2007年12月14日，国务院颁布《职工带薪年休假条例》，2008年1月1日开始实施，并由人力资源和社会保障部于2008年9月18日颁布实施《企业职工带薪年休假实施办法》，对带薪年休假制度作了具体规定。

1. 年休假的适用范围。机关、团体、企业、事业单位、民办非企业单位、有雇工的个体工商户等单位的职工连续工作1年以上的，享受带薪年休假。单位应当保证职工享受年休假。职工在年休假期间享受与正常工作期间相同的工资收入。《企业职工带薪年休假实施办法》进一步指明，年休假制度适用于我国境内的所有用人单位。这一规定有效地解决了企业职工不能与国家机关、事业单位职工平等享有年休假的问题，维护了所有劳动者的休息休假权利。

同时，《企业职工带薪年休假实施办法》规定，船员的年休假按《中华人民共和国船员条例》执行。

2. 年休假的假期。年休假天数根据职工累计工作时间确定。职工在同一或者不同用人单位工作期间，以及依照法律、行政法规或者国务院规定视同工作期间，应当计为累计工作时间。根据人力资源和社会保障部关于《企业职工带薪年休假实施办法》有关问题的复函，"累计工作时间"，"包括职工在机关、团体、企业、事业单位、民办非企业单位、有雇工的个体工商户等单位从事全日制工作期间，以及依法服兵役和其他按照国家法律、行政法规和国务院规定可以计算为

---

① 郑尚元、李海明、扈春海：《劳动和社会保障法学》，中国政法大学出版社2008年版，第302页。

工龄的期间（视同工作期间）。职工的累计工作时间可以根据档案记载、单位缴纳社保费记录、劳动合同或者其他具有法律效力的证明材料确定。”职工累计工作已满1年不满10年的，年休假5天；已满10年不满20年的，年休假10天；已满20年的，年休假15天。国家法定节假日、休息日、职工依法享受的探亲假、婚丧假、产假等国家规定的假期以及因工伤停工留薪期间不计入年休假假期。

劳动合同、集体合同约定的或者用人单位规章制度规定的年休假天数高于法定标准的，用人单位应当按照有关约定或者规定执行。

3. 不能享受年休假的情形。《职工带薪年休假条例》第4条规定："职工有下列情形之一的，不享受当年的年休假：（一）职工依法享受寒暑假，其休假天数多于年休假天数的；（二）职工请事假累计20天以上且单位按照规定不扣工资的；（三）累计工作满1年不满10年的职工，请病假累计2个月以上的；（四）累计工作满10年不满20年的职工，请病假累计3个月以上的；（五）累计工作满20年以上的职工，请病假累计4个月以上的。”

职工享受寒暑假天数多于其年休假天数的，不享受当年的年休假。确因工作需要，职工享受的寒暑假天数少于其年休假天数的，用人单位应当安排补足年休假天数。

职工已享受当年的年休假，年度内又出现条例第4条第（二）、（三）、（四）、（五）项规定情形之一的，不享受下一年度的年休假。

4. 年休假的实行。用人单位有义务保证劳动者年休假的享受，根据生产、工作的具体情况，并考虑职工本人意愿，统筹安排年休假。年休假在一个年度内可以集中安排，也可以分段安排，一般不跨年度安排。用人单位确因工作需要不能安排职工年休假或者跨一个年度安排年休假的，应征得职工本人同意。用人单位经职工同意不安排年休假或者安排职工年休假天数少于应休年休假天数，应当在本年度内对职工应休未休年休假天数，按照其日工资[①]收入的300%支付未休年休假工资报酬，其中包含用人单位支付职工正常工作期间的工资收入。

用人单位安排职工休年休假，但是，职工因本人原因且书面提出不休年休假的，用人单位可以只支付其正常工作期间的工资收入。

用人单位与职工解除或者终止劳动合同时，当年度未安排职工休满应休年休假的，应当按照职工当年已工作时间折算应休未休年休假天数并支付未休年休假工资报酬，但折算后不足1整天的部分不支付未休年休假工资报酬。具体折算方法为：

---

① 计算未休年休假工资报酬的日工资收入按照职工本人的月工资除以月计薪天数（等于21.75天）进行折算。月工资是指职工在用人单位支付其未休年休假工资报酬前12个月剔除加班工资后的月平均工资。在本用人单位工作时间不满12个月的，按实际月份计算月平均工资。

当年度在本单位已过日历天数÷365天×职工本人全年应当享受的年休假天数－当年度已安排年休假天数

用人单位当年已安排职工年休假的，多于折算应休年休假的天数不再扣回。

劳动合同、集体合同约定的或者用人单位规章制度规定的未休年休假工资报酬高于法定标准的，用人单位应当按照有关约定或者规定执行。

劳务派遣单位的职工连续工作满12个月以上的，享受年休假。被派遣职工在劳动合同期限内无工作期间由劳务派遣单位依法支付劳动报酬的天数多于其全年应当享受的年休假天数的，不享受当年的年休假；少于其全年应当享受的年休假天数的，劳务派遣单位、用工单位应当协商安排补足被派遣职工年休假天数。

5. 带薪年休假的保障和救济。县级以上地方人民政府人事部门、劳动保障部门依据职权对单位执行带薪年休假的情况主动进行监督检查。工会组织依法维护职工的年休假权利。用人单位不安排职工休年休假又不依照《职工带薪年休假条例》的规定给予年休假工资报酬的，由县级以上地方人民政府人事部门或者劳动保障部门依据职权责令限期改正；对逾期不改正的，除责令该单位支付年休假工资报酬外，还应当按照年休假工资报酬的数额向职工加付赔偿金；对拒不支付年休假工资报酬、赔偿金的，属于公务员和参照《公务员法》管理的人员所在单位的，对直接负责的主管人员以及其他直接责任人员依法给予处分，属于其他单位的，由劳动保障部门、人事部门或者职工申请人民法院强制执行。

（三）探亲假

探亲假是为了适当地解决职工同配偶或父母长期远居两地的探亲问题而产生的休假。我国自1958年开始实行探亲假制度，1981年重新修订颁布了《关于职工探亲待遇的规定》。按照该《规定》，凡在国家机关、人民团体和全民所有制企业、事业单位工作满1年的固定职工，与配偶不住在一起又不能在公休假日团聚的，可以享受该《规定》规定的探望配偶的待遇；与父亲、母亲都不住在一起又不能在公休假日团聚的，可以享受该《规定》规定的探望父母的待遇。但是，职工与父亲或与母亲一方能够在公休假日团聚的，不能享受该《规定》规定的探望父母的待遇。

1. 探亲假期。职工探望配偶的，每年给予一方探亲假一次，假期为30天；未婚职工探望父母，原则上每年给假一次，假期为20天，如果因为工作需要，本单位当年不能给予假期，或者职工自愿两年探亲一次的，可以两年给假一次，假期为45天；已婚职工探望父母的，每四年给假一次，假期为20天。

探亲假期是指职工与配偶、父母团聚的时间。另外，根据实际需要给予路程假。上述假期均包括公休假日和法定节日在内。

2. 探亲假中职工的限制。凡实行休假制度的职工（例如学校的教职工），应该在休假期间探亲；如果休假期较短，可由本单位适当安排，补足其探亲假的天数。

3. 探亲假的待遇。职工在规定的探亲假期和路程假期内，按照本人的标准工资发给工资。职工探望配偶和未婚职工探望父母的往返路费，由所在单位负担。已婚职工探望父母的往返路费，在本人月标准工资30%以内的，由本人自理，超过部分由所在单位负担。

（四）女职工产假

1. 产假期间。女职工产假为90天，其中产前休假15天。难产的，增加产假15天，多胞胎生育的，每多生一个婴儿，增加产假15天。女职工怀孕不满四个月流产的，其所在单位应当根据医务部门的意见，给予15～30天的产假。怀孕满四个月以上流产的，给予42天产假。

2. 产假的待遇。关于产假期间的工资待遇问题，主要分为两种情况。一种是没有实行生育保险社会统筹的，女职工产假期间的工资应该由企业支付。根据《女职工劳动保护规定》，不得在女职工怀孕期、产期、哺乳期降低其基本工资。也就是说，企业在职工休产假期间，可以停发奖金、伙食补贴等非基本工资部分，但是，不得减发基本工资。另一种是实行生育保险社会统筹，企业参加了当地劳动保障部门建立的生育保险，并且按时足额缴纳生育保险费的，根据原劳动部发布的《企业职工生育保险试行办法》的规定，女职工产假期间，企业可停发其工资，改由社会保险经办机构发给生育津贴，生育津贴的标准是本企业上年度职工月平均工资，生育津贴由生育保险基金支付。

3. 关于男职工的护理假。至于男职工，其妻子休产假时，他是否也有权休假照顾妻子，国家目前尚未做出规定。一般情况下，各省的人口与计划生育条例都会规定，如果属于晚育的，男方可享受7天护理假，工资、奖金和其他福利待遇照发。因此，用人单位可根据实际情况确定是否给予休假。

（五）婚丧假

婚丧假，是指劳动者本人结婚以及劳动者的直系亲属死亡时依法享受的假期，主要是指国有企业职工的婚丧假。根据国家《关于国营企业职工请婚丧假和路程假等问题的通知》的规定，职工本人结婚或职工的直系亲属（父母、配偶、子女）死亡时，可以根据具体情况，由本单位行政领导批准，酌情给予1～3天的婚丧假。职工在外地的直系亲属死亡时需要本人去外地料理丧事的，可以根据路程远近，另给予路程假，但是，途中的车船费等全部由职工自理。婚丧假在3个工作日以内的，工资照发。至于假期超过3天的，全国目前没有明确规定工资计发的统一标准，各地只有参考地方性规定。

目前国家还没有对非国有企业职工婚丧假做出具体规定，只是各地有地方规定，并且为了鼓励计划生育，各地对大龄晚婚青年的婚假均有奖励假期的规定，除了国家规定的3天假期外，各地一般另给7天左右的有薪假期。如《广东省企业职工假期待遇死亡抚恤待遇暂行规定》第3条规定："职工本人结婚，可享受婚假3天，晚婚者增加10天。职工结婚双方不在一地工作的，可根据路程远近给予路程假。途中交通费由职工自理。"第4条规定："职工的直系亲属（父母、配偶、子女）死亡，可给予3天以内的丧假。职工配偶的父母死亡，经单位领导批准，可给予3天以内丧假。需要到外地料理丧事的，可根据路程远近给予路程假，途中交通费由职工自理。"

第三节　延长工作时间及其限制

一、延长工作时间的概念和形式

延长工作时间，是指职工在正常工作时间以外应当休息的时间内进行工作①。一般可以分为两种形式：加班和加点。加班，是指劳动者在法定节日、公休假日进行工作。加点，是指劳动者在标准工作日以外延长时间进行工作，即提前上班或推迟下班。可见，加班加点都是相对特定的工作日形式而言的，对实行标准工作日或缩短工作日的，才存在加班加点；对实行不定时工作日的，则不存在加班加点。在综合计算工时时，在综合计算周期内，如果劳动者的实际工作时间总数不超过该周期的法定标准工作时间的总数，只是该周期内的某一具体时间（或周，或日）超过法定工资标准工作时间的，其超过部分不视为延长工作时间；如果劳动者的实际工作时间总数超过该周期的法定工作时间总数，其超过部分应当视为延长工作时间。

二、限制延长工作时间的意义

工作日的工时长度和上下班时间一般具有固定性，这对于常规的生产和工作来说是合理的，但却难以满足生产、工作的特殊需要，需要加班加点来弥补这种不足。"但是劳动者也不能毫无限制地延长工作时间，否则健康权和休息权就无法保障。"② 加班加点是一种不正常的工作时间安排，各用人单位在正常情况下不得安排职工加班加点，不能将加班加点作为常规制度固定化。因此，在工时立法中，对加班加点既允许又限制，并规定补偿标准。《关于职工工作时间的规定》第6条规定："任何单位和个人不得擅自延长职工工作时间。因特殊情况和紧急任务确需延长工作时间的，按照国家有关规定执行。"《劳动法》第43条也明确规定："用人单位不得违反本法规定延长劳动者的工作时间。"

---

① 王全兴：《劳动法》（第二版），法律出版社2004年版，第228页。
② 张荣芳：《劳动与社会保障法学》，科学出版社2008年版，第89页。

三、延长工作时间的限制

（一）延长工作时间的人员范围限制

根据《未成年保护法》、《劳动法》的规定，禁止安排未成年劳动者、怀孕7个月以上或哺乳未满12个月婴儿的女劳动者在正常工作日以外加班加点。

（二）延长工作时间的原因限制

用人单位延长工作时间不是任意的，必须是基于生产经营的需要。主要是指紧急生产任务，如果不如期完成生产经营任务，势必会影响到企业的经济效益和职工的收入，这种情况下才可以延长工作时间。根据1994年9月5日的《劳动部关于〈劳动法〉若干条文的说明》，所谓生产经营的需要，是指来料加工以及商业企业在旺季完成收购、运输、加工农副产品紧急任务等情况。

（三）延长工作时间的程序限制

基于生产经营的需要而延长工作时间的，用人单位应当事先就加班加点的理由、工作量计算、所需职工人数、时间长短等向工会说明情况，征得工会和劳动者的同意。

（四）延长工作时间长度的限制

《劳动法》第41条规定，用人单位由于生产经营需要，经与工会和劳动者协商后可以延长工作时间，一般每日不得超过1小时；因特殊原因需要延长工作时间的，在保障劳动者身体健康的条件下延长工作时间每日不得超过3小时，但是，每月不得超过36小时。

四、延长工时不受程序、长度限制的特殊情形

在一些特殊情形下，如果用人单位不安排延长工作时间，可能会使公共利益受到严重的影响。因此，根据《劳动法》和《国务院关于职工工作时间的规定》及其实施办法的规定，以下情形不受上述程序、长度限制：（1）发生自然灾害、事故或者因其他原因，威胁劳动者生命健康和财产安全，需要紧急处理的；（2）生产设备、交通运输线路、公共设施发生故障，影响生产和公众利益，必须及时抢修的；（3）在法定节日和公休假日内工作不能间断，必须连续生产、运输或营业的；（4）必须利用法定节日或公休假日的停产期间进行设备检修、保养的；（5）由于发生严重自然灾害或其他灾害，使人民的安全健康和国家资财遭到严重威胁，需进行抢救的；（6）为了完成国防紧急生产任务，或者完成上级在国家计划外安排的其他紧急生产任务，以及商业、供销企业在旺季完成收购、运输、加工农副产品紧急任务的。

五、延长工作时间的工资标准

《劳动法》第44条规定：“安排劳动者延长工作时间的，支付不低于工资的

百分之一百五十的工资报酬；休息日安排劳动者工作又不能安排补休的，支付不低于工资的百分之二百的工资报酬；法定休假日安排劳动者工作的，支付不低于工资的百分之三百的工资报酬。”

用人单位延长工作时间的给付内容有两种形式，即补休和支付报酬。休息日安排劳动者加班工作的，应先按同等时间安排其补休，不能安排补休的，则支付不低于工资标准200%的工资报酬。法定休假日安排劳动者加班的，应按规定支付劳动者不低于工资标准300%的工资报酬，一般不安排补休。

六、违反延长工作时间限制规定的法律责任

工作时间和休息休假制是劳动法的一个重要制度，用人单位违反延长工作时间的限制规定，应当承担相应的法律责任。

1. 民事责任。延长工作时间的必须按《劳动法》第44条的规定支付工资。根据《违反〈中华人民共和国劳动法〉行政处罚办法》第6条的规定，用人单位拒不支付劳动者延长工作时间工资报酬的，可责令按相当于支付劳动者工资报酬的1~5倍支付劳动者赔偿金。

2. 行政责任。《劳动法》第90条规定：“用人单位违反本法规定，延长劳动者工作时间的，由劳动行政部门给予警告，责令改正，并可以处以罚款。”《违反〈中华人民共和国劳动法〉行政处罚办法》第4条、第5条规定：“用人单位未与工会和劳动者协商，强迫劳动者延长工作时间的，应给予警告，责令改正，并可按每名劳动者每延长工作时间一小时罚款一百元以下的标准处罚。用人单位每日延长劳动者工作时间超过三小时或每月延长工作时间超过三十六小时的，应给予警告，责令改正，并可按每名劳动者每超过工作时间一小时罚款一百元以下的标准处罚。”

【案例研讨】

单位变相延长劳动时间

原告赵某、陈某、陆某、周某4人（以下简称原告）均系某省灯泡厂工人。被告灯泡厂自法定代表人朱某于1994年5月接任厂长职务后，从1995年7月5日起，以生产任务紧、工厂人手不足为由，将原来由7人承担的灯泡装箱入库工作改由原告4人承担。一个星期后，原告向厂长朱某提出灯泡装箱入库工作由原告4人承担工作量太大，4人每天得多干两个多小时才能完成任务，要求厂长再给增加一个人。厂长不同意加人，但提出4人的超时超量工作可以给加班费。3个月后，原告4人均感到身体已极度疲乏，无法再坚持长时的超量劳动，因而又一次向厂方反映情况，要求解决问题，但厂长朱某却说：“干不了，可以不干，不想在灯泡厂干，可以走嘛。在这里就是这个干法。”双方遂为此发生争议。

1995年10月21日，原告向劳动争议仲裁委员会提出仲裁申请，请求仲裁机关依法责令

被告停止长期变相延长劳动时间的行为。但仲裁委员会裁决认为：灯泡厂安排给原告4人所从事的工作，基本上可由原告在8小时工作时间内完成，被告方延长原告工作时间仅是个别情况，在法律规定范围内。故裁定对原告仲裁请求不予支持。原告方不服仲裁裁决，向人民法院提起诉讼，要求法院判令被告合理安排工人的工作量，责成被告保证不再侵犯职工合法权利，不再安排原告长期从事必须延长工作时间的工作。被告辩称：新任厂长是在法定权限内，根据厂内人手缺少、工作任务重的实际情况合理地安排工人工作的。对赵某等4人的工作安排也是根据工作需要而定的。赵某等4人的工作也不是天天都那么重，有时订货量大了，生产期限比较紧，就可能存在加班、加点的情况。况且，所有加班、加点的工人都发给了加班费。灯泡厂效益不大好，没有生产效率，工厂马上就会亏损，让工人加班、加点也是迫不得已的事情。法院经审理判决：灯泡厂自判决生效之日起停止延长原告赵某等4人工作时间的行为。

评析：

1. 法律规范工作时间、缩短工作时间、限制加班加点，基本目的就在于保障用人单位工作时间不超过劳动者在生理上能够承受的限度，保护劳动者身体健康，实现劳动者的休息权。而休息权是劳动者的一项基本人权，故不容侵犯。

2. 《劳动法》第41条规定，用人单位由于生产经营需要，经与工会和劳动者协商后可以延长工作时间，一般每日不得超过1小时；因特殊原因需要延长工作时间的，在保障劳动者身体健康的条件下延长工作时间每日不得超过3小时，但是，每月不得超过36小时。《劳动法》第42条规定，有下列情形之一的，延长工作时间不受该法第41条的限制：（1）发生自然灾害、事故或者因其他原因，威胁劳动者生命健康和财产安全，需要紧急处理的；（2）生产设备、交通运输线路、公共设施发生故障，影响生产和公众利益，必须及时抢修的；（3）法律、行政法规规定的其他情形。《〈国务院关于职工工作时间的规定〉的实施办法》第7条规定，各单位在正常情况下不得安排职工加班加点，下列情况除外：（1）在法定节日和公休假日内工作不能间断，必须连续生产、运输或营业的；（2）必须利用法定节日或公休假日的停产期间进行设备检修、保养的；（3）由于生产设备、交通运输线路、公共设施等临时发生故障，必须进行抢修的；（4）由于发生严重自然灾害或其他灾害，使人民的安全健康和国家资财遭到严重威胁，需进行抢救的；（5）为了完成国防紧急生产任务，或者完成上级在国家计划外安排的其他紧急生产任务，以及商业、供销企业在旺季完成收购、运输、加工农副产品紧急任务的。

3. 本案属于变相延长工作时间的违法行为。在本案中，被告方辩称生产任务紧、工厂人手不足的理由不属于延长工时不受程序、长度限制的特殊情形。因此，被告方如果要延长工作时间必须符合《劳动法》第41条的规定。首先，被告方如果基于生产需要延长工作时间的，应当事先就加班加点的理由、工作量计算、所需职工人数、时间长短等向工会说明情况，征得工会和劳动者的同意。其次，延长工作时间一般每日不得超过 1 小时；因特殊原因需要延长工作时间的，在保障劳动者身体健康的条件下延长工作时间每日不得超过 3 小时，但是，每月不得超过 36 小时。原告 4 人每天得多干两个多小时才能完成任务，超出了 4 名工人的身体承受能力，违反了法定工作时间长度的限制。

故本案被告方的行为是不合法的，是对原告方 4 人合法的休息权和健康权的一种侵害，此行为应停止。

思考问题与案例

一、思考问题

1. 简述工作时间和休息时间的含义。

2. 简述工作时间和休息休假的种类。

3. 简述我国关于延长工作时间的主要规定。

4. 简述我国带薪年休假的有关规定。

5. 我国的法定节假日有哪些？

二、思考案例

1. 王某（已婚）在河南某保温瓶技术科工作已满 4 年，2008 年 6 月初，王某申请回海南探望年迈的父母。经厂劳动人事科批准，给予王某探亲假 14 天，假期自 6 月 1 日起至 6 月 14 止，不包括往返路程假。该厂集体合同规定，凡在本企业工作 4 ~ 6 年的职工可享受 1 周的带薪年休假。王某据此向厂劳动人事科要求他在享受探亲假的同时也享受年休假待遇。劳动人事科以职工每年只能享受一次带薪休假为由，拒绝了王某的要求。王某认为其合法权益受到了侵害，遂向劳动争议仲裁委员会提起仲裁。

问题：年休假和探亲休假是否可以同时享受？

2. 周某是某外资公司的职员，与该公司签订有一年期的劳动合同，具体从事办公室文员工作。公司确定周某的工作时间为每日 8 小时、每周 40 小时的法定标准工作时间，公司也按标准工时制度支付周某工资待遇。工作期间，周某每日努力工作，当日工作任务在 8 小时内未完成的，为了不把工作任务留到下一个工作日，周某就在下班后自动加班完成工作任务。

一年以后，周某对公司的工作安排难以承受，就在合同期限届满时表示不再续签劳动合同，但要求公司支付其一年内延长工作时间的加班工资，并出示了一年内延长工作时间的考勤记录。公司对周某不愿续签劳动合同表示遗憾，但认为公司实行的是计时工资制度，对加班情况另有规定的加班制度；公司并未安排周某延时加班，周某延长工作时间是个人自愿的行为，公司不能另行支付加班工资，对周某的要求予以拒绝。周某对公司的说法表示异议，双方于是发生争议。

问题：职工自愿延长工作时间的，是否有权要求支付加班工资？

第十章　劳动安全卫生法

【本章导语】

生命是不可逆的，健康的损害很可能造成永久的残疾。因此，生命与健康权是劳动者首要的人格权，对劳动者在劳动过程中生命安全和身心健康的法律保护，是劳动法的重要内容，是用人单位法定的首要义务，也是政府和社会的责任。为了预防和避免劳动者遭遇工业事故和职业病的危害，劳动法详尽而具体地规定了劳动安全卫生技术规程和劳动安全卫生管理制度，并对女职工和未成年工规定了特殊保护措施。本章介绍了我国劳动安全卫生法的特点、原则和主要内容，要求重点掌握劳动者各种工作环境的安全卫生要求、用人单位的劳动安全卫生保护义务以及政府相关部门的监管职责。

【引导案例】

案例1：昆山粉尘爆炸案

江苏昆山中荣金属制品有限公司有员工450人，占地空间4.8万平方米，创办于1998年，注册资本880万美元，核心业务是电镀铝合金轮毂，主要从事铝合金表面处理，为美国通用公司指定供应商。2014年8月2日上午7时37分，昆山中荣金属制品有限公司汽车轮毂抛光车间在生产过程中发生粉尘爆炸，造成75人死亡、185人受伤。事故的直接原因是抛光产生的铝合金粉尘浓度超标，遇到火源，发生爆炸。据调查，导致此次事故的原因是工作场所存在安全隐患且长期未能解决。主要是：(1) 建筑设计不合理。二类危险品的作业场所应该是单层，且是轻型结构；而该企业违规双层设计建设生产车间，且建筑间距狭小。生产工艺路线过紧过密，2 000平方米的车间内布置了29条生产线、300多个工位。(2) 防护装备不齐全。车间内所有电器设备未按防爆要求配置，未按规定为每个岗位设计独立的吸尘装置，除尘能力不足。(3) 安全生产制度和除尘措施不到位。未按规定每班按时清理管道积尘，造成粉尘聚集超标；未对工人进行安全培训，未按规定给生产线上的工人配备阻燃、防静电劳保用品，工人只靠普通的纱布口罩防尘；违反劳动法规，超时组织作业，工人每天工作时间长达11小时，冬天12小时。(4) 当地政府有关领导和相关部门监管不力。

案例2："开胸验肺"事件

张海超，河南省新密市刘寨镇老寨村村民，2004年8月至2007年10月在郑州振东耐磨材料有限公司打工，做过杂工、破碎工，其间接触到大量粉尘。2007年8月开始咳嗽，当感冒久治未愈，医院做了胸片检查，发现双肺有阴影，诊断为尘肺病，并被多家医院证实，但职业病法定认定机构郑州市职业病防治所的诊断却是“无尘肺0⁺期（医学观察）合并肺结核”，即疑似尘肺。在多方求助无门后，被逼无奈的张海超不顾医生劝阻，执著地要求“开胸验肺”，以此证明自己确实患上了“尘肺病”。2009年6月，他在郑州医科大学第一附属医院做了开胸肺活检，肺检结果显示：“肺组织内大量组织细胞聚集伴炭末沉积并多灶性纤维化”，医院诊断结论为“尘肺合并感染”。据此，张海超找郑州市职业病防治所理论，但被告知开刀的医院“没有做职业病诊断的资质”。他再次请求郑州市职业病防治所确诊，振东公司却拒绝提供做职业病鉴定所必需的有关张海超的职业健康监控档案等相关材料。无奈之下，张海超走上了上访之路。同时，张海超“开胸验肺”事件被媒体曝光，引起社会公众的广泛关注。卫生部专家最后确诊其为“三期尘肺”。张海超据此申请劳动仲裁，经调解，张海超获得郑州振东耐磨材料有限公司赔偿包括医疗费、护理费、住院期间伙食补偿费、停工留薪期工资、一次性伤残补助金、一次性伤残津贴及各项工伤保险待遇共计615 000元。这一事件被称为“开胸验肺”事件。“开胸验肺”事件发人深省，它暴露出职业病患者维权的艰难处境，暴露出职业病诊断制度的弊端，暴露出法律的漏洞和法律程序的繁复。

【重点问题】

1. 劳动安全卫生的意义。
2. 劳动安全卫生技术规程的内容。
3. 劳动者的劳动安全卫生权利与义务。
4. 用人单位的劳动安全卫生保护原则与义务。
5. 国家对劳动安全卫生的监管职责。

第一节　劳动安全卫生制度概述

一、劳动安全卫生的概念与特征

（一）劳动安全卫生的概念

劳动安全卫生是指对劳动者在工作中生命安全和身心健康的法律保障，包括劳动安全技术规程、劳动卫生规程、劳动安全卫生管理制度、女职工和未成年工特殊保护等。在国外，又称职业安全卫生或劳工安全卫生。在我国传统立法与教科书中称为劳动保护。

（二）劳动安全卫生的特征

1. 劳动安全卫生保护的对象是劳动者，保护责任主体是用人单位。劳动安全卫生是劳动者的权利和用人单位的义务。

2. 劳动安全卫生保障的目的是为劳动者提供安全、健康的工作环境。工作环境中各种不安全和不卫生因素（如电磁、声光、粉尘、机械、有毒有害物质等）的客观存在，会严重危害劳动者的生命安全和身体健康。但这些不安全和不卫生因素也是可控可防的。国家正是通过劳动安全卫生立法和制定的相应标准，将工作环境中的危害因素降到最低程度，以保护劳动者的安全和健康。

3. 保护范围只限于劳动过程。劳动安全卫生是基于劳动关系产生的，因此，用人单位只对劳动者在劳动过程中的安全和健康负有保护义务，而对劳动者在劳动过程之外的安全和健康则无此义务。

二、劳动安全卫生的立法概况

劳动安全卫生立法在劳动法体系中一直处于非常重要的地位，其数量之多、内容之周详远非其他劳动法律制度可比。在世界上已有的 70 多部劳动法典中，都设置专门篇章规定劳动安全卫生的基本要求。许多国家还制定了劳动安全卫生基本法，如瑞典《工作环境权法》、美国《职业安全卫生法》、日本《劳动安全与卫生法》、英国《职业安全与卫生法》等。国际劳工组织早在 1919 年第一次国际劳工大会上即通过炭疽病预防、铅中毒预防和禁止使用白磷三项有关劳工安全卫生的建议书。在 1919 ~ 1992 年所制定的 170 多项国际劳工公约和建议书中，以职业安全卫生为主要内容的占 1/2 左右。其中，《职业安全和卫生及工作环境公约》和《职业安全卫生设施公约》最为重要，对各国建立劳工安全卫生综合性政策具有原则性指导和规范作用。目前各国大都制定了分门别类、为数众多、内容详细的劳动安全卫生标准，这些劳动安全卫生标准通过法律法规的援引而具有法律效力。

在我国，劳动安全卫生法是劳动法的重要组成部分。在新中国成立初期，1956 年制定了“三大规程”，即《工厂安全卫生规程》、《建筑安装工程安全技术规程》和《工人职员伤亡事故报告规程》，1963 年制定了《工业企业设计卫生标准》（1979 年修订）、《国营企业职工个人防护用品发放标准》。改革开放以后，我国相继颁布了《矿山安全条例》、《矿山安全监察条例》和《锅炉压力容器安全监察暂行条例》（1982 年），关于工会实施劳动保护监督检查的三个条例（1985 年），《职业病范围和职业病患者处理办法的规定》（1988 年）和《尘肺病防治条例》（1987 年），规范了职业病管理并规定了 9 类 99 种职业病。《关于生产性建设工程项目职业安全卫生监察的暂行规定》和《女职工劳动保护规定》（1988 年），《女职工禁忌劳动范围的规定》和《厂长、经理职业安全卫生管理资格认证规定》（1990 年），《企业职工伤亡事故报告和处理规定》（1991 年），《矿山安全法》（1992 年），《未成年工特殊保护规定》和《矿山建设工程安全监督实施办法》（1994 年），《劳动安全卫生监察员管理办法》（1995 年），《矿山安全法实施条例》（1996 年）等。

进入 21 世纪以来，国家为保障劳动者的合法权益，加快了劳动安全卫生方面的立法步伐，发布了一系列重要的法律、法规和规章。在安全生产方面主要有《安全生产法》（2002年颁布、2014年修改）、《国务院关于特大安全事故行政责任追究的规定》（2001年）、《危险化学品安全管理条例》（2002年）、《使用有毒物品作业场所劳动保护条例》（2002年）以及铁路运输、民用航空、煤矿等特定领域安全生产方面的条例和《安全生产违法行为行政处罚办法》（2007年）、《建设项目安全设施"三同时"监督管理暂行办法》（2010年）以及《关于修改〈煤矿安全规程〉部分条款的决定》（2010年）等。在职业病防治方面主要有《职业病防治法》（2002年颁布、2011年修改）以及《职业病诊断与鉴定管理办法》（2002年）、《职业健康监护管理办法》（2002年）、《职业病危害事故调查处理办法》（2002年）、《作业场所职业健康监督管理暂行规定》（2009年）、《作业场所职业危害申报管理办法》（2009年）以及《职业病危害因素分类目录》、《第一批国家职业卫生标准》、《职业病目录》等一系列行政规章和标准。在《职业病目录》中，我国法定职业病由原来的10类115种增加到10类132种。我国逐步形成了安全生产法与职业卫生法分立的劳动安全卫生法律体系。

此外，我国制定了有关职业安全卫生的国家标准450多项。如《体力劳动强度分级》（BG3869－83）、《高温作业分级》（GB4200－84）、《生产性粉尘危害程度分级》（GB5817－86）、《有毒作业分级》（GB12331－90）、《工业企业厂噪音标准》（GB12348－90）、《机械工业职业安全卫生设计规范》（JBJ18－2000）、《职工工伤与职业病致残程度鉴定标准》（GB/T 16180－2006）、《棉纺织企业安全生产规程》（AQ7003－2007）等。

三、劳动安全卫生法的特征

劳动（或职业）安全卫生法，是指以保护劳动者在劳动过程中的安全和健康为宗旨、以劳动安全卫生规则为内容的法律规范的总称。其特征主要表现在：

1. 保护对象具有首要性。生命安全和身体健康是劳动者的首要权利与根本需要。因此，保持劳动场所的安全卫生，保障劳动者的生命安全和身体健康，是实现劳动过程的头等大事。

2. 保护内容具有技术性。劳动过程中存在的各种职业危害因素，通常是用技术手段加以消除或控制的。因此，劳动安全卫生主要由劳动安全技术规程和标准加以规定，其内容具有技术性，属于技术性法规。严格执行劳动安全卫生规程和标准，是实现劳动安全卫生的技术保证。

3. 法律规范具有强行性。劳动安全卫生法律规范是国家立法规范劳动场所安全卫生的科学标准和管理制度，属于强行性法律规范。用人单位必须遵守、执行劳动安全卫生技术规程和标准以及各项劳动安全卫生管理制度，不得自行约定、修改、抛弃劳动安全卫生技术规程和标准，不得违反各项劳动安全卫生管理制度。

4. 适用范围具有广泛性。劳动安全卫生是组织社会劳动所必需的，是劳动者人权保障的重要组成部分。所以，各行各业都应该为其劳动者提供安全、健康的工作环境，而不限于企业，也包括家庭内的劳动；同时，任何劳动者都有权利获得劳动安全卫生保障，如公务员、劳教劳改人员等。

四、劳动安全卫生法的责任原则和权利义务规则

（一）用人单位（雇主）责任原则

用人单位（雇主）责任制是指用人单位（雇主）对本单位劳动安全卫生工作全面负责的制度。由用人单位（雇主）负责劳动者（雇员）在劳动中的安全和卫生是各国劳动法普遍奉行、国际劳动标准公认的原则。例如，日本《劳动安全卫生法》规定，雇主要建立劳动安全卫生管理体制，指定管理者负责保护劳动者安全和卫生事项，防止劳动伤害事故的发生。俄罗斯法律规定，企业、机关、团体中都应创造健康和安全的劳动条件。保障健康安全的劳动条件是企业、机关、团体行政管理部门的责任。用人单位必须采取现代化安全技术手段保障卫生保健条件以预防工伤事故和职业病。1981 年国际劳工组织《职业安全和卫生及工作环境公约》规定，应要求雇主在合理可行的范围内保证其控制下的工作场所、机器、设备和工作程序安全并对健康没有危险；在合理可行的范围内保证其控制下的化学、物理和生物物质与制剂，在采取适当保护措施后，不会对健康发生危险；在必要时提供适当的保护服装和保护用品，以便在合理可行的范围内预防事故危险或对健康的不利影响等。我国《安全生产法》规定，生产经营单位必须遵守安全生产法和其他有关安全生产的法律、法规，加强安全生产管理，建立、健全安全生产责任制和安全生产规章制度，改善安全生产条件，推进安全生产标准化建设，提高安全生产水平，确保安全生产。《职业病防治法》也规定，用人单位应当建立、健全职业病防治责任制，加强对职业病防治的管理，提高职业病防治水平，对本单位产生的职业病危害承担责任。

（二）劳动安全卫生法的权利义务规则

劳动安全卫生法涉及国家、用人单位和劳动者三者之间的权利义务关系。其中，用人单位承担劳动安全卫生的各项职责和义务，属义务主体；劳动者享有劳动安全卫生方面的各项权利，仅承担协助用人单位履行劳动安全卫生义务和自我保护的义务，属权利主体；国家（政府行政部门）负责相关法律法规和政策的制定并监督其执行，属监管主体。

1. 用人单位的劳动安全卫生义务。依据我国《安全生产法》的规定，用人单位确保安全生产的基本义务是：（1）必须遵守安全生产的法律、法规。《安全

生产法》作为基础性、综合性的安全生产专门法律，确立了有关安全生产的各项基本法律制度，是生产经营单位在安全生产方面必须遵守的行为规范。此外，全国人大常委会还制定了矿山安全法、建筑法、煤炭法等其他有关安全生产的法律，国务院也制定了若干有关安全生产的行政法规，各省、自治区、直辖市、经济特区以及法律规定和国务院批准的较大的市，也根据法律、行政法规，结合本地实际情况，制定了一批有关安全生产的地方性法规。对于这些有关安全生产的法律、法规，各生产经营单位必须严格遵照执行，违反者将被依法追究法律责任。(2) 应当具备规定的安全生产条件。生产经营单位应当具备安全生产法和有关法律、行政法规和国家标准或者行业标准规定的安全生产条件；不具备安全生产条件的，不得从事生产经营活动。不具备安全生产条件经停产停业整顿仍不具备安全生产条件的，予以关闭。生产经营单位应当具备的安全生产条件所必需的资金投入，由生产经营单位的决策机构、主要负责人或者个人经营的投资人予以保证，并对由于安全生产所必需的资金投入不足导致的后果承担责任。有关生产经营单位应当按照规定提取和使用安全生产费用，专门用于改善安全生产条件。安全生产费用在成本中据实列支。(3) 必须加强安全生产管理。生产经营单位必须按照法律、法规和国家有关规定，结合本单位具体情况，做好安全生产的计划、组织、指挥、控制、协调等各项管理工作；要依法设置安全生产的管理机构、管理人员，建立健全本单位安全生产的各项规章制度并组织实施；应当对从业人员（包括被派遣劳动者和大中专院校的实习学生）进行安全生产教育和培训，提供符合国家标准或者行业标准的劳动防护用品；应当依法进行安全生产作业；应当对生产作业场所、设备、设施、危险物品实施安全管理；应当建立生产安全事故隐患排查治理制度等。(4) 建立、健全本单位安全生产责任制。安全生产责任制应当明确各岗位的责任人员、责任范围和考核标准等内容，并应当建立相应的机制，加强对安全生产责任制落实情况的监督考核，保证安全生产责任制的落实。首先，生产经营单位的主要负责人对本单位的安全生产工作全面负责，应当恪尽职守，依法履行安全生产管理职责。单位主要负责人未履行法定的安全生产管理职责的，责令限期改正；逾期未改正的，处 2 万元以上 5 万元以下的罚款，责令生产经营单位停产停业整顿。单位主要负责人未履行法定安全生产管理职责导致发生生产安全事故的，给予撤职处分；构成犯罪的，依照刑法追究刑事责任；并依法处以罚款。单位主要负责人依法受刑事处罚或者撤职处分的，5 年内不得担任任何生产经营单位的主要负责人；对重大、特别重大生产安全事故负有责任的，终身不得担任本行业生产经营单位的主要负责人。其次，生产经营单位应当依法设置安全生产管理机构或者配备专（兼）职安全生产管理人员。安全生产管理机构以及安全生产管理人员应当恪尽职守，依法履行职责。生产经营单位的安全生产管理人员未履行法定的安全生产管理职责的，责令限期改正；导致发生生产安全事故的，暂停或者撤销其与安全生产有关的资格；构成犯罪的，依照刑法有关规定追究刑事责任。生产经营单位做出涉及安全生产的经营决策，应当听取安全生产管理机构以及安全生产管理人员的意见。生产经营单位不得因安全生产管理人员依法履行职责而降低其工资、福利等待遇或者解除与其订立的劳动合同。最后，本单位的从业人员应当依法履行安全生产方面的义务，服从安全生产管理，遵守安全生产规章制度或者操作规程。从业人员不服从管理，违反安全生产规章制度或者操作规程的，由本单位给予批评教育，依照有关规章制度给予处分；构成犯罪的，依照刑法追究刑事责任。（5）推进安全生产标准化建设。安全生产标准化，是指通过建立安全生产责任制，制定安全管理制度和操作规程，排查治理隐患和监控重大危险源，建立预防机制，规范生产行为，使各生产环节符合有关安全生产法律法规和标准规范的要求，人、机、物、环处于良好的生产状态，并持续改进，不断加强企业安全生产规范化建设。安全生产标准化是在传统的安全质量标准化基础上，根据当前安全生产工作的要求、企业生产工艺特点，借鉴国外现代先进安全管理思想，形成的一套系统的、规范的、科学的安全管理体系。包括安全目标，组织机构和职责，安全生产投入，法律法规与安全管理制度，教育培训，生产设备设施，作业安全，隐患排查和治理，重大危险监控，职业健康，应急救援，事故报告、调查和处理，绩效评定和持续改进 13 个方面。《安全生产法》总则明确提出，生产经营单位必须推进安全生产标准化建设，提高安全生产水平，确保安全生产。

我国《职业病防治法》规定，用人单位防治职业病的义务和责任主要有：（1）对劳动者的健康保障与卫生防护义务。一是应当为劳动者创造符合国家职业卫生标准和卫生要求的工作环境与条件，并采取措施保障劳动者获得职业卫生保护；二是必须采取有效的职业病防护设施，并为劳动者提供符合防治职业病要求的个人职业病防护用品；三是应当采用有利于防治职业病和保护劳动者健康的新技术、新工艺、新设备、新材料，逐步替代职业危害严重的技术、工艺、设备、材料；四是对未成年工、孕妇、哺乳期的女工给予特殊保护，不得安排未成年工从事接触职业病危害因素的作业，不得安排孕妇、哺乳期的女工从事对本人和胎儿、婴儿有危害的作业。（2）职业病防治管理义务。一是用人单位应当建立健全职业病防治责任制，加强对职业病防治的管理，提高职业病防治水平，对本单位的职业病危害承担责任；二是用人单位的主要负责人对单位的职业病防治工作全面负责；三是设置或者指定职业卫生管理机构或者组织，配备专职或者兼职的职业卫生管理人员，建立健全职业病防治的各项制度和操作规程；四是依法对本单位的主要负责人、职业卫生管理人员和劳动者进行职业卫生培训；五是依法参加工伤保险。（3）职业危害的检测、申报与告知义务。应当按照安监部门的规定，定期对工作场所进行职业病危害因素检测、评价。应当及时、如实向安监部门申报职业病危害项目和职业病危害事故、职业病危害因素检测与评价结果，并将职业病危害因素监测、评价结果及时告知劳动者。用人单位对采用的技术工艺、材料，应当知悉其产生的职业病危害，并通过合同、设置公告栏、警示标识和提供说明书等方式告知劳动者。(4) 职业健康监护、举证、赔偿与安置义务。一是应当组织从事接触职业病危害因素的劳动者进行上岗前、在岗期间和离岗时的职业健康检查；二是劳动者申请作职业病诊断、鉴定时，用人单位应当如实提供职业病诊断所需的有关职业卫生和健康监护等资料；三是用人单位应当及时安排对疑似职业病病人进行诊断、治疗、康复和定期检查并承担相关费用；四是应当保障职业病病人依法享受国家规定的职业病待遇或承担医疗与生活保障责任，不适宜继续从事原工作的职业病病人，应当调离原岗位，并妥善安置等。(5) 事故处理义务。发生或可能发生急性职业病危害事故时，用人单位应当立即采取应急措施和控制措施。

2. 劳动者的劳动安全卫生权利。劳动安全卫生保护权，是指劳动者享有的要求用人单位依法维持劳动场所安全卫生的权利，是劳动保护和人权保障的重要内容。根据我国《劳动法》、《安全生产法》和《职业病防治法》的规定，劳动者的安全卫生保护权主要有：(1) 要求单位提供符合国家规定、安全卫生的劳动条件的权利；(2) 接受劳动安全卫生教育的权利；(3) 对作业场所和工作岗位存在的危险因素、防范措施及事故应急措施具有知情权和建议权；(4) 监督企业执行国家劳动安全卫生规程和标准的权利；(5) 从事有职业危害作业后定期进行健康检查的权利；(6) 从事特种作业前接受专门培训，取得特种作业资格后再上岗的权利；(7) 对用人单位管理人员违章指挥、强令冒险作业具有拒绝执行的权利；(8) 对危害自己或他人生命安全、身体健康的行为具有批评、检举和控告的权利；(9) 对因生产安全事故或患职业病等受到损害的，除依法享受社会保险待遇外，有向单位提出赔偿的权利。

劳动法律法规赋予劳动者劳动安全卫生保护权的意义在于：一方面加强劳动者劳动安全卫生自我保护意识，依法行使劳动安全卫生保护权，抵制一切危害劳动者生命安全和身体健康的行为；另一方面则要求用人单位尊重劳动者的劳动安全卫生保护权，依法做好劳动安全卫生保护工作，保障劳动者在劳动场所的安全和卫生。为了保障劳动者行使劳动安全卫生保护权，国家还通过立法确定以劳动合同、集体合同的法律形式规定劳动安全卫生保护内容，切实保障劳动者在劳动场所的安全、健康。

劳动者作为劳动过程的参与者，在享有劳动保护权利的同时也承担相应的义务：(1) 学习和掌握相关的安全生产与职业病防治知识，提高安全生产技能，增强职业病防范意识；(2) 严格遵守安全生产和职业病防治法律、法规、规章和操作规程，正确佩戴和使用劳动防护设备和个人防护用品；(3) 发现事故隐患或者其他不安全因素，应当立即向现场安全生产管理人员或者本单位负责人报告。

3. 政府的劳动安全卫生职责。根据《安全生产法》和《职业病防治法》等的规定，政府的劳动安全卫生监管职责主要是：（1）依法制定并适时修改劳动安全卫生法律、法规、规章以及有关国家标准或者行业标准；（2）制定并组织实施安全生产和职业病防治规划，建立健全安全生产与职业病防治工作体制、机制，完善和落实安全生产与职业病防治责任制；（3）各级政府、安全生产监督管理部门及有关部门依据各自职责，负责安全生产与职业病防治监督管理，政府各有关部门应当加强沟通，密切配合，按照各自职责分工，依法行使职权，承担责任；（4）县级以上安全卫生监督管理部门应当加强对安全生产和职业病防治的法律、法规与有关知识的宣传教育，增强用人单位的安全生产与职业病防治观念，提高劳动者的安全生产与职业健康意识、自我保护意识和行使安全卫生保护权利的能力；（5）国家鼓励和支持安全生产科学技术研究、安全生产先进技术的推广应用，鼓励和支持研制、开发、推广、应用有利于职业病防治和保护劳动者健康的新技术、新工艺、新设备、新材料，加强对职业病的机理和发生规律的基础研究，提高安全生产和职业病防治科学技术水平。

第二节　劳动安全卫生规程

一、劳动安全技术规程

劳动安全技术规程是指国家为了保护劳动者人身安全、防止和消除劳动过程中的伤亡事故而采取的各种技术措施。由于各行业的生产过程、工艺特点和危害因素不同，需要解决的安全技术问题不同，规定的安全技术规程也有所不同。有煤矿、冶金、化工、建筑、机器制造等安全技术规程；也有电器、起重、锅炉和压力容器、压力管道、焊接、机床等安全技术规程。我国各行各业需要共同遵守的劳动安全技术规程主要有以下几类。

（一）工厂安全技术规程

1. 建筑物和通道的安全要求。建筑物必须坚固安全，如果有损坏或者危险的迹象，应该立即修理。人行道和车行道应该平坦、畅通；夜间要有足够的照明设备。道路和轨道交叉处必须有明显的警告标志、信号装置或者落杆等。

2. 工作场所的安全要求。工作场所应该保持整齐清洁，机器和工作台等设备的布置应该便于工人安全操作；升降口和走台应该加围栏，原材料、成品和半成品的堆放不得妨碍操作和通行等。

3. 机器设备的安全要求。机器设备的安装、设置应该符合安全要求，对于机器设备有危险部分，如皮带轮和飞轮等，都要安设防护装置。对于危险的机器设备应该有信号警示等。

4. 个人防护用品的安全要求。企业必须给从事具有健康危害性工作的劳动者提供必要的防护用品，如在有危害健康的气体、蒸气或者粉尘的场所操作的工人，应该由工厂分别供给适用的口罩、防护眼镜和防毒面具等。企业应该教育工人正确使用防护用品；对于从事有危险性工作的工人（如电气工、瓦斯工等），应该教会紧急救护法。

（二）建筑安装工程安全技术规程

1. 施工现场的安全要求。施工现场应该合乎安全卫生的要求。如在施工现场周围和悬崖、陡坎处，应该用篱笆、木板或者铁丝网等围设栅栏，工地内的沟、坑应该填平，或者设围栏、盖板。施工现场要有交通指示标志等。

2. 脚手架的安全要求。用于搭建脚手架的材料的类型以及尺寸，搭建的脚手架的宽度和间隔，以及脚手架的负荷量，都必须符合安全要求。

3. 土石方工程和拆除工程的安全要求。拆除工程在施工前，应该对建筑物的现状进行详细调查，并且编制施工组织计划，经总工程师批准后，才可以动工。较简单的拆除工程，也要制定切合实际的安全措施。拆除工程在施工前，要组织技术人员和工人学习施工组织设计和安全操作规程。

4. 防护用品的安全要求。施工单位应该供给职工适用的、有效的防护用品，并且要规定发放、保管、检查和使用的办法。

（三）矿山安全技术规程

1. 矿山建设的安全要求。矿山建设工程的安全设施必须与主体工程同时设计、同时施工、同时投入生产和使用。矿山建设工程的设计文件必须符合矿山安全规程和行业技术规范，并按照国家规定经管理矿山企业的主管部门批准；不符合矿山安全规程和行业技术规范的，不得批准。矿山建设工程安全设施竣工后，由管理矿山企业的主管部门验收，并须有劳动行政主管部门参加；不符合矿山安全规程和行业技术规范的，不得验收，不得投入生产。

2. 矿山开采的技术要求。矿山开采必须执行开采不同矿种和矿山安全规程与行业技术规范。矿山设计规定保留的矿柱、岩柱，在规定的期限内不得开采或毁坏。矿山使用的有特殊安全要求的设备、器材、防护用品和安全测试仪器，必须符合国家安全标准或行业安全标准，否则，不得使用。矿山企业必须对作业场所的有毒有害物质和井下空气含氧量进行检测，保证符合安全要求。尤其对冒顶、片帮、边坡滑落和地表塌陷、瓦斯爆炸、煤尘爆炸以及地面和地下水灾、火灾等危害安全的事故隐患，必须采取严密的预防措施。

二、劳动卫生技术规程

劳动卫生技术规程是指国家为了保护劳动者在劳动过程中的身体健康，防止和消除慢性职业伤害，所采取的各种防护措施。

（一）防止粉尘危害

企事业单位的车间或工作地点每立方米空气含游离二氧化矽 10% 以上的粉尘或石棉尘最高允许浓度为 2 毫克。凡有粉尘作业的用人单位，应当采取综合防尘措施和采用无尘或低尘的新技术、新工艺、新设备，使作业场所的粉尘浓度不超过国家卫生标准。防尘设施的鉴定和定型制度，由劳动保障行政部门会同卫生行政部门制定。任何用人单位除特殊情况外，未经上级主管部门批准，不得停止运行或者拆除防尘设施。对接触粉尘的职工应发给防尘口罩、防尘工作服和保健食品。对于在职和离职的从事粉尘作业的职工，必须定期进行健康检查。

（二）防止有毒有害物质危害

对放散有害物质的生产过程和设备，应尽量实行机械化和自动化，加强密闭，避免直接操作，并应结合生产工艺采取通风措施。对有毒、有害的废气和废液要进行综合利用与净化处理。空气中有毒、有害物质的浓度不得超过国家标准。在接触酸、碱等腐蚀性物质并有烧伤危险的工作地点，应设置冲洗设备。对有传染疾病危险的原料进行加工时，必须采取严格的防护措施。对有毒或有传染性危险的废料，应当在当地卫生部门的指导下进行处理。

（三）防止噪音和强光的刺激

在从事衔接、锻压、风、电焊、冶炼等作业环境中所产生的噪音和强光，对工人的视觉和听觉都有影响。为防止工业企业噪音的危害和强光的刺激，劳动卫生规程要求作业环境要有镇音设备，达到有关规定的要求。发生强烈噪音的生产，应该尽可能在设有消音设备的单独工作房中进行。在有噪音、强光、辐射热和飞溅火花、碎片及刨屑场所操作的工人，应当分别供给护耳器、防护眼镜、面具等。

（四）防止电磁辐射危害

对生产工艺过程有可能产生微波或高频电磁场的设备，应采取有效的防止电磁辐射能泄漏的措施；产生非电离辐射的设备应有良好的屏蔽措施。

（五）通风和照明

工厂建筑物的方位，应保证室内有良好的自然采光、自然通风并防止过度日晒。工作场所和通道，光线应该充足，局部照明的光度应该符合操作要求，但是不要光线刺目。通风装置和取暖设备，必须有专职或兼职人员管理。

（六）降温和取暖

室内工作地点的温度经常高于 35℃的，应该采取降温措施；低于 5℃的，应该设置取暖设备。对于和取暖无关的蒸汽管或者其他发散大量热量的设备，应该采用保温或者凉热的措施。经常开启的门户，在气候寒冷的时候，应该有防寒装置。对于经常在寒冷气候中进行露天操作的工人，工厂应该设有取暖设备的休息处所。在高温条件下操作的工人，应该由工厂供给盐汽水等清凉饮料。

（七）生产辅助设施和个人防护用品

工厂根据需要，设置浴室、厕所、更衣室、休息室、妇女卫生室等生产辅助设施，并须经常保持完好和清洁。工厂应该为自带饭食的工人设置饭食的加热设备。

个人防护用品是预防伤亡事故和职业病的辅助措施。工厂应供给工人工作服，并根据不同工种和作业的需要，发给工人防寒服、防护手套、防护帽、防护用鞋、防护面具、安全带等防护用品。

第三节　劳动安全卫生管理制度

劳动安全卫生管理制度是指国家和用人单位为了保障劳动者在劳动过程中的安全和健康而制定的各种管理措施的总称。劳动安全卫生管理制度实施的根本目的在于提高企业的安全卫生管理水平，预防和减少由于人为管理或操作不当等因素导致生产安全事故或引发职业病。

一、一般劳动安全卫生管理制度

（一）安全卫生技术措施计划制度

安全卫生技术措施计划制度是指用人单位在编制年度生产、技术、财务计划的同时必须编制安全卫生技术措施计划，对改善劳动条件、防止工伤事故和职业病的一切技术措施实行计划管理的制度。该计划的项目包括：安全技术措施、劳动卫生措施、辅助性设施等措施和劳动保护宣传教育措施等。安全卫生技术措施所需资金应按计划专款专用、专户储存，在更新改造基金中予以安排；安全卫生技术措施所需设备、材料，应列入物资供应计划；对每项措施应确定现实的期限和负责人。企业应当把安全卫生技术措施计划与生产计划置于同等地位，同时应当建立对执行安全卫生技术措施计划进行监督检查的制度。

（二）安全卫生教育制度

安全卫生教育制度是指对劳动者进行安全生产法律法规、基本知识、操作技术教育的制度。《安全生产法》规定，生产经营单位应当对从业人员进行安全生产教育和培训，保证从业人员具备必要的安全生产知识，熟悉有关的安全生产规章制度和安全操作规程，掌握本岗位的安全操作技能。未经安全生产教育和培训合格的从业人员，不得上岗作业。生产经营单位采用新工艺、新技术、新材料或者使用新设备，必须了解、掌握安全技术特性，采取有效的安全防护措施，并对从业人员进行专门的安全生产教育和培训。生产经营单位的特种作业人员必须按照国家有关规定经专门的安全作业培训，取得特种作业操作资格证书，方可上岗作业。

（三）安全卫生设施“三同时”制度

安全卫生设施“三同时”制度，是指新建、改建、扩建工程的劳动安全卫生设施与主体工程同时设计、同时施工、同时投产和使用的一种制度。（1）各级经济管理部门和行业管理部门负责在建设项目中实施职业安全卫生方面的“三同时”；（2）建设单位对建设项目中实施职业安全卫生方面的“三同时”应负全面的责任；（3）设计单位要对建设项目中职业安全卫生设施设计负责；（4）施工单位要对建设项目的职业安全卫生设施的工程质量负责；（5）各级劳动保障行政部门对建设项目的职业安全卫生技术措施、设施“三同时”的实施实行国家监察。实行“三同时”制度，可以保证生产性建设工程项目投产后符合职业安全卫生要求，防止或减少工伤事故和职业危害。

（四）安全卫生认证制度

安全卫生认证制度是指通过对安全卫生的各种制约因素是否符合安全卫生要求进行严格审查并对其中符合要求者正式认可而允许其进入生产过程的制度。按其认证对象，可分为：（1）对有关安全卫生管理或专业人员的资格认证，包括单位主要负责人与安全生产管理人员安全卫生管理资格、特种设备操作人员安全资格、安全卫生检测检验人员执业资格认证等。（2）对有关安全卫生行业、专业机构的资格认证，包括矿山、建筑等企业的安全资格认证；安全卫生设备设计制造、安装、维修单位，劳动防护用品设计、生产、维修、经营单位，安全卫生检测检验机构的资格认证等。（3）对有关安全卫生物质技术要素的质量认证，包括安全卫生设备和工程、劳动防护用品、安全卫生技术等的质量认证。凡是纳入认证范围的对象，都实行强制认证。经认证符合安全卫生要求的，颁发相应的资格证书或合格证书；经认证不符合安全卫生要求的，不得从事相应的职业活动或者投入使用。

（五）个人防护用品管理制度

个人防护用品俗称“劳保用品”，是工业生产领域中劳动者个人使用的劳动保护用品。它分为一般防护用品（也称通用品）和特种劳动防护用品（也称专用防护用品）。生产特种劳动防护用品的企业须事先取得原劳动部颁发的专项生产许可证。国家授权职业安全卫生监察机构行使防护用品质量监督职能，并设立国家劳动保护用品质量监督检验站担任质量监督检验技术工作。生产企业必须依国家标准和行业标准进行生产。用人单位应当根据个人防护用品的使用需求和使用频率、损耗的一般状况，规定个人防护用品的发放制度，建立定期检查、修理制度，经检查失效的防护用品必须禁用；建立防护用品知识和操作技能教育制度，以保证防护用品充分发挥对操作人员及有关人员的保护作用。

二、安全生产管理制度

（一）安全生产责任制度

安全生产责任制度是指企业各级负责人、职能科室人员、工程技术人员和劳动者在劳动过程中对各自职务或业务范围内的安全生产负责的制度。它是企业经济责任制的重要组成部分，也是企业劳动保护管理制度的核心。其中，企业主要负责人（厂长、经理、矿长）对本单位安全生产负全面责任；分管安全生产的负责人和专职人员对安全生产负直接责任；总工程师负安全生产技术领导责任；各职能部门、各级生产组织负责人在各自分管的工作范围内对安全生产负责任；工人在本岗位上承担严格遵守生产操作规程和安全技术规程的义务。

1. 主要负责人的责任。（1）建立、健全本单位安全生产责任制；（2）组织制定本单位安全生产规章制度和操作规程；（3）组织制定并实施本单位安全生产教育和培训计划；（4）保证本单位安全生产投入的有效实施；（5）督促、检查本单位的安全生产工作，及时消除生产安全事故隐患；（6）组织制定并实施本单位的生产安全事故应急救援预案；（7）及时、如实报告生产安全事故。

2. 安全生产管理机构以及安全生产管理人员的职责。矿山、金属冶炼、建筑施工、道路运输单位和危险物品的生产、经营、储存单位，应当设置安全生产管理机构或者配备专职安全生产管理人员。上述规定以外的其他生产经营单位，从业人员超过100人的，应当设置安全生产管理机构或者配备专职安全生产管理人员；从业人员在100人以下的，应当配备专职或者兼职的安全生产管理人员。安全生产管理机构以及安全生产管理人员履行下列职责：（1）组织或者参与拟订本单位安全生产规章制度、操作规程和生产安全事故应急救援预案；（2）组织或者参与拟订本单位安全生产教育和培训，如实记录安全生产教育和培训情况；（3）督促落实本单位重大危险源的安全管理措施；（4）组织或者参与本单位应急救援演练；（5）检查本单位的安全生产状况，及时排查生产安全事故隐患，提出改进安全生产管理的建议；（6）制止和纠正违章指挥、强令冒险作业、违反操作规程的行为；（7）督促落实本单位安全生产整改措施。

3. 劳动者的责任。劳动者应该自觉地遵守安全生产规章制度，不违章作业，并且制止他人违章作业，积极参加安全生产的各种活动，主动提出改进安全工作的意见，爱护和正确使用机器设备、工具及个人防护用品。

（二）安全生产审批、验收制度

安全生产审批、验收制度是指负有安全生产监督管理职责的部门对涉及安全生产的事项依照法律法规和法定劳动安全标准，以批准、核准、许可、注册、认证、颁发证照等方式进行审查批准或者验收的制度。（1）负有安全生产监督管理职责的部门依照有关法律、法规的规定，对涉及安全生产的事项需要审查批准或者验收的，必须严格依照有关法律、法规和国家标准或者行业标准规定的安全生产条件和程序进行审查；不符合有关法律、法规和国家标准或者行业标准规定的安全生产条件的，不得批准或者验收通过。(2) 对未依法取得批准或者验收合格的单位擅自从事有关活动的，负责行政审批的部门发现或者接到举报后应当立即予以取缔，并依法予以处理。(3) 对已经依法取得批准的单位，负责行政审批的部门发现其不再具备安全生产条件的，应当撤销原批准。(4) 对涉及安全生产的事项进行审查、验收，不得收取费用；不得要求接受审查、验收的单位购买其指定品牌或者指定生产、销售单位的安全设备、器材或者其他产品。

（三）安全生产检查制度

安全生产检查制度是指通过对企业遵守有关安全生产的法律、法规和国家标准或者行业标准的情况进行监督检查，总结安全生产经验，揭露和消除事故隐患，并用正反两方面的事例推动劳动保护工作的制度。安全检查必须贯彻领导、专门机构和群众相结合，自查和互查相结合，检查和整改相结合的原则。《安全生产法》规定，负有安全生产监督管理职责的部门依法进行安全生产检查，行使下列职权：(1) 进入生产经营单位进行检查，调阅有关资料，向有关单位和人员了解情况。(2) 对检查中发现的安全生产违法行为，当场予以纠正或者要求限期改正；对依法应当给予行政处罚的行为，依照该法和其他有关法律、行政法规的规定做出行政处罚决定。(3) 对检查中发现的事故隐患，应当责令立即排除；重大事故隐患排除前或者排除过程中无法保证安全的，应当责令从危险区域内撤出作业人员，责令暂时停产停业或者停止使用；重大事故隐患排除后，经审查同意，方可恢复生产经营和使用。(4) 对有根据认为不符合保障安全生产的国家标准或者行业标准的设施、设备、器材予以查封或者扣押，并应当在 15 日内依法做出处理决定。生产经营单位对依法履行安全生产监督检查职责应当配合，不得拒绝、阻挠。监督检查不得影响被检查单位的正常生产经营活动。

（四）安全生产举报、报告制度

安全生产举报、报告制度是指任何单位和个人对生产经营单位存在的有关安全生产的问题向有关部门举报或报告，以加强安全生产监督管理的制度。(1) 负有安全生产监督管理职责的部门应当建立举报制度，公开举报电话、信箱或者电子邮件地址，受理有关安全生产的举报；受理的举报事项经调查核实后，应当形成书面材料；需要落实整改措施的，报经有关负责人签字并督促落实。(2) 任何单位或者个人对事故隐患或者安全生产违法行为均有权向负有安全生产监督管理职责的部门报告或者举报。(3) 居民委员会、村民委员会发现其所在区域内的生产经营单位存在事故隐患或者安全生产违法行为时，应当向当地人民政府或者有关部门报告。(4) 县级以上各级人民政府及其有关部门对报告重大事故隐患或者举报安全生产违法行为的有功人员给予奖励。

（五）生产安全事故应急救援和调查处理制度

1. 生产安全事故应急救援制度。生产安全事故应急救援制度是指发生生产安全事故时，政府、有关部门、有关单位和个人应采取应急救援措施的制度。(1) 县级以上地方各级人民政府应当组织有关部门制定本行政区域内特大生产安全事故应急救援预案，建立应急救援体系。(2) 危险物品的生产、经营、储存单位以及矿山、建筑施工单位应当建立应急救援组织；生产经营规模较小，可以不建立应急救援组织的，应当指定兼职的应急救援人员。危险物品的生产、经营、储存单位以及矿山、建筑施工单位应当配备必要的应急救援器材设备，并进行经常性维护、保养，保证正常运转。(3) 生产经营单位发生生产安全事故后，事故现场有关人员应当立即报告本单位负责人，事故发生单位负责人接到事故报告后，应当立即启动事故相应应急预案，或者采取有效措施，组织抢救，防止事故扩大，减少人员伤亡和财产损失。有关地方人民政府和负有安全生产监督管理职责的部门负责人接到重大生产安全事故报告后，应当立即赶到事故现场，组织事故抢救。任何单位和个人都应当支持、配合事故抢救，并提供一切便利条件。

2. 生产安全事故调查处理制度。生产安全事故调查处理制度是指生产安全事故发生后，有关部门和单位依照法定的权限和程序，调查事故的后果和原因并对责任单位和个人依法进行处理的制度。(1) 生产安全事故发生后，有关部门和单位依照法定的权限和程序组织调查。(2) 事故调查处理应当按照实事求是、尊重科学的原则，及时、准确地查清事故原因，查明事故性质和责任，总结事故教训，提出整改措施，并对事故责任者提出处理意见。(3) 经调查确定为责任事故的，除了应当查明事故单位的责任并依法予以追究外，还应当查明对安全生产的有关事项负有审查批准和监督职责的行政部门的责任，对有失职、渎职行为的，依照《安全生产法》的规定追究法律责任。(4) 任何单位和个人不得阻挠或干涉对事故的依法调查处理。(5) 事故处理的情况由负责事故调查的人民政府或者其授权的有关部门、机构向社会公布，依法应当保密的除外。

（六）安全事故隐患排查治理制度和重大事故隐患治理督办制度

安全生产事故隐患，是指生产经营单位违反安全生产法律、法规、规章、标准、规程和安全生产管理制度的规定，或者因其他因素在生产经营活动中存在可能导致事故发生的物的危险状态、人的不安全行为和管理上的缺陷。事故隐患分为一般事故隐患和重大事故隐患。一般事故隐患，是指危害和整改难度较小，发现后能够立即整改排除的隐患。重大事故隐患，是指危害和整改难度较大，应当全部或者局部停产停业，并经过一定时间整改治理方能排除的隐患，或者因外部因素影响致使生产经营单位自身难以排除的隐患。

1. 生产经营单位应当建立健全生产安全事故隐患排查治理制度，采取技术、管理措施，及时发现并消除事故隐患。事故隐患排查治理情况应当如实记录，并向从业人员通报。县级以上地方各级人民政府负有安全生产监督管理职责的部门应当建立健全重大事故隐患治理督办制度，督促生产经营单位消除重大事故隐患。对于一般事故隐患，由生产经营单位（车间、分厂、区队等）负责人或者有关人员立即组织整改。对于重大事故隐患，由生产经营单位主要负责人组织制定并实施事故隐患治理方案，并应当及时向安全监管监察部门和有关部门报告。

2. 县级以上地方各级政府安全生产监督管理部门或者有关部门应当建立重大事故隐患治理督办制度，督促生产经营单位限期制定整改方案，落实整改措施，消除重大事故隐患；对生产经营单位逾期不履行重大事故隐患治理责任的，应当向本级人民政府报告，可以提请人民法院依法冻结生产经营单位重大事故隐患治理所需资金，委托具有相应资质的单位代为治理。

（七）推行注册安全工程师制度

注册安全工程师是指在生产经营单位从事安全生产管理、安全技术工作或者在安全生产中介机构从事安全生产专业服务工作并按照规定注册取得中华人民共和国注册安全工程师执业证和执业印章的人员。按照《注册安全工程师管理规定》，从业人员300人以上的煤矿、非煤矿矿山、建筑施工单位和危险物品生产、经营单位，应当按照不少于安全生产管理人员15%的比例配备注册安全工程师；安全生产管理人员在7人以下的，至少配备1名。上述规定以外的其他生产经营单位，应当配备注册安全工程师或者委托安全生产中介机构选派注册安全工程师提供安全生产服务。安全生产中介机构应当按照不少于安全生产专业服务人员30%的比例配备注册安全工程师。《安全生产法》规定，危险物品的生产、储存单位以及矿山、金属冶炼单位应当有注册安全工程师从事安全生产管理工作。鼓励其他生产经营单位聘用注册安全工程师从事安全生产管理工作。注册安全工程师按专业分类管理，具体办法由国务院人力资源和社会保障部门、国务院安全生产监督管理部门会同国务院有关部门制定。

三、职业病防治管理制度

职业病，是指劳动者在职业活动中因接触粉尘、放射性物质和其他有毒、有害物质等因素而引起的疾病。职业病危害因素包括职业活动中存在的各种有害的化学、物理、生物因素以及在作业过程中产生的其他职业有害因素。职业病的形成通常是由于工作场所的相关物质的物理或化学属性存在危害性，如矽肺病[①]。

① 矽肺病是因长期吸入含有游离二氧化硅的生产性粉尘，引起肺组织的广泛纤维化所致。如2002～2006年，在安徽凤阳某石英砂厂务工的152人长期在含有粉尘的环境中工作，吸入大量的粉尘，患上了矽肺病，从而丧失了劳动能力。

根据《职业病防治法》的相关规定，对于职业病防治的主要制度有以下方面。

（一）职业病危害项目申报制度

职业病危害项目申报制度的目的在于加强对职业病危害项目的监督管理，保护劳动者的身体健康。根据《职业病防治法》和《职业病危害项目申报管理办法》的规定，用人单位设有依法公布的《职业病目录》所列职业病的危害项目的，应当及时、如实向卫生行政部门申报，接受监督。卫生行政部门应当对用人单位申报的情况进行抽查，并对职业病危害项目实施监督管理。

（二）建设项目职业病危害的预评价、审核制度

新建、扩建、改建项目和技术改造、技术引进项目可能产生职业病危害的，建设单位在可行性论证阶段应当向卫生行政部门提交职业病危害预评价报告。职业病危害预评价报告应当对建设项目可能产生的职业病危害因素及其对工作场所和劳动者健康的影响做出评价，确定危害类别和职业病防护措施。未提交预评价报告或者预评价报告未经卫生行政部门审核同意的，有关部门不得批准该建设项目。建设项目在竣工验收前，建设单位应当进行职业病危害控制效果评价。建设项目竣工验收时，其职业病防护设施经卫生行政部门验收合格后方可投入正式生产和使用。职业病危害预评价、职业病危害控制效果评价由依法设立的取得省级以上人民政府卫生行政部门资质认证的职业卫生技术服务机构进行。职业卫生技术服务机构所作评价应当客观、真实。

（三）工作场所职业病危害因素监测及评价制度

用人单位应当实施由专人负责的职业病危害因素日常监测，并确保监测系统处于正常运行状态。用人单位应按照国务院卫生行政部门的规定，定期对工作场所进行职业病危害因素检测、评价。检测、评价结果存入用人单位职业卫生档案，定期向所在地卫生行政部门报告并向劳动者公布。职业病危害因素检测、评价由依法设立的取得省级以上人民政府卫生行政部门资质认证的职业卫生技术服务机构进行。职业卫生技术服务机构所作检测评价应当客观、真实。发现工作场所职业病危害因素不符合国家职业卫生标准和卫生要求时，用人单位应当立即采取相应的治理措施，仍然达不到国家职业卫生标准和卫生要求时必须停止存在职业病危害因素的作业；职业病危害因素经治理后符合国家职业卫生标准和卫生要求的，方可重新作业。

（四）职业危害的警示告知制度

《职业病防治法》规定，劳动者享有了解工作场所产生或者可能产生的职业病危害因素、危害后果和应当采取的职业病防护措施的权利。用人单位以及有关设备、材料的提供方应该就职业病危害的相关情况承担警示告知的义务。而且用人单位与劳动者订立劳动合同时，应当将工作过程中可能产生的职业病危害及其后果、职业病防护措施和待遇等如实告知劳动者，并在劳动合同中写明，不得隐瞒或者欺骗。劳动者在已订立劳动合同期间因工作岗位或者工作内容变更，从事与所订立劳动合同中未告知的存在职业病危害的作业时，用人单位应当依照前述规定，向劳动者履行如实告知的义务，并协商变更原合同相关条款。用人单位违反前述规定的，劳动者有权拒绝从事存在职业病危害的作业，用人单位不得因此解除或者终止与劳动者所订立的劳动合同。

（五）职业健康监护制度

对从事接触职业病危害作业的劳动者，用人单位应当按照国务院卫生行政部门的规定，组织上岗前、在岗期间和离岗时的职业健康检查，并将检查结果如实告知劳动者。职业健康检查应当由省级以上人民政府卫生行政部门批准的医疗卫生机构承担。用人单位应当为劳动者建立职业健康监护档案，并按照规定的期限妥善保存。职业健康监护档案应当包括劳动者的职业史、职业病危害接触史、职业健康检查结果和职业病诊疗等有关个人健康资料。劳动者离开用人单位时，有权复印职业健康监护档案。

（六）急性职业病危害事故救援、控制制度

在劳动过程中，如果发生急性职业病危害事故，用人单位应当立即采取应急救援和控制措施，控制住危害事故的发生，不使危害扩散；对于尚未发生但有可能发生的事故，也要积极地采取措施，避免危害事故的发生。(1) 发生或可能发生急性职业病危害事故时，用人单位应当及时向所在地的卫生行政部门和有关部门报告，接到报告的卫生行政部门应当及时会同有关部门进行调查处理。(2) 如有必要，应当采取临时控制职业病危害事故的措施，如责令暂停导致职业病危害事故的作业、封存造成或者可能导致职业病危害事故的材料和设备等。(3) 对遭受职业病危害的劳动者，用人单位应及时将其送至医疗卫生机构救治；对有可能遭受职业病危害的劳动者，用人单位应当为其定期提供健康检查和医学观察。上述所需费用由用人单位承担。(4) 凡被确诊患有职业病的劳动者，职业病诊断机构应发给职业病诊断证明书，享受国家规定的工伤保险待遇或职业病待遇。

第四节　女职工和未成年工的特殊保护

一、女职工的特殊保护

（一）女职工特殊保护的概念与特征

女职工特殊保护是指根据女职工生理特点和抚育子女的需要，对其在劳动过程中的安全健康所采取的有别于男职工的特殊保护。包括禁止或限制女职工从事某些作业、女职工“四期”保护等特殊保护。

女职工特殊保护具有下列特征：（1）具有适应女性特殊生理和心理需要的特性。（2）具有保护女职工和下一代的双重特性。（3）具有区别于男职工的特殊保护特性。

（二）女职工特殊保护的意义

我国《劳动法》规定，国家对女职工实行特殊劳动保护。这体现了国家对女职工的关怀和照顾。国家对女职工实行特殊保护的意义如下。

1. 保障女职工身心健康，调动女职工的劳动积极性。由于男女两性在身体、生理等方面存在天然差别，国家规定女职工禁忌劳动范围，对女职工经期、孕期、产期、哺乳期实行特殊保护，可以减轻女职工劳动负担，防止或减少职业病和妇女病，保障女职工在劳动过程中的人身安全和身心健康，从而调动女职工的劳动积极性。

2. 保证下一代身体健康和民族优秀体质的延续。女职工担负孕育下一代的特殊任务，对女职工实行特殊劳动保护，不仅是保护女职工在劳动过程中的人身安全和身心健康，而且也是保护下一代的身体健康，关系到中华民族优秀体质的繁衍和国家的兴旺发达。因此，对女职工劳动实行特殊保护，具有保护母亲、保证下一代健康成长和民族优秀体质延续及国家兴旺发达的重要意义。

3. 保护人力资源，发展社会生产力。女职工是一种伟大的人力资源，也是人力资源再生产的源泉。对女职工实行特殊保护，既可以保证女职工从事适宜的工作，也可以保护人力资源再生产，为生产力的发展提供人力资源保证。

（三）女职工特殊保护的内容

以立法对女职工实行特殊保护，是各国的通行做法。我国《劳动法》、《妇女权益保障法》、《女职工劳动保护特别规定》和《女职工禁忌劳动范围的规定》等法律法规明确规定了女职工实行特殊保护的具体内容，主要包括以下方面。

1. 女职工禁忌劳动范围。禁忌女职工从事下列作业：（1）矿山井下作业；（2）体力劳动强度分级标准中规定的第四级体力劳动强度的作业；（3）每小时负重6次以上、每次负重超过20公斤的作业，或者间断负重、每次负重超过25公斤的作业。

2. 对女职工的“四期”保护。用人单位不得因女职工怀孕、生育、哺乳降低其工资、予以辞退、与其解除劳动或者聘用合同。（1）经期保护。女职工在经期禁忌从事的劳动范围：一是冷水作业分级标准中规定的第二级、第三级、第四级冷水作业；二是低温作业分级标准中规定的第二级、第三级、第四级低温作业；三是体力劳动强度分级标准中规定的第三级、第四级体力劳动强度的作业；四是高处作业分级标准中规定的第三级、第四级高处作业。女职工在孕期不能适应原劳动的，用人单位应当根据医疗机构的证明，予以减轻劳动量或者安排其他能够适应的劳动。对怀孕7个月以上的女职工，用人单位不得延长劳动时间或者安排夜班劳动，并应当在劳动时间内安排一定的休息时间。（2）孕期保护。女职工在孕期禁忌从事的劳动范围：一是作业场所空气中铅及其化合物、汞及其化合物、苯、镉、铍、砷、氰化物、氮氧化物、一氧化碳、二硫化碳、氯、己内酰胺、氯丁二烯、氯乙烯、环氧乙烷、苯胺、甲醛等有毒物质浓度超过国家职业卫生标准的作业；二是从事抗癌药物、己烯雌酚生产，接触麻醉剂气体等的作业；三是非密封源放射性物质的操作，核事故与放射事故的应急处置；四是高处作业分级标准中规定的高处作业；五是冷水作业分级标准中规定的冷水作业；六是低温作业分级标准中规定的低温作业；七是高温作业分级标准中规定的第三级、第四级的作业；八是噪声作业分级标准中规定的第三级、第四级的作业；九是体力劳动强度分级标准中规定的第三级、第四级体力劳动强度的作业；十是在密闭空间、高压室作业或者潜水作业，伴有强烈振动的作业，或者需要频繁弯腰、攀高、下蹲的作业。（3）产期保护。女职工生育享受98天产假，其中产前可以休假15天；难产的，增加产假15天；生育多胞胎的，每多生育1个婴儿，增加产假15天。女职工怀孕未满4个月流产的，享受15天产假；怀孕满4个月流产的，享受42天产假。（4）哺乳期保护。女职工在哺乳期禁忌从事的劳动范围：一是孕期禁忌从事的劳动范围的第一项、第三项、第九项；二是作业场所空气中锰、氟、溴、甲醇、有机磷化合物、有机氯化合物等有毒物质浓度超过国家职业卫生标准的作业。此外，不得延长其劳动时间，一般不得安排其从事夜班劳动。

3. 女职工劳动保护的其他措施。（1）女职工劳动保护设施。女职工比较多的用人单位应当根据女职工的需要，建立女职工卫生室、孕妇休息室、哺乳室等设施，妥善解决女职工在生理卫生、哺乳方面的困难。（2）禁止职场性骚扰。在劳动场所，用人单位应当预防和制止对女职工的性骚扰。（3）女职工投诉、举报、申诉与起诉权。用人单位违反规定，侵害女职工合法权益的，女职工可以依法投诉、举报、申诉，依法向劳动人事争议调解仲裁机构申请调解仲裁，对仲裁裁决不服的，依法向人民法院提起诉讼。

二、未成年工的特殊保护

（一）未成年工特殊保护的概念与特征

未成年工是指年满16周岁、未满18周岁的劳动者。未成年工的概念与未成年人、童工均不同。未成年人是指未满18周岁的公民。未成年工虽属于未成年人范畴，但却不是一般意义上的未成年人，而是具有劳动权利和行为能力、以自己的劳动收入作为主要生活来源的未成年人，是作为劳动法律关系主体的劳动者的未成年人。童工一般是指未满16周岁，与单位或个人发生劳动关系、从事有经济收入的劳动，或者从事个体劳动的少年、儿童。[①] 童工未达到法定就业年龄，不具有劳动权利能力和劳动行为能力，不能充当劳动法律关系主体。

未成年工的特殊保护是指针对未成年工处于生长发育期的特点和接受义务教育的需要而采取的特殊劳动保护措施。主要包括禁止未成年工从事某些作业、对未成年工定期进行健康检查。

未成年工的特殊保护具有如下特征：(1) 保护对象的特定性。未成年工特殊保护的对象是未成年工，即年满16周岁未满18周岁的劳动者。(2) 保护内容的特殊性。国家对未成年工特殊保护的内容区别于成年工，并由劳动法律、法规加以特别规定。例如，禁止未成年工从事某些作业、对未成年工定期进行健康检查等法律规定。(3) 保护方法的适应性。未成年工正处在生长发育时期，人体器官尚未定型，身体一般不高，体力较弱，抵抗力不强，缺乏耐力，睡眠较多。因此，对未成年工实行特殊保护，采取适应未成年工生长发育特点的劳动保护措施。

(二) 未成年工特殊劳动保护的意义

国家对未成年工实行特殊劳动保护的意义在于：

1. 保障未成年工的安全健康。在劳动过程中，潜在的劳动风险威胁着未成年工的安全和健康。对未成年工实行特殊劳动保护，采取适应未成年工生长发育特点的劳动保护措施，一方面可以科学、合理地安排未成年工从事适宜的劳动，不会因过于劳累或力所不能而发生工伤事故或职业病；另一方面可以为未成年工创造良好的劳动条件，防止或减少劳动风险的发生，从而保障未成年工在劳动过程中的安全和健康。

2. 保障未成年工健康成长。未成年工是最年轻的一支职工队伍，能否健康成长关系到整个职工队伍状况、关系到社会主义建设事业的前景。国家对未成年工实行特殊劳动保护的重要意义之一就是，保障未成年工健康长，培养和造就一代新职工，优化职工队伍，促进我国社会主义建设事业发展。

(三) 未成年工特殊劳动保护的内容

根据我国《未成年人保护法》、《劳动法》和《未成年工特殊保护规定》等的规定，未成年工特殊劳动保护的主要内容包括以下方面。

1. 未成年工禁忌劳动范围制度。用人单位不得安排未成年工从事以下范围的劳动：(1)《生产性粉尘作业危害程度分级》国家标准中第一级以上的接尘作

---

① 1988年11月5日我国劳动部、国家教委、农业部、国家工商局和全国总工会联合发出《关于严禁使用童工的通知》，规定坚决制止使用16周岁以下的童工。对违反国家规定，擅自使用童工者，除责令其立即退回外，并予以重罚，每招用一名童工，罚款3 000～5 000元。对情节严重、屡教不改者，应责令其停业整顿，直至吊销其营业执照。

业；（2）《有毒作业分级》国家标准中第一级以上的有毒作业：（3）《高处作业分级》国家标准中第二级以上的高处作业；（4）《冷水作业分级》国家标准中第二级以上的冷水作业；（5）《高温作业分级》国家标准中第三级以上的高温作业；（6）《低温作业分级》国家标准中第三级以上的低温作业；（7）《体力劳动强度分级》国家标准中第四级体力劳动强度的作业；（8）矿山井下及矿山地面采石作业；（9）森林业中的伐木、流放及守林作业；（10）工作场所接触放射性物质的作业；（11）有易燃易爆、化学性烧伤和热烧伤等危险性大的作业；（12）地质勘探和资源勘探的野外作业；（13）潜水、涵洞、涵道作业和海拔3 000 米以上的高原作业（不包括世居高原者）；（14）连续负重每小时在6 次以上并每次超过20 公斤，间断负重每次超过25 公斤的作业；（15）使用凿岩机、捣固机、气镐、气铲、铆钉机、电锤的作业；（16）工作中需要长时间保持低头、弯腰、上举、下蹲等强迫体位和动作频率每分钟大于50 次的流水线作业；（17）锅炉司炉。此外，禁止安排未成年工延长工作时间和进行夜班作业。对患有某种疾病或具有某些生理缺陷（非残疾型）的未成年工，用人单位不得安排其从事国家标准中第一级以上高处作业、第二级以上高温或低温作业、第三级体力劳动强度的作业以及接触铅、苯、汞、甲酸、二硫化碳等易引起过敏反应的作业。

2. 未成年工定期健康检查制度。用人单位应当在未成年工安排工作岗位之前、工作满一年时、年满18 周岁距前一次体检时间已超过半年进行健康检查。未成年工的健康检查应按《未成年工特殊保护规定》所附《未成年工健康检查》所列项目进行。用人单位应根据未成年工的健康检查结果安排其从事适当的劳动，对不能胜任原劳动岗位的，应根据医务部门的证明予以减轻劳动量或安排其他劳动。

3. 未成年工使用和特殊保护登记制度。用人单位招收使用未成年工，除符合一般的用工要求外，还须向所在地县级以上劳动保障行政部门办理登记。劳动保障行政部门根据《未成年工健康检查表》、《未成年工登记表》以及原劳动部的有关规定，审核体检情况和拟订安排的劳动范围，核发国务院劳动保障行政部门统一印制的《未成年工登记证》。未成年工须持《未成年工登记证》上岗。未成年工体检和登记，由用人单位统一办理并承担所需费用。

【案例研讨】

全国首例群体矽肺病人身损赔集团诉讼案

1993 年，温州市泰顺县隧道工程公司、泰顺县地方建筑工程公司以及陈益校等（以下简称转包人）从业主辽宁省交通厅、承包人东北煤炭建设工程公司、分包人沈阳矿务局矿建工程处转包了沈阳至本溪一级公路吴家岭隧道的工程。同年7 月，转包人雇佣大批泰顺县农民工进场施工，并大都采用“干掘式掘进”进行作业。由于该工程地质为石英砂岩、石英岩，二氧化硅含量高达97.6%，而转包人未能有效采取劳动安全防范措施，致使工人持续在含有高浓度粉尘的环境中作业，吸入大量粉尘，患上“矽肺”职业病①。1996年，吴家岭隧道工程通过竣工验收并交付使用。从1998年开始，部分民工先后被发现患有不同程度的矽肺病。2000年9月，经浙江省职业病诊断鉴定委员会对400多名泰顺县民工进行鉴定，其中196名（后增加到204名）民工患有Ⅰ至Ⅲ期矽肺病，分别构成二至七级伤残。其中，有9名患者死亡，一位民工因不堪忍受矽肺病的折磨和治疗费用的负担而服毒自杀。8年间，病魔时刻威胁着这批民工的身体甚至生命，也给患者家人的心灵烙下难以愈合的伤痕，他们的家庭因此背上了沉重的经济负担。

2000年10月，蔡思叶等230名民工陆续向泰顺县人民法院起诉，要求法院判令被告人支付因工致残和因工死亡的医疗费、伤残抚恤金、丧葬费、工亡补助金等共计2.0886亿元。县法院将案件移送温州市中院审理。温州市中院经公开审理认为，本案原告的人身损害是由于东煤公司、沈阳工程处、七台河市公司与隧道工程公司之间违法转包，隧道工程公司等违反国家防尘作业的有关规定违章施工，发包人、承包人、转包人没有尽到劳动卫生安全保护监督之责任等共同过错造成的，事实清楚，证据充分，原告要求人身损害赔偿的主张于法有据，应予支持。

2001年10月24日，温州市中院对温州市泰顺县230名矽肺病患者状告泰顺县隧道工程公司等单位和个人致人伤残的全国首例群体“矽肺病”人身损赔集团诉讼案做出一审宣判：判决原告蔡思叶等伤残者根据伤残等级一级至十级分别获得389 600元至38 960元不等的经济赔偿，已亡者获得226 800元经济赔偿。上述赔偿款由被告隧道公司及其股东陈益校、陈益志、薛仕标承担其中的46%（隧道公司不能赔偿的部分由陈益校、陈益志、薛仕标分别承担66%、17%和17%），被告王运福承担其中的17%，被告张万民承担其中的7%，被告东煤公司承担其中的9%，被告沈阳工程处和七台河公司各承担其中的8%，被告辽宁省交通厅承担其中的5%。同时判令被告隧道公司、陈益校、陈益志、薛仕标、东煤公司、辽宁省交通厅对全部赔偿额承担连带责任；被告王运福和七台河公司、被告张万民和沈阳工程处分别对全部赔偿额的50%承担连带责任。同时判决在沈本高速公路吴家岭隧道工程中患上矽肺病但未参加本案诉讼的工人，在诉讼时效期内向人民法院提起诉讼或在人民法院公告期内经登记的，适用本判决。

一审宣判后，原被告双方均表示不服，分别向浙江省高院提起上诉。2002年3月22日，浙江省高院经审理，对温州市中院认定的全案事实予以确认，终审判决维持原判所作的赔偿标准及比例，辽宁省交通厅等六家致害人对全部赔偿额承担连带责任。同时，浙江省高院经审理后认为，判决原审被告张万民、七台河矿建公司、王运福、沈阳工程处分别对全部赔偿额的50%承担连带责任不当。根据我国《民事诉讼法》的有关规定，上述四被告应当与其他致害人一样，对全部赔偿额承担连带责任。

---

① 据有关医学专家介绍，矽肺病是因挖凿岩石等生产过程中吸入粉尘而引起肺部组织纤维化为主的全身性疾病。发病症状早期表现为胸闷气短，部分病人会有干咳，很多人生病后失去劳动能力，严重的会失去自理能力，后期表现为呼吸困难，极易气喘，最后可能会因呼吸困难而死亡。目前矽肺病最好的治疗办法是全身麻醉灌洗肺腔和药物治疗相结合。两片肺叶灌洗一次需耗费1万多元。用这个治疗方案Ⅰ、Ⅱ期患者有的可以控制恶化，生命能够延缓，有的仍会加重。Ⅲ期患者基本无救。

2001 年 11 月 30 日，瓯海区人民检察院以重大劳动安全事故罪对被告人陈益校、王运福提起公诉，依法追究其刑事责任。检察机关指控，陈益校等人先后招募数百名民工到该隧道工地务工，大部分来自泰顺县。在长期施工过程中，陈益校等人违反工程招标文件和国家规定，让未经防尘知识教育、考核及体检的民工从事粉尘作业，未建立、健全职业卫生管理制度，没有采取必要有效的职业卫生措施，更未对施工人员进行定期体检。在该工地务工的泰顺民工 204 人为二至七级伤残。此外，9 名患者已经死亡。2002 年 2 月 9 日，温州市瓯海区人民法院判决陈益校、王运福犯有重大劳动安全事故罪，分别判处有期徒刑 7 年、5 年。王运福于 2005 年 8 月 2 日刑满释放后，因未履行对民工的剩余 8 763 584 元赔偿金，以涉嫌犯拒不执行判决、裁定罪，被判处有期徒刑 3 年。原系泰顺县隧道工程公司副经理的薛仕彪，也被判决拒不执行判决、裁定罪和重大劳动安全事故罪，数罪并罚，决定执行有期徒刑 3 年。①

简评：

本案涉讼人员之多、赔偿金额之巨、案情之复杂、社会影响之大，均属罕见。

1. 一项高速公路隧道施工，使 230 名无辜的民工罹患矽肺病，病魔缠身，生活状况恶化，本人与其家人心灵遭受很大创伤，其家庭因此背上沉重的经济负担。在 2001 年已有 9 人死亡，200 余人伤残。其中，很多人在痛苦和死亡线上挣扎。这不能不令人感到震惊和痛心。因此，本案以活生生的事实再次告诫和警示世人：重视和加强劳动安全卫生保护，至关重要。无论劳动者、用人单位抑或政府相关部门，应牢固树立“劳动安全卫生第一”的观念，有生命、有健康，才可能有生活、有发展。否则，一旦造成职业伤害，则没有任何一方是赢家。劳动者失去了健康甚至生命，即使得到一些赔款，也是杯水车薪或于事无补；用人单位及相关责任人承担了巨额赔偿甚至身陷囹圄，并没有从中得到任何好处。

2. 我国《职业病防治法》明确规定，劳动者有权了解工作场所产生或者可能产生的职业病危害因素、危害后果和应当采取的防护措施。要求用人单位提供符合要求的职业病防护设施和个人使用的职业病防护用品，改善工作条件。否则，劳动者有权拒绝在没有职业病防护设施的工作场所作业。就本案而言，由于矽肺病源自长期在含有大量二氧化硅粉尘的环境中作业，而大量含有二氧化硅粉尘的产生，主要来自施工中的钻眼、爆破和装运三个环节。如果所有业主、施工单位和相关责任单位及责任人在施工时能严格按隧道施工作业规程进行，配套采用综合防尘措施，如湿式作业（打水眼、爆破、装岩时喷雾洒水），加强机械通风排尘、干式捕尘和作业者注意个体戴防尘口罩等，严格执行有关防尘的规章制度进行施工作业，民工吸入的有害岩尘浓度一定可以降到安全阈值以下，符合安全卫生标准，泰顺县 200 多位民工集体患矽肺病就可以避免。退一步说，即使作

① 参见陈东升等，《国内最大的矽肺病索赔案宣判，伤残者一审获赔偿》，载《法制日报》2001 年 10 月 25 日；陈东升，《全国最大矽肺病案责任人被判刑》，载《法制日报》2002 年 2 月 9 日。

业时忽视了防尘问题，如果能够按照《劳动法》和《职业病防治法》的规定，及时对接触粉尘作业的民工进行体检，早发现早治疗，这些人的病情也不会发展到如此严重甚至无药可救的地步！因此，本案无疑是一个沉痛的教训。

3. 职业病损害已成事实，起诉索赔、弥补经济损失、捍卫生命健康权利，是顺理成章并符合法律正义的事情。但本案的索赔或处理方式可有两种：（1）根据我国《劳动法》和《工伤保险条例》，请求工伤赔偿。对作为受害人的民工而言，只要证明曾进行隧道施工作业，经认定患了职业病即矽肺病，并经伤残鉴定确定了伤残等级，无须负其他举证责任，因为工伤赔偿适用无过错责任原则。但要求原告与被告之间必须存在劳动法律关系，这意味着受害人只能向本案中的转包人请求赔偿；发包人和承包人因与受害人之间不存在劳动法律关系而与本案无关。这大大增加了受害人的诉讼风险，对受害人不利。（2）根据《民法通则》和最高人民法院关于审理人身损害赔偿案的司法解释，请求人身损害赔偿。人身损害赔偿只要过错致人损害就应承担赔偿责任，并不要求原告和被告之间存在劳动或其他法律关系。这样，只要作为受害人的民工能够证明本案中中的发包人、承包人、转包人，在隧道施工工程中均有过错而导致他们罹患矽肺病，则发包人、承包人、转包人均负有赔偿责任。本案中法官就是按照民法的人身损害赔偿案处理的，并判决多个发包人、承包人、转包人承担连带赔偿责任，以保证受害民工获得足额赔偿，避免了发包人、承包人、转包人等相互推诿责任，体现了法院保护弱者合法权益的实质平等的理念。在对待受害人的举证问题上，受害人的法律援助律师团律师和承办法官先后数十次赴辽宁、吉林、云南、北京、杭州等地调查取证，从而有力地证明了原告的人身损害是由于东煤公司、沈阳工程处、七台河市公司与隧道工程公司之间违法转包，隧道工程公司等违反国家防尘作业的有关规定违章施工，发包人、承包人、转包人没有尽到劳动卫生安全保护监督之责任等共同过错造成的。这种处理方式值得赞赏。

4. 与一般个别的工伤赔偿案或普通的人身损害赔偿案不同的是，本案因职业病受害人众多、损害后果严重，相关责任人已经构成了我国《刑法》规定的重大安全事故罪，故司法机关没有满足于对民工的民事赔偿，而是进一步对两位企业责任人以重大安全事故罪追究了刑事责任，并对两位赔偿义务人以拒不执行判决、裁定罪也追究了刑事责任。

思考问题与案例

一、思考问题

1. 什么是用人单位劳动安全卫生责任原则？它有哪些劳动安全卫生义务？
2. 在劳动安全卫生关系中，国家应该履行怎样的职责？
3. 安全生产管理制度的主要内容有哪些？
4. 如何进行职业病防治管理？

5. 女职工特殊劳动保护的内容和意义是什么？

6. 为何禁止使用童工？未成年工特殊劳动保护的内容有哪些？

二、思考案例

1. 2008 年 10 月 30 日 6：30 左右，晋江市霞浦县新城区迪鑫阳光城 3 号楼施工现场，木工班和钢筋班 12 名工人，擅自开启 3 号楼施工升降机，准备到 25 层工作面作业，当施工升降机吊笼上升到第 44、45 标准节时（高约 65 米），第 43 ~ 46 标准节倾倒，施工升降机吊笼坠落，造成吊笼内 12 名工人全部死亡。经省政府组织调查，查明该起事故是重大生产安全责任事故。事故主要原因是房地产开发公司通过虚假招标、挂靠有资质施工企业的方式，非法自行组织项目施工，并在施工中指派无起重设备安装资格的电工安装包括发生事故的 3 号楼在内的 6 台施工升降机。

问题：

（1）房地产开发公司对施工工人负有哪些劳动安全卫生职责？对 12 名工人死亡后果承担哪些法律责任？

（2）12 名工人在施工中享有哪些劳动安全权利、负有哪些劳动安全义务？对死亡后果有无过错？

2. 原告邓某从 1971 年 12 月起在汝城县曙光煤矿从事井下掘进工作。1988 年 3 月调入汝城县自来水公司先后从事司泵、维修、安装队长、供水监察股长等工作。1996 年 9 月 26 日经郴州地区尘肺病诊断小组诊断邓某患二期尘肺病。1999 年 6 月由汝城县自来水公司申请对邓某进行企业职工劳动能力鉴定，郴州市劳动卫生职业病防治所鉴定邓某患二期尘肺合并肺气肿，郴州市劳动能力鉴定委员会鉴定邓某伤残程度为三级。2002 年前邓某治疗尘肺病的医疗费已由汝城县自来水公司报销。2002 年 9 月汝城县自来水公司进行改制，整体转让给新组建的由汝城县龙泉制水有限公司与汝城县建设局合股的汝城县自来水有限公司。改制时给付邓某一次性工伤补助金 12 820 元，未投保工伤医疗保险。邓某于 2002 年 9 月 28 日经批准退休。2002 年 12 月至 2009 年 11 月，邓某分别向县委、县政府、县企业产权制度改革领导小组、县信访局、县医疗保险基金管理服务中心、县自来水公司递交报告，要求落实解决其检查治疗尘肺病的医疗费问题，但一直未能解决。自 2005 年 4 月 18 日至 2009 年 7 月 20 日，邓某治疗尘肺病共用医疗费 21 035. 29 元、交通费 1 673 元。后邓某向县劳动仲裁委员会申请仲裁，仲裁委员会以超时效为由不予受理。2009 年 12 月 8 日，邓某向县人民法院起诉，要求县自来水公司支付医疗费、医疗保险待遇。2010 年 3 月 25 日，汝城县人民法院判决：被告汝城县自来水有限公司支付原告邓某用于治疗职业病的医疗费、交通费、伙食补助费合计 21 136. 72 元，并应按国家有关规定为原告邓某落实工伤保险待遇。

问题：

（1）邓某的尘肺病是在哪里、因何原因所致？

（2）法院判决应由汝城县自来水公司负担邓某的职业病待遇，合法有据吗？

（3）按照《职业病防治法》和《工伤保险条例》的规定，邓某享有哪些工伤保险待遇？

第十一章　社会保障法概论

【本章导语】

社会保障法是社会的安全网、稳定器和实现社会公平、和谐的调节器。在现代市场经济国家，社会保障法与劳动法相互配合，共同构成市场经济不可或缺的法律支撑。本章作为社会保障法学的导论部分，主要从宏观上介绍社会保障法学的基础理论。内容上主要涵盖社会保障法的历史沿革、社会保障与社会保障法的概念特征、社会保障法的调整对象、社会保障法的基本原则以及社会保障法的地位和作用五个方面。

【引导案例】

案例1：调整工伤待遇案

李某是东营市某作业公司招聘的农民轮换工。1986年4月17日，李某在工作中发生了工伤事故。1987年9月5日，该作业公司劳动鉴定委员会做出决定：按三类标准，每月发给李某标准工资的80%，合51.2元，另发面容医疗费300元。随后按该处理意见给李某发放了面容医疗费并按每月51.2元发放因工致残抚恤费。1995年10月，该作业公司将李某的伤残待遇提高到每月64元，一直持续发放至2005年。2005年4月，李某认为每月64元的伤残待遇根本解决不了他的生活问题，向省劳动能力鉴定委员会提出鉴定申请，经鉴定其劳动功能障碍程度为四级，无生活自理障碍。李某就工伤待遇向劳动争议仲裁委员会申诉，仲裁委员会做出裁定后，李某不服裁决向人民法院提起诉讼。法院审理后认为，定期待遇（因工致残抚恤费）每月64元，明显低于《企业职工工伤保险试行办法》及《工伤保险条例》所定的标准，该作业公司应当按照当时有效的法律规定支付相应的定期待遇。遂判决李某原工作单位支付其伤残抚恤金及伤残津贴共计89 250元，自2009年4月1日起每月按1 034元支付伤残津贴，并根据工资增长幅度以统筹地区职工平均工资的48%为标准及时进行调整。①

案例2：补办社会保险案

1988～1996年，15位来自四川、重庆等地的农民工先后到“海口港”公司第一港埠公司、

---

① 宋秋香、尹庆雷：《10年来每月只领64元工伤抚恤金，劳动者诉讼终获近9万元补偿》，http://www.chinacourt.org/html/article/200903/26/350356.shtml

第二港埠公司从事货物装卸等工作。他们当中，有的与公司签了书面劳动合同，有的没签书面劳动合同，有的虽有劳动合同但过期后没有续签。但他们一直在岗位上工作。而在此期间，“海口港”公司却一直未依法为他们缴纳工伤、养老、医疗、失业、生育五项基本社会保险费。2005年年底，因与公司的劳动合同到期，15人在办理续签手续时，要求公司为他们办理社会保险，但公司称“要办保险，就不签合同”。在进一步交涉后，公司不仅声称不给办保险，并对他们自1998年以前已经建立的劳动关系也拒不承认。2006年1月，这15名外地农民工向省劳动争议仲裁委员会提出申请。经审理，仲裁裁决认定了“海口港”与15名职工1998年以前的事实劳动关系，并责令“海口港”为他们补办社会保险，以及支付解除劳动合同的经济补偿。①

【重点问题】

1. 社会保障法的概念与特征。
2. 理解社会保障法的调整对象。
3. 理解社会保障法的基本原则。

第一节　社会保障法的历史沿革

一、西方国家社会保障立法历史沿革

（一）英国是福利思想的发源地

社会保障法的萌芽，始于工业化最早的英国。一般认为，社会保障制度起源于1601年英国的《济贫法》，它是最早的政府济贫法。1834年英国通过了《济贫法修正案》，明确指出救济不是消极行为，为公民提供生存保障是社会应尽的义务，政府应该采取积极的福利措施来落实这项任务，并规定由经过专门训练的社会工作人员来从事此类工作。新《济贫法》是通过立法确立济贫事业为政府职责的开端，因而具有一定的进步意义。②

（二）德国颁布了第一部社会保险法律

作为社会保障法律制度基本内容的社会保险法律制度的出台，是社会保障法诞生的标志。世界上第一个建立社会保险法律制度的国家是德国。1883年，德国在世界上第一个颁布了《雇员医疗保险法》，到1889年之前又颁布了《老年和病残保险法》和《工伤保险法》。③ 从19世纪70年代到第一次世界大战前夕，德国境内盛行一种主张劳资合作和社会改良政策的学派，后人称之为新历史学派。该学派认为，在进步的文明社会中，国家的公共职能在不断扩大和增加，国

---

① 《民工要求补办社会保险案一审胜诉》，中国金融网，http://bankpeople.zgjrw.com/News/20061026/News/283875758600.html

② 王伟：《中国社会保障法律制度研究》，中央民族大学出版社2008年版，第11页。

③ 杨燕绥主编：《劳动和社会保障法》，中国劳动社会保障出版社2005年版，第100页。

家除了具有维护社会秩序和国家安全的职能外，还必须直接插手于经济和社会生活的管理，并负担起促进“文明和福利”的职责。国家必须采取有效措施，自上而下地进行社会和经济改革，以尽快解决德国当时所面临的最危险的社会问题——劳工问题。新历史学派的理论观点受到德国统治者的重视并被采纳，成为德国率先创立社会保险法律制度的理论依据。

（三）美国建立了系统的社会保障法律制度

美国于20世纪30年代通过了世界上第一部《社会保障法》，标志着社会保障最终形成一种法律制度。美国是世界上最早实行系统的社会保障制度的国家。1933年3月，富兰克林·罗斯福就任美国总统，为摆脱经济危机、缓和劳资矛盾而实行“新政”，强调国家要干预社会经济生活，应由国家出面实施社会救济、社会保险和社会福利政策。为此，美国国会于1935年8月通过了《社会保障法》，主要内容包括社会保险、公共补助、儿童保健和福利服务等。到20世纪80年代中期，美国的社会保障法案已随着形势的不断发展修改了17次，使之逐渐趋于完善。美国1935年的《社会保障法》在社会保障立法史上具有划时代的历史意义，开了综合性社会保障立法的先河。

二、中国社会保障立法的历史沿革

（一）中国社会保障立法的萌芽

早在新民主主义革命时期，中国共产党就领导工人阶级向当时的国民党政府提出了社会保障的立法要求，并在革命根据地进行了一些社会保障立法实践，制定了一系列社会保障法规和立法建议文件。这些法规和文件可以视为中国社会保障立法的萌芽。1922年8月，中国劳动组合书记部发动了争取劳动立法运动，拟订了《劳动法案大纲》，第一次提出了实行社会保险的基本主张和要求。1927年6月，第四次全国劳动大会通过了《产业工人经济斗争决议案》、《手工业工人经济斗争决议案》、《女工、童工问题决议案》等文件，进一步提出了实行社会保障的许多具体要求，强烈要求政府实行社会保险。这些立法大纲和决议案虽然还不是真正法律意义上的规范性文件，但对于建立社会保障法律制度具有一定的指导意义。

土地革命时期，1930年5月，中央苏区颁布了《劳动暂行法》，其中包括一些有关社会保障的规定。1931年中华苏维埃共和国临时中央政府颁布了《中华苏维埃共和国宪法大纲》、《中华苏维埃共和国劳动法》、《中国工农红军优待条例》等，这些法律法规尤其是《中华苏维埃共和国劳动法》明确做出了在根据地实行社会保障制度的相关规定。[①]

---

① 王伟：《中国社会保障法律制度研究》，中央民族大学出版社2008年版，第21页。

抗日战争时期，各抗日根据地政府也颁布了一些有关社会保障的法规。1940年10月，陕甘宁边区政府颁布了《边区战时工厂集体劳动合同暂行准则》，其中有关社会保障的规定有：工人或学徒因工受重伤而不能工作者，厂方除负责医药费外，应发给其原工资至病愈时止，并由厂方酌给一定的保养费；工人因工受伤丧失全部工作能力者，厂方除发给其半年平均工资外，应按照政府颁布的抚恤条例办理等。1941年晋冀鲁豫边区政府颁布了《边区劳动保护暂行条例》，在医疗、疾病津贴、工伤待遇、残废津贴和生育待遇等方面做出了明确、具体的规定。

解放战争时期，1948年12月，东北行政委员会颁发了《东北公营企业战时暂行劳动保险条例》，并于次年2月颁布了《实施细则》。该条例规定：从1949年4月1日起，首先在铁路、邮电、矿山、军工、军需、电气和纺织七大行业中试行劳动社会保险，至7月1日，扩展到东北地区的全部公营企业。这是我国第一次在较大范围内实行社会保障制度，为新中国成立后在全国范围内实行社会保障制度和新中国社会保障立法的创立积累了丰富的经验、培养了专门人才。同时，从内容上看，该条例是革命根据地和解放区颁布的最为完整和规范的劳动保险法规。因此，《东北公营企业战时暂行劳动保险条例》在我国劳动保险立法史上具有重要地位，可以说是新中国成立后《中华人民共和国劳动保险条例》的雏形和基础，是我国第一部劳动保险方面的单行法律。

新中国成立以前各个时期革命政权颁布的一系列关于社会保障方面的法律文件，虽然受到当时的社会历史条件限制，略显粗糙，有的甚至只是宣言性的政治纲领，实际上很难得到很好的贯彻和落实，但是，它为新中国成立后的社会保障立法提供了丰富的借鉴素材。

（二）新中国社会保障立法的历史沿革

1. 创立阶段（1949～1957年）。新中国的社会保障立法始于20世纪50年代。我国第一部《宪法》明确规定："中华人民共和国劳动者在年老、疾病或者丧失劳动能力的时候，有获得物质帮助的权利，国家举办社会保险、社会救济和群众卫生事业，并逐步扩大这些设施，以保证劳动者享有这些权利。"1951年2月，政务院发布了由劳动部和中华全国总工会拟订的《中华人民共和国劳动保险条例》，对职工的生、老、病、死、伤、残等生活待遇、医疗保健和社会福利事业做出了相应规定，初步建立起了企业职工社会保险体系。该《条例》是新中国成立后的第一部综合性的社会保险法规，是保障我国城镇劳动者基本权益的重要法律依据。它构筑了我国"国家保障"和"企业保障"相结合的社会保障基本格局及以劳动保险为中心的社会保障基本框架，奠定了我国社会保障法律制度的基础，在中国社会保障立法史上具有划时代的意义。

2. 调整阶段（1958～1966年）。在回顾和总结新中国成立后8年间社会保障制度的实施情况的基础上，为了适应形势发展的需要，国家在这一阶段对一些不适应经济建设的社会保障制度进行了必要的改革。（1）统一了企业与国家机关工作人员的退休退职制度。1958年2月，国务院公布了《关于工人、职员退休处理暂行规定》，这是我国第一部统一养老保险制度的单独立法。（2）改革了公费医疗和劳保医疗制度。1965年9月，卫生部和财政部联合发出了《关于改进公费医疗管理问题的通知》，对公费医疗制度作了适当改革。（3）规定了被精简职工的社会保险待遇。在20世纪60年代初期的国民经济调整中，为了减轻企业负担、发展经济，国家精简了一批职工，由于种种原因，这些职工退职后一部分人的生活产生了很大的困难。为了解决他们的生活问题，国务院于1965年6月发布了《关于精简退职的老职工生活困难救济问题的通知》。（4）调整了学徒工的社会保险待遇。1958年2月，国务院发布了《关于国营企业、公私合营、合作社营、个体经营的企业和事业单位的学徒的学习期限和生活补贴的暂行规定》，规定了学徒工的学习期限以及学习期间领取生活补贴的办法。

3. 遭受重大挫折阶段（1967～1977年）。十年“文革”使我国社会保障法制建设也像其他各项事业一样遭受到了巨大挫折与破坏，处于一片混乱状态。工会、劳动部门和内务部门先后被撤销，社会保险无人管理，社会保险基金的征集、管理和调剂使用制度被迫停止。国家机关、企事业单位职工正常的退休制度被中断，致使全国几百万老、弱、病、残职工办不了退休手续。财政部于1969年2月发布了《关于国营企业财务工作中几项制度的改革意见》，规定国营企业一律停止提取劳动保险金，使社会保险完全倒退成了企业保险。由此可见，十年“文革”给我国社会保障事业带来了灾难性的影响。

4. 恢复、补充阶段（1978年至20世纪80年代初）。“文革”结束后，我国恢复了退休制度，建立了离休制度。1978年6月2日，国务院颁布了《关于安置老弱病残干部的暂行办法》和《关于工人退休、退职的暂行办法》。1980年3月，国家劳动总局和全国总工会联合发布了《关于整顿和加强劳动保险工作的通知》，该《通知》连同上述有关退休、退职的暂行规定，使得“文革”前的劳动保险制度基本上得以恢复。但是，社会保险基金的社会统筹却一直没有恢复。

5. 全面改革、发展阶段（20世纪80年代中期以来）。进入20世纪80年代中期以后，随着我国经济体制改革的逐步推进，国有企业改革不断深化，多种形式的经济迅速发展。为了适应市场经济与社会发展的需要，围绕社会保障改革实践的立法也随之发展起来。在社会保险、社会福利、社会救济和社会优抚各领域均出台了相关法规或政策，基本确立了我国社会保障法律体系的框架。1994年出台的《劳动法》，专章规定社会保险福利，对劳动者的养老保险、疾病（医疗）保险、工伤保险、失业保险和生育保险作了原则性规定。社会保险方面，原劳动部出台了《企业职工生育保险试行办法》（1994年），国务院先后颁布了

《关于建立统一的企业职工基本养老保险制度的决定》（1997 年）、《关于建立城镇职工基本医疗保险制度的决定》（1998 年）、《失业保险条例》（1999 年）、《工伤保险条例》（2003 年）等。社会救济方面，先后颁布了《农村五保供养工作条例》（1994 年）、《城市居民最低生活保障条例》（1999 年）、《城市生活无着落流浪乞讨人员救助管理办法》（2003 年）等，其中尤其是《城市居民最低生活保障条例》的颁布，标志着我国城市最低生活保障制度已经进入了一个全新的发展阶段。社会福利方面，如《残疾人保障法》（1990 年）、《未成年人保护法》（1991 年）、《妇女权益保护法》（1992 年）、《老年人权益保障法》（1993 年）等。社会优抚方面，主要立法有《兵役法》（1984 年）、《退役士兵安置条例》（2011 年）、《军人抚恤优待条例》（1988 年颁布、2011 年修订）、《军人随军家属就业安置办法》（2013 年）、《伤残抚恤管理办法》（2007 年颁布、2013 年修订）等。

2004 年全国人大通过的《宪法修正案》明确规定："国家建立健全同经济发展水平相适应的社会保障制度。"社会保障制度明文入宪，标志着我国对社会保障问题的理论认识达到了一个新的高度，标志着我国的社会保障立法和社会保障事业进入了一个新的发展时期。2010 年 10 月 28 日，全国人大常委会经四次审议通过了《社会保险法》，自 2011 年 7 月 1 日起施行。《社会保险法》是我国第一部社会保险制度的综合性法律，是中国特色社会主义法律体系中起支架作用的重要法律，是一部着力保障和改善民生的法律。它的颁布实施，对于建立覆盖城乡居民的社会保障体系，更好地维护公民参加社会保险和享受社会保险待遇的合法权益，使公民共享发展成果，促进社会主义和谐社会建设，具有十分重要的意义。[①] 此后，国务院通过了《关于修改〈工伤保险条例〉的决定》，人力资源和社会保障部先后修订了《工伤认定办法》、《部分行业企业工伤保险费缴纳办法》和《非法用工单位伤亡人员一次性赔偿办法》，人力资源和社会保障部制定了《在中国境内就业的外国人参加社会保险暂行办法》、《社会保险费申报缴纳管理规定》，人力资源和社会保障部与国家卫生计生委下发了《工伤职工劳动能力鉴定管理办法》，人力资源和社会保障部等四部委修订了《企业年金基金管理办法》，人力资源和社会保障部、财政部出台了《城乡养老保险制度衔接暂行办法》，民政部通过了《农村五保供养服务机构管理办法》。教育部等五部门下发《关于将在内地（大陆）就读的港澳台大学生纳入城镇居民基本医疗保险范围的通知》，人力资源和社会保障部等五部门下发《关于退役军人失业保险有关问题的通知》。2014 年 2 月 21 日，国务院颁布了《社会救助暂行办法》，自 2014 年 5 月 1 日起施行。《社会救助暂行办法》是社会救助领域统领性、支架性法规，具有基础性和全局性作用，为困难群众基本生活编织了兜底安全网，为提升社会救

① 《覆盖城乡全体居民　着力保障改善民生——胡晓义就〈社会保险法〉答记者问》，载《四川劳动保障》2010 年第 12 期，第 12 页。

助工作法治化水平、释放社会救助制度改革红利奠定了坚实基础。2015年1月14日，国务院印发《关于机关事业单位工作人员养老保险制度改革的决定》，决定从2014年10月1日起对机关事业单位工作人员养老保险制度进行改革，机关事业单位实行社会统筹与个人账户相结合的基本养老保险制度，由单位和个人共同缴费。

第二节　社会保障法的概念与特征

一、社会保障的概念与特征

（一）社会保障的概念

社会保障（Social Security）一词最早使用于1935年美国颁布的《社会保障法》，此后新西兰、英国等国家先后使用。1952年第35届国际劳工大会通过的《社会保障公约》规定了社会保障的基本准则，使社会保障这一概念迅速被世界各国普遍采用，成为国家和社会为人们提供的基本生活保障制度的统称。但由于社会保障制度涵盖了社会的、经济的、法律的和文化的等多种意义，而各国的社会保障制度也因它们的政治制度、经济条件、文化背景、历史传统等方面的不同而存在差异，因此，各国对社会保障的定义也有所不同。①

1. 国外关于社会保障的基本含义。（1）作为世界福利国家代表的英国，社会保障的概念同福利制度联系在一起。在著名的贝弗里奇报告中，社会保障被视为一项以国家为主体的公共福利计划。认为它是对社会成员中生活困难者的经济保障制度。公民因特定原因收入中断或者减少或者具有某种需要时，国家给予公民本人及其家庭经济保障，并通过社会服务和社会救助提高全体公民的福利。在英国，社会保障成为一种国民收入再分配的手段。（2）作为社会保险制度先驱的德国遵循的是特殊性原则，强调权利与义务的一致性，强调个人责任。著名经济学家路德维希·艾哈德认为，社会保障即是社会公正与社会安全，是为因生病、残疾、老年等原因而丧失劳动能力或者遭遇意外而不能参与市场竞争者及其家人提供基本生活保障，目的在于通过保障使他们重新获得参与竞争的机会。（3）推行第一部社会保障法的美国，从社会保障的目标着手，将社会保障视为社会安全网。《美国社会福利辞典》将社会保障定义为：社会保障是对国民可能遭遇的各种危险如疾病、年老、失业等加以防护的社会安全网。（4）日本在1950年社会保障制度审议会确定的社会保障定义是：对于疾病、负伤、分娩、残疾、死亡、失业、多子女及其他原因造成的贫困，从保险方法和直接的国家负担上，寻求经

① 林嘉：《劳动法和社会保障法》，中国人民大学出版社2009年版，第296页。

济保障的途径。(5) 1984 年国际劳工组织发布的《社会保障导言》将社会保障界定为："社会通过一系列的公共措施对其成员提供的保护，以防止他们由于疾病、妊娠、工伤、失业、残疾、老年及死亡而导致的收入中断或收入锐减引起的经济和社会困窘，对社会成员提供的医疗照顾，及对有儿童的家庭提供的补贴。"国际劳工组织在《21 世纪社会保障展望》中进一步指出："社会保障的目标不应限于防止或减轻贫困，应该更为广泛。它反映着一种最广义的社会保障意愿。它的根本宗旨是使个人和家庭相信他们的生活水平和生活质量会尽可能不因任何社会和经济上的不测事件受到很大影响。这就不仅是在不测事件中或已出现不测事件时去解决困难，而且也要防患于未然，帮助个人和家庭在面临未能避免或不可避免的伤残和损失时，尽可能做到妥善安排，因此，社会保障需要的不仅是现金，而且还有广泛的医疗和社会服务。"①

可见，各国虽对社会保障的理解不同，有的侧重于对国民收入的重新分配，有的侧重于公共福利，有的则把社会保障作为一种对受损的社会成员的经济补偿或者津贴。但从内容上都包含了社会保险、社会救助，并向社会福利发展，范围有不断扩展的趋势。

2. 我国学界关于社会保障的通说。社会保障是指国家立法强制规定的、由国家和社会出面举办，对公民在年老、疾病、伤残、失业、生育、死亡、遭遇灾害、面临生活困难时给予物质帮助，旨在保障公民个人和家庭基本生活需要并提高生活水平、实现社会公平和社会进步的制度。

（二）社会保障的特征

1. 强制性。社会保障必须通过国家立法强制实施。因为社会保障基金的筹集、支付、运营、管理等涉及国家、自然人、雇主及其他社会组织等多方的利益关系，是市场机制难以发挥作用的领域，必须有完善的法律才能为这种利益的重新分配提供权威性的标准，必须有有效的法律规制才能使社会保障得以建立并有效实施。

2. 社会性。社会保障以全体社会成员为对象，由国家、社会、雇主和个人共同筹措社会保障基金，预防和消除社会风险，保障社会成员基本生活需要，以实现社会稳定和发展。

3. 保障性。社会保障制度旨在保障全体社会成员在遭遇生、老、病、死、伤残、失业等各种风险时，能够从国家和社会获得必要的帮助和补偿。

4. 互助性。社会保障系由国家建立一整套法律机制，集聚社会力量，向社会成员提供物质帮助，将个别人所面临的风险由缴纳社会保障费用的多数人分担，以确保其基本生活。社会保障实际上是借助于国家力量对国民收入进行再分配，其结果是收入在健康者与伤病者之间、在职者与失业者之间、富有者与贫困

① 李炳安：《劳动和社会保障法》，厦门大学出版社 2007 年版，第 305 ~ 306 页。

者之间以及前后代人之间的横向和纵向转移。社会保障基金的筹集、分配和使用的过程是全体社会成员之间有组织的互助过程，即“人人为我，我为人人”。

（三）我国社会保障的内容

1. 社会救助。社会救助是指国家对于遭受灾害、失去劳动能力的公民以及低收入的公民给予物质救助，以维持其最低生活水平的各种措施，包括城乡居民最低生活保障；对农村无依靠老人、残疾人和贫困者的照顾；灾害救助；扶贫救济等。社会救助的目标是扶危济贫，救助社会弱势群体，其对象是社会的低收入人群和困难人群。社会救助是保障公民基本生活的最后一道安全线，也是人类社会最古老的一种保障制度。

2. 社会保险。社会保险是社会保障制度的核心内容。社会保险是指国家通过立法强制建立社会保险基金，对参加劳动关系的劳动者在丧失劳动能力或失业时给予必要的物质帮助的制度。社会保险包括养老保险、疾病保险、失业保险、工伤保险和生育保险等。

3. 社会福利。社会福利是指国家为改善和提高社会成员的物质、精神生活质量，在法定范围内，向社会成员普遍提供的各种福利性事业和各种福利性补贴，包括公共福利、职工福利和特殊社会福利。社会福利是最高层次的社会保障，或者说是社会保障发展的最高境界，它是经济和社会不断发展的产物。

4. 社会优抚。社会优抚是国家通过立法规定对一些负有特殊社会任务和责任的人员、社会有功人员实行的物质照顾和精神抚慰制度。典型的是优待军人及军人家属、抚恤伤亡将士等。①

二、社会保障法的概念

社会保障法是基于社会安全的价值取向，为保证每一个人的生活安全、维持基本生活并保证生活质量从而保证其生存权和发展权，而调整的以国家、社会和全体社会成员为主体，解决某些特殊社会群体的生活困难或为提高生活质量而发生的经济互助行为的法律规范的总称。包括社会救助法、社会保险法、社会福利法和社会优抚法。

三、社会保障法的特征

社会保障法作为一门新兴的部门法，具有不同于传统法律部门的一些特征。

（一）社会保障法具有实现社会公平的职能

实现公平分配是社会保障法所追求的目标。社会保障法的公平性主要体现在社会成员享受社会保障待遇的权利和机会是均等的。任何一位社会成员，当其基

① 林嘉：《劳动法和社会保障法》，中国人民大学出版社2009年版，第298~299页。

本生活发生危机时，都有均等地获得社会保障的机会和权利。通过社会保障，使社会成员能够在基本生活得到保障的前提下参与社会的竞争，不至于因先天不足或生活无保障而生存困难，失去平等参与社会公平竞争的机会。[①] 而社会保障法的目标和作用最终也在于促进社会公平目标的实现。

（二）社会保障法具有非常明显的国家干预性

传统私法信奉主体平等、意思自治，但这只是抽象意义上的，而现实中并非如此。在存在千差万别的人们中间，抽象主体平等，一概意思自治，实质上是无视现实中人与人的不平等，放任事实上人的自由和不自由，会导致弱肉强食、"马太效应"，这是不公正的。为了改变这种状况，实现社会正义，国家必须进行干预，救助社会弱者，提升他们的主体地位，保障他们的自由，要在可能的范围内实现事实上、实质上的自由和平等。从这个意义上来说，包括社会保障法在内的社会法，是在批评传统私法原理的基础上产生的。此外，社会保障法的国家干预性还体现在它具有非常明显的强制性。各国在其制定的社会保障法律法规中规定了社会保障制度的各个环节、各个项目以及具体规定，明确了每个社会成员在社会保障方面的权利与义务。同样，我国以国家权力作为强制实施法律的保证；社会保障管理机构的行为具有强制的法律效力，对任何违反社会保障法的行为，管理机构都有权依法处理；任何社会保障法律关系中的主体都必须履行自己的义务，否则将承担相应的责任。

（三）社会保障法具有广泛的社会性

社会性是社会保障法的重要特征。社会保障，顾名思义，是社会的保障，"社会的"这一特殊定语，就说明两者密不可分，前者是实质内容，后者是必经程序，未经后者，不能获得前者。社会保障存在于社会共同体，是凝聚全社会的力量保障全社会成员，可谓取之于社会、用之于社会。社会保障的社会性主要表现在社会保障责任和义务以及社会保障经办机构的社会性两方面，在社会保障责任和义务的社会性方面，社会保障法的适用对象是全体社会成员，法律规定社会保障基金除来源于国家财政支持外，主要应来源于用人单位和劳动者个人，即要依靠全体社会成员的共同努力；在社会保障经办机构的社会性方面，社会保障法规定，社会保障经办机构应是能够实现政府部分职能的社会性机构，也就是说，其既非只保护本单位职工利益的企业，也非以盈利为主要目的的商业性机构。

（四）社会保障法具有实体法和程序法的统一性

在各种法律中，规定社会关系参加者实体权利和义务关系的法是实体法；为保证实体法所规定的权利和义务关系得以实现而制定的，有关运用、实行实体法的程序手续的法是程序法。一般而言，实体法和程序法互相依存，有一定的实体

---

① 黎建飞：《劳动与社会保障法教程》，中国人民大学出版社 2007 年版，第 408 页。

法，必然有相应的程序法。但是，社会保障法与其他部门法不同，它具有实体法和程序法的统一性。不同的实体法有不同的程序要求，许多实体法不同于民法、刑法和行政法，有的甚至是它们的变革，它们有特定的程序要求，而民诉、刑诉和行政诉讼是适合民法、刑法和行政法的要求制定的程序法，对民法、刑法和行政法也完全适应，但对于其他法律来说未必适应，充其量是一般规定，难以满足具体要求。为了直接针对、具体应用、便于适用，许多法律在做出实体规定时也相应地做出程序法规定，社会保障法也是如此。其原因是，社会保障领域由各种社会关系构成，各种社会关系具有特定要求，社会保障立法必须与各种社会保障关系的特定内容和运行环节相对应。

（五）社会保障法具有特定的技术性

社会保障立法具有特定的技术性，因为社会保障的运行必须以数理计算为基础，“大数法则”和“平均数法则”等一些数理法则在立法中经常被运用。如我国养老保险立法中的关键技术涉及退休后平均存活年数的确定、养老保险基金的社会统筹范围的确定等种种问题，都需要靠数理计算来确定。并且为了避免老退休职工和新退休职工因养老保险改革而出现较大的养老金差距，需要运用复杂的系数计算来平均养老金数额，可以说，正确设定系数，成为中国养老保险立法中的关键技术。社会保障是通过集合社会力量来保障社会安全的，只有集合社会上多数的人和单位组合成较大的社会保障基金，才能根据危险分散的法则，将发生于少数人和少数单位的危险，转由多数人和多数单位共同分担；集中的人和单位越多，越能发挥分散危险的作用。①

（六）社会保障法具有社会福利性与互济性的统一性

社会保障法律制度是国家和社会为全体社会成员举办的一项社会公益事业，其最终目标是促进社会公平和全社会的发展与进步。所有符合法律规定的资格条件并依法履行了相应义务的劳动者，均享有在其遭遇生、老、病、死、伤残、失业等不幸事件时从国家和社会获得一定物质帮助的权利。这些帮助都是非营利性的，因而具有福利性。“人人为我，我为人人”，是社会保障法律制度存在和发展的道德基础。社会保障法的互济性贯穿于社会保障基金统筹、管理和支付的全过程中。在我国社会主义制度下，互济性表现得尤为充分。②

第三节　社会保障法的调整对象、特点及内容

一、社会保障法的调整对象

社会保障法的调整对象是国家、各类单位和社会成员在社会保障活动中所发

① 赵蓉：《劳动与社会保障法学》，兰州大学出版社2006年版，第112页。
② 王伟：《中国社会保障法律制度研究》，中央民族大学出版社2008年版，第2页。

生的各种社会经济关系。或者说，社会保障法是以社会保障关系为其调整对象的。[①] 理解社会保障关系是把握社会保障法内涵的关键。

二、社会保障关系的特点

与其他社会关系相比，社会保障关系具有如下特点。

1. 社会保障关系只能形成于社会保障活动过程中，社会保障是这种社会关系的基础，没有社会保障活动就没有社会保障关系。

2. 社会保障关系的核心是三个方面：一是统筹社会保障基金，这是社会保障的物质前提；二是何等困难的社会成员才能享受何种社会保险，这是社会保障的目的；三是发放社会保障基金，这是社会保障的实现。社会保障关系就是围绕上述三个核心形成和展开的。

3. 在社会保障关系中，必须有社会保障职能机构介入，它能够代表社会履行政府的社会保障职能。没有社会保障职能机构的介入，社会保障关系难以真正形成。

4. 社会保障关系是一种社会连带关系。真正的保障不是个人自保，因为个人的力量是有限的，甚至是微不足道的，而只能通过社会保障聚集众多的人力、物力、财力，社会保障把每一个社会成员纳入进来，把社会成员紧密地连接在一起，形成一种社会连带关系。

5. 社会保障关系是一种以人身关系为基础的财产关系。从各国实行社会保障的原则来看，可以分为特殊性原则和普遍性原则两大类。按特殊性原则建立的社会保障制度，保障对象主要是劳动者，劳动者向用人单位提供劳动力，而用人单位根据劳动者就业年限长短、交纳保险费多少以及雇佣关系为劳动者提供保障，在这种原则下，社会保障关系建立在劳动关系的基础上，只有具有劳动者这种身份才能获得社会保障的物质救助。按普遍性原则建立的社会保障制度，保障对象是全社会成员，在这种原则下，只要具有本国公民身份就能获得社会保障。

三、社会保障关系的内容

社会保障关系的内容应包括以下六点。

1. 社会保障管理关系。管理是任何社会化工作或事业的必然要求，社会保障涵盖社会各界，必须有所组织；关系国计民生，必须有所规划；影响国泰民安，必须有所调控；涉及利益分配，必须有所监管；等等。这些都说明社会保障要求进行管理。实践证明，有效的管理是社会保障贯彻实现的重要保证。

2. 社会保障基金统筹关系。社会保障是一种物质保障，必须具有相当的物质基础，社会保障的物质基础来源于社会保障基金的统筹。“巧妇难为无米之

---

① 黎建飞：《劳动与社会保障法教程》，中国人民大学出版社 2007 年版，第 406 页。

炊”，社会保障基金的统筹是社会保障的关键；“众人拾柴火焰高”，社会保障基金的统筹涉及全社会，在社会保障基金统筹过程中形成各种关系，如国家、用人单位、个人共同负担社会保险费用的关系。

3. 社会保障基金管理和运作关系。社会保障基金是社会保障的物质基础，是受保障者的“饭碗”，是他们的活命钱，是生计问题，关系重大，因此，社会保障基金必须妥善、严格、尽职尽责地加以管理运作，这样，在社会保障基金管理和运作过程中发生各种关系。如法律明确规定严禁挤占、挪用社会保障基金；在确保社会保障基金的安全使用上，社会保障管理机构必然和其他政府部门、银行、本部门的工作人员等发生各种关系。

4. 社会保障给付关系。社会保障总是要分解落到实处，把社会保障基金直接给付到受保障者，社会保障给付是目的，其他都是手段，没有社会保障给付就没有社会保障，因此，在社会保障给付中发生的各种社会关系，是社会保障关系中最基本的关系。

5. 社会保障监督关系。社会保障要运用权力去组织管理，涉及利益分配要账目清楚，哪里有权力那里就要有监督，哪里有利益分配那里就要有监督，这样，在监督社会保障实施过程中会形成各种关系，如社会保障管理机构内部的监督关系。

6. 社会保障争议调解、仲裁和诉讼关系。社会保障从根本上说是一种物质利益关系，是一种物质财富的分配和转移，关系到人们的切身利益，因而难免会发生各种争议，为了保证社会保障的顺利进行，必须对之加以调解、仲裁和诉讼。

第四节 社会保障法的基本原则

社会保障法的基本原则是指集中反映社会保障法的本质、贯穿于社会保障法律规范始终并对整个社会保障法律规范体系起主导作用的根本准则。[①] 它全面反映社会保障法所调整的社会关系的客观要求，对社会保障法如何调整社会保障法律关系进行整体的指导和规范。其基本原则主要包括：平等保障生存权原则、权利与义务对等原则、保障最基本生活原则、公平与效率相统一原则以及社会化原则。

一、平等保障生存权原则

平等，是人的本质要求。人所具有的共同本质决定并制约着人在现实中的平等。因此，平等是人类的崇高理想，也是人类追求的目标。生存保障权作为社会

① 赵蓉：《劳动与社会保障法学》，兰州大学出版社 2006 年版，第 117 页。

保障法的立法之本，它是维持人的生存所必不可少的权利，包括生命权、健康权和物质享受权等内容。生存权既然是每个社会成员的一种不可剥夺的天赋权利，那么对国家和社会来说，平等保障其生存权就是一种义务。然而，长期以来，我国在社会保障方面却实行差别待遇和双重标准，并且社会保障水平还处在比较低的发展阶段，还远远没有实现社会保障权的普遍性。这种保障格局的形成与我国原有的经济体制结构有密切的联系。但是，随着我国工业化和城市化进程的加快，随着市场经济对独立自主的市场主体和统一的劳动力市场需求的日益迫切，我们必须迅速改变这种差别待遇，更加注重农民的社会保障权益，实现社会保障权的普遍性。此外，我们还应注重生存保障权的全面性，具体就是指社会保障的内容应当覆盖公民生存权利可能受到威胁的各个方面，所谓“从摇篮到坟墓”的保障，即形象地概括了这种全面性。必须注意的是，社会保障的全面性，只包括纯粹的、偶然发生的、普遍存在的生活风险，如自然灾害、生、老、病、死、贫困、失业、伤残等风险，而不包括投机性的、故意行为所导致的风险，如证券市场行为、犯罪行为、自杀行为等。

二、权利与义务对等原则

我国《宪法》第44条规定：“国家依照法律规定实行企业事业组织的职工和国家机关工作人员的退休制度。退休人员的生活受到国家和社会的保障。”第45条明确规定：“中华人民共和国公民在年老、疾病或者丧失劳动能力的情况下，有从国家和社会获得物质帮助的权利。”这些条款的法律内容明确了社会保障是我国公民的一项基本权利，但社会保障的受益者不能无条件地享受这些权利，要享受这些权利首先必须履行一定的法律义务，否则不仅不能享受这些权利，而且还会受到法律的追究和制裁。坚持权利与义务相统一的原则，有利于调动多方面的积极性，尤其是有助于增强公民个人在社会保障方面的责任感和参与意识。权利与义务对等的原则还意味着社会保障的实施和范围应当覆盖所有社会成员，大家在社会保障方面享有平等的权利。尊重人、关心人、保障人已经成为各个国家在社会保障方面所达成的共识。但是，我国目前的社会保障体制面临理论上的诸多争议。其争议的焦点在于社会福利和社会保障在外延上的大小问题。但是，权利与义务对等并不是说一定要被一些条条框框所束缚，它还是应该针对社会保障不同的侧重点，对不同的社会对象、层次和结构制定出相应的应对策略。例如，我们可以大体认为，在社会救助层面，主要对象为贫困者；在社会保险层面，主要对象为工资劳动者；在社会福利层面，主要面对全体公民；而在社会优抚层面，面对的是军人和烈军属。[①] 正是为了解决这种理论上的争议，所以

---

① 覃有士、樊启荣著：《社会保障法》，法律出版社1997年版，第12页。

把权利与义务对等作为社会保障法的一个原则。同时，它也为我国今后将农民的生存发展问题纳入社会保障体系、改变社会保障城乡分割的二元现状提供了法律和制度上可供容纳的空间与结构。

三、保障最基本生活原则

保障最基本生活原则实际上是规定了各种社会保障给付的标准，即以社会成员的基本生活需要为前提。事实上，这一原则还包括了以下两层含义：(1) 基本生活水平是由经济发展水平决定的。也就是说，一个国家的经济发展水平越高，它的国民的基本生活水平也就相应越高；而一个经济发展水平较低的国家，其国民的生活水平也就相应较低。这同时也说明了一个道理，即：经济发展水平与基本生活水平是呈正比的。例如，我国东部经济发展迅速，人们的生活水平就相应地要比经济不发达的中西部高很多。实际上，这也为我国从实际出发制定符合我国国情的社会保障标准和模式以及实行各地区不同的保障水平提供了理论依据。另外，这一含义也包含着随着经济发展水平的提高基本生活水平也必然提高的意思。(2) 社会保障的给付标准是以基本生活水平为依据的。结合上面所言，社会保障的给付标准必须与经济发展水平相适应。如果过高，则势必给国家造成沉重的经济负担，减少其他重大行业的投入，阻碍经济的平衡发展，弱化社会成员的勤劳意识，从而影响整个国家的经济发展。并且，过高的保障标准还会增加产品成本，影响企业的国际竞争力；而且一旦遭遇经济危机，还会面临给付资金短缺的危机。如果保障的标准过低，又会遭到社会成员的抵抗，对社会安定不利，从而削弱社会保障的“稳定器”作用，对经济发展不利。这一点，已经由西方工业化国家的历史经验所证明。因此，社会保障只提供最基本的生活保障，如果公民想要获得基本生活以上的需求，就要依靠个人努力去实现自己想要达到的生活水平。

四、公平与效率相统一原则

公平与效率是既相互制约又相互促进的一对矛盾，也是人类社会发展的一个永恒主题。实施社会保障法律制度，在很大程度上是为了实现社会公平。因此，社会保障法律制度必须体现公平性，即其实施范围应包括所有社会成员，其实施目的就是要使所有公民在遇到年老、疾病、工伤、残疾、生育、失业等情况时，依法从国家和社会获得必要的帮助与补偿，以便保障他们的基本生活需求。公平性原则也是社会主义制度本身所要求的。但效率机制又是促进经济发展和社会进步的重要动力机制，因此，社会保障法律制度也必须同时体现效率性，即在制定社会保障待遇标准时，不应采取平均主义的做法，而应根据劳动者本人对企业和社会的贡献大小、劳动者的经济收入等情况采取区别对待的办法。这样可以有效地激发劳动者的生产积极性和创造性，鼓励劳动者为企业和社会多做贡献，从而促进经济和社会的蓬勃发展。总之，在我国的社会保障法律制度中必须坚持公平与效率相统一的原则。只有这样，才能理顺社会保障与经济发展之间的关系，使社会保障法律制度能够为推动国家经济建设发挥更大的作用。

五、社会化原则

要保障所有社会成员，只能依靠社会力量，即社会保障社会办。国家负担对社会成员的社会保障是现代国家的一项重要职责，但国家毕竟不是“由国民经济的全体成员出资购买的以避免风险的一份保险单”，如果国家企图把个人和企业的所有风险等都承担起来，那么国家就会发现它所负的责任和所冒的风险，超出了它所能够承担的能力。事实证明，没有社会成员参与的保障体系是难以长久的，也不能称其为“社会保障”。因此，我国在社会保障立法的同时，必须坚决贯彻社会化原则，尽可能动员最广大的社会力量来共同参与社会保障事业。社会化原则主要包括两方面内容：(1) 社会保障资金来源的社会化。社会保障基金统筹的社会化是社会保障的核心。即面向全体社会成员征集社会保障基金，打破属性限制、地域限制、隶属限制，把国家、社团和个人的资金在全社会的层面上统筹起来，在全社会调剂互用，用全社会的保障基金分摊部分社会成员的社会保障费用，只有这样才能真正实现社会保障，才是真正有效的社会保障。(2) 社会保障管理的社会化。社会保障实质上是一种社会再分配，具体来说，就是由社会强者向社会弱者、由社会富者向社会贫者的分配。由于社会保障对象的广泛性和特殊性，当前世界各国的发展趋势是社会保障立法高度统一、集中，而具体业务管理则面向社会，趋向于分散而接近广大公民。对于这一成功经验，我国应予以借鉴。

总之，无论我们把什么原则纳入社会保障法律制度中，我们始终都要遵循一个最基本的理念，即社会保障法律制度的原则并非是凭空想像出来的，它们必须从实际出发，建立在对我国目前各种社会现实情况认识的基础上。只有这样，才能最大限度地发挥它们的社会作用。

第五节　社会保障法的地位和作用

在我国社会主义法律体系中，社会保障法是具有公法和私法属性的社会法中的一个独立的重要法律部门。在构建和谐社会的理念下，社会保障法为我国社会主义市场经济的建立和民主政治的完善起到保驾护航的重要作用，因此，我们必须充分重视社会保障法这种重要的作用和价值，进一步加大社会保障制度的改革力度，确保社会保障事业的健康有序发展。

一、社会保障法是建立和发展市场经济的必然要求

市场经济是人类社会发展过程中不可逾越的经济发展阶段，而社会保障法律

制度是市场经济建立和发展的必要条件之一。保护劳动力的再生产和合理配置劳动力资源是市场经济的客观要求。在市场经济条件下，竞争机制所形成的优胜劣汰必然会造成部分劳动者被迫退出劳动岗位，从而使其本人和家庭因失去收入而陷入生存危机，社会保障通过提供各种帮助使这部分社会成员获得基本的物质资料，维持基本生活水平，从而使劳动力的再生产成为可能。

市场经济要求建立劳动力合理流动机制，社会保障通过建立健全社会统一的保障网络，打破了劳动者自我保障或企业保障的局限，使劳动者在更换劳动岗位和迁徙时没有后顾之忧，促进了劳动力的合理流动与合理配置。市场经济要求平衡社会供求关系，保持投资结构的合理化，保证投资收益。社会保障的支出是随着国民经济的运行变化情况而增减的。在经济发展强劲、失业率下降时，社会保障的支出会进行相应的缩减，社会保障基金的存储规模必然会因此增大，从而减少社会需求的急剧膨胀；而当经济衰退、失业增加时，社会保障的支出会相应地增多，给失去职业和生活困难的人们提供相应的购买能力，唤起社会的有效需求，并在一定程度上促进经济复苏。可以说，社会保障具有调节市场经济中供求关系的蓄水池作用，能够在一定程度上平抑经济过热或过冷的现象，促进国民经济的良性循环。

二、社会保障法是社会公平的调节器

社会保障法应与行政法、民法、经济法、刑法、诉讼法等法律部门一样，属于仅次于《宪法》的基本法律部门。公平，是人类追求的一个价值目标，它要求社会应当以公正的、不偏不倚的态度来对待每一个社会成员。一般而言，社会是否公平，主要体现在社会成员的收益分配与生活状况等方面。[①] 就社会公平本身而言，它主要有着起点公平和结果公平两层含义。在市场经济条件下，收入分配机制与竞争机制相联系，市场分配是一种按劳分配、按资分配，它必然形成社会成员之间在收入分配方面的不均等，甚至收入相差悬殊，强者成为富翁，弱者陷入困境。市场机制虽然可以创造高效率，却无法自动消除社会不公平现象，甚至还在一定程度上制造着社会成员结果的不公平。而当这种不公平达到一定程度时，就可能酿成社会问题。为了解决这一社会问题，就需要运用社会保障法律制度对社会经济生活进行干预，通过社会保障措施，对社会成员的收入进行必要的再分配，将高收入者的一部分收入适当转移给另一部分缺少收入的社会成员，从而在一定程度上缩小社会成员之间的贫富差距，弥补市场经济的缺陷，缓和社会矛盾，以促进社会公平目标的实现。所以，社会保障法律制度的核心就是“取之于富、用之于贫”，这实质上是一种社会再分配，目的就是要保证社会公平。

---

① 郑功成：《论中国特色的社会保障道路》，武汉大学出版社1997年版，第57页。

三、社会保障法是维护社会稳定的“安全网”和“减震器”

事实上，没有社会稳定，就没有经济的发展和社会的进步，而社会保障则是社会稳定的重要防线。社会保障法律制度本身就是一种社会安全体系，它通过对没有生活来源者、贫困者、遭遇不幸者和一切工薪劳动者在失去劳动能力或工作岗位后提供救助，满足其基本生活需要，保证其基本生活需求，消除社会成员的不安全感，以维护社会稳定。因此，社会保障又被誉为“社会安全网”和“社会减震器”。由此我们可以说，社会保障既是一项社会经济制度，同时也是一项法律制度。社会保障内容庞杂，涉及社会救济、社会保险、社会福利、优待抚恤等诸多方面。同时，社会保障制度一经实施，其时间跨度很大，对个人而言可及于人的一生，需要极大的稳定性和连续性。对于这么一项关乎国计民生、社会稳定的重要社会经济制度，如果没有法律的规制，要予以顺利实施几乎是不可能的。因此，市场经济的完备与社会保障法密切相关联，没有完备的社会保障法，就不可能有健全的社会保障制度，更不可能有完备的市场经济。

四、社会保障法具有特定的秩序价值理念

社会保障法作为保障人们基本生活的一个重要法律部门，它对社会秩序的建立和维护具有促进和保障作用。首先，社会保障法有助于建立和维护社会成员正常的、基本的生活秩序。在社会生活中，人们难免会遇到疾病、伤残、失业、生育、年老以及自然灾害等现象，当这些现象出现时，势必会导致收入的锐减，进而影响基本生活的维持。而社会保障法恰恰能在此时给收入锐减者提供相应的物质帮助，以确保其基本生活，使其生活秩序不致发生大的起伏。其次，社会保障法有助于建立和维护稳定的社会秩序。依据社会保障法所建立起来的社会保障制度，可在社会成员遭遇疾病、伤残、失业、生育、自然灾害等境况时予以物质帮助，这就必然会减少社会成员的物质性贫困，起到稳定社会的作用。最后，社会保障法有助于经济秩序的协调稳定。经济秩序涉及社会生产和交换，以及社会物质财富的分配和消费等领域。[①] 社会保障法的实施，有助于平衡分配和消费，促进劳动力的生产和再生产，同时还能为经济发展提供一个和谐、稳定的社会环境。

五、社会保障法是建设我国社会主义和谐社会的需要与保证

中国社会科学院社会学研究所组织编写的《2005 年社会蓝皮书》认为，中国构建和谐社会的总体目标是：扩大社会中间层，减少低收入和贫困群众，理顺

---

① 覃有士、樊启荣：《社会保障法》，法律出版社 1997 年版，第 116 页。

收入分配秩序，严厉打击腐败和非法致富，加大政府转移支付的力度，把扩大就业作为发展的重要目标，努力改善社会关系和劳动关系，正确处理新形势下的各种社会矛盾，建立一个更加幸福、公正、和谐、节约和充满活力的全面小康社会。[①] 目前，我国现实社会中的不和谐因素主要体现在：贫富差距、地区差距和城乡差距不断扩大；农民工等社会弱势群体的基本生存权益得不到很好的保障，劳资关系紧张，社会各阶层之间存在一定的利益矛盾等。这些问题的解决在很大程度上将取决于我国社会保障法律制度的健全和完善。只有通过加快改革，使社会保障法律制度真正发挥出其缩小差距、化解矛盾、促进社会公平和发展成果共享的应有效力，构建和谐社会的目标才有可能实现。换句话说，没有完善的社会保障法律制度，和谐社会建设就是一句空话。

【案例研讨】

张某工伤保险待遇纠纷案

张某与一家建筑公司签订了为期5年的劳动合同。2001年8月，张某在一次施工中受伤，经当地劳动保障行政部门认定，张某属于工伤，并被当地劳动鉴定委员会评定为五级伤残。对此，张某及其所在单位均无异议。后来，张某主动提出一次性结算伤残抚恤金及其他工伤保险待遇并终止工伤保险关系。其所在单位研究后同意了张某的要求，并按照《企业职工工伤保险试行办法》第24条的规定，将应按月发给张某的伤残抚恤金、因工伤导致工资降低的伤残补助金以及按伤残等级应发的一次性伤残补助金等进行折算，一次性发给张某20年的伤残抚恤金，并终止了与张某的工伤保险关系。事后，张某所在单位带着张某工伤相关材料到当地社会保险经办机构要求其支付单位已经支付给张某的伤残抚恤金。对此，社会保险经办机构只部分满足了张某所在单位的要求，即支付了应一次性发给张某的16个月的伤残补助金。而张某所在单位认为，它们参加了工伤保险，它们支付给张某的伤残抚恤金属于先为社会保险经办机构垫付的，社会保险经办机构应该如数返还给企业。张某所在单位就此事向直接管理该经办机构的劳动保障行政部门申请行政复议。经审查，劳动保障行政部门维持了经办机构的做法。[②]

评析：

法律关系是指法律规范在调整人们行为的过程中所形成的权利义务关系。它的构成要素包括法律关系主体、法律关系客体和法律关系内容。具体到本案中，包含了以下几种法律关系：张某与一家建筑公司签订了为期5年的劳动合同，那么，在他们之间就构成了劳动法律关系，因此，对于张某在施工中受伤，建筑公司应该负有相应的法律责任；企业与社会保险经办机构之间的争议体现的是社会保障基金管理和运作关系；同时，社会保险经办机构部分满足企业的要求也体现

① 周德军：《浅议和谐社会与社会保障制度的完善》，载《甘肃农业》2006年第1期。

② 本案例摘自曙光文化传播网，http：//www. xu - gang. com/cn/view - text. asp? id = 177

了社会保障给付行为关系；张某所在单位向直接管理社会保险经办机构的劳动保障行政部门提起行政复议并最终得到裁决的行为，既体现了社会保障管理关系和社会保障监督关系，同时也是社会保障争议调解、仲裁和诉讼关系的一个最为直观的例证。

本案争议的焦点主要集中在伤残抚恤金到底应该由用人单位支付还是由社会保险经办机构支付。这实质上是一个责任由谁承担的问题。在劳动关系中，用人单位对劳动者在劳动过程中的安全和健康负有保护义务，这也是用人单位对国家的责任。劳动者遭受职业伤害，意味着用人单位违反了劳动保护义务，用人单位就应当对受伤后的劳动者负赔偿责任。这种责任是基于法律规定而非合同约定所产生的。同时，由于现代工业生产是有高度危险来源的场合，在机器生产和现代化生产条件下，职业危险因素属于高度危险来源。当损害事故发生时，高度危险来源本身就应当承担赔偿责任，而不必考虑赔偿者有无过错。因此，根据我国相关法律的规定，我国工伤保险实行的是无过错责任原则，即在生产工作过程中或法定特殊情况下，发生意外事故使职工负伤、伤残或死亡，无论责任归于何方，用人单位均应承担赔偿责任，职工均应依法享受工伤保险待遇。此外，按照当时我国相关法律规定，从工伤保险基金按伤残等级支付一次性伤残补助金的标准为：五级伤残为 18 个月的本人工资，六级伤残为 16 个月的本人工资。由此我们可以得出：企业职工在工作期间因工负伤需要赔付的伤残抚恤金应该由用人单位自行承担。因此，劳动保障行政部门最终维持了社会保险经办机构的做法，是有法律上的依据的。

工伤即职业伤害所造成的直接后果是伤害到职工的生命健康，并由此造成职工及家庭成员的精神痛苦和经济损失，也就是说，劳动者的生命健康权、生存权和劳动能力受到影响、损害甚至被剥夺了。工伤保险制度的建立，明确雇主和国家的责任，使劳动者在受到职业伤害时无须证明雇主有无过错就可以直接得到物质帮助和生活照顾，这就确保了劳动者的合法权益。具体到此案中，我们可以看出，它将社会保障法律制度的社会福利性以及社会公平性体现得恰到好处，这不仅仅是用人单位应该承担的社会责任，更是为了保障社会公平以及构建社会主义和谐社会的需要。它最大限度地保护了劳动者的合法权益，并且促使用人单位改善劳动条件、建立安全生产制度、加强安全教育，更加注重保护职工的安全和健康，防止或减少事故的伤亡，这对于促进安全生产、保护和发展社会生产力都有积极的作用。

思考问题与案例

一、思考问题

1. 如何理解社会保障法的概念和特征？

2. 如何认识社会保障法与社会法的关系？

3. 简述社会保障法的基本原则。

4. 联系法理学关于法的调整对象的有关知识，说明社会保障法学的调整对象。

5. 如何理解社会保障法的地位和作用？

二、思考案例

1. 女职工唐某被一家公司录用，双方签订劳动合同，期限为4年。签订合同的第3年唐某开始休产假。签订的合同规定："女职工符合计划生育规定生育的，产假为56天。"唐某没有按照公司的规定休产假，而是按照国家规定休息了90天。当唐某上班时，公司根据内部规定，认定超出56天的假期为旷工，并给予除名处理。唐某认为旷工一事不是事实，向有关部门提出申诉。①

问题：

（1）我国劳动法和生育保险制度为什么要对女职工规定产假制度？

（2）本案中该公司规定"女职工符合计划生育规定生育的，产假为56天"符合我国劳动法和生育保险制度的规定吗？

（3）本案中该公司以唐某旷工为由做出除名处理，是否合法？为什么？

2. 李某1995年7月大学毕业后到国有企业性质的某公司工作。该公司经济效益很好，员工工资水平较高，1999年又参加了城镇职工基本医疗保险，为所有员工按时足额缴纳了医疗保险费，因此，李某对自己的工作一直比较满意。但是，天有不测风云，2000年3月初，李某因患上了一场大病而住院治疗。住院期间，该公司以已为李某按时足额缴纳了医疗保险费为理由，停发了李某的工资，要求李某到医疗保险经办机构申请有关医疗待遇。6月中旬，该公司决定发给尚在住院的李某相当于5个月工资的经济补偿金并与李某立即解除劳动关系。②

问题：

（1）按照我国现行城镇职工基本医疗保险制度的规定，李某可享受几个月的带薪医疗期待遇？

（2）该公司解除与尚在住院的李某之间的劳动关系，是否合法？解除劳动关系后，李某的生活如何得到保障？

3. 原告郝某系志丹县食品厂（被告）职工，并在该厂退休。2007年，郝某因食品厂不报销医药费而向法院提起侵权诉讼，经法院调解并达成民事调解书，其中调解书第四条明确原告住院医疗费用由被告按70%的报销比例予以报销。2009年12月27日郝某因急性前壁心肌梗死疾病住进第四军医大学西京医院住院治疗，于2010年1月4日出院，共计花费医疗费用47 074.30元。后原告多次找被告进行协商要求其按民事调解书中第四条规定的内容履行给付义务，即70%的医疗费用共计32 952.03元。但被告均以各种理由拒绝支付，郝某起诉要求被告履行该民事调解书中第四条所规定的给付原告70%医疗费的义务，并由被告承担本案诉讼费用。

问题：

（1）为什么法院调解达成的调解书规定被告按70%的比例报销原告的住院医疗费用，而不是100%报销？

（2）本案所涉的医疗报销问题是社会保险吗？劳动者的医疗费用由用人单位报销与由社会保险机构报销有何区别？

---

①② 案例来自曙光文化传播网（http：//www. xu－gang. com/cn/view－text. asp？id＝177），此处有改动。

第十二章　社会保险法

【本章导语】

社会保险以劳动权利为基础，是维护劳动者在年老、疾病、工伤、失业等情况下基本生活权益的根本性制度。目前，我国第一部具有划时代意义的社会保险基本法已经出台，这对推进社会保险事业的发展、维护当事人的权益、改善民生、保证社会和谐稳定和国家长治久安具有重要意义。本章阐述了社会保险的概念和特征、我国社会保险体系的构成、社会保险基金的筹措和支付、社会保险法的功能和原则，以及养老、医疗、失业、工伤和生育五种社会保险的概念与基本内容。其中，应重点掌握养老保险、医疗保险、失业保险、工伤保险和生育保险的对象、资金的来源和待遇给付等基本内容，明确国家、用人单位和劳动者在社会保险方面的权利和义务。

【引导案例】

案例1：补充养老保险待遇案

曹某于2006年10月进入上海某A资产管理有限公司（以下简称A公司）从事销售工作，2009年3月A公司向某人寿保险股份有限公司投保“员工福利团体养老年金保险（分红型）”，被保险人为包括曹某在内的56名员工，相关保险合同中载明“离职保险金”条款为：“被保险人在养老年金领取之前离职的，除本合同另有约定外，本公司可按申请时该保险人个人账户中个人交费部分以及个人账户中单位交费部分已归属该被保险人名下的账户价值一次性给付离职保险金。”A公司在投保申请被受理后，制定了《公司员工团体养老年金保险的管理办法》，该办法第2条规定：“公司在册发薪人员须在公司购买保险后工作满三年才有资格领取保险，即2011年年底前请辞的人员取消资格。”

2009年9月18日，曹某因个人原因离职。2009年11月23日，A公司开会决定，“对工作未满三年离职的员工给予其离职保险金总额1/3”。12月4日，A公司向保险公司申请为曹某办理了离职减人退保手续。在被保险人离职清单上载明：曹某离职领取总额20 328.50元，单位交费部分0元，转入公共账户0元。2009年12月30日，A公司以曹某身份证于上海银行开了活期一本通存折。2010年1月7日，保险公司将20 328.50元离职金存入上述曹某存折中，次日A公司自该存折中取走13 550元，然后将该存折交给了曹某。

2010年1月27日，曹某向上海市某区劳动争议仲裁委员会申请仲裁，要求A公司支付

2010年1月8日擅自取走的商业保险金13 550元。该区仲裁委员会作出了不予受理的决定，曹某随即起诉至某区人民法院，该案后经调解结案，由A公司一次性返还保险金12 000元。①

案例2：张某诉药业公司医疗保险纠纷案

2004年11月，某药业股份有限公司（以下简称药业公司）职工张某突然休克，被家人送到医院。经诊断，他患了尿毒症。张某住院后，其父亲到市城镇职工基本医疗保险中心要求报销医疗费，被告知药业公司早在2002年8月就停缴医保费了。无奈，他的父亲从药业公司借了钱，东挪西凑筹集了2.5万多元为儿子治病。但从工资发放情况来看，药业公司一直在从张某的工资里扣除医保费，为什么张某不能享受医保待遇？2005年3月，因张某卧病在床行动不便，他的父亲作为代理人一纸诉状将药业公司告上法庭，请求恢复张某的医保权利。2005年7月，法院经开庭审理认为，从2002年8月开始，药业公司从张某的工资里按月扣除医保费，却没有向医疗保险部门缴纳，违反了《城镇职工基本医疗保险实施办法》的相关规定，对张某应该享有的医保待遇构成侵权，药业公司对此应该承担民事责任，判令药业公司停止侵权，依法给张某缴纳医保费。

2006年，张某做了肾移植手术。市城镇职工基本医疗保险中心把给张某报销的医疗费转入药业公司账户。药业公司兑现这笔款项时扣留了2.88万元。因为多次索要未果，张某再次将药业公司诉至人民法院。2007年1月，法院判令药业公司扣除2 000元借款外，返还张某2.68万元，并且支付利息1 800元。经过协调，从2007年8月开始，药业公司每月给张某返还2 000元，直到还清为止。②

【重点问题】

1. 社会保险法的概念及分类。
2. 养老保险的保障对象及制度的完善。
3. 医疗保险的范围、对象以及制度完善。
4. 失业保险的对象和范围。
5. 工伤认定与职业病的确定。
6. 生育保险的对象及待遇。

第一节　社会保险法概述

一、社会保险和社会保险法

（一）社会保险的概念及特点

1. 社会保险的概念。社会保险是国家通过立法形式建立的，使劳动者在年

---

① 案例来源：洪桂彬的劳动关系博客，http：//blog. sina. com. cn/laodongfa119

② 参见杨晓红：《包头首例医保纠纷案：张某维权成功》，http：//www. northnews. cn/news/2007/200709/2007－09－13/103891. html

老、患病、工伤、失业、生育等丧失劳动能力的情况下能够获得国家和社会补偿与帮助的一种社会保障制度。社会保险的含义包含了以下内容：(1) 社会保险是社会保障体系的重要组成部分。(2) 社会保险具有强制性。社会保险是国家通过立法形式建立的，用人单位和劳动者必须参加。(3) 社会保险具有福利性。社会保险是国家和社会在劳动者年老、患病、工伤、失业、生育等丧失劳动能力的情况下给予一定的物质补偿，以保证其基本生活需要。这是社会保险区别于商业保险的关键因素。(4) 社会保险是以国家和社会为义务主体的，是国家必须对劳动者履行的社会责任，是《宪法》赋予劳动者的权利。

2. 社会保险的特点。(1) 社会性。包括保险范围的社会性、保险目的的社会性和保险组织管理的社会性。(2) 强制性。社会保险由国家立法加以确认，并强制实施。(3) 互济性。一方面表现在保险基金实行社会统筹；另一方面表现在劳动者的基本生活需求需要社会互济。(4) 补偿性。社会保险是劳动者遭遇年老、患病、工伤、失业、生育等风险时，给予一定程度的损害补偿，使其能够继续维持基本生活水平。

(二) 社会保险法

社会保险法是调整社会保险关系的法律规范的总称。它是对社会保险的保障对象、保险项目、保险金的筹措、保险金待遇给付、发放办法等内容做出的法律规定，是国家通过法律手段保障劳动者基本生活的制度规范。

社会保险法的主体包括：(1) 劳动者。即社会保险的保障对象。劳动者不仅是社会保险的直接受益对象，而且也需要承担一定的社会保险所需费用，劳动者在社会保险制度中起着至关重要的作用。(2) 用人单位。用人单位是承担社会保险费用的主要主体，社会保险费用的绝大部分由用人单位缴纳，个人承担一小部分，国家起辅助性作用。用人单位在社会保险法律制度中起特别重要的作用。(3) 国家或政府。国家或政府直接参与社会保险活动，其有义务负担社会保险所需费用，并且通过制定法律和政策的手段保障社会保险的顺利进行，是社会保险法制度中特殊的主体。(4) 社会保险的管理机构和监督机构。社会保险的管理机构是直接负责管理、实施社会保险运行的机构；社会保险监督机构是监督社会保险正常运行的机构。

二、社会保险法的功能和原则

(一) 社会保险法的功能

1. 保障劳动者的基本生活，维护社会安定。社会成员的老、弱、病、残、孕以及丧失劳动能力，是在任何时代和任何社会制度下都无法避免的客观现象。社会保险法是在人们遭受年老、疾病、伤残、失业、死亡、生育等风险时，根据社会保险法律制度，国家或社会为其提供必要的生活所需，以保证其正常生活，这样解除了劳动者的后顾之忧。且社会保险不同于商业保险是因其具有福利性，是由国家作为后盾的，有国家的财政支持。

2. 社会保险法有利于保障社会劳动力生产的顺利进行，保证经济正常运行。劳动者在劳动过程中必然会遇到各种意外事件，造成劳动力生产过程的停顿。而社会保险法规定劳动者在遇到上述风险事故时国家或政府应当给予必要的经济补偿和生活保障，促使劳动力得以恢复，从而使得劳动者再次投入劳动领域，保证经济得以正常运行。

3. 实行收入再分配，适当调节劳动分配，保障低收入者的基本生活。由于人们在文化水平、劳动能力、身体素质等方面的差异，会造成收入上的差距，从客观上导致贫富差距的扩大。社会保险法通过规定强制征收保险费，在筹措社会保险基金时可以要求高收入者多缴纳费用聚集成保险基金；在支付保险待遇时，可以对收入较低或失去收入来源的劳动者给予补助，提高其生活水平，通过对国民收入的再分配在一定程度上实现社会的公平分配。

4. 社会保险法有利于推动社会进步。保险具有互助性的特点，社会保险更能体现出互助合作、同舟共济的精神。社会保险法是通过法律手段对社会成员在老、弱、病、残时实施的帮助，使得全体社会成员共同发展、共同进步，从而推动社会的整体进步。

（二）社会保险法的原则

1. 社会保险水平与社会生产力发展水平相适应原则。社会生产力的发展水平制约着社会保险水平，社会保险水平过高或过低都会影响社会生产力的发展。社会保险水平过高，会使用人单位承担的负担加重，则会影响企业的发展，也会加重国家或者政府的财政负担。而社会保险水平过低，则会使劳动者的基本生活难以保证，导致社会的不稳定。因此，要根据社会生产力的发展水平来确定社会保险水平，这样才能更好地促进经济的发展。《社会保险法》第3条规定："社会保险制度坚持广覆盖、保基本、多层次、可持续的方针，社会保险水平应当与经济社会发展水平相适应。"第18条规定："国家建立基本养老金正常调整机制。根据职工平均工资增长、物价上涨情况，适时提高基本养老保险待遇水平。"

2. 维护劳动者社会保险权利原则。《宪法》规定社会保险权作为劳动者的一项重要权利，是现代经济社会发展的客观要求，也是社会公平价值在社会立法中的反映。社会保险权作为劳动者基本人权的内容，体现在对劳动者生存权和健康权的保障上。生存权是人的生命安全和生活保障的权利，是享受其他人权的前提，而实现人的生存权和健康权，必须要保障人的基本的生活条件。劳动者会由于失业、退休、疾病、工伤而丧失劳动力，这是客观情况。对于这部分无法实现劳动权的社会困难群体必须通过制定社会保险法的方式来保障其生存的权利。《社会保险法》第 1 条开宗明义："为了规范社会保险关系，维护社会保险参加人的合法权益，使公民共享发展成果，促进社会和谐稳定，根据《宪法》，制定本法。"

3. 权利和义务相一致原则。社会保险是国家通过立法强制实行的，法律明确规定了用人单位、劳动者的缴费义务。劳动者在履行缴费义务的前提下，有享有社会保险待遇的权利。坚持权利和义务相一致的原则，可以提高劳动者的自我保障意识，推动社会保险事业的发展，提高劳动者的劳动积极性。

4. 统一性和多样性相结合原则。组织社会保险是政府管理的基本职责之一，社会保险的基本政策和制度要统一，国家应该建立统一的社会保险制度。统一的社会保险制度应当包括统一的社会保险项目、统一的社会保险标准、统一的社会保险监督和管理机制。而现阶段我国存在地区、城乡之间的差异，经济发展水平也存在较大的差距，社会保险体系的建立必须考虑各种差异性，建立不同形式和不同待遇标准的社会保险制度。

三、社会保险法的内容

（一）我国社会保险体系

《劳动法》将社会保险分为养老保险、疾病保险、失业保险、工伤保险和生育保险。《社会保险法》规定的社会保险包括基本养老保险、基本医疗保险、工伤保险、失业保险、生育保险。可见我国的社会保险体系是由养老保险、医疗保险、工伤保险、失业保险、生育保险这五大子系统构成的。

（二）社会保险法的内容

社会保险法的内容是主要规定社会保险类型、实施范围、实施对象、经费来源、待遇标准、待遇发放等。《社会保险法》第 2 ~ 11 章具体规定了基本养老保险、基本医疗保险、工伤保险、失业保险、生育保险、社会保险费征缴、社会保险基金、社会保险经办、社会保险监督、法律责任等内容。

四、社会保险基金的筹集和管理

社会保险基金是指在法律的强制规定下，通过向劳动者及其所在的用人单位征缴社会保险费或由国家财政直接拨款而集中起来的资金。[①]

（一）社会保险基金的来源

社会保险基金从总体上讲来源于整个社会，具体来说，是由用人单位、劳动者和国家三方负担。[②] 劳动者要享受社会保险待遇，根据权利和义务相一致原则，

---

① 陈信勇：《劳动与社会保障法》，浙江大学出版社 2007 年版，第 231 页。

② 黎剑飞：《劳动与社会保障法教程》，中国人民大学出版社 2007 年版，第 421 页。

其应当缴纳一部分社会保险费用，但是，劳动者所缴纳的社会保险费用并不能满足全部社会保险待遇所需费用，剩余部分就由用人单位和国家负担，而用人单位负担社会保险基金的主要部分，国家则仅仅起辅助性作用。

根据不同的社会保险项目，社会保险费用的负担有着不同的方式。

1. 由劳动者、用人单位、国家三方负担。这种方式能够很好地协调各方的积极性，有利于社会保险制度的实施。目前我国实行的养老保险、失业保险、医疗保险就是采用这种方式。《社会保险法》规定，基本养老保险中的职工养老保险由三方负担养老保险费用。

2. 由用人单位和劳动者负担。这种方式普遍采用，由用人单位和劳动者按比例承担费用。《社会保险法》规定，失业保险、基本医疗保险中的职工医疗保险采用这种方式。

3. 由劳动者和国家负担。这种方式中，国家承担大部分社会保险费用，劳动者承担一部分，用人单位不承担社会保险费用。《社会保险法》规定，城镇居民基本医疗保险和新型农村合作医疗保险实行家庭缴费和政府补助相结合，就采用了该种方式。

4. 由用人单位单方承担所有的社会保险费用。这种方式有利于减轻劳动者和国家的负担。《社会保险法》规定："生育保险和工伤保险由用人单位缴纳所需费用。"

5. 由劳动者单方承担所有社会保险费用。《社会保险法》规定，基本养老保险中的无雇工的个体工商户、非全日制从业人员的养老保险费用由个人全部负担。

6. 由国家负担全部社会保险费。这种方式的前提是国家有充足的财政资金，现阶段我国还不具备这种能力，故我国目前不存在这种方式。

（二）社会保险基金的管理

社会保险基金的管理是指对社会保险基金的征缴、支付、保值、增值、监督等各个环节进行管理，以实现社会保险的目标，保证社会保险基金稳定运行。社会保险基金只能按照特定的范围、标准、征缴方式、支付方式来实现，其具有专属性的特点。《社会保险法》第64条规定："社会保险基金包括基本养老保险基金、基本医疗保险基金、工伤保险基金、失业保险基金和生育保险基金。各项社会保险基金按照社会保险险种分别建账、分账核算，执行国家统一的会计制度。社会保险基金专款专用，任何组织和个人不得侵占或者挪作他用。"

社会保险基金主要包括以下四项具体制度。

1. 社会保险基金的征缴。主要包括保险基金的来源、筹措方式等。《社会保险法》在各个保险专章分别规定了保险基金的筹措方式、基金来源、负担主体、缴费比例等，并且用专章的形式对社会保险基金的征缴做出规定。

2. 社会保险基金的使用。主要规定社会保险基金的支付方式、范围、使用原则。

3. 社会保险基金的运营。主要指社会保险基金的保值和增值。社会保险基金的保值是指社会保险基金必须确保其实际价值。随着社会成员收入水平和生活费用的变化，保证领取社会保险金的劳动者实际领取的社会保险金能满足其基本生活所需。社会保险金的增值是指对于一部分暂时处于闲置状态的社会保险基金，采取一定的措施，使基金获得价值的增值。《社会保险法》第 69 条也对社会保险基金的增值做出了规定。

4. 社会保险基金的监督。即对社会保险基金的监督主体和职责进行的规定。《社会保险法》是用专章的形式对社会保险基金的监督做出专门的规定。

第二节　养老保险法

一、养老保险的概念和作用

（一）养老保险的概念

养老保险是指国家通过制定法律强制实施的，在劳动者达到国家规定的法定年龄并从事某种劳动达到法定年限，退出劳动领域后，由国家和社会给予一定的物质帮助，保障其老年基本生活需求的一种社会保障制度。养老保险制度是我国社会保险体系最重要的组成部分，劳动者只要达到法定年龄并从事某种劳动达到法定年限就可以享受养老保险待遇。

（二）养老保险的作用

1. 保障劳动者老有所养。养老保险的主要目的在于，劳动者在老年退出劳动领域后，由国家和社会给予一定的物质帮助，保障其基本生活需要。养老金是在劳动者年老以后不能继续劳动以满足其生活所需时给予的物质帮助。

2. 应对人口老龄化的有效手段。人口老龄化是社会经济发展的必然结果。进入 21 世纪以来，人口老龄化问题在全球凸显，我国也面临着极其严峻的考验。建立和完善养老保险制度对于应对人口老龄化带来的冲击有着极其重要的意义。完善的养老保险制度可以保障众多老年人的晚年生活所需，从而减轻社会、家庭的负担。

3. 维护社会安定。步入老年是每个人必经的阶段，每个人都关心老年的生活保障，建立和完善养老保险制度，可以使老年人获得基本的生活所需，可以保障其老年生活，从而维护社会的安定，保障社会的和谐发展。

4. 具有调节收入分配的作用。养老保险能使劳动者在劳动期间和退休期间的收入达到合理的分配。养老保险是劳动者在工作岗位时由用人单位、个人、国家三方负担养老保险费用的，这部分缴纳的费用用于劳动者年老后养老保险金的给付，是劳动者有劳动能力时缴纳的一部分费用，用于其老年丧失劳动能力后的支出。

5. 有利于调动劳动者的积极性和实现职工队伍的正常更替。首先，养老保险制度保证了劳动者解除劳动义务后的基本生活，且退休金待遇和职工的工资收入相关。这样就激励了劳动者的劳动积极性，鼓励劳动者的劳动热情。其次，年老是人类身体机能的自然更迭，劳动者年老体弱后，国家应当解除其劳动义务并实行退休制度，这样既能保护老年劳动者又能为新成长起来的劳动者提供工作岗位，有利于提高职工队伍的工作效率。

二、养老保险的保障对象范围

养老保险的保障对象范围，即养老保险的覆盖范围，是指哪些人有权享有养老保险，养老保险覆盖的人群范围。

养老保险是覆盖面最广泛的社会保险项目。从世界各国来看，养老保险的覆盖范围经历了从小到大的过程。受各国政治体制、经济发展水平的影响，各国采取不同的养老保险模式，养老保险的覆盖范围存在着较大的差距。如英国的养老保险保障对象是全民；瑞士规定年满20周岁的居民和年满18周岁的在职者都必须缴纳养老保险金。“瑞士的养老保险制度建立在三个支柱上，第一个支柱是由政府对老人、遗属和残伤人支付的基本养老金；第二个支柱是企业职工养老保险基金；第三个支柱是个人投资养老保险。这三者互相补充，共同形成了瑞士由国家、企业和个人共同负担的独具特色的养老保险制度。”[①] 而日本不仅规定20岁以上的国民都有义务加入基础养老金，而且制定了以企业职工为对象的厚生养老金和以公务员为对象的共济养老金。“新加坡中央公积金制度于1955年7月建立，这是一项为新加坡受薪人员设立的养老储蓄基金，是一项强制性的储蓄计划。经过40年的时间，它已经发展成为一种全面的，可以满足人们退休、购房、医疗保健及教育等需要的社会保障制度。”由上述可以看出，虽然各国采取的养老保险模式存在着差异，但各国的养老保险覆盖范围都是极其广泛的。

我国的养老保险制度建于20世纪50年代，最初的养老保险范围仅限于企业、国家机关、事业单位的职工。随后的十年，我国养老保险的覆盖范围有所缩小，仅限于国营企业的职工，且此时的养老保险失去了国家财政的支持而具有企业保险的性质。改革开放以后，经过努力，养老保险的覆盖范围得以逐步恢复，并且逐步呈扩大的趋势，养老保险的范围基本确定在城镇所有的企业职工和已实行企业化管理的事业单位职工。1992年，民政部出台《县级农村社会养老保险

① 中国劳动咨询网，http：//www. 51labour. com/labour-law/show-15909. html

基本方案（试行）》，养老保险开始在我国有条件的地区开展试点工作。1997 年国务院出台《国务院关于建立统一的企业职工基本养老保险制度的决定》，使得养老保险的范围扩大到城镇各类企业职工和个体劳动者。2010 年年底我国出台《社会保险法》，养老保险的覆盖范围扩大到全部劳动者。2009 年 6 月 24 日国务院召开会议部署在农村 10% 的地区开展新型农村养老保险试点工作，新型农村养老保险制度将在我国农村逐步建立。

2011 年 9 月 6 日人力资源和社会保障部制定了《在中国境内就业的外国人参加社会保险暂行办法》，2014 年 2 月 24 日人力资源和社会保障部、财政部发布了《城乡养老保险制度衔接暂行办法》，2015 年 1 月 14 日国务院印发《关于机关事业单位工作人员养老保险制度改革的决定》，决定从 2014 年 10 月 1 日起对机关事业单位工作人员养老保险制度进行改革，机关事业单位实行社会统筹与个人账户相结合的基本养老保险制度，由单位和个人共同缴费。

养老保险的保障对象包括以下五方面。

1. 企业职工。《社会保险法》第 10 条规定："职工应当参加基本养老保险。"企业应该包括法人企业和非法人企业。法人企业又包括公司制的法人和非公司制的法人。公司制的法人如股份公司、有限责任公司、国有独资公司、国有控股公司等；非公司制的法人如外国独资企业、中外合资企业、中外合作经营企业、集体所有制企业等。非法人企业如合伙企业、个人独资企业等。也就是说，只要是上述企业中的职工，都必须参加基本养老保险。企业职工参加基本养老保险具有强制性。只要是企业职工，就必须参加基本养老保险，用人单位和职工必须缴纳基本养老保险费。

2. 无雇工的个体工商户、灵活就业人员。《社会保险法》第 10 条第 2 款规定，无雇工的个体工商户、未在用人单位参加基本养老保险的非全日制从业人员以及其他灵活就业人员可以参加基本养老保险，将基本养老保险的范围扩大。由于无雇工的个体工商户、非全日制从业人员的基本养老保险费用由个人缴纳，所以此类人员对基本养老保险仅凭个人意志参加，不具有强制性。

3. 机关事业单位工作人员。《社会保险法》第 10 条第 3 款规定，公务员和参照《公务员法》管理的工作人员参加基本养老保险的办法由国务院规定。国务院印发的《关于机关事业单位工作人员养老保险制度改革的决定》第 2 条规定，该决定适用于按照《公务员法》管理的单位、参照《公务员法》管理的机关（单位）、事业单位及其编制内的工作人员。自 2014 年 10 月 1 日起，按照《公务员法》管理的单位、参照公务员法管理的机关（单位）、事业单位及其编制内的工作人员，将纳入社会基本养老保险范围。

4. 失地农民。《社会保险法》第 96 条规定，征收农村集体所有的土地，应当足额安排被征地农民的社会保险费，按照国务院规定将被征地农民纳入相应的社会保险制度。首先，失地农民要参加基本养老保险必须以所有土地全部被征用为前提；其次，失地农民仅限定在土地已经被完全征用且未就业的农村居民，即农村居民的土地被完全征收但是已经就业的，则不能参加城镇居民基本养老保险；最后，失地农民参加城镇居民基本养老保险不具有强制性，其应当缴纳的社会保险费从征地安置补助费中支付，不足部分由当地人民政府从国有土地有偿使用收入中支出。

5. 进城务工的农村居民。《社会保险法》第95条规定，进城务工的农村居民按照该法规定参加社会保险。也就是说，进城务工的农村居民只要有参加基本养老保险的意愿，就可以纳入养老保险的保障范围。

6. 在中国境内就业的外国人。根据《在中国境内就业的外国人参加社会保险暂行办法》的规定，在中国境内就业的外国人，是指依法获得《外国人就业证》、《外国专家证》、《外国常驻记者证》等就业证件和外国人居留证件，以及持有《外国人永久居留证》，在中国境内合法就业的非中国国籍的人员。在中国境内依法注册或者登记的企业、事业单位、社会团体、民办非企业单位、基金会、律师事务所、会计师事务所等组织（以下称用人单位）依法招用的外国人，应当依法参加职工基本养老保险，由用人单位和本人按照规定缴纳社会保险费。与境外雇主订立雇用合同后，被派遣到在中国境内注册或者登记的分支机构、代表机构工作的外国人，应当依法参加职工基本养老保险，由境内工作单位和本人按照规定缴纳社会保险费。

三、养老保险的基金筹措

（一）国际上通行的养老保险筹资模式

目前，国际上有以下三种养老保险的筹资模式。

1. 现收现付模式。现收现付模式最早出现在19世纪80年代的德国社会保险体系中，“是指以收定支，事先确定养老金的工资替代率，然后再以支出来确定总缴费率。个人领取养老金的权利与缴费义务联系在一起，即个人缴费是领取养老金的前提，养老金水平待遇与个人收入挂钩，基本养老金按退休前雇员历年指数化月平均工资和不同档次的替代率来计算并定期自动调整。”①

现收现付筹资模式的特点在于：（1）政府财政负担较轻。这种模式在于，首先，由国家制定法律，规定雇主和雇员缴纳的养老保险费；其次，由雇主在每个月发放工资时缴纳雇主应该缴纳的部分和代扣雇员应该缴纳的部分；最后，由国家作必要的补偿，如以税收的形式。这样就从制度上避免了政府过多的财政负担。（2）短期内能够保持收支平衡。现收现付是事先确定好养老保险的发放办法

① 张新民：《养老金法律制度研究》，人民出版社2007年版，第126页。

和发放待遇，然后通常从当前需要的养老金和少量有关费用支出出发来制定养老保险缴费率并进行筹措，当期缴纳的养老保险费用仅能满足当期的支出。(3) 收支关系明确、资金无贬值风险和减少保值增值压力。现收现付型是依据当前养老金的需求额来确定养老金缴费额的，收支关系简单明确；现收现付型是在当期内进行测算进而收取当期所需养老金额，当期的收费用于当期的支出，不存在增值保值问题，资金没有贬值的风险。虽然现收现付型有以上的优势，但是其对经济运行环境和人口结构稳定有着较高的要求，现今老龄问题的出现就对这种模式带来严重的冲击和压力。老年人数的不断增加，使得需要赡养的老年人数增加，这样就使得在职职工的缴费压力增加，而且现收现付型仅是在当期内平衡收支关系，剩余的储蓄资金极少，此时就会出现支付不能的危机。

2. 完全积累模式。完全积累模式又称储蓄模式或基金模式，是指劳动者和用人单位依法逐月缴纳养老保险费，经过数十年后，积累起一笔相当数量的保险金，待劳动者退出劳动领域后，一次性或者逐次取走，以保证其晚年生活所需。即劳动者从就业开始就按国家规定的基本养老保险缴费标准定期缴纳基本养老保险费，同时用人单位也依照国家规定的数额为劳动者缴纳部分养老保险费，缴费所筹集的资金交给社会保险机构，社会保险机构为劳动者建立账户以确保其所缴纳的费用增值，劳动者在退休后可以按照账户储蓄的一定比例发放基本养老金。

完全积累模式的优点：(1) 完全积累模式有利于应对人口老龄化的挑战。完全积累模式与人口年龄结构无关，是依靠个人的储蓄积累自我养老。(2) 完全积累模式是用人单位和劳动者个人通过长期的缴纳积累，在相当长的一段时期后，以积累的资金为基础领取基本养老保险的。基金的积累和退休后领取的基本养老金有着直接的关系，这样可以鼓励劳动者的缴费积极性。(3) 完全积累模式要求缴纳基本养老保险费的期限很长，这样就可形成相当可观的一笔积累基金，老年后防御风险的能力较强。但完全积累模式也存在着自身的缺陷，由于缴纳的时间长，所以基金的保值、增值难度大，对管理机构的要求较高。而且在这种模式下是依靠劳动者自己缴费。

3. 部分积累模式。部分积累模式是介于现收现付与完全积累模式之间的一种养老保险资金的筹资模式，是满足一定时期的支出需要，且留有一定的储备基金。也就是说，在经济能够承受的范围内，增加一部分养老保险费用，以应付将来的养老金和管理费。这种做法不仅可以满足当期退休者的养老保险费用，而且可以利用已经储备的资金支付退休高峰的支出需求。部分积累模式具备了现收现付和完全积累模式的优点，既可以像现收现付模式实现代际间养老保险基金的转移、收入的再分配功能，同时又可以积累一部分养老保险金。

（二）我国养老保险金的筹措

有些学者认为，我国当前的个人账户和社会统筹账户相结合的城镇职工基本养老保险制度就是典型的部分积累制。也有些学者认为，我国的个人账户和社会统筹相结合的养老保险制度不是国际上流行的部分积累制，而是部分现收现付和部分完全积累的组合模式。因为基本养老保险体系中社会统筹账户的基金主要来源于单位的缴费，资金实行现收现付式主要用于支付职工当期养老金，一般没有积累。①《社会保险法》第11条规定："基本养老保险实行社会统筹与个人账户相结合。基本养老保险基金由用人单位和个人缴费以及政府补贴等组成。"然而，《社会保险法》虽做出了这样的规定，但根据不同的情况又分为不同的筹措模式。

1. 职工养老保险金的筹措。《社会保险法》第12条规定，用人单位应当按照国家规定的本单位职工工资总额的比例缴纳基本养老保险费，记入基本养老保险统筹基金。职工应当按照国家规定的本人工资的比例缴纳基本养老保险费，并记入个人账户。我国职工养老保险金的筹措由用人单位、职工个人、国家三方负担，用人单位缴纳的养老保险费用是养老保险金的最主要来源；职工个人缴纳的养老保险费是养老保险金的重要组成部分；在养老保险中，国家通过政府补贴来支持养老保险制度，在养老保险金的筹措上起辅助作用。国有企业、事业单位职工参加基本养老保险前，视同缴费年限期间应当缴纳的基本养老保险费由政府承担。基本养老保险基金出现支付不足时，政府给予补贴。

2. 机关事业单位工作人员养老保险金的筹措。机关事业单位工作人员基本养老保险费由单位和个人共同负担。单位缴纳基本养老保险费的比例为本单位工资总额的20%，个人缴纳基本养老保险费的比例为本人缴费工资的8%，由单位代扣。按本人缴费工资8%的数额建立基本养老保险个人账户，全部由个人缴费形成。改革决定实施前，机关事业单位工作人员视同缴费年限期间应当缴纳的基本养老保险费由政府承担。

3. 无雇工的个体工商户、非全日制从业人员及其他灵活就业人员的养老保险费用由个人全部负担。失地农民缴纳的社会保险费从征地安置补助费中支付，只有在不足时，由当地人民政府从国有土地有偿使用收入中支出。

4. 我国是典型的二元经济体制，农村经济的发展和城镇有着一定的差距，农村养老保险金的筹资方式也不同于其他主体，法律也授权国务院制定具体办法。

四、养老保险待遇

（一）养老保险待遇的享受条件

1. 年龄条件。达到法定退休年龄是享受养老保险金的基本条件。《社会保险法》第16条规定，参加基本养老保险的个人，达到法定退休年龄时累计缴费满15年的，按月领取基本养老金。我国现行法律规定，男满60周岁，女干部职工

① 李炳安：《劳动和社会保障法》，厦门大学出版社2007年版，第382页。

满 55 周岁、女工人满 50 周岁，就有权享受养老保险金待遇。

2. 缴费年限。缴费年限是指单位和职工共同缴纳养老保险费的年限。各国参照公民的正常寿命和可以工作的工作年限来确定缴费年限。我国参照国际劳工组织的建议将缴费年限确定为 15 年。

（二）养老保险待遇的给付

我国现行法律规定，从职工退休的第二个月起按照规定的标准开始发放退休金，直至死亡。《社会保险法》第 17 条规定："参加基本养老保险的个人，因病或者非因工死亡的，其遗属可以领取丧葬补助金和抚恤金；在未达到法定退休年龄时因病或者非因工致残完全丧失劳动能力的，可以领取病残津贴。所需资金从基本养老保险基金中支付。"因病或非因工致残完全丧失劳动能力的，可以提前领取养老金；养老金可以继承。

五、城乡居民养老保险

2009 年 9 月 1 日，国务院发布《关于开展新型农村社会养老保险试点的指导意见》，决定从 2009 年起开展新型农村社会养老保险试点；2011 年 6 月 7 日，国务院发布《关于开展城镇居民社会养老保险试点的指导意见》，决定从 2011 年启动城镇居民社会养老保险试点。2012 年上半年，国务院决定在全国所有县级行政区全面开展新型农村社会养老保险和城镇居民社会养老保险工作。覆盖城乡居民的社会养老保障体系基本建立，这是我国社会保障事业发展的重要里程碑。

1. 新型农村社会养老保险。新型农村社会养老保险（简称新农保），是以保障农村居民年老时的基本生活为目的，建立个人缴费、集体补助、政府补贴相结合的筹资模式，养老待遇由社会统筹与个人账户相结合，与家庭养老、土地保障、社会救助等其他社会保障政策措施相配套，由政府组织实施的一项社会养老保险制度。（1）参保范围。年满 16 周岁（不含在校学生）、未参加城镇职工基本养老保险的农村居民，可以在户籍地自愿参加新农保。（2）基金筹集。由个人缴费、集体补助、政府补贴构成。参保人按照每年 100 元、200 元、300 元、400 元、500 元五个档次（地方可增设缴费档次）自主选择档次缴费，多缴多得。有条件的村集体应当对参保人缴费给予补助，鼓励其他经济组织、社会公益组织、个人为参保人缴费提供资助。政府对符合领取条件的参保人全额支付新农保基础养老金，其中中央财政对中西部地区按中央确定的基础养老金标准给予全额补助，对东部地区给予 50% 的补助。地方政府应当对参保人缴费给予不低于每人每年 30 元补贴。对选择较高档次标准缴费的，可给予适当鼓励。对农村重度残疾人等缴费困难群体，地方政府为其代缴部分或全部最低标准的养老保险费。（3）建立个人账户。国家为每个新农保参保人建立终身记录的养老保险个人账户。个人缴费，集体补助及其他经济组织、社会公益组织、个人对参保人缴费的资助，地方政府对参保人的缴费补贴，全部计入个人账户。（4）养老金待遇。养老金待遇由基础养老金和个人账户养老金组成，支付终身。中央确定的基础养老金标准为每人每月55元。地方政府可以根据实际情况提高基础养老金标准。个人账户养老金的月计发标准为个人账户全部储存额除以139。参保人死亡，个人账户中的资金余额，除政府补贴外，可以依法继承；政府补贴余额用于继续支付其他参保人的养老金。（5）养老金待遇领取条件。年满60周岁、未享受城镇职工基本养老保险待遇的农村有户籍的老年人，可以按月领取养老金。新农保制度实施时，已年满60周岁、未享受城镇职工基本养老保险待遇的，不用缴费，可以按月领取基础养老金，但其符合参保条件的子女应当参保缴费；距领取年龄不足15年的，应按年缴费，也允许补缴，累计缴费不超过15年；距领取年龄超过15年的，应按年缴费，累计缴费不少于15年。中青年农民积极参保、长期缴费，长缴多得。

2. 城镇居民社会养老保险。城镇居民社会养老保险（简称城居保）是覆盖城镇户籍非从业人员的养老保险制度。（1）参保范围。年满16周岁（不含在校学生）、不符合职工基本养老保险参保条件的城镇非从业居民，可以在户籍地自愿参加城镇居民养老保险。（2）基金筹集。主要由个人缴费和政府补贴构成。参保人按照每年100元、200元、300元、400元、500元、600元、700元、800元、900元、1 000元10个档次（地方可增设缴费档次）自主选择档次缴费，多缴多得。政府对符合待遇领取条件的参保人全额支付城镇居民养老保险基础养老金。其中，中央财政对中西部地区按中央确定的基础养老金标准给予全额补助，对东部地区给予50%的补助。地方政府给予不低于每人每年30元补贴。对城镇重度残疾人等缴费困难群体，地方人民政府为其代缴部分或全部最低标准的养老保险费。鼓励其他经济组织、社会组织和个人为参保人缴费提供资助。（3）建立个人账户。国家为每个参保人建立终身记录的养老保险个人账户。个人缴费、集体补助和地方政府补贴及其他资助全部计入个人账户。（4）养老金待遇。养老金待遇由基础养老金和个人账户养老金组成，支付终身。中央确定的基础养老金标准为每人每月55元。地方政府可以根据实际情况提高基础养老金标准，对于长期缴费的城镇居民，可适当加发基础养老金。个人账户养老金的月计发标准为个人账户储存额除以139。参保人员死亡，个人账户中的资金余额，除政府补贴外，可以依法继承；政府补贴余额用于继续支付其他参保人的养老金。（5）养老金待遇领取条件。参加城镇居民养老保险的城镇居民，年满60周岁，可按月领取养老金。城镇居民养老保险制度实施时，已年满60周岁，未享受职工基本养老保险待遇以及国家规定的其他养老待遇的，不用缴费，可按月领取基础养老金；距领取年龄不足15年的，应按年缴费，也允许补缴，累计缴费不超过15年；距领取年龄超过15年的，应按年缴费，累计缴费不少于15年。

3. 城乡居民基本养老保险。2014 年 2 月 21 日国务院发布《关于建立统一的城乡居民基本养老保险制度的意见》，决定将新农保和城居保两项制度合并实施，在全国范围内建立统一的城乡居民基本养老保险制度。并指出，到“十二五”末，在全国基本实现新农保和城居保制度合并实施，并与职工基本养老保险制度相衔接；2020 年前，全面建成公平、统一、规范的城乡居民养老保险制度。《意见》规定，年满 16 周岁（不含在校学生），非国家机关和事业单位工作人员及不属于职工基本养老保险制度覆盖范围的城乡居民，可以在户籍地参加城乡居民养老保险。城乡居民养老保险个人缴费标准统一调整为每年 100 ~ 2 000 元 12 个档次，省级政府可以根据实际情况增设缴费档次，参保的城乡居民自主选择缴费档次，多缴多得。参保人员在缴费期间户籍迁移，可跨地区转移城乡居民养老保险关系，一次性转移个人账户全部储存额，继续参保缴费的，缴费年限累计计算。国家为每个参保人员建立终身记录的养老保险个人账户，无论在哪里缴费，也无论是否间断性缴费，个人账户都累计记录参保人权益。个人缴费、地方政府对参保人的缴费补贴、集体补助及其他社会经济组织、公益慈善组织、个人对参保人的缴费资助，全部计入个人账户。

六、补充养老保险

1991 年国务院颁布的《关于企业职工养老保险制度改革的决定》中提出，要建立基本养老保险与企业补充养老保险和职工个人储蓄性养老保险相结合的制度。在随后的法律中也加以规定，《劳动法》第 75 条规定：“国家鼓励用人单位根据本单位实际情况为劳动者建立补充养老保险。”国家对补充养老保险是鼓励态度，所以补充养老保险并不具有强制性。2004 年劳动和社会保障部发布了《企业年金试行办法》，人力资源和社会保障部在 2011 年发布了《关于企业年金集合计划试点有关问题的通知》，2013 年发布了《关于鼓励社会团体、基金会和民办非企业单位建立企业年金有关问题的通知》。企业年金就是企业及其职工在依法参加基本养老保险的基础上自愿建立的补充养老保险制度。企业补充养老保险是企业根据自身经济实力依法为本企业职工建立的辅助性养老保险。补充养老保险的作用主要在于提高职工年老后的生活质量，是用人单位直接分配给职工的，主要由用人单位负担养老保险费用，职工个人仅负担一小部分费用。补充养老保险是在基本养老保险足额缴纳的基础上进行缴纳的，用于提高将来退休后职工的养老保险待遇。

七、养老保险制度衔接

2014 年 2 月 24 日，人力资源和社会保障部、财政部发布了《城乡养老保险制度衔接暂行办法》，解决城乡养老保险制度衔接问题。该《办法》规定，参加城镇职工养老保险和城乡居民养老保险人员，达到城镇职工养老保险法定退休年龄后，城镇职工养老保险缴费年限满15年（含延长缴费至15年）的，可以申请从城乡居民养老保险转入城镇职工养老保险，按照城镇职工养老保险办法计发相应待遇；城镇职工养老保险缴费年限不足15年的，可以申请从城镇职工养老保险转入城乡居民养老保险，待达到城乡居民养老保险规定的领取条件时，按照城乡居民养老保险办法计发相应待遇。

第三节　医疗保险法

一、医疗保险的概念和作用

（一）医疗保险的概念

医疗保险是当人们生病或受伤后，由国家或社会给予的一种物质帮助，即提供医疗服务或经济补偿的一种社会保障制度。医疗保险，既可以专指由政府提供的社会医疗保险，也可以指由市场提供的商业医疗保险，但更多的情况是指社会医疗保险。本节在使用医疗保险这个概念时，是指社会医疗保险。从医疗保险所承保的医疗范围来看，可以分为广义的医疗保险与狭义的医疗保险。广义的医疗保险，也称健康保险，不仅包括补偿由于疾病给人们带来的直接经济损失（医疗费用），也包括补偿疾病带来的间接经济损失（如误工工资），对分娩、残疾、死亡也给予经济补偿，乃至支持疾病预防和健康维护等。而狭义的医疗保险仅指医疗费用保险。

（二）医疗保险的作用

医疗保险是世界上立法最早的社会保险项目，德国在1883年就颁布了《疾病社会保险法》，这是世界上第一部现代意义上的比较完整的社会保险立法。由于医疗保险直接关系到人们的身体健康，许多国家都建立了这项制度。作为医疗费用风险分担机制的社会医疗保险一直起着重要的作用和功效。

1. 有利于提高劳动生产率，促进生产的发展。医疗保险是社会进步、生产发展的必然结果。反过来，医疗保险制度的建立和完善又会进一步促进社会的进步、生产的发展。因为一方面医疗保险的建立和实施，集聚了企业单位和个人的经济力量，加上政府的资助，对患病的劳动者及其他社会群体给予物质上的帮助，提供基本医疗保障，其社会化程度高，有利于劳动力流动，减轻企业的社会负担，促进企业进行体制改革，建立现代企业制度，适应市场经济体制要求。另一方面还解除了劳动者的后顾之忧，激励劳动者积极工作，有助于消除社会不安定因素，稳定社会秩序，从而提高劳动生产率，促进生产的发展，而且对经济体制改革的进行和我国社会主义市场经济体制的建立起到保证作用。

2. 调节收入差别，体现社会公平性。医疗保险通过征收医疗保险费和偿付医疗保险服务费用来调节收入差别，是政府的一种重要的收入再分配的手段。医疗保险，对于劳动者来说，虽然在考虑其劳动状况如工龄的长短、劳动条件的差异和贡献大小等时有所差别，但它并不与劳动者的劳动数量、劳动质量直接挂钩，而是保障劳动者在患病后有均等的就医机会，依据其病情提供基本医疗服务，给予必要的医疗保障，因而有助于合理调节社会分配关系，实现效率与公平的结合和统一。

3. 医疗保险是维护社会安定的重要保障。医疗保险制度的实施，可使患病的劳动者从社会保险机构获得必要的物质帮助，尽快恢复身体健康，重新从事劳动，取得经济收入，从而可以有效地帮助患病的劳动者从“因病致贫”或“因贫致病”的“贫病交加”困境中解脱出来，并能在社会生产发展的基础上不断改善和提高其物质文化生活水平，消除因疾病带来的社会不安定因素，因而它是调整社会关系和社会矛盾的重要社会机制。

4. 医疗保险是促进社会文明和进步的重要手段。医疗保险制度的建立和实施，对于培育全民自我保障意识，实行自我积累，增强自我医疗保障能力，控制医疗费用，有效利用卫生资源，以及提倡适度医疗消费，都有着重要的作用。而且医疗保险和社会互助共济的社会制度，通过在参保人之间分摊疾病费用风险，体现了“一方有难，八方支援”的新型社会关系，有利于促进社会文明和进步。

二、城镇医疗保险

（一）城镇医疗保险的改革与发展

20 世纪 80 年代末到 90 年代初期，随着我国经济的发展和改革开放的不断深入，社会主义计划经济体制逐渐向市场经济体制转轨，传统的劳保医疗与公费医疗的弊端日益暴露出来。针对公费医疗和劳保医疗费用迅速上涨，国家和企业难以承担的问题，我国开始对原有的社会医疗保障体制进行了多种形式的改革尝试。

1994 年国家决定采用个人账户与社会统筹为基础的社会医疗保险制度，并在九江和镇江进行试点。1996 年国家决定在全国 57 个城市扩大试点，准备全面实行社会医疗保险制度。1998 年 12 月，国务院发布了《关于建立城镇职工基本医疗保险制度的决定》，决定在全国范围内进行城镇职工医疗保险制度改革。1998 年 12 月 14 日，国务院发布《关于建立城镇职工基本医疗保险制度的决定》，这标志着职工医疗保险改革在全国范围内全面推开。

自 2007 年，城镇居民医疗保险的试点在全国范围内铺开，城镇居民基本医疗保险制度的建立，是我国在建立城镇职工基本医疗保险制度和新型农村合作医疗制度之后的又一重大举措，主要解决城镇非从业人员特别是中小学生、少年儿童、老年人、残疾人等群体看病就医问题，国务院决定用 3 年时间逐步在全国城镇全面推开。

（二）城镇职工医疗保险

1. 城镇职工医疗保险基金筹集的模式。城镇职工医疗保险改变了过去劳保医疗和公费医疗的国家与企业包揽职工医疗费的基金筹集模式，实行社会统筹和个人账户相结合，实现了医疗保险基金的统筹共济。城镇职工医疗保险基金分为统筹基金和个人账户两部分，按照各自的支付范围分别核算，互不挤占。统筹基金的资金来源主要包括：用人单位缴纳基本医疗保险费划入统筹基金的部分；退休人员过渡性基本医疗保险金划入统筹基金的部分；统筹基金的利息收入；按规定收取的滞纳金；政府资助等。其支付范围是起付标准以上、统筹基金最高支付限额以内所对应的住院和门诊特定项目基本医疗费用中，按比例由统筹基金支付的部分。个人账户资金由职工个人缴纳的保险费、用人单位所缴纳的基本医疗保险费划入个人账户的部分及退休人员过渡性基本医疗保险金划入个人账户的部分组成，用来支付职工门诊普通疾病的医疗费用以及起付标准以下的住院和门诊特定项目基本医疗费用，还有起付标准以上、统筹基金最高支付限额以内所对应的住院门诊特定项目基本医疗费中按比例由个人支付的部分。

2. 城镇职工医疗保险覆盖范围。城镇职工医疗保险的覆盖面自2000年以来一直在持续扩大，参保人数也在不断地增长。根据有关规定，城镇职工医疗保险的范围为城镇所有用人单位及其职工，包括企业（国有企业、集体企业、外商投资企业、私营企业等）、机关、事业单位、社会团体、民办非企业单位及其职工，而乡镇企业及其职工、城镇个体经济组织业主及其从业人员是否参加基本医疗保险，由各省、自治区、直辖市人民政府决定。随着我国社会主义市场经济体制的完善，城镇职工医疗保险的覆盖人群也随之逐步开始向其他在非正规单位就业的城镇就业人口开放，2003年5月通过的《关于城镇灵活就业人员参加基本医疗保险的指导意见》将基本医疗保险制度的覆盖面扩展到“以非全日制、临时性和弹性工作等灵活形式就业的人员”。随后国务院又在2004年9月的《中国的社会保障状况和政策》白皮书中提出要“将符合条件的各类从业人员逐步纳入基本医疗保险”。2011年6月29日，人力资源和社会保障部、财政部《关于领取失业保险金人员参加职工基本医疗保险有关问题的通知》决定，自2011年7月1日起，领取失业保险金人员应按规定参加其失业前失业保险参保地的职工医保，由参保地失业保险经办机构统一办理职工医保参保缴费手续。缴费从失业保险基金中支付，个人不缴费。缴费期限和享受职工医疗保险待遇期限与领取失业保险金期限相一致。领取失业保险金人员职工医保关系随同转移失业保险关系可以跨省、自治区、直辖市移转接续。2011年6月29日，人力资源和社会保障部发布《在中国境内就业的外国人参加社会保险暂行办法》，规定自2011年10月15日起将在中国境内就业的外国人纳入职工基本医疗保险。

3. 我国城镇职工医疗保险待遇。(1) 医疗期待遇。职工享受医疗保险待遇，除完全丧失劳动能力外，只限于规定的医疗期内。此医疗期即职工因患病或非因工负伤停止工作治病休息且不得辞退的期限。其长度根据职工本人连续工作时间和在本单位工作时间分档次确定，最短不可少于 3 个月，最长一般不超过 24 个月；难以治愈的疾病，经医疗机构提出，本人申请，劳动保障行政部门批准后，可适当延长医疗期，但延长期最多为 6 个月。在此期间的医疗保险待遇，由两部分组成：一是医疗保险待遇。职工一般可在与社会保险经办机构和用人单位签订的医疗服务合同规定的多个定点医疗机构中选择就医。其保险待遇项目主要有：规定范围的药品费用，规定的检查费用和治疗费用，规定标准的住院费用。上述费用按规定比例从医疗保险个人账户和社会统筹基金中支付，超出支付限额的费用和其余费用由个人负担。二是疾病津贴（病假工资）。职工患病或非因工负伤，停止工作满 1 个月以上的，单位停发工资，改按其工作时间长短给付相当于本人工资一定比例的疾病津贴。(2) 致残待遇。职工患病或非因工负伤致残的，在医疗期内医疗终结或医疗期满后，经用人单位申请，劳动鉴定机构进行劳动能力鉴定并确定残废等级，享受致残待遇。致残疾病保险待遇因残疾等级不同而有区别。一级至四级残废者，应退出劳动岗位，终止劳动关系。按现行规定，享受退休或退职待遇由社会保险经办机构从养老保险基金中支付相当于本人工资一定比例的伤残津贴；符合养老金条件后，按规定改发养老金。五级至十级残废者，在规定的医疗期内不得辞退，用人单位为其另行安排工作，不能从事所安排工作的，可按规定继续发给疾病津贴；规定医疗期满后，可以解除劳动合同并按规定给予经济补偿。(3) 职工亲属医疗待遇。按原规定，职工供养亲属患病治疗时，单位仅就某些项目（如药费、手术费等）的医疗费用给予一定比例（一般为 50%）疾病补助。1998 年《国务院关于建立城镇职工基本医疗保险制度的决定》未对职工亲属的医疗待遇作规定。(4) 特殊人员的医疗待遇。离休人员、老红军的医疗待遇不变，医疗费用按原资金渠道解决，支付确有困难的，由同级人民政府帮助解决。二等乙级以上革命伤残军人的医疗待遇不变，医疗费用按原资金渠道解决，由社会保险经办机构单独列账管理。医疗费支付不足部分，由当地人民政府帮助解决。退休人员参加基本医疗保险，个人不缴纳基本医疗保险费。对退休人员个人账户的计入金额和个人负担医疗费的比例给予适当照顾。

（三）城镇居民医疗保险

1. 我国城镇居民医疗保险制度的建立与发展。我国城镇职工医疗保险的覆盖人群仅是城镇正规单位就业人员，而像灵活就业人员、大中小学生、儿童、老人等人群尚未纳入医疗保险的范围，这与医疗保险的普遍性相悖。自 2007 年 9 月起，我国在成都、西安、太原等 79 个大中城市开展了全国首批城镇居民基本医疗保险试点工作，争取2010年在全国全面推开，逐步覆盖全体城镇非从业居民，解决城镇非从业人员的医疗保障问题。2008年10月25日，国务院办公厅下发《关于将大学生纳入城镇居民基本医疗保险试点范围的指导意见》，决定将各类全日制普通高等学校（包括民办高校）、科研院所中接受普通高等学历教育的全日制本专科生、全日制研究生按照属地原则纳入学校所在地城镇居民基本医疗保险，解决其住院和门诊大病医疗问题。2013年10月10日，教育部等五部门联合下发了《关于将在内地（大陆）就读的港澳台大学生纳入城镇居民基本医疗保险范围的通知》，决定自2013年9月起，将在内地（大陆）各类全日制普通高等学校（包括民办高校）、科研院所接受普通高等学历教育的全日制港澳台地区学生纳入城镇居民基本医疗保险范围，按照与所在高等教育机构内地（大陆）大学生同等标准缴费，并享受同等的基本医疗保险待遇。

2. 我国城镇居民医疗保险费的缴付和待遇。城镇居民基本医疗保险以家庭缴费为主，政府给予适当补助。对属于低保对象的或丧失劳动能力的重度残疾的学生和儿童、低收入家庭60周岁以上的老年人等参保居民给予更多补助。参保人员按规定缴纳基本医疗保险费，享受相应的医疗保险待遇，有条件的用人单位可以对职工家属参保缴费给予补助。国家对个人缴费和单位补助资金制定税收鼓励政策。城镇居民基本医疗保险基金重点用于参保居民的住院和门诊大病医疗支出，有条件的地区可以逐步试行门诊医疗费用统筹。

三、新型农村合作医疗

（一）新型农村合作医疗试点与发展

新型农村合作医疗，简称“新农合”，是指由政府组织、引导、支持，农民自愿参加，个人、集体和政府多方筹资，以大病统筹为主的农民医疗互助共济制度。2003年党中央、国务院提出建立由政府组织、引导、支持，农民自愿参加，以大病统筹为重点的新型农村合作医疗制度的计划，并在全国开展了新型农村合作医疗试点工作。2006年1月10日，卫生部等七部委联合下发了《关于加快推进新型农村合作医疗试点工作的通知》，要求各省（区、市）扩大新型农村合作医疗试点。2008年实现了全面覆盖，2011年人均筹资水平由最初30元提高到250元，有13.15亿人次从新农合受益。2012年新农合政策范围内住院费用报销比例进一步提高到75%左右，最高支付限额提高到全国农民人均纯收入的8倍以上，且不低于6万元。[①] 到2013年年末，全国有2 489个县（市、区）实施了新型农村合作

① 参见《中国的新型农村合作医疗制度发展——国务院新闻办公室新闻发布会材料二》，http://www.moh.gov.cn/mohbgt/s3582/201209/55893.shtml

医疗制度，新型农村合作医疗参合率达 99.0%。①

目前，新农合建立了由政府领导，卫生部门主管，相关部门配合，经办机构运作，医疗机构服务，农民群众参与、费用补偿公开的管理运行机制；明确了以家庭为单位自愿参加，个人缴费、集体扶持和政府资助相结合的筹资机制；形成了以住院大额费用补偿为主，并逐步向门诊统筹扩展的统筹补偿模式，2011 年在 90% 以上的地区开展了门诊统筹，参合农民受益范围更加广泛；建立了参合农民在统筹区域内自主就医、即时结报的补偿办法，2011 年已有超过 2/3 的省（区、市）实现新农合省市级定点医疗机构即时结报；建立了基金封闭运行机制和多方参与的监管机制；深入推进支付方式改革，2011 年已有超过 80% 的地区开展了不同形式的支付方式改革，新农合制度合理有效控制医药费用的作用开始显现；积极推进商业保险机构参与经办新农合服务工作，探索“管办分开、政事分开”的新农合管理运行机制。②

（二）新型农村合作医疗的筹资机制

新型农村合作医疗实行个人缴费、集体扶持和政府资助相结合的筹资机制。筹资标准是农民个人每年的缴费标准不应低于 10 元，经济条件好的地区可相应提高缴费标准。有条件的乡村集体经济组织应对本地新型农村合作医疗制度给予适当扶持。扶持新型农村合作医疗的乡村集体经济组织类型、出资标准由县级人民政府确定，但集体出资部分不得向农民摊派。地方财政每年对参加新型农村合作医疗农民的资助不低于人均 10 元，具体补助标准和分级负担比例由省级人民政府确定。经济较发达的东部地区，地方各级财政可适当增加投入。从 2003 年起，中央财政每年通过专项转移支付对中西部地区除市区以外的参加新型农村合作医疗的农民按人均 10 元安排补助资金。

2009 年，中央财政对中西部地区参合农民按 40 元标准补助，对东部省份按照中西部地区的一定比例给予补助。中西部地区地方各级财政对新农合补助资金未达到 40 元的，卫生行政部门要积极协调相关部门保证补助资金及时足额到位，使地方财政补助标准不低于 40 元，农民个人缴费应增加到不低于 20 元。东部地区的人均筹资水平应不低于中西部地区。各省（区、市）要确保新农合筹资水平达到每人每年 100 元以上。

（三）新型农村合作医疗的报销规则和程序

新型农村合作医疗医药费用的报销规则和程序各地规定不尽相同。以江西省为例，为规范新型农村合作医疗的运作与管理，江西省卫生厅出台了《关于统一

---

① 数据来源于国家统计局：《2013 年国民经济和社会发展统计公报》，http://www.stats.gov.cn/tjsj/zxfb/201402/t20140224_514970.html

② 参见《中国的新型农村合作医疗制度发展——国务院新闻办公室新闻发布会材料二》，http://www.moh.gov.cn/mohbgt/s3582/201209/55893.shtml

全省新型农村合作医疗补偿方案的指导意见》（以下简称《指导意见》），实行"门诊家庭账户补偿 + 住院可报费用按比例补偿 + 门诊大病（慢性病）补偿"模式：以住院补偿为主，兼顾受益面；充分体现互助共济、以大病统筹为主的基本原则。

《指导意见》要求住院统筹基金使用范围即住院统筹基金只能用于参合农民住院医疗费用、门诊大病（慢性病）医疗费用和孕产妇住院分娩的补偿，不得用于农民的健康体检、计划免疫、预防保健、健康教育等公共卫生服务和医疗救助等。新型农村合作医疗基金分三个部分，即风险基金、住院统筹基金和门诊家庭账户基金。

住院起付线设立四级，乡、县和县（区）外定点医疗机构分别为100元、300元和600元，县（区）外非定点医疗机构为800元，起付线不低于100元。住院补偿比例，乡、县和县（区）级定点医疗机构分别为60%、50%和40%，县（区）外非定点医疗机构为30%。住院补偿封顶线为1.5万元，以年内实际获得补偿金额累计计算。参合农民住院医疗费用达到起付线后，最低补偿额不少于30元。

卫生部在2009年6月24日下发了《关于在省级和设区市级新型农村合作医疗定点医疗机构开展即时结报工作的指导意见》，明确规定：在省级和设区市级（以下简称省市级）新型农村合作医疗（以下简称新农合）定点医疗机构开展即时结报工作，是指参合农民在省市级新农合定点医疗机构住院治疗，出院时由定点医疗机构按规定初审并垫付应给农民的新农合补偿费用，再由定点医疗机构与统筹地区新农合经办机构定期结算。在省市级新农合定点医疗机构开展即时结报工作，有利于参合农民更方便地报销医药费用，有利于加强对省市级新农合定点医疗机构监管，也有利于防范不法分子利用虚假发票报销等弄虚作假骗取新农合基金行为的发生，对巩固和完善新农合制度有着重要的作用。

（四）新型农村合作医疗制度的完善

结合中央深化医改的总体部署，今后应重点促进新型农村合作医疗制度完善工作：一是稳步提高新农合筹资标准，2012年新农合人均筹资水平达到300元左右，到2015年新农合政府补助标准将提高到每人每年360元以上，个人缴费标准适当提高，并逐步探索建立与经济发展水平相适应的筹资机制。二是加强新农合精细化管理，严格基金使用管理，加强对定点医疗机构的监管；全面推行新农合省市级定点医疗机构和村卫生室的即时结报工作，逐步推行省外异地结报；加快新农合信息化建设，结合居民健康卡的发放，快速推进"一卡通"试点工作；加强新农合与医疗救助等相关信息系统的互联互通，推行"一站式"即时结算服务。三是推进提高重大疾病医疗保障水平试点工作，将儿童白血病、肺癌等20种疾病纳入保障范围。贯彻落实六部委《关于开展城乡居民大病保险工作的指导意见》，做好大病保险与新农合大病保障工作的衔接，优先将这20种重大疾病纳入大病保险范围。四是加快推进新农合支付方式改革，用总额预付、按病种、按单元、按人头等支付方式替代按项目付费，控制费用，规范医疗服务行为，提高基金绩效。五是加快推进委托有资质的商业保险机构参与新农合经办服务工作，扩大商业保险机构经办新农合的规模，建立新农合管理、经办、监管相对分离的管理运行机制。六是认真总结新农合制度实施10年来的经验，推动《新农合管理条例》及早出台，尽快将新农合纳入法制化管理轨道。①

四、补充医疗保险

（一）补充医疗保险的概念和性质

补充医疗保险泛指基本医疗保险的各种补充形式，既可以是非营利性的医疗保险组织形式，如社会性医疗保险、企业（行业）互助医疗保险，也可以是营利性的商业医疗保险。就当前阶段来说，我国的补充医疗保险是指在社会基本医疗保险基础之上的各种补充性医疗保险。补充医疗保险不仅是满足人们对不同层次医疗服务需求的筹资机制，而且也是进行医疗费用风险分摊与控制道德风险的重要平衡机制。基本医疗保险与补充医疗保险不是相互矛盾的，而是互为补充，不可替代，其目的都是为了给职工提供医疗保障，起到稳定社会、促进发展的作用。基本医疗保险着重于卫生服务公平，而补充医疗保险着重于卫生服务效率，从这个意义上来说，补充医疗保险应该体现自愿性与选择性原则，更多地依赖于市场机制。

（二）补充医疗保险的种类

1. 商业医疗保险。商业医疗保险由商业保险公司经办，企业或职工自愿参加，国家给予税收优惠政策。相对于城镇职工基本医疗保险而言，商业医疗保险在医疗费用、医疗项目和范围对象方面对基本医疗保险进行了补充。相对于其他多层次医疗保障形式，商业性医疗保险坚持保险的公平原理，投保时的费用越高，获得的医疗服务补偿金额越大，以确保医疗资源的合理利用，减少浪费的发生，使医疗基金的来源得到保障。

2. 企业补充医疗保险。企业补充医疗保险是企业在参加基本医疗保险的基础上，国家给予政策鼓励，由企业自主举办或参加的一种补充性医疗保险形式。

企业补充医疗保险的形式有：（1）通过商业医疗保险机构办理；（2）通过社会医疗保险机构办理；（3）大集团、大企业自办。企业为职工缴纳的补充医疗保险费按国家规定的列支渠道列支：企业补充医疗保险费在工资总额4%以内的部分由企业税后利润负担。

---

① 参见《中国的新型农村合作医疗制度发展——国务院新闻办公室新闻发布会材料二》，http://www.moh.gov.cn/mohbgt/s3582/201209/55893.shtml

企业补充医疗保险基金主要用于解决企业职工基本医疗保险待遇以外的医疗费用负担。企业补充医疗保险基金组织和经办机构，依据国家法律和有关政策，独立经办，自负盈亏；本行业或本公司的补充医疗保险必须与其行业或企业的资产管理和行政管理相独立；补充医疗保险基金必须专款专用。

3. 职工大额医疗费用补助。职工大额医疗费用补助，是各地在推进基本医疗保险制度改革过程中探索出的一种解决封顶线以上大额医疗费用的医疗补助办法。一般由当地政府随同基本医疗保险的建立在参保职工中强制执行，由当地社会保险经办机构负责办理。保险费一般按每个职工一年缴纳一定额度费用的办法筹集，由社会保险经办机构建立大额医疗费用补助金，与基本医疗保险基金分开管理，分别核算。参保职工发生超过封顶线以上的医疗费用，由大额医疗费用补助金按一定比例支付。

4. 国家公务员医疗补助。在城镇职工基本医疗保险制度的基础上实行国家公务员医疗补助，是保持国家公务员队伍稳定、廉洁以及保证政府高效运行的重要措施。国家公务员医疗补助用于基本医疗保险统筹基金最高支付限额以上，符合基本医疗保险用药、诊疗范围和医疗服务设施标准的医疗费用补助：在基本医疗保险支付范围内，个人自付超过一定数额的医疗费用补助；中央和省级人民政府规定享受医疗照顾的人员，在就诊、住院时按规定补助的医疗费用。

（三）补充医疗保险的作用范围

补充医疗保险主要被用于覆盖以下三方面的风险。

1. 基本医疗保险所设定的起付线、共付（共同保险）及封顶线以上部分的费用。这种情况下的补充医疗保险对基本医疗保险具有双重作用：一方面，让部分具有避险心理并有支付能力的居民自愿参加补充医疗保险，分担起付线、共付与封顶线以上的费用的风险，能够增加社会总福利水平，也可使基本医疗保险费用控制机制更易被接受；另一方面，由于补充医疗保险分担了这部分费用的风险，又使得基本医疗保险的费用控制机制失去或削弱其原有降低道德损害的作用。基本医疗保险的社会健康保险体系中，为了控制第三方付费引起的道德损害，社会保险的覆盖范围需要进行一定的限制。

2. 基本医疗保险没有覆盖的医疗卫生服务。基本医疗保险为体现公平性原则，一般只保障基本卫生服务，非基本卫生服务有赖于补充医疗保险加以保障。如果医疗机构既为基本医疗保险提供基本医疗服务，又为补充医疗保险提供非基本医疗服务，由于能从补充医疗保险中获得更大的收益，就会倾向于提供非基本医疗服务，从而影响基本医疗服务的质量与可及性。这时，适宜的支付方式与服务质量控制机制对基本医疗保险显得更重要。

3. 与基本医疗保险覆盖的不同质量或档次的医疗卫生服务，如为单人病房、点名手术、高价商标药等特殊服务或项目的差价部分提供保障，有避险心理的人们就会更愿意参加此类补充医疗保险。

第四节　失业保险法

一、失业保险的概念和作用

（一）失业保险的概念

失业保险是职工在暂时失去工作或转换职业期间，没有经济收入，生活发生困难时，由政府提供物质帮助的一项社会福利制度。政府建立失业保险基金，并以税收优惠的形式负担部分费用，职工和用人单位按工资收入的不同比例按月向社会保险经办机构缴费，职工失业后，可持有关证明，向当地劳动就业机构申请领取政府的失业救济金。失业保险是社会保险的重要组成部分。享受失业保险待遇者要依法参加失业保险，且履行法定义务并符合法定条件。

（二）失业保险的作用

失业保险作为整个社会保险制度的重要组成部分，和其他保险项目一道，起着保障劳动者基本生活需要以及维护社会政治、经济秩序安定的作用。在我国，失业保险的作用主要表现在以下三方面。

1. 维护社会安定。社会保险是社会的“安全网”，保持社会稳定是社会保险的一项基本职能，而作为其中一个重要项目的失业保险在这方面的作用更为突出。社会要安定，人民生活要有保障。失业使劳动者失去生计来源，如果没有制度性的保护措施，就很容易造成社会动荡。这一点可以借助美国《社会保障法案》出台的经过作一说明。20 世纪 30 年代，世界经济大危机，美国 1 300 万工人失业，城市失业率高达 37%，上百万工人连续上街游行，举行反饥饿示威大游行。罗斯福政府迫于形势需要，为解决失业问题，颁布了《失业补偿方案》，后发展成为著名的《社会保障法案》。

2. 深化国有企业改革的前提条件和配套措施。为了社会稳定，国有企业的 3 000 万富余职工能不能顺利分流，已成为当今国有企业改革的掣肘点之一。如果这部分“隐性失业”人员“显性化”，又得不到有效的生活保障，必然导致矛盾激化和社会动荡。而企业为了社会稳定不能根据实际需要辞退职工，只能自行消化，自行安置，企业的“四自”方针的贯彻就会受到极大的阻碍，成为有名无实。这体现了失业保险在目前经济体制改革中极为重要的地位与作用。进一步发展和完善失业保险制度，充实失业保险基金，使其能切实保障广大失业职工的基本生活需要，已成为当前改革的当务之急。只有这样，才能使国有企业改革有一个良好的外部环境，才能增强企业活力，促进生产发展。

3. 维持劳动力再生产，促使劳动力素质的提高。劳动力再生产是社会再生产的基础。失业保险提供的物质保障，满足了劳动力再生产的基本要求；而转业训练、再就业介绍等服务，又使他们获得了提高就业能力的机会，为再就业提供了良好的外部条件。

二、失业保险的保障对象

失业保险是以劳动年龄之内的社会劳动者为主要对象，是对有劳动能力但暂时没有劳动机会的人提供的经济保障。不包括已经享受退休待遇的老年人以及法律、法规规定的其他不能享受此项保险的人员。

1993 年国务院颁布的《国有企业待业保险规定》实施对象为国有企业、企业化管理的事业单位和外商投资企业的中方职工。能够享受失业保险待遇的职工有：依法宣告破产的企业的职工；濒临破产的企业在法定整顿期间被精简的职工；按照国家有关规定被撤销、解散企业的职工；按照国家有关规定停产整顿企业被精简的职工；终止或解除劳动合同的职工；企业辞退、除名或者开除的职工及依照法律、法规或者市人民政府规定享受失业保险的其他职工。1999 年 1 月 22 日国务院颁布的《失业保险条例》规定，将失业保险的覆盖面从原有的国有企业及其职工扩大到城镇非国有企业、外商投资企业、私营企业以及广大的事业单位及其职工。《失业保险条例》第 2 条规定："城镇企业事业单位、城镇企业事业单位职工依照本条例的规定，缴纳失业保险费。城镇企业事业单位失业人员依照本条例的规定，享受失业保险待遇。本条所称城镇企业，是指国有企业、城镇集体企业、外商投资企业、城镇私营企业以及其他城镇企业。"人力资源和社会保障部发布的《在中国境内就业的外国人参加社会保险暂行办法》规定，自 2011 年 10 月 15 日起中国境内就业的外国人应当依法参加失业保险，由境内工作单位和个人按照规定缴纳社会保险费。人力资源和社会保障部等五部门发布的《关于退役军人失业保险有关问题的通知》规定，自 2013 年 8 月 1 日起，计划分配的军队转业干部和复员的军队干部以及安排工作和自主就业的退役士兵参加失业保险的，其服现役年限视同失业保险缴费年限。

三、失业保险基金的筹集

（一）失业保险基金的概念和特点

为了获得稳定的资金来源，满足失业保险的需要，开展失业保险的国家大都设立了失业保险基金。根据《失业保险条例》的规定，我国的失业保险基金是为了保障失业人员的基本生活、促进失业人员再就业而依法筹集的专项资金。从其来源看，主要由三部分组成：参加失业保险的单位和个人缴纳的失业保险费、财政补贴以及失业保险基金所生的利息。其中，单位和个人缴费是失业保险基金的主体，基金不够使用时国家财政给予的补贴构成失业保险基金的必要后备，失业保险基金存入银行和购买国债所得的利息则是对基金的补充。作为依法筹集和使用的专项资金，失业保险基金有其自身的特点。

1. 失业保险基金不是政府资金。政府资金是政府凭借国家权力无偿取得的用于满足其行政职能需要的资金。在我国，政府资金主要包括预算内资金、预算外资金和财政性基金。失业保险基金具有明显的社会性和特定目的性。社会性是指失业保险基金具有独立的法律地位，政府、任何单位和个人都无权单独处分，不能侵占和挪作他用，财政不得向失业保险基金透支；基金的最终所有权应当由政府、参保单位和个人共同拥有，而不能将其简单地界定给其中的任何一方。特定目的性是指失业保险基金的设立具有深刻的经济原因和社会原因，只能在特定范围内筹集，用于向失业人员提供物质帮助这一特定的社会目的，而不能像财政资金那样在全社会范围内广泛筹集，也不能用于其他公共性支出。

2. 失业保险基金不同于投资基金。投资基金是按照投资基金章程设立的信托基金，以收益最大化作为营运目标，并按照出资比例向投资者分配利润。投资基金由发起人公开募集，投资者自愿参加，已经参加的投资者也可以通过在金融市场上转让股份的方式自由地退出。与投资基金相比，失业保险基金的不同之处在于：一是不以赢利为目的。其运行目标是通过向失业人员提供基本生活保障，为企业创造良好的生产经营环境，实现社会公平，维护社会稳定。虽然将失业保险基金结余存入银行和购买国债能够获得一定的投资收益，但其目的是充实基金，数额有限。二是征收的强制性，凡是纳入失业保险范围的单位和个人都要履行缴费义务。三是使用的互济性，基金的支出着眼于公平。在统筹地区内同一地区待遇发放标准也大体相同。

3. 失业保险基金不同于社会保险基金。失业保险基金有着特殊之处，比如，基本养老保险基金、基本医疗保险基金都实行部分积累，而失业保险基金则是现收现付；基本养老保险基金、基本医疗保险基金都建立了个人账户，而失业保险基金则是统筹使用，更强调风险分担和基金的互济性。

（二）保险基金的筹集原则

1. 以支定收的原则。我国失业保险的政策目标定位于着重保持失业人员的基本生活，兼顾促进失业人员再就业。在实行现收现付的筹资模式的条件下，保障失业人员基本生活的支付需要，构成了失业保险基金筹资规模和筹资比例的下限。在社会工资水平、失业率没有较大起伏的情况下，很容易掌握资金的需求总量，并据以计算出基金筹集总额和筹集比例。当然，以支定收并不意味着收支完全一致，因为这会导致基金运转困难，影响失业保险职能的实现，应当保持适当的基金结余，预留一定的余地，以备不时之需。

2. 适度性原则。失业保险的保障水平应当与社会经济发展水平相适应，失业保险基金的筹资规模和比例要与失业保险的保障水平相适应。失业保险基金的筹资水平不能太低，太低则不够使用；也不能太高，太高会增加参保单位特别是企业的负担，影响经济发展。

3. 公平性原则。对参加失业保险的单位和个人来说，缴费构成其财务负担。特别是对企业而言，失业保险费率的高低直接影响其赢利水平。从这个意义上讲，失业保险费率的不统一将会导致市场环境的扭曲，而只有建立在相同费率基础之上的失业保险制度才有助于构筑企业公平竞争、资本和劳动力有序流动的“基础平台”。从我国目前的情况来看，因受制于经济发展状况等因素的影响，个别地区经国务院批准实行的缴费率高或低于全国的基费率。但从长远来看，全国的失业保险费率终将走向统一。

四、失业保险待遇

（一）失业保险待遇的概念及性质

失业保险待遇是指参加失业保险的劳动者因失业而暂时中断生活来源时向其提供的物质帮助。由于世界各国的国情不同，失业保险待遇所包括的内容也不尽相同。在我国，失业保险待遇主要包括：（1）失业保险金。（2）领取失业保险金期间的医疗补助金。（3）领取失业保险金期间死亡的失业人员的丧葬补助金和由其供养的配偶、直系亲属的抚恤金。（4）职业培训补贴和职业介绍补贴。

其中，失业保险金是最主要的失业保险待遇。农民合同制工人一次性生活补贴也是失业保险待遇的一种形式。失业保险待遇是对符合条件的失业人员在失业期间失去工资的临时性补偿，这是世界上比较流行的失业保险观念。工业化国家很看重失业保险对经济发展的作用。在它们看来，失业保险对国民经济的发展有一定程度的调节作用：在经济景气时，可以通过缴纳失业保险费减少消费，防止生产的过度扩张；在经济不景气时，失业人员享受失业保险待遇，既维护了其基本生活，又保证社会的有效需求，促进生产的发展。正因为如此，像美国、德国等许多建立失业保险制度的国家，不论其实行个人缴费与否，都将失业人员应该享受的失业保险待遇与他们原来的工资挂钩。

（二）我国失业保险待遇的给付期限

对支付失业保险待遇期限的规定，各国有很大差别。个别国家没有时间限制，绝大多数国家是有限制的。确定给付期限，通常有以下两种情况：一是对所有具备条件的申请者规定一个共同的期限，不论过去就业和缴费的记录如何；二是根据缴费的数额或过去就业期限的长短，规定不同的给付期限。此外，也有些国家，根据申请者的年龄或家庭责任，或国家经济状况，对给付期限做出例外规定。几乎所有建立失业保险制度的国家，都规定失业前的最后一天和支付失业保险待遇的第一天之间要有一定的间隔，一般规定为3～7天，人们把这一期间称为等待期。设立等待期的目的在于，减轻由于频繁的短期失业造成管理和财政上的负担，促进失业人员积极寻找再就业机会。

按照《失业保险条例》的规定，失业人员领取失业保险金的期限，根据失业人员失业前所在单位及其本人累计缴费时间长短的不同划分为三个档次：（1）累计缴费时间满 1 年不足 5 年的，最长能够领取 12 个月的失业保险金；（2）累计缴费时间满 5 年不足 10 年的，最长能够领取 18 个月的失业保险金；（3）累计缴费时间 10 年以上的，最长能够领取 24 个月的失业保险金。《失业保险条例》中关于缴费时间满 1 年不足 5 年的领取失业保险金的最长期限为 12 个月的规定，并不意味着缴费时间达到上述要求的失业人员都能领取 12 个月的失业保险金。各地可以在同一档次内根据失业人员缴费时间的长短，相应地拉开其领取失业保险金期限的差距，对享受期限 18 个月和 24 个月的规定，也可以划分具体档次。例如，吉林省在领取失业保险金期限的计算方法上规定，失业人员失业前所在单位和本人按照规定累计缴费时间满 1 年不足 5 年的，领取失业保险金的期限最长为 12 个月，其中累计缴费时间满 1 年的，领取 3 个月的失业保险金，累计缴费时间每增加 1 年，增加 3 个月的失业保险金。累计缴费时间满 5 年不足 10 年的，从第 5 年开始，累计缴费时间每增加 1 年，增加 1 个月的失业保险金，领取失业保险金的期限最长为 18 个月。累计缴费时间满 10 年及其以上的，领取失业保险金的期限最长为 24 个月。

失业人员重新就业后，再次失业的，缴费时间重新计算。领取失业保险金的期限可以与前次失业应领取而尚未领取的失业保险金的期限合并计算，但是最长不得超过 24 个月。这样规定的目的是为了促进失业人员尽快再就业，特别是不要放弃短期就业的机会。出于同样的目的，如果重新就业的时间不满 1 年再次失业的，还可以继续申领前次失业应领取而尚未领取完的失业保险金。

《失业保险条例》将原来按失业人员失业前连续工作时间计算享受失业保险待遇的期限，改为按照失业人员失业前的累计缴费时间计算享受期限。例如，北京市明确规定，失业保险费缴费时间按用人单位和职工个人缴纳失业保险费的时间累计计算。北京市实行个人缴纳失业保险费前，按国家规定计算的连续工龄视同缴费时间，计发失业保险金时合并计算。扩大覆盖范围后，按照规定新参加失业保险的单位的职工，以前按国家规定计算的连续工龄视同缴费时间，计发失业保险金时合并计算。

（三）失业保险待遇标准

1. 我国失业保险金支付标准。《失业保险条例》规定，失业保险金的标准应低于当地最低工资标准、高于城市居民最低生活保障标准，具体数额由省、自治区和直辖市人民政府确定。最低工资是指劳动者在法定工作时间内提供了正常劳动，其所在单位应支付的最低劳动报酬。根据《企业最低工资规定》，最低工资的具体标准由省、自治区、直辖市人民政府规定。城市居民最低生活保障标准是指根据当地物价水平和城市居民的实际生活水平，按照保障群众基本生活需要的原则，确定的城市居民最低生活保障线标准。失业保险金的发放标准与最低工资标准和城市居民最低生活保障标准挂钩，是根据国际惯例和我国国情确定的。我国是一个发展中国家，失业人员生活保障程度不可能过高，只能维持其基本生活需要。同时，失业保险金标准可以随着最低工资标准和城市居民最低生活保障标准的调整而相应调整，这样就能保证失业保险金的实际给付水平不降低，使失业人员分享社会进步和经济发展的成果。由于各地社会经济发展水平存在较大差距，全国也不能规定一个统一的标准，《失业保险条例》授权省、自治区、直辖市人民政府根据当地的实际情况自行确定具体发放标准。

2. 职业培训补贴和职业介绍补贴的标准。失业保险制度除了具有保障失业人员基本生活的基本功能以外，还有促进失业人员再就业的基本功能。失业保险基金可以用于失业人员领取失业保险金期间接受职业培训、职业介绍的补贴，就是这项功能的直接体现。补贴的目的是为失业人员提供再就业服务，增强其再就业能力，帮助他们尽快实现再就业。在保证失业人员基本生活的前提下，按照规定从失业保险基金中支付相应费用，帮助失业人员实现再就业，取得了较好的效果。《失业保险条例》规定，失业保险基金可用于领取失业保险金期间接受职业培训、职业介绍的补贴，补贴的办法和标准由省、自治区和直辖市人民政府规定，这两项补贴可以拨付给就业服务机构，也可以支付给失业人员个人。在拨付时，要根据就业服务机构提供服务的质量、效果确定是否补贴及补贴数额。就业服务机构必须是当地政府指定的，既可以是劳动保障行政部门开办的，也可以是其他部门、组织开办的。对失业人员因职业培训和职业介绍而发生的费用，不能全部由上述两项补贴支付，一般情况下只负担其中部分费用。

3. 农民合同制工人一次性生活补助标准。《失业保险条例》规定，单位招用的农民合同制工人连续工作满 1 年，本单位已缴纳失业保险费，劳动合同期满未续订或者提前解除劳动合同的，由社会保险经办机构根据其工作时间的长短，对其支付一次性生活补助。补助的办法和标准由省、自治区和直辖市人民政府规定。对农民合同制工人实行一次性支付生活补助，主要考虑以下三点：一是这部分人失去工作后生活会遇到暂时困难；二是他们离开单位后流动性较强；三是他们回乡后可以继续务农。因此，保障方式应与城镇失业人员有所区别，即本人不缴纳失业保险费，失业后领取一次性补助。具体享受条件是：其所在单位参加失业保险，本人连续工作满 1 年。按照《失业保险条例》的要求，各地对农民合同制工人的一次性生活补助办法和标准做出了相应的规定。例如，江苏省规定，单位招用的农民合同制工人，劳动合同期满未续订或者提前解除劳动合同的，可以依照城镇职工失业后需享受失业保险者标准的 2/3，按原所在单位为其足额缴费的年限，每满 1 年享受 1 个月，最长不超过 12 个月，一次性发给生活补助费。

第五节 工伤保险法

一、工伤保险的概念和作用

（一）工伤保险的概念

工伤保险也称职业伤害保险，是指劳动者在生产劳动或法定的特殊情况下遭受意外事故，或因职业性危害而负伤（或患职业病）、致残、死亡时，由国家或社会向其本人或供养亲属给予物质帮助和经济补偿的一种社会保障制度。

工伤保险作为社会保险制度的重要组成部分，是通过立法强制实施的，是国家对劳动者履行的社会责任，也是劳动者应该享有的基本权利。工伤保险的实施是人类文明和社会发达的标志。

工伤保险是伴随着工业化过程发展成长的，它是各种社会保障类型中历史最悠久也是范围最广泛的项目，是社会保障体系的重要组成部分。在现代各项保险中，工伤保险立法最早，推广最快。世界上最早的现代意义上的工伤保险立法是1894年德国的《工人伤害补偿法》；国际劳工组织建立后，先后通过了12个关于工伤保险的公约和建议书，推进了世界各国相继实行工伤保险。据美国社会保障总署编写的《全球社会保障1999》统计，至1999年全世界有164个国家建立了工伤保险项目。

我国企业职工的工伤保险与职业病保障制度建立于20世纪50年代。1951年2月，中央人民政府政务院颁发实施的《中华人民共和国劳动保险条例》第四章对企业职工因工负伤所享有的若干待遇作了较为详细的规定；1957年2月，卫生部制定和颁布的《职业病范围和职业病患者处理办法的规定》中确定了14种职业病，首次在我国将职业病伤害列入工伤保险的保障范围。1958年2月颁布的《国务院关于工人、职员退休处理暂行办法》和1978年6月颁布的《国务院关于工人退休退职的暂行办法》曾先后两次对工人工伤保险待遇作了调整和提高；1987年，卫生部、劳动人事部、财政部、全国总工会修订颁发了《职业病范围和职业病患者处理办法的规定》，列入了职业中毒、尘肺、物理因素职业病、职业性传染病、职业性皮肤病、职业性肿瘤和其他职业病等9类共99种职业病；1996年8月，劳动部发布的《企业职工工伤保险试用办法》第一次将工伤保险作为一项独立的社会保险制度加以实施；2003年4月，国务院颁布《工伤保险条例》，该条例总结了我国工伤保险制度改革的成功经验，根据我国现实国情建立了我国工伤预防、工伤赔偿、工伤康复三位一体的现代工伤保险制度框架，它的实施，标志着我国工伤保险法制建设迈上了一个新台阶，在完善我国社会保障制度史上有着里程碑的意义。近年来，随着我国经济的发展，工伤保险制度面临一些新情况、新问题，例如，工伤认定范围不够合理；一次性工伤死亡补助金和一次性伤残补助金标准偏低等。这些问题都需要从制度层面加以解决、完善。新修订的《工伤保险条例》已从 2011 年 1 月 1 日起正式施行。该《条例》调整扩大了工伤保险实施范围和工伤认定范围，大幅度提高了工伤待遇水平，简化了认定、鉴定和争议处理程序。

（二）工伤保险的作用

我国目前受法制环境、人力资源和经济发展水平的制约，安全事故发生的频率较高且难以避免，由此发生的工伤和职业病给职工造成的打击与经济损失，职工个人往往难以承受。建立工伤保险制度，加强工伤事故和职业病的防治，对维护社会公平和社会稳定具有重要作用。

1. 建立工伤保险，使受到职业伤害的劳动者能及时获得医疗救治、生活保障、经济补偿和职业康复，保障了工伤职工的医疗、生活、残疾抚恤和遗属抚恤，在一定程度上解除了职工和家属的后顾之忧。工伤保险待遇优厚于其他保险待遇，体现了国家和企业对职工奉献精神的尊重，有利于提高职工工作和生产的积极性。

2. 建立工伤保险，进一步规范了工伤保险依法行政行为，保障了受伤害职工的合法权益，有利于妥善处理事故和恢复生产，同时较好地调整了企业和工伤职工的劳动关系，维护了正常的生产、生活秩序，维护了社会稳定。

3. 建立工伤保险，可以分散企业风险，促进安全生产。在生产过程中，工伤事故给用人单位造成的风险是不可避免的，一旦安全事故发生，一些小企业或效益相对较差的企业因一起工伤事故而无力支付赔偿金，有的企业甚至会陷入破产的境地。工伤保险通过风险共担和互助合作，由政府和社会保险机构支付企业工伤事故所需费用，从而保证职工、企业和社会的共同利益，保证企业生产活动正常进行。

二、工伤保险的适用对象

工伤保险的最初对象是工业部门那些靠工资收入、从事危险工作的雇佣劳动者，后来才逐步扩展到其他劳动者。目前，世界各国都在逐步扩大工伤保险的范围。在发展中国家，工伤保险的限制在减少，有权享受待遇的人在增加。一些工业化水平较高的国家，其工伤保险几乎包括所有雇员，如德国参加保险的人员不仅有产业界雇员，而且还包括农民、教师、政府雇员等；有些国家还把红十字救援人员、义务消防人员、协助警察工作人员、保卫国家安全人员、工会工作者、家庭教师、保姆都纳入了工伤保险的范围之列。

国际劳工组织《1964 年工伤事故和职业津贴公约》第 4 条规定：（1）关于工伤事故和职业病津贴的国家法规，应保护合作社在内的公营或私营部门的全体雇员，并在家庭供养人死亡时，保护各类受益人。（2）但会员国可就下列情形规定它认为必要的例外：第一，在雇主企业外工作的临时工；第二，在家工作的工人；第三，在雇主家生活、为雇主做工的雇主家属；第四，其他种类的雇员，其人数不得超过雇员总人数的10%。

国际劳工组织《1964年工伤事故和职业病津贴建议书》规定，各成员国应根据规定的条件，对下列人员发放工伤及职业病津贴或类似的津贴。（1）从事生产或服务性行业的合作社成员；（2）规定的各类独立劳动者，特别是小企业主或积极从事小商业、小农场经营活动者；（3）某些不领工资的劳动者；（4）包括大学生在内的正在接受培训或者正在试用期内的人员；（5）承担抢险救灾或维护秩序与法制任务的志愿人员；（6）其他从事公益活动或参与公民义务事务的人员；（7）从事主管当局指定或批准的工作的囚犯或在押人员。

国际劳工组织1952年制定的《社会保障最低标准公约》规定的职业伤害范围是：身体处于疾病状态者、由于职业伤害丧失劳动能力而造成工资收入中断者、由于永久或暂时失去劳动能力而完全失去生活费来源者。

我国的工伤保险覆盖全体劳动者，即在中国境内工作的所有职工都可以按照规定的工伤保险待遇水平享受相应的救治和补偿，只是各单位的出资渠道不相同。《工伤保险条例》规定，中华人民共和国境内的企业、事业单位、社会团体、民办非企业单位、基金会、律师事务所、会计师事务所等组织和有雇工的个体工商户（以下称用人单位）应当依照该《条例》规定参加工伤保险，为本单位全部职工或者雇工（以下称职工）缴纳工伤保险费。中华人民共和国境内的企业、事业单位、社会团体、民办非企业单位、基金会、律师事务所、会计师事务所等组织的职工和个体工商户的雇工，均有依照该《条例》的规定享受工伤保险待遇的权利。有雇工的个体工商户参加工伤保险的具体步骤和实施办法，由省、自治区、直辖市人民政府规定。

根据《工伤保险条例》的规定，对不同的单位是否参加保险有不同的要求。

1. 国家机关。国家机关的经费完全由财政拨款，其工作人员发生工伤事故或者患职业病的概率较低，社会保险自成体系。因此，《工伤保险条例》第65条规定，公务员和参照公务员法管理的事业单位、社会团体的工作人员因工作遭受事故伤害或者患职业病的，由所在单位支付费用。具体办法由国务院社会保险行政部门会同国务院财政部门规定。

2. 事业单位与社会团体。有相当数量的事业单位是依照公务员制度进行人事管理的，这些单位一般都有行政执法的职能，不实行工伤保险制度。其他不依照或者参照公务员进行人事管理的事业单位、社会团体，主要包括基础科研、教育、卫生、文化等领域的单位，需要考虑建立工伤保险等制度，实行另外的工伤保险，具体办法由劳动和社会保障部会同人事部、民政部、财政部另行制定，报国务院批准后施行。

3. 民办非企业单位。民办非企业单位是一个较新的法律主体概念，它是指企业事业单位、社会团体和其他社会力量以及公民个人利用非国有资产举办的，从事非营利性社会服务活动的社会组织。1998年10月25日，国务院颁布实施的《民办非企业单位登记管理暂行条例》规定，各类民办非企业单位实行与不参照公务员进行人事管理的事业单位、社会团体相同的工伤保险等办法，具体办法由劳动和社会保障部会同民政部、财政部参照《工伤保险条例》的规定制定，报国务院批准。

根据上述法律法规的规定，我国工伤保险的适用对象是：（1）中国境内的各类企业和有雇工的个体工商户。企业是指在工商行政管理机关登记注册的各类企业，包括国有企业、集体所有制企业、私营企业、中外合资企业、中外合作企业、外商独资企业等。个体工商户指在法律允许的范围之内，依法经核准登记，从事工商业经营的自然人。（2）与上述企业、经济组织建立劳动关系的职工，包括与用人单位存在劳动关系（包括事实劳动关系）的各类用工形式、各种用工期限的劳动者。（3）国家机关、事业组织、社会团体和与之建立劳动合同关系的职工。

对外国人在我国境内遭受工伤事故危害的，按照我国政府批准的《本国工人与外国人关于事故赔偿的同等待遇公约》的规定，即："凡批准本公约的国际劳工组织会员国，承允对于已经批准本公约的任何其他会员国的人民在其国境内因工业意外事故而受伤害者，或对于需其赡养的家属，在工人赔偿方面，应给予与本国人民同等的待遇。"我国对于批准该公约的其他会员国的人民在我国境内遭受工伤事故危害的，应给予与本国人民同等的待遇。

对我国被派遣出境的职工，《工伤保险条例》规定，我国职工被派遣出境工作，依据前往国家或地区的法律应当参加当地工伤保险的，其国内工伤保险关系中止；不能参加当地工伤保险的，其国内工伤保险关系不中止。在中国境内就业的外国人，依据《在中国境内就业的外国人参加社会保险暂行办法》参加我国工伤保险。

三、工伤的认定与职业病的确定

工伤的认定是指由法律规定的机构对特定伤害是否属于工伤范围的确认。

（一）工伤范围的界定

1. 认定为工伤的情形。在我国，根据《工伤保险条例》的规定，职工有下列情形之一的，应当认定为工伤：（1）在工作时间和工作场所内，因工作原因受到事故伤害的；（2）在工作时间前后和在工作场所内，从事与工作有关的预备性或者收尾性工作受到事故伤害的；（3）在工作时间和工作场所内，因履行工作职责受到暴力等意外伤害的；（4）患职业病的；（5）因公外出期间，由于工作原因受到伤害或者发生事故下落不明的；(6) 在上下班途中，受到非本人主要责任的交通事故或者城市轨道交通、客运轮渡、火车事故伤害的；(7) 法律、行政法规规定应当认定为工伤的其他情形。由于《工伤保险条例》关于“工作原因”、“工作场所”、“工作时间”、“因工外出期间”和“在上下班途中”等规定比较原则，实践中分歧较大。《最高人民法院关于审理工伤保险行政案件若干问题的规定》第四条明确以下情况可以认定为工伤：(1) 职工在工作时间和工作场所内受到伤害，用人单位或者社会保险行政部门没有证据证明是非工作原因导致的。(2) 职工参加用人单位组织或者受用人单位指派参加其他单位组织的活动受到伤害的。(3) 在工作时间内，职工来往于多个与其工作职责相关的工作场所之间的合理区域因工受到伤害的。(4) 其他与履行工作职责相关，在工作时间和涉及的合理区域内受到伤害的。第五条明确“因工外出期间”认定为工伤的三种情形：(1) 职工受用人单位指派或者因工作需要在工作场所以外从事与工作职责有关的活动期间。(2) 职工受用人单位指派外出学习或者开会的活动期间。(3) 职工因工作需要的其他外出期间。职工因工外出期间从事与工作或者受用人单位指派外出学习、开会无关的个人活动受到伤害，不认定为工伤。第六条明确“上下班途中”认定为工伤的四种情形：(1) 在合理时间内往返于工作地与住所地、经常居住地、单位宿舍的合理路线的上下班途中；(2) 在合理时间内往返于工作地与配偶、父母、子女居住地的合理路线的上下班途中；(3) 从事属于日常工作生活所需要的活动，且在合理时间和合理路线的上下班途中；(4) 在合理时间内其他合理路线的上下班途中。

2. 视同工伤的情形。《工伤保险条例》规定，职工有下列情形之一的，视同工伤：(1) 在工作时间和工作岗位，突发疾病死亡或者在48小时之内经抢救无效死亡的。(2) 在抢险救灾等维护国家利益、公共利益活动中受到伤害的。(3) 职工原在军队服役，因战因公负伤致残，已取得革命伤残军人证，到用人单位旧伤复发的。

3. 不认定工伤或视同工伤的情形。《工伤保险条例》规定，职工有下列情形之一的，不得认定工伤或视同工伤：(1) 故意犯罪的。(2) 醉酒或者吸毒的。(3) 自残或者自杀的。

(二) 工伤认定的程序

在我国，根据《工伤保险条例》的规定，工伤认定必须经过以下程序。

1. 报告与申请。(1) 职工发生事故伤害或者按照《职业病防治法》的规定被诊断鉴定为职业病，所在单位应当自事故伤害发生之日或者被诊断、鉴定为职业病之日起30日内，向统筹地区劳动保障行政部门提出工伤认定申请。遇有特殊情况，经报劳动保障行政部门同意，申请时限可以适当延长。(2) 用人单位未按照规定提出工伤认定申请的，工伤职工或者其直系亲属、工会组织在事故伤害发生之日或者被诊断、鉴定为职业病之日起1年内，可以直接向用人单位所在地统筹地区劳动保障行政部门提出工伤认定申请。

2. 受理与认定。劳动保障行政部门受理工伤认定申请后，根据需要可以对提供的证据进行调查核实。劳动保障行政部门应当自受理工伤认定申请之日起60日内做出工伤认定决定，并书面通知申请工伤认定的职工或者其近亲属和该职工所在单位。社会保险行政部门对受理的事实清楚、权利义务明确的工伤认定申请，应当在15日内作出工伤认定的决定。

（三）职业病的确定

在我国，职业病是指企业、事业单位和个体经济组织的劳动者在职业活动中因接触粉尘、放射性物质和其他有毒有害物质等因素而引起的疾病。

职业病的确定必须具备五个条件：（1）患者必须与用人单位存在实际的劳动雇佣关系。（2）必须是在从事职业活动的过程中产生的。（3）必须是因接触粉尘、放射性物质和其他有毒有害物质等职业病危害因素而引起的。（4）必须是国家公布的职业病名单内的。（5）必须符合国家职业病诊断标准。

2013年12月23日，国家卫生计生委、安全监管总局、人力资源和社会保障部、全国总工会联合下发的《职业病分类和目录》中规定的职业病包括：尘肺13种；其他呼吸系统疾病5种；职业性皮肤病9种；职业性眼病3种；职业性耳鼻喉口腔疾病4种；职业性化学中毒60种；物理因素所致职业病7种；职业性放射性疾病11种；职业性传染病5种；职业性肿瘤11种；其他职业病3种。共10类132种。

四、工伤保险待遇

工伤保险待遇实际是职工在遭受职业伤害时，用人单位所应承担的责任。工伤保险待遇关系到劳动者的切身利益，也是工伤保险的传统和核心内容。

在我国，根据《工伤保险条例》的规定，工伤保险待遇包括工伤医疗期间待遇、伤残待遇、因公死亡待遇、职业病待遇。

（一）工伤医疗期间待遇

工伤医疗期间指职工在因工负伤或患职业病接受治疗和领取暂时工伤津贴的期间，按照轻伤和重伤的不同情况确定为1～24个月，严重工伤和职业病需要延长医疗期间的，最长不超过36个月。医疗期长短由指定治疗工伤医院或医疗机构提出意见，经劳动行政鉴定委员会确认并通知有关用人单位和工伤职工。工伤职工在工伤医疗期满后仍需治疗的，继续享受工伤医疗待遇。

工伤医疗期间待遇包括：

1. 职工（包括国家机关、事业单位工作人员）治疗工伤（包括旧伤复发）或职业病所需的挂号费、医疗费、住院费、药费、就医路费等全部报销。

职工住院治疗工伤的，由所在单位按照本单位因公出差伙食补助标准的70%发给住院补助费。经医疗机构出具证明，报经办机构同意，工伤职工到统筹地区以外就医的，所需交通、食宿费用由所在单位按照本单位职工因公出差标准报销。

2. 工伤职工在工伤医疗期间停发工资，改为按月发给工伤津贴。工伤津贴一般以工伤职工受伤前12个月平均月工资水平为标准。工伤医疗期满或者评定伤残等级后，应当停发工伤津贴，改为享受伤残待遇。停工留薪期间工伤职工需要护理的，护理费用由用人单位负担。

（二）伤残待遇

伤残待遇指企业职工因工负伤医疗终结后经劳动鉴定委员会评定工残等级，按照伤残程度和劳动能力下降程度享受的不同的伤残待遇。

1. 一次性伤残补助金。一次性伤残补助金是指职工因工负伤或患职业病，由劳动能力鉴定机构确认致残和进行劳动能力鉴定后，按其伤残程度给付一次性补偿的工伤待遇。《工伤保险条例》规定，一级伤残为27个月本人工资；二级伤残为25个月本人工资；三级伤残为23个月本人工资；四级伤残为21个月本人工资，职工因工致残被鉴定为五级至十级伤残的，按伤残等级分别领取18个月至7个月本人工资。

2. 生活护理费。职工因工负伤或患职业病，由劳动能力鉴定机构确认需要生活护理的，从工伤保险基金按月支付生活护理费，护理等级一般以工伤职工进食、翻身、大小便、穿衣以及洗漱、自我移动等情况，划分为生活完全不能自理、大部分不能自理、部分不能自理三个等级，依据上述护理等级，分别按统筹地区上年度职工月平均工资按月支付50%、40%、30%的生活护理费。

3. 年金性伤残津贴，也称永久性伤残津贴或定期伤残待遇，是指按照法律法规规定，以工伤职工工资水平的一定比例按月发放给工伤职工的生活补助。《工伤保险条例》规定，对于一级至四级伤残的工伤职工，年金性伤残津贴从工伤保险基金中支付，标准分别为本人工资的90%～75%，其中，一级90%，二级85%，三级80%，四级75%。伤残程度被鉴定为五级至六级的，且企业难以安排工作的，按月发给本人工资70%的伤残津贴。

4. 一次性医疗补助金和就业补助金。《工伤保险条例》规定，经工伤职工本人提出，该职工可以与用人单位解除或终止劳动关系，由用人单位支付一次性工伤医疗补助金和就业补助金，具体标准由省、自治区、直辖市人民政府规定。对于五级至六级、七级至十级伤残的工伤职工而言，只是大部分或者部分丧失了劳动能力，并不完全妨碍其就业，一次性医疗补助金和就业补助金为他们谋取新的工作岗位提供了相应的条件。

（三）因工死亡待遇

因工死亡待遇是指职工因工伤事故死亡、旧伤复发死亡或全残退职后因病死亡而享有的待遇。《工伤保险条例》规定，职工因工死亡，其直系亲属按照下列规定从工伤保险基金领取丧葬补助费、供养亲属补助金和一次性工亡补助金。其标准如下。

1. 丧葬补助金为6个月的统筹地区上年度职工月平均工资。

2. 供养亲属抚恤金按照职工本人工资的一定比例发给由因工死亡职工生前提供主要生活来源、无劳动能力的亲属，其标准为：配偶每月40%；其他亲属每人每月30%；孤寡老人或者孤儿每人每月在上述标准的基础上增加10%，核定的各供养亲属的抚恤金之和不应高于因工死亡职工生前的工资。供养亲属的具体范围由国务院劳动保障部门规定。

3. 一次性工亡补助金标准为上一年度全国城镇居民人均可支配收入的20倍。

4. 宣告工亡待遇。职工因公外出期间发生事故或者在抢险救灾中下落不明的，从事故发生当月起3个月内照发工资，从第4个月起停发工资，由工伤保险基金向其供养亲属按月支付供养亲属抚恤金，生活有困难的可以一次性支付工亡补助金的50%，职工被人民法院宣告死亡的，按照职工因工死亡的规定处理。

第六节　生育保险法

一、生育保险的概念和意义

（一）生育保险的概念

生育保险是指通过国家立法强制实施的，在女职工因生育子女而无法从事正常的生产劳动，导致正常收入来源暂时中断时，由国家和社会及时给予医疗保健服务和物质帮助，以避免女职工本人及其家庭的生活水平下降的一项社会保险制度。

（二）生育保险的法律特点

1. 保障对象的特定性。与失业、医疗、工伤等其他社会保险项目以全体劳动者为保障对象不同，生育保险的保障对象具有特定性。从我国目前的实际情况来看，达到法定结婚年龄、正式登记结婚，并符合国家的计划生育政策，建立劳动关系的女职工在生育时，才能享受生育保险的待遇。

2. 保险待遇的特殊性。通常的社会保险项目只具有事后保障的功能，而生育保险根据妇女生育子女的生理特点实行的是“产前与产后都享受的原则”。同时，生育保险享受的给付项目较多，保障标准也高于其他的社会保险项目。国家不仅对女职工生育时所花费的检查费、医药费、住院费、因生育造成工资收入的减少等项目进行补偿，还配合国家的计划生育政策对晚婚、晚育的生育妇女出台了一些奖励政策。

3. 职工个人不缴纳生育保险费，由企业按照工资总额的一定比例向社会保险经办机构缴纳生育保险费，建立生育保险基金。参保的职工在法定的产假期间享受保障待遇。

（三）生育保险的意义

女性生育，既是其本人的个体行为，也是维持劳动力资源延续的一种社会活动，是人类自身生产的实现。国家通过立法实施的生育保险，对于切实保障女职工生育期间的基本权益和保障劳动力的再生产，具有重要的意义。

1. 保障女职工生育期的基本生活需要。妇女在怀孕、分娩、育婴期间不能正常参加劳动，暂时失去了劳动收入，生育又增加了医疗费用的支出，同时，在此期间女职工还要承受身体和心理上的负担，更需要及时的休息和生活照顾。国家通过立法实施的生育保险制度，向她们提供了孕期检查、生育津贴、医疗服务、带薪假期等方面的帮助，使女职工获得了生育期的基本生活保障，有力地保证了女职工身体健康和劳动力的恢复。

2. 有利于人类延续后代，保证社会劳动力的再生产。人类的自然繁衍和延续是社会得以生存的基础。“根据历史唯物主义观点，历史中的决定因素，归根结底是直接生活的生产和再生产。但是生产本身又有两种，一方面是生产资料即食物、衣服、住房以及为此而必须的工具的生产；另一方面是人类自身的生产，即种的繁衍。”① 女职工承担着人类自身再生产的重任，生育保险能够减轻她们因生育带来的各种负担，保护母亲的健康，保证新生婴儿能有健康的体魄和正常智力，为社会劳动力的再生产和提高人口素质提供了物质基础。

3. 分散社会风险，维护社会稳定。生育保险和其他社会保险项目相同，都体现了社会性和互济性原则。在较大的社会范围内筹集基金，通过扩大生育保险的覆盖范围，起到分散社会风险的作用。据有关资料表明，世界上每年有50万妇女死于分娩或分娩并发症。还有一些妇女由于生育留下伤残。当产妇出现高危妊娠或分娩并发其他危害生命的疾病时，会造成高额医疗费用。② 通过用人单位缴纳生育保险费建立生育保险基金，把个体的经济负担和生育风险转化为均衡的社会负担，实行社会互济互助，分散社会风险，维护社会稳定。同时也减轻了用人单位生育费用的负担，为企业的发展提供了有利条件。

4. 生育保险有利于国家人口政策的顺利贯彻实施。2002年9月1日实施的《中华人民共和国人口与计划生育法》明确了实行计划生育是国家的基本国策。国家采取综合措施，控制人口数量，提高人口素质。目前，西方一些发达国家人口增长率出现了负增长，人口出生率很低。为了鼓励生育，许多国家制定了一系列鼓励生育的政策。我国是世界上人口最多的国家，虽然经过多年计划生育政策的实

---

① 恩格斯：《家庭、私有制和国家起源》，人民出版社1972年版，第3页。
② 乌日图主编：《医疗、工伤、生育保险》，中国劳动与社会保障出版社2001年版，第245页。

施，取得了显著的成效，但是，截至 2014 年年底，我国总人口为 136 782 万人，比 2013 年年末增加 710 万人，全年出生人口 1 687 万人，[①] 人口形势依然严峻。生育保险制度将符合国家人口政策的女职工纳入保障范围之内，可以享受国家和社会在物质与服务上的帮助，起到了明显的法律导向作用，有利于计划生育政策的进一步贯彻落实。

二、生育保险的对象和范围

（一）国际公约中生育保险的对象和范围

1952 年第 35 届国际劳工组织大会通过的《社会保障最低标准公约》（第 102 号公约）中第 46 条和第 47 条规定了生育保险的实施范围。生育保险覆盖范围内的意外事故应包括怀孕、分娩及其后果，以及根据本国法律或条例规定的由于这些导致的停发工资。受保护的对象应包括：（1）规定类别雇员中的所有妇女，这几类雇员在全体雇员中的构成不低于 50%，在涉及生育医疗津贴时，还包括这几类雇员中的男性雇员的妻子；（2）规定类别经济活动人口中的所有妇女，这几类人在全体居民中的构成不低于 20%，在涉及生育医疗津贴时，还包括这几类人中男子的妻子；（3）在雇佣 20 人或 20 人以上的工业场所中的规定类别雇员中的妇女，这几类雇员在全体雇员中的构成不低于 50%，在涉及生育医疗津贴时，还包括这几类人中男性雇员的妻子。

1952 年第 35 届国际劳动组织大会通过的《保护生育公约》（第 103 号公约）对生育保护作了详细规定。其适用范围覆盖了受雇于工业企业以及从事非工业和农业职业的妇女，还包括在家工作的挣工资妇女，并且妇女系指不分年龄、民族、种族或信仰以及不论已婚或未婚的任何女性。2000 年第 88 届国际劳工大会通过了《生育保护公约》（第 183 号公约），进一步扩大了生育保护的适用范围。该《公约》中规定了适用所有女性，既包括受雇妇女也包括从属性的非典型的工作形式的妇女。具体来说，包括了从事工业工作的妇女、从事非工业工作和农业工作的妇女、非全日制工作的妇女、家庭工作的妇女和从事家务工作的妇女。

（二）国外生育保险的对象和范围

妇女生育保险制度是国外社会保障体系的重要组成部分，截至 2007 年，全世界已有 102 个国家通过立法建立并实行了生育保险制度。[②] 在保险对象和范围上，不少国家尤其是某些发达国家都扩大到包括非工资劳动妇女在内的一切女性。少数国家或地区对享受生育保险的资格没有特殊条件的限制，只要是该国的女性公民，就有资格享受。如根据芬兰 1963 年的法律规定，芬兰所有国内居民

---

① 《中华人民共和国 2014 年国民经济和社会发展统计公报》，家统计局网站，http：//www.stats.gov.cn/tjsj/zxfb/201502/t20150226_685799.html

② 黎建飞：《劳动与社会保障法教程》，中国人民大学出版社 2007 年版，第 409 页。

都可享受生育现金补助和医疗待遇。[①] 但绝大多数国家或地区对享受生育保险的女性做出了限制规定。如冰岛规定有常住权的母亲，才可享受生育保险；卢森堡规定受益人必须在该国居住 12 个月以上，且夫妻两人必须在该国居住 3 年，才能享受生育保险。加拿大规定在最近 1 年内从事受保职业 10 ~ 14 周后，才能取得享受资格；阿根廷规定产前连续受雇 10 个月或从事现职工作 1 个月并在从事现职工作前的 1 年内受雇不少于 6 个月的才能享受。[②]

（三）国内生育保险的对象和范围

1951 年 2 月政务院颁布实施的《中华人民共和国劳动保险条例》是我国生育保险制度建立的标志。1953 年 1 月对该条例进行了修订。该条例第 2 条规定，本条例的实施，采取逐步推广办法，目前的实施范围暂定如下：(1) 有工人职员 100 人以上的国营、公私合营、私营及合作社经营的工厂、矿场及其附属单位；(2) 铁路、航运、邮电的各企业单位与附属单位；(3) 工、矿、交通事业的基本建设单位；(4) 国营建筑公司。另外，该条例还规定，凡是实行劳动保险的企业内工作的工人与职工，包括工资制、供给制以及学徒工、临时工、试用人员在内的女工人与女职工和男职工的妻子，均可享受不同的生育保险待遇。1953 年劳动部颁布的《中华人民共和国劳动保险条例实施细则修正草案》第 36 条规定，实行劳动保险的企业的临时工、季节工及试用人员，其劳动保险待遇包括怀孕及生育的女工人、女职员，其怀孕检查费、接生费、生育补助费及生育假期与一般女工人、女职员相同；产假期间由企业行政方面或资方发给产假工资，其数额为本人工资 60%。

1955 年 4 月，国务院下发的《国务院关于女工作人员生产假期的通知》，将生育保险的范围从企业扩大到机关、事业单位的所有女职工。1995 年 1 月 1 日实施的《企业职工生育保险试行办法》第 2 条："本办法适用于城镇企业及其职工。"不少地方在具体的实践中还将乡镇企业、社办企业的女职工纳入生育保险范围之内。至此，我国的生育保险制度覆盖了我国境内的国家机关、人民团体、企事业单位的女职工。企业包括了全民、集体、中外合资、合作、外商独资、乡镇、农村联户企业以及私营和城镇街道企业。[③] 截至 2014 年年底，全国参加生育保险的人数为 17 043 万人，比 2013 年增加 626 万人。[④]

2001 年 5 月国务院妇女儿童工作委员会下发了《中国妇女发展纲要（2001 ~

---

① 蔡凤梅：《欧亚国家生育保险制度安排及比较分析》，中国人民大学硕士学位论文，2005 年，第 13 页。

② 李卢霞、戴维周、孙晓燕：《国外生育保险制度概览及我国生育保险制度改革》，载《卫生经济研究》2005 年第 11 期。

③ 黎建飞：《劳动与社会保障法教程》，中国人民大学出版社 2007 年版，第 470 页。

④ 参见《中华人民共和国 2014 年国民经济和社会发展统计公报》，国家统计局网站，http: //www. stats. gov. cn/tjsj/zxfb/201502/t20150226_685799. html

2010年)》，强调妇女享有与男子平等参加城镇职工基本养老保险、基本医疗保险、失业保险、工伤保险、生育保险的权利。普遍建立城镇职工生育保险制度，完善相关配套措施，切实保障女职工生育期间的基本生活和医疗保健需求。提出了城镇职工生育保险覆盖面达到90%以上的发展目标。目前，由于国家未出台有关生育保险的专项法律、法规，各地都根据本行政区的实际制定地方的生育保险办法，逐步扩大生育保险制度覆盖范围。2009年3月30日，上海颁布实施的《上海市城镇生育保险办法》第2条规定："本市城镇户籍并参加本市城镇社会保险的从业或者失业生育妇女。"

三、生育保险基金的筹集

生育保险基金是通过社会统筹来补偿女职工因生育子女而暂时丧失劳动能力，中断经济来源所蒙受损失的专项基金。它是生育保险得以实施的物质基础，各国都通过立法的形式规定了生育保险基金的筹集方式。

（一）国外生育保险基金的筹集

从生育保险基金的来源来看，一般有三种渠道：国家财政、用人单位和个人。各国在三者的分担方式上，因国情、人口政策等方面的不同而有所差异。在保险基金的筹集方式上，目前大多数国家采用社会保险基金的传统筹措方式，将生育保险的资金筹措和其他社会保险项目的资金结合起来征收。常见的办法是由雇主和雇员按一定限额以下工资的固定比例，直接按各单位的保险方案缴纳保险费。事实上，多数国家的生育保险来源于被保险人、雇主、国家三方或者雇主与雇员两方。如日本1958年的《国民健康保险法》和1986年的《健康保险法》（包含生育保险）规定雇主要为雇员缴纳工薪总额的4%，雇员须按39个工资等级的某一相应等级缴纳收入的4%，政府负担该项保险费的16.4%及管理费。韩国的疾病与生育保险基金的来源有：受保人工资收入的1.5%~4%，雇主为工资总额的3.24%。政府负担部分管理费用。新加坡的保健储蓄计划[①]规定：每一个有工作收入的人，包括个体劳动者在内，都要依法参加保健储蓄计划，缴纳率一般在6%~8%，由雇主和雇员平均分摊，政府不负担。[②] 巴拿马的疾病与生育基金，政府不负担，受保人缴纳收入的1%，年金领取者缴纳年金的7.25%，雇主负担工资总额的8%。[③]

（二）我国生育保险基金的筹集

1994年劳动部颁布的《企业职工生育保险试行办法》规定我国的生育保险

① 新加坡不存在专门的疾病与生育社会保险项目，该国的保健储蓄计划和保健保险计划，起到了医疗保险的作用。

② 姜守明、耿亮：《西方社会保障制度概论》，科学出版社2002年版，第223页。

③ 黎建飞编著：《劳动法与社会保障法》，中国人民大学出版社2003年版，第413页。

基金的筹集遵循以下的基本原则和方式。

1. 生育保险按属地原则组织，实行社会统筹。生育保险按行政区域划分的市、县（区）为单位组织实施。1997 年 10 月，劳动部《关于印发〈生育保险覆盖计划〉的通知》指出，到 20 世纪末，生育保险要逐步实现在直辖市和地市级范围内统一保险项目、统一缴费比例、统一给付标准。中央部属企业和省属企业甚至包括个体工商户及其帮工，都要参加所在地的生育保险制度改革，执行当地统一的政策。

我国从 20 世纪 60 年代初到 70 年代末实行的是企业生育保险，企业各自为政，只对本企业的女职工负责，导致了不同门类的企业之间由于女职工分布的不均衡而引起的生育费用负担畸轻畸重的矛盾突出，企业难以公平的参与市场竞争。直到 1994 年的《企业职工生育保险试行办法》明确了生育保险实行社会统筹，初步建立了真正意义上的生育保险制度。通过社会统筹，社会保险经办机构在国家规定的范围内统一筹集和使用保险基金，通过互助互济的办法，将少数人和少数单位的风险，转由社会均衡分担，为生育者提供了基本的物质和服务帮助，减轻了单位的负担。

2. 生育保险根据“以支定收，收支基本平衡”的原则筹集资金。由企业按照其工资总额的一定比例向社会保险经办机构缴纳生育保险费，建立生育保险基金。生育保险费的提取比例由当地人民政府根据计划内生育人数和生育津贴、生育医疗费等项费用确定，并可根据费用支出情况适时调整，但最高不得超过工资总额的 1%。企业缴纳的生育保险费列入企业管理费用。职工个人不缴纳生育保险费。

四、生育保险待遇

生育保险待遇是指女职工在生育期间依法享有的各种帮助和物质补偿。享受生育保险待遇的主体是建立劳动关系的女职工本人。包括怀孕、分娩、哺乳婴儿在内的生育期都可享受相应的保险待遇。生育保险待遇的标准、基金的支付是由法律、法规和政策规定的。各国生育保险待遇标准的高低主要取决于国家的经济发展水平、人口政策。生育保险的待遇主要包括以下几个方面的内容：

（一）产假

产假又称为“生育假期”，是生育社会保险的待遇之一，是女职工因生育，在分娩前后给予一定时间用于恢复产妇体力和照顾婴儿的休息时间。产假一般包括待产、生产、哺乳三个连续的阶段。从各国通过立法对于产假的具体规定中可以看出一个国家对妇女保护和婴幼儿保健的重视程度。1952 年第 35 届国际劳工大会通过的《生育保护公约》（修正本第 103 号）规定，生育假期不应该少于 12 周（84 天），并且产前产后都应该有假期。世界各国规定产假的长短不一，大多为 12 周到 14 周。菲律宾的产假最短为 45 天，芬兰的最长为 258 天。在西欧一些鼓励生育的国家，生的孩子越多产期会随之增加。如法国，生育第一个或第二个子女，产假为 16 周；生育第三个子女，产期为 26 周；多胎生育的再增加 2 ~ 12 周。波兰的产假规定为生第一个孩子时 16 周，生第二个孩子时 18 周（均包括产前休假 2 周）。难产时为 26 周。①

我国《女职工劳动特别保护规定》规定，中华人民共和国境内的国家机关、企业、事业单位、社会团体、个体经济组织以及其他社会组织等用人单位的女职工生育享受 98 天产假，其中，产前可以休假 15 天；难产的，增加产假 15 天；生育多胞胎的，每多生育 1 个婴儿，增加产假 15 天。女职工怀孕未满 4 个月流产的，享受 15 天产假；怀孕满 4 个月流产的，享受 42 天产假。对于婴儿的哺乳时间也作了规定："对哺乳未满 1 周岁婴儿的女职工，用人单位不得延长劳动时间或者安排夜班劳动。用人单位应当在每天的劳动时间内为哺乳期女职工安排 1 小时哺乳时间；女职工生育多胞胎的，每多哺乳 1 个婴儿每天增加 1 小时哺乳时间。"

（二）生育医疗服务待遇

生育医疗服务待遇是指受保者因生育而发生的医疗费用。各国生育医疗服务待遇的内容大致相同，基本包括了检查费、接生费、手术费、住院费和药费及其他与生育直接相关的医疗费用。1994 年，劳动部颁布的《企业职工生育保险试行办法》第 6 条规定："女职工生育的检查费、接生费、手术费、住院费和药费由生育保险基金支付。超出规定的医疗服务费和药费（含自费药品和营养药品的药费）由职工个人负担。女职工生育出院后，因生育引起疾病的医疗费，由生育保险基金支付；其他疾病的医疗费，按照医疗保险待遇的规定办理。女职工产假期满后，因病需要休息治疗的，按照有关病假待遇和医疗保险待遇规定办理。"

（三）生育津贴

生育津贴也称为产假工资，是生育保险待遇主体的基本生活来源。1952 年 6 月第 35 届国际劳工组织大会通过的《保护生育建议书》（第 95 号建议书）提议，生育津贴应等于该妇女过去收入的 100%。在一些国家，生育保险除了使女职工享有收入补偿外，还给予一定金额或实物的补助。如法国、葡萄牙、玻利维亚等国。生育津贴的多少还与生育假期的长短有关，假期长，津贴就可能会低，如芬兰，产假为 33 周，但生育津贴仅占原工资的 55%。②

我国目前的《企业职工生育保险试行办法》规定："女职工生育按照法律、法规的规定享受产假。产假期间的生育津贴按照本企业上年度职工月平均工资计发，由生育保险基金支付。尚未参加生育保险社会统筹的单位，女职工生育产假期间，工资由原单位照发。"

---

① 黎建飞：《劳动法与社会保障法》，中国人民大学出版社 2003 年版，第 472 页。

② 张京萍主编：《社会保障法教程》，首都经济贸易大学出版社 2004 年版，第 151 页。

（四）生育期间特殊劳动保护

妇女怀孕、生育和哺乳期间，按照国家有关规定享受特殊劳动保护并可以获得帮助和补偿。生育期间特殊劳动保护是指为解决女职工由于生理变化而在工作中可能遇到的特殊困难，保证女职工的基本收入和母子生命安全而制定的一项特殊政策，包括收入保护和健康保护两部分。收入保护的主要措施是保护不降低女职工在怀孕期间的基本工资。健康保护的主要措施是女职工在怀孕期间，所在单位不得安排其从事国家规定的第三级体力劳动强度的劳动和孕期禁忌从事的劳动，不得在正常劳动日以外延长劳动时间；对不能胜任原劳动的，应当根据医务部门的证明，予以减轻劳动量或者安排其他劳动。怀孕7个月以上（含7个月）的女职工，一般不得安排其从事夜班劳动；在劳动时间内应当安排一定的休息时间。怀孕的女职工，在劳动时间内进行产前检查，应当算作劳动时间。

（五）计划生育的奖励待遇

计划生育是我国的一项基本国策。2001年颁布的《中华人民共和国人口与计划生育法》规定：国家对实行计划生育的夫妻，按照规定给予奖励。公民晚婚晚育，可以获得延长婚假、生育假的奖励或者其他福利待遇。

（六）生育期间女职工的职业保障

《女职工劳动保护规定》、《劳动合同法》规定：用人单位不得在女职工孕期、产期、哺乳期解除劳动合同。对于劳动合同期满而哺乳期未满的女职工，其劳动关系顺延至哺乳期满。国家鼓励保险公司举办有利于计划生育的保险项目，对生育保险制度起到积极的辅助作用。

【案例研讨】

社会保险纠纷案

黄某，女，1933年2月17日出生，沈新副食品商店退休职工。沈新副食品商店原系集体企业，1998年7月，张某个人独资购买了该企业，产权交易合同书中约定：企业在职及退休职工全部由张某接收，张某应按国家有关规定，准时为离退休职工全额发放退休工资及相关福利待遇。1999年5月～1999年9月，张某拖欠黄某退休金400元，欠发1998年7月至2004年9月副食补贴3 675元，且未按规定为黄某办理医疗保险。黄某等职工上访，经铁西区商业管理办公室协调未果。2005年8月，黄某向劳动争议仲裁委员会申请仲裁，该委员会以其申诉超过仲裁申请期限为由，不予受理。黄某不服仲裁裁决诉至铁西区人民法院。

一审法院经审理判决：沈新副食品商店与张某给付黄某退休金400元，为黄某办理医疗保险；驳回黄某其他诉讼请求。宣判后，沈新副食品商店黄凤山不服一审判决，向沈阳市中院提起上诉称：(1) 本案不属于劳动争议，双方间没有劳动合同，不存在劳动关系。(2) 本案已超过诉讼时效。黄某辩称：(1) 退休职工不存在重新签订合同问题，张某应按交易合同约定，准时发放退休工资。（2）张某承诺效益好时给退休职工发放工资，至今未兑现。

2006年4月3日，沈阳市中院做出终审判决：驳回上诉，维持原判。①

评析：

本案是一起由企业拖欠职工社会保险和其他福利待遇引起的社会保险纠纷案，具有典型性和普遍性。现实中，企业因产权变更、法定代表人更替、经营亏损等种种理由，拖欠职工社会保险和其他福利待遇的情况，屡见不鲜。本案法院的处理为职工维权提供了很好的范例。其中，有几个关键问题，值得关注：

1. 本案双方当事人间没有劳动合同，是否存在劳动关系？由于黄某生于1933年2月，1998年7月张某购买企业的时候，黄某因已达我国法定退休年龄（女职工50岁退休）而退休了，所以，没有必要签劳动合同。退一步说，即使黄某当时未退休，由于跟企业之间存在实际用工关系，按照我国《劳动法》的规定，应成立事实劳动关系。故本案双方当事人间虽未签劳动合同，但退休前存在劳动关系。

2. 本案是否属于劳动争议？对此，关键在于现行法律的有关规定。根据最高人民法院《关于审理劳动争议案件适用法律若干问题的解释》第1条规定，劳动者退休后，与尚未参加社会保险统筹的原用人单位因追索养老金、医疗费、工伤保险待遇和其他社会保险费而发生的纠纷，属于劳动争议。本案中黄某追索1999年5月至1999年9月的退休金400元是参加社会保险统筹前的退休金，即属本条规定的劳动争议范围。因而，被告关于本案不是劳动争议的辩解不成立。

3. 本案是否已超过仲裁时效和诉讼时效？关于仲裁时效，我国《劳动法》第82条规定："提出仲裁要求的一方应当自劳动争议发生之日起60日内向劳动争议仲裁委员会提出书面申请。"本案黄某与企业之间在1999年即发生退休金发放争议，黄某2005年才提出劳动争议仲裁，显然已超过了仲裁时效。故仲裁委裁定不予受理是合法的。至于诉讼时效，我国《民法通则》第135条规定："向人民法院请求保护民事权利的诉讼时效期间为2年，法律另有规定的除外。"第104条规定："诉讼时效因提起诉讼、当事人一方提出要求或者同意履行义务而中断。从中断时起，诉讼时效期间重新计算。"可见，关于劳动争议的诉讼时效要比仲裁时效长，而且因提起诉讼、当事人一方提出要求或者同意履行义务而发生中断，时效重新起算。本案中，诉讼时效因黄某向对方主张权利、上访、企业主管机关协调、提起仲裁等原因而发生中断，故在其2005年因不服仲裁裁决而起诉时，并未超过诉讼时效。

4. 沈新副食品商店黄凤山是否应支付拖欠黄某的退休金，并为黄某办理医疗保险？这是本案的核心问题。我国《劳动法》第73条规定，劳动者退休，依

---

① 案例来源：中国劳动与社会保障网，http：//www. cnlsslaw. com/list. asp？unid＝2643

法享受社会保险待遇。其中，实行社会统筹前，社会保险待遇特别是养老金和药费报销，均由企业依法承担。实行社会统筹后，由社会保障部门负责支付劳动者的养老金和报销医药费。而且，劳动者依法享受的社会保险待遇，不因企业产权变更、法定代表人更替和经营亏损等因素而受影响。本案中，企业依法足额支付黄某的退休金并办理医疗保险，不仅是劳动法规定的企业应承担的义务，而且也是企业产权交易合同明确约定的合同义务。故两审法院判决沈新副食品商店与黄凤山给付黄某退休金并为黄某办理医疗保险，是合法有据的。

思考问题与案例

一、思考问题

1. 简述社会保险的概念、特点及分类。
2. 如何理解社会保险法的功能和原则？
3. 如何更好地筹集社会保险基金与加强管理？
4. 养老保险的概念和作用。
5. 简述养老保险的保障对象及享受条件。
6. 什么叫医疗保险？它的作用和功效有哪些？
7. 我国的新型农村合作医疗制度主要存在哪些问题？谈谈怎样对其加以完善？
8. 补充医疗保险包括哪几种？其各自的特点是什么？
9. 失业保险的保障对象具体包括哪些？
10. 失业保险基金的筹集范围有哪些？
11. 简述失业保险待遇的概念、给付期限，以及申领失业保险金的具体条件。
12. 工伤保险的适用对象如何把握？
13. 如何认定工伤和确定职业病？
14. 工伤保险的申请程序如何？应怎样完善？
15. 我国生育保险的概念和法律特点是什么？
16. 我国生育保险的对象和范围是什么？
17. 我国生育保险基金是如何筹集的？
18. 我国生育保险待遇包括哪些内容？

二、思考案例

1. 某造纸厂的一位工人，自已提前10分钟到车间工作，不慎被机器扎伤手。有人认为他不是在工作时间受的伤，提前来又没领导指派，不应当认定为工伤。

问题：

该职工能认定为工伤吗？

2. 宋某是某机床厂的女职工。2000年7月生育。产假期满后，宋某仍然感到不适，医院检查后结果为生育引起的并发症，建议休息治疗一个月。宋某病愈后回厂上班，该厂以宋某产假期已过为由，拒绝发放产假期满后一个月的工资。宋某不服，向劳动争议仲裁委员会提起申诉，要求机床厂全额发放产假后一个月的工资。

问题：宋某产假期满后，患病休息能享受产假工资待遇吗？

3. 楚某到日用化学厂应聘成功后，与该厂签订了 5 年期的劳动合同。合同中约定：前三个月为试用期。刚上班的第 10 天晚上，楚某和妻子下班后一同前往幼儿园接女儿回家。走到自己家楼下时天色已黑，加之楼道内的电灯损坏，楚某只能抱着女儿摸黑上楼。可就在上楼时，楚某突然一滑，致使身体重心失控，跌倒后滚落到楼下，造成右腿骨折，怀里抱着的孩子也受了重伤。妻子赶紧喊来邻居，把楚某和孩子送进了附近的医院。就在楚某住院治疗期间，日用化学厂以合同试用期内楚某出现意外，身体状况已不符合工厂的要求为由，决定解除与楚某签订的劳动合同，并拒绝为楚某负担医疗费用。

躺在病床上的楚某得知日用化学厂的这个决定后非常不满，向当地劳动争议仲裁委员会提出了仲裁请求：(1) 要求撤销日用化学厂做出的与本人解除劳动合同的决定，恢复双方的劳动合同关系。(2) 要求日用化学厂按照厂内医疗费报销规定为本人报销医疗费。(3) 要求日用化学厂给予本人 3 个月的医疗期。日用化学厂辩称，楚某在试用期内非因工负伤，造成骨折后需要住院治疗，此时其身体状况已经不符合工厂的要求，所以，厂方有权与他解除劳动合同。又因为楚某在试用期，不是本厂正式职工，所以也不应当享受医疗期和医疗费报销待遇。

问题：

(1) 根据《社会保险法》的规定，楚某可否享受医疗期待遇？医疗期为多长时间？

(2) 楚某在法定的医疗期内，可否报销药费？可否领工资？

(3) 楚某在法定的医疗期内，日用化学厂可否解除劳动合同？

4. 蒋某是江苏籍人士，于 2009 年 8 月进入上海某门窗公司工作，工作岗位是销售经理。公司和蒋某口头约定年薪为 11 万元，每月支付 5 000 元，年底一次性结清剩余工资。公司没有和蒋某签订任何书面劳动合同，也未为其缴纳保险，工资都是以现金的形式发放并由蒋某签收。2010 年 6 月初，蒋某从外地出差回来感觉身体不适，于是到医院检查，结果被告知得了严重疾病，而且已经到了晚期。由于公司没有缴纳保险导致蒋某的医疗费没法报销，他找公司理论，却被要求结清工资走人。蒋某无奈之下提起了劳动仲裁并请求：(1) 要求公司支付未签订劳动合同的双倍工资差额；(2) 要求公司支付因未缴纳保险而导致的医疗待遇损失；(3) 要求公司补缴保险；(4) 要求公司支付单方解除劳动关系的经济补偿金。庭审中，公司只同意蒋某的第三项请求，对其他三项请求都不认可，并提出以下答辩意见：公司曾通知蒋某签订合同，但是蒋某自己没有及时到公司签订导致合同被漏签，公司并没有故意不签合同的恶意，蒋某的工资已经足额支付，因而也就不存在支付双倍工资差额的问题；蒋某生病是他自身的原因所致，并不属于工作原因引起的，因此，公司没有义务承担其医疗费；既然蒋某生病无法再来公司工作，公司要求其结清工资回家休息也并不违反法律规定，因此，不愿意支付单方解除劳动关系的经济赔偿金。①

问题：

(1) 本案中公司不为蒋某缴纳社会保险费，有无法律依据？

(2) 按照《社会保险法》的规定，蒋某应否依法享受医疗待遇？蒋某要求公司支付因未缴纳保险而导致的医疗待遇损失和补缴保险是否合理合法？

(3) 劳动仲裁委员会应如何依法进行裁决？理由是什么？

---

① 案例来源：华律网，http：//www.66law.cn

第十三章　社会救助法

【本章导语】

社会救助是世界上最古老的社会保障制度，也是最基本的社会保障制度，其主要功能是为社会贫弱者提供必要的援助使其摆脱困境。社会救助法是调整社会救助关系的法律规范的总称，它与社会保险法、社会福利法组成了社会保障法的三大基本内容。本章阐述了社会救助和社会救助法的概念与特点，论述了我国城乡最低生活保障制度、灾害救助制度和临时救助制度。学习本章，注意掌握我国现行社会救助制度的主要内容，学会分析生活中的社会救助现象。

【引导案例】

案例1：一起发人深省的溺子案

1998年6月5日，韩某生下一对孪生儿子，后经医院确诊均为脑瘫，日常生活不能自理。韩某夫妇得知后没有放弃对两个儿子的治疗，十几年如一日悉心照料、不离不弃。直至2010年11月20日晚，因见两个儿子的病情仍没有好转，韩某决定不再拖累自己的丈夫及家人。她趁丈夫外出之机，让两个脑瘫儿服下安眠药熟睡后，先后将一对脑瘫儿子按在浴缸里溺死，然后自己服下农药自杀未遂。2011年6月28日，韩某在东莞市第一人民法院接受宣判，法院经审理认定韩某故意杀人罪成立，判处其有期徒刑5年。在法律面前，韩某对故意剥夺两个残疾儿童性命的行为受到了应有的制裁。但有多少人能够想象和理解作为两个残疾儿童母亲的韩某，十几年来所承受的经济压力和精神痛苦？透过这一人间悲剧，我们深刻地认识到我国建立健全社会救助法律制度的必要性和迫切性。目前，我国还没有针对脑瘫儿童的特殊救助政策，脑瘫儿童的治疗用药不在国家规定的基本医疗保险药品目录范围内，地方政府提供的多是临时性救助，对于需要长期性救助的脑瘫儿童来说可谓杯水车薪。

案例2：全国首例民政局替流浪汉索赔案

2004年、2005年，高淳两名流浪汉意外死于车祸。由于无法确定具体身份，又无家属认领尸体，事故后续处理工作无法进行。在死者亲属一直不出现的情况下，2006年4月，高淳县民政局以社会救助部门和流浪汉监护人的身份，代理两名流浪汉向高淳县人民法院起诉，要求肇事司机、保险公司赔偿两名流浪汉死亡赔偿金、丧葬费共30万元。4月19日，法院公开开庭审理了此案，最终判决驳回原告维权诉求，理由是该民政局不符合原告主体资格。高淳县民政局表示不服并上诉至南京市中级人民法院。2007 年 3 月 29 日，南京市中级人民法院终审驳回了高淳县民政局的上诉请求，认定民政局并非本案适格的诉讼主体。同时，南京市中级人民法院向市人大常委会提交了报告，请求尽快通过立法保护道路交通事故中无名死者的相关权益。①

【重点问题】

1. 社会救助的特点。
2. 社会救助主体的职责与权利。
3. 我国社会救助制度的主要内容。

第一节　社会救助法概述

一、社会救助的概念及特点

（一）社会救助的概念

社会救助（Social Assistance）一词最早出现于 1909 年英国的一个皇家专门委员会报告中，该报告要求废除惩戒性的济贫法，取而代之的是合乎人道主义精神的社会救助。② 有些学者将其翻译为社会救济、社会援助。现代社会救助制度是从传统的“贫民救济”和“社会救济”演变而来的。它改变了传统社会救济的善意和怜悯的理念，从保障公民生存权、维护被救助者人格尊严的思想出发，将原来教会、私人慈善施惠转变为国民享受的基本权利和国家应尽的义务，救助者与受助者之间形成了一种法定的平等关系。

社会救助是指国家依照法定的程序和标准，运用资金、实物、服务等多种形式，对遭受灾害、失去劳动能力、低收入等各种原因而陷入生存危机的社会成员提供物质帮助，以维持其基本生活水平的一项社会保障制度。国务院于 2014 年 2 月 21 日颁布的《社会救助暂行办法》第 2 条规定：“社会救助制度坚持托底线、救急难、可持续，与其他社会保障制度相衔接，社会救助水平与经济社会发展水平相适应。”规定了最低生活保障、特困人员供养、受灾人员救助、医疗救助、教育救助、住房救助、就业救助和临时救助制度以及社会力量参与救助等内容。

（二）社会救助的特点

1. 救助对象的选择性。社会救助对因个人生理原因、自然原因和社会因素

---

① 鲍小东：《全国首例民政局替流浪汉索赔案调查》，http：//news. sina. com. cn/c/2006 – 05 – 20/17499918444. shtml

② 陈信用主编：《劳动与社会保障法》，浙江大学出版社 2007 年版，第 324 页。

而通过自身努力难以满足其生存基本需求的公民进行救助。而对于能够生存但生活水平有待提高的人群，国家可以通过社会福利等其他的社会保障项目予以改善，但这部分人不属于社会救助的范围。

2. 实施方式的单向性。社会救助在实施方式上是国家和社会承担单方的责任与义务，通过提供资金、实物等形式对处于生活困境的社会成员提供帮助，救助对象不需要支付一定的金钱或履行一定的义务，只要是符合条件的对象依照法定程序申请就可以获得。

3. 救济时间的临时性。除对于无生活来源的孤、老、病、残人员的救济如农村"五保户"的供养实行长期的救助外，大部分社会救助都具有临时性的特点，如自然灾害、流浪乞讨人员的救助等。一旦受助对象脱离困境，基本生活有了保障以后，社会救助就会停止。

4. 救助标准的低层次性。社会救助的目标是为了解决贫困人群的生存问题，其救助标准低于社会福利和社会保险，以维持救助对象的基本生活为标准。所以，社会救助也被称为社会保障体系的最后一道防线。

（三）社会救助的意义

1. 有利于保障人权。生存权是基本的人权，是其他一切权利的基础。社会救助的功能就是济贫和救灾。当某些社会成员由于种种原因达不到生存的基本水平时，国家和社会就应该给予及时的救助，以维持其基本生活。社会救助就成为了实现受助人生存权的最基本保障。社会救助的作用之一就在于使救助人得到符合人的尊严的生活上的保障，保证失去自我生存能力而又不可能得到外界救助的人，或者是生活状况发生不利变化的人，有一个合乎人道的生活状况。[①] 国务院新闻办公室 2009 年 4 月 13 日发表的《国家人权行动计划（2009～2010 年）》一文中，明确将完善最低生活保障等社会救助制度作为城乡居民获得基本生活权利的途径。

2. 有效地弥补了社会保险制度的遗漏。社会保险以劳动者为保障对象，使部分社会成员由于种种原因被排除在某些社会保险项目之外。而社会救助对于受助者的身份、职业、缴费等方面没有限制，可以最大限度地覆盖因各种原因陷入贫困而又得不到其他社会保障待遇的社会成员，有效地弥补了社会保险制度的遗漏。

3. 有利于维护社会稳定，促进经济发展。社会保障被称为"社会稳定调整器"、"社会安全网"，社会救助作为这张安全网的最后一道防线，其在维护社会稳定方面发挥着尤为重要的作用。陷入贫困境地的社会成员往往由于生存的压力

---

① 史探径主编：《社会保障法研究》，法律出版社 2000 年版，第 330 页。

而成为社会稳定的“短板”[①]。社会救助通过金钱或实物的形式对贫困和受灾的社会成员做出了经济上“保底”的承诺，鼓励他们自力更生、劳动自救，逐渐摆脱贫困，起到安定和平衡人心的作用，及时消除了社会上各种不稳定因素，促进社会经济发展。

4. 有利于缩小贫富差距，促进社会公平。国家和社会提供物质帮助与政策扶持，可以使一部分因受灾、失业的劳动者重新找到就业的途径，逐步摆脱贫困，走向富裕。对于因生理条件受到限制的老人或者丧失劳动能力的残疾人，国家也会通过社会救助的形式保障其基本生活条件，并不断提高保障标准。社会救助作为国民收入再分配的一种有效手段，缩小了社会成员之间的贫富差距和天灾人祸造成的社会成员在发展结果上的不公平，有利于社会公平价值目标的实现。

二、社会救助法的概念和法律特征

（一）社会救助法的概念

社会救助法是指调整国家和社会对于因自身、自然、社会等各种因素导致不能维持基本生活水平的贫困者进行救助而产生的社会救助关系的法律规范的总称。社会救助法是社会保障法的重要内容，在社会救助关系中，对救助对象资格的审查、动态管理，对受灾情况的计算、审核、灾后救助，对社会救助款的筹集、管理、发放和使用，对挪用、侵占和贪污救济款物的惩处等问题，都应在社会救助法中予以明确规定。加强社会救助立法对于切实保障贫困公民的生存权、构建和谐社会、促进经济发展都有十分重要的意义。1999 年 9 月，国务院颁布《城市居民生活最低保障条例》，于 1999 年 10 月 1 日施行，意味着城市居民最低生活保障制度在全国范围内全面推行，也是我国社会救助工作发展的一个重要标志。国务院 2014 年 2 月 21 日颁布、2014 年 5 月 1 日施行的《社会救助暂行办法》，以国务院行政法规的形式，统筹建立了以最低生活保障、特困人员供养、受灾人员救助以及医疗、教育、住房、就业和临时救助为主体，以社会力量参与为补充的社会救助制度体系，加快构建与经济社会发展水平相适应、与其他保障制度相衔接、逐步完善的社会救助制度，尽力使困难群众不为饥寒所迫、大病所困、失业所忧、灾害所难。

（二）社会救助法的法律特征

1. 社会救助法调整的是社会救助过程中的行为。社会救助法律关系的主体有救助者——国家和社会，受助者——符合救助标准的社会贫困群体。社会救助法就是调整两者之间权利义务，以及救助申请、审批、管理、监督等救助过程中

---

① 美国管理学家彼得提出“水桶效应”理论，即：一只水桶能盛多少水，并不取决于最长的那块木板，而是取决于最短的那块木板。也可称为短板效应。一只水桶无论有多高，它盛水的高度取决于其中最低的那块木板。

各种行为的法律规范。

2. 社会救助法形成了救助者与受助者的平等法律关系。社会救助法将国家和社会对贫困者的救助确立为一项法定义务，享受国家救助是符合条件的被救助者的法定权利。国家和社会不能随意降低救助标准或中断救助，而符合标准的社会成员都有权依照一定的程序要求得到物质或金钱上的帮助。在社会救助法的框架下，救助者与受助者之间形成了平等的法律关系。

3. 社会救助法是所有调整社会救助活动的法律规范的总和。无论是采取专门社会救助立法（如英国的《济贫法》和德国的《联邦社会救助法》），还是采取综合社会保障立法（如美国的《社会保障法》），仅仅依靠单部的社会救助法或者社会保障法中的社会救助部分都不可能调整社会救助关系的各个方面。社会救助法应该从广义的角度来看待和理解，除了社会救助法以外，它还应该包括其他法律法规中的有关内容，例如社会救助中的专项救助项目就涉及教育、医疗、住房等领域，这就需要相关领域的法律法规中体现出对于贫困群体的扶助。

第二节　最低生活保障制度

最低生活保障制度是指任何公民当其收入水平低于维持基本生活水平标准而设立的保障线时，都有权依照法定的程序和标准获得国家和社会提供的现金或实物救助的制度。最低生活保障、专项救助、自然灾害救助与临时救助组成了社会救助制度的主体。由于我国城乡、地区经济社会发展不平衡，目前最低生活保障制度有些地方实行统一的城乡居民最低生活保障制度，多数地方还是城乡最低生活保障制度二元分离。与农村最低生活保障制度相类似的农村社会救助制度是农村五保供养制度。某些地区将农村五保供养对象纳入农村最低生活保障对象，实行“单轨制”的统筹保障。据最新统计数据显示，2014 年年末全国共有 1 880. 2 万人享受城市居民最低生活保障，5 209. 0 万人享受农村居民最低生活保障，农村五保供养 529. 5 万人。①

一、城市居民最低生活保障制度

我国的城市居民最低生活保障制度是从传统的城市居民救助制度演变而来的，是市场经济体制下的现代社会救助制度。我国从 20 世纪 90 年代开始在经济发达地区进行城市居民最低生活保障制度的试点工作。其中，上海市于 1993 年率先实施最低生活保障制度，对城市救济对象逐步实行按最低生活保障标准进行救济，取得了很好的社会效果。1997 年 9 月 2 日，国务院下发了《关于在全国

---

① 参见国家统计局网站：《中华人民共和国 2014 年国民经济和社会发展统计公报》，http：//www.stats. gov. cn/tjsj/zxfb/201502/t20150226_685799. html

建立城市居民最低生活保障制度的通知》，这是我国城市低保从探索产生阶段进入全面建立阶段的重要标志。1999年9月28日，国务院颁布了《城市居民最低生活保障条例》，不仅标志着我国的城市低保进入了法制化轨道，也标志着城市低保进入了一个新的发展阶段。目前，我国城市低保制度基本覆盖了全体城镇居民，符合条件的城镇困难群众基本得到了应有的保障。

（一）保障对象

非农业户口的城市居民，凡共同生活的家庭成员人均收入低于当地城市居民最低生活保障标准的，均有从当地人民政府获得基本生活物质帮助的权利。主要包括三类人员：(1) 无生活来源、无劳动能力、无法定赡养人或抚养人的居民；(2) 领取失业救济金的救助期满仍未能重新就业，家庭人均收入低于最低生活保障标准的居民；(3) 在职人员和下岗人员在领取工资或最低工资、基本生活费后，以及离退休人员领取退休金后，其家庭人均收入仍低于生活标准的居民。在天津、浙江、广东、重庆等已经实行城乡一体化最低生活保障制度的地区，符合以上情况的农村居民也属于救助对象。

（二）保障标准

城市居民最低生活保障标准也称为“最低生活保障线”。城市居民最低生活保障制度实行地方各级人民政府负责制。保障标准，按照当地维持城市居民基本生活所必需的衣食住费用，并适当考虑水电燃煤（燃气）费用以及未成年人的义务教育费用确定。城市居民最低生活保障标准应该随着生活水平的提高和物价的上涨进行调整。目前，各地通常以达到城市居民的最低生活水平作为制定救助标准的原则，具体大都使用“菜篮子法”。即选择若干生活必需品，依据其最低消费作为确定最低生活水平的标准。具体确定时主要考虑以下三个因素：(1) 选择的生活必需品品种必须准确；(2) 确定生活必需品的价格指数必须合理；(3) 贫困家庭及其消费特征的选择具有代表性。

（三）资金来源

目前，我国尚未建立“低保”基金，城市居民最低生活保障所需资金由地方人民政府列入财政预算，纳入社会救济专项资金支出项目，专项管理，专款专用。国家鼓励社会组织和个人为城市居民最低生活保障提供捐赠、资助，所提供的捐赠、资助，全部纳入当地城市居民最低生活保障资金。

（四）保障方式和程序

大多城市实行现金救助，也有个别地方采取现金和实物结合的方式。在程序上，先由救助对象向当地居委会提出申请，并填写救助申请表，在居委会初审后报街道办事处民政科，由其调查复核并提出解决意见，报区民政局，由区民政局发给救助证。救助对象凭证领取救助费。

（五）管理体制

城市低保的管理应该坚持“政府领导，民政主管，部门协调”的管理体制。

各级民政部门作为主管低保的职能部门，财政、统计、物价、审计、劳动保障和人事等部门分工负责，在各自的职责范围内负责城市居民最低生活保障的有关工作。在具体操作上，还要注意发挥街道办、居委会和各企事业单位及其工会的作用。

二、农村最低生活保障制度

农村原有的社会救济制度具有救济范围窄、对象有限、救济标准僵化、救济水平长期偏低、难以维持贫困农民基本生活等诸多弊端。1992 年山西省左云县率先在全国开展了建立农村最低生活保障的试点。1994 年在全国第十次民政工作会议上确定了“在农村初步建立起与经济发展水平相适应的层次不同、标准有别的最低生活保障制度”。从此，我国开始对农村传统的社会救济制度进行改革和完善，探索建立农村最低生活保障制度。截至目前，全国都已建立了农村最低生活保障制度。其中，广东、浙江、天津、重庆、四川、江苏、北京、上海、广西、河南等省（市）实施了城乡居民最低生活保障制度。

（一）保障对象

农村最低生活保障对象是家庭年人均纯收入低于当地最低生活保障标准的农村居民，主要是因病残、年老体弱、丧失劳动能力以及生存条件恶劣等原因造成生活常年困难的农村居民。根据各地农村低保的通行规定，有下列情形之一的原则上不能享受最低生活保障待遇：（1）家庭中虽无从业人员，人均收入低于最低生活保障标准，但有其他生活来源，其实际生活水平高于最低生活标准的；（2）离开户籍所在地，举家迁往外地 1 年以上的；（3）具有正常劳动能力，无正当理由拒绝劳动的；（4）家中有高价值的收藏品或者有投资股票、证券行为的；（5）年内因赌博、嫖娼、吸毒等被行政处罚或者因犯罪正在执行刑罚的；（6）违法结婚、收养或者违反计划生育政策的；（7）不如实申报家庭收入或拒绝审批机关调查核实的；（8）民政部门规定的其他不能享受最低生活保障待遇的情况。

（二）保障标准

农村最低生活保障标准由县级以上地方人民政府按照能够维持当地农村居民全年基本生活所必需的吃饭、穿衣、用水、用电等费用确定，并报上一级地方人民政府备案后公布执行。农村最低生活保障标准要随着当地生活必需品价格的变化和人民生活水平的提高适时进行调整。确定农村最低生活保障标准，需要综合考虑以下因素：（1）维持当地农民最低生活需求的物品种类和数量；（2）当地农民的可支配收入以及农村经济发展状况；（3）当地物价指数；（4）地方经济发展水平和财政的承受能力；（5）国家统计局测算的全国贫困线。由于以上各种因素是不断变化的，农村最低生活保障标准要随之适时进行调整。

（三）资金来源

农村最低生活保障资金的筹集以地方为主，地方各级人民政府要将农村最低生活保障资金列入财政预算，省级人民政府要加大投入。地方各级人民政府民政部门要根据保障对象人数等提出资金需求，经同级财政部门审核后列入预算。中央财政对财政困难的地区给予适当补助。地方各级人民政府及其相关部门要统筹考虑农村各项社会救助制度，合理安排农村最低生活保障资金，提高资金使用效益。同时，鼓励和引导社会力量为农村最低生活保障提供捐赠和资助。农村最低生活保障资金实行专项管理、专账核算、专款专用，严禁挤占挪用。

（四）救助方式和程序

保障方式是发放现金与实物救助相结合。救助程序一般是农民本人向户籍所在地的乡（镇）人民政府提出申请；乡（镇）人民政府审核后，报县级人民政府民政部门审批。村民委员会、乡（镇）人民政府以及县级人民政府民政部门及时向社会公布最低生活保障对象的申请情况和对最低生活保障对象的民主评议意见以及审核、审批意见和实际补助水平等情况，接受群众监督。对公示没有异议的，要按程序及时落实申请人的最低生活保障待遇。推行国库集中支付方式，通过代理金融机构直接、及时地将最低生活保障金支付到最低生活保障对象的账户里。

（五）动态管理

乡（镇）人民政府和县级人民政府民政部门要采取多种形式，定期或不定期调查了解农村困难群众的生活状况，及时将符合条件的困难群众纳入保障范围，并根据其家庭经济状况的变化，及时按程序办理停发、减发或增发最低生活保障金的手续。保障对象和补助水平变动情况都要及时向社会公示。

（六）加强和改进最低生活保障工作的政策措施

最低生活保障是维护困难群众基本生活权益的基础性制度安排。针对一些地区存在对最低生活保障工作重视不够、责任不落实、管理不规范、监管不到位、工作保障不力、工作机制不健全等问题，2012 年 9 月 1 日国务院下发了《关于进一步加强和改进最低生活保障工作的意见》，要求确保把所有符合条件的困难群众全部纳入最低生活保障范围，提出加强和改进最低生活保障工作的政策措施。

1. 完善最低生活保障对象认定条件。户籍状况、家庭收入和家庭财产是认定最低生活保障对象的三个基本条件。各地要根据当地情况制定并向社会公布享受最低生活保障待遇的具体条件，形成完善的最低生活保障对象认定标准体系。同时，要明确核算和评估最低生活保障申请人家庭收入和家庭财产的具体办法，并对赡养、扶养义务人履行相关法定义务提出具体要求，科学制定最低生活保障标准。

2. 规范最低生活保障审核审批程序。（1）规范申请程序。凡认为符合条件的城乡居民都有权直接向其户籍所在地的乡镇人民政府（街道办事处）提出最低生活保障申请；乡镇人民政府（街道办事处）无正当理由，不得拒绝受理。受最低生活保障申请人委托，村（居）民委员会可以代为提交申请。申请最低生活保障要以家庭为单位，按规定提交相关材料，书面声明家庭收入和财产状况，并由申请人签字确认。(2) 规范审核程序。乡镇人民政府（街道办事处）是审核最低生活保障申请的责任主体，在村（居）民委员会协助下，应当对最低生活保障申请家庭逐一入户调查，详细核查申请材料以及各项声明事项的真实性和完整性，并由调查人员和申请人签字确认。(3) 规范民主评议。入户调查结束后，乡镇人民政府（街道办事处）应当组织村（居）民代表或者社区评议小组对申请人声明的家庭收入、财产状况以及入户调查结果的真实性进行评议。各地要健全完善最低生活保障民主评议办法，规范评议程序、评议方式、评议内容和参加人员。(4) 规范审批程序。县级人民政府民政部门是最低生活保障审批的责任主体，在做出审批决定前，应当全面审查乡镇人民政府（街道办事处）上报的调查材料和审核意见（含民主评议结果），并按照不低于30%的比例入户抽查。有条件的地方，县级人民政府民政部门可邀请乡镇人民政府（街道办事处）、村（居）民委员会参与审批，促进审批过程的公开透明。严禁不经调查直接将任何群体或个人纳入最低生活保障范围。(5) 规范公示程序。各地要严格执行最低生活保障审核审批公示制度，规范公示内容、公示形式和公示时限等。社区要设置统一的固定公示栏；乡镇人民政府（街道办事处）要及时公示入户调查、民主评议和审核结果，并确保公示的真实性和准确性；县级人民政府民政部门应当就最低生活保障对象的家庭成员、收入情况、保障金额等在其居住地长期公示，逐步完善面向公众的最低生活保障对象信息查询机制，并完善异议复核制度。(6) 规范发放程序。各地要全面推行最低生活保障金社会化发放，按照财政国库管理制度将最低生活保障金直接支付到保障家庭账户，确保最低生活保障金足额、及时发放到位。

3. 建立救助申请家庭经济状况核对机制。在强化入户调查、邻里访问、信函索证等调查手段的基础上，加快建立跨部门、多层次、信息共享的救助申请家庭经济状况核对机制，健全完善工作机构和信息核对平台，确保最低生活保障等社会救助对象准确、高效、公正认定。到“十二五”末，全国要基本建立救助申请家庭经济状况核对机制。

4. 加强最低生活保障对象动态管理。对已经纳入最低生活保障范围的救助对象，要采取多种方式加强管理服务，定期跟踪保障对象家庭变化情况，形成最低生活保障对象有进有出、补助水平有升有降的动态管理机制。各地要建立最低生活保障家庭人口、收入和财产状况定期报告制度，并根据报告情况分类、定期开展核查，将不再符合条件的及时退出保障范围。

5. 健全最低生活保障工作监管机制。地方各级人民政府要将最低生活保障政策落实情况作为督查督办的重点内容，定期组织开展专项检查；民政部、财政部要会同有关部门对全国最低生活保障工作进行重点抽查。财政、审计、监察部门要加强对最低生活保障资金管理使用情况的监督检查，防止挤占、挪用、套取等违纪违法现象发生。

6. 建立健全投诉举报核查制度。各地要公开最低生活保障监督咨询电话，畅通投诉举报渠道，健全投诉举报核查制度。有条件的地方要以省为单位设置统一的举报投诉电话。要切实加强最低生活保障来信来访工作，推行专人负责、首问负责等制度。

7. 加强最低生活保障与其他社会救助制度的有效衔接。加快推进低收入家庭认定工作，为医疗救助、教育救助、住房保障等社会救助政策向低收入家庭拓展提供支撑；全面建立临时救助制度，有效解决低收入群众的突发性、临时性基本生活困难；做好最低生活保障与养老、医疗等社会保险制度的衔接工作。对最低生活保障家庭中的老年人、未成年人、重度残疾人、重病患者等重点救助对象，要采取多种措施提高其救助水平。鼓励机关、企事业单位、社会组织和个人积极开展扶贫帮困活动，形成慈善事业与社会救助的有效衔接。完善城市最低生活保障与就业联动、农村最低生活保障与扶贫开发衔接机制，鼓励积极就业，加大对有劳动能力最低生活保障对象的就业扶持力度。

三、特困人员供养

自1956年集体化以后，农村五保供养制度逐步在农村普及并成为一项基本的社会保障制度。1994年1月，国务院颁布《农村五保供养工作条例》，农村五保对象的生活保障工作开始走上了规范化、法制化的道路。2006年1月，国务院颁布了新的《农村五保供养工作条例》，农村五保供养基本实现了应保尽保。2010年10月8日，民政部下发了《农村五保供养服务机构管理办法》，加强农村五保供养服务机构规范化管理。2014年5月1日国务院颁布的《社会救助暂行办法》将传统的农村五保供养制度与城市“三无”人员救助制度统一为特困人员供养制度。

（一）供养对象

国家对无劳动能力、无生活来源且无法定赡养、抚养、扶养义务人，或者其法定赡养、抚养、扶养义务人无赡养、抚养、扶养能力的老年人、残疾人以及未满16周岁的未成年人，给予特困人员供养。

（二）供养内容与供养标准

特困人员供养的内容包括：（1）提供基本生活条件；（2）对生活不能自理的给予照料；（3）提供疾病治疗；（4）办理丧葬事宜。特困人员供养标准由省、自治区、直辖市或者设区的市级人民政府确定、公布。特困人员供养应当与城乡居民基本养老保险、基本医疗保障、最低生活保障、孤儿基本生活保障等制度相衔接。

（三）供养程序

1. 申请或主动办理。申请特困人员供养，由本人向户籍所在地的乡镇人民政府、街道办事处提出书面申请；本人申请有困难的，可以委托村民委员会、居民委员会代为提出申请。乡镇人民政府、街道办事处应当及时了解和掌握居民的生活情况，发现符合特困供养条件的人员，应当主动为其依法办理供养。

2. 审批。乡镇人民政府、街道办事处应当通过入户调查、邻里访问、信函索证、群众评议、信息核查等方式，对申请人的家庭收入状况、财产状况进行调查核实，提出初审意见，在申请人所在村、社区公示后报县级人民政府民政部门审批。县级人民政府民政部门经审查，对符合条件的申请予以批准，并在申请人所在村、社区公布；对不符合条件的申请不予批准，并书面向申请人说明理由。

（四）供养形式

特困供养人员可以在当地的供养服务机构集中供养，也可以在家分散供养。特困供养人员可以自行选择供养形式。

（五）供养终止公示

特困供养人员不再符合供养条件的，村民委员会、居民委员会或者供养服务机构应当告知乡镇人民政府、街道办事处，由乡镇人民政府、街道办事处审核并报县级人民政府民政部门核准后，终止供养并予以公示。

第三节　灾害救助制度

我国雪灾、地震、洪涝、泥石流等自然灾害多发、频发，是世界上受自然灾害影响最为严重的国家之一，几乎每年都发生多次重特大自然灾害，严重危害了人民群众生命财产安全和生产生活秩序。据民政部统计，近 20 年来，我国因遭受各类自然灾害每年平均死亡约 4 300 人，倒塌民房约 300 万间。特别是 2008 年汶川特大地震，死亡和失踪人数达 8.8 万余人。[①]为了规范自然灾害救助工作，保障受灾人员的基本生活，2010 年 6 月 30 日，国务院颁布了《自然灾害救助条例》，填补了自然灾害救助的行政法规空白。2014 年 5 月 1 日施行的《社会救助暂行办法》，将受灾人员救助纳入我国统一的社会救助制度体系。

---

① 参见《国务院法制办负责人就〈自然灾害救助条例〉答问》，中央政府门户网站，http://www.gov.cn/zwhd/2010-07/14/content_1654178.htm

一、灾害救助的概念和特点

（一）灾害救助的概念

灾害救助有广义和狭义之分。广义的灾害救助包括灾前准备、报告灾情、核实灾情、依法救灾、完备救灾手续等方面的内容，狭义的灾害救助是指社会成员因自然灾害的侵袭而失去生活保障面临生存危机时，国家和社会以口粮、衣被、住房、生产资料等实物和现金的形式给予援助，以维持其基本生活水平。灾害救助也包括因遭受战争之苦的地区和人民的救助。

（二）灾害救助的特点

1. 不确定性。随着科学技术的不断进步，人类已经可以预测一些自然灾害的发生，但是，在大自然面前，人类的力量还显得很渺小。人类还没有完全掌握自然灾害的发生规律，灾害的发生时间和地点还不能准确预测，受灾的人群无法预知，灾后的救助对象也就无法事先确定。

2. 短期性。自然灾害的发生往往突然出现，经过一定周期后就会消失。人类由于受到自然灾害侵袭而陷入生活困难的时间往往较短。

3. 急迫性。大的自然灾害往往在瞬间造成严重的破坏结果，地震、海啸可以在顷刻间将大范围的房屋摧毁，造成大量的人员伤亡。人们在没有防备的情况下陷入生存困境中，这就需要国家和社会通过灾害救助制度在第一时间做出反应，及时地对灾民给予救助。

二、灾害救助的主要形式

根据不同的分类标准，灾害救助可以表现为不同的形式。

（一）根据救助发生的时间阶段分类

1. 灾害预警。有效的灾害预警能够起到“防患于未然”而减少灾害损失的作用。为此，我国《抗旱条例》、《国务院办公厅关于进一步加强气象灾害防御工作的意见》、《国家突发环境事件应急预案》、《国家自然灾害救助应急预案》、《减灾规划（1998~2010年）》等行政法规中，将灾害预警纳入抗灾预案之中，并对灾害预警预报、灾害预警工程建设提出了要求。我国从2003年开始在中央电视台播出地质灾害气象预警预报，成功避让地质灾害3 096起，安全转移人员129 924人，避免财产损失近20亿元。①

2. 灾害预防。灾害预防属于积极的事前灾害救助手段。我国封建时代设立的平籴仓、常平仓、义仓、社仓等储备防灾粮的仓廒制度，历代统治者兴修水利、发展农业，都是为了预防自然灾害的发生。目前，我们实施的退耕还林、保

---

① 参见《我国“十五”期地质灾害预警报告》，浙江省地质勘探局网站，http：//www. zjdk. gov. cn/article/showarticle. asp？id = 1865

持水土、防风治沙、治理江河等工作，就是为了不断提高抵御自然灾害的能力，减少灾害的损失。例如，2009 年 5 月 1 日开始实施的《中华人民共和国防震减灾法》第四章从工程建设、公共设施抗震设防的管理等方面对地震灾害的预防提出了明确的要求，最大限度地发挥灾害预防的效用。

3. 紧急救助。属于常见的事后救助，国家和社会向灾民及时提供帐篷、食品、衣物、药品、资金等生活必需品，以维持受灾社会成员的基本生活条件。

（二）根据救助主体分类

1. 国家救助。国家是实施灾害救助的主体，国家救助是灾害救助的主要形式。在灾害发生以后，特别是像汶川地震那样的特大灾害发生以后，急需组织大量救灾物资和人力进行救援，只有国家才能在短时间内集全国之力，调动人力、物力、财力进行全面救助。国家救助的方式主要包括提供救济粮食、衣物、帐篷、金钱，无偿提供医疗、防病防疫服务等。

2. 生产自救。由于我国自然灾害频繁、人口众多，国家在财力有限的情况下，不可能对所有的灾害不分轻重缓急地都由国家救助，生产自救也是灾害救助的主要形式之一。随着人民生活水平的不断提高，家庭和个人都有了一定的物质积累，具有了一定程度的自救能力，灾区群众可以通过救灾款的扶持，自力更生，恢复生产，增加收入，达到自我救助的目的。国家也会在资金、技术、信息等方面给予扶持和帮助，积极配合灾区人民的生产自救。《中华人民共和国社会救助法（征求意见稿）》将鼓励生产自救作为社会救助应当遵循的基本原则之一。

3. 国际救援。国际救援组织组织大量的志愿人员参加各种抗灾救灾活动。如全球最大的人道主义救援组织国际红十字会、新加坡的 SOS 等组织就是世界性的国家救援组织，它们在某一国家发生自然灾害、战乱时提供各种紧急的灾害救助。2009 年 5 月 12 日，汶川地震发生以后，国际救援组织和日本、俄罗斯、韩国、新加坡等国家先后派出了最精锐的救援和医疗人员，在最短的时间内完成集结赶赴中国地震灾区实施救援。

三、灾害救助款的使用原则

（一）实行专款专用、重点使用的原则

救灾款是中央用于安排灾民生活的专款，是灾民的“救命钱”，务必用到灾民身上。其使用范围是：（1）重点解决灾民生活上无力克服的衣、食、住、医等困难；（2）紧急抢救、转移和安置灾民；（3）在切实保障灾民基本生活的前提下，适当扶持灾民开展生产自救。救灾款发放的重点是重灾区、经济不发达灾区的重灾民和贫困、自救能力较差的灾民，不得平均分配，不得向非灾区拨款，不得挪用救灾款弥补社会救济费的不足，不得擅自扩大使用范围，更不得用于地方其他事业费和任何行政经费开支。

（二）生活救助与扶持生产自救相结合的原则

必须将救灾款的主要部分用于对灾民的无偿生活救助。有偿扶持生产自助部分，应重点帮助发展投资少、周期短、见效快的工农业生产，以增加现金收入，解决当前困难。有偿用于扶持生产自救的资金要逐年收回，专款专用，逐年积累，周转使用。在灾年结合救灾用于生产自救，抗灾度荒；在非灾年用于扶持贫困户发展生产，逐年建立救灾扶贫的生产基地。不准挪作他用或扶持富裕户和专业大户。

四、灾害救助的捐赠

灾害救助的捐赠也称为救灾捐赠，是以救灾为目的集社会各界的力量开展的慈善活动。1980 年，国务院批准外经贸部、民政部、外交部《关于接受联合国救灾署援助的请示的通知》，我国开始接受国际救灾援助。

（一）救灾捐赠的含义和特点

救灾捐赠是在发生较严重的突发性自然灾害后，由政府部门或社会团体等机构有组织地向海内外各界募集资金和物资，帮助解决灾区和灾民因灾造成的困难。捐赠款物来自海内外各界，包括：友好国家和地区政府；国家组织；外国民间团体、企业和个人；海外华人华侨组织和个人；港澳台同胞；国内社会各界机关、团体、企事业单位、军队、学校和个人。①

救灾捐赠与一般的社会捐赠相比，有以下特点：

1. 救灾捐赠具有随机性和临时性。救灾捐赠的直接目的是满足灾民的紧急需要。而自然灾害的发生往往具有随机性，其结果也难以预测，因此救灾捐赠一般没有长期具体的计划。救灾捐赠对灾民的救助往往也是临时的，往往待灾害结束后，这种应急的救助措施就会解除。

2. 救灾捐赠主体的开放性。救灾捐赠是一项社会活动，任何单位和个人都可能成为捐赠者。捐赠者不但包括国内的各种机关、法人和其他组织、自然人，还包括外国政府、国家组织、外国民间团体、企业和个人等。捐赠主体的开放性，可以最大限度地募集资金和物资，也进一步增强了人的群体化形式。

3. 救灾捐赠的无偿性。《救灾捐赠管理办法》第 4 条规定：“救灾捐赠应当是自愿和无偿的，禁止强行摊派或者变相摊派，不得以捐赠为名从事营利活动。”救灾捐款行为完全是出于捐赠单位或个人的自愿的无偿支付，捐赠者和管理者都不在其中追求任何直接的经济利益，它只产生社会效益。捐赠者不能在捐赠款物

---

① 2001～2007 年，我国社会捐赠款物合计 4 190 746.7 万元。截至 2009 年 4 月 30 日，全国共接收汶川地震抗震救灾捐款 659.96 亿元，其中，“特殊党费” 97.3 亿元；捐赠物资折价 107.16 亿元，已全部拨给灾区使用；捐赠款物合计 767.12 亿元。数据根据《中国民政统计年鉴（2008）》搜集整理和民政部 2009 年 5 月 12 日颁布的《关于全国接收 5·12 汶川地震抗震救灾捐赠款物及使用情况的公告》。

时附加任何政治条件或其他与救灾目的不相关的条件。

（二）救灾捐助款物的使用原则

捐赠款物必须全部、无偿分配给灾区，无偿用于解决灾民的基本生活问题，不能变相收费或变卖转卖；专款专物专用，严格限定使用范围和途径，不许贪污、挪用、滥用和徇私舞弊；捐赠款物必须严格按协议和捐赠者的意愿安排使用，对于没有协议和没有明确意愿的款物，要根据灾害分布情况统筹安排；重点使用，不能搞任何形式的平均发放，首先要保证对重灾区和重灾民的救助，重点解决灾民最基本、最急迫的困难。

（三）救灾捐赠款物的使用程序

1. 制定分配使用方案。

2. 指定专门机构和人员负责捐赠款物的发放。

3. 总结和报告捐赠款物使用情况。

五、救灾款物的管理与监督

民政部负责组织全国救灾工作，其内设救灾司负责拟订救灾工作的政策，承办救灾组织、协调工作，组织自然灾害救助应急体系建设，承办灾情组织核查和统一发布工作，承办中央救灾款物管理、分配及监督使用工作，会同有关方面组织协调紧急转移安置灾民、农村灾民毁损房屋恢复重建补助和灾民生活救助，承办中央级生活类救灾物资储备工作，组织和指导救灾捐赠，拟订减灾规划，承办国际减灾合作等事宜。省、市、县各级民政部门是同级人民政府主管救灾工作的职能部门。

救灾款物的监督机制主要有审计监督、监察监督、海关监督、舆论监督、基层监督和捐赠者监督。灾款物受到国家有关法律的保护，挪用救灾、抢险等救济款物，情节严重，致使国家和人民群众利益遭受重大损害的，要承担刑事责任。

第四节　专项救助制度

一、医疗救助

（一）医疗救助的概念与分类

医疗救助是指国家和社会针对那些因为贫困而没有经济能力进行治病的公民实施专门的帮助和支持。它通常是在政府有关部门的主导下，社会广泛参与，通过医疗机构针对贫困人口的患病者实施的恢复其健康、维持其基本生存能力的救治行为。

从各地实践来看，我国医疗救助的分类主要有以下几种：

1. 按救助病种可以分为门诊救助、住院救助和综合救助。（1）门诊救助，主要针对一般疾病，具有救助人次多、次均补偿水平较低的特点，一般采取发放医疗救助卡或政策减免等形式进行救助。(2) 住院救助，主要针对重大疾病，由于住院疾病病情比较复杂，病程较长，次均费用较高，住院救助对救助对象的补偿水平较门诊救助高，因此，住院救助是目前医疗救助试点探索中普遍采用的形式。(3) 综合救助，对一般疾病和重大疾病都救助。门诊救助和住院救助覆盖病种有限，单独采用都不能很好地解决贫困人群医疗可及性的问题，综合救助模式成为我国医疗救助模式的发展方向。此外，对一些重大疾病，如精神病、各类传染病（如艾滋病、血吸虫病、结核病等），通过建立专项救助资金实施救助，也成为综合救助模式中的重要组成部分。

2. 按救助形式可以分为直接救助和间接救助。(1) 直接救助是针对受助人群，通过发放现金、派发医疗救助卡、政策减免等方式使其能享受基本医疗服务。但是，其中的发放现金难以保证救助资金的使用方向，可能导致资金使用效率低下，同时对救助对象也缺乏有效的费用约束。(2) 间接救助则是医疗救助部门通过与医疗服务机构核算，将救助资金拨付给医疗机构，由医疗机构为受助人员提供服务的形式。目前很多国家都采取政府直接向医疗机构给付救助资金，形成“第三方付费”模式，这种模式的给付也分为预付和后付，各国都在积极探索中。

3. 按救助对象可以分为城市医疗救助和农村医疗救助。根据民政部、卫生部、劳动保障部和财政部2005年颁布的《关于建立城市医疗救助制度试点工作的意见》，城市医疗救助对象主要是城市居民最低生活保障对象中未参加城镇职工基本医疗保险的人员、已参加城镇职工基本医疗保险但个人负担仍然较重的人员和其他特殊困难群众。根据民政部、卫生部和财政部2003年联合下发的《关于实施农村医疗救助的意见》，农村医疗救助对象为农村五保户、农村贫困家庭成员和地方政府规定的其他符合条件的农村贫困农民。在各地的试点实践中，逐步增加了两个《意见》以外的其他救助对象，如低收入老年人、流动人口中的孕妇、精神病患者等。

4. 按救助时间可分为医前救助、医中救助和医后救助。(1) 医前救助主要是指在贫困救助对象发生卫生服务需求之前给予一定补偿，以提高贫困救助对象对卫生服务的利用，属于医疗救助预付制。具体补偿形式有定期发放医疗救助金、资助城市居民参加医疗保险、资助农村困难居民参加新型农村合作医疗等。救助部门为救助对象发放医疗救助证，救助资金直接与医院结算，救助对象在医疗服务完成后只需缴纳自付部分，不用先垫支救助费用。(2) 医中救助是指在贫困救助对象疾病诊断和利用医疗服务的过程中根据患者疾病负担予以一定额度或比例的救助。救助形式可以是民政部门对医疗机构现金补偿，也可以是医疗机构对医疗服务费用的一定额度或比例予以先期垫付，民政部门再与医疗机构核算补偿。(3) 医后救助是指医疗救助部门确定的医疗救助对象在患病后接受医疗服务时自己预先垫付医疗费用，再通过向医疗救助管理机构申请，获得救助资金以补偿先期支付费用。据民政部统计数据显示，全国资助参保参合的医前救助方式具有明显优势。2013 年全国共实施医疗救助 10 832.3 万人次，其中，住院救助 1 098.4 万人次，占总救助人次的 10%；门诊救助 1 541.3 万人次，占 14%；资助参保参合 8 192.6 万人，占 76%。当年筹集资金 218 亿元，其中中央财政安排 132 亿元；全年支出医疗救助资金 257.6 亿元；住院、门诊和资助参保参合人次均救助水平分别为 1 673 元、142 元和 63 元。全国 81% 的县（市、区）开展了医疗救助“一站式”即时结算服务。[①]

（二）医疗救助对象

《社会救助暂行办法》规定，下列人员可以申请相关医疗救助：（1）最低生活保障家庭成员；（2）特困供养人员；（3）县级以上人民政府规定的其他特殊困难人员。例如，因自然灾害导致伤病的农村灾民，伤残军人、孤老复员军人及孤老烈属等重点优抚对象等。医疗救助对象须同时符合以下三个条件：一是须为贫困人口；二是须为伤病患者；三是须无力支付医疗费用。

（三）医疗救助方式与救助标准

医疗救助采取下列方式：（1）对救助对象参加城镇居民基本医疗保险或者新型农村合作医疗的个人缴费部分，给予补贴；（2）对救助对象经基本医疗保险、大病保险和其他补充医疗保险支付后，个人及其家庭难以承担的符合规定的基本医疗自负费用，给予补助。医疗救助标准，由县级以上人民政府按照经济社会发展水平和医疗救助资金情况确定、公布。

（四）申请医疗救助的程序

申请医疗救助的，应当向乡镇人民政府、街道办事处提出，经审核、公示后，由县级人民政府民政部门审批。最低生活保障家庭成员和特困供养人员的医疗救助，由县级人民政府民政部门直接办理。

县级以上人民政府应当建立健全医疗救助与基本医疗保险、大病保险相衔接的医疗费用结算机制，为医疗救助对象提供便捷服务。

此外，《社会救助暂行办法》还规定，国家建立疾病应急救助制度，对需要急救但身份不明或者无力支付急救费用的急重危伤病患者给予救助。符合规定的急救费用由疾病应急救助基金支付。疾病应急救助制度应当与其他医疗保障制度相衔接。

二、教育救助

（一）我国教育救助制度的发展概况

20 世纪 80 年代中期，我国开始探索建立中小学阶段贫困生教育救助制度。

---

① 数据来源：民政部网站民政部社会救助司，《2013 年我国医疗救助运行情况分析报告》，http://dbs.mca.gov.cn/article/csyljz/llyj/201409/20140900707569.shtml

我国义务教育阶段教育救助制度的发展经历了从贫困地区义务教育助学金制度的建立、“两免一补（免杂费、免书本费、补助寄宿生活费）”政策的形成，免除全国城乡义务教育阶段学生学杂费，对贫困生补助寄宿生生活费三个阶段的发展过程。2004年，民政部、教育部联合出台了《关于进一步做好城乡特殊困难未成年人教育救助工作的通知》，明确规定教育救助的对象具体为：（1）持有农村五保供养证的未成年人；（2）属于城市“三无”对象（即无劳动能力、无生活来源、无法定扶养义务人或虽有法定扶养义务人但扶养义务人无扶养能力）的未成年人；（3）持有城乡最低生活保障证和农村特困户救助证家庭的未成年子女；（4）当地政府规定的其他需要教育救助的对象。提出了对城乡特殊困难未成年人实施教育救助的目标：一是对持有农村五保供养证和属于城市“三无”对象的未成年人，基本实现普通中小学免费教育；二是对持有城乡最低生活保障证和农村特困户救助证家庭的子女在义务教育阶段基本实现“两免一补”（免杂费、免书本费、补助寄宿生活费），高中教育阶段提供必要的学习和生活补助。

高等教育阶段的教育救助，经过各有关部门的努力，初步形成了“奖、贷、助、补、减”五种方式的救助政策体系。奖，即奖学金制度，是指在学校设立各种形式的奖学金，支持家庭经济困难、学习优秀的学生和学习农业、师范、体育、航海、民族等特殊专业的学生；贷，即助学贷款制度，是指由金融机构针对高校学生开展的各种助学贷款；助，即勤工俭学制度，是指在学校的教学、科研、管理及校园环境维护等方面，为经济困难的学生设立一些勤工助学的岗位，让他们通过从事一定时间的劳动，获取一定的报酬，贴补其在学习期间的一些开支；补，即困难补助，是指每年中央和地方政府都拨出一定的专款，各高校每年也要从所收取的学费中提取10%左右，用于对困难学生的补助；减，即减免学费，是指国家规定对学习农业、师范、体育、航海、民族等特殊专业的学生减免学费，同时要求学校对家庭经济困难的学生区别情况减收或免收学费。

（二）教育救助的概念与特征

教育救助是指国家或社会团体、个人为保障适龄人口获得接受教育的机会，在不同阶段向贫困地区和贫困学生提供物质和资金援助的制度。其特点是通过减免、资助等方式帮助贫困学生完成相关阶段的学业，以提高其文化技能，最终解决他们的生计问题。

与其他社会救助制度相比而言，教育救助具有以下基本特征。

1. 教育救助的间接性。教育救助不直接发放救助资金和物品，而是进行补贴或学费减免。

2. 教育救助的连续性。教育救助非一次性，而是有个持续的过程。

3. 教育救助的多样性。教育救助针对初等教育与高等教育不同阶段，实行直接救助、间接救助不同的救助方式，提供不同的救助方法。初等教育主要是学杂费减免、助学补贴；高等教育在进行助学金补助和学费适当减免的同时，往往还提供奖学金、助学贷款等。

（三）教育救助对象

《社会救助暂行办法》规定，国家对在义务教育阶段就学的最低生活保障家庭成员、特困供养人员，给予教育救助。对在高中教育（含中等职业教育）、普通高等教育阶段就学的最低生活保障家庭成员、特困供养人员，以及不能入学接受义务教育的残疾儿童，根据实际情况给予适当教育救助。

（四）教育救助方式与救助标准

《社会救助暂行办法》规定，教育救助根据不同教育阶段需求，采取减免相关费用、发放助学金、给予生活补助、安排勤工助学等方式实施，保障教育救助对象基本学习、生活需求。教育救助标准，由省、自治区、直辖市人民政府根据经济社会发展水平和教育救助对象的基本学习和生活需求确定、公布。

（五）申请教育救助的程序

《社会救助暂行办法》规定，申请教育救助，应当按照国家有关规定向就读学校提出，按规定程序审核、确认后，由学校按照国家有关规定实施。

三、住房救助

（一）住房救助制度概述

住房救助主要是指对城乡特殊困难居民和因灾倒房户在住房修缮、重建和租房方面给予现金与物质补助的制度。住房救助是社会救助的重要组成部分，是针对住房困难的社会救助对象实施的住房保障。住房救助是切实保障特殊困难群众获得能够满足其家庭生活需要的基本住房，在住房方面保民生、促公平的托底性制度安排。在我国，住房救助采取政府救助与社会帮扶相结合的原则。在城市，住房救助主要是廉租住房制度；在农村主要是资助农村特殊困难农民搬迁、修缮和新建住房，资助因灾倒房户恢复重建。2003 年 12 月，建设部、财政部、民政部、国土资源部、国家税务总局联合下发《城镇最低收入家庭廉租住房管理办法》，规定符合市、县人民政府规定的住房困难的低收入家庭，可以申请城镇最低收入家庭廉租住房。保障方式以发放租赁住房补贴为主，实物配租、租金核减为辅。租赁住房补贴是指市、县人民政府向符合条件的申请对象发放补贴，由其到市场上租赁住房。实物配租是指市、县人民政府向符合条件的申请对象直接提供住房，并按照廉租住房租金标准收取租金。租金核减是指产权单位按照当地市、县人民政府的规定，在一定时期内对现已承租公有住房的城镇最低收入家庭给予租金减免。2014 年国务院出台了《社会救助暂行办法》，用专章原则性地规定了住房救助对象、救助方式、救助标准与申请程序等基本内容。2014 年 11 月 13 日住房城乡建设部、民政部、财政部联合下发《关于做好住房救助有关工作的通知》，进一步明确住房救助对象、规范住房救助方式、健全住房救助标准、完善住房救助实施程序等。

（二）住房救助对象

《社会救助暂行办法》规定，国家对符合规定标准的住房困难的最低生活保障家庭、分散供养的特困人员，给予住房救助。《关于做好住房救助有关工作的通知》明确指出，住房救助对象是指符合县级以上地方人民政府规定标准的、住房困难的最低生活保障家庭和分散供养的特困人员。城镇住房救助对象，属于公共租赁住房制度保障范围。农村住房救助对象，属于优先实施农村危房改造的对象范围。

（三）住房救助方式

《社会救助暂行办法》规定，住房救助通过配租公共租赁住房、发放住房租赁补贴、农村危房改造等方式实施。《关于做好住房救助有关工作的通知》明确要求应充分考虑住房救助对象经济条件差、住房支付能力不足的客观条件，通过配租公共租赁住房、发放低收入住房困难家庭租赁补贴、农村危房改造等方式实施住房救助。对城镇住房救助对象要优先配租公共租赁住房或发放低收入住房困难家庭租赁补贴，其中对配租公共租赁住房的，应给予租金减免，确保其租房支出可负担。对农村住房救助对象，应优先纳入当地农村危房改造计划，优先实施改造。

（四）住房救助标准

住房困难标准和救助标准，《社会救助暂行办法》授权由县级以上地方人民政府根据本行政区域经济社会发展水平、住房价格水平等因素确定、公布。《关于做好住房救助有关工作的通知》明确规范了住房救助标准，县级以上地方人民政府要统筹考虑本行政区域经济发展水平和住房价格水平等因素，合理确定、及时公布住房救助对象的住房困难条件，以及城镇家庭实施住房救助后住房应当达到的标准和对住房救助对象实施农村危房改造的补助标准。住房困难标准及住房救助标准应当按年度实行动态管理，以确保救助对象住房条件能随着经济和社会发展水平的进步而相应地提高。

（五）住房救助实施程序

《社会救助暂行办法》规定，城镇家庭申请住房救助的，应当经由乡镇人民政府、街道办事处或者直接向县级人民政府住房保障部门提出，经县级人民政府民政部门审核家庭收入、财产状况和县级人民政府住房保障部门审核家庭住房状况并公示后，对符合申请条件的申请人，由县级人民政府住房保障部门优先给予保障。农村家庭申请住房救助的，按照县级以上人民政府有关规定执行。《关于做好住房救助有关工作的通知》明确完善住房救助实施程序，市、县人民政府应当本着方便、快捷、随到随办的原则，建立“一门受理、协同办理”机制，完善申请审核、资格复核、具体实施等住房救助程序规定，方便城乡家庭申请住房救助。城镇家庭可通过乡镇人民政府、街道办事处或者直接向住房保障部门提出申请，经县级民政部门确认申请家庭的最低生活保障及特困供养人员资格，由住房保障部门负责审核家庭住房状况并公示。经审核符合规定条件的，应当纳入城镇住房保障轮候对象范围，优先给予保障。各地要完善城镇住房救助对象家庭资格复核制度，不再符合住房救助条件但符合公共租赁住房保障对象条件的，可继续承租公共租赁住房，同时相应调整租金。农村居民（家庭）应向户籍所在地的乡镇人民政府提出申请。乡镇人民政府对申请人的最低生活保障或特困供养人员资格、住房状况进行确认、调查核实并公示后，报县级人民政府住房城乡建设部门会同民政部门审批。对经审批决定纳入住房救助范围的，应将其作为农村危房改造对象优先纳入当地农村危房改造计划。

此外，《社会救助暂行办法》规定，各级人民政府按照国家规定通过财政投入、用地供应等措施为实施住房救助提供保障。

四、就业救助

就业救助是指国家对最低生活保障家庭中有劳动能力并处于失业状态的成员，通过贷款贴息、社会保险补贴、岗位补贴、培训补贴、费用减免、公益性岗位安置等办法，确保其实现就业的一种社会救助制度。

（一）就业救助对象

《社会救助暂行办法》规定，国家对最低生活保障家庭中有劳动能力并处于失业状态的成员，通过贷款贴息、社会保险补贴、岗位补贴、培训补贴、费用减免、公益性岗位安置等办法，给予就业救助。据此，就业救助对象是城乡最低生活保障家庭中有劳动能力并处于失业状态的成员。

（二）就业救助方式与救助目标

根据《社会救助暂行办法》的规定，县级以上地方人民政府应当对救助对象采取贷款贴息、社会保险补贴、岗位补贴、培训补贴、费用减免、公益性岗位安置等有针对性的措施，帮扶其实现就业。其中，最低生活保障家庭有劳动能力的成员均处于失业状态的，县级以上地方人民政府应当采取有针对性的措施，确保该家庭至少有一人就业。

（三）就业救助实施程序

最低生活保障家庭中有劳动能力但未就业的成员，应当向住所地街道、社区公共就业服务机构提出就业救助申请，公共就业服务机构核实后予以登记，并免费提供就业岗位信息、职业介绍、职业指导等就业服务。

（四）救助接受与退出

最低生活保障家庭中有劳动能力但未就业的成员，应当接受人力资源和社会保障部等有关部门介绍的工作；无正当理由，连续三次拒绝接受介绍的与其健康状况、劳动能力等相适应的工作的，县级人民政府民政部门应当决定减发或者停发其本人的最低生活保障金。

（五）就业救助奖励

吸纳就业救助对象的用人单位，按照国家有关规定享受社会保险补贴、税收优惠、小额担保贷款等就业扶持政策。

第五节　临时救助制度

一、临时救助概述

（一）临时救助的概念

临时救助是国家对遭遇突发事件、意外伤害、重大疾病或其他特殊原因导致基本生活陷入困境，其他社会救助制度暂时无法覆盖或救助之后基本生活暂时仍有严重困难的家庭或个人给予的应急性、过渡性的救助。临时救助是解决城乡困难群众突发性、紧迫性、临时性生活困难的有效措施。《社会救助暂行办法》第九章专门规定了临时救助的对象与实施程序以及生活无着的流浪、乞讨人员的临时救助等内容。2014 年 10 月 3 日，国务院发布了《关于全面建立临时救助制度的通知》，决定全面建立临时救助制度。建立临时救助制度是填补社会救助体系空白、提升社会救助综合效益、确保社会救助安全网网底不破的必然要求，对于全面深化改革、促进社会公平正义、全面建成小康社会具有重要意义。据统计，2013 年我国民政部门实施临时救助 698. 1 万户次，其中，按户籍性质分类城市家庭 323. 0 万户次，农村家庭 375. 1 万户次；按属地分类当地常驻户口 681. 0 万户次，非当地常驻户口 17. 2 万户次；按救助类型分类支出型临时救助 620. 5 万户次，应急型临时救助 77. 6 万户次。[①]

（二）临时救助对象

《社会救助暂行办法》规定，国家对因火灾、交通事故等意外事件，家庭成员突发重大疾病等原因，导致基本生活暂时出现严重困难的家庭，或者因生活必需支出突然增加超出家庭承受能力，导致基本生活暂时出现严重困难的最低生活保障家庭，以及遭遇其他特殊困难的家庭，给予临时救助。《关于全面建立临时救助制度的通知》明确临时救助对象范围包括：

1. 家庭对象。因火灾、交通事故等意外事件，家庭成员突发重大疾病等原因，导致基本生活暂时出现严重困难的家庭；因生活必需支出突然增加超出家庭

---

① 数据来源：民政部网站，《民政部发布 2013 年社会服务发展统计公报》，http：//www. mca. gov. cn/article/zwgk/mzyw/201406/20140600654488. shtml

承受能力，导致基本生活暂时出现严重困难的最低生活保障家庭；遭遇其他特殊困难的家庭。

2. 个人对象。因遭遇火灾、交通事故、突发重大疾病或其他特殊困难，暂时无法得到家庭支持，导致基本生活陷入困境的个人。其中，符合生活无着的流浪、乞讨人员救助条件的，由县级人民政府按有关规定提供临时食宿、急病救治、协助返回等救助。因自然灾害、事故灾难、公共卫生、社会安全等突发公共事件，需要开展紧急转移安置和基本生活救助，以及属于疾病应急救助范围的，按照有关规定执行。县级以上地方人民政府应当根据当地实际，制定具体的临时救助对象认定办法，规定意外事件、突发重大疾病、生活必需支出突然增加以及其他特殊困难的类型和范围。

（三）临时救助实施程序

《社会救助暂行办法》规定，申请临时救助的，应当向乡镇人民政府、街道办事处提出，经审核、公示后，由县级人民政府民政部门审批；救助金额较小的，县级人民政府民政部门可以委托乡镇人民政府、街道办事处审批。情况紧急的，可以按照规定简化审批手续。《关于全面建立临时救助制度的通知》细化明确了临时救助实施程序：

1. 申请受理。(1) 依申请受理。凡认为符合救助条件的城乡居民家庭或个人均可以向所在地乡镇人民政府（街道办事处）提出临时救助申请；受申请人委托，村（居）民委员会或其他单位、个人可以代为提出临时救助申请。对于具有本地户籍、持有当地居住证的，由当地乡镇人民政府（街道办事处）受理；对于上述情形以外的，当地乡镇人民政府（街道办事处）应当协助其向县级人民政府设立的救助管理机构（即救助管理站、未成年人救助保护中心等）申请救助；当地县级人民政府没有设立救助管理机构的，乡镇人民政府（街道办事处）应当协助其向县级人民政府民政部门申请救助。申请临时救助，应按规定提交相关证明材料，无正当理由，乡镇人民政府（街道办事处）不得拒绝受理；因情况紧急无法在申请时提供相关证明材料的，乡镇人民政府（街道办事处）可先行受理。(2) 主动发现受理。乡镇人民政府（街道办事处）、村（居）民委员会要及时核实辖区居民遭遇突发事件、意外事故、罹患重病等特殊情况，帮助有困难的家庭或个人提出救助申请。公安、城管等部门在执法中发现身处困境的未成年人、精神病人等无民事行为能力人或限制民事行为能力人，以及失去主动求助能力的危重病人等，应主动采取必要措施，帮助其脱离困境。乡镇人民政府（街道办事处）或县级人民政府民政部门、救助管理机构在发现或接到有关部门、社会组织、公民个人报告救助线索后，应主动核查情况，对于其中符合临时救助条件的，应协助其申请救助并受理。

2. 审核审批。(1) 一般程序。乡镇人民政府（街道办事处）应当在村

（居）民委员会协助下，对临时救助申请人的家庭经济状况、人口状况、遭遇困难类型等逐一调查，组织民主评议，提出审核意见，并在申请人所居住的村（居）民委员会张榜公示后，报县级人民政府民政部门审批。对申请临时救助的非本地户籍居民，户籍所在地县级人民政府民政部门应配合做好有关审核工作。县级人民政府民政部门根据乡镇人民政府（街道办事处）提交的审核意见做出审批决定。救助金额较小的，县级人民政府民政部门可以委托乡镇人民政府（街道办事处）审批，但应报县级人民政府民政部门备案。对符合条件的，应及时予以批准；不符合条件不予批准，并书面向申请人说明理由。申请人以同一事由重复申请临时救助，无正当理由的，不予救助。对于不持有当地居住证的非本地户籍人员，县级人民政府民政部门、救助管理机构可以按生活无着人员救助管理有关规定审核审批，提供救助。(2）紧急程序。对于情况紧急、需立即采取措施以防止造成无法挽回的损失或无法改变的严重后果的，乡镇人民政府（街道办事处）、县级人民政府民政部门应先行救助。紧急情况解除之后，应按规定补齐审核审批手续。

（四）临时救助方式

对符合条件的救助对象，可采取以下救助方式：

1. 发放临时救助金。各地要全面推行临时救助金社会化发放，按照财政国库管理制度将临时救助金直接支付到救助对象个人账户，确保救助金足额、及时发放到位。必要时，可直接发放现金。

2. 发放实物。根据临时救助标准和救助对象基本生活需要，可采取发放衣物、食品、饮用水以及提供临时住所等方式予以救助。对于采取实物发放形式的，除紧急情况外，要严格按照政府采购制度的有关规定执行。

3. 提供转介服务。对给予临时救助金、实物救助后，仍不能解决临时救助对象困难的，可分情况提供转介服务。对符合最低生活保障或医疗、教育、住房、就业等专项救助条件的，要协助其申请；对需要公益慈善组织、社会工作服务机构等通过慈善项目、发动社会募捐、提供专业服务、志愿服务等形式给予帮扶的，要及时转介。

（五）临时救助标准

临时救助的具体事项、标准，《社会救助暂行办法》授权县级以上地方人民政府确定、公布。县级以上地方人民政府要根据救助对象困难类型、困难程度，统筹考虑其他社会救助制度保障水平，合理确定临时救助标准，适时调整，并向社会公布。临时救助标准要与当地经济社会发展水平相适应。省级人民政府要加强对本行政区域内临时救助标准制定的统筹，推动形成相对统一的区域临时救助标准。

二、高校毕业生的临时救助

（一）救助对象和标准

凡高校毕业生（含大学专科、大学本科、研究生）因患病等原因短期无法就业且生活困难的，由高校毕业生户籍迁入地所在民政部门参照当地低保标准，给予临时救助，享受临时救助的时间最长不得超过一年，一年后家庭生活仍有困难的，按有关规定申请享受最低生活保障或其他社会救助。对于滞留高校尚未办理户籍迁移的高校困难毕业生，民政部门不予受理。享受临时救助的高校毕业生已参加就业或家庭经济条件好转，应及时取消对其的临时救助。

（二）救助程序

高校生活困难毕业生申请临时救助，按最低生活保障的申请审批程序办理。高校生活困难毕业生应当向户籍迁入地所在的申请审批机关出具合法真实的《毕业证书》、《就业报到证》和个人身份证。

三、流浪乞讨人员的救助

（一）救助对象

城市生活无着的流浪乞讨人员是指因自身无力解决食宿，无亲友投靠，又不享受城市最低生活保障或者农村五保供养，正在城市流浪乞讨度日的人员。不具备上述情形的流浪乞讨者不属于救助对象。

（二）救助原则

1. 临时性救助原则。救助站对城市生活无着的流浪乞讨人员实施不超过 10 天的临时救助，在解决受助人员临时生活困难后，应当劝导受助人员返回其住所地或者所在单位。对查明住址的，及时通知其亲属或者所在单位领回；对无家可归的，由其户籍所在地人民政府妥善安置。

2. 自愿受助、无偿救助原则。求助人向救助管理站自愿求助，对于符合救助范围的求助者应当给予救助。受助人员自愿放弃救助离开救助站的，经事先告知后救助站不得限制。救助站不得向受助人员、其亲属或者所在单位收取费用，不得以任何借口组织受助人员从事生产劳动。

3. 政府、社会、家庭责任相结合的原则。县级以上城市人民政府应当根据需要设立流浪乞讨人员救助站，并采取积极措施及时救助流浪乞讨人员，将救助工作所需经费列入财政预算，予以保障。国家鼓励、支持社会组织和个人救助流浪乞讨人员。受助人员户口所在地、住所地的乡级、县级人民政府应当帮助返回的受助人员解决生产、生活困难，避免其再次外出流浪乞讨；对遗弃残疾人、未成年人、老年人的近亲属或者其他监护人，责令其履行抚养、赡养义务；对确实无家可归的残疾人、未成年人、老年人应当给予安置。社会组织及个人可以采取捐赠、义工等方式支持救助站工作。

（三）救助内容

救助站应当根据受助人员的需要提供下列救助：（1）提供符合食品卫生要求的食物；（2）提供符合基本条件的住处；（3）对在救助站内突发急病的，及时送医院救治；(4) 帮助与其亲属或者所在单位联系；(5) 对没有交通费返回其住所地或者所在单位的，提供乘车凭证。救助站为受助人员提供的食物和住处，应当能够满足受助人员的基本健康和安全需要。受助人员食宿定额定量的标准，由省级人民政府民政部门商财政部门具体规定。

（四）救助管理

县级以上人民政府民政部门负责流浪乞讨人员的救助工作，并对救助站进行指导、监督。各级地方财政、民政部门要加强救助资金的管理。救助站为财政补助事业单位，所需救助管理经费由同级地方财政部门列入财政预算，予以保障。

【案例研讨】

“空挂户”的低保问题

薛某，男，32 岁，未婚，户口空挂南京市城区某单位集体户口，精神二级残疾。薛某原是南京一所大学的学生，毕业后在南京某公司工作，工作一年后单位领导和同事都发现其行为有点怪异，后经医院确诊，发现其患有精神分裂症。不久，单位与其解除合同，薛某也回老家治病，长期住院治疗，其父母亲是乡下的农民，长期的医药费使本来贫困的家庭变得更加困难。薛某在南京只是一个空挂户，在南京既无工作也无住房。根据其实际情况，根本不可能在南京长期定居。薛某能否成为城市居民最低生活保障对象？①

评析：

我国《城市居民最低生活保障条例》第 2 条规定：“持有非农业户口的城市居民，凡共同生活的家庭成员人均收入低于当地城市居民最低生活保障标准的，均有从当地人民政府获得基本生活物质帮助的权利。”《南京市城乡居民最低生活保障条例实施细则》第 23 条规定：“最低生活保障对象享受最低生活保障待遇后，居住地和户籍地不一致的家庭，街道办事处、镇人民政府应委托社区居民委员会、村民委员会书面告知其在三个月内将户口迁至居住地。符合户口迁移规定，无正当理由逾期不迁的，应停发最低生活保障金；不符合户口迁移规定的，应由实际居住地派出所出具证明，方可在户籍所在地享受最低生活保障待遇。”第 24 条规定：“户籍迁移的保障对象，应当在原户籍地领取本月的保障金，同时到新户籍地重新申请享受最低生活保障待遇。”可见，我国城镇低保实行以户籍为标准的属地管辖，因此，根据有关规定，当事人应该将户籍迁回原籍，并在当地重新申请、享受低保待遇。对于薛某等“空挂户”，如果符合享受低保条件，而在南京一无住所，二无收入来源，也只能批准其享受 3 个月低保待遇。

---

① 案件来源：龙虎网新闻中心，http://longhoo.net/gb/longhoo/news/nanjing/caijing/userobject1ai805893.html

思考问题与案例

一、思考问题

1. 社会救助制度有哪些特点？

2. 社会救助具有哪些重要意义？

3. 农村最低生活保障制度的保障对象是哪些人？

4. 灾害救助的特点是什么？

5. 灾害救助包括哪些主要形式？

6. 我国流浪乞讨人员的救助原则是什么？

二、思考案例

1. 城镇低保不是“自助餐”。

2002 年以来，某省 SD 县逐步健全了社会救助体系。全县享受城镇低保人数已达 1 735 户 3 606 人，已累计发放低保资金 1 800 多万元。2008 年 4 月下旬，该县财政局在检查中发现，有 42 户 75 名已享受低保的人员，通过弄虚作假、隐报、瞒报、提供虚假证明等手段隐瞒自己真实的工作身份，掩盖自己的实际家庭收入，骗取低保资格；另有 90 户 186 名已享受低保的人员不能提供相关证明材料。由于认识不到位、监管缺位等原因，致使城镇低保在部分人眼中俨然成了“自助餐”；部分低保经办人员把低保当福利，靠山吃山，出现“特权保”。①

问题：针对上述问题，如何建立健全最低保障制度？

2. 2010 年 5 月 5 日，刘某驾驶湘 C88771 小型轿车从祁东县城沿 322 国道往白地市方向超速行驶至 66.15 公里地段时，遇一人在道路上同方向行走，车辆邻近时，此人突然往道路中间横行，湘 C88771 小型轿车与其相撞，造成此人当场死亡、车辆受损的交通事故。交警大队认定刘某与该死者负此事故的同等责任。祁东县公安局交警大队经核查，无法确认死者身份，在衡阳日报上刊登了认尸启事，在法定期限内无人认领尸体，遂确定死者为无名流浪人员，依法火化了尸体。经核定，该无名死者的死亡赔偿金、丧葬费等各项经济损失为 109 538.2 元。刘某驾驶的湘 C88771 小型轿车于 2010 年 4 月 22 日向财产保险某分公司投保了商业第三者责任险，保险限额为 100 000 元。祁东县社会救助基金管理中心作为依法筹集用于垫付机动车道路交通事故中受害人人身伤亡的丧葬费用以及部分或者全部抢救费用的社会专项基金管理单位，以原告的身份要求刘某赔偿该死者的死亡赔偿金、丧葬费，财产保险某分公司在其保险限额内承担民事赔偿责任。

问题：

（1）社会救助基金管理中心能否以原告的身份起诉要求刘某赔偿无名死者的死亡赔偿金、丧葬费？其法理依据是什么？

（2）社会救助基金管理中心获得无名死者赔偿款后，应如何管理该笔赔款？如果无人领取，该笔赔款应如何处理？

---

① 案例来源于《财政监督》2008 年第 11 期。

第十四章　社会优抚法与社会福利法

【本章导语】

社会优抚法与社会福利法是我国社会保障法律制度的重要组成部分，社会优抚法是针对社会成员中对国家和社会有特殊贡献的群体尤其是军人及其家属而制定的有关优待抚恤法律规范的总称。社会福利法是为社会全体成员提高生活水平、改善生活条件和提供生活便利而制定的调整社会福利关系的法律规范的总称。本章阐述了社会优抚和社会福利的概念、特征和地位，重点论述了社会优抚和社会福利法律制度的基本内容。

【引导案例】

抚恤金福利待遇纠纷案

彭某系某消防公司退休工人，因病于2007年2月4日去世。2007年9月10日彭某之女彭某某受托与消防公司签订一份协议，约定按上年度职工社会月平均工资1 378元共24个月计算付给彭某妻子谭某救济费33 072元，2007年9月第一次给付13 072元；2008年12月第二次给付10 000元；2009年第三次给付10 000元。协议签订后，消防公司于2007年9月11日给付了13 072元。第二次给付时间到期后当谭某请求依协议给付时，消防公司拒绝支付，并明确表示今后不再给付。谭某认为消防公司的行为违反了有关政策精神和双方所签协议，起诉请求法院依法判令消防公司支付拖欠的救济费20 000元，并承担全部诉讼费用。被告消防公司认为，抚恤金发放标准的依据是国家的改制政策。消防公司于2002年进行了企业改制，根据市政府企业改制五项提留的政策，原告谭某属于退休职工非因工死亡后赡养直系亲属抚恤金对象，而被告所有抚恤金对象依照其标准计算出来的抚恤金为11 004元，故原告的抚恤金也应为11 004元。针对抚恤金的支付问题，被告于2008年12月16日召开了公司董事会扩大会议，会议决定改制后的公司仍继续履行2002年改制政策，赡养直系亲属抚恤金仍按原提留政策原标准一次性支付即11 004元。因此，依据企业改制政策，被告应支付原告抚恤金11 004元，而现今已共支付原告抚恤金13 072元，被告实际多支付了2 068元，故被告已经足额支付了原告的抚恤金，不存在拖欠的问题。①

① 参见长沙市开福区人民法院网：《谭再华诉湖南省金鼎消防器材有限公司福利待遇纠纷一案民事判决书》，http：//kfqfy. chinacourt. org/public/paperview. php? id = 519885，2011年6月20日。

【重点问题】

1. 社会优抚的对象和措施。
2. 社会优抚的概念与特点。
3. 社会福利体系的内容。
4. 职工福利制度的内容。

第一节　社会优抚法

一、社会优待

（一）社会优待的概念和特点

1. 社会优待的概念。社会优待是指国家、社会和群众依照法律、政策和社会习俗等，对优待对象在政治上、经济上提供各种优厚待遇和服务的社会保障制度。社会优待有狭义和广义之分。狭义的优待，仅指针对军人及其家属所建立的各种优厚待遇和服务措施。广义的优待除包括对军人及其家属的优待外，还包括针对因公殉职的国家工作人员以及为保护国家、集体和公民的利益而伤亡的群众等所提供的优待。本章所谈及的优待，仅指对军人及其家属的优待。

我国的优待制度是建立在国家、社会和群众三结合基础上的优待制度。国家优待包括政治方面、精神方面和物质方面的优先与优待。社会优待是社会各界、各行业、各单位、组织、团体和人民群众对烈、军属等优待对象提供的精神抚慰、物质帮助和社会服务。群众优待是指人民群众对优待对象给予的精神抚慰和物质帮助以及提供的各种优先、优惠服务。

2. 社会优待的特点。（1）优待对象具有特殊性。我国《宪法》第45条第2款规定："国家和社会保障残废军人的生活，抚恤烈士家属，优待军人家属。"因此，社会优待的对象是为保卫国家安全做出贡献和牺牲的特定社会群体及其家属。（2）优待的保障标准较高。优待措施要保证军人及其家属维持一定的生活水平和生活质量。因此，制定较高的优待标准，使优待对象优先优惠地享受国家的各种政策和社会提供的各种服务。（3）优待资金主要由国家财政提供。国家和社会有责任对优待对象进行补偿、表彰和褒扬，因此，优待资金主要由国家财政支出，社会承担一部分，特殊项目下个人也交纳一部分费用。（4）优待内容具有综合性。国家和社会通过多种优待措施对优待对象进行综合性的生活和生产保障。

（二）社会优待的对象

优待对象是指根据国家立法、政策等规定，应该由国家、社会和群众给予优先、优惠待遇的人。根据《军人抚恤优待条例》的规定，优待对象主要包括以下人员：（1）中国人民解放军现役军人；（2）服现役或者退出现役的残疾军人；（3）复员、退伍军人；（4）烈士遗属；（5）因公牺牲军人遗属；（6）病故军人遗属；（7）现役军人家属等。[①]

（三）社会优待的措施

根据《军人抚恤优待条例》的规定，针对军人的优待措施主要有以下方面。

1. 现金优待。义务兵服现役期间，其家庭由当地人民政府发给优待金或者给予其他优待，优待标准不低于当地平均生活水平。

2. 医疗费用优待。国家对一级至六级残疾军人的医疗费用按照规定予以保障，由所在医疗保险统筹地区社会保险经办机构单独列账管理。七级至十级残疾军人旧伤复发的医疗费用，已经参加工伤保险的，由工伤保险基金支付，未参加工伤保险的，有工作的由工作单位解决，没有工作的由当地县级以上地方人民政府负责解决；七级至十级残疾军人旧伤复发以外的医疗费用，未参加医疗保险且本人支付有困难的，由当地县级以上地方人民政府酌情给予补助。中央财政对抚恤优待对象人数较多的困难地区给予适当补助，用于帮助解决抚恤优待对象的医疗费用困难问题。

3. 就业优待。在国家机关、社会团体、企业事业单位工作的残疾军人，所在单位不得因其残疾将其辞退、解聘或者解除劳动关系。义务兵和初级士官入伍前是国家机关、社会团体、企业事业单位职工（含合同制人员）的，退出现役后，允许复工复职，并享受不低于本单位同岗位（工种）、同工龄职工的各项待遇；服现役期间，其家属继续享受该单位职工家属的有关福利待遇。

4. 社会服务优待。现役军人凭有效证件、残疾军人凭《中华人民共和国残疾军人证》优先购票乘坐境内运行的火车、轮船、长途公共汽车以及民航班机；残疾军人享受减收正常票价50%的优待。现役军人凭有效证件乘坐市内公共汽车、电车和轨道交通工具享受优待。残疾军人凭《中华人民共和国残疾军人证》免费乘坐市内公共汽车、电车和轨道交通工具。现役军人、残疾军人凭有效证件参观游览公园、博物馆、名胜古迹享受优待。

5. 服役优待。烈士、因公牺牲军人、病故军人的子女、兄弟姐妹，本人自愿应征并且符合征兵条件的，优先批准服现役。

6. 入学优待。义务兵和初级士官退出现役后，报考国家公务员、高等学校和中等职业学校，在与其他考生同等条件下优先录取。残疾军人、烈士子女、因公牺牲军人子女、一级至四级残疾军人子女，驻边疆国境的县（市）、沙漠区、国家确定的边远地区中的三类地区和军队确定的特、一、二类岛屿部队现役军人的子女报考普通高中、中等职业学校、高等学校，在与其他考生同等条件下优先录取；接受学历教育的，在同等条件下优先享受国家规定的各项助学政策。现役军人子女的入学、入托，在同等条件下优先接收。

---

① 以上所称家属一般指军人的父母、配偶、子女以及依靠军人生活的18周岁以下的弟妹、军人自幼曾依靠其抚养长大现在又必须依靠军人生活的其他亲属。

7. 住房优待。残疾军人、复员军人、带病回乡退伍军人、烈士遗属、因公牺牲军人遗属、病故军人遗属，承租、购买住房，依照有关规定享受优先、优惠待遇。居住农村的抚恤优待对象住房困难的，由地方人民政府帮助解决。

8. 经济补助优待。复员军人生活困难的，按照规定的条件，由当地人民政府民政部门给予定期定量补助，逐步改善其生活条件。

9. 邮政优待。义务兵从部队发出的平信，免费邮递。

全国人大常委会 2011 年 6 月 27 日审议《中华人民共和国兵役法修正案（草案)》。该草案规定了现役军人的工资制度和休假、疗养、住房等生活福利待遇，规定了国家实行军人保险制度，规定了现役军人的优待政策以及伤残军人、退役军人和烈士、因公牺牲、病故军人遗属以及现役军人家属的抚恤优待政策。

二、残疾抚恤

（一）残疾抚恤的概念

残疾抚恤是指被认定为因战致残、因公致残或者因病致残的现役军人依照有关法律的规定所应享受的抚恤待遇。

1. 因战致残。按照《军人抚恤优待条例》的规定，因以下情形之一导致残疾的，认定为因战致残：（1）对敌作战致残，或者对敌作战负伤致残的；（2）因执行任务遭敌人或者犯罪分子伤害，或者被俘、被捕后不屈遭敌人伤害或者被折磨致残的；（3）为抢救和保护国家财产、人民生命财产或者参加处置突发事件致残的；（4）因执行军事演习、战备航行飞行、空降和导弹发射训练、试航试飞任务以及参加武器装备科研实验致残的。

2. 因公致残。因以下情形之一导致残疾的，认定为因公致残：（1）在执行任务中或者在上下班途中，由于意外事件致残的；（2）被认定为因战、因公致残的；（3）因患职业病致残的；（4）在执行任务中或者在工作岗位上因病致残，或者因医疗事故致残的；（5）其他因公致残的。

3. 因病致残。义务兵和初级士官因患职业病、在执行任务中或者在工作岗位上、医疗事故情形以外的疾病导致残疾的，认定为因病致残。

（二）残疾等级

1. 残疾等级的划分。残疾的等级，根据劳动功能障碍程度和生活自理障碍程度确定。依据《军人抚恤优待条例》，将军人因战、因公致残等级评定标准由重到轻分为一级至十级[①]。

器官缺失或功能完全丧失，其他器官不能代偿，存在特殊医疗依赖和完全护理依赖的，为一级；器官严重缺损或畸形，有严重功能障碍或并发症，存在特殊

① 一级至十级残疾等级的划分，综合考虑了残疾军人在医疗期满后的器官缺损、功能障碍、心理障碍和对医疗护理依赖的程度。

医疗依赖和大部分护理依赖的，为二级；器官严重缺损或畸形，有严重功能障碍或并发症，存在特殊医疗依赖和部分护理依赖的，为三级；器官严重缺损或畸形，有严重功能障碍或并发症，存在特殊医疗依赖和小部分护理依赖的，为四级；器官大部缺损或明显畸形，有较重功能障碍或并发症，存在一般医疗依赖的，为五级；器官大部缺损或明显畸形，有中度功能障碍或并发症，存在一般医疗依赖的，为六级；器官大部分缺损或畸形，有轻度功能障碍或并发症，存在一般医疗依赖的，为七级；器官部分缺损，形态明显异常，有轻度功能障碍，存在一般医疗依赖的，为八级；器官部分缺损，形态明显异常，有轻度功能障碍的，为九级；器官部分缺损，形态异常，有轻度功能障碍的，为十级。

2. 致残性质的认定和残疾等级的评定权限。（1）义务兵和初级士官的残疾，由军队军级以上单位卫生部门认定和评定；（2）现役军官、文职干部和中级以上士官的残疾，由军队军区级以上单位卫生部门认定和评定；（3）退出现役的军人和移交政府安置的军队离休、退休干部需要认定残疾性质和评定残疾等级的，由省级人民政府民政部门认定和评定。

评定残疾等级，应当依据医疗卫生专家小组出具的残疾等级医学鉴定意见。残疾军人由认定残疾性质和评定残疾等级的机关发给《中华人民共和国残疾军人证》。

（三）残疾抚恤待遇

1. 退出现役的残疾军人，按照残疾等级享受残疾抚恤金。残疾抚恤金由县级人民政府民政部门发给。因工作需要继续服现役的残疾军人，经军队军级以上单位批准，由所在部队按照规定发给残疾抚恤金。残疾军人的抚恤金标准应当参照全国职工平均工资水平确定。县级以上地方人民政府对依靠残疾抚恤金生活仍有困难的残疾军人，可以增发残疾抚恤金或者采取其他方式予以补助，保障其生活不低于当地的平均生活水平。

2. 退出现役的因战、因公致残的残疾军人因旧伤复发死亡的，由县级人民政府民政部门按照因公牺牲军人的抚恤金标准发给其遗属一次性抚恤金，其遗属享受因公牺牲军人遗属抚恤待遇。

3. 退出现役的因战、因公、因病致残的残疾军人因病死亡的，对其遗属增发12个月的残疾抚恤金，作为丧葬补助费。其中，因战、因公致残的一级至四级残疾军人因病死亡的，其遗属享受病故军人遗属抚恤待遇。

4. 退出现役的一级至四级残疾军人，由国家供养终身。其中，对需要长年医疗或者独身一人不便分散安置的，经省级人民政府民政部门批准，可以集中供养。对分散安置的一级至四级残疾军人发给护理费。退出现役的残疾军人的护理费，由县级以上地方人民政府民政部门发给；未退出现役的残疾军人的护理费，经军队军级以上单位批准，由所在部队发给。

5. 残疾军人需要配制假肢、代步三轮车等辅助器械，正在服现役的，由军队军级以上单位负责解决；退出现役的，由省级人民政府民政部门负责解决。

三、死亡抚恤

（一）死亡抚恤的概念

死亡抚恤是指现役军人死亡被批准为烈士、被确认为因公牺牲或者病故的，其遗属依照有关法律的规定所应享受的抚恤待遇。

1. 烈士。现役军人死亡，符合下列情形之一的，批准为烈士：对敌作战死亡，或者对敌作战负伤在医疗终结前因伤死亡的；因执行任务遭敌人或者犯罪分子杀害，或者被俘、被捕后不屈遭敌人杀害或者被折磨致死的；为抢救和保护国家财产、人民生命财产或者参加处置突发事件死亡的；因执行军事演习、战备航行飞行、空降和导弹发射训练、试航试飞任务以及参加武器装备科研实验死亡的；其他死难情节特别突出，堪为后人楷模的。现役军人在执行对敌作战、边海防执勤或者抢险救灾任务中失踪，经法定程序宣告死亡的，按照烈士对待。

2. 因公牺牲。现役军人死亡，符合下列情形之一的，确认为因公牺牲：在执行任务中或者在上下班途中，由于意外事件死亡的；被认定为因战、因公致残后因旧伤复发死亡的；因患职业病死亡的；在执行任务中或者在工作岗位上因病猝然死亡，或者因医疗事故死亡的；其他因公死亡的。现役军人在执行对敌作战、边海防执勤或者抢险救灾以外的其他任务中失踪，经法定程序宣告死亡的，按照因公牺牲对待。

3. 病故。现役军人因其他疾病死亡的，确认为病故。现役军人非执行任务死亡或者失踪，经法定程序宣告死亡的，按照病故对待。

对烈士遗属、因公牺牲军人遗属、病故军人遗属，由县级人民政府民政部门分别发给《中华人民共和国烈士证明书》、《中华人民共和国军人因公牺牲证明书》、《中华人民共和国军人病故证明书》。

（二）死亡抚恤待遇

1. 一次性抚恤金。现役军人死亡，根据其死亡性质和死亡时的月工资标准，由县级人民政府民政部门发给其遗属一次性抚恤金，标准是：烈士和因公牺牲的，为上一年度全国城镇居民人均可支配收入的20倍加本人40个月的工资；病故的，为上一年度全国城镇居民人均可支配收入的2倍加本人40个月的工资。月工资或者津贴低于排职少尉军官工资标准的，按照排职少尉军官工资标准发给其遗属一次性抚恤金。获得荣誉称号或者立功的烈士、因公牺牲军人、病故军人，其遗属在应当享受的一次性抚恤金的基础上，由县级人民政府民政部门按照5%～35%的比例增发一次性抚恤金。多次获得荣誉称号或者立功的烈士、因公牺牲军人、病故军人，其遗属由县级人民政府民政部门按照其中最高等级奖励的增发比例，增发一次性抚恤金。

对生前做出特殊贡献的烈士、因公牺牲军人、病故军人，除按规定发给其遗属一次性抚恤金外，军队可以按照有关规定发给其遗属一次性特别抚恤金。一次性抚恤金发给烈士、因公牺牲军人、病故军人的父母（抚养人）、配偶、子女；没有父母（抚养人）、配偶、子女的，发给未满18周岁的兄弟姐妹和已满18周岁但无生活费来源且由该军人生前供养的兄弟姐妹。

2. 定期抚恤金。对符合下列条件之一的烈士遗属、因公牺牲军人遗属、病故军人遗属，发给定期抚恤金：（1）父母（抚养人）、配偶无劳动能力、无生活费来源，或者收入水平低于当地居民平均生活水平的；（2）子女未满18周岁或者已满18周岁但因上学或者残疾无生活费来源的；（3）兄弟姐妹未满18周岁或者已满18周岁但因上学无生活费来源且由该军人生前供养的。

对符合享受定期抚恤金条件的遗属，由县级人民政府民政部门发给《定期抚恤金领取证》。定期抚恤金标准应当参照全国城乡居民家庭人均收入水平确定。定期抚恤金的标准及其调整办法，由国务院民政部门会同国务院财政部门规定。县级以上地方人民政府对依靠定期抚恤金生活仍有困难的烈士遗属、因公牺牲军人遗属、病故军人遗属，可以增发抚恤金或者采取其他方式予以补助，保障其生活不低于当地的平均生活水平。

享受定期抚恤金的烈士遗属、因公牺牲军人遗属、病故军人遗属死亡的，增发12个月其原享受的定期抚恤金，作为丧葬补助费，同时注销其领取定期抚恤金的证件。

第二节　社会福利法

一、社会福利概述

社会福利[①]，英文表述为"social welfare"、"social security"和"public welfare"，welfare的本意为福利、幸福、健康安乐，security的本意为安全、保障。所以，社会福利可以理解为是国家和社会为增进与改善社会成员尤其是困难者的社会生活的一种社会制度，是一种以社会保障为基础的公共利益的实现形式。广义的社会福利是指提高广大社会成员生活水平的各种政策和社会服务，包括物质和精神生活的各个方面，旨在解决广大社会成员在各个方面的福利待遇问题。狭义的社会福利是指对生活能力较弱的儿童、老人、残疾人、慢性精神病人等的社会照顾和社会服务。社会福利所包括的内容十分广泛，不仅包括生活、教育、医

① 社会福利是一个颇具争议的概念，至今仍众说纷纭。

疗方面的福利待遇，而且包括交通、文娱、体育、休闲等方面的待遇。社会福利是一种服务政策和服务措施，其目的在于提高广大社会成员的物质和精神生活水平，使之得到更多的享受；同时，社会福利也是一种职责，是在社会保障的基础上保护和延续有机体生命力的一种社会功能。

社会福利的类型主要有职工福利、妇女福利、儿童福利、老年人福利、残疾人福利等。

二、职工福利制度

（一）职工福利的概念和特征

职工福利，又称职业福利，是各个行业和单位为满足员工的生活需要和提高员工的生活质量而提供给员工的基本待遇以外的津贴、福利设施和服务等。职工福利中有一部分表现为单位集体福利，是国家通过立法予以确认，通过一定的途径在某些行业中普遍实行的制度；另一部分是员工所在单位主动为职工提供的福利，是一种行业内或单位内的福利。

职工福利相比于其他社会福利项目，具有以下特征：

1. 就业是享受职工福利的前提。职工福利享受与否取决于是否是本单位职工。

2. 职工福利普遍地向本单位的全体职工提供，但职工享受福利的程度可能受到其在本单位服务年限或其他因素的影响。

3. 本单位提供职工福利的水平取决于单位效益和领导者的重视程度。单位效益越好，职工福利水平就越高；相反，单位效益越差，职工福利水平可能就越低。单位领导者重视职工福利，职工福利内容就多；相反，单位领导者忽视职工福利，职工享受的福利待遇就少。

（二）职工福利的内容

职工福利的内容大体上分为三类，即福利津贴、福利设施和福利服务。

1. 福利津贴。福利津贴是单位为解决职工的生活需求、减轻职工的生活负担而设立的。福利津贴涉及职工生活的方方面面，表现为多种形式，具体称谓也有所不同。比如，给予困难职工的生活补贴，交通费、通讯费补贴，探亲往返车船费补贴等。

2. 福利设施。福利设施是单位职工平等享用的、便利职工生活的服务设施。常见的职工福利设施有职工食堂、宿舍，托儿所、幼儿园，俱乐部，阅览室，体育馆等。

3. 福利服务。福利服务范围相当广泛，如定期给职工提供健康体检、组织职工免费旅游、接送职工上下班或职工子女上学放学等。

随着我国经济社会的全面发展和进步，职工福利的水平也在不断提高。但职工福利还存在许多问题，如集体福利的身份性很强，各个单位企业之间所提供的职工福利内容有很大差别，职工之间的福利待遇也有差别。这些问题都影响了职工福利事业的发展。因此，根据社会的发展程度，职工福利制度应当做出改进。

三、妇女、儿童与老年人福利制度

妇女、儿童与老年人福利制度都属于特殊福利制度的范畴，特殊福利制度旨在维持和提高某些特定人群的生活水平与生活质量而设立。

（一）妇女福利制度

当代社会，妇女在政治、经济、文化、社会和家庭生活等各方面享有同男子平等的权利，是平等的社会成员。但妇女在心理、生理等方面又有着与男子截然不同的特点。为了使妇女在实质上享受平等权利，需要国家在某些方面予以妇女特殊的关怀和保护。妇女福利专项制度的设立，对于实现和维护妇女的特殊利益有着重要的推动作用。

妇女福利所包含的范围很广，凡是目前依据法定职责及两性平权观念为妇女提供的各项保障，都属于妇女福利的范围。妇女福利的主要内容有以下方面。

1. 针对妇女的特殊津贴与照顾。我国针对生育妇女，实行生育津贴制度，即妇女在生育期间享受产假及生育津贴。生育津贴主要包含两部分：一部分是生育医疗费补贴，这笔钱用于补贴产前检查、生育手术及住院费用；另一部分是生育生活津贴，可以理解为产假工资。

女职工按国务院颁布的《女职工劳动保护特别规定》享受产假及生育津贴：（1）女职工生育享受98天产假，其中产前可以休假15天；难产的，增加产假15天；生育多胞胎的，每多生育1个婴儿，增加产假15天。女职工怀孕未满4个月流产的，享受15天产假；怀孕满4个月流产的，享受42天产假。（2）女职工产假期间的生育津贴，对已经参加生育保险的，按照用人单位上年度职工月平均工资的标准由生育保险基金支付；对未参加生育保险的，按照女职工产假前工资的标准由用人单位支付。（3）女职工生育或者流产的医疗费用，按照生育保险规定的项目和标准，对已经参加生育保险的，由生育保险基金支付；对未参加生育保险的，由用人单位支付。

企业、事业单位女职工的生育津贴以本人生产或流产上月养老保险缴费工资为基数，公务员（包括参、依照公务员管理的人员）以本人流产或生产前12个月月平均工资为基数计发。

给生育妇女发放生育津贴，是各个国家普遍通行的做法。国际劳工组织的《保护生育公约》中就有关于生育妇女休假和津贴的规定。可见，对妇女生育期间的特殊关怀和照顾由来已久。有些福利国家，在妇女生育期间，除了提供给妇女生育津贴外，围绕生育还提供一些其他项目的福利津贴。

2. 女职工劳动保护福利。为维护女职工的合法权益，减少和解决女职工在劳动和工作中因生理特点造成的特殊困难，保护其健康，以利于社会主义现代化建设，我国《劳动法》对劳动妇女的劳动权益给予特殊保护。

3. 妇女保健福利设施和服务。为了保障妇女和儿童的生命健康，我国在不断加强妇幼保健方面的工作。全国建立了多所各级各类托儿所、幼儿园和妇幼保健机构，加强卫生保健和保育水平。在农村，实行妇女分娩救助制度，提高了婴儿出生率，减少了孕产妇死亡率。在女职工比较多的单位，按照国家有关规定，以自办或者联办的形式，逐步建立女职工卫生室、孕妇休息室、哺乳室、托儿所、幼儿园等设施，并妥善解决女职工在生理卫生、哺乳、照料婴儿方面的困难。

4. 建立妇女权益维护组织和机构。尽管法律规定妇女与男子享有同等的权利，但在现实生活中，由于妇女所具有的生理及心理特点，妇女的合法权益很容易受到侵害，各级劳动、卫生部门和工会、妇联组织有权进行监督。妇女劳动保护的权益受到侵害时，有权向所在单位的主管部门或者当地劳动部门提出申诉，其所在单位的主管部门，应当根据情节轻重，给予行政处分，并责令该单位给予被侵害女职工合理的经济补偿；构成犯罪的，由司法机关依法追究刑事责任。

（二）儿童福利制度

少年儿童是国家的未来和希望，建立儿童福利制度的目的就在于保护少年儿童的身心健康发展，保障少年儿童的合法权益得以实现，提高成年人尤其是监护人的责任感，使少年儿童的生活得到照料、享受应受的教育，为少年儿童未来的发展打下良好的基础。发展儿童福利事业，是国家义不容辞的责任。我国《宪法》、《婚姻法》以及《义务教育法》等法律中都有关于对少年儿童权益保护的规定。

儿童福利也称为未成年人福利，未满 18 周岁的公民是未成年人。儿童福利制度可以从广义和狭义两种角度理解。广义的儿童福利是指国家和社会为所有未满 18 周岁的少年儿童提供的各种利益和优惠，包括儿童保护、养育、教育、卫生保健等各个方面。狭义的儿童福利仅仅指国家和社会对于失去家庭的少年儿童、具有生理或精神方面障碍的少年儿童提供的特殊的照顾和利益，涉及对孤儿、弃儿及各种伤残儿童的收养、教育、医疗和康复等方面的内容。

1. 广义的儿童福利。广义的儿童福利主要涉及以下四方面内容：（1）为少年儿童提供的各种医疗保健服务和设施。国家系统和定期地开展少年儿童的保健服务工作，对少年儿童进行健康检查、预防接种以及其他疾病的防治工作，保障少年儿童能够健康成长。国家还兴办专门为少年儿童医疗保健服务的儿童专科医院，或者在综合医院设置儿科等，为少年儿童开展医疗保健服务工作。（2）为少年儿童开展各种活动提供条件或场所。如托儿所、育婴室和幼儿园的建立，为婴幼儿提供保育服务和活动场所。再如，设立各种儿童活动中心、少年宫、儿童公园等，为少年儿童提供学习、娱乐场所。（3）实行义务教育。为了保障适龄儿童、少年接受义务教育的权利，提高全民族素质，国家针对所有适龄儿童、少年统一实施义务教育。义务教育是国家必须予以保障的公益性事业。国家建立义务教育经费保障机制，保证义务教育制度实施。义务教育必须贯彻国家的教育方针，实施素质教育，提高教育质量，使适龄儿童、少年在品德、智力、体质等方面全面发展，为培养有理想、有道德、有文化、有纪律的社会主义建设者和接班人奠定基础。（4）为保障孤儿、弃儿和伤残儿童的正常、健康成长提供各种保健服务和措施。

2. 狭义的儿童福利。狭义的儿童福利即指针对孤儿、弃儿和伤残儿童的福利，主要包括对孤儿、弃儿和伤残儿童的收养、治疗、康复及教育等福利措施和服务。（1）设立对孤儿、弃儿和伤残儿童的收养渠道与机构。我国《收养法》规定，在有利于被收养的未成年人的抚养、成长，保障被收养人和收养人的合法权益及遵循平等自愿的原则并不得违背社会公德的条件下，可以对符合条件的未成年人进行收养。一般来说，对孤儿、弃儿和伤残儿童的收养主要通过以下两种方式进行：一是公民个人的收养。即公民个人根据国家法律和政策的规定，在符合条件的情况下，对孤儿、弃儿和伤残儿童进行养育和教育。国家鼓励合法的公民个人的领养、代养和收养行为，并对其实行政策上的扶持和经济上的补助等激励措施。二是集中供养。仅仅靠公民个人的收养并不能满足对孤儿、弃儿和伤残儿童的收养需求，国家和社会创办多种形式的福利机构对这些儿童进行集中供养。最常见的这类机构有儿童福利院、儿童村等。孤儿、弃儿和伤残儿童的收养机构对这些儿童负有养育、保健和教育等综合性的责任和义务，以保障他们健康成长。（2）设立伤残儿童康复机构。对于有身体残疾和精神障碍的儿童，国家通过举办各类儿童康复治疗中心、矫正中心等，对伤残儿童进行综合性和系统性的康复治疗与行为矫正。（3）举办特种教育。为了使伤残儿童长大后成为自食其力、对社会有用的人，各地根据情况设立各种残疾儿童教育机构，根据残疾儿童的不同需求开展形式多样的特种教育，帮助残疾儿童健康快乐地成长。

（三）老年人福利制度

老年人福利，是指国家和社会为了保障老年人合法权益，发展老年事业，弘扬中华民族敬老、养老的美德，安定老人生活，维护老人健康，充实老人精神文化生活，而采取的政策措施和提供的设施与服务。老年人曾经为社会的发展做出过贡献，在年老后，有从国家和社会获得物质帮助的权利，有享受社会发展成果的权利。国家和社会应当采取措施，健全对老年人的社会保障制度，逐步改善保障老年人生活、健康以及参与社会发展的条件。老年人福利是养老保险的延续和提高，不但要保障老年人基本的物质生活需要，还要进一步解决好老年人精神文化生活的需要，努力实现老有所养、老有所医、老有所为、老有所学、老有所乐。

老年人福利是以老年人为对象而设立的专项社会福利制度。其主要内容包括：老年人福利津贴；社会养老；老年人保健；老年人再就业。

1. 老年人福利津贴。随着社会经济的发展，老年人社会福利实现了由低水平救助向高标准保障的突破。高龄老人津贴制度的建立，是对传统补缺型社会福利制度的重大变革和创新，实现了由临时性、不确定救济向常态化、制度性保障的重大突破。高龄老人津贴制度，是一种兼有社会救助和社会福利性质的社会保障措施，对于解决高龄老人基本生活问题、提高高龄老人的生活质量发挥着重要作用。建立保障高龄老人基本生活需求的长效机制，推进补缺型老年福利向适度普惠型老年福利发展，使广大高龄老人的基本生活得到保障，不断提高高龄老人的生活质量。

2. 社会养老。养老由家庭转向社会是一种必然趋势。社会养老是相对于家庭养老而言的，积极发展社会性养老事业，使全社会所有的老年人在国家、社会和家庭的共同关心与关怀下，分享社会进步和发展的成果，更好地欢度晚年。通过投资兴办养老院、敬老院等机构，配备专门设备、专门人员对老年人的生活提供保障和服务。

3. 老年人保健。老年人保健是一项系统工程，要积极发展和建立老年人的保健体系，促进老年人身心全面健康发展。主要措施有：（1）加强老年医学的研究和人才的培养，提高老年病的预防、治疗和科研水平。（2）开展各种形式的健康教育，普及老年保健知识，增强老年人自我保健意识。（3）国家发展老年教育，鼓励社会办好各类老年学校。（4）国家和社会采取措施，开展适合老年人的群众性文化、体育、娱乐活动，丰富老年人的精神文化生活。（5）国家鼓励、扶持社会组织或者个人兴办老年福利院、敬老院以及老年公寓、老年医疗康复中心和老年文化体育活动场所等设施。（6）发展社区服务，逐步建立适应老年人需要的生活服务、文化体育活动、疾病护理与康复等服务设施和网点。

4. 老年人再就业。老年人是人口群体中的一个重要组成部分，合理开发和利用老年人口的人力资源、智力资源，调适老年人口的就业结构，使老年人既是消费者又是物质财富和精神财富的创造者，让他们以各种形式参与社会活动。这样既有益于社会，也有助于老年人开阔心胸、延年益寿。国家和社会应当重视、珍惜老年人的知识、技能和革命建设经验，尊重他们的优良品德，发挥老年人的专长和作用。

法律规定，国家应当为老年人参与社会主义物质文明和精神文明建设创造条件。根据社会的需要和可能，鼓励老年人在自愿和量力的情况下从事下列活动：对青少年和儿童进行社会主义、爱国主义、集体主义教育和艰苦奋斗等优良传统教育；传授文化和科技知识；提供咨询服务；依法参与科技开发和应用；依法从事经营和生产活动；兴办社会公益事业；参与维护社会治安、协助调解民间纠纷；参加其他社会活动。

四、残疾人福利制度

残疾人是指在心理、生理、人体结构上，某种组织、功能丧失或者不正常，全部或者部分丧失以正常方式从事某种活动能力的人，包括视力残疾、听力残疾、言语残疾、肢体残疾、智力残疾、精神残疾、多重残疾和其他残疾的人。残疾人是平等的社会成员，但又是特殊的社会群体。残疾人福利制度的建立，为残疾人在康复、教育、工作、医疗、生活的各个方面提供条件和服务，使残疾人生活得更加轻松、快乐。残疾人福利主要包括以下六个方面。

（一）残疾人康复

国家保障残疾人享有康复服务的权利。各级人民政府和有关部门应当采取措施，为残疾人康复创造条件，建立和完善残疾人康复服务体系，并分阶段实施重点康复项目，帮助残疾人康复，增强其参与社会生活的能力。康复工作应当从实际出发，将现代康复技术与我国传统康复技术相结合；以社区康复为基础，以康复机构为骨干，以残疾人家庭为依托；以实用、易行、受益广的康复内容为重点，优先开展残疾儿童抢救性治疗和康复；发展符合康复要求的科学技术，鼓励自主创新，加强康复新技术的研究、开发和应用，为残疾人提供有效的康复服务。

各级人民政府鼓励和扶持社会力量兴办残疾人康复机构。地方各级人民政府和有关部门，应当组织和指导城乡社区服务组织、医疗预防保健机构、残疾人组织、残疾人家庭和其他社会力量开展社区康复工作。残疾人教育机构、福利性单位和其他为残疾人服务的机构，应当创造条件，开展康复训练活动。残疾人在专业人员的指导和有关工作人员、志愿工作者及亲属的帮助下，应当努力进行功能、自理能力和劳动技能的训练。地方各级人民政府和有关部门应当根据需要有计划地在医疗机构设立康复医学科室，举办残疾人康复机构，开展康复医疗与训练、人员培训、技术指导、科学研究等工作。医学院校和其他有关院校应当有计划地开设康复课程，设置相关专业，培养各类康复专业人才。政府和社会采取多种形式对从事康复工作的人员进行技术培训；向残疾人、残疾人亲属、有关工作人员和志愿工作者普及康复知识，传授康复方法。政府有关部门应当组织和扶持残疾人康复器械、辅助器具的研制、生产、供应、维修服务。

（二）残疾人教育

国家保障残疾人享有平等接受教育的权利。各级人民政府应当将残疾人教育作为国家教育事业的组成部分，统一规划，加强领导，为残疾人接受教育创造条件。政府、社会、学校应当采取有效措施，解决残疾儿童、少年就学存在的实际困难，帮助其完成义务教育。各级人民政府对接受义务教育的残疾学生、贫困残疾人家庭的学生提供免费教科书，并给予寄宿生活费等费用补助；对接受义务教育以外其他教育的残疾学生、贫困残疾人家庭的学生按照国家有关规定给予资助。残疾人教育，实行普及与提高相结合、以普及为重点的方针，保障义务教育，着重发展职业教育，积极开展学前教育，逐步发展高级中等以上教育。

残疾人教育应当根据残疾人的身心特性和需要，按照下列要求实施：在进行思想教育、文化教育的同时，加强身心补偿和职业教育；依据残疾类别和接受能力，采取普通教育方式或者特殊教育方式；特殊教育的课程设置、教材、教学方法、入学和在校年龄，可以有适度弹性。

县级以上人民政府应当根据残疾人的数量、分布状况和残疾类别等因素，合理设置残疾人教育机构，并鼓励社会力量办学、捐资助学。普通教育机构对具有接受普通教育能力的残疾人实施教育，并为其学习提供便利和帮助。普通小学、初级中等学校，必须招收能适应其学习生活的残疾儿童、少年入学；普通高级中等学校、中等职业学校和高等学校，必须招收符合国家规定的录取要求的残疾考生入学，不得因其残疾而拒绝招收；拒绝招收的，当事人或者其亲属、监护人可以要求有关部门处理，有关部门应当责令该学校招收。普通幼儿教育机构应当接收能适应其生活的残疾幼儿。残疾幼儿教育机构、普通幼儿教育机构附设的残疾儿童班、特殊教育机构的学前班、残疾儿童福利机构、残疾儿童家庭，对残疾儿童实施学前教育。初级中等以下特殊教育机构和普通教育机构附设的特殊教育班，对不具有接受普通教育能力的残疾儿童、少年实施义务教育。高级中等以上特殊教育机构、普通教育机构附设的特殊教育班和残疾人职业教育机构，对符合条件的残疾人实施高级中等以上文化教育、职业教育。提供特殊教育的机构应当具备适合残疾人学习、康复、生活特点的场所和设施。政府有关部门、残疾人所在单位和有关社会组织应当对残疾人开展扫除文盲、职业培训、创业培训和其他成人教育，鼓励残疾人自学成才。国家有计划地举办各级各类特殊教育师范院校、专业，在普通师范院校附设特殊教育班，培养、培训特殊教育师资。普通师范院校开设特殊教育课程或者讲授有关内容，使普通教师掌握必要的特殊教育知识。特殊教育教师和手语翻译享受特殊教育津贴。政府有关部门应当组织和扶持盲文、手语的研究和应用，特殊教育教材的编写和出版，特殊教育教学用具及其他辅助用品的研制、生产和供应。

（三）残疾人的劳动就业

国家保障残疾人劳动的权利。各级人民政府应当对残疾人劳动就业统筹规划，为残疾人创造劳动就业条件。残疾人劳动就业，实行集中与分散相结合的方针，采取优惠政策和扶持保护措施，通过多渠道、多层次、多形式，使残疾人劳动就业逐步普及、稳定、合理。政府和社会举办残疾人福利企业、盲人按摩机构和其他福利性单位，集中安排残疾人就业。国家实行按比例安排残疾人就业制度。国家机关、社会团体、企业事业单位、民办非企业单位应当按照规定的比例安排残疾人就业，并为其选择适当的工种和岗位。达不到规定比例的，按照国家有关规定履行保障残疾人就业的义务。国家鼓励用人单位超过规定比例安排残疾人就业。国家鼓励和扶持残疾人自主择业、自主创业。地方各级人民政府和农村基层组织，应当组织和扶持农村残疾人从事种植业、养殖业、手工业和其他形式的生产劳动。国家对安排残疾人就业达到、超过规定比例或者集中安排残疾人就业的用人单位和从事个体经营的残疾人，依法给予税收优惠，并在生产、经营、技术、资金、物资、场地等方面给予扶持。国家对从事个体经营的残疾人，免除行政事业性收费。

县级以上地方人民政府及其有关部门应当确定适合残疾人生产或者经营的产品、项目，优先安排残疾人福利性单位生产或者经营，并根据残疾人福利性单位的生产特点确定某些产品由其专产。政府采购在同等条件下应当优先购买残疾人福利性单位的产品或者服务。地方各级人民政府应当开发适合残疾人就业的公益性岗位。对申请从事个体经营的残疾人，有关部门应当优先核发营业执照。对从事各类生产劳动的农村残疾人，有关部门应当在生产服务、技术指导、农用物资供应、农副产品购销和信贷等方面给予帮助。政府有关部门设立的公共就业服务机构，应当为残疾人免费提供就业服务。残疾人联合会举办的残疾人就业服务机构，应当组织开展免费的职业指导、职业介绍和职业培训，为残疾人就业和用人单位招用残疾人提供服务和帮助。

国家保护残疾人福利性单位的财产所有权和经营自主权，其合法权益不受侵犯。在职工的招用、转正、晋级、职称评定、劳动报酬、生活福利、休息休假、社会保险等方面不得歧视残疾人。残疾职工所在单位应当根据残疾职工的特点，提供适当的劳动条件和劳动保护，并根据实际需要对劳动场所、劳动设备和生活设施进行改造。国家采取措施，保障盲人保健和医疗按摩人员从业的合法权益。任何单位和个人不得以暴力、威胁或者非法限制人身自由的手段强迫残疾人劳动。

（四）文化生活

国家保障残疾人享有平等参与文化生活的权利。各级人民政府和有关部门鼓励、帮助残疾人参加各种文化、体育、娱乐活动，积极创造条件，丰富残疾人精神文化生活。残疾人文化、体育、娱乐活动应当面向基层，融入社会公共文化生活，适应各类残疾人的不同特点和需要，使残疾人广泛参与。

政府和社会采取下列措施丰富残疾人的精神文化生活：通过广播、电影、电视、报刊、图书、网络等形式，及时宣传报道残疾人的工作、生活等情况，为残疾人服务；组织和扶持盲文读物、盲人有声读物及其他残疾人读物的编写和出版，根据盲人的实际需要，在公共图书馆设立盲文读物、盲人有声读物图书室；

开办电视手语节目，开办残疾人专题广播栏目，推进电视栏目、影视作品加配字幕和解说；组织和扶持残疾人开展群众性文化、体育、娱乐活动，举办特殊艺术演出和残疾人体育运动会，参加国际性比赛和交流；文化、体育、娱乐和其他公共活动场所，为残疾人提供方便和照顾，有计划地兴办残疾人活动场所。

政府和社会鼓励、帮助残疾人从事文学、艺术、教育、科学、技术和其他有益于人民的创造性劳动。政府和社会促进残疾人与其他公民之间的相互理解和交流，宣传残疾人事业和扶助残疾人的事迹，弘扬残疾人自强不息的精神，倡导团结、友爱、互助的社会风尚。

（五）社会保障

国家保障残疾人享有各项社会保障的权利。政府和社会采取措施，完善对残疾人的社会保障，保障和改善残疾人的生活。残疾人及其所在单位应当按照国家有关规定参加社会保险。残疾人所在城乡基层群众性自治组织、残疾人家庭，应当鼓励、帮助残疾人参加社会保险。对生活确有困难的残疾人，按照国家有关规定给予社会保险补贴。各级人民政府对生活确有困难的残疾人，通过多种渠道给予生活、教育、住房和其他社会救助。县级以上地方人民政府对享受最低生活保障待遇后生活仍特别困难的残疾人家庭，应当采取其他措施保障其基本生活。各级人民政府对贫困残疾人的基本医疗、康复服务以及必要的辅助器具的配置和更换，应当按照规定给予救助。对生活不能自理的残疾人，地方各级人民政府应当根据情况给予护理补贴。地方各级人民政府对无劳动能力、无扶养人或者扶养人不具有扶养能力、无生活来源的残疾人，按照规定予以供养。国家鼓励和扶持社会力量举办残疾人供养、托养机构。残疾人供养、托养机构及其工作人员不得侮辱、虐待、遗弃残疾人。

县级以上人民政府对残疾人搭乘公共交通工具，应当根据实际情况给予便利和优惠。残疾人可以免费携带随身必备的辅助器具。盲人持有效证件免费乘坐市内公共汽车、电车、地铁、渡船等公共交通工具。盲人读物邮件免费寄递。国家鼓励和支持提供电信、广播电视服务的单位对盲人、听力残疾人、言语残疾人给予优惠。各级人民政府应当逐步增加对残疾人的其他照顾和扶助。政府有关部门和残疾人组织应当建立和完善社会各界为残疾人捐助和服务的渠道，鼓励和支持发展残疾人慈善事业，开展志愿者助残等公益活动。

（六）无障碍环境

国家和社会应当采取措施，逐步完善无障碍设施，推进信息交流无障碍，为残疾人平等参与社会生活创造无障碍环境。无障碍设施的建设和改造，应当符合残疾人的实际需要。新建、改建和扩建建筑物、道路、交通设施等，应当符合国家有关无障碍设施工程建设标准。各级人民政府和有关部门应当按照国家无障碍设施工程建设的规定，逐步推进已建成设施的改造，优先推进与残疾人日常工作、生活密切相关的公共服务设施的改造。

国家采取措施，为残疾人信息交流无障碍创造条件。各级人民政府和有关部门应当采取措施，为残疾人获取公共信息提供便利。国家和社会研制、开发适合残疾人使用的信息交流技术和产品。(1) 国家举办的各类升学考试、职业资格考试和任职考试，有盲人参加的，应当为盲人提供盲文试卷、电子试卷或者由专门的工作人员予以协助；(2) 公共服务机构和公共场所应当创造条件，为残疾人提供语音和文字提示、手语、盲文等信息交流服务，并提供优先服务和辅助性服务；(3) 公共交通工具应当逐步达到无障碍设施的要求，有条件的公共停车场应当为残疾人设置专用停车位；(4) 组织选举的部门应当为残疾人参加选举提供便利，有条件的应当为盲人提供盲文选票；(5) 国家鼓励和扶持无障碍辅助设备、无障碍交通工具的研制和开发。

五、住房福利制度

住房问题是社会问题，住房构成居民最基本的生活条件，因此，保证公民基本的居住条件成为国家和社会的一项基本职责。为了提高本国人民的居住水平，解决住房的供给与需求问题，使住房市场达到供求基本平衡，并带动国民经济的发展，住房福利作为一种公共福利，是各个国家都有的一种福利制度，旨在通过对公民得到住房和改善居住条件提供一定的经济支持。

住房问题不仅关系到国民的生存，也关系到一个国家经济发展和社会的稳定，因此，各国政府都把住房制度放在经济生活和社会保障的重要位置来对待。中国城镇住房制度经历了 20 多年的发展历程，在这期间，中国的住房制度逐渐向市场化，房屋逐渐向商品化方向转化，同时也创设了经济适用房、廉租房等住房保障制度。住房福利是针对生活性住房而实施的，对于生产经营性的住房，国家不给予福利性的照顾。综观各国的规定，住房福利通常通过以下手段实现：

1. 由国家作为所有人向住户提供低租金的住房，或对出租人给予租金补贴，使其以低于市场价格的租金出租房屋。

2. 国家直接修建福利性住房或规定开发商划出一定比例的住房，定向低价出售给特定的住户。我国现存的经济适用房即是具有保障性质的政策性住房。经济适用住房，是指政府提供政策优惠，限定套型面积和销售价格，按照合理标准建设，面向城市低收入住房困难家庭供应保障性、政策性住房。经济适用住房建设用地以划拨方式供应；经济适用住房建设项目免收城市基础设施配套费等各种行政事业性收费和政府性基金；经济适用住房项目外基础设施建设费用，由政府负担。

3. 以住房补贴的形式支付给租户一定金额的货币，以替代住户支付部分租金。我国为逐步解决城市低收入家庭的住房困难，实行了廉租住房保障制度，主要通过发放租赁补贴，增强城市低收入住房困难家庭承租住房的能力。

4. 向住户提供购买房屋价格一定比例的货币，以使其能够购买住房。

5. 向住房需求者支付一定金额的货币，以使其能够利用该笔资金修建房屋。

6. 向住户提供低息的住房贷款，以使其能够及时获得住房。购买经济适用住房可提取个人住房公积金和优先办理住房公积金贷款。

7. 对房屋折旧、增值、税收等方面进行技术性处理，以减轻住户的负担。①

【案例研讨】

女工小惠为残疾人，被市残联鉴定为伤残二级。小惠父亲的单位要招聘一名收发员，小惠父亲向单位提出了招聘小惠入厂的申请。经主管部门领导研究后，安排在父亲的班内连续工作26个月。此期间，单位不与她签订劳动合同，不按国家规定支付其工资福利待遇、加班工资，不为其办理社会保险和报销医药费，也不为其提供必要的工作条件。在受到歧视，且口头反映无效的情况下，小惠书面要求解决工作量，工资待遇等问题。用人单位收到书面申请后，未与本人见面，未作任何解释，随即安排别人顶替小惠工作。小惠得知后，立即找用人单位多次要求继续安排工作，均被拒之门外。

评析：

案例中单位强行解除残疾人劳动关系的做法是违法的。劳动争议仲裁、监察部门应依据劳动法律法规纠正用人单位的违法行为。用人单位应承担违法解除劳动关系的法律责任，按规定补足工资、各种福利待遇、补缴社会保险费、报销医药费，重新安排适当的工作岗位。《残疾人保障法》第27条规定，国家保障残疾人劳动的权利；第30条规定，机关、团体、企业事业组织，城乡集体经济组织，应当按一定比例安排残疾人就业，并为其选择适当的工作和岗位；第34条规定，在职工的招用、聘用、转正、晋级、职称评定、劳动报酬、生活福利、劳动保险等方面，不得歧视残疾人。

本案比较典型地反映了残疾人的就业保障问题。我国立法将残疾人的就业保障问题纳入调整范围，并规定各级人民政府有关部门、残联、妇联、企业管理部门都应当密切关注残疾人，听取残疾人的意见，按照各自的职责，做好残疾人的工作。各级人民政府应当将残疾人事业纳入国民经济和社会发展计划，经费列入财政预算，统筹规划，加强领导，综合协调，采取措施，使残疾人事业与经济、社会协调发展。

思考问题与案例

一、思考问题

1. 简述我国法律规定的抚恤优待对象。

---

① 参照郭成伟主编：《中国社会保障法学》，中国法制出版社2001年版，第382~383页。

2. 简述我国抚恤制度的主要内容。

3. 如何把握社会福利概念的基本内涵？

4. 社会福利体系包括哪些主要内容？

5. 简述妇女儿童社会福利制度的内容？

6. 谈谈如何保障实现残疾人的劳动就业。

7. 简述我国特殊人群福利制度的现状和发展趋势。

二、思考案例

甲是听力障碍残疾人，2009 年在某县农机大修厂院内注册成立钢板弹簧有限责任公司（以下简称“公司”），30 多名员工均为残疾人，公司被省民政厅认定为社会福利企业。2010 年，农机大修厂被拆迁，公司从农机大修厂搬迁出来，县政府为其提供了临时生产设备存放点的仓库，并给予一部分补助。公司后又在某校租到其原食堂用作厂房，恢复生产。但该校以公司没交租金为由诉请法院解除租赁合同，并要求公司支付租金。公司以该校没有把本应属于合同租赁标的的三间房屋交付使用，且没有按照合同提供生产用电为由进行抗辩。一审法院判决公司败诉。

问题：

（1）公司由于农机厂被拆迁而被迫搬出，政府是否应该支付拆迁补助费、安置费及停产、停业损失等？

（2）公司与某校的租赁合同纠纷，公司的抗辩成立吗？

第十五章　劳动保障监察法

【本章导语】

劳动保障监察是保证劳动与社会保障法律、法规、规章得以实施和维护劳动者权益的重要法律制度。本章主要阐述了劳动保障监察的概念与特征、劳动保障监察的方式、劳动保障监察的意义；我国与国际劳动保障监察立法概况；我国劳动保障监察制度。学习时重点把握我国劳动保障监察的范围、形式、主体和相对人、职责和程序及行政处罚的种类。

【引导案例】

劳动保障监察群众举报投诉处理案

张某于2008年4月21日到永发公司从事拉煤工作，双方未签劳动合同。2008年7月3日，永发公司以张某属智力残疾不能胜任工作并影响他人工作为由终止了劳动关系。2009年7月6日，张某父亲（张某的法定代理人）向市人力资源和社会保障局（以下简称人社局）投诉，称永发公司故意与张某不签劳动合同是违法的，要求永发公司支付张某经济赔偿金54 560元。2009年7月13日，人社局对永发公司作出劳动保障监察责令改正决定书，认定永发公司未与职工张某签订劳动合同，根据《中华人民共和国劳动合同法》的规定，限永发公司于2009年7月21日前支付张某2008年5月21日至7月2日42天的双倍工资。永发公司未履行该决定书确定的义务，称未履行的原因是张某的父亲不愿领。2009年7月16日，人社局向张某作出劳动保障监察群众举报投诉处理通知书，将其局已依法责令永发公司支付张某工作期间42天的双倍工资的情况告知张某；同时告知张某其提出的永发公司超出一年未与其签订劳动合同、支付节假日加班工资等要求赔偿事由系其与永发公司在劳动关系是否存续期间所发生的争议，不属于劳动保障监察管辖范围，建议张某通过劳动仲裁委员会或人民法院进行处理。张某不服，申请行政复议。2009年10月22日，省人力资源和社会保障厅作出行政复议决定书，维持了市人社局的上述处理通知书。①

---

① 参见河南省济源中级人民法院网：《张卫星与济源市人力资源和社会保障局劳动保障监察行政通知一案二审行政判决书》，http：//jyzy. chinacourt. org/public/paperview. php? id =509123

【重点问题】

1. 劳动保障监察的概念与特征。
2. 我国劳动保障监察的范围与形式。
3. 我国劳动保障监察的主体和相对人。

第一节　劳动保障监察概述

一、劳动保障监察的概念与特征

（一）劳动保障监察的概念

劳动保障监察，国外又称劳工检查，是授权劳动保障行政机关代表国家对用人单位与劳动服务机构遵守劳动和社会保障法的情况依法进行的检查、纠举、处罚等一系列强制性的监督检查活动。它作为保证劳动和社会保障法贯彻实施的一种强制性手段，在劳动法体系中占有重要地位，广为世界各国所采用。

（二）劳动保障监察的特征

1. 专门性。劳动保障监察是由法定的专门机关针对《劳动法》的遵守所实施的专门监督，不同于用人单位主管部门、相关行政执法部门和工会对劳动法的监督检查。

2. 法定性。劳动保障监察规则直接由法律所规定，并且这种法律规定是强制性规范，监察主体必须严格依据法律规定的权限与程序实施监督检查活动，检察相对人不得以协议或其他任何方式规避监察。

3. 行政性。劳动保障监察属于行政执法和行政监督的范畴，是行使行政权力的具体行政行为。劳动保障监察机构必须依法行政、依法处罚，保证监察工作的法定化和规范化。

4. 综合性。劳动监察是全面监督，不论是被监督的隶属关系和所在行业部门，涵盖劳动关系各部分内容和运行环节，涉及劳动的各项法律制度。

（三）劳动保障监察与相关概念的区别

1. 劳动保障监察和劳动监督。劳动监督是法定监督主体为保护劳动者的合法权益，依法对用人单位和劳动服务主体遵守劳动和社会保障法的情况实行的检查、督促、处罚等一系列的监督活动。监督主体包括享有监察权的劳动保障行政部门、其他行政机关、工会组织、有关单位和劳动者等。劳动监督是一个制度体系，由多元化的监督形式构成；劳动保障监察仅是劳动监督中最基本、最全面、最有效的监督形式。

2. 劳动保障监察和行政监察。行政监察是指行政监察机关代表国家对各级行政机关及其公务员履行其行政职责的情况依法进行监督。它同劳动保障监察一样，都属于国家监察，也具有法定性、行政性、专门性和唯一性。两者主要区别如下：（1）监察主体不同。行政监察机关是县级以上各级人民政府所属的行政监察职能部门；劳动保障监察机关则是县级以上各级人民政府所属的劳动保障行政部门，它在内部依法设置专门的劳动保障监察职能机构。（2）监察对象不同。行政监察对象是各级行政机关及其公务员的行政执法活动，因而属于执法监督；劳动保障监察的对象则是作为劳动行政相对人的用人单位和有关劳动服务主体遵守劳动法的活动，因而属于守法监督。（3）主体享有的权力不同。行政监察机关对行政监察相对人有行政处分权和行政处罚建议权；劳动保障监察机关对监察相对人则有行政处罚权和行政处分建议权。（4）后果不同。行政监察相对人不服监察决定可申诉复审、复核，而不得提起行政复议和行政诉讼；劳动保障监察相对人不服监察决定的，则可提请行政复议和行政诉讼。

3. 劳动保障监察与劳动争议仲裁。劳动保障监察同劳动争议仲裁在受案范围上重合，都是维护劳动者合法权益的执法制度。但两者具有明显的区别，主要表现在：（1）性质不同。劳动法兼有公法和私法的特征，劳动争议适用调解、仲裁是由劳动法所具有的私法因素决定的；劳动保障监察的产生是由劳动法所具有的公法因素决定的。其中，从劳动合同法到劳动争议仲裁，带有传统的私法特征；而从劳动基准法到劳动保障监察则主要体现公法的特征。（2）机构不同。劳动争议仲裁机构的建立，普遍遵循三方原则，由劳动保障行政部门、工会和用人单位团体三方代表组成。劳动保障监察的设立，主要强调行政性，劳动保障监察机构则是劳动保障行政部门的职能机构。（3）目的不同。劳动仲裁直接以处理劳动争议为目的；劳动保障监察直接以查处、纠正监察相对人违反劳动法行为并督促监察相对人遵守劳动法律为目的。（4）适用法律规范不同。劳动争议仲裁处理劳动争议既适用强行性法律规范也适用任意性法律规范，劳动保障监察处理只能适用强行性法律规范。（5）程序不同。劳动争议仲裁机构依当事人的请求而实施仲裁，即不诉不理，劳动保障监察主体应主动进行监察。劳动仲裁适用调解程序，劳动保障监察不适用调解程序。（6）处理不同。劳动争议仲裁追究法律责任一般限于民事责任，劳动保障监察除追究民事责任外，还可追究行政责任。劳动争议仲裁机构无权对劳动争议当事人进行处罚；劳动保障监察主体对违反劳动法的监察相对人则有一定的处罚权。（7）证据收集方式不同。劳动争议仲裁除法定情形外不主动依职权收集证据，劳动保障监察不仅要求当事人举证，而且可主动依职权收集证据。（8）后果不同。当事人不服劳动争议仲裁裁决可提起民事诉讼，不服劳动保障监察可提起行政诉讼或行政复议。（9）时效不同。劳动争议仲裁受理劳动争议案件时效是1年，劳动保障监察受理举报投诉案件时效是2年。

二、劳动保障监察的形式

（一）各国劳动保障监察的形式

各国劳动保障监察在实践中已出现多种形式，主要有以下五种。

1. 机构监察。这是指由国家设立专门机构对用人单位执行劳动法的有关情况进行监督和检查。这些机构从属于国家劳动保障行政部门，是国家劳动保障行政部门的职能机构，其人员是由专职劳动保障监察员所组成。劳动保障监察员拥有国家公务员身份，这些专门机构统一受中央政府的领导和控制。如日本、卢旺达等国就实行这种制度。

2. 个人监察。这是指不设监察机构，而由劳动行政主管部门首长委任的劳动保障监察官（或劳动监察员）来监督检查劳动法的执行情况。如巴林、埃及、加拿大、马达加斯加等国实行这种制度。

3. 并列监察。这是指由监察机构和独立于监察机构的监察员对劳动法的执行情况进行监督和检查，法律承认两者的独立性并用专门法律对两者的监察范围各自加以规定。除波兰曾经采用过这种制度外，其他国家很少采用。

4. 委托监察。除自行监察外，在某些领域还有委托监察。委托监察，是指有关国家针对在现代生产中某些专业化、科技化程度较高的行业或部门所采取的劳动保障监察措施或制度。由于对这些行业的劳动保障监察需要较高的专业知识和职业经验，在对这些行业进行劳动保障监察过程中，由国家劳动保障行政部门委托具有相关专业知识如技术、安全、卫生等方面的专家进行监察。如法国、新加坡等就委托开业医生、建筑专家、工程师等专门性人才进行劳动安全卫生监察。

5. 特殊监察。这是指对国防及其他关系国家重大利益和国家机密的企业进行劳动保障监察时，需专门任命特殊人员进行劳动保障监察。

（二）我国劳动保障监察的类型

按不同的标准，劳动保障监察可以有以下四种分类。

1. 专门机构监察和专任人员监察。

2. 自行检查和委托监察。

3. 综合监察和专项检查。综合监察，是指在劳动保障监察机构和劳动保障监察官员的法定职权范围内包括有多项检查内容。在各国的劳动保障监察体系中，都设置了具有综合监察职能的劳动行政区域内的各用人单位和劳动服务主体；地（市）级劳动保障监察机构的管辖范围，由省级政府划定。专项检查，是将技术性、专业性很强的劳动保障监察项目单列，分别设立专门机构，并按特定规则行使监察权的劳动保障监察。如我国的矿山安全监察和锅炉压力容器安全监察。

4. 普通监察和特殊监察。普通监察的对象为一般的国民经济部门，特殊监察的对象为国防等涉及军事机密和高科技因素的军工企业等。

三、劳动保障监察的意义

（一）促进劳动与社会保障法律的贯彻实施

劳动保障监察制度，是指国家劳动行政机关按照法律赋予的行政执法权对用人单位进行检查监督，目的在于保障劳动者的基本人权和合法权益不受非法侵害。因此，劳动保障监察制度对于劳动与社会保障法律制度的有效实施具有极其重要的作用。

（二）保护劳动者的合法权益，维护劳动法律秩序

劳动和社会保障法律得以贯彻实施，对于维护劳动关系当事人双方尤其是处于弱势地位的劳动者的合法权益起到积极的维护作用。同时，在监察中，及时打击各种违法行为，发现劳动争议，化解劳动关系当事人的矛盾，对于维护劳动关系的和谐以及建立稳定协调的劳动法律秩序也具有重要意义。

（三）促进劳动保障机构依法行政

劳动保障监察是代表国家行使的专门监察，是一种行政执法和行政监督行为，必须规范化、法定化。劳动保障监察机构及劳动保障监察员，应在法定权限内，按法定程序，实施监察行为，行使相应的处罚权。除法律有特别规定外，监察应坚持程序公开，方式和手段合法、文明。加强劳动保障监察对于促进劳动保障机构依法行政具有重要意义。

第二节 劳动保障监察立法概况

一、国际劳工组织的劳动保障监察立法

劳动保障监察的法律依据是劳动标准，国际劳工标准中涉及劳动保障监察问题始于1919年。第一次世界大战后缔结的《凡尔赛和平条约》所编入的文件中就有“各国设立监察制度，以保证劳动立法的实施”的规定。1919年10月，第一次国际劳工大会通过的若干公约和建议书中，就包括一项《劳动保障监察（卫生机构）建议书》，该建议书呼吁对工人的健康进行保护。而1923年通过的《劳动保障监察建议书》则明确了劳动保障监察的基本原则、监察范围以及监察员的权利地位、监察组织规则等。第二次世界大战前，国际劳工组织的劳工检查权限于制定建议书。第二次世界大战后，1947年、1969年和1995年国际劳工组织分别通过了《（工商业）劳动保障监察公约》、《（农业）劳动保障监察公约》和《劳动保障监察公约（81号）议定书》，将保护范围扩大到工业、商业、农业

以及教、科、文、卫等各个领域。国际劳工组织认为，劳动保障监察是一项公共职能，是一项政府责任，要作为一种制度加以组建，并纳入国家行政体系中，目的是管理社会和劳动政策并监督其实施，使之符合立法和标准。由此可见，劳动保障监察行使的是一种行政公权力，劳动保障监察权是行政权的一种，由国家强制力保障执行。

1947 年《(工商业）劳动保障监察公约》（第 81 号公约）规定，对其生效的国际劳工组织会员国应在工业工作场所保持劳动保障监察制度。工业工作场所的劳动保障监察制度应适用于可由劳动保障监察员实施与工作条件和在岗工人劳动保护有关的法律规定的一切工作场所。劳动保障监察的职能包括：在可由劳动保障监察员实施的情况下，保证执行有关工作条件和在岗工人的保护的法律规定，诸如有关工时、工资、安全、卫生和福利、儿童和年轻人就业及其他有关事项的规定；向雇主和工人提供有关执行法律规定最有效手段的技术信息和咨询；向主管当局通告现有法律规定没有明确覆盖到的任何缺陷和弊端。该公约还对监察员的职责、权力、纪律、劳动保障监察年度报告制度等作了规定。

1969 年《（农业）劳动保障监察公约》（第129 号公约）规定，农业劳动保障监察制度的职责应为：确保关于工人劳动中的工作条件和工人保护，如关于工时、工资、每周休息和假日、安全、卫生和福利、妇女、儿童与未成年人的就业以及其他有关事项的法规的实施，只要这些规定属于劳工监察员执行的范围；向雇主和工人提供关于遵守这些法律规定最有效的方法的技术信息和咨询；提请主管当局注意现行法律规定未明确涉及的缺点和弊端，并提出完善法律和条例的建议。

1995 年国际劳工大会通过的《劳动保障监察公约（81 号）议定书》规定，凡是批准了该议定书的成员国，应将 1947 年《（工商业）劳动保障监察公约》的适用范围扩大到所有该公约覆盖的工商业以外的各类活动。批准议定书的成员国可以在批准书中声明将下列类别排除在监察范围之外：（1）基础性国家（联邦）政府机构；（2）武装部门，无论是军队还是军事人员；（3）警察和其他公共安全服务机构；（4）监狱人员，无论是看守还是囚犯。该议定书还对监察员在上述特殊部门的监察活动的特殊安排问题做出了规定，特别是做出一些限制性规定，包括对涉及存有机密文件场所的监察；或在军事演习、宣布紧急状态等特殊时期的监察；或在救火现场、救援行动现场等特殊场所的监察。

二、其他国家的劳动保障监察立法概况

劳动保障监察是随着 19 世纪欧洲产业革命进程中劳动立法的发展而形成的，其发源地是英国。1802 年，英国通过了资本主义历史上第一个涉及劳工问题的法律——《学徒健康与道德法》。与此同时，一些社会人士自愿组成团体，如委

托自治团体的公务人员、医务人员或宗教人员，或者委托警察、法官负责工厂法实施，开始在工场展开民间的工厂监察工作。出现了最初意义上的劳动保障监察，但此时劳动保障监察的作用和效果都只是形式意义上的。劳动保障监察制度的诞生则是以 1833 年英国政府对四名监察员的任命为标志。1833 年英国颁布的《工厂法》中，首创工厂检查制度，即政府委任高级人员为工厂监察员，实地视察督促各工厂实施工厂法。英国的这些措施被认为现代意义的劳动保障监察制度的雏形。

美国于 1867 年首先由马萨诸塞州颁布劳工检查制度并逐步完善。法国、瑞士、德国、奥地利、荷兰、瑞典、意大利、罗马尼亚等国，于 19 世纪 70 年代至 20 世纪初，陆续在立法中设立劳工检查制度。

各国劳动保障监察的范围均随着社会的发展逐步扩大。早期的劳动保障监察限于工厂、矿场，主要是关于工作时间、劳动安全卫生及童工、女工劳动保护等方面，随着劳动法范围的不断扩大，劳动保障监察的范围也扩展到了劳动合同、工作时间与休息休假、工资、劳动安全卫生、女工及未成年工、技工培养、事故补贴、雇佣规则等方方面面。各国劳动保障监察的范围通常包括所有劳动法律、法规的监督检查。

世界各国一般在劳动部或者劳工部设立专门的劳动保障监察机构，负责劳动法律执行的监督检查。日本、美国等国家由劳动行政机关或设立的专门机构行使劳动保障监察权，实行上下级垂直领导，监察人员由政府官员组成，有的由劳工部长直接任命。日本最高劳动保障监察机构是劳动省，负责审查各项劳动条件标准的执行情况。工会等群众组织无劳动保障监察权。原苏联、东欧各国除了劳动行政机构的劳动保障监察之外，各级工会组织也有权对劳动法律的实施进行监督检查。基层用人单位的主管部门必须对基层单位贯彻执行劳动法的情况进行监督检查。劳动保障监察机构的职权与劳动保障监察员的资格、权利和义务均由劳动法明确规定。劳动保障监察机构有权对劳动法律、法规的执行情况进行监督检查，对违反规定的行为有权制止和纠正。有些国家的法律规定，劳动保障监察机关在特别危急的情况下有权采取紧急预防措施，包括停工、闭厂。

三、我国的劳动保障监察立法概况

在我国，劳动保障监察立法一直是劳动立法的一个重要内容。1949 年 9 月 29 日《中国人民政治协商会议共同纲领》规定，实行工矿检查制度，以改进工矿的安全卫生设备。1950 年政务院财经委员会发布的《关于各省、市人民政府劳动局与当地国营企业工作关系的决定》中规定，劳动局有权监督和检查国营企业内有关劳动保护、劳动保险、工资待遇、童工、女工、雇佣、解雇、集体合同、文化教育等劳动政策法令的执行；各个国营企业行政方面，有提供上述有关材料并按规定报告的义务，对由劳动局派往检查工作并持有劳动局正式证明文件的人员不得拒绝。改革开放前，立法一直把重点放在劳动保护监察上。1956 年 5 月 25 日，国务院发布《关于发布“工厂安全卫生规程”、“建筑安装工程安全技术规程”和“工人职员伤亡事故报告规程”的决议》；1963 年 3 月 30 日，国务院发布的《关于加强企业生产中安全工作的几项规定》中确定了安全生产定期检查制度；1965 年，劳动部颁发了《蒸汽锅炉安全监察规程》和《气瓶安全监察规程》。改革开放以后，劳动保障监察开始向劳动法领域的方方面面发展。1982 年，国务院相继制定了《矿山安全监察条例》、《锅炉压力容器安全监察暂行条例》及其《实施细则》等项法规；1983 年国务院转批了劳动人事部、国家经济委员会、中华全国总工会发布了《关于加强安全生产和劳动安全监察工作的报告》。我国初步形成一套较完善的劳动保护监察制度。

自市场经济体制改革以来，其他方面劳动保障监察的立法取得了很大发展。1993 年 8 月 4 日劳动部制定了《劳动监察规定》，对劳动监察的一般规则和劳动保护监察以外其他方面的劳动监察的规则作了规定，明确了劳动保障行政部门的劳动监察职责。从此，我国由劳动保护监察步入全面劳动监察阶段。1994 年制定的《劳动法》中设有“监督检察”专章，对劳动监督的机构和职权作了原则性的规定。与此配套，又相继制定了《劳动监察员管理办法》、《矿山安全监察员管理办法》、《劳动安全卫生监察员管理办法》、《劳动监察员准则》、《劳动监察程序规定》、《矿山安全监察工作规则》、《建设项目（工程）劳动安全卫生监察规定》、《矿山建设工程安全监督实施办法》、《压力管道安全管理监察规定》、《处理举报劳动违法行为规定》等项法规。目前，我国已经建立了较为完善的劳动安全卫生监察制度，由专门机构对锅炉、压力容器、起重机械等特种危险设备，矿山、建筑等特种作业，易燃、易爆等特殊场所，以及新建工程，进行劳动保障监察。2004 年 11 月 1 日，国务院颁布了《劳动保障监察条例》。为了配合其实施，劳动和社会保障部于 2004 年 12 月 31 日发布了《关于实施〈劳动保障监察条例〉的若干规定》的部门规章，这些法律规定进一步明确了劳动保障监察的职责，规定了劳动保障监察的实施程序，对我国劳动保障监察的发展起到了极大的促进作用。

第三节　我国的劳动保障监察法律制度

一、我国劳动保障监察的范围

根据《劳动保障监察条例》和有关劳动法规的规定，劳动保障监察所管辖的事项包括：（1）用人单位制定内部劳动保障规章制度的情况；（2）用人单位与劳动者订立劳动合同、履行劳动合同的情况；(3) 用人单位遵守禁止使用童工规定的情况；(4) 用人单位遵守女职工和未成年工特殊劳动保障规定的情况；(5) 用人单位遵守工作时间和休息休假规定的情况；(6) 用人单位支付劳动者工资和执行最低工资标准的情况；(7) 用人单位参加各项社会保险和缴纳社会保险费的情况；(8) 用人单位遵守职工福利规定的情况；(9) 职业介绍机构、职业技能培训机构和职业技能考核鉴定机构遵守国家有关职业介绍、职业技能培训和职业技能考核鉴定的规定的情况；(10) 法律、法规规定的其他劳动保障监察事项。

由此可见，我国劳动监察的事项范围十分广泛，有学者提出，我国劳动监察的事项过于宽泛，几乎与劳动行政一致，这样会影响监察效果，因而主张监察事项主要限于劳动基准的实施情况，旨在实现与劳动者最低利益相关的事项。

二、我国劳动保障监察的方式

劳动保障监察以日常巡视检查、审查用人单位按照要求报送的书面材料以及专项检查活动、接受举报投诉等形式进行。通常都是通过专职监察人员对企业进行监督检查，发现违法行为，及时立案查处。

(一) 日常巡视检查

劳动保障行政部门通过对用人单位及其劳动场所的日常巡视检查及时发现违法行为并进行处理是劳动保障监察通行的工作方式。日常巡视检查应当制定年度计划和中长期规划，确定重点检查范围，并按照现场检查的规定进行。与其他方式相比，日常巡视检查具有主动性、计划性和经常性的特点。劳动保障监察机构应经常组织劳动保障监察员主动巡视用人单位及其劳动场所。劳动保障监察员进行调查、检查不得少于 2 人。劳动保障监察机构应指定其中 1 人为主办劳动保障监察员。劳动保障监察机构应根据工作重点确定巡视检查的企业范围和主要内容。

(二) 专项检查活动

劳动保障行政部门可以针对劳动保障法律实施中存在的重点问题集中组织专项检查活动，必要时可以联合有关部门或组织共同进行。专项检查与其他方式相比，具有专门性、针对性和非常规性，可以有针对性地解决劳动保障法律实施中存在的群众反映强烈的重点问题，突出重点问题、紧急问题、群体性事件的解决。对因违反劳动保障法律、法规或者规章的行为引起的群体性事件，劳动保障行政部门应当根据应急预案迅速会同有关部门处理。

(三) 劳动保障年检

劳动保障年检是指劳动保障行政部门对用人单位遵守劳动和社会保障法律、法规情况进行年度性全面监督检查的一项制度。通过年检，可以督促用人单位积极遵守劳动和社会保障法律，规范自己的用人行为和劳动管理，主动发现并纠正违法行为。劳动保障年检通常由劳动保障行政部门发文或公告，要求用人单位领取并如实填写年检文书，最后由劳动保障行政部门对书面检查材料进行审查。劳动保障行政部门对用人单位按照要求报送的有关遵守劳动保障法律情况的书面材料依法进行审查，并对审查中发现的问题及时予以纠正和查处。年检合格的，发给合格证书。有违法行为的，责令限期改正；逾期不整改的，依法进行处理。

（四）受理举报投诉

依法受理和查处对违反劳动保障法律、法规或者规章行为的举报、投诉，既是实施劳动保障监察的主要方式之一，也是劳动保障行政部门实施劳动保障监察的一项重要职责。举报违反劳动保障法律、法规或者规章的行为，是任何组织和个人的法定权利，是劳动保障法律、法规和规章贯彻实施中群众监督的一种主要方式。举报能有效地扩大劳动保障监察的视野，是劳动保障行政部门掌握违法案件线索、监控劳动关系动态的重要渠道。举报和投诉可以采取口头举报、电话举报、信函举报、上访投诉等多种形式，但以书面投诉为主。任何组织或个人对违反劳动保障法律的行为有权向劳动保障行政部门举报。劳动保障行政部门对举报人反映的违反劳动保障法律的行为应当依法予以查处，并为举报人保密；对举报属实、为查处重大违反劳动保障法律的行为提供主要线索和证据的举报人，给予奖励。

三、我国劳动保障监察的主体

（一）劳动保障监察机构

劳动保障监察机构，在国外亦称为劳工检查机构，是经法律授权代表国家对劳动与社会保障法律法规实施情况进行监督检查的专门机构。在我国，实行中央和地方分层次的劳动保障监察体制。国务院劳动保障行政部门主管全国的劳动保障监察工作。县级以上地方各级人民政府劳动保障行政部门主管本行政区域内的劳动保障监察工作。县级以上各级人民政府有关部门根据各自职责，支持、协助劳动保障行政部门的劳动保障监察工作。县级、设区的市级人民政府劳动保障行政部门可以委托符合监察执法条件的组织实施劳动保障监察。县级以上劳动保障行政部门设立的劳动保障监察行政机构和劳动保障行政部门依法委托实施劳动保障监察的组织具体负责劳动保障监察管理工作，都是劳动保障监察机构。劳动保障监察机构的管辖范围，一般限于本行政区域之内。对用人单位的劳动保障监察，由用人单位用工所在地的县级或者设区的市级劳动保障行政部门管辖。上级劳动保障行政部门根据工作需要，可以调查处理下级劳动保障行政部门管辖的案件。劳动保障行政部门对劳动保障监察管辖发生争议的，报请共同的上一级劳动保障行政部门指定管辖。省、自治区、直辖市人民政府可以对劳动保障监察的管辖制定具体办法。

（二）劳动保障监察员

劳动保障监察员，在国外又称劳工检查员或劳工检察官，是指国家设立的执行劳动保障监察的专职或兼职人员。凡担任劳动保障监察人员者，必须具备法定的资格，且由劳动保障行政部门或其行政首长任免。我国立法要求，劳动保障行政部门和受委托实施劳动保障监察的组织中的劳动保障监察员应当经过相应的考核或者考试录用。劳动保障监察机构应当配备专职劳动保障监察员和兼职劳动保障监察员。其中，兼职劳动保障监察员主要负责与其本职业务相关的单项检查，但行政处罚权应会同专职监察员进行。

劳动保障监察员依法履行劳动保障监察职责，受法律保护。劳动保障监察员应依法履行职责，秉公执法，保守在履行职责过程中获知的商业秘密，并为举报人保密。任何组织或者个人对劳动保障监察员的违法违纪行为，有权向劳动保障行政部门或者有关机关检举、控告。

四、我国劳动保障监察的相对人

劳动保障监察相对人，即劳动保障监察的对象，是劳动保障监察机构实施的遵守劳动和社会保障法律法规行为的监督检查行为所指向的对象。

（一）用人单位

在劳动关系当事人双方，只有用人单位方才是监察相对人。从绝大多数国家的劳动保障监察立法来看，在劳动保障监察的对象上，均将雇工排除在外。因为劳动者相对于用人单位而言，处于相对弱势地位，在履行劳动合同期间，要受用人单位劳动纪律的约束，劳动保障监察机关也不宜代替用人单位对劳动者行使管理权，对劳动者违反劳动纪律、劳动合同的行为进行处理与制裁，从而干预用人单位的经营管理自主权。因此，劳动保障监察只能以用人单位为对象，这是由劳动关系的法律性质和劳动保障监察的行政性质所决定的。

（二）其他劳动保障监察相对人

除了用人单位外，有些劳动服务主体也是劳动保障监察相对人。《劳动保障监察条例》第 2 条规定："对企业和个体工商户（以下称用人单位）进行劳动保障监察，适用本条例。对职业介绍机构、职业技能培训机构和职业技能考核鉴定机构进行劳动保障监察，依照本条例执行。"该《条例》的这一规定，进一步明确了劳动保障监察相对人的范围还包括劳动服务主体。因为劳动服务主体与劳动者权益紧密联系，甚至在一定意义上决定着劳动者权益的实现，尤其是决定着劳动基准的实施，把它们列为监察相对人，有利于保护劳动者的权益。另外，对无营业执照或者已被依法吊销营业执照，有劳动用工行为的，由劳动保障行政部门依照上述条例实施劳动监察，并及时通报工商管理部门予以查处取缔。

五、我国劳动保障监察的职责与程序

（一）劳动保障监察职责[①]

根据《劳动保障监察条例》的规定，我国劳动保障行政部门实施劳动保障监察，履行下列职责：(1) 宣传劳动保障法律、法规和规章，督促用人单位贯彻执行；(2) 检查用人单位遵守劳动保障法律、法规和规章的情况；(3) 受理对违反劳动保障法律、法规或者规章的行为的举报、投诉；(4) 依法纠正和查处违反劳动保障法律、法规或者规章的行为。劳动保障监察员依法履行劳动保障监察职责，受法律保护。劳动保障监察员应当忠于职守，秉公执法，勤政廉洁，保守秘密。任何组织或者个人对劳动保障监察员的违法违纪行为，有权向劳动保障行政部门或者有关机关检举、控告。

劳动保障监察主体在履行监察职责过程中所享有的法定权利主要有：(1) 检查权。即进入用人单位的劳动场所进行调查、检查的权利，用人单位和个人不得拒绝、阻挠。(2) 询问权。即就调查、检查事项询问有关人员，了解用人单位遵守劳动与社会保障法律、法规的情况。(3) 调查询问权。即要求用人单位提供与调查、检查事项相关的文件资料，并做出解释和说明，必要时可以发出调查询问书。(4) 收集、复制资料权。即采取记录、录音、录像、照相或者复制等方式收集有关情况和资料。(5) 委托审计权。即委托会计师事务所对用人单位工资支付、缴纳社会保险费的情况进行审计。(6) 证据登记保存权。即具备法定的可能导致证据毁损、灭失的情形时，采取证据登记保存措施的权利。根据规定，劳动保障行政部门调查、检查时，有下列情形之一的可以采取证据登记保存措施，即当事人可能对证据采取伪造、变造、毁灭行为的；当事人采取措施不当可能导致证据灭失的；不采取证据登记保存措施以后难以取得的；其他可能导致证据灭失的情形的。(7) 处置权。即劳动保障行政部门对事实清楚、证据确凿、可以当场处理的违反劳动保障法律、法规或者规章的行为有权当场予以纠正。(8) 处罚权。即法律赋予劳动保障监察主体对违反劳动与社会保障法的行为直接进行处罚的权利。在我国，按现行法规规定，劳动保障监察主体有权对违反劳动法的监察相对人，依法分别给予警告、通报批评、罚款、没收违法所得和非法财物、责令停产停业整顿、暂扣或吊销许可证等处罚。对触犯其他行政法规的，有建议行政处罚权；对触犯刑法的，有权建议司法机关追究刑事责任。(9) 其他权利。即法律、法规规定可以由劳动保障行政部门采取的其他调查、检查措施的权利。

劳动保障监察主体在履行监察职责的过程中，同时负有法定义务。根据我国现行规定，主要有以下方面：(1) 劳动保障监察员进行调查、检查，并应当佩戴

---

① 参见国务院 2004 年 11 月 1 日颁布的《劳动保障监察条例》以及原劳动和社会保障部 2004 年 12 月 31 日发布的《关于实施〈劳动保障监察条例〉若干规定》。

劳动保障监察标志、出示劳动保障监察证件，不得少于2人；（2）遵守有关法律法规，秉公执法，不滥用职权，不营私舞弊；（3）进入劳动场所进行实地检查时，应当遵守相关纪律和规章制度；（4）保守在履行职责过程中获知的商业秘密，不得泄露被检查单位和个人的秘密；（5）为检举和举报人保密；（6）劳动保障监察员办理的劳动保障监察事项与本人或者其近亲属有直接利害关系的，应当回避。

（二）劳动保障监察程序

劳动保障监察员须遵循法定程序，这是劳动保障监察行为具有法律效力的一个必要条件。劳动保障监察程序因监察形式不同而有所差别。我国现行立法所规定的劳动保障监察程序有普通劳动保障监察程序与劳动安全卫生监察程序、不立案检查程序与立案检查程序之分。

1. 普通不立案检查程序。普通不立案检查程序，即劳动保障监察机构仅对用人单位进行例行巡视检查、不定期检查，或针对举报投诉进行检查，因未发现用人单位有违法行为而不予立案，进行监督检查的程序。

2. 普通立案检查程序。普通立案检查程序，即劳动保障监察机构在监督检查中发现违法行为，立案查处违反劳动与社会保障法案件的程序。主要内容有以下七方面。

（1）登记立案。劳动保障行政部门通过日常巡视检查、书面审查、举报等发现用人单位有违反劳动保障法律的行为，需要进行调查处理的，应当及时立案查处。立案应当填写立案审批表，报劳动保障监察机构负责人审查批准。劳动保障监察机构负责人批准之日即为立案之日。对符合下列条件的投诉，劳动保障行政部门应当在接到投诉之日起5个工作日内依法受理，并于受理之日立案查处：违反劳动保障法律的行为发生在2年内的；有明确的被投诉用人单位，且投诉人的合法权益受到侵害是被投诉用人单位违反劳动保障法律的行为所造成的；属于劳动保障监察职权范围并由受理投诉的劳动保障行政部门管辖。

（2）承办人员的回避。承办查处违法案件的劳动保障监察人员，如果有是用人单位法定代表人的近亲属、本人或其近亲属与其所承办案件有利害关系，或者由于其他原因可能影响案件公正处理的情形，应当自行申请回避。当事人认为承办人员应当回避的，有权向承办查处工作的劳动保障行政部门提出要求回避的书面申请。回避决定应在收到申请之日起3个工作日内做出。做出回避决定前，承办人员不得停止对案件的调查处理。对回避申请的决定，应当告知申请人。承办人员的回避，由劳动保障监察机构负责人决定；劳动保障监察机构负责人回避的，由劳动保障行政部门负责人决定。

（3）调查取证。劳动保障行政部门及劳动保障监察员依职权进行调查取证。调查取证有自行调查取证和委托调查取证两种方式。劳动保障行政部门在实施劳动保障监察中涉及异地调查取证的，可以委托当地劳动保障行政部门协助调查。受委托方的协助调查应在双方商定的时间内完成。劳动保障行政部门对违反劳动保障法律、法规或者规章的行为的调查，应当自立案之日起60个工作日内完成；对情况复杂的，经劳动保障行政部门负责人批准，可以延长30个工作日。

（4）处理。劳动保障行政部门对违反劳动保障法律、法规或者规章的行为，根据调查、检查的结果，做出以下处理：第一，对依法应当受到行政处罚的，依法做出行政处罚决定；第二，对应当改正未改正的，依法责令改正或者做出相应的行政处理决定；第三，对情节轻微且已改正的，撤销立案。经调查、检查，劳动保障行政部门认定违法事实不能成立的，也应当撤销立案。发现违法案件不属于劳动保障监察事项的，应当及时移送有关部门处理；涉嫌犯罪的，应当依法移送司法机关。劳动保障行政部门对违反劳动保障法律的行为做出行政处罚或者行政处理决定前，应当告知用人单位，听取其陈述和申辩；法律、法规规定应当依法听证的，应当告知用人单位有权依法要求举行听证；用人单位要求听证的，劳动保障行政部门应当组织听证；做出行政处罚或者行政处理决定，应当告知用人单位依法享有申请行政复议或者提起行政诉讼的权利。

（5）制作处罚（处理）决定书。对用人单位存在的违反劳动保障法律的行为事实确凿并有法定处罚（处理）依据的，可以当场做出限期整改指令或依法当场做出行政处罚决定。当场做出限期整改指令或行政处罚决定的，劳动保障监察员应当填写预定格式、编有号码的限期整改指令书或行政处罚决定书，当场交付当事人。

（6）送达和备案。劳动保障监察限期整改指令书、劳动保障行政处理决定书、劳动保障行政处罚决定书应当在宣告后当场交付当事人；当事人不在场的，劳动保障行政部门应当在7日内依照《中华人民共和国民事诉讼法》的有关规定，将劳动保障监察限期整改指令书、劳动保障行政处理决定书、劳动保障行政处罚决定书送达当事人。劳动保障监察案件结案后应建立档案，档案资料应当至少保存3年。地方各级劳动保障行政部门应当按照劳动和社会保障部有关规定对承办的案件进行统计并填表上报。地方各级劳动保障行政部门制作的行政处罚决定书，应当在10个工作日内报送上一级劳动保障行政部门备案。

（7）执行。劳动保障行政处理或处罚决定依法做出后，当事人应当在决定规定的期限内予以履行。当事人对劳动保障行政处理或行政处罚决定不服而申请行政复议或者提起行政诉讼的，行政处理或行政处罚决定不停止执行。法律另有规定的除外。当事人确有经济困难，需要延期或者分期缴纳罚款的，经当事人申请和劳动保障行政部门批准，可以暂缓或者分期缴纳。当事人对劳动保障行政部门做出的行政处罚决定、责令支付劳动者工资报酬和赔偿金或者征缴社会保险费等行政处理决定逾期不履行的，劳动保障行政部门可以申请人民法院强制执行，或者依法强制执行。除依法当场收缴的罚款外，做出罚款决定的劳动保障行政部门及其劳动保障监察员不得自行收缴罚款。当事人应当自收到行政处罚决定书之日起 15 日内到指定银行缴纳罚款。

3. 劳动安全卫生监察程序。劳动安全卫生监察程序具有专业性，即矿山安全卫生监察、锅炉压力容器等特种设备安全检查、建设项目（工程）劳动安全卫生监察等专项检查的程序各有其特殊的程序规则。劳动安全卫生的监督检查，由卫生部门、安全生产监督管理部门、特种设备安全监督管理部门等有关部门依照有关法律、行政法规的规定执行。根据《矿山安全监察条例》、《矿山安全监察工作规则》、《锅炉压力容器安全监察暂行条例》及其《实施细则》、《建设项目（工程）劳动安全卫生监察规定》等法规的规定以及监察实践，劳动安全卫生监察程序一般包括以下四个主要环节：（1）监察准备；（2）实施检查；（3）纠正违章；（4）实施处罚。需要注意的是，违反劳动保障法律、法规或者规章的行为在 2 年内未被劳动保障行政部门发现，也未被举报、投诉的，劳动保障行政部门不再查处。该期限自违反劳动保障法律、法规或者规章的行为之日起计算；违反劳动保障法律、法规或者规章的行为有连续或者断续状态的，自行为终了之日起计算。

【案例研讨】

处理拖欠工人工资案

2007 年 11 月 30 日，陈某等人投诉称：2006 年，他们一行 30 余人在郑东新区鑫苑中央花园做水电暖工程，至今仍拖欠工资 3 万余元。2008 年 1 月 7 日，此工资款支付到反映人手中。2007 年 12 月 13 日，农民工代表姚某投诉称：2007 年 10 月 30 日至 12 月 9 日，他们 9 人在内蒙古某矿山建设工程有限责任公司赵某项目部干活，至今拖欠工资 6 万多元未付。2008 年 1 月 15 日，此工资款支付到位。2007 年 11 月 30 日，农民工代表韩某投诉称：2007 年 8 月、9 月，他们一行 80 余人在河南某电力公司承建的春藤变电站工地干活，共 45 天，至今仍拖欠工资 2 万余元未付。经查，该电力公司共拖欠韩某等人工资款 2.4 万元，双方认可，并于 2007 年 12 月 17 日将工资款结清。2007 年 12 月 20 日，50 名农民工投诉河南某建筑有限公司，称该公司在义煤集团观音堂煤矿棚改工程 2 标项目中拖欠 10～12 月份的工资，至今未付。经查，该项目部共拖欠农民工工资 93 450 元。经督促，2008 年 1 月 7 日，该工资款打入河南省劳动厅专用账户。①

评析：

近年来，拖欠农民工工资成为劳动保障监察中常见的违法行为。劳动保障监

① 案例参见杨家军：《河南劳动保障监察：曝光拖欠农民工工资典型案例》，人民网，2008 年 1 月 16 日。

察执法机构对于受理的违反劳动保障法律、法规或者规章的行为的举报、投诉，应依法调查并予以纠正和查处违反劳动保障法律、法规或者规章的行为。本案引发的法律问题主要是，劳动保障监察的范围如何？针对拖欠工资的法律行为，劳动者的维权途径有哪些？

针对拖欠劳动者劳动报酬的违法行为，《劳动合同法》规定劳动者可以通过司法程序申请维护自身权益的支付令。《劳动合同法》第30条规定，“用人单位应当按照劳动合同约定和国家规定，向劳动者及时足额支付劳动报酬。用人单位拖欠或者未足额支付劳动报酬的，劳动者可以依法向当地人民法院申请支付令，人民法院应当依法发出支付令。”同时，《劳动保障监察条例》将用人单位支付工资与执行最低工资标准的情形也作为其监察的范围。《劳动保障监察条例》第11条规定：“劳动保障行政部门对下列事项实施劳动保障监察：（一）用人单位制定内部劳动保障规章制度的情况；（二）用人单位与劳动者订立劳动合同的情况；（三）用人单位遵守禁止使用童工规定的情况；（四）用人单位遵守女职工和未成年工特殊劳动保护规定的情况；（五）用人单位遵守工作时间和休息休假规定的情况；（六）用人单位支付劳动者工资和执行最低工资标准的情况；（七）用人单位参加各项社会保险和缴纳社会保险费的情况；（八）职业介绍机构、职业技能培训机构和职业技能考核鉴定机构遵守国家有关职业介绍、职业技能培训和职业技能考核鉴定的规定的情况；（九）法律、法规规定的其他劳动保障监察事项。”因此，劳动者在自己的劳动报酬权受到损害如拖欠、克扣工资时，可以直接向人民法院申请支付令，也可以向劳动保障监察机构投诉，请求依法查处。此外，劳动者还可以选择向劳动争议仲裁委员会仲裁，由仲裁委员会依法做出裁决或达成调解协议。但是，这种方式对劳动者而言，效率不高，因劳动争议仲裁委员会自身没有强制执行权，如果只是针对工资拖欠这样的违法行为，则加大了劳动者维权的成本。本案例是2008年河南省多起农民工工资被拖欠的劳动保障监察典型案例。农民工选择了向劳动保障监察机构投诉，由劳动保障监察机构调查处理，维护自己劳动报酬权的维权方式。

思考问题与案例

一、思考问题

1. 劳动保障监察与劳动监督、行政监察有何区别？

2. 劳动保障监察与劳动争议仲裁的主要区别有哪些？

3. 我国劳动保障监察的范围有哪些？

4. 如何确定我国劳动保障监察的相对人？

5. 我国劳动保障监察人员的权利和义务是如何规定的？

二、思考案例

1. 某足浴店员工陈某投诉，进店时被收取300元的学徒费和160元服装费，双方未签订劳动合同。陈某于 2008 年 6 月 22 日离职后，店方以违反须做满一年的口头约定为由，要扣除半个月工资。陈某请求退还服装费和学徒费，要回 6 月 1～22 日工资 700 余元。经劳动保障监察机构调查，投诉情况属实。劳动保障监察机构下达了限期改正指令书，责令该店限期退还向投诉人收取的服装费、培训费，付清 6 月 1～22 日工资，向其他职工收取的培训费、服装费也一并清退。第二天，该店经营者递交了一份书面请求，提出投诉人承担在该店工作期间（3 月 20 日～6 月 22 日）的伙食费、住宿费 950 元，应退还给投诉人的服装费、培训费以及可领取的工资扣除伙食费、住宿费后，还可领取 250 元。投诉人如不来领取，该店不负责任。

问题：

（1）监察机构该如何处理本案中经营者的书面请求？

（2）如该店不在规定时间内退还服装费、培训费，付清投诉人的工资，该如何处罚？

2. 2009 年 3 月，张某被某广告公司录取，广告公司通知他于 3 月 15 日报到上班，同时告知试用期 3 个月，试用合格后签订劳动合同，办理社会保险。工作 2 个月时，张某发现单位同期录取的另 14 名员工皆未签订劳动合同、未办理社会保险，于是向劳动保障监察机构举报该单位的违法行为。

问题：

（1）本案中广告公司的做法有哪些是不合法的？

（2）劳动保障监察机构应如何处理该举报案件？

第十六章　劳动争议处理法

【本章导语】

劳动争议处理制度，是解决劳动纠纷、保护劳动关系当事人合法权益、维护劳动关系和谐稳定的重要法律制度。本章主要阐述了劳动争议的概念、种类，劳动争议处理的范围、体制、原则，劳动争议处理的调解、仲裁、诉讼方式及主要程序。学习中结合《劳动争议调解仲裁法》等法律规定，重点掌握现行劳动争议处理机制，熟悉劳动争议解决的调解、仲裁、诉讼等方式的法律规定。

【引导案例】

梁某劳动争议一裁二审案

梁某于2003年9月4日入职广州市阿勒锦贸易公司，并被安排到友谊时代店阿勒锦专柜任导购员兼柜长。2006年1月13日，广州市优厚阿勒锦贸易公司（以下简称优厚公司）成立，并承诺对员工的工资待遇不变。而原阿勒锦经贸公司从2006年3月起未年检，后被吊销了营业执照。优厚公司没有与梁某签订劳动合同，没有购买社会保险。2010年3月25日，梁某向广州市荔湾区劳动争议仲裁委员会提起劳动仲裁，请求确认其与优厚公司自2003年9月4日至2010年3月存在劳动关系并由该公司支付该期间没签劳动合同的2倍工资、节假日及年休假工资合计163 028元。2010年5月6日优厚公司撤销阿勒锦专柜，梁某从5月7日起没有上班，但双方没有解除劳动关系。2010年6月17日，劳动仲裁委员会作出裁决：确认梁某与优厚公司于2006年1月13日至2010年3月24日期间存在事实劳动关系，优厚公司支付2003年9月4日至2010年3月24日法定节假日加班工资差额1 077.24元和年休假工资551.72元。梁某不服裁决，向广州市荔湾区法院起诉。荔湾区法院经审理认为梁某主张其工作时间从2003年9月4日起算的证据不足、主张优厚公司支付2003年9月4日至2010年3月24日期间未签劳动合同的2倍工资及加班工资的请求超过诉讼时效。故于2010年9月14日作出判决：确认梁某与优厚公司自2006年1月13日至2010年3月24日期间存在事实劳动关系，优厚公司向梁某支付2008年1月（因《劳动合同法》自2008年1月1日实施）至2010年3月年休假工资919.54元，驳回梁某及优厚公司的其他诉讼请求。梁某不服该法院判决，向广州市中级人民法院提起上诉。2011年4月1日，广州市中级人民法院作出终审判决：驳回上诉，维持原判。①

---

①　参见北大法宝：《梁丽萍与广州市优厚阿勒锦贸易有限公司劳动争议纠纷上诉案》，http：//vip. chinalawinfo. com/Case/displaycontent. asp？Gid = 117792072&Keyword

【重点问题】

1. 我国劳动争议处理的范围。

2. 劳动争议处理的方式。

3. 劳动争议的概念与特征。

第一节　劳动争议处理概述

一、劳动争议的概念与特征

（一）劳动争议的概念

劳动争议，也称为劳动纠纷，狭义仅指劳动关系双方当事人之间关于劳动权利和劳动义务的争议；广义是指劳动关系双方当事人或其团体之间关于劳动权利和劳动义务的争议。从世界各国劳动立法来看，一般取其狭义。

（二）劳动争议的特征

1. 劳动争议的当事人特定。一方为劳动者或其团体；另一方为用人单位或其团体。若争议不是发生在劳动关系双方当事人或其团体之间，即使争议内容涉及劳动问题，也不构成劳动争议。

2. 劳动争议的内容特定。即涉及劳动权利和劳动义务。也就是说，劳动争议是劳动关系双方当事人为实现劳动权利和履行劳动义务发生的争议。劳动权利和劳动义务是依据劳动法律法规和劳动合同具体确定，因而劳动争议在一定意义上表现为因适用劳动法律法规以及订立、履行、变更和终止劳动合同所发生的争议；劳动权利和劳动义务的内容，包括就业、工时、工资、劳动保护、保险福利、职业培训、民主管理、奖励惩罚等各个方面，因此，劳动争议的内容相当广泛。

3. 劳动争议的范围限定。劳动争议的范围限定在一国法律规定的范围内。虽然劳动争议表现为劳动权利和劳动义务相关的各个方面，内容十分广泛。但在实践中，劳动争议的范围被限定在一国法律规定的范围内，并随着实践的发展由立法做出进一步的完善。

二、劳动争议的种类

（一）个别争议、集体争议和团体争议

在许多国家中，劳动争议仅有个别争议和集体争议之分。个别争议，也称为个人争议，即不足法定人数的单个或多个劳动者限于个人行为与用人单位的劳动争议；集体争议，也称为多人争议，即劳动者一方当事人在 3 人以上，并基于共同理由与用人单位发生的劳动争议。团体争议，亦称集体合同争议，是工会与用人单位或其团体之间因集体合同而发生的争议。在我国，要注意区别集体劳动争

议与集体劳动合同争议。前者的标的是部分职工的共同利益，后者的标的是全体职工的共同利益。因此，前者的职工方当事人应当推举代表参加争议处理程序，后者中的工会由工会主席为法定代表人参加争议处理程序。

（二）权利争议和利益争议

权利争议，又称实现既定权利的争议，是指因实现劳动法、集体合同、劳动合同所规定的权利和义务所发生的争议。权利争议是适用劳动法律法规，履行集体合同或劳动合同所发生的争议。其中，作为争议标的的权利和义务，如果适用劳动法中强行性规范所规定的，该权利争议就只属于遵守劳动法的争议；如果是由集体合同、劳动合同依据劳动法中任意性规范具体规定的，该权利争议就属于履行集体合同或劳动合同的争议。利益争议，又称确定权利的争议，是指因确定代表团体的利益的权利和义务所发生的争议。在当事人的权利和义务尚未确定的情况下，如果双方对权利和义务有不同的主张，就会发生争议。争议的目的是，要求在合同中依法确定当事人的某种利益，使之上升为权利。在订立劳动合同时如果存在争议就不可能成立劳动合同，签约双方还未成为劳动关系当事人，因而这种争议不应作为劳动争议。所以，利益争议一般发生在劳动关系运行过程中的集体合同订立或变更环节，较多地表现为订立、变更集体合同的集体谈判陷入僵局或者失败。利益争议与权利争议的解决不同，一般不是通过调解、仲裁、诉讼程序解决，而是在政府干预下由双方协商解决。

三、劳动争议处理原则

《劳动争议调解仲裁法》第 3 条规定："解决劳动争议，应当根据事实，遵循合法、公正、及时、着重调解的原则，依法保护当事人的合法权益。"根据我国现行立法的规定，劳动争议处理应当遵循的原则主要有：（1）着重调解原则。即在处理劳动争议的过程中，应当注重运用调解方式解决劳动争议，不仅基层调解机构应当促使当事人双方达成调解协议，而且仲裁机构在裁决前、审判机构在判决前，对适于调解的劳动争议案件也应当先行调解，调解不成才进入下一道解决劳动争议的程序。（2）合法、公正、及时处理原则。所谓合法，即处理劳动争议应当以法律为准绳，并遵循法定程序；所谓公正，即在处理劳动争议过程中，应当公正地对待双方当事人，在程序和结果上都不得偏袒其中任何一方；所谓及时，即受理劳动争议案件后，应当尽快查明事实，分清是非，并在此基础上尽快调解、裁决或判决，不得违背时限方面的法定要求。

四、劳动争议处理机制

（一）单轨体制和分轨体制的选择①

我国的劳动争议处理机构有企业劳动争议调解委员会、劳动争议仲裁委员会

① 参见王全兴主编：《劳动法学》，高等教育出版社 2004 年版，第 410～415 页。

和人民法院三种。根据我国现行立法的规定，发生劳动争议，当事人不愿协商、协商不成或者达成和解协议后不履行的，可以向调解组织申请调解；不愿调解、调解不成或者达成调解协议后不履行的，可以向劳动争议仲裁委员会申请仲裁；对仲裁裁决不服的，除法律另有规定的外，可以向人民法院提起诉讼。现行劳动争议处理机制可以概括为“一调一裁两审”体制，它是调解、仲裁、审理依次进行的体制，因而被称为单轨制。这种体制的不足之处在于：(1) 劳动争议处理在程序上变得繁琐复杂，拖延时间，不利于维护劳动者权益。案件如果经过基层调解、仲裁和诉讼中一审、二审的全过程，时间过长，不利于案件及时了结，往往造成久拖不决的现象，这就不利于保护劳动者权益和维护社会安定。当事人不服裁决，向人民法院起诉，这不仅意味着诉讼程序的开始，而且还意味着当事人必须重新投入更多的成本与时间去诉讼。况且，人民法院处理的许多劳动争议不是经一审解决纠纷的。当事人不服一审裁判而上诉的案件不少，而且呈上升趋势。当事人经过仲裁，又经人民法院审判，延宕时日，不利于争议的解决。更为重要的是，仲裁机关对案件的处理工作将成为无效劳动，无法树立起自己的威信，同时，也大大增加了人民法院的工作量。这与劳动争议仲裁的公正、经济的基本价值目标是相违的。(2) 仲裁的有效性与自愿性受到质疑。由于仲裁没有终局权，造成仲裁机关工作上的被动，一裁两审，仲裁成了名副其实的准裁判机构，仲裁机构缺乏应有的权威性。把仲裁作为诉讼前的必经程序，也排除了劳动争议当事人对审判的自由选择，这就与仲裁作为非行政、非诉讼的社会公断行为应当以当事人自愿为原则的精神不符，也增加了当事人解决争议的成本。目前，学界针对这种“单轨制”的劳动争议解决模式，提出了各种不同的解决方案。有学者认为应采用或裁或审制，与民事仲裁程序保持统一，保证仲裁的有效性，也有学者认为应该坚持一贯的传统，给仲裁前的调解程序一定的终局裁决权，也有学者认为应该区分案件范围采用不同的解决途径。

劳动争议处理的双轨体制，即“裁审分轨，各自终局”的体制，是指未能和解的当事人不愿或调解机构调解不成的劳动争议案件，可以由当事人在申请仲裁和提起诉讼之间自由选择。申请仲裁的不得再提起诉讼，且仲裁裁决为终局裁决；已提起诉讼的就不得再申请仲裁。其中，诉讼实行两审终审制；仲裁则有一裁终局和两裁终局两种主张。分轨体制较之单轨体制，其优点在于：可缩短争议处理时间，减少争议处理成本并尊重当事人的选择。

（二）劳动司法机构类型的选择

当前，学界对我国劳动司法机构应选择何种类型有不同设想，主要有以下四种：(1)“独立型”，即设想建立独立的劳动法院，将其作为独立于现有人民法院系统之外的劳动司法机构，以取代现有的劳动争议仲裁机构，由其专门行使劳动争议审判权。(2)“兼审非独立型”，又称“维持现状型”，即设想在人民法院内不设立专门的劳动审判机构，而由民事审判机构兼职行使劳动争议审判权。(3)“普通专审非独立型”，即设想在现有人民法院内设立劳动法庭作为审理劳动争议的专门机构，但其审判组织同民事、刑事、行政等专门审判机构一样。(4)“特别专审非独立型”。即设想在现有人民法院内设立劳动法庭，作为专门行使劳动争议审判权的特别审判机构，但审判组织不同于民事、刑事、行政等专门审判机构，它由职业法官和工会、用人单位团体委派的人员所组成。按照“独立型”主张，劳动争议处理体制由基层调解和司法两个层次所构成；按照“非独立型”主张，劳动争议处理体制则由基层调解、仲裁和司法三个层次所构成。

（三）劳动争议处理体制中的“三方机制”

劳动争议处理体制中的“三方机制”，即国家、工会和用人单位三方代表参与劳动争议处理过程，共同协调劳动争议当事人双方利益的机制。它是劳动关系协调的“三方原则”在劳动争议处理体制中的具体贯彻。除了劳动争议处理机构实行三方原则，由国家、工会和用人单位三方代表组成以外，劳动争议处理的各项权利也应当依其特点在三方之间进行合理配置。

五、劳动争议处理机构

劳动争议处理机构，大致可分为三种类型，即调解（调停）机构、仲裁机构和司法机构。

（一）劳动争议调解（调停）机构

我国现行立法规定，发生劳动争议，当事人可以到下列调解组织申请调解：(1) 企业劳动争议调解委员会；(2) 依法设立的基层人民调解组织；(3) 在乡镇、街道设立的具有劳动争议调解职能的组织。

企业劳动争议调解委员会是在企业内部依法设立的负责调解本单位劳动争议的组织。企业劳动争议调解委员会由职工代表和企业代表组成。职工代表由工会成员担任或者由全体职工推举产生，企业代表由企业负责人指定。企业劳动争议调解委员会主任由工会成员或者双方推举的人员担任。各企业都可以设立劳动争议调解委员会，设有分支机构的企业还可以在总部和分支机构分别设立劳动争议调解委员会。劳动争议调解组织的调解员应当由公道正派、联系群众、热心调解工作并具有一定法律知识、政策水平和文化水平的成年公民担任。

企业劳动争议调解委员会在企业中具有相对独立的地位。它不隶属于任何一个机构和组织，尤其是独立于单位行政和劳动者之外。其办事机构设在基层工会，其调解工作接受企业所在地地方工会（或行业工会）和地方劳动争议仲裁委员会的指导。企业应当支持劳动争议调解委员会的工作，并承担活动经费和给予其他物质帮助。劳动争议调解委员会的职责包括：(1) 调解本单位劳动争议；(2) 检查督促争议双方当事人履行调解协议；(3) 对职工进行劳动法制宣传教育，做好劳动争议预防工作。

（二）劳动争议仲裁机构

各国劳动争议仲裁机构可分为三种：(1) 半官方机构。它由政府、工会和雇主协会三方共同建立，如菲律宾国家劳动关系委员会。这种机构为大多数国家所设置。(2) 民间机构。它由工会、雇主协会共同协商建立或者由其民间组织单独成立，如日本劳动关系委员会等。这种机构存在于许多国家中。(3) 官方机构。它由政府单独设立，如沙特阿拉伯劳工纠纷局等。这种机构仅见诸少数国家。我国的劳动争议仲裁委员会属半官方机构。

劳动争议仲裁机构主要包括仲裁委员会、仲裁委员会办事机构以及仲裁庭。

劳动争议仲裁委员会是依法设立的经国家授权依法独立仲裁处理劳动争议案件的专门机构。劳动争议仲裁委员会按照统筹规划、合理布局和适应实际需要的原则设立。省、自治区人民政府可以决定在市、县设立；直辖市人民政府可以决定在区、县设立。直辖市、设区的市也可以设立一个或者若干个劳动争议仲裁委员会。劳动争议仲裁委员会不按行政区划层层设立。国务院劳动保障行政部门依照有关规定制定仲裁规则。省、自治区、直辖市人民政府劳动保障行政部门对本行政区域的劳动争议仲裁工作进行指导。劳动争议仲裁委员会由劳动保障行政部门代表、工会代表和企业方面代表组成，主任由劳动保障行政部门负责人担任，副主任由仲裁委员会委员协商产生。劳动争议仲裁委员会组成人员应当人数相等且是单数，至于每方代表的具体人数，则由三方协商确定。仲裁委员会实行集体领导，在召开会议决定有关事项时应有2/3以上的委员参加，并且应当按照少数服从多数的原则做出决定。劳动争议仲裁委员会依法履行下列职责：(1) 聘任、解聘专职或者兼职仲裁员；(2) 受理劳动争议案件；(3) 讨论重大或者疑难的劳动争议案件；(4) 对仲裁活动进行监督。

劳动争议仲裁委员会下设办事机构，负责办理劳动争议仲裁委员会的日常工作。劳动争议仲裁委员会办事机构具有双重身份和双重职能，它既是仲裁委员会的办事机构，又是劳动保障行政部门的职能机构。作为仲裁委员会的办事机构，其主要职责有：(1) 在仲裁委员会的领导下，处理劳动争议案件的日常工作；(2) 根据仲裁委员会的授权负责管理仲裁员，组成仲裁庭；(3) 管理仲裁委员会的文书、档案、印鉴；(4) 负责劳动争议及其处理方面的法律、法规和政策咨询；(5) 向仲裁委员会汇报、请示工作；(6) 办理仲裁委员会授权或交办的其他事项。

劳动争议仲裁庭是仲裁委员会处理劳动争议案件的基本组织形式。仲裁委员会处理劳动争议案件实行仲裁庭制度，即依照“一案一庭”的原则组成仲裁庭，受理劳动争议案件。仲裁庭的组织形式可分为独任制和合议制两种。独任制，是由仲裁委员会指定1名仲裁员独任审理仲裁，适用于事实清楚、案情简单、法律适用明确的劳动争议案件。合议制，是由仲裁委员会指定3名仲裁员共同审理争议仲裁。除简单劳动争议案件外，均应组成合议仲裁庭。合议仲裁庭又可分为普通合议仲裁庭和特别合议仲裁庭。凡职工方在 30 人以上的劳动争议案件，应组成特别合议仲裁庭。普通仲裁庭由 1 名首席仲裁员和 2 名仲裁员组成，首席仲裁员由仲裁委员会负责人或授权其办事机构负责人指定，另两名仲裁员由仲裁委员会授权其办事机构负责人指定或者由当事人双方各选 1 名。其中，不符合规定的，由仲裁委员会予以撤销，重新织成仲裁庭。仲裁庭在仲裁委员会领导下依法处理劳动争议，仲裁庭对重大或疑难案件可以提交仲裁委员会讨论决定；仲裁委员会的决定，仲裁庭必须执行；仲裁庭处理劳动争议结案时，应报仲裁委员会主任审批；仲裁委员会主任认为有必要，也可提交仲裁委员会审批；仲裁庭制作的调解书或裁决书，由仲裁员署名，加盖仲裁委员会印章，以仲裁委员会名义送达双方当事人。

劳动争议仲裁员，是指由劳动争议仲裁委员会依法聘任的可以成为仲裁庭组成人员而从事劳动争议处理工作的职员。它有专职仲裁员和兼职仲裁员两种。专职仲裁员由仲裁委员会从劳动保障行政部门内专门从事劳动争议处理工作并具有仲裁员资格的人员中聘任；兼职仲裁员由仲裁委员会从具有仲裁员资格的劳动保障行政部门或其他行政部门工作人员或工会工作人员、专家、学者、律师中聘任；仲裁委员会成员也可以由仲裁委员会聘为专职或兼职仲裁员。兼职仲裁员与专职仲裁员在执行公务时享有同等权利；但兼职仲裁员从事仲裁活动应当征得所在单位同意，所在单位应当给予支持。

仲裁员应具备法定条件并已依法取得仲裁员资格。根据立法规定，仲裁员应当公道正派并符合下列条件之一：（1）曾任审判员的；（2）从事法律研究、教学工作并具有中级以上职称的；（3）具有法律知识、从事人力资源管理或者工会等专业工作满 5 年的；（4）律师执业满 3 年的。仲裁员应当履行法定职责，其主要职责有：（1）接受仲裁委员会办事机构交办的劳动争议案件，参加仲裁庭；（2）进行调查取证，有权以调阅文件或档案、询问证人、现场勘查、技术鉴定等方式向当事人及有关单位、人员进行调查；（3）根据有关法规和政策提出处理方案；（4）对争议当事人双方进行调解工作，促使其达成调解协议；（5）审查申诉人的撤诉申请；（6）参加仲裁庭合议，对案件提出裁决意见；（7）案件处理终结时，填报《结案审批表》；（8）及时做好调解、仲裁的文书工作及案卷的整理归档工作；（9）宣传劳动法规政策；（10）对案件涉及的秘密和个人隐私应当保密。

（三）劳动争议司法机构

劳动争议司法机构可分为两种：（1）普通法院，即国家建立的统一审理包括劳动争议案件在内的各种案件的司法审判机构，如法国、澳大利亚等国家的法院。（2）劳动法院（法庭），即国家设立的专门负责审理劳动争议案件的司法审判机构，如德国劳动法院、芬兰劳工法庭等，目前设置这种机构的国家较多。我国是由普通法院负责处理劳动争议案件的。

六、劳动争议处理范围

各国劳动争议受案范围由法律明确规定，具体有所不同。劳动争议的范围与劳动争议的受案范围是两个十分相似的概念，但严格来说，两者并非完全相同，后者是立法从案件受理的角度对劳动争议范围的界定。《劳动争议调解仲裁法》第2条规定了我国劳动争议处理范围。我国《劳动争议调解仲裁法》第2条规定："中华人民共和国境内的用人单位与劳动者发生的下列劳动争议，适用本法：（一）因确认劳动关系发生的争议；（二）因订立、履行、变更、解除和终止劳动合同发生的争议；（三）因除名、辞退和辞职、离职发生的争议；（四）因工作时间、休息休假、社会保险、福利、培训以及劳动保护发生的争议；（五）因劳动报酬、工伤医疗费、经济补偿或者赔偿金等发生的争议；（六）法律、法规规定的其他劳动争议。"《劳动争议调解仲裁法》主要是针对调解和仲裁做出规范，对于劳动诉讼并未过多涉及。最高人民法院根据审理劳动争议案件的需要做出了一系列重要的司法解释，对一些复杂且存争议的劳动争议事项是否属于法院受案范围的问题做出了一些具体规定，如社会保险争议、企业改制引发的争议、加付赔偿金争议、退休人员再就业争议等。

七、劳动争议处理法律制度

西方国家劳动争议处理的立法，是在劳资矛盾不断激化的情势下产生的，并且在劳动争议处理的实践中不断完善。初期，劳动争议全凭劳资双方的力量强弱来决定胜负，于是，罢工、闭厂等对抗事件经常发生。为了避免劳资矛盾激化为两败俱伤的后果，调解和仲裁等缓解矛盾的方式受到劳资双方的欢迎而逐渐兴起，随之为立法所确认。例如，早在1824年的英国、1890年的德国、1892年的法国、1896年的新西兰等，都制定了有关劳动争议调解和仲裁的专门法规。在现代，无论发达国家或发展中国家，都有了完备或比较完备的关于劳动争议调解、仲裁和审判的立法。例如，美国的《国家劳动关系法》（1935年）和《劳工管理关系法》（1947年）；日本的《劳动关系调整法》（1946年）；英国的《工会和劳动关系法》（1974年）；西班牙的《集体劳资争议处理法》（1975年）；芬兰的《劳动法庭法》（1974年）等。

我国的劳动争议处理立法经历了一个曲折的发展过程。新中国成立初期，中华全国总工会于1949年11月制定了《关于劳资关系暂行处理办法》和《劳资争议解决程序的暂行规定》，1950年劳动部制定了《市劳动争议仲裁委员会组织及工作规则》和《关于劳动争议解决程序的规定》。根据这些法规，我国初步建立了一套包括协商、调解、仲裁和审判的劳动争议处理制度。但是，劳动争议仲裁和审判制度于1955年7月以后中断，原有法规自行停止施行。此后的劳动争议处理工作由信访部门承担。直到1987年7月31日，国务院发布《国营企业劳动争议处理暂行规定》，系统地规定了国营企业劳动争议处理的机构和程序，中断30年的劳动争议处理制度才得以恢复。1993年8月11日，国务院发布《企业劳动争议处理条例》，在劳动争议仲裁受案范围、办案组织形式方面对旧的制度作了较大修改与完善。目前，我国关于劳动争议处理的现行立法主要包括：《劳动法》中的劳动争议处理专章规定；2007年12月29日第十届全国人民代表大会常务委员会第三十一次会议通过并于2008年5月1日起实施的《中华人民共和国劳动争议调解仲裁法》；1993年劳动部制定的《劳动争议仲裁委员会组织规则》、《劳动争议仲裁委员会办案规则》和《企业劳动争议调解委员会组织及工作规则》。2008年，全国法院受理劳动争议案28万余件，比2007年增长93.93%，仅上半年受理近17万件，同比增长30%。有的地区此类案件更呈井喷式激增，如2008年一季度，广东、江苏、浙江增幅分别高达41.63%、50.32%和159.61%。除数量激增外，当前劳动争议纠纷案件还呈现出内容复杂化、区间多样化、诉讼群体化、难度增大化等特点。[①] 针对当前形势下劳动争议案件的特点，最高人民法院出台《关于当前形势下做好劳动争议纠纷案件审判工作的指导意见》，要求审理此类案件时，既要依法维护劳动者合法权益，又要促进企业生存发展，努力实现双方互利共赢。

第二节　劳动争议的调解

一、劳动争议调解的概念与特点

劳动争议调解，是指劳动争议调解组织对当事人双方自愿申请调解的劳动争议，在查明事实、分清是非的前提下，依据法律法规和集体合同、劳动合同的约定，通过说服、劝导和教育，促使当事人双方在平等协商、互谅互让的基础上自愿达成解决劳动争议的协议。在我国劳动争议处理体系中，它是一种普遍适用的重要形式。

在我国，劳动争议调解组织包括：（1）企业劳动争议调解委员会；（2）依法设立的基层人民调解组织；（3）在乡镇、街道设立的具有劳动争议调解职能的组织。其中，企业劳动争议调解委员会的调解是企业内部基层群众性组织所作的调解，是我国劳动争议解决的基本形式。这种调解属于民间调解，它与官方调解不同，有下述主要特点：（1）其调解机构是社会组织，而不是国家机关；（2）其调解活动具有任意性，基本上不受固定程序和形式的约束，也可将道德规范、社会习惯作为调解的依据；（3）调解书仅具有合同性质，不具有强制执行的效力。基层人民调解组织的调解和乡镇、街道设立的具有劳动争议调解职能的组织的调解

---

① 参见刘岚：《全国法院上半年劳动争议案增30%，最高法院出台意见指导审判》，中国法院网，2009年7月13日。

是基层政权组织设立的调解机构进行的调解，属于官方调解范畴。

二、劳动争议调解的原则

（一）自愿原则

调解组织依法进行调解，遵循当事人自愿的原则。调解自愿原则体现在，当事人是否申请调解，向哪个调解组织申请调解，调解中当事人平等自愿协商达成调解协议，以及调解协议的自觉自愿履行等环节。从调解的申请到调解协议的执行均体现了当事人自愿的原则，任何一方不得强迫，调解组织也不得包办代替当事人的意愿。

（二）民主说服原则

劳动争议调解组织在调解和解决纠纷中，主要依据国家法律法规和集体合同、劳动合同的约定，采用民主说服的方式，让当事人在自愿的基础上互谅互让、平等协商而达成协议。

三、劳动争议调解的程序

（一）申请调解

劳动争议发生后，如果当事人通过协商不能解决，或者不愿意协商解决，可以自愿选择申请调解或仲裁。申请调解应当自知道或应当知道其权利被侵害之日起30日内提出申请。申请形式既可以是口头也可以是书面，口头申请的，调解组织应当当场记录申请人基本情况以及申请调解的争议事项、理由和时间，但都应当填写《劳动争议调解申请书》。

（二）争议受理

接到调解申请后，应征询对方当事人的意见，对方当事人不愿意调解的，应作好记录，在3日内以书面形式通知申请人；对方当事人表示愿意调解的，应在4日内进行审查并做出受理或不受理的决定。调解组织在受理审查中，要审查申请事由是否属于劳动争议、申请人是否合格、申请对方是否明确、调解请求和事实根据是否明确。经审查认为符合受理条件的，予以受理，并通知双方当事人；如不受理的，应向申请人说明理由，并告之应向何处申诉。

（三）调解前准备

受理劳动争议后，为保证顺利和及时调解，应事先进行下述准备工作：（1）进一步审查申请书内容，如发现内容欠缺，应及时通知申请人补充。（2）要求对方当事人就申请实体请求、事实、理由提出意见及证据。（3）指派调解委员对争议事项进行全面调查核实，收集有关证据。（4）拟订调解方案和调解建议。（5）告知双方当事人调解时间和地点。

（四）实施调解

劳动争议调解，应当充分听取双方当事人对事实和理由的陈述，耐心疏导，帮助其达成协议。实施调解的一般形式，是由调解组织主持召开有争议双方当事人参加的调解会议。有关单位和个人可以参加调解会议协助调解；争议的职工方在10人以上并有共同利益申诉理由应当推举代表参加调解活动。简单的争议，可由调解组织决定1~2名调解人员进行调解。经调解达成协议的，应当制作调解协议书；如经调解达不成协议，应如实记录，并在调解意见书上说明情况。自劳动争议调解组织收到调解申请之日起15日内未达成调解协议的，视为调解不成，当事人可以依法申请仲裁。

（五）调解协议执行

调解协议书由双方当事人签名或者盖章，经调解人员签名并加盖调解组织印章后生效，对双方当事人具有约束力，当事人应当履行。达成调解协议后，一方当事人在协议约定期限内不履行调解协议的，另一方当事人可以依法申请仲裁。如在执行调解协议时反悔的，调解委员会只能劝解说服当事人执行，无权强制执行或限制当事人申请仲裁。因支付拖欠劳动报酬、工伤医疗费、经济补偿或者赔偿金事项达成调解协议，用人单位在协议约定期限内不履行的，劳动者可以持调解协议书依法向人民法院申请支付令。人民法院应当依法发出支付令。如果用人单位对支付令没有在规定期限内提出异议，则应当履行，否则劳动者有权申请法院强制执行。这样部分调解协议借助支付令的形式就间接获得了强制执行的效力，提高了纠纷解决的效率。

第三节　劳动争议的仲裁

一、劳动争议仲裁的概念与特点

劳动争议仲裁，是指劳动争议仲裁机构对当事人请求解决的劳动争议，在查明事实、分清责任的基础上，依法做出调解、裁决的行为。仲裁这种居间公断行为，包括对劳动争议依法审理并进行调解、裁决的一系列活动。在我国的劳动争议处理体制中，劳动争议仲裁是强制性的，即它是诉讼前的法定必经程序，是处理劳动争议的一种主要方式。

劳动争议仲裁具有下述特点：（1）仲裁机构是一种依法定原则所组成的半官方机构，而非民间组织；（2）仲裁申请可以由任何一方当事人提起，无需双方当事人合意；（3）仲裁机构在调解不成的情况下可做出裁决，仲裁调解和裁决依法生效后具有强制执行的效力；（4）仲裁程序较简便，不及诉讼程序严密和复杂；（5）仲裁调解和裁决均不具有最终解决争议的效力，也不能由仲裁机构自己强制执行。劳动争议仲裁就其法律属性而言，是一种兼有行政性和准司法性的执法行为。

二、劳动争议仲裁的管辖

劳动争议仲裁管辖，是指各级仲裁委员会之间、同级仲裁委员会之间受理劳动争议案件的分工和权限的法律制度。它向当事人表明，劳动争议发生后，应当向哪一级和哪一个仲裁委员会申请仲裁。它为各级和各个仲裁委员会行使仲裁权界定空间范围。我国仲裁管辖实行地域管辖为主、级别管辖为辅的原则。

（一）地域管辖

地域管辖即同级仲裁委员会之间对于劳动争议案件的职权划分。同级仲裁委员会的管辖权原则上依行政区域划分。《劳动争议调解仲裁法》规定，劳动争议仲裁委员会负责管辖本区域内发生的劳动争议，即县、市、市辖区仲裁委员会负责本行政区域内的劳动争议案件。劳动争议由劳动合同履行地或者用人单位所在地的劳动争议仲裁委员会管辖。双方当事人分别向劳动合同履行地和用人单位所在地的劳动争议仲裁委员会申请仲裁的，由劳动合同履行地的劳动争议仲裁委员会管辖。

（二）级别管辖

级别管辖即各级仲裁委员会受理劳动争议案件的特定范围。它主要根据案件的性质、影响范围和繁简程度确定。一般来说，省级仲裁委员会不直接受理劳动争议案件，省辖市、地区级仲裁委员会负责处理外商投资企业发生的劳动争议案件和在辖区有重大影响、案情复杂的劳动争议案件，县、市辖区劳动争议仲裁委员会负责处理本辖区内的劳动争议案件。

三、劳动争议仲裁时效

劳动争议仲裁时效，是指劳动者和用人单位在法定期限内不向劳动争议仲裁机构申请仲裁，而丧失请求劳动争议仲裁机构保护其权利实现的申诉权的制度。

关于仲裁时效，《劳动争议调解仲裁法》第 27 条第 1 款规定：“劳动争议申请仲裁的时效期间为 1 年。仲裁时效期间从当事人知道或者应当知道其权利被侵害之日起计算。”该法第 27 条第 4 款规定：“劳动关系存续期间因拖欠劳动报酬发生争议的，劳动者申请仲裁不受本条第 1 款规定的仲裁时效期间的限制；但是，劳动关系终止的，应当自劳动关系终止之日起 1 年内提出。”

立法对劳动争议仲裁时效的中止、中断同时做出了规定。依法规定的仲裁时效，因当事人一方向对方当事人主张权利，或者向有关部门请求权利救济，或者对方当事人同意履行义务而中断。从中断时起，仲裁时效重新计算。因不可抗力或者有其他正当理由，当事人不能在法律规定的仲裁时效期间申请仲裁的，仲裁时效中止。从中止时效的原因消除之日起，仲裁时效继续计算。

四、劳动争议仲裁的程序

（一）申诉

劳动争议发生后，不愿自行协商解决或协商不成的，不愿申请调解或调解不成的，当事人均可在仲裁时效期间内向有管辖权的仲裁委员会提出解决劳动争议的书面申请；申请书应按被诉人数提交副本，委托他人代理参加仲裁的，还需要提交授权委托书。仲裁申请书应当载明下列事项：（1）劳动者的姓名、性别、年龄、职业、工作单位和住所，用人单位的名称、住所和法定代表人或者主要负责人的姓名、职务；（2）仲裁请求和所根据的事实、理由；（3）证据和证据来源、证人姓名和住所。书写仲裁申请确有困难的，可以口头申请，由劳动争议仲裁委员会记入笔录，并告知对方当事人。

（二）受理

仲裁委员会办事机构接到申请书后应依法进行审查。审查内容包括：申诉人是否与本案有直接利害关系，申请仲裁的争议是否属于劳动争议，是否属于仲裁委员会受理的内容，是否属于本仲裁委员会管辖，申请书及有关材料是否齐备并符合要求，申诉时间是否符合仲裁时效规定。对申诉材料不齐备和有关情况不明确的，应指导申诉人补齐；主要证据不齐的，要求申诉人补齐。劳动争议仲裁委员会收到仲裁申请之日起5日内，认为符合受理条件的，应当受理，并通知申请人；认为不符合受理条件的，应当书面通知申请人不予受理，并说明理由。对劳动争议仲裁委员会不予受理或者逾期未做出决定的，申请人可以就该劳动争议事项向人民法院提起诉讼。劳动争议仲裁委员会受理仲裁申请后，应当在5日内将仲裁申请书副本送达被申请人。被申请人收到仲裁申请书副本后，应当在10日内向劳动争议仲裁委员会提交答辩书。劳动争议仲裁委员会收到答辩书后，应当在5日内将答辩书副本送达申请人。被申请人未提交答辩书的，不影响仲裁程序的进行。

（三）仲裁准备

劳动争议仲裁委员会裁决劳动争议案件实行仲裁庭制。仲裁庭由3名仲裁员组成，设首席仲裁员。简单劳动争议案件可以由1名仲裁员独任仲裁。劳动争议仲裁委员会应当在受理仲裁申请之日起5日内将仲裁庭的组成情况书面通知当事人。仲裁员有下列情形之一的，应当回避，当事人也有权以口头或者书面方式提出回避申请：（1）是本案当事人或者当事人、代理人的近亲属的；（2）与本案有利害关系的；（3）与本案当事人、代理人有其他关系，可能影响公正裁决的；（4）私自会见当事人、代理人，或者接受当事人、代理人的请客送礼的。劳动争议仲裁委员会对回避申请应当及时做出决定，并以口头或者书面方式通知当事人。仲裁员有私自会见当事人、代理人，或者接受当事人、代理人的请客送礼的情形，或者有索贿受贿、徇私舞弊、枉法裁决行为的，应当依法承担法律责任。劳动争议仲裁委员会应当将其解聘。

仲裁庭应当在开庭 5 日前，将开庭日期、地点书面通知双方当事人。当事人有正当理由的，可以在开庭 3 日前请求延期开庭。是否延期，由劳动争议仲裁委员会决定。申请人收到书面通知，无正当理由拒不到庭或者未经仲裁庭同意中途退庭的，可以视为撤回仲裁申请。被申请人收到书面通知，无正当理由拒不到庭或者未经仲裁庭同意中途退庭的，可以缺席裁决。

（四）调解

仲裁庭在做出裁决前，应当先行调解，即在查明事实的基础上促使双方当事人自愿达成协议，协议内容必须合法。调解达成协议的，仲裁庭应当制作调解书。调解书应当写明仲裁请求和当事人协议的结果。调解书由仲裁员签名，加盖劳动争议仲裁委员会印章，送达双方当事人。调解书经双方当事人签收后，发生法律效力。调解不成或者调解书送达前一方当事人反悔的，仲裁庭应当及时做出裁决。

（五）裁决

双方当事人经调解达不成协议，调解书送达前当事人反悔或者当事人拒绝接收调解书，均为调解不成，应及时裁决。仲裁庭开庭裁决，可根据案情查明仲裁参加人是否到庭，宣布仲裁纪律、开庭和案由及仲裁庭成员名单，告知当事人权利义务并询问是否申请回避，庭审调查，听取辩论和当事人最后陈述，当庭再行调解，休庭合议，复庭宣布裁决或延期裁决等项程序。当事人在仲裁过程中有权进行质证和辩论。质证和辩论终结时，首席仲裁员或者独任仲裁员应当征询当事人的最后意见。仲裁庭对专门性问题认为需要鉴定的，可以交由当事人约定的鉴定机构鉴定；当事人没有约定或者无法达成约定的，由仲裁庭指定的鉴定机构鉴定。根据当事人的请求或者仲裁庭的要求，鉴定机构应当派鉴定人参加开庭。当事人经仲裁庭许可，可以向鉴定人提问。当事人提供的证据经查证属实的，仲裁庭应当将其作为认定事实的根据。劳动者无法提供由用人单位掌握管理的与仲裁请求有关的证据，仲裁庭可以要求用人单位在指定期限内提供。用人单位在指定期限内不提供的，应当承担不利后果。仲裁庭应当将开庭情况记入笔录。当事人和其他仲裁参加人认为对自己陈述的记录有遗漏或者有差错的，有权申请补正。如果不予补正，应当记录该申请。笔录由仲裁员、记录人员、当事人和其他仲裁参加人签名或者盖章。当事人申请劳动争议仲裁后，可以自行和解。达成和解协议的，可以撤回仲裁申请。

仲裁庭裁决劳动争议案件时，其中一部分事实已经清楚，可以就该部分先行裁决。仲裁庭对追索劳动报酬、工伤医疗费、经济补偿或者赔偿金的案件，根据当事人的申请，可以裁决先予执行，移送人民法院执行。仲裁庭裁决先予执行的，应当符合下列条件：（1）当事人之间权利义务关系明确；（2）不先予执行将严重影响申请人的生活。劳动者申请先予执行的，可以不提供担保。裁决应当按照多数仲裁员的意见做出，少数仲裁员的不同意见应当记入笔录。仲裁庭不能形成多数意见时，裁决应当按照首席仲裁员的意见做出。裁决书应当载明仲裁请求、争议事实、裁决理由、裁决结果和裁决日期。裁决书由仲裁员签名，加盖劳动争议仲裁委员会印章。对裁决持不同意见的仲裁员，可以签名，也可以不签名。

（六）结案

仲裁庭裁决劳动争议案件，应当自劳动争议仲裁委员会受理仲裁申请之日起45日内结束。案情复杂需要延期的，经劳动争议仲裁委员会主任批准，可以延期并书面通知当事人，但是延长期限不得超过15日。逾期未做出仲裁裁决的，当事人可以就该劳动争议事项向人民法院提起诉讼。

（七）法律文书生效和执行

仲裁调解书自送达当事人之日起生效；仲裁裁决书在法定起诉期满后生效，即自当事人收到裁决书之日起15日内，当事人若不向人民法院起诉，裁决书即生效。生效的调解书和裁决书，当事人必须执行；一方当事人若不执行，另一方当事人可以申请人民法院强制执行。下列劳动争议，除法律另有规定的外，仲裁裁决为终局裁决，裁决书自做出之日起发生法律效力：（1）追索劳动报酬、工伤医疗费、经济补偿或者赔偿金，不超过当地月最低工资标准12个月金额的争议；（2）因执行国家的劳动标准在工作时间、休息休假、社会保险等方面发生的争议。用人单位有证据证明法律规定的终局仲裁裁决有下列情形之一，可以自收到仲裁裁决书之日起30日内向劳动争议仲裁委员会所在地的中级人民法院申请撤销裁决：（1）适用法律、法规确有错误的；（2）劳动争议仲裁委员会无管辖权的；（3）违反法定程序的；（4）裁决所根据的证据是伪造的；（5）对方当事人隐瞒了足以影响公正裁决的证据的；（6）仲裁员在仲裁该案时有索贿受贿、徇私舞弊、枉法裁决行为的。人民法院经组成合议庭审查核实裁决有上述规定情形之一的，应当裁定撤销。仲裁裁决被人民法院裁定撤销的，当事人可以自收到裁定书之日起15日内就该劳动争议事项向人民法院提起诉讼。

（八）仲裁监督

各级仲裁委员会主任对本委员会已发生法律效力的裁决书，发现确有错误，需要重新处理的，应提交本仲裁委员会决定。决定重新处理的争议，由仲裁委员会决定终止原裁决的执行。

第四节 劳动争议的诉讼

一、劳动诉讼的概念

劳动争议的诉讼，是指劳动争议当事人不服劳动争议仲裁委员会的裁决，在规定的期限内向人民法院起诉，人民法院依法受理后，依法对劳动争议案件进行审理的活动。此外，劳动争议的诉讼，还包括当事人一方不履行仲裁委员会已发生法律效力的裁决书或调解书，另一方当事人申请人民法院强制执行的活动。实行劳动争议诉讼制度，从根本上将劳动争议处理工作纳入了法制轨道，以法的强制性保证了劳动争议的彻底解决。同时，这一制度也初步形成了对劳动争议仲裁委员会的司法监督机制，对提高仲裁质量十分有利。此外，还较好地保护了当事人的诉讼权，给予不服仲裁裁决的当事人以求助于司法的权利。劳动争议的诉讼，是解决劳动争议的最终程序。人民法院审理劳动争议案件适用《中华人民共和国民事诉讼法》所规定的诉讼程序。

二、仲裁结局与起诉

仲裁以当事人撤回申诉或达成调解协议而结案的，当事人无权起诉；仲裁以裁决结案的，当事人不服裁决，有权在收到裁决书之日起 15 日内起诉；仲裁机构以超过仲裁时效等为理由决定不予受理的，当事人也应当有权在收到不予受理的书面通知或决定之日起 15 日内起诉。仲裁委员会做出仲裁裁决后，当事人对裁决中的部分事项不服，依法向人民法院起诉的，仲裁裁决不发生法律效力。仲裁委员会对多个劳动者的劳动争议做出仲裁裁决后，部分劳动者对仲裁裁决不服，依法向人民法院起诉的，仲裁裁决对提出起诉的劳动者不发生法律效力；对未提出起诉的劳动者发生法律效力。

《解释》规定，劳动争议仲裁委员会以当事人申请仲裁的事项不属于劳动争议为由，做出不予受理的书面裁决、决定或者通知，当事人不服，依法向人民法院起诉的，人民法院应当分别情况予以处理：（1）属于劳动争议案件的，应当受理；（2）虽不属于劳动争议案件，但属于人民法院主管的其他案件，应当依法受理。劳动争议仲裁委员会以申请仲裁的主体不适格为由，做出不予受理的书面裁决、决定或者通知，当事人不服，依法向人民法院起诉的，经审查，确属主体不适格的，裁定不予受理或者驳回起诉。劳动争议仲裁委员会为纠正原仲裁裁决错误重新做出裁决，当事人不服，依法向人民法院起诉的，人民法院应当受理。人民法院受理劳动争议案件后，当事人增加诉讼请求的，如该诉讼请求与讼争的劳动争议具有不可分性，应当合并审理；如属于独立的劳动争议，应当告知当事人向劳动争议仲裁委员会申请仲裁。劳动争议仲裁委员会仲裁的事项不属于人民法院受理的案件范围，当事人不服，依法向人民法院起诉的，裁定不予受理或者驳回起诉。劳动者和用人单位均不服劳动争议仲裁委员会的同一裁决，向同一人民法院起诉的，人民法院应当并案审理，双方当事人互为原告和被告。在诉讼过程中，一方当事人撤诉的，人民法院应当根据另一方当事人的诉讼请求继续审理。

《解释（二)》对于起诉与受理也做出一些规定。劳动者以用人单位的工资欠条为证据直接向人民法院起诉，诉讼请求不涉及劳动关系其他争议的，视为拖欠劳动报酬争议，按照普通民事纠纷受理。用人单位和劳动者因劳动关系是否已经解除或者终止以及应否支付解除或终止劳动关系经济补偿金产生的争议，经劳动争议仲裁委员会仲裁后，当事人依法起诉的，人民法院应予受理。劳动者与用人单位解除或者终止劳动关系后，请求用人单位返还其收取的劳动合同定金、保证金、抵押金、抵押物产生的争议，或者办理劳动者的人事档案、社会保险关系等移转手续产生的争议，经劳动争议仲裁委员会仲裁后，当事人依法起诉的，人民法院应予受理。劳动者因为工伤、职业病，请求用人单位依法承担给予工伤保险待遇的争议，经劳动争议仲裁委员会仲裁后，当事人依法起诉的，人民法院应予受理。当事人不服劳动争议仲裁委员会做出的预先支付劳动者部分工资或者医疗费用的裁决，向人民法院起诉的，人民法院不予受理。用人单位不履行上述裁决中的给付义务，劳动者依法向人民法院申请强制执行的，人民法院应予受理。当事人在劳动争议调解委员会主持下仅就劳动报酬争议达成调解协议，用人单位不履行调解协议确定的给付义务，劳动者直接向人民法院起诉的，人民法院可以按照普通民事纠纷受理。

三、诉讼管辖

诉讼管辖和仲裁管辖规则不同，当事人不服仲裁裁决而起诉时，不应当要求诉讼管辖与仲裁管辖完全对应。劳动争议案件由用人单位所在地或者劳动合同履行地的基层人民法院管辖。劳动合同履行地不明确的，由用人单位所在地的基层人民法院管辖。当事人双方就同一仲裁裁决分别向有管辖权的人民法院起诉的，由先受理的法院管辖，后受理的法院应当将案件移送给先受理的法院。

四、诉讼主体

仲裁当事人（申诉人与被诉人）和诉讼当事人（原告人与被告人）都只限于劳动者和用人单位，不服仲裁裁决的劳动者或用人单位，只能以仲裁阶段的对方当事人为被告人向人民法院起诉，而不能以仲裁机构为被告人。

当事人双方不服劳动争议仲裁委员会做出的同一仲裁裁决，均向同一人民法院起诉的，先起诉的一方当事人为原告，但对双方的诉讼请求，法院应当一并做出裁决。用人单位与其他单位合并的，合并前发生的劳动争议，由合并后的单位为当事人；用人单位分立为若干单位的，其分立前发生的劳动争议，由分立后的实际用人单位为当事人；用人单位分立为若干单位后，对承受劳动权利义务的单位不明确的，分立后的单位均为当事人；用人单位招用尚未解除劳动合同的劳动者，原用人单位与劳动者发生的劳动争议，可以列新的用人单位为第三人；原用人单位以新的用人单位侵权为由向人民法院起诉的，可以列劳动者为第三人；原用人单位以新的用人单位和劳动者共同侵权为由向人民法院起诉的，新的用人单位和劳动者列为共同被告。劳动者在用人单位与其他平等主体之间的承包经营期间，与发包方和承包方双方或者一方发生劳动争议，依法向人民法院起诉的，应当将承包方和发包方作为当事人。劳动者与起有字号的个体工商户产生的劳动争议诉讼，人民法院应当以营业执照上登记的字号为当事人，但应同时注明该字号业主的自然情况。劳动者因履行劳动力派遣合同产生劳动争议而起诉，以派遣单位为被告；争议内容涉及接受单位的，以派遣单位和接受单位为共同被告。

五、劳动争议案件的举证责任

在劳动争议诉讼中，举证责任原则上按照民事诉讼“谁主张，谁举证”的一般原则，但是，对于特殊问题和证据，当劳动者提出请求时，应由用人单位从反面举证。《解释（一）》第 13 条规定：“因用人单位做出的开除、除名、辞退、解除劳动合同、减少劳动报酬、计算劳动者工作年限等决定而发生的劳动争议，用人单位负举证责任。”另据《解释（三）》第 9 条的规定，劳动者主张加班费的，应当就加班事实的存在承担举证责任；但劳动者有证据证明用人单位掌握加班事实存在的证据，用人单位不提供的，由用人单位承担不利后果。这是对民事诉讼中“谁主张，谁举证”原则的突破，符合劳动争议当事人双方强弱不同的特点，有利于劳动者权益的保护。

六、诉讼结局

人民法院在不予执行的裁定书中，应当告知当事人在收到裁定书之次日起 30 日内，可以就该劳动争议事项向人民法院起诉。当事人不服仲裁裁决而在法定期限内向人民法院起诉，仲裁裁决就处于尚未生效状态。这种效力不确定的仲裁裁决因诉讼结局不同而有不同的法律后果。如果以当事人撤诉结案，仲裁裁决在法定期限届满后生效；如果以调解或判决结案，仲裁裁决就不生效。用人单位对劳动者做出的开除、除名、辞退等处理，或者因其他原因解除劳动合同确有错误的，人民法院可以依法判决予以撤销。对于追索劳动报酬、养老金、医疗费以及工伤保险待遇、经济补偿金、培训费及其他相关费用等案件，给付数额不当的，人民法院可以予以变更。

七、强制执行仲裁裁决和调解书

当事人申请人民法院执行劳动争议仲裁机构做出的发生法律效力的裁决书、调解书，被申请人提出证据证明劳动争议仲裁裁决书、调解书有下列情形之一，并经审查核实的，人民法院可以根据《民事诉讼法》第 217 条之规定，裁定不予执行：（1）裁决的事项不属于劳动争议仲裁范围，或者劳动争议仲裁机构无权仲裁的；（2）适用法律确有错误的；（3）仲裁员仲裁该案时，有徇私舞弊、枉法裁决行为的；（4）人民法院认定执行该劳动争议仲裁裁决违背社会公共利益的，人民法院在不予执行的裁定书中，应当告知当事人在收到裁定书之次日起 30 日内，可以就该劳动争议事项向人民法院起诉。

【案例研讨】

飞行员辞职纠纷案

2007 年下半年，东航的 13 名飞行员陆续提出辞职。同年 10 月，他们陆续向兰州市劳动争议仲裁委员会提出劳动争议仲裁申请。但仲裁裁决让他们每人承担 400 余万元的违约赔偿金。就此，13 人向兰州市城关区人民法院提起诉讼。2008 年 6 月 28 日至 9 月 2 日，东航飞行员辞职案陆续在城关区人民法院开庭。城关区人民法院一审判决，13 名飞行员与东航解除所签订的劳动合同，每人向东航赔偿各项费用共计 420 余万元。2008 年 10 月，13 名飞行员（其中一人在一审宣判前撤诉）陆续拿到了一审判决书。2008 年 10 月 27 日，13 名飞行员向兰州市中级人民法院提起上诉。兰州市中级人民法院终审判决：6 名副驾驶飞行员每人向东航赔偿 210 万元，其余 7 名机长每人向东航赔偿 190 万元，13 名飞行员一共赔偿 2 590 万元。①

评析：

飞行人员作为特殊群体，其集体解约“跳槽”引发的劳动争议在近年频出，成为社会各界关注的热点问题。本案涉及的法律问题主要是用人单位出资培训劳动者且有服务期约定的劳动合同的解除及其违约责任问题。在案件审理中，飞行人员辞职涉及的违约赔偿费用的计算问题成为案件审理的焦点。

我国《劳动合同法》第 22 条规定，“用人单位为劳动者提供专项培训费用，对其进行专业技术培训的，可以与该劳动者订立协议，约定服务期。劳动者违反服务期约定的，应当按照约定向用人单位支付违约金。违约金的数额不得超过用人单位提供的培训费用。用人单位要求劳动者支付的违约金不得超过服务期尚未履行部分所应分摊的培训费用。”关于解除劳动合同涉及的培训费用按服务年限等额扣减的处理原则，原劳动部部分规章中早已有相关规定。《劳动部办公厅关于试用期内解除劳动合同处理依据问题的复函》第 3 条规定：“用人单位出资

① 案例来源：《东航 13 名飞行员辞职，终审东航获赔 2 590 万元》，中国法院网，2009 年 5 月 19 日。

（指有支付货币凭证的情况）对职工进行各类技术培训，职工提出与单位解除劳动关系的……如果试用期满，在合同期内，则用人单位可以要求劳动者支付该项培训费用，具体支付方法是：约定服务期的，按服务期等分出资金额，以职工已履行的服务期限递减支付；没约定服务期的，按劳动合同期等分出资金额，以职工已履行的合同期限递减支付；没有约定合同期的，按 5 年服务期等分出资金额，以职工已履行的服务期限递减支付……如果是由用人单位出资招用的职工，职工在合同期内（包括试用期）解除与用人单位的劳动合同，则该用人单位可按照《违反〈劳动法〉有关劳动合同规定的赔偿办法》第 4 条第 1 项规定向职工索赔。”可见，原劳动部规章确立了培训费承担按服务年限等额扣减的处理原则。

司法实践中，对飞行员承担的违约赔偿费有三种计算方法。第一种计算方法是，航空公司提出把招接收费用、定期复训费、作为副驾驶被带飞的培训费用三项相加，这种计算方法把飞行人员作为副驾驶被带飞期间视为培训期间，所产生的费用视为培训费用而要求飞行人员进行赔偿。但是，带飞培训费的观点缺乏法律依据支持，所谓带飞不属于培训活动，不能将载客飞行期间视为培训期间，更不能以此计算所谓的带飞培训费。第二种计算方法是，根据飞行人员的实际服务年限，以初始培训费 70 万元作为基数，每服务一年按 20% 的赔偿额递增，计算服务年限以 10 年为限，赔偿额最高不超过 210 万元。《最高人民法院关于转发中国民用航空总局等〈关于规范飞行人员流动管理保证民航飞行队伍稳定的意见〉的通知》（以下简称《最高法转发意见》）第 1 条规定：“……航空运输企业招用飞行人员，应当遵守有关法律法规，面向社会，公开招收。对招用其他航空运输企业在职飞行人员的，应当与飞行人员和其所在单位进行协商，达成一致后，方可办理有关手续，并根据现行航空运输企业招收录用培训飞行人员的实际费用情况，参照 70 万 ~210 万元的标准向原单位支付费用……”可见，从支付费用的主体来看，该条款的规定只适用于招用飞行人员的航空运输企业，对于飞行人员个人则完全不适用。但此种计算方法在主体上存在着不适用，即不应适用于飞行员个人，而是其招用单位。第三种计算方法是，以飞行人员享受的培训费用总额等额递减飞行人员实际服务的年限应支付的培训费用，差额部分即为飞行人员提前解除劳动合同应支付的违约费用。这种计算方法符合我国现行立法对培训费用计算的法律规定。原劳动部《关于贯彻执行〈中华人民共和国劳动法〉若干问题的意见》第 33 条规定：“劳动者违反劳动法规定或劳动合同的约定解除劳动合同（如擅自离职），给用人单位造成经济损失的，应当根据《劳动法》第 102 条和原劳动部《违反〈劳动法〉有关劳动合同规定的赔偿办法》的规定，承担赔偿责任。”在该条文中，没有明确赔偿责任的幅度。《最高法转发意见》第 1 条第 2 款则规定：“飞行人员个人提出解除劳动合同，劳动合同中约定了违约责任的，飞行人员应当按照约定承担相应责任。”这里规定的赔偿责任只是“相应”

的，并不是“全部”的赔偿责任。说明我国立法承认培训费用承担的相应性。也就是说，劳动者（含飞行人员）单方违约解除劳动合同，并不赔偿全部的培训费用。原劳动部的上述规章同时提出了“技术培训”及“出资招用”的概念，即在职培训（如飞行员的定期复训费用）和入职前培训（如飞行员的招收录用费用或初始培训费）是不同的，在确定培训费的承担时应根据具体情况来分析对待。入职前培训是航空公司为使其未来员工具备基本工作技能而进行的人力资源投资，该投资的回报期是双方劳动合同的有效期间，在该期间，飞行员为公司服务，创造价值，对该投资进行持续等价的补偿。合同期届满，飞行员的补偿义务自动消失，双方因该投资引起的权利义务关系终止。很明显，航空公司能够要求飞行员对该人力资源投资进行补偿的额度逐年递减。因此，对入职前培训费的承担适用按服务年限等额递减的处理原则。飞行员在职期间的定期复训费是另一种情形。飞行员定期复训发生在劳动合同履行期间，是航空公司为了不断提高飞行员的飞行技能而对飞行员进行的系列职业技能培训。复训费是另一种人力资源投资，该投资的特点之一是：投资的支付是多个时点完成的，每个时点是每次复训结束的时间，因而对每个时点的投资都存在一个特定的补偿起算点。复训费支付的特点决定：（1）在计算时不能简单将数个时点的复训费予以加总，必须对不同时点的支付分别计算违约费用，然后进行加总；（2）应考虑对复训费的完全补偿期的确定。①

本案中，6名副驾驶飞行员每人向东航赔偿210万元，其余7名机长每人向东航赔偿190万元，13名飞行员一共赔偿2 590万元。目前，由于飞行员单方违约而支付培训费用的相关立法尚不完善，我们也只是从现行立法中分析其法律依据和操作原则。

思考问题与案例

一、思考问题

1. 我国劳动争议的处理机构有哪些？
2. 分析劳动争议仲裁与劳动诉讼的关系。
3. 什么是劳动争议仲裁？它有何特点？
4. 《劳动争议调解仲裁法》与《劳动法》对劳动争议仲裁时效的规定有何不同？
5. 如何看待我国劳动争议解决的单轨制？
6. 劳动争议调解组织有哪些？
7. 劳动争议案件的举证责任是如何规定的？

二、思考案例

1. 2009年3月，施某与甲公司订立经营用房装修协议，约定由施某负责组织人员施工，装

① 参见杨鹏五：《飞行人员辞职违约赔偿责任之探讨》，中国法院网，2006年10月23日。

修费用50万元。装修过程中除装修材料外的所有费用一律由施某自付，施工过程中出现任何安全问题，均由施某自行承担，甲公司不承担任何责任。订立协议后，施某即组织人员施工。4月1日，陈某在接受施某指派从事高处作业时摔伤，造成8级伤残，发生各项损失65 000元。

问题：

（1）陈某索赔应以谁为被告，为什么？

（2）施某与甲公司之间是否存在劳动关系，为什么？

（3）陈某为维护自己的合法权益，是否需申请劳动争议仲裁？为什么？

（4）假设陈某接受劳务派遣公司指派为甲公司从事装修工作，按照《劳动合同法》的规定，陈某与哪个单位建立了劳动关系？陈某的劳动合同期限最短为多长时间？陈某在劳动合同期间内无工作的话，能够获得的待遇如何？

2. 某国有企业设立了劳动争议调解委员会，由5名调解员组成，其中2名是企业方代表，并且由该企业人事处副处长担任调解委员会主任。2009年4月5日，职工张某因工作表现不佳被企业扣发了部分工资，张某不服与企业发生争议。企业提出必须先在本企业设立的劳动争议调解委员会先行调解。张某不同意调解，劳动争议调解委员会在企业提交申请后宣布维持企业的处理决定。而张某在争议发生后一个月内直接向人民法院提起诉讼。

问题：

（1）该企业劳动争议调解委员会的组成是否合法？为什么？

（2）该企业劳动争议调解委员会的做法是否合法？为什么？

（3）人民法院是否应该受理张某的诉讼？为什么？

3. 2008年4月5日，李某到某公司从事保洁工作，双方未签订劳动合同，仅口头约定，李某月工资650元（当地最低工资标准为750元），减去社会保险费实发为550元。但自6月开始，李某每个月拿到的工资只有400元。10月10日，李某就此与公司交涉，得到的答复是公司基于管理需要调整了工勤人员的工资。李某于2008年10月25日向劳动争议仲裁委员会申诉，仲裁委认为李某申请仲裁已过仲裁期间，做出不予受理的决定。李某不服，起诉到人民法院。

问题：

（1）李某的申诉有没有超过仲裁时效？为什么？

（2）公司低于最低工资标准支付李某工资，应当承担什么责任？

（3）公司能否单方面调整工勤人员工资？为什么？

4. 国营某市轧钢厂发生下列纠纷：（1）工人赵某因身体有病被辞退，与厂方发生争议；（2）技术员钱某因未被允许参加全省轧钢行业技术员培训与厂方发生争议；（3）助理工程师孙某因未晋升工程师职务与厂方发生争议；（4）副总工程师李某因工资调整与厂方发生争议。赵、钱、孙、李四人与厂方的争议经几次协商交涉均未能解决。

问题：

（1）赵某、钱某、孙某、李某中哪几个人与厂方发生的争议属于《劳动争议调解仲裁法》中所规定的劳动争议？

（2）劳动争议可以通过哪几种方式解决？在运用这几种方式解决问题时，不同方式相互之间是什么关系？

（3）解决劳动争议的各种方式的法律效力如何？

5. 姜某在某外商独资的食品公司工作，一直勤勤恳恳、任劳任怨，自觉遵守公司的规章制度，是一名公司内部公认的好员工。2009 年 9 月的一天，姜某因一件民事案件被人民法院传唤到法庭作证，姜某向单位请假，单位领导很不满，认为姜某请假会影响单位生产，虽然最终批准了姜某的请假申请，但是扣发了姜某当日的工资。一向任劳任怨的姜某在同事的指点下，觉得单位的行为侵害了自己的合法权益而不可接受，于是向劳动争议仲裁机构申诉，请求仲裁机构责令食品公司补发被扣的工资。

问题：劳动争议仲裁机构将如何裁决？为什么？

后　　记

封笔完稿之时，正是夏日炎炎之季。

窗外车声人流的喧嚣，和着一股无风的热浪，让人有种无法清爽的感觉。

还是此前沉浸在教材写作中的感觉好啊！

那是一个静静的夜晚，神思在法律概念和概念之间游走，不知不觉间已过了午夜2点。和衣躺下，白天探讨过的案例奇迹般地出现在梦境里，自己客串着案例中的角色，与其他有关、无关的人一起彩排着一个个并无逻辑联系的法律短剧……直到被儿子的叫声惊醒。

这是进入写作状态中才能体味到的乐趣。

现在，回想起当初冒雨去省图书馆却一无所获时的无奈，回想起跑遍市中心大大小小的书店而囊中羞涩时的尴尬，回想起电脑中毒和网络故障而束手无策时的焦急，回想起一整天俯身在电脑前而进展缓慢时的烦躁……仿佛一切已经是很遥远而近乎淡忘的事情了。

唯独忐忑不安的是，本教材虽将再版，但其中留有许多遗憾，尤其是现实中有许多新的法律问题，限于学识和篇幅，无法翔实、准确地写入教材之中，敬请读者多多包涵。同时，衷心感谢孙丽君和蒙志敏老师在百忙之中不辞辛苦地对相关章节进行了悉心修改。

毛清芳于兰商素心斋

2015年4月5日